JN429983

정부와 정책

창조원리에 숨겨진 실패 위험

사공영호

도서출판 대영문화사

책을 내면서

이 책은 정부, 정책, 그리고 정치에 관한 책이다. 정부와 정책과 정치는 따로 나누어 보아서는 안 된다. 서로가 서로를 설명하는 관계에 있다. 정부가 존재하는 이유는 정책을 만들어서 국민의 삶에 평안과 질서와 행복을 주기 위해서다. 정책은 정부에 의지해서 만들어지고 작동한다. 정부와 정책은 정치의 원리에 의해 작동한다. 정치가 작동하는 원리는 매우 독특하다. 정치의 독특성은 정부와 정책이 작동하는 원리를 빼놓고는 설명할 수 없다.

그러나 정부와 정책과 정치를 함께 다루는 일은 결코 간단한 문제가 아니다. 인류가 겪어 온 일들을 생각해 보자. 지금 지구상에서 일어나고 있는 일들을 생각해 보자. 한국 사회가 겪은 정부와 정치를 돌이켜 생각해 보자. 지금 우리가 겪고 있는 정부와 정치를 생각해 보자. 휴전선 넘어 북한에서 일어나고 있는 정부와 정치를 생각해 보자. 미국에서 정부와 정치가 작동하는 방식, 일본에서 정부와 정치가 작동하는 방식, 중국에서 정부와 정치가 작동하는 방식을 생각해 보자. 모두가 서로 다르다. 같은 민주주의도 나라에 따라 다르고 사회주의 역시 나라에 따라 다르다.

역사가 보여 주고 있는 점은 분명하다. 민주적인 정부를 발전시키는 일은 아무나 할 수 있는 일이 아니라는 점이다. 효율적으로 작동하는 정책을 만드는 일도 어느 사회에서나 가능하지는 않다. 많은 사회들이 국방, 치안, 재산권 보호, 기초질서의 유지와 같은 기본적인 역할의 수행에서조차 실패하고 있다. 국민의 뜻을 진정으로 존중하는 정치 역시 일부의 사회에서만이 성공하고 있다. 여전히 많은 사회에서 정부와 정치가 국민을 위해 있는 것이 아니라 국민의 삶과 생명이 정치에 의해 희생되고 있다. 민주국가보다는 독재국가가 많은 것이 엄연한 현실이다. 시장실패 이상으로 인류에게 고통을 준 것은 정부실패, 정치실패, 정책실패다.

우리가 역사적으로 경험한 정부와 정치 역시 우리의 기대와는 거리가 멀다. 주변국의 침입으로부터 백성들을 온전히 보호해 주는 데 성공적이지 못했다. 20세기에도 일본의 식민지배를 겪어야 했고, 북한의 침략에 속수무책으로 당했다. 국가의 내일을 고민하기보다는 정치권력의 획득을 위해 국민에게 상당한 비용을 전가하고, 비효율을 초래하는 선거공약을 서슴지 않고 있다. 한국은 정부와 정치에 대해 불만이 많고 또 정치인에 대한 불신도 높은 사회다. 그럼에도 불구하고 정부의 예산은 지속적으로 증가하고 있다. 정부의 역할은 지속적으로 확대되고 있다.

정부와 정책과 정치가 국민의 생명과 자유를 지키고 국민에게 행복을 주는 데 그리 성공적이지 못하다. 역사적 경험이고 우리의 현실이다. 박정희 정부에 의한 경제발전은 우연한 성공이다. 냉전이라는 독특한 국제 상황, 자유로운 국가 간 교역을 인정하는 국제 무역 환경, 쿠데타로 집권하여 국민으로부터 인정받기를 간절히 원하던 정부, 가난을 벗어나기를 소망하던 국민이 우연히 힘을 합쳐 누구도 예상치 못한 결과를 낳았다. 우리가 성장을 가능하게 할 수 있는 능력을 축적하고 있었기 때문이 아니다. 정부와 정책과 정치가 잘했다기보다는 우연히 권력을 잡은 한 명의 지도자가 정부와 정책과 정치를 잘 다루었기 때문에 이룩한 성과다.

일부의 국가에서만이 민주적인 정부와 정책과 정치에 성공하고 있는 것은 우연이 아니다. 그 어떤 제도보다 발전시키기 어려운 것이 민주적인 정치와 효율적인 정부다. 역사적으로 보면, 우연한 기회에 기독교를 받아들인 사회에서 산업혁명과 종교개혁을 거치면서 서서히 민주적인 정치형태가 발전되고 있다. 분명 일부 사회의 현상이며 근현대적인 현상이다. 그렇다면, 좋은 정부와 정치를 발전시키기는 왜 쉽지 않을까? 이 책은 바로 이 질문에 답하기 위해 쓴 책이다.

이 책의 표지가 보여주고 있는 것은 트로이 목마다. 정부와 정치를 설명하는 데 트로이 목마가 무슨 상관이 있을까? 정부와 정치를 실패하게 하는 요인은 트로이 목마처럼 우리가 무심코 취하여 사용하는 정부와 정책과 정치의 도구 속에 숨어 있다. 우리는 정부와 정책을 만들기 위해 우리의 사상과 이념과 연구와 분석과 언어에 의지한다. 우리의 생각과 언어에 의지해서 세상을 이해할 수밖에 없다. 우리의 생각과 언어에 의지해서 문제를 규정하고 목표를 수립할 수밖에 없다. 그런데 우리의 생각과 언어는 우리가 의지해도 좋을 만한 안전한 정책과 정치의 도구가 될 수 있는가? 적어도 현대 철학은 그렇지 않다고 설명하고 있다. 우리의 생각과 언어는 민주주의를 가능하게 하는 수단이다. 그러나 민주주의를 불가능하게 만드는 수단이 될 수도 있다.

많은 정책연구자와 정치연구자들은 법을 만들고 정책을 만들어 더 나은 사회를 만들고 더 좋은 사회를 만들 수 있다고 생각한다. 더 좋은 정치도 법적인 제도에 의해 가능하다고 생각한다. 그러나 언어의 의미 문제를 고려하면 문제는 완전히 달라진다. 사회세계에서 언어는 삶의 도구이면서 동시에 은폐와 왜곡의 도구다. 어떤 측면을 보게 하면서 동시에 그 외 다른 측면은 보지 못하게 만든다. 뿐만 아니라 자기가 보는 관점의 정당성을 과잉평가하게 만들고 상대의 입장을 과소평가하도록 만든다. 사회의 발전을 위해 무심코 언어를 취한다. 그런데 그 언어 속에는 이미 다른 사회구성원의 자유와 평등을 침해해야만 성립가능한 의미구조가 내재되어 있다.

정부와 정책은 사회세계의 존재방식과 인간의 삶의 양식과도 충돌할 위험을 내포하고 있다. 사회세계는 미리 주어진 정답에 의해 작동하는 세계가 아니다. 무엇이 정답인지가 객관적으로 주어져 있지 않다. 어떤 삶의 양식이 더 낫고 더 선하고 더 바람직한 것인지에 대해 정답이 없다. 결국, 사람들은 자신이 중시하는 가치와 이념과 삶의 양식을 스스로 채택하고 스스로 책임지는 방식으로 살아간다. 그런데 정책이란 일부 집단의 생각과 요구에 기초해서 만들고, 여기에 사실상 '정답'의 지위를 부여한다. 그리고 이를 모든 사회구성원에게 적용한다. 개인의 자유와 평등과 충돌할 수밖에 없다. 특정 집단의 이념과 이익을 위해 다른 사회구성원을 수단으로 삼는 일이 필히 발생한다. 그러나 이런 생각에 젖어 있는 사람들은 자신의 생각이 편견이라는 점을 잘 이해하지 못한다. 즉, 정부와 정책을 만들기 위해 의지하는 사람들의 생각 속에 이미 정부와 정책의 정당성을 침해할 요소가 내재되어 있다는 것이다.

우리는 정부와 정책과 정치에 의지해야 한다. 어떤 사회도 정부와 정치에서 벗어난 경험이 없다. 어떤 형태이든 정부와 정치에 의지해 살아왔다. 그렇지만, 좋은 정부와 정책을 만드는 것은 쉽지 않다. 정치를 잘하는 것도 쉽지 않다. 정부와 정책과 정치를 위해 의지해야 하는 재료와 도구 속에는 이미 이것들을 실패하게 할 수 있는 위험들이 내재되어 있다. 트로이 사람들은 무심코 취한 목마로 인해 어렵게 지켰던 성을 잃었다. 정부와 정치를 위해 무심코 의지하고 있는 우리의 생각과 언어를 이해하지 않고는 좋은 정부와 정치를 만들기 어렵다. 그 속에는 이미 실패의 위험 요소가 깊이 숨어 있다. 너무 깊이 숨어 있어서 알기도 어렵고 대응하기도 어렵다.

정부와 정책을 만들고 운영하는 과정에 필연적으로 발생할 수밖에 없는 위험 요인들을 고려하면, 현재의 정부와 정책에 관한 연구와 학문은 분명한 맹점을 가지고 있다. 이미 내재되어 있는 치명적 위험을 제대로 인식하지도 못하고 있으면서 정부와 정책과 정치를 이용하는 데 주로 골몰하고 있다. 이런 학문으로는 한국 사회와 인류가 역사적으로 경험해 온 정부와 정책과 정치의 실패 위험을 제대로 설명하기 어렵다. 정치인과 정책관료를 위한 학문은 될 수 있어도 한국 사회의 미래를 고민하고 대응의 방법을 논의하는 학문이 되기는 어렵다. 정부와 정책이라는 도구가 가진 필연적 약점에 무지하면서 이를 이용하여 다수 사회구성원의 이익에 봉사할 수는 없을 것이기 때문이다.

사회과학의 차원에서는 논의하지 않는 철학적인 내용을 일부 담고 있다. 그러나 정부와 정책과 정치가 발생하고 작동하는 원리와 그 속에 내재된 약점들을 이해하려면 인간의 생각과 언어와 사회세계의 존재론에 관한 논의를 피할 수 없다. 다소 어려울 수도 있을 것이다. 그러나 사회과학의 차원에서 정부와 정치에 대해 논의할 때와는 차원이 다른 이해를 가능하게 하리라 확신한다.

이 책을 집필하는 과정에서 가장 큰 도움을 준 것은 한국연구재단이다. 연구재단의 지원이 있었기에 사회과학적인 차원을 벗어나 철학의 영역까지 탐구의 범위를 확대할 수 있었다. 정부와 정책과 정치에 대한 논의가 지금보다는 좀 더 근본적인 요인에 기초하는 데 이 책이 조금이라도 기여하기를 소망해 본다.

2016. 12.

저자 사공영호

차 례

제 2 부 정부와 정책, 왜 만들고자 하나?

제 3 부 정부와 정책이 만들어지는 원리

제 4 부 창조원리에 내재된 실패 위험

[표 차례]

[그림 차례]

들어가는 말: 저술 배경

1 정부와 정책은 만들어지고 있다

이 연구는 정부와 정책에 관해 다른 연구와는 구별되는 몇 가지 문제의식을 가지고 있다. 먼저, 정부와 정책을 주어진 것으로 보지 않는다. 주어져 있는 것은 돌과 나무와 자동차와 같은 것이다. 내가 원하는 대로 곧바로 사용할 수 있다. 내가 원하는 대로 다룰 수 있다. 내가 원하는 결과를 얻어낼 수 있다. 하지만, 정부와 정책은 이런 방식으로 '있지 않다'. 물론 주어져 있는 것들도 있다. 예를 들면, 헌법도 있고, 법률도 있고, 입법부 · 행정부 · 사법부가 있고, 대통령도 있고 국회의원도 '있다'. 그러나 이런 것들도 결코 돌이나 자동차처럼 있지는 않다. 우리가 자유롭게 다룰 수 있는 대상으로 있지 않다. 그것이 어떻게 작동할 것인지 통제가 가능한 방식으로 있지도 않다. 원하는 결과를 제공해 준다는 보장도 없다.

정부와 정책은 주어져 있는 것이 아니라 만들어져 왔고 만들어지고 있고 작동해 왔고 작동하고 있을 뿐이다. 어떤 조직을 만들고 어떤 지위를 만들기로 약속했고, 어떤 일을 맡기기로 약속했을 뿐이다. 사람을 어떻게 뽑고 어떤 권한을 주기로 약속했을 뿐이다. 약속이란 당사자의 생각에 따라 그 내용이 얼마든지 달라질 수 있다. 이미 만들어진 약속도 얼마든지 무시될 수 있다. 약속이 약속으로서의 역할을 수행하는 것은 단지 약속했기 때문이 아니다. 그 약속이 지킬 만한 가치가 있고, 그것을 지키는 것이 서로에게 유익하다는 사람들의 생각과 믿음에 의지하고 있다.

이런 점에서 사회구성원들이 만든 헌법은 일종의 '연장된 마음'이다(extended mind; Crisafi & Gallagher, 2010; Gallagher, 2011). 우리는 우리 기억력의 한계를 보완하기 위해 수첩을 사용한다. 내 머릿속에 기억할 수도 있지만 기억이 쉽지 않은 것은 수첩에 메모한다. 우리의 마음이 해야 할 역할을 수첩이 대신하고 있는 것이다. 서로의 약속도 내용이 간단하다면 말로만 해도 충분하다. 굳이 적어야 할 필요가 없다. 그런데 내용이 복잡하고 많은 사람이 함께 참고해야 한다면 문서화하는 것이 편리하다. 이 문서가 계약이든 공동체 규약이든 헌법이든 일종의 '연장된 마음'이다. 이 문서가 만들어지고 인정되고 살아있으면서 효력을 발휘하도록 만드는 것은 우리의 '마음'이다. 민주주의, 공화주의의 기본 정신도 이런 것이다. 주권자인 국민이 원하는 바를 법과 정책으로 만들 수 있고, 이에 관하여 결정하고 실행하는 것을 돕기 위해 만들어지는 것이 정부다.

이렇게 만들어져도 정부는 여전히 돌과 나무와 자동차처럼 '있지는 않다'. 돌과 나무와 자동차는 자신의 존재와 작동을 우리에게 의지하지 않는다. 자동차 역시 최소한 기계적인 측면에서는 설계된 대로 작동한다. 고장이 나지 않았다면 내가 핸들을 돌리는 대로 자동차는 방향을 바꾼다. 하지만, 정부와 정책은 이런 식으로 있지 않다. 국민의 생명을 지키기 위해 만들어진 군대가 쿠데타의 수단이 될 수 있다. 국가의 지도자를 뽑기 위해 만든 선거는 포퓰리즘(populism)적인 선동과 졸속입법의 도구로 전락할 수 있다. 신념이 있는 지도자를 만나면 경제발전의 도구가 될 수도 있지만, 김정은과 같은 독재자가 권력을 잡으면 정부와 정책은 억압과 압제의 수단이 될 뿐이다. 부패한 관료에게 권력은 부정의 수단이 될 뿐이다. 그것이 무엇이 될지 도대체 알기 어려운데 '그것'을 '무엇'이라 지칭하는 것이 무슨 의미가 있으며, 그것이 '있다'고 할 수 있는가?

2 '마음의 능력'과 '언어'로 '함께' 만들어야 한다

정부와 정책은 주어져 있는 것이 아니다. '마음의 능력'과 '언어'를 이용하여 '함께' 만들고 '함께' 운영하는 '과정'이 있을 뿐이다. 최선의 해답을 찾아 결정하고, 이렇게 찾은 해답을 기계적으로 집행하는 방식으로 정부와 정책은 작동하지 않는다. 자동차와 스마트폰은 설계된 대로 만들 수 있다. 설계된 대로 작동하게 할 수 있다. 수만, 또는 수십만의 사람들이 함께 자동차를 만들지만 그럼에도 불구하고 자동차는 원하는 대로 만들 수 있다. 하지만, 정부와 정책은 아니다. 자동차의 설계도와 같은 법령은 적어도 사회세계에서는 불가능하다.

국가의 운명을 바꿔 놓을 수 있는 대통령에게 우리가 요구할 수 있는 것은 주어진 책무를 '성실히' 수행해 달라는 것이 고작이다(헌법 제66조, 제69조). 국회의원에게 요구하고 있는 것은 '청념'해야 하며, '국익을 우선하여 양심에 따라 직무를 수행'하며, 지위를 남용하지 말라는 것이 전부다(헌법 제46조). 도대체 어떻게 하는 것이 '성실히' 하는 것이며, '국익'은 무엇이고 '양심에 따라' 직무를 수행하는 것은 어떤 것인가? 이런 문제는 일선 공무원에서도 그대로 발생한다. 보다 구체적인 업무 지침이 주어질 수 있지만 여전히 재량권이 발생한다. 정부를 구성하고 있는 모든 사람들에게 수행할 기능과 더불어 재량권이 주어져 있다면 이 정부가 무엇을 위한 정부가 되며 누구를 위한 정부가 될 것인지 어떻게 통제할 수 있는가? 적어도 법에 규정하는 것으로는 결코 충분치 않다는 점은 너무나 분명하다. 사회세계는 자동차처럼 설계를 가능하게 하는 언어가 없고 이렇게 작동하지도 않는 세계이기 때문이다. 명확한 설계도를 만들 수 없으니 무엇이 나올지 알 수 없고 적절한 통제를 가하기도 힘들다.

'함께'와 '과정'이 핵심이 되는 것은 이 때문이다. 정부와 정책이 있는 것이 아니라 끊임없이 서로의 생각을 나누고 구체화하고 명문화하고 공유하고 해석하고 서로 협력하는 과정이 있을 뿐이다. 주권자인 '우리'도 함께 만들어지고 변화한다. 외형적으로 보면, 무엇인가 조직이 있고 법령이 있는 것 같다. 하지만, 실제로 일어나고 있는 것은 왜 이런 것을 만들었고, 이를 통해 무엇을 하고자 하며, 어떻게 하는 것이 이런 제도의 본래 목적을 살리는 것인지에 관한 끊임없는 판단과 해석이 있을 뿐이다. 역사연구자와 제도연구자들이 문화, 관습, 규범, 비공식제도가 공식제도의 진화를 결정한다고 설명하는 것도 이런 이유 때문일 것이다. 문화와 규범이 중요한 것은 무엇인가를 '함께'할 수 있는 토대가 되기 때문이다.

3 정부와 정책의 실패 위험을 잘 설명하지 못하고 있다

현재의 정부학과 정책학은 실패 위험을 잘 설명하지 못하고 있다. 우리의 역사를 돌이켜 보면, 우리가 진정 경계해야 할 것은 시장실패가 아니라 정부와 정책의 실패다. 시민들이 자신의 의무를 게을리해서 사회가 혼란에 빠지고 전쟁에 짓밟히고 나라를 잃었던 것이 아니다. 무능한 정치와 부패한 탐관오리가 우리의 삶을 오히려 피폐하게 만들었다.

정부와 정책은 사람들을 잘살게 할 수도 있지만 상당한 혼란에 몰아넣을 수도 있다. 역사적인 경험을 보면, 행복하게 만들기는 어려워도 사람들을 도탄에 빠뜨리기는 쉬운 것이 정부와 정책이다. 기업의 실패는 그 기업이 망하는 것으로 끝난다. 그런데 정부와 정책의 실패는 정치인과 관료가 책임져주지 않는다. 국민 전체가 비용을 부담해야 한다. 적절히 견제하지 못하면 권력만 취하고 그 비용과 책임은 국민에게 전가하는 정부와 정책이 얼마든지 만들어질 수 있다.

정치인과 관료들은 정책의 성공 가능성을 과장한다. 그래야만 선거에서 이길 수 있고, 더 많은 예산을 확보할 수 있고, 권한도 커지기 때문이다. 설사 정부의 재정에 상당한 부담이 되는 정책도 기꺼이 공약으로 제시하는 것이 정치다. 이렇게 졸속으로 만들어진 정책도 이를 중지시키기는 어렵다. 이미 그로 인해 혜택을 얻는 집단이 저항하기 때문이다. 반면, 자신들의 실패를 숨기고 싶어 한다. 설사 효과가 불확실한 정책이라도 선거에 도움이 되면 새로 시도하거나 지속하고자 한다. 행정수도를 옮기고, 4대강을 개발하고, 재원방안에 관한 검토도 없이 상당한 복지정책을 도입하고 있는 것이 정부와 정치다. 이런 정책으로 정치인은 권력을 취한다. 하지만, 국민들은 그로 인한 비용을 고스란히 부담해야 한다. 정부와 정책에 대한 연구는 이런 위험을 견제할 수 있어야 한다. 정부와 정책은 실패의 위험을 과소평가할 요소를 내재하고 있기 때문이다.

이 책이 담고 있는 내용은 정부와 정책에 관한 통상적인 교과서의 내용과는 많이 다르다. 출발점이 다르고 주로 설명하고자 하는 내용이 다르다. 현상을 바라보는 관점도 많이 다르다. 철학적인 내용을 많이 담고 있다는 점도 다르다. 그런데 가장 큰 차이점은 정부실패와 정책실패의 위험에 상당한 비중을 할애하고 있다는 점이다.

기업은 실패하면 망하고, 시장도 실패하면 사라진다. 하지만, 정부와 정책은 실패해도 망하지 않는다. 국민에게 부담과 책임을 전가하면서 살아남는다. 설사 실패해도 정책을 지속하고, 정치인과 관료들은 이를 빌미로 계속 예산을 징수하고 정책을 만들고 권력을 행사한다. 사교육 문제가 해결되지 않고 학교교육을 엉망으로 만들고 대학교육을 획일화·서열화시켜도 교육부의 권력은 좀처럼 줄어들 줄 모르고 확대되고 있다. 시작하기는 쉽지만 설사 실패해도 중지하기는 어려운 것이 정책이다.

정부실패, 정책실패의 위험에 대응하려면 정부와 정책이 작동하는 원리에 대한 분석과 더불어 이 속에 내재된 실패의 위험을 규명할 수 있어야 한다. 정책을 만들고 운영하는 사람들과 핵심 매체인 언어에 대한 무지, 정치가 발생하고 작동하는 원리에 대한 무지, 사회현상의 발생적 근원이 되는 사회세계에 대한 무지 등으로 인해 정부와 정책의 실패 위험에 접근하는 일 자체가 어려웠다. 이 책은 정부와 정책을 구성하고 있는 핵심 요소들의 발생원리를 검토하면서 그 속에 내재된 실패의 위험을 다룰 수 있도록 내용을 구성하였다.

4 마음, 언어, 그리고 정치에 기초하여 설명해야 한다

이 연구는 정부 및 정책 실패를 설명하기 위해 인간의 사고와 언어에 관한 내용을 포함하고 있다. 우리 자신의 생각과 우리의 언어에 의지해 정부와 정책을 만들고 운영한다. 이런 점을 빼고는 정부와 정책의 작동원리와 실패 위험을 제대로 설명할 수 없다. 생각에 내재된 약점과 언어에 내재된 약점은 곧바로 정부와 정책에 침투하기 때문이다. 정부와 정책을 실패의 수렁으로 몰아넣는 것은 자기 사고와 언어의 약점에 무지한 우리 자신이다.

우리의 생각과 언어에 무지해서는 정치를 온전히 이해할 수 없다. 정치는 정치학에서 설명하는 것처럼 권력 작용이나 자원 배분 활동, 이해 조정 작용에 불과한 현상이 아니다. 권력을 뒷받침하는 것은 우리의 생각과 언어다. 우리의 생각과 언어가 이미 세상을 어떤 방식으로 보게 만든다. 어떤 이념을 추구하게 만들고 어떤 목표나 변화를 소망하게 만든다. 현실을 온전히 볼 수 없게 만들고 공정하게 볼 수 없게 만든다. 권력적 개입이 필요하고 정당한 것처럼 오해하게 만든다. 문제의 해결이 새로운 문제를 초래할 수밖에 없음에도 마치 어떤 해결책이 있는 것처럼 오해하게 만든다. 이런 생각과 언어에 기초해서 발생하는 것이 정치다. 실제와는 상관없이 언어적으로는 화려하고 유토피아적인 공약이 가능하기 때문에 정치가 발생한다. 정치가 동원하는 언어의 의미를 돌이켜 물으면 물을수록 정치의 영역과 권력적 개입의 필요성은 좁아질 것이다.

인간의 생각과 언어, 정치의 발생적 기원에 대한 무지로 인해 정부와 정책의 실패 위험을 제대로 보지 못하고 있다. 실패의 위험을 과소평가하고 있다. 언어의 작동원리를 이해하지 못하는 한 우리 사고의 약점을 돌이켜 볼 수 없다. 언어는 한편으로는 세계를 이해하게 하면서 다른 편으로는 세계를 은폐하고 세계에 관한 내 사고를 왜곡한다. 게다가, 이런 왜곡을 나 자신은 이해하지 못하게 만드는 것이 언어다. 마치 내가 알고 있는 것이 정답인 것처럼 착각하게 만든다. 시장에서는 개념의 허구성을 소비자의 선택이 검증한다. 정부와 정책에서는 이런 검증이 매우 어렵다. 정부와 정책은 시장과는 비교할 수 없는 실패의 위험에 노출되어 있다.

5 정부와 정책 연구는 초학문이 되어야 한다

정부와 정책 연구는 그것이 발생하고 작동하는 원리로 인하여 학문의 경계를 만들기 어렵다. 소위 초학문(trans-disciplinary)이 되어야 한다. 경계를 뛰어넘어야 한다. 자칫 경계를 잘못 넘으면 오히려 방향을 잃고 혼란스러워질 수도 있다. 독자성과 정체성을 상실할 수도 있다. 하지만, 방향을 잃을 위험이 있다고 현재의 상태에 안주하면 정부와 정책을 온전히 이해할 수 있는 길은 영원히 찾을 수 없다. 학문의 경계를 넘나들지만 우리가 도달하고자 하는 목표를 잃지 않는다면 우리는 언젠가는 그곳에 도달할 수 있다. 서로 다른 차원의 학문들을 동원하지만 그 속에 조화를 이루고 서로가 서로를 설명하면서 궁극적으로는 정부와 정책의 핵심요인에 도달할 수 있다.

왜 초학문이 되어야 하는가? 정부와 정책에 영향을 미치는 요소들이 학문의 경계를 뛰어넘기 때문이다. 정부와 정책을 설명하기 위해서는 알아야 할 내용도 학문의 경계를 뛰어넘기 때문이다. 히틀러(Adolf Hitler)의 독일을 생각해 보라. 정치와 경제만으로 이 정부를 설명할 수 있는가? 사회과학적인 차원의 연구만으로 설명할 수 있는가? 불가능하다. 인간의 생각과 언어, 그리고 정치를 움직이는 힘과 원리와 그 속에 내재된 치명적인 함정을 고려하지 않고는 이 정부의 선동적인 정책이 어떻게 독일 국민들에게 파고들 수 있었는지를 설명할 수 없다.

지금 한국 사회가 겪고 있는 수많은 갈등과 혼란을 생각해 보라. 단지 정책을 잘 결정하고 잘 집행하는 방식으로 대응할 수 있는 문제인가? 정치학, 경제학 등 사회과학의 차원에서 설명할 수 있는 현상인가? 정치인과 관료들에게 맡겨만 놓으면 그들이 알아서 해결해 줄 수 있는 문제인가? 그렇지 않다. 정치인과 관료들이 이런 일을 감당할 능력이 있었다면 우리가 겪었던 수많은 역사적 시련의 상당 부분은 피할 수도 있었을 것이다.

정부와 정책의 가장 핵심 요소는 사람과 언어, 그리고 정치다. 사회과학에서는 인간에 대해 가정한다. 이런 식의 연구로는 사회현상을 온전히 설명하지 못한다. 가정과 상충하는 영역이 발생하고 설명할 수 없는 영역이 발생한다. 설명할 수 없는 영역이 발생한다는 것은 정책이 예상 밖의 결과를 가져오는 일이 일어날 수 있음을 의미한다. 사회과학에서는 언어의 의미가 발생하고 작동하는 원리를 다루지 않는다. 이런 연구로는 언어를 이용하여 현상을 서술하고 개념화할 때 발생하는 언어와 세계의 괴리, 언어에 의한 세계의 은폐와 왜곡을 결코 설명하지 못한다. 문제가 아닌 것이 문제로 둔갑하고, 실현불가능한 유토피아적 구호가 난무하는 정치를 설명하지 못한다.

철학은 인간의 생각과 언어가 작동하는 원리에 관한 연구다. 철학의 도움이 없이는 인간에 대해 알 수 없고 언어에 대해 알 수 없다. 정부와 정책을 만들기 위해 필연적으로 의지해야 하는 사람과 언어에 대해 알 수 없다. 재료의 약점을 제대로 알 수 없으므로 그 재료로 무엇이든 만들 수 있을 것처럼 생각한다. 소위 행정만능, 법만능, 규제만능적인 사고에 빠진다.

6 인간의 존엄에 봉사할 수 있어야 한다

정치인과 특정정치집단의 이익에 봉사해서도 안 되고, 관료들의 이익에 봉사하는 학문이 되어도 안 된다. 특정이념의 도구가 되어도 안 된다. 인간의 존엄, 인간의 가치에 봉사하는 학문이 되어야 한다.

'인간의 존엄'에 봉사하기 위해서도 초학문이 되어야 한다. 이를 위해서는 크게 두 가지 검토가 필요하다. 첫째는 인간 자신에 관한 연구다. 도대체 인간이 원하는 행복은 무엇이며 어떻게 달성가능한가에 관한 연구다. 아울러, 인간 자신이 가진 탁월하고도 독특한 능력에 대한 논의도 이루어져야 한다. 스스로 달성하고자 하고 스스로 달성할 능력이 있고 스스로 달성하는 것이 가장 의미 있다면 이런 방식을 인정하고 보호해야 한다.

둘째는 정부와 정책이 만들어지고 작동하는 원리가 인간의 존엄 및 행복과 충돌할 위험에 관한 연구다. 인간에 대해 모르기 때문에, 언어에 대해 모르기 때문에 정부와 정책을 만들 때 발생하는 위험에 대해서도 잘 알지 못하고 있다. 사회현상에 관한 인간의 생각과 언어는 현상을 거울처럼 비추어 보여주지 않는다. 내 가치, 내 신념, 내 소망, 내 지식, 내 경험, 내 사상, 내 이론에 의해 채색되고 구성되고 창조되고 해석된 결과물이다. 그것이 그렇게 보이는 것은 현상이 그렇기 때문이 아니라 나의 생각과 언어가 그렇게 보도록 만들기 때문이다. 그럼에도 사람들은 이런 판단이 자신의 해석적 구성물이라는 것을 잘 인식하지 못한다. 나의 의식은 내가 모르는 사이 작동하여 결과만 보여주기 때문이다. 이런 생각과 언어가 인간의 존엄에 봉사하는 정책의 근거가 될 수 있을까? 단지 다수결투표로 정책을 결정하고 이를 모두에게 적용하는 방식이 이런 위험을 피할 수 있을까? 정치학, 경제학, 법학, 정책학, 행정학은 정부와 정책이 작동하는 원리에 대해 많은 설명을 제공한다. 그러나 인간의 생각과 언어를 직접 분석하지 않는 연구로는 생각과 언어에 숨어 정부와 정책에 스며드는 인간 사고와 언어의 위험에 대응할 수 없다.

7 일반이론을 지향한다

이 책은 정부와 정책에 관한 일반이론을 구성하고 소개하는 것을 목적으로 하고 있다. 이런 관점의 연구가 필요하다고 보고 있다. 즉, 상황에 따라, 시대에 따라, 사회에 따라, 이념에 따라, 관점에 따라, 정권에 따라 달라지는 특수성이 강한 요인은 이 책의 주된 관심이 아니다. 구체적인 특정상황을 설명하려면 이런 요인들도 감안해야 한다. 그러나 이런 특수 요인에 집착하면 정부와 정책을 움직이는 보다 거대하고 근본적인 힘을 망각하기 쉽다. 나무를 관찰하느라 숲을 보지 못하고, 숲을 보느라 산을 보지 못하고, 산을 보느라 자연사와 자연세계를 움직이는 더 근본적인 힘을 보지 못할 수 있다.

어떤 상황이든 어떤 시대이든 어떤 목적을 위해서든 사람들이 함께 정부를 만들고 정책을 만들고자 할 때 필연적으로 직면해야 하는 공통된 요인이 이 책의 주된 관심사다. 정부와 정책의 모양은 달라도 그 속에 공통적으로 작동하는 원리는 탐구한다는 점에서 일반이론을 지향하고 있다. 이유는 하나다. 이렇게 접근해야 정부와 정책을 움직이는 가장 근원적인 힘과 원리에 접근할 수 있다고 보기 때문이다. 왜 독재 정부가 인류의 역사를 지배하고 있으며, 민주적인 정부를 만드는 일이 어떤 일이며 왜 어려운지 설명할 수 있기 때문이다.

이와 같은 저술의 배경을 염두에 두고 정부와 정책을 이해하기 위해 알아야 할 예비적인 논의부터 진행해 보자.

제 1 부

예비적 논의

제 1 장 정부와 정책, 어떻게 접근해야 하나?

제 1 절 천 개의 얼굴

1 역사를 바꾼 박정희 정부와 경제개발정책

[그림 1-1]을 보자. 1960년 서울 청계천의 모습니다. 지금 서울의 모습과 비교해 보자. 상상하기 힘든 변화다. 역사 이래 이런 발전은 없었다. 앞으로도 이런 일이 다시 일어나기는 어려울 것이다. 이런 변화를 가능하게 했던 냉전[1)]이라는 국제 환경이 이미 크게 달라졌다. 동서 간의 대립이 민주주의의 최전선에 있는 한국에 대한 경제적 지원의 배경으로 작용하였다.

한국 사회의 급격한 발전은 박정희 정부와 그의 경제개발정책을 빼놓고 설명할 수 없다. 이 정부는 5·16 군사쿠데타를 발판으로 수립된 정부다. 정부가 탄생한 과정은 민주적이고 합법적이지 못했다. 게다가, 유신헌법을 만들어 정권을 연장하기도 했다. 두고두고 비난을 받는 이유가 되었다.

1) 제2차 세계대전이 끝난 이후 소련, 중국, 북한 동유럽 등 공산주의 국가들과 미국, 영국 등 민주주의 국가들이 이념경쟁을 벌이며 서로 대립하던 시기를 일컫는 말이다.

그림 1-1 1960년 서울 청계천의 모습

그러나 박정희 정부가 추진한 경제개발정책은 5천 년 한국 역사를 바꿔 놨다. 1961년 1인당 국민소득은 82달러였다. 청계천 사진은 이때의 모습이다. 농촌에서는 보릿고개를 넘기 위해 소나무 속껍질을 벗겨 먹어야 했다. 그런데 2014년에는 1인당 국민소득이 28,180달러가 되었다. 약 344배가 증가한 수치다. 스마트폰, TV, 메모리 반도체, 철강 등 우리가 만든 수많은 제품이 세계시장 점유율 1위를 차지하는 산업대국으로 발전하였다.

미국의 경제학자 후쿠야마(Francis Fukuyama)는 『트러스트』라는 책에서 한국은 신뢰가 부족한 사회로 대규모 기업이 자생적으로 만들어지기는 어렵다고 지적하고 있다. 막스 베버(Max Weber)가 『기독교 윤리와 자본주의 정신』의 서두에서 어떤 사회에서는 과학도 발전하고 기업도 발전하고 민주주의도 발전하고 심지어 예술도 발전하지만 다른 사회에서는 그렇지 못하다고 지적하는 것과 같은 지적이다. 즉, 한국은 시민과 기업이 독자적으로 대규모 기업을 발전시킬 수 있는 문화적 여건과 재정적 여건을 갖추지 못하고 있었다는 것이다.

그럼에도 불구하고 어떻게 대기업이 발전할 수 있었는가? 박정희 대통령 시절 경제개발계획의 수립에 직접 참여했던 오원철(1996)은 정부가 '어머니'와 같은 역할을 담당했다고 설명하고 있다. 부모가 자식을 정성으로 키우듯이 정부가 산업과 기업을 키웠다는 것이다. 예를 들어, 1960년대 중반 정부는 석유화학공업을 건설하기 위하여 다음과 같은 정책적 조치를 취하였다(오원철, 1996, 제3권: 63-64).

첫째, 관세법을 개정해서 석유화학공업용으로 도입되는 시설기자재에 대한 관세를 감면하였다.

둘째, 조세감면규제법을 개정하여 석유화학공업을 영업하는 자에게는 5년 간 법인세와 영업세를 면제토록 하고 공업단지 조성을 목적으로 취득한 토지에 대해서는 재산세와 취득세, 등록세도 면제했다.

셋째, 외자도입법을 개정하여 외국인에게는 세제상의 투자보호조치로서 세금감면규정을 두었고, 초기 5년은 면세, 차기 3년은 반으로 감면하는 등의 특혜를 주었다.

넷째, 공장용지값도 입주자는 20%만 내면 입주가 가능토록하고 나머지는 2년 거치 후 공장이 가동될 때, 이익금으로 충당할 수 있도록 5년 분할상환하게 했다.

다섯째, 자기자본비율을 30%로 하였다. 자기자본이 30%만 되면 나머지 원화가 모자랄 경우 합작투자자에게 현금차관할 수 있도록 조치했다. 당시 현금차관은 불가능할 때였다.

여섯째, 각종 유틸리티(수도, 전기 등) 값을 정부가 보장하였다. 예를 들어, 당시 한전의 전력요금이 6.04원/kWh였는데, 이것을 3.5원에 공급하겠다는 것이다. 그래서 그 해결방법으로 이들 '유틸리티'를 도맡아 공급하는 기업체를 국영으로 설립토록 했다.

정도의 차이는 있겠으나 비료공업에서부터, 섬유공업, 화학공업, 시멘트공업, 제철공업, 석유화학공업, 전자공업, 자동차공업 등 주요 공업이 모두 정부의 전폭적인 지원에 힘입어 육성되었다. 당시 정부는 기계공업진흥법(1967), 조선공업진흥법(1967), 전자공업진흥법(1969), 철강공업육성법(1970), 석유화학공업육성법(1970), 비철금속제련사업법(1971) 등을 제정하여 개별산업의 육성에 직접 개입하였다. 마치 토기장이가 토기를 빚어 내듯이 한국의 산업발전을 계획하고 주도하였다.

정부란 무엇이고 정책은 무엇인가? 정부를 이끄는 최고의사결정자와 정책을 만들고 집행하는 사람들의 의지에 따라 달라진다. 잘 이용하면 5천 년의 역사를 바꾸는 국가적 대전환의 수단이 될 수도 있다. 정부가 이런 일을 감당할 수도 있다.

그러나 현실의 정부와 정책은 천 개의 얼굴을 가지고 있다. 동일한 종류로 분류해도 될지 의심스러울 정도다. 너무나 다양한 얼굴을 가지고 있다. 그것이 어떤 것이라고 말하는 것조차 쉽지 않다. 정부와 정책을 이해하는 가장 좋은 방법은 "생각하지 말고 보는 것"이다. 의문을 가지지 말라는 것이 아니라 개념화하고 이론적으로 설명하려 하지 말고 관찰해 보라는 것이다. 정치학이나 정책학부터 배우려 하지 말고, 주변에서 일어나고 있는 정부와 정책을 보라. 심지어 정치에 참여하고 있는 정치인들도 정치학 전공자가 아니다. 그들은 그냥 일상의 인간관계와 세계에 관한 상식적인 지식에 근거하여 정치에 참여하고 정책도 만든다. 그렇다면, 정부와 정책은 무엇을 위한 조직, 누구를 위한 수단이 될 것인가? 결국, 정부와 정책에 대하여 결정적인 영향력을 가진 사람들의 의지에 따라 결정된다.

2 국민에 대한 무자비한 테러, 폴 포트 정부

한국의 경제개발정책과는 대조적인 사례를 검토해 보자. 캄보디아의 폴 포트(Pol Pot)는 1975년부터 약 4년 간의 집권 기간 동안 130만 명의 자기 국민을 사살했다. 800만 국민의 약 6분의 1이 목숨을 잃었다. "자본주의자는 죽어주는 것이 처음이자 마지막으로 인민을 돕는 길이다", "도시는 개조될 수 없지만 인간은 개조될 수 있다."고 외쳤다. 모든 민중은 농경산업에 집중할 것이며 나아가 위험이 되는 모든 요소, 대중문화 및 퇴폐하고 위험한 사고방식을 가진 이들은 필요 없다는 정책을 폈다. 안경을 써도 위험분자로 몰려 강제수용소로 와서 종일 막노동에 시달려야 했다. 도시인들을 모조리 농촌으로 보내 농사를 짓게 했고 이에 반대하는 사람은 그들의 동료라도 죽였다. 결국, 불만이 폭발하고 시위와 반발이 이어지자 강경방침으로 모든 것을 바꾸었다. 국가의 발전을 가로막는 자들은 일절 죽여야 한다며 총알을 아끼고자 칼과 몽둥이, 그리고 그 유명한 손을 묶고 비닐봉지를 머리에 씌워 질식사시키는 방식까지 동원되었다. 농민 이외에는 모두 다 가짜라고 생각했던 크메르 루주(Khmer Rouge)는 영어를 할 수 있다는 명목으로, 손바닥에 굳은살이 없다는 이유로, 심지어 안경을 썼다는 이유로 사회의 장애물로 취급해서 죽였다.[2] 이런 정부에게 정책은 무엇일까? 행정은 무엇일까? 단지 폭력과 폭정과 압제와 대량 살상의 집행수단일 뿐이다.[3]

2) https://namu.wiki/w/살롯 사

황석영의 소설 『장길산』 서두에 다음과 같은 이야기가 있다.[4] "세상에 무서운 것이 세 가지 있소 그려. 산에 범이 무섭고, 미친놈 칼 잡은 것이 또한 무섭고, 무식한 놈 돈 가진 것은 더 더욱 무섭거든." 정책이란 하나의 '칼'일 뿐이다. 미친 놈이 잡으면 냉혹한 도륙의 도구가 될 뿐이다. 폴 포트 정부는 정말 마치 미친놈이 칼을 잡은 것처럼 너무나도 무자비한 만행을 저질렀다. 심리학자들은 인간이 권력자의 명령에 단지 그것이 명령이라는 이유만으로 순종하는 경향이 있음을 밝혀냈다. 루시퍼 효과(Lucifer Effect)라는 이름을 붙여 놓았다(필립 짐바르도, 2007). 천사였던 루시퍼가 하나님을 배반하고 사탄이 되듯이, 설사 착한 사람도 권력자에게 자기 행동의 핑계를 돌릴 수 있을 때, 권력자의 명령이 있을 때는 얼마든지 악한 일을 할 수 있다는 것이다. 히틀러와 나치 정부가 유대인들에게 자행한 끔찍한 만행도 이런 심리적 원리 위에 작동하였을 것이다. 권력이 악의 근원이 되어도 이를 제대로 견제하거나 이에 대항하지 못하는 치명적 약점을 인간 자신이 이미 가지고 있다는 것이다.

알렉시스 드 토크빌(2006)의 『앙시앵 레짐과 프랑스 혁명』에도 정부라는 것이 얼마나 독재적 권력에 취약한 구조인지를 잘 보여주는 내용들이 기록되어 있다. 주민들이 스스로 발전시킨 자치도시의 자치권을 황제는 재정수입의 확보를 위해서 빼앗는다. 그리고는 이렇게 빼앗은 자치권을 되팔았다가 다시 빼앗기를 반복한다. 세금은 납부할 능력이 있는 귀족에게 부과하지 못했다. 저항이 두려웠기 때문이다. 대신 저항할 능력이 없는 농민에게 부과하였다. 법은 충성의 확보가 필요한 관리들에게 일방적으로 유리하게 집행되었다.

3 천 년의 역사, 런던시의 자치

비교적 민주적인 방식으로 작동하는 정부도 발견할 수 있다. 영국의 런던시(the corporation of London)는 11세기에 만들어져 약 천 년의 역사를 가지고 있다. 여전히 가장 안정적인 민주 정부로 작동하고 있다.[5] 중세 유럽의 자치도시에서도 민주

3) 이외에도 무자비하게 인명을 대량으로 살해한 정부는 모택동, 스탈린, 김일성, 사담 후세인 정부 등 많다. 보다 상세한 정보는 다음 사이트 참고 http://www.scaruffi.com/politics/dictat.html.

4) https://twitter.com/hsokyong/status/267144757577388032

적으로 작동하는 정부를 발견할 수 있다(표트르 A. 크로포트킨, 2005; 앙리 피렌느, 1997; 사공영호, 2008). 당시 상업의 발전을 선도하였던 길드(guild)들은 자체적인 재원과 법적 규약을 마련하고 자신들이 속한 도시의 안녕을 위하여 자발적으로 필요한 일들을 감당하기 시작하였다. 도시가 전쟁을 해야 할 때면 길드는 자체적으로 마련한 무기를 들고 직접 선출한 지휘관의 지휘 하에 독립된 연대를 이루어 전쟁에 나갔다(표트르 A. 크로포트킨, 2005: 240). 수입의 일부를 방어시설 축조와 도로 유지에 할당하기도 하고, 길드의 장이 동료시민을 위해 길드의 기금을 사용하기도 하면서 사실상 행정관(시장)의 역할을 수행하였다.

길드가 도시의 재정을 관리하고 도시 재정의 상당부분을 회비로 충당하면서 자치를 선도하였다. 길드는 공식적으로는 그렇게 할 권리가 없는 일들을 자신들의 결집력, 영향력, 재력, 공통적 필요에 대한 이해를 기반으로 수행함으로써 이미 사실상 자치조직으로서의 기능을 수행하고 있었다(앙리 피렌느, 1997: 제7장). 이처럼 길드집단의 영향력이 커지면서 여러 가지 제도의 변화도 발생했다. 통행세를 면제받거나 토지를 양도받기도 하였으며, 길드에 대한 주교의 사법권이 제한되고, 군역을 경감해 주며, 법정결투를 면제하는 등의 변화들이 일어났다. 뿐만 아니라 자치적인 사법조직, 즉 재판관이 부르주아(bourgeois) 가운데 선출되고, 부르주아의 갈망에 알맞은 재판을 할 수 있는 사법제도가 만들어졌다. 이처럼 자치도시가 사실상 안정적인 토대를 마련하게 되자 이를 법적으로 인정하는 특허장을 통하여 도시의 모든 주민에게 적용되는 특별법과 시참사회 법정 및 완전한 도시자치를 갖춘 하나의 특별법적 영역으로 인정받게 되었다.

토크빌(알렉시스 드 토크빌, 1997; Bellah et al, 1996; 사공영호, 2008)이 연구한 아메리카의 청교도 공동체 역시 자치에 기초한 민주적 정부다. 미국에서는 개척 초기부터 토크빌이 자치의 관습이라 부르고 있을 정도로 일반화되어 있었다. 주로 영국 이민들이 개척하던 뉴잉글랜드 지역은 초기부터 교회를 중심으로 하는 타운을 형성하여 자치적인 생활을 시작하였다. 타운의 자치는 노예를 제외한 모든 자유민이 모여 주민총회를 통하여 의사결정을 하는 직접민주주의 방식을 채택하고 있었다. 뿐만 아니라 서부개척 당시 만들어진 각종의 주민조직들도 스스로 제정한 정관에 의하여 공동체를 구성하고, 재판관, 배심원, 보안관, 공무담당자 등 각종의 공공

5) http://www.cityoflondon.gov.uk/Pages/default.aspx

서비스를 공급할 수 있는 조직을 갖추고 있었다(Anderson & Hill, 1979). 도시화가 진행된 현재까지도 주민들의 요구에 의하여 만들어진 자치단체(예: city, borough, town, village 등)에 국민들의 약 60%가 거주하고 있을 정도로 미국에서 자치는 생활의 일부로 뿌리를 내리고 있다(김태완 · 강경태, 2004).

물론, 민주적인 방법으로 정부를 만들었다고 정책까지도 민주적으로 작동하는 것은 아니다. 예를 들어, 히틀러(Adolf Hitler)는 독일의 바이마르공화국 헌법에 의하여 실시된 대통령 선거에서 당선된 힌덴부르크(Paul von Hindenburg) 대통령이 총리로 지명함으로써 총리가 되었다. 1934년 8월 대통령 힌덴부르크가 죽자 국민투표를 실시해서 총리가 대통령의 지위를 겸하게 되었고 그 지위를 총통 및 총리(Führer und Reichskanzler) 약칭 총통(Führer)이라 칭하였다. 즉, 그의 집권과정은 민주적인 것처럼 보인다. 그러나 그가 시행한 정책들은 전혀 민주적이지 못하였다. 전권 위임법을 강압적인 방법으로 통과시켜 나치 정권에 입법권을 위임하도록 했다. 지방의회가 해산되고 사민당은 불법화되었다. 각종 단체와 조합을 나치당의 하부조직으로 삼았다. 독일 국방군은 나치 당원에 융합되었고, 결국 명실상부한 독재자의 지위에 올랐다.[6)]

민주적으로 선출된 시장과 의회가 특정종교, 특정계층, 특정인종을 중심으로 구성된다면 정책은 공정성을 상실할 수도 있다. 반면, 영국처럼 외형적으로는 군주제를 유지하지만 정부와 정책은 민주적으로 작동할 수도 있다. 그러나 민주적 정부는 정책을 민주적으로 형성하고 집행할 수 있어도 독재 정부에서는 정책의 민주화가 쉽지 않다. 민주주의는 독재적 권력을 용납할 수 없는 정치 및 정책의 형태이기 때문이다. 국민과 다수의 유권자가 주권을 가진다면 독재자는 설 자리가 없다.

왜 정부와 정책은 이처럼 다양한 방식으로 형성되고 작동할 수밖에 없을까? 과연 이처럼 다양한 정부와 정책을 하나의 책에 담아낼 수 있을 것인가? 어떤 방법이 있을까 고민스럽지 않을 수 없다.

---

6) https://ko.wikipedia.org/wiki/아돌프_히틀러 참고.

4 만들기 어려운 민주 정부

폴 포트 정부와 선진국의 자치 정부들이 최악의 정부와 최선의 정부의 극과 극을 보여준다면, 그 사이에는 수많은 다양한 유형의 정부들이 있다. 동일한 사회에서도 시대에 따라 다른 양상을 하고 있다. 종교에 따라서도 다른 양상을 보이고 있다.[7] 설사 동일한 종류라고 분류하더라도 보다 구체적으로 정부의 양상을 들여다보면 다시 여러 가지 차이점들이 나타난다. 그런데 분명한 점은 좋은 정부, 좋은 정책을 만드는 일은 쉽지 않다는 점이다.

『이코노미스트(*The Economist*)』가 2012년 167개 국가를 조사 결과를 보면,[8] 온전한 민주주의 국가는 15%에 불과하다. 이런 국가에 살고 있는 인구의 비중은 11.3%에 불과하다.[9] 결함이 있는 민주주의 국가를 포함하면 약 50%의 인구가 민주 국가에서 살고 있다. 그나마 수천 년의 인류 역사를 놓고 보면, 이런 정부가 출현한 것은 불과 수백 년 전이다. 비교적 안정적인 민주 정부가 확산된 것은 불과 100년 내외의 역사를 가지고 있다.

그런데 약 30%의 국가와 37.1%의 인구는 독재적인 정부의 지배를 받고 있다. 지역별로는 완전한 민주주의를 실시하고 있는 것은 서유럽과 북아메리카 국가들이다. 독재 정부가 지배하고 있는 국가들은 중동과 아프리카 국가들이다. 이 모든 국

표 1-1 정부 유형별 분포

정부의 유형	점 수	국가 수	국가 비중	인구 비중
완전한 민주주의	8.0~10	25	15.0	11.3
결함 민주주의	6.0~7.9	54	32.3	37.2
혼합정부	4.0~5.9	37	22.2	14.4
독재 정부	0~3.9	51	30.5	37.1

7) https://en.wikipedia.org/wiki/Christian_democracy; https://en.wikipedia.org/wiki/Islamic_democracy; https://en.wikipedia.org/wiki/Jewish_and_democratic_state; https://en.wikipedia.org/wiki/Theodemocracy 등 참고.

8) 선거과정, 정부의 기능, 정치참여, 정치문화, 시민자유 등 다섯 가지 지표를 기준으로 조사한 것이다.

9) http://pages.eiu.com/rs/eiu2/images/Democracy-Index-2012.pdf; The Economist(2013). Democracy index 2012: Democracy at a standstill. 참고.

가 중에서 모든 지표에서 가장 독재적인 국가는 북한이다.

한국은 『이코노미스트(*The Economist*)』의 조사 결과로는 민주적인 국가다. 해방 이후 짧은 기간에 가히 획기적인 정치적 발전을 이룩한 것은 분명하다. 평화적인 정권교체가 이루어지고 있고, 부정선거도 크게 달라졌다. 그러나 이는 외부적으로 관찰이 용이한 몇 가지 측면을 기준으로 관찰한 결과다. 세계경제포럼이 발행하는 국가경쟁력보고서에 따르면, 한국 정부는 국가경쟁력에 부담으로 작용하고 있다.[10] 경제인들은 기업활동에 가장 부정적인 영향을 미치는 요소로 정책 불안정성과 비효율적 정부관료제를 꼽고 있다. 144개 조사국 중 국가경쟁력은 26위를 기록하고 있으나, 정치인에 대한 국민의 신뢰는 97위, 정부 규제로 인한 부담은 96위, 정부정책의 투명성은 133위를 기록하고 있다.

5 여전히 강성한 독재형 정부[11]

『이코노미스트(*The Economist*)』의 조사 결과에서 보듯이 지구상에 있는 국가들 중 약 30%는 여전히 독재적인 정부의 지배를 받고 있다. 이런 사회에서는 국민들이 자신들의 지도자를 선택하는 데 거의 영향을 미치지 못한다. 이런 나라에서는 이런저런 이유로 국민들은 거의 정기적으로 비극적인 상황에 처하지만, 지배자들은 이런 상황에도 불구하고 지배력을 유지하면서 여전히 독재적인 통치를 계속하고 있다. 다음과 같은 나라의 정부들을 생각해 보자.

1) 쿠 바

공산주의체제로 국가가 운영되고 있다. 쿠바 공산당은 1950년 이래 유일한 지배 정당이다. 정당의 구성원들은 연줄과 인터뷰에 의해 선발된다. 쿠바 국민들은 기본적인 인권을 보장받지 못하고 있다. 무죄한 사람들에 대한 고문과 불공정한 재판과 수감으로 인해 쿠바 정부는 비난을 받고 있다.

10) The Global Competitiveness Report 2014－2015, pp.234－235 참고.
11) http://listaka.com/top－10－almost－non－democratic－countries/ 및 위키피디아(Wikipedia) 참고.

2) 사우디아라비아

사우디아라비아는 북동아시아에서 가장 부자 국가의 하나다. 국왕이 통치한다. 왕정 절대주의에 따라 수상을 따로 임명하지 않으며, 의회는 없고 그 대신 자문위원회가 존재한다. 모든 장관은 국왕의 형제나 조카 등 근친의 왕족만이 임명된다. 국왕은 살아있는 동안 나라를 지배한다. 왕이 지명한 왕자가 왕위를 계승한다. 나라는 13개의 지역으로 구성되어 있고, 각 주는 국왕이 지명한 지사들이 통치한다. 코란(Koran)이 헌법으로 선포되어 있으며, 이슬람 법에 의하여 지배된다. 국기에는 코란의 구절이자 이슬람의 다섯 기둥의 하나인 샤하다(Shahada)가 쓰여 있다. "알라 외에는 신이 없으며, 무함마드는 그의 사도이다." 이 구절은 이슬람에서 가장 신성시되므로 사우디아라비아는 조기를 게양하지 않는 몇 안 되는 나라 중 하나이다(위키피디아 참고).

3) 바레인

2002년 이후 바레인은 입헌군주제 국가다. 국왕이 국가의 원수이며 왕위계승자로 지명된 왕자(Crown Prince)가 왕위를 계승한다. 정부의 수장은 국무총리다. 의회는 양원제를 채택하고 있다. 상원 의원 40명은 왕이 지명하며, 하원 의원 40명은 4년마다 선출된다.

4) 모로코

모로코는 양원제를 채택하고 있다. 사법부는 독립되어 있으나 최고권력은 국왕에게 있다. 헌법은 국왕의 지배 아래 운영된다. 모로코의 인권은 혼합적이다. 언론의 자유가 상당히 인정되고 있으나 국왕에 대한 언론의 논의는 허용되지 않는다. 종교의 자유에도 제약이 가해지고 있으며 기독교는 금지되어 있다. 최근에는 여성과 어린이의 인권이 크게 개선되었다. 명목상 왕권이 헌법의 제약을 받는 입헌군주제지만 1999년 왕위에 오른 모하메드 6세(Mohammed Ⅵ)가 의회 해산권, 비상사태 선포권 등 거의 모든 실권을 행사해왔다. 2011년의 헌법 개정에 따라 모하메드 6세 국왕이 군대·종교에 대한 통제권을 인정받고 국가원수의 지위를 지키는 대신, 현

재 국왕이 임명하는 총리는 총선에서 승리한 다수당에서 임명해 정부 대표의 지위를 부여한다.[12)]

5) 시리아

시리아 정부는 준대통령제(semi-presidential) 공화국이라고 주장한다. 하지만, 미국 CIA에 따르면 권력은 완전히 대통령과 그의 가족 손에 있다. 시민들을 독재적으로 지배하고 있다. 1963년 쿠데타로 집권한 바트당을 기반으로 1970년에 정권을 잡은 하페즈 알아사드(Hafez al Assad)와 그의 아들 바샤르 알아사드(Basher al Assad)가 40년 넘게 부자세습의 독재정치를 이어왔다. 독재체제 타파를 원하는 시리아 시민들이 2011년 3월 15일부터 시리아의 대통령 바샤르 알아사드와 바트당 정권의 퇴진을 요구하는 시위를 벌이자, 알아사드가 군대를 동원해 이 시위를 유혈 진압함으로써 내전으로 번졌다. 또한 이 내전은 시리아 내 소수 종파인 알라위파 등 이슬람교 시아파(13%) 집권 세력과 다수 종파인 이슬람교 수니파(74%) 간 종교 전쟁의 성격을 동시에 가지고 있어서 알아사드 정부는 오랜 우방인 러시아와 시아파 종주국인 이란이, 반군은 알아사드 정부에 적대적인 미국 등 서방 국가와 수니파 종주국인 사우디아라비아가 지원하는 대리 전쟁의 성격까지 띠고 있다. 이라크에서 등장한 수니파 무장단체인 IS가 내전의 와중에 시리아 동부를 점령하면서 전쟁의 양상은 매우 복잡하게 전개되고 있다.

6) 카타르

절대군주의 지배를 받고 있다. 군주가 국가뿐 아니라 정부도 지배한다. 샤리아(Sharia)가 헌법에 의하여 인정되는 법들의 주요 근거다. 가족, 유산, 일부 범죄에 관한 법은 샤리아를 따른다. 법정에서 여성의 증언은 남성의 증언에 비해 절반의 가치만을 가진다. 어떤 경우에는 여성의 증언이 전혀 효력을 인정받지 못한다. 매질과 채찍질이 형벌의 방법이다.

---

12) https://ko.wikipedia.org/wiki/모로코

7) 북 한

1인 지배의 공산주의 독재국가다. 제2차 세계대전 이후 김일성과 그의 후손들이 대를 이어 국가를 통치하고 있다. 김일성이 만든 조선노동당이 일당 독재를 펴고 있으며, 정부의 고위직은 주로 군인들이 맡고 있다. 사실상 절대군주제라 할 수 있다. 강력한 노동당이 시민들이 지켜야 할 모든 법과 규칙을 결정한다. 현재 내세우는 정치이념은 주체사상과 선군정치(先軍政治, 군이 앞장서는 정치)이다. 주체사상은 1972년 사회주의헌법 개정에서 최초로 등장하였고, 1992년 4월 헌법 개정 때 마르크스-레닌주의를 삭제하고 그 자리를 대신하게 되면서 독자적인 사회주의 체계를 마련했다. 1998년 사회주의헌법 개정 때 공산주의 문구를 전부 삭제하고 국방위원장의 권한을 대폭 강화하여 국방위원장이 자국의 실권자임을 명시하였다. 2013년 6월에는 헌법이나 노동당 규약보다 상위 규범인 '당의 유일사상 체계 확립의 10대 원칙'을 39년 만에 개정하면서 공산주의 강령을 삭제하고 주체사상으로 대체하였으며, 김일성 가문의 '백두 혈통' 계승을 명문화하였다. 북한의 지도이념인 주체사상과 일반적인 공산주의 사이에는 차이가 있다. 민족주의를 강력하게 표방하며, 권력을 부계 세습하는 점에서 다르다. 마르크스-레닌주의에서는 정당을 비롯한 계급의 소멸을 시사하고 있으나, 조선민주주의인민공화국에서는 지배계급이 유교적인 세습으로 유지되고 있다. 국가는 당(黨)이 '령도(領導)'하고 당(黨)은 수령이 '령도(領導)'하는 국가 운영 원칙에 따라 김정은이 독재적인 지배를 이어가고 있다.[13)]

이런 나라에서 정책이란 무엇이겠는가? 정책연구자들은 대체로 정책이란 목표 달성을 위한 수단 또는 문제의 해결을 위한 수단이라 설명한다. 물론, 많은 나라에서 정책은 이런 목적으로 만들어진다. 그런데 이미 권력이 특정인에게 집중되어 있고, 이들이 굳이 국민의 이익을 위해 통치해야 할 이유가 크지 않다면 정책은 무엇이겠는가? 이때 정책은 누구의 문제를 해결하고자 하겠는가? 이때의 정책은 어떤 목표를 달성하고자 하겠는가? 황석영의 설명처럼 미친놈이 칼을 잡으면 무서운 것은 칼 그 자체가 두려운 도구이기 때문이기보다는 칼을 잡은 인간이 어떤 짓을 할 것인지 예측할 수 없기 때문이다. 같은 칼이라도 요리사가 잡으면 요리의 도구가

13) https://ko.wikipedia.org/wiki/조선인민민주주의공화국

되지만 무사가 잡으면 전쟁의 도구가 되고, 무당이 잡으면 칼춤의 도구가 될 수 있다. 정책을 알기 위해서는 그것을 만들고 운영하는 정부와 정치도 함께 알아야 한다.

제 2 절 왜 다양한 모습을 보이는가?

1 인간의 창조물

왜 각각의 사회는 각자의 정부를 발전시키고 있는가? 마치 하나의 예술작품처럼 각 사회구성원들의 창조물이기 때문이다. 사회구성원들이 자신의 상황을 토대로 만들어낸 역사적, 사회적, 정치적, 경제적, 문화적 창조물이기 때문이다. 어떤 사회는 민주적인 정부를 구축하고 있는데, 많은 사회들은 여전히 사실상의 전통적인 군주제와 유사한 정부 형태를 유지하고 있다. 시리아, 이라크와 같이 정부는 거의 유명무실하고 사회구성원들은 극단적인 갈등과 테러에 빠져 있는 사회들도 있다. 미얀마와 같이 군부가 국가를 지배하는 일도 일어나고 있다. 민주적인 정부를 구성하고 있는 경우에도 구체적인 양상은 나라마다 다르다. 군주제적인 정부를 구성하고 있는 경우도 실제의 양상은 나라마다 다르다. 각 사회구성원들의 창조물이기 때문이다.

그렇다면, 사회구성원들이 정부를 창조하는 원리는 무엇인가? 사회구성원들의 지위 기능 부여다. 종이 조각이 화폐가 되는 것은 사회구성원들이 그런 기능을 부여하고 인정하기 때문이다(Searle, 1995, 1998, 2003, 2010; 사공영호, 2013). 오바마(Barack Obama)가 대통령이 되는 것 역시 미국 사람들이 일정한 과정을 거쳐 그에게 그런 지위를 부여하기 때문이다. 어떤 사람이 나의 아내가 되고 나의 남편이 되는 이유 역시 그와 같은 특별한 지위를 부여하기 때문이다. 지위 기능 부여가 사라지면 종이 조각은 화폐로서의 지위를 상실하며, 오바마는 대통령으로서의 지위를 상실한다.

정부가 정부로서의 지위를 획득하는 원리도 지위 기능 부여다. 어떤 형태의 정부이든 그것이 통치조직으로서의 권력을 획득하려면 사회구성원들로부터 그러한 지위와 기능과 권한을 부여받거나 인정받아야 한다. 사회구성원들이 자의든 타의든 그 정부에게 그와 같은 지위와 기능을 부여해야 한다. 또한 정부로 인정해야 한다. 사회구성원들의 인정은 레닌(Vladimir Lenin)의 말처럼 총구멍에서 나올 수도 있다. 자생적 민주 정부에서처럼 주민들의 자발적인 지위 및 기능 부여에서 나올 수도 있다. 어떤 방법이든 적어도 하나의 정부가 발생하고 존속하려면 사람들의 인정에 기초해야 한다. 국민 다수가 자신들의 목숨을 걸고 정부와 지배집단에게 지위와 권력을 부여하기를 거부한다면, 이런 정부는 결코 안정적으로 존속할 수 없다. 이집트의 무바라크 정부와 시리아의 아사드 정부는 이런 이유로 무너지거나 위기를 맞았다. 삼대를 이어 세습되고 있는 북한의 김정은 정부 역시 군부가 저항하거나 인민들이 인정을 철회하면 무너진다.

가령, 1968년 민주화 시도(소위 "프라하의 봄") 이후 체코는 인구 10명당 1명을 비밀스파이로 삼고 나머지 9명을 감시하도록 했다. 독일 통일 이전 동독에서의 감시 장치는 훨씬 치밀하고 무자비하였다. 심지어는 아내와 남편이 서로에 대해서 감시하고 보고하도록 강요받았다(Searle, 1995: 91−92). 하지만, 이런 감시와 강제가 더 이상 통하지 않으면서 강압적 정부는 무너졌다. 동독이 무너진 것은 반정부시위대에게 사격을 가하라는 명령조차도 동독의 군대는 거부하였기 때문이다. 즉, 시민들이 더 이상 그러한 지위와 역할을 인정하지 않으면 군대와 비밀경찰도 무너지고, 결국은 국가 역시 무너질 수밖에 없다는 것이다.

정책이 만들어지는 원리 역시 기본적으로는 동일하다. 사회구성원들의 생각과 요구에 기초하여 어떤 목적과 기능을 부여하고 인정하는 방법으로 정책은 만들어진다(Searle, 1995, 2010; 사공영호, 2013). 정부가 입법부, 사법부, 행정부를 포함하는 정부조직이라면, 정책은 이렇게 만들어진 정부가 국민들을 위해 구체적으로 수행할 일을 의미한다. 국방, 외교, 사회간접자본의 공급, 치안과 질서의 유지, 경제의 발전과 안정화, 교육서비스의 제공, 환경의 보호, 각종의 복지정책의 제공 등의 역할을 정부는 수행하고 있다. 이런 것들이 정책이다. 그런데 이 정책 역시 정책을 결정하고 집행하는 과정에 참여하는 정치인, 유권자, 관료, 이익집단, 시민단체 등이 해당 정책에 목적과 수단을 부여하고 인정하는 방법으로 창조되고 작동한다. 즉, 사회구성원의 창조물이라는 것이다.

2 마음[14)]과 언어에 기초한 정부 · 정책의 발생

왜 각 사회는 자신의 정부에 대해 서로 다른 권한과 역할을 부여하고 있을까? 왜 각 사회가 정부 권력을 만들고 정당화하는 방법은 다를 수밖에 없을까? 왜 동일한 목적의 정책이 실제 만들어지고 집행되는 양상은 나라마다 다양할 수밖에 없을까? 각 사회구성원들이 자신들의 사회적이고 역사적인 여건에 기초하여 만들기 때문이다. [그림 1-2]는 정부와 정책이 창조되는 원리를 인간의 몸과 마음의 능력이라고 하는 가장 근원적인 요인, 몸과 마음의 능력에 기초하여 발생하는 문화와 비공식제도에 기초하여 설명한 것이다(사공영호, 2015a: 41).

정부와 정책에 대한 논의가 혼란에 빠지지 않으려면 사회세계가 발생하고 작

그림 1-2 마음 언어 정부 정책: 정부와 정책의 발생체계

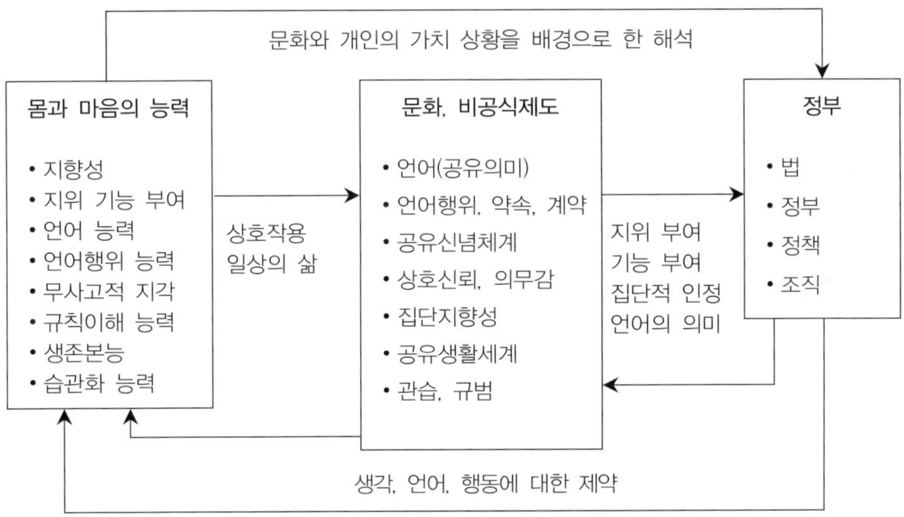

14) 이 책에서 마음은 데카르트(Reńe Descartes)와 칸트(Immanuel Kant)의 근대 인식론에서 생각과 이성(reason), 현상학에서의 의식(consciousness)과 지향성(intentionality)이라 이름 붙여진 의식의 작동원리와 능력, 그리고 분석철학자인 설(John R. Searle)의 연구에서 마음(mind)과 지향성(intentionality)이라는 의미를 함께 담고 있다. 이 연구들의 공통점은 인간은 의식이 주변 세계에서 주어진 자료와 자극을 다루는 독특한 방법 및 능력과 그 속에 내재된 약점을 다룬다는 점이다. 인간은 의식의 능력에 의지해서 언어도 만들고 사회세계와 질서도 만든다.

동하는 기본 원리를 이해할 필요가 있다. 인간이 본래부터 가지고 있던 것은 자신의 몸과 마음의 능력밖에 없다. 몸과 마음의 능력에서 핵심적 위치를 차지하고 있는 것이 지향성(intentionality)이다. 지위 기능 부여 능력 역시 지향적 의식 능력의 표출이다. 지향성과 지위 기능 부여 능력은 현상학, 언어철학, 제도철학자들이 밝혀 낸 것이다. 인간의 마음이 태어나면서부터 가지고 있던 능력의 핵심이다(사공영호, 2015a: 제4장, 제5장). 언어 및 언어행위 능력, 규칙 이해 능력 역시 지향적인 사고의 능력에서 기원한다(사공영호, 2015a: 제5장). 습관화 능력 역시 인간의 마음과 몸이 주변세계와 관계하는 방식에 관한 현상학자들의 연구의 산물이다(Heidegger, 1962: §27; Ravaisson, 2008; 사공영호, 2015a: 제6장). 이런 연구들이 공통적으로 지적하는 것은 인간의 몸과 마음이 가지고 있는 능력이 일상의 삶을 가능하게 할 뿐 아니라 정부, 조직, 법, 정책, 국가와 같은 사회현상들의 생성, 진화, 작동도 가능하게 한다는 것이다. 사회세계가 혼란에 빠지고, 독재적이고 폭력적인 정부가 여전히 창궐하는 것은 인간이 자신이 가진 몸과 마음의 능력을 이용하여 다른 인간을 억압하고 수탈하고자 하기 때문에 발생한다. 어떤 사회가 어떤 정부를 형성할 것인지는 이런 마음의 능력을 협력적으로 이용할 수 있는 토대를 사회구성원들이 함께 형성해 낼 수 있는지에 달려 있다.

탁월하고 독특한 몸과 마음의 능력을 가진 사람들이 공동체를 이루고 함께 생활하는 과정에서 자연스럽게 형성되는 것이 언어와 규범과 관습을 포함하는 문화와 비공식제도다. 어떤 공동체든지 인간이 만든 공동체들은 자신들만의 언어를 가지고 있고 자신들만의 문화를 가지고 있다. 이것은 특정 개인의 의도와 설계의 산물이 아니다. 더불어 살아가는 과정에서 서로 통신할 필요성이 발생하고, 이런 필요성에 자신이 가지고 있는 마음의 능력을 이용하여 대응하는 과정에서 자연스럽게 언어가 만들어진 것이다. 공동체를 구성하고 공유의 언어를 갖는 것은 이미 공유의 권력관계를 포함한다. 언어란 이미 우리의 생각과 행동에 대한 지배력의 근원으로 작용하기 때문이다(Searle, 2010: 62－63; 사공영호, 2013: 230－231; 사공영호, 2014b).[15] 부모이기 때문에 지켜야 할 행동이 발생하고 사회적 금기도 발생한다. 부모 자식 간의 사회적 금기(예: 근친상간)는 마치 트로이의 목마처럼 나도 모르는

15) 설(John R. Searle)은 언어를 갖는 것은 이미 사회를 갖는 것이라고 말한다. 즉, 이미 공유의 삶의 양식과 행동의 규범을 가지고 이에 의지하여 함께 살아가게 한다는 것이다.

사이 나의 마음속에 들어와서 나로 하여금 그것을 지키지 않을 경우 스스로를 자책하게 만든다(남경희, 1997: 213). 타자들로부터 배운 규범이지만 남이 나를 꾸짖는 것이 아니라 나 자신이 스스로를 비난하게 만든다. 공유의 언어를 통하여 타인과의 사회관계에 들어서며 동시에 그 언어에 의해 규제되는 통치관계에 참여한다(남경희, 1997: 218).

언어가 만들어지면 언어에 의해 약속을 할 수도 있고, 언어에 의해 상대방의 행동에 대해 서로의 의견을 이야기할 수도 있다. 언어에 의해 더 바람직한 행동을 서로 칭찬하고 격려할 수 있다. 상대에게 불편을 주는 행동에 대해 충고할 수도 있다. 이렇게 서로가 소통하는 과정에서 의도하지는 않았지만 자연스럽게 언어예절도 만들어지고 행동예절도 만들어질 수 있다. 공통의 신념이나 공통의 가치가 형성될 수도 있다. 종교가 발생할 수도 있다. 즉, 단지 사람들이 공동체를 이루고 함께 살아간다는 현실 상황 자체가 많은 사회현상들의 모태로 작용한다.

정부, 정책, 법, 지도자, 대표자 등의 정부와 관련된 현상들은 일상의 삶에서 이미 형성되어 있는 언어와 관습과 규범과 삶의 양식과 공통의 신념에 근거하여 발생한다. 지위 기능 부여라는 정부 형성의 원리가 작동할 수 있는 기반이 바로 이런 사회세계다. 언어에 의지하여 지위 기능을 부여하는 약속을 수립함으로써 정부는 만들어진다. 언어를 이용하여 정부와 정부를 구성하는 지도자와 대표자에게 부여할 권한과 역할을 규정하는 방법으로 기능은 구체화된다. 언어를 이용하여 약속을 하고, 함께 약속을 하였으므로 그 약속을 지켜야 하며, 약속을 지키지 않은 사람에게는 지키도록 할 방법을 간구하면서 법이 만들어지고 정책이 만들어진다.

3 왜 독재 정부가 역사를 지배해왔나?

왜 독재적인 정부가 역사를 지배해 왔을까? 혼자의 힘과 지도력으로 만들 수 있기 때문이다. 더 쉽게 말하면, 사회문화 여건이 지극히 미개발한 자연 상태에 가까운 상황에서도 독재 정부는 만들 수 있기 때문이다. 개인의 탁월한 능력에 의지해서도 만들 수 있는 정부이기 때문이다. 서로 간의 믿음이 필요하고 협력이 필요하고 윤리가 필요한 방식이 아니기 때문이다.

하지만, 민주 정부는 개인의 능력에 의지해서는 만들 수 없다. 이를 뒷받침하는 사회문화적인 유산에 근거해서만이 만들어낼 수 있다. 사회구성원 간의 협력이 필요하기 때문이다. 사회구성원들이 자신들의 생각과 언어와 문화와 규범에 근거하여 사회구성원 다수를 위하여 봉사하고 다수에게 책임지는 정부를 만들 때 민주적인 정부는 만들어진다. 다수 사회구성원들의 이익에 봉사하는 좋은 정책 역시 사람들의 협력에 기초하여 만들어지고 작동한다. 사회구성원들이 정부와 정책에 그와 같은 역할과 권한을 함께 부여하고 함께 협력할 때, 이런 지지와 협력에 의지하여 정부와 정책은 발생하고 작동한다. 사회구성원들이 정부와 정책에 어떤 권한과 역할을 어떤 방법으로 부여하는지에 따라 정부의 양상도 달라지고 정책도 달라질 수밖에 없다.

그렇다면, 정부를 알려면 무엇을 알아야 하는가? 정책을 알려면 무엇을 알아야 할까? 정부와 정책은 하나의 구성물이다. 사회구성원의 창조물이다. 정부를 알려면 왜 사람들이 그와 같은 정부를 만들었는지에 답할 수 있어야 한다. 즉, 정부를 알려면 정부를 볼 것이 아니라 그런 정부를 탄생시킨 사회구성원과 그들의 생각과 행동을 지배하고 있는 그들의 문화, 규범, 가치, 일상의 삶을 보아야 한다. 정책을 알려면 그런 정책을 만든 사람들의 생각과 삶의 방식을 알아야 한다. 그 사람들의 일상의 삶을 규율하고 있는 문화와 규범을 알아야 한다. 이와 같은 문화와 규범, 가치와 신념을 뒷받침하고 있는 일상의 삶과 이를 가능하게 하는 인간의 의식의 능력까지도 탐구의 대상으로 삼아야만 정부와 정책이 발생하고 작동하는 원리를 제대로 이해할 수 있다.

제 3 절 어떻게 공통의 핵심 원인에 접근할 것인가?

1 창조원리의 독특성

정부와 정책은 너무나도 다양한 얼굴을 가지고 있다. 지속적으로 변해가고 있고, 어떻게 변해갈지 짐작하기도 어렵다. 이처럼 불안정하고 가변적인 대상을 알려면 어떻게 해야 하는가? 연구란 대상현상들이 공통적으로 내재하고 있는 주요 원인 요소들을 찾아내는 작업이다. 한편으로는 현상의 원인을 이해하면서 동시에 하나의 원리로 많은 현상을 설명하는 것을 목적으로 한다. 그런데 정부와 정책은 그것이 만들어지고 작동하는 방식이 시대에 따라 다르고 사회에 따라 다르고 정부와 정책에 따라서도 다르다. 도대체 이런 대상을 놓고 어떻게 공통된 원인 요소를 찾아낼 수 있겠는가? 한 사건에서 찾아낸 원인 요소들이 다른 사건에도 동일하게 적용될 수 있어야 과학적 지식은 가치있다. 그런데 이미 외부적으로 관찰되는 현상 자체가 너무나 천차만별이라면 원인 요소를 찾아낸다고 하더라도 그런 원인이 다시 작용하고 있을 가능성은 낮아진다. 즉, 사회현상에 대해 과학적인 지식을 기대하기는 결코 쉽지 않다는 것이다.

왜 사회현상에 대해서는 과학적인 지식을 얻기 어려운가? 가장 큰 원인은 사회현상이 발생하고 작동하는 방식에 있다. 아주 간단히 말하면, 사회현상은 자연세계처럼 고정된 인과법칙에 의하여 작동하지 않는다. 어떻게 작동할 것인지가 개인과 사회구성원들의 선택에 따라 달라진다. 물론, 개인의 선택에는 경제활동에서처럼 어느 정도 법칙적인 설명이 가능한 영역도 있다. 그러나 기본적으로 각 개인과 조직은 실존적인 삶의 주체들이다. 이들이 어떤 상황에서 어떤 선택을 할 것인지에 대해 예상할 수 있는 방법은 없다. 비유로 설명하자면 이런 것이다. 축구의 기본 규칙은 정해져 있다. 하지만, 각각의 상황에서 공을 잡은 선수가 어떻게 행동할 것인지를 예측할 수는 없다. 왜냐하면, 이때 그의 선택은 상황에 대한 자신의 이해에 따라 얼마든지 달라질 수 있기 때문이다.

언어학의 기호삼각형(semiotic triangle; Riemer, 2010: 13)을 적용하여 설명하면

그림 1-3 언어의 구조

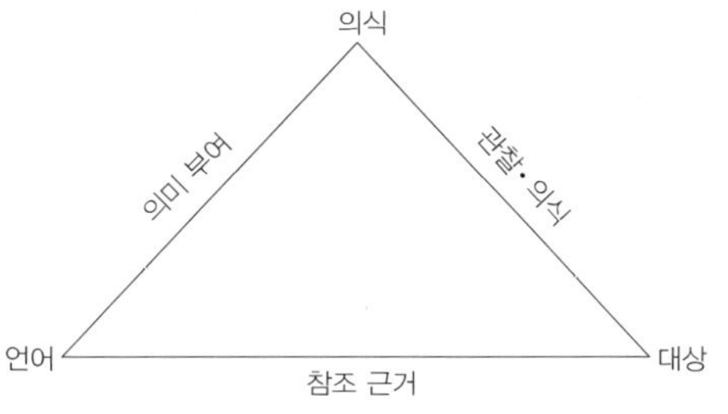

이런 것이다([그림 1-3] 참고). 현상에 대한 과학적 지식을 얻으려면 우선 현상을 서술할 수 있는 개념을 개발하고, 이런 개념들 간에 법칙적인 관계를 입증할 수 있어야 한다. 개념 자체는 하나의 기호에 불과하다. 그 자체로는 아무런 의미도 가지지 않는다. 기호에 불과한 개념이 의미를 얻기 위해서는 다른 두 가지와 관계를 맺어야 한다. 첫째는 그 기호에 의미를 부여하고, 부여된 의미를 해석하는 인간(의식)이며, 둘째는 사람들이 기호에 의미를 부여할 때, 어떤 의미를 부여하고 어떤 의미로 해석할지를 결정하는 참조 대상(referent)이 있어야 한다.

자연과학이 발전할 수 있었던 것은 인간의 인식과는 상관없이 존재하면서 자신의 법칙에 의지하여 작동하는 대상이 존재하고 있고, 이에 근거하여 객관적이고 고정적인 개념을 수립할 수 있었기 때문이다. 즉, 대상에 기초하여 언어도 수립하고 인식도 획득하였기 때문에 대상을 기준으로 인식과 언어의 정당성을 검증할 수 있는 것이 자연과학이다. 논리실증주의적인 관찰과 검증은 이런 존재론에 기초하여 작동한다(Wittgenstein, 1922).

그런데 사회세계에서 언어는 자연과학에서와 같은 방식으로 의미를 얻지 못한다. 자연과학의 대상처럼 분리하여 개체화할 수 있는 현상으로 존재하고 있지 않기 때문이다. [그림 1-2]에서 설명한 것과 같이 정부와 정책은 그것이 독립된 실체적 대상이 아니다. 인간의 생각과 언어와 사회적 합의에 의하여 발생하고, 사람들이 부여하는 해석과 의미가 달라지면 정부도 달라지고 정책도 달라진다. 현상 자체가 자연의 대상처럼 독립적으로 있는 것도 아니고 공통된 법칙에 의하여 작동하고 있는 것도 아니다. 대상 자체가 이미 과학적인 지식을 얻을 수 있는 대상으로 존재하고 있지 않는데 어떻게 과학적인 지식을 얻을 수 있겠는가? 적어도 사회현상에서는 과학적인 지식을 얻을 수 없다. 그렇다면, 사회현상에 관한 우리의 지식은 무엇인가? 현상에 관한 약간의 해석이라고 해야 할 것이다. 해석이란 해석자의 배경지식을 토대로 이루어진다. 그래서 동일한 현상을 놓고 연구자들이 서로 견해를 달리하는 일이 거의 빠짐없이 일어나는 것이 사회과학의 세계다.

개념을 수립하려면 대상현상이 공통된 속성, 즉 본질을 공유하고 있어야 한다. 그런데 인간과 사회현상의 가장 중요한 존재론적 특징은 본질적이기보다는 '실존적'이라는 점이다(Heidegger, 1962: §9-13; 이남인, 2013: 200-213). 인간의 창조물은 인간의 실존성을 반영하고 있으며, 이런 이유로 인간에 의하여 만들어진 조직과 제도들도 실존적 속성을 보인다. 본질적이라는 것은 어떤 대상을 이루는 요소들이 공통의 속성을 공유하고 있다는 의미다. 물과 나무는 그것이 어디에 있는 것이든 어느 시대의 것이든 이런 속성을 공유하고 있다. 그런데 정부와 정책은 그렇지 않다. 그것이 무엇이 될 것인지가 관련된 사람들의 생각에 달려 있다. 실존적 존재의 가장 중요한 속성은 '사실성(actaulity)'이 아니라 '가능성(potentiality, possibility)'이다. 어떤 사실을 공유하고 있는 것이 아니라 어떤 지위와 어떤 기능을 부여하느냐에 따라 무엇이든지 될 가능성을 가지고 있는 것이 정부와 정책이다. 당장에는 정부 또는 정책이라는 이름으로 같이 분류하지만 실제 그것이 작동하는 상황은 너무나 극과 극의 대조를 보이는 상황까지도 발생한다.

2 이론적 · 개념적 이해의 한계

물고기를 연구하기 위해서 물에서 건져내면 어떻게 될까? 물고기에 관해 제대로 된 지식을 얻을 수는 없다. 목수가 사용하는 망치의 중요성을 연구하기 위해 망치만 분석하면 어떻게 될까? 결코 그것이 망치가 되는 이유를 알 수 없다. 과학적 법칙에 의해 작동하고 있지 않는 현상임에도 이런 법칙을 찾아내어 설명하려 하면 어떻게 될까? 설사 어떤 인과관계가 관찰된다 하더라도 그런 현상의 진짜 원인은 이해하기 어렵다. 법칙적으로 작동하고 있지 않는 현상임에도 법칙적인 틀에 맞추어 연구를 하고, 이런 연구 결과에 따라 대상을 바꾸어 놓으려 하면 어떻게 될까? 대상을 위해 봉사해야 할 지식이 오히려 대상에 해를 끼치는 빌미를 제공한다.

하이데거(Martin Heidegger)와 비트겐슈타인(Ludwig Wittgenstein)에 의하면, 개념화된 언어는 세상의 모습을 있는 그대로 전체적으로 보는 것이 아니라 부분에 초점을 맞추어 특정부분을 잘라내는 수단으로 작용한다(Braver, 2012). 그래서 언어는 한편으로는 세상에 대한 분석을 가능하게 하는 것처럼 보이지만, 실은 특정부분에 초점을 맞추게 만들고, 특정부분의 의미를 과장하게 만들면서 세상의 모습을 오히려 쪼개고 분열시키는 도구가 될 수도 있다(Braver, 2012: 111-112). 브레이버(Lee Braver)는 이를 언어에 의하여 발생하는 '험티-덤티(Humpty-Dumpty)' 문제로 지칭하고 있다(Braver, 2012: 111-112). 험티-덤티는 『이상한 나라의 앨리스』에 나오는 계란 인간이다. 한번 깨어지면 아무리 강력하게 접착시켜도 본래의 모습으로 되돌아가지는 못한다.

사회현상도 개념에 의지해야만 이해할 수 있다. 문제는 이런 개념들에 의지하여 정책을 만들 때, 사회현상에 관한 개념의 한계를 망각하기 때문에 일어난다. 개념의 한계를 망각하면, 개념은 세상을 이해하기 위한 수단이 아니라 편견과 독단의 근원으로 전락할 수 있다(윌리엄 제임스, 2011: 85-86; 김용준 외, 2014: 135-138).[16)]사회현상은 그것이 발생하고 진화하는 원리의 속성으로 인하여 부분에 관한 관찰에 의지하여 수립한 개념으로 대상 현상 전체를 이해하는 것이 매우 어렵다.[17)] 어떤 현상에 관한 부분적인 지식을 제공할 수는 있지만, 이런 개념으로 전체 사례를 설명할 수는 없다. 그래서 부분적인 연구내용은 옳지만 전체적인 판단에서는 '틀린' 판단에 도달할 위험을 항상 내재하고 있다. 그러나 자신의 연구세계에 깊이 몰입한 연구자들은 소위 '자기망각'(Husserl, 2001: 6)에 빠지게 되고, 자기 학문세계의 부분성을 잘 이해하지 못한다.

의식의 주체이며 체험의 주체인 인간을 사실인(factual man)으로 전락시키는 문제가 발생할 수도 있다(Husserl, 1962: 5). 사회과학적인 차원에서 인간을 연구하다 보면, 인간을 생각과 판단의 주체로 다루지 못하고 단지 사회적인 특성이나 조건에 의하여 사람을 분류하고 규정하는 일이 일어난다. '이기적인 존재', 심지어는 '특정한 자극에 대하여 특정한 방식으로 반응하는 존재' 또는 '특정한 조건에 의하여 특정한 행동이 설명되는 존재'로 전락한다. 이론화 과정을 거치면서 경험의 주체이며 의식의 주체인 인간은 망각된다. 졸지에 주체성을 상실하고 이론화의 대상, 연구의 대상, 인과관계적 설명의 대상, 분류의 대상, 측정의 대상으로 전락하여 궁극적으로는 정책적인 규제, 통제, 지도, 보호, 관리의 대상으로 전락할 위험에 처한다. 호르크하이머(Max Horkheimer)가 말하는 소위 '식민'과 같은 대상이 될 위험에 처한다. 내가 알지도 못하는 사이 내가 동의하지도 않은 법과 정책의 '새장' 속에 갇힌

16) 김용준 외가 설명하는 리처드 로티(Richard Rorty)의 진리론에 의하면, 각 집단이 믿고 의지하는 진리는 자기 집단 내에서는 타당하지만 다른 집단에서는 전혀 그렇지 못하다. 그럼에도 불구하고 이런 지식에 의지하여 사회구성원 전체를 제약하는 정책을 수립하고자 할 때 개념은 이해의 도구가 아니라 억압의 도구가 될 수 있다.

17) 예를 들면, 동일한 중소기업으로 분류하더라도 각각의 기업은 역사, 경쟁력, 성장잠재력, 경영방식, 조직구조, 조직문화 등의 모든 측면에서 전혀 다른 것일 수 있다.

포로가 되는 신세로 전락할 수 있다. 인간의 존엄에 봉사해야 할 학문이 인간에 대한 규제와 탄압을 정당화하는 논리를 제공하는 수단으로 전락할 수 있다.

3 인간 이해에 기초한 접근

어떤 대상이 인간에게 갖는 의미는 당사자인 인간의 관점에 따라 얼마든지 달라질 수 있다. 따라서 그것이 그와 것이 되는 이유를 알려면 이 세상에 던져져 이 세상에서 살아남고 살아가야 하는 인간의 입장에서 대상현상의 의미를 이해할 필요가 있다. 인간에 의해 만들어지고 인간에 의해 이용되고 인간에 의해 발전되는 현상의 발생원리와 진화원리를 이해하려면 그런 것을 탄생시키고 이용하는 당사자의 입장에서 연구해야 한다. 인간의 창조물인 것을 인간을 배제한 채 독립적인 현상처럼 다루면 정작 그 현상의 근본원인인 인간은 사라진다. 이런 연구로는 인간에게 봉사하는 학문을 할 수 없다.

이런 점에서 사회현상에 관한 연구는 그와 같은 현상을 만들고 이용하는 인간에 대한 이해에서 출발해야 한다(Wittgenstein, 1953; Heidegger, 1962; Searle, 1995, 2010; Rorty, 1979, 1989). 인간의 생각, 언어, 사회적인 삶의 양식의 발생과 진화, [그림 1-2]에서 설명한 것과 같은 인간과 사회의 상호작용 관계, 사회세계와 인간이 맺고 있는 독특한 관계, 사회세계에서 연구자와 연구대상 간의 관계적 독특성에 대한 이해 등 인간과 사회의 독특한 상호작용, 상호형성, 상호발생, 공진화적인 특성에 대해 먼저 이해해야 한다. 인간, 사회, 정부, 정책은 자연의 대상처럼 있지 않다. 이 현상이 발생하는 원리 자체를 알지 못하면서 이에 적절한 연구의 방법이나 연구의 한계를 이해할 수는 없다.

나는 이미 연구의 방법을 가지고 있고, 이 방법에 의지하여 사회세계에 대한 지식을 얻을 수 있으며, 이 지식은 사회세계에 대한 있는 그대로의 설명이 될 수 있다는 생각은 '자연적 태도'로 인한 착각이다(Husserl, 1962: §39-43).[18] 나무가 있고

18) '자연적 태도'란 주변 세계에 대한 일상의 인식 태도에 관해 후설(Edmund Husserl)이 붙여놓은 이름이다. 예를 들면, 이런 것이다. 우리는 꽃을 보고 "꽃이 아름답다"고 말한다. 그런데 이때의 아름다움은 '꽃'에 있지 않다. 우리 눈에, 인간에게만 그렇게 보인다. 그것이 가지고 있는 색깔과 모양의 특이성에 대한 인간의 느낌을 표현한 것이다. 정확히 표현하면 "저 꽃은 내가 보기에는

달이 있듯이 사회세계도 있고, 사회세계에 대한 나의 인식은 대상에서부터 온 것으로 착각하는 것이다. 적어도 정부와 정책이 발생적으로 성립되어 나오는 신비를 탐구하고자 한다면 이런 태도로는 결코 근원에 접근하지 못한다. 사회세계를 창조하고 발전시킨 것은 인간의 능력이지 서술가능한 상태로 이미 주어져 있는 어떤 대상이 아니다(Heidegger, Wittgenstein; Braver, 2012; Dreyfus, 1986; Putnam, 1981: 20-21 외). 사회과학이 개념의 시궁창과 같은 혼란에 빠지는 것은 발생적인 원리에 무지한 채 결과적인 현상 속에서 부분적으로 현상을 개념화하기 때문이다. 자연에서의 부분에 대한 이해는 전체에 대한 이해와 충돌하지 않지만 사회현상에서는 아니다. 사회현상에서 전체에 대한 이해 없는 부분에 대한 개념화는 설명의 완전성을 보장하지 못한다는 점에서 가치가 낮고, 심지어는 전체에 대한 이해를 가로막는 장애가 된다는 점에서 연구자들을 편견적인 해석순환에 빠뜨릴 위험이 있다.

정부와 정책이 매우 다양한 모습을 보이는 것은 인간 삶의 모습의 자연스런 결과물이다. 정부와 정책은 그 자체로는 아무것도 아니다. 그것이 살아있는 사회적 실체가 되는 것은 그것을 만들고 이용하는 사람들이 본래 가지고 있지 않던 힘과 지위를 정부와 정책에 부여하기 때문이다. 따라서 정부나 정책을 이해하기 위해 정부와 정책 자체를 연구하는 것은 연구의 출발점일 뿐이다. 그와 같은 정부와 정책이 발생하고 정당화되고 존속되는 이유는 그런 정부와 정책을 탄생시킨 사람들에 대한 설명을 지향할 수밖에 없다. 사회문화적인 현상과 인간의 생각 및 언어에 대한 설명으로 거슬러 올라가야만 정부와 정책에 대한 온전할 설명이 이루어질 수 있다.

4 초학문적인 연구

정부와 정책에 대한 존재론적 이해는 초학문적(trans-disciplinary) 설명을 요구

아름답게 보인다"고 말해야 한다. 아름다움은 꽃 자체에 있는 것은 아니기 때문이다. '아름다움'의 원인을 꽃에 돌리는 것은 지각하는 나 자신을 망각한 결과다. 나의 판단의 결과인 것을 대상이 그렇기 때문인 것으로 돌린다. 이것이 자연적 태도다. 그런데 우리의 일상의 지각 방식이 대체로 이렇다. 내가 그렇게 이해하기 때문인데, "그 사람 참 버릇없다"고 판단의 이유를 그 사람에게 돌린다.

한다(Ackoff, 1999). [그림 1-2]를 생각해 보면 금방 알 수 있다. 단지 여러 가지 사회과학들의 도움을 받는 정도로는 정부와 정책을 제대로 이해할 수 없다. 인간의 몸과 정신이 가지고 있는 독특하고도 탁월한 능력, 인간의 사고와 언어가 작동하는 원리, 인간이 자신의 문제를 풀기 위해 필연적으로 의지해야 하는 인간 능력의 한계와 같이 지극히 개인적이고 은밀한 영역에 대한 이해가 필요하다. 이에 대한 이해가 없다면 이런 능력에 의지하여 정부를 만드는 것이 과연 인간 자신이 원하는 결과를 가져 올 수 있을 것인지, 아니면 우리가 원하는 것과는 반대의 예상치 못한 결과를 가져올 것인지에 대해 제대로 이해할 수 없다. 정부와 정책, 정치가 우리의 기대를 저버리는 일이 흔히 일어나는 것은 그것을 만들고 운영하는 사람들의 사고와 언어가 작동하는 방식이 문제의 해결에는 오히려 걸림돌로 작용하기 때문이다.

초학문이라는 것은 여러 학문들의 횡적인 경계를 넘나드는 다학문적인 연구와 대비되는 표현이다. 인간현상, 사회현상을 이해하기 위해 차원이 다른 대상들을 함께 다룰 수 있어야 한다는 의미다. 인간이 가지고 있는 몸과 마음의 능력과 이런 능력이 작동하는 원리를 다루는 철학, 심리학, 언어학의 영역에서부터 이런 능력을 가진 인간들이 사회를 이루고 함께 살아가면서 발생하는 관계적 실재와 비공식실재들을 포함한 사회현상, 그리고 이런 사회현상들이 축적되면서 일어나는 역사적인 현상까지 함께 다룰 수 있어야 한다는 의미다.

발생의 과정을 따지자면, 민주적인 정부와 정치는 인류가 자신의 능력과 자신의 사회적 생성물들과 역사적 경험에 의지하여 인류사의 거의 최종적인 단계에서 발전시킨 매우 현대적인 현상이다. 이처럼 오랜 역사의 산물이기 때문에 이를 가능하게 하는 조건들을 우연히 갖추게 된 일부 사회에서만이 성공적으로 작동하는 민주주의와 경제제도를 관찰할 수 있다. 역사학자들은 이런 질서와 조직이 아무 사회에나 가능할 수는 없을 것으로 보고 있다. 토크빌(Alexis de Tocqueville)이나 베버(Max Weber)의 지적처럼 기독교적인 삶의 방식이 민주주의와 자본주의가 요구하는 행동의 방식을 뒷받침할 수 있었던 것은 의도적인 종교 선택의 결과가 아니라 우연한 종교 선택의 다행스러운 결과이기 때문이다.

정부와 정책은 이와 같은 인간현상, 사회현상, 종교현상, 역사현상의 일부를 이루는 현상이다. 단일 학문의 영역을 넘어설 뿐 아니라 다차원적인 현상에 대한 초차원적인 이해가 있어야만 온전히 이해할 수 있다.

5 발생론적 접근

사회세계는 겉으로 보면 매우 복잡하다. 각 사회의 구성원들이 각자의 역사와 문화와 자연여건을 반영하여 다양한 사회제도들을 창조하고 있기 때문이다. 그런데 베버(Max Weber), 토인비(Arnold Toynbee), 노스(Douglass C. North)와 같은 역사연구자들에 의하면, 예술이 발전한 사회에서는 대규모 조직도 발전하고 있고, 과학도 발전하고 있으며 더불어 국민소득도 높고 정치적으로도 안정적이고 민주적이다. 즉, 선진국가로 갈수록 시장, 정부, 정책, 법, 조직과 같은 여러 가지의 사회제도들이 상호상승적 또는 상호보완적으로 함께 발전하는 양상을 보인다는 것이다. 즉, 외형적으로 보면 지극히 복잡한 사회현상들이 발생하고 있는 것 같다. 하지만, 이런 현상들이 발전되어 나온 발생적 과정을 보면, 사회과학적인 차원에서는 모두 다른 현상처럼 보이는 현상들이 어떤 공유의 발전과정을 거치면서 발생되어 나왔을 것임을 짐작할 수 있다는 것이다.

간단히 말하면 이런 것이다. 시장, 정부, 정책, 법, 조직, 정치, 정당과 같은 현상들은 서로 독립적이고 분리된 현상처럼 보이고, 그래서 이를 다루고 있는 학문들도 경제학, 정치학, 법학, 정책학, 행정학 등으로 분화되어 있다. 그런데 이 모든 현상들을 보다 단순한 형태로 환원하면 '개인 간의 상호작용'이 된다. 정치적인 목적이든 경제적인 목적이든, 또는 다른 사회적인 목적이든 결국은 서로 다른 목적과 의도를 가진 사람들이 상호작용하고 있는 것이 이런 현상들이다. 그렇다면, 서로 다른 생각과 선호를 가진 사람들이 특정한 목적을 위하여 안정적인 상호작용관계를 수립할 수 있도록 하는 것은 무엇인가? 이 질문에 대한 해답을 얻어낼 수 있으면, 이런 다양한 현상들이 발생하고 작동하는 원리를 한꺼번에 설명할 수 있게 된다. [그림 1-2]에서 가운데 위치하고 있는 관계적 실재, 비공식적 실재에 속하는 것들은 바로 이런 요소들이다. 인간의 상호작용에 공통적으로 영향을 미칠 수 있는 요인들이다. 각 분야의 사회과학도들은 정치문화, 행정문화, 비공식제도, 사회문화 등의 이름으로 이 현상을 연구하고 있다.

사회제도현상의 발생원리를 온전히 이해하려면, 문화, 관습, 규범, 전통이 어떻게 형성되어 어떻게 사람들의 생각에 대하여 실제로 제약을 가하게 되는지에 대한 설명이 이루어져야 한다. 하지만, 대부분의 사회과학도들은 이 문제에 접근하지는 못하고 있다. 이 영역은 인간의 마음이 작동하는 원리를 이해해야 하는 철학의 영역이기 때문이다. 예를 들면, 제도에 대한 연구로 노벨 경제학상을 받은 노스는 진화경제학, 인류학 등의 연구를 참고하여 비공식제도에 대하여 설명하고 있다. 비공식제도가 인간의 두뇌의 학습 능력에 의지하고 있다고 지적하지만, 더 구체적인 내용을 제시하지는 않고 있다(North, 1996: 95). 아울러 노스는 여전히 인간에 대해서는 잘 모른다고 결국 고백하고 있다(North, 2006: 16). 뭔가 사람들이 비공식적으로 준수하는 규칙은 있으나 이런 규칙이 사람들의 생각과 어떻게 결합되어 있으면서 사람들의 생각과 행동에 대하여 제약을 가하고 있는지에 대해서는 설명하지 못하고 있다. 바로 여기가 대부분의 사회과학도들이 도달할 수 있는 연구의 한계다. 이런 것들이 발생하고 작동하는 원리는 현상학, 언어철학, 뇌과학, 심리철학 등의 철학자들이 설명하고 있다.

아무리 복잡해 보여도 사회현상은 분명 다음과 같은 현상임을 기억하는 것이 중요하다. 첫째, 인간은 주변 세계를 이해하고 대응할 수 있는 독특하고도 탁월한 학습의 능력과 이해의 능력과 도구화의 능력과 언어 능력 등을 가지고 있다. 이런 능력에 의지하여 사회를 구성하고 공동체적인 삶을 영위하는 속에서 사람들은 스스로의 필요에 따라 각종의 조직, 제도, 법, 정부와 같은 것들을 발전시켰다. 따라서 아무리 다양한 방식으로 존재하는 현상이라도 그것을 가능하게 하는 가장 근원적인 공통의 기원은 인간 자신이 가지고 있는 이해와 상호작용의 능력이다.

둘째, 인간은 자신이 가진 정신의 능력에 의지하여 언어도 창조하고 사회문화도 창조하고 관습과 종교적인 삶의 양식도 창조해왔다. 어떤 사회든지 언어, 행동규칙, 공통의 삶의 양식과 같은 최소한의 사회적인 실재들은 창조하고 있다. 하지만, 민주적 정부, 민주적 정당, 다수의 이익에 봉사하는 대규모 기업조직과 사회조직을 발전시키고 있는 사회는 일부의 사회들이다. 어떤 사회가 왜 민주적인 정부를 발전시킬 수 있었는지를 이해하려면 법이나 정부현상만 관찰해서는 알 수 없다. 이런 것을 가능하게 하는 사회구성원들의 집단적인 능력을 설명할 수 있어야 한다.

셋째, 관계적 실재, 비공식적 실재의 생성과 작동원리를 이해한다면, 이에 기초하여 기업, 정부, 정당, 정책, 법, 조직 등이 생성되고 발전하는 공통된 원리를 설명할 수 있다. 왜냐하면, 이런 현상들은 모두 사회구성원들이 공유하고 있는 신념, 가치, 삶의 양식에 기초하여 창조되고 발전하는 현상이기 때문이다.

6 신중한 이론 및 개념 선택

사회세계 및 사회과학에서 개념과 이론의 위상은 자연과학에서와는 매우 큰 차이가 있다. 사회세계 자체가 개념화가 쉽지 않은 방식으로 발생하고 작동하고 있다. 사람들은 그렇게 어려운 개념에 의지해서 세상을 살아가고 있지 않다. 그냥 상식에 의지해서 살아간다. 어떤 법칙에 의해서 살아가는 것도 아니고 수학적인 정교한 계산에 의해서 살아가는 것도 아니다. 사람들은 상황과 맥락과 상대의 의도를 이해할 수 있는 능력에 의지해서 세상을 살아간다. 사람들이 어울려 함께 살아가는 일은 기계적인 상호작용이나 물리적인 인과가 아니다. 사람들이 의지하고 있는 상식도 일상적인 상호작용과정에서 이루어진 자연스러운 학습과 습관화의 산물이지 개념화된 이론적 지식의 산물이 아니다.

그럼에도 개념에 의지하지 않을 수는 없다. 인간이 자연상태에서 태생적으로 가지고 있는 인간의 능력, 인간이 일상의 삶에서 반드시 직면할 수밖에 없는 문제를 이해하고 설명하려면 개념의 도움이 필요하기 때문이다. 설사 이처럼 근원적인 개념이라도 이를 설명하기 위해 또 다른 개념을 동원하는 일은 가급적 피한다. 실제 인간의 능력과 인간의 생각이 작동하는 방식에 대한 설명도 일상적인 예와 일상 언어를 이용하여 제시한다. 개념을 이해하기 위해 또 다른 개념을 이해해야 하는 난해한 학문사적인 논의는 가급적 피한다. 인간의 삶이 이런 방식으로 전개되고 있지 않기 때문이다.

이 책은 개념화에 대해 상당히 비판적인 입장에 있다. 인간이 살아가는 진정한 모습을 은폐할 위험이 크다. 그런데 이렇게 실상을 은폐하고 있는 개념에 의지해 인간의 현실을 왜곡할 뿐 아니라 인간의 자유와 권리를 제약하는 법이 제정되고 정책이 만들어지는 일이 일어나고 있다. 적어도 인간현상에 관한 한 인간현상을 온전히 설명해 낼 수 있는 개념은 없다. 이론도 없다. 각 개인은 자신이 삶의 주체이며 생각의 주체이고 선택의 주체다. 공을 잡은 축구 선수가 어떤 선택을 할 것인지는 전적으로 그의 선택이다. 게임의 규칙을 어기지 않았다면 그의 선택을 비난할 수는 없다. 그가 판단의 배경으로 삼고 있는 상황을 누구나 동일하게 이해할 수는 없기 때문이다. 누구도 그가 가지고 있는 것과 같은 지식을 가지고 있지는 않기 때문이다. 사회현상에 관한 개념은 이런 선택의 주체인 사람들의 행동을 분류하여 개념화한 것과 같다. 어떤 경우에도 개별적인 상황을 온전히 담아 내지 못한다. 반드시 상황과 괴리되고 실제와 괴리된다. 그래서 개념과 이론이 현상에 대해 설명을 제공하는 측면과 더불어 현상을 왜곡하고 은폐하는 측면이 발생한다(사공영호, 2015b). 이런 개념에 근거하여 정책을 만들고 법을 만들면 누구를 위한 것이 되겠는가? 정치인과 관료들을 위한 정책은 될 수 있어도 다수 시민을 위한 것이 되지는 못한다.

이처럼 개념이 오히려 현실을 은폐할 위험이 있음에도 불구하고 우리가 말할 수 있는 것이 있다면 그것은 인간이 가진 능력이다. 수많은 현실의 경험들을 통해 우리의 생각과 언어가 어떤 방식으로 작동하며 어떤 능력을 가지고 있고 이런 능력에 기초하여 함께 공동체를 이루고 살아가는 데 어떤 점이 우리의 협력과 상호작용을 방해할 수 있는지에 대해서는 말할 수 있다. 정부와 정책에 대한 논의 역시 이런 개념들에 기초하여 논의되어야 한다.

제 4 절 이 책의 접근방법과 내용 구성

이 책은 기본적으로 이와 같은 연구의 내용과 방법을 고려하면서 내용을 구성하였다. 그래서 경제학, 제도경제학, 정치경제학, 정치학, 정책학, 제도철학, 현상학, 언어철학 등의 다양한 내용을 담고 있다. 지나치게 논의가 어려워지고 난해해지는 것을 피하기 위하여 철학적인 논의들은 가급적 삼가한다.19) 대신 인간은 각자가 판단의 주체이며, 각자가 선택의 주체로서 일상의 삶에 참여하고 있다는 점을 비교적 잘 반영하고 있는 경제학의 이론을 출발점으로 정부현상을 설명한다.

경제학적인 접근의 장점은 인간의 능력, 인간의 선택행동을 출발점으로 삼고

19) 그럼에도 불구하고 철학적인 문제들에 대한 설명을 원한다면 사공영호(2015a)를 읽어보기를 권한다.

있다는 점이다. 사회구성원의 입장에서 어떤 것이 그들에게 이익인지를 분명하게 보여준다는 것도 이점이다. 경제학은 인간의 행동과 시장거래에 대한 핵심적인 개념들을 이용하여 정부현상이 왜 필요한지를 잘 설명해 주는 장점이 있다. 주요 개념들이 실제의 경제활동에 대한 연구를 통하여 지속적으로 검증되고 있기 때문에 개념의 신뢰성이나 현실적 설명력도 상대적으로 높다. 즉, 정부와 정당이 작동하는 방식은 사회에 따라 너무나 다르다. 그런데 사람들이 거래를 통하여 경제적인 이익을 실현하는 경제활동의 원리는 어디에서나 동일하며 역사적으로 그러하다. 상대적으로 보편성이 높은 설명을 제공해 주는 장점이 있다.

경제학은 인간을 합리적인 행위자인 것으로 가정하는 데 이런 인간 가정 또한 현실의 인간의 상황과 많은 부분 일치한다. 즉, 현대의 뇌과학이 밝혀낸 바에 따르면 인간은 기본적으로 균형과 안정을 원하고 지배하기를 원하며 동시에 새로운 것과 자극을 원하는 등의 욕구를 가지고 있다. 이런 욕구는 단지 심리적인 현상이 아니라 호르몬적인 현상이다. 생리적인 현상이라는 것이다. 자기 자신의 안전과 발전, 그리고 지배와 자극을 원할 수밖에 없는 것이 인간의 원초적인 조건이다. 이런 것을 추구할 수밖에 없고 더구나 더 효율적인 방법으로 욕구의 충족과 행복을 추구한다는 점에서 합리적인 선택을 시도할 수밖에 없는 것이 인간이다. 이런 인간의 입장에서 사회세계가 발전되어 나오는 원리를 이해하면 사회세계가 현재와 같은 양상을 보이는 이유를 근원적으로 알 수 있다.

제도경제학은 정부, 법, 정책, 정치와 같은 제도를 수립할 때 발생하는 문제점들을 사회구성원의 입장에서 상대적으로 잘 규명해 준다는 장점이 있다. 정치경제학 역시 정부와 정책이 다수 유권자들의 기대와 달리 작동하는 원인을 잘 설명해 준다. 즉, 이런 연구들을 잘 종합하면, 정부가 왜 필요한지, 정부를 수립할 때 어떤 위험이 함께 발생하는지, 정부가 실패할 위험은 어디에서 기원하는지 등의 문제를 보다 체계적으로 설명할 수 있다.

전체적으로 보면, 제1부에서는 정부현상에 접근하는 방법과 최소한의 개념적인 도구에 관하여 예비적인 논의를 진행한다. 제2부에서는 사회구성원들의 입장에서 정부와 정책이 왜 필요한지를 먼저 논의한다. 이 부분은 주로 경제학적인 논의를 중심으로 전개한다. 경제학적인 설명은 논리적으로 매우 명쾌한 설명을 제공한다는 장점이 있다. 사회구성원의 입장에서 리바이어던(Leviathan)과 같은 위험한 존재가 될 수 있는 정부가 왜 필요한지를 분명하게 이해할 수 있다.

정말 중요한 것은 제3부와 제4부에서 다룰 문제다. 정부가 왜 필요한지는 굳이 이론적인 논의를 동원하지 않아도 알 수 있다. 우리가 원하는 바를 우리 스스로 알기 때문이다. 문제는 아무리 사회구성원들이 간절히 원하더라도 이런 정부를 만드는 일은 결코 간단치 않다는 점이다. 사회구성원들의 협동적인 노력에 의하여 정부는 창조되고 작동해야 한다. 그런데 성공적으로 민주적인 정부를 구성하고 있는 사회는 많지 않으며, 게다가 이런 정부는 근현대적인 현상이다. 한국에서도 민주적인 정부가 수립된 것은 70년 전의 일이고 그 사이 많은 혼란을 겪었다. 좋은 정부를 만들기 어렵고 정부를 만든다고 우리의 기대대로 작동한다는 보장이 없다. 시장이 우리의 기대대로 작동하지 않듯이 정부 역시 얼마든지 실패할 수 있다. 제3부에서는 정부와 정책이 탄생하는 원리를 제도철학의 논의에 기초하여 검토하면서 정부가 만들어지고 작동하는 원리에는 내재되어 있는 여러 가지 장애와 함정들을 살펴본다.

마지막으로, 제4부에서는 과연 진정으로 다수 국민들의 이익에 봉사하는 정부를 가능하게 하는 조건은 무엇인지, 한국 사회에서 이런 정부를 수립하는 것을 방해하는 요소에는 어떤 것들이 있는지, 이런 문제를 해결할 방법은 무엇인지에 대해 논의하고자 한다.

제 2 장 시장과 정부

제 1 절 인간이 풀어야 할 문제: 자원부족과 무질서

1 인 간

정부와 정책에 대한 연구가 고민해야 할 것은 어떻게 하면 보다 나은 인간의 삶과 행복에 기여할 것이냐는 것이다. 만일 정부와 정책에 대한 연구가 인간에 봉사하기를 궁극적인 목표로 삼는다면 정부와 정책에 대한 연구는 정부와 정책에 포커스를 맞추어서는 안 된다. 정부와 정책은 인간의 삶을 가능하게 하는 조건의 일부일 뿐이다. 어떻게 하면 사회세계를 보다 평화롭게 합리적으로 조직할 수 있을 것인지에 대한 고민 속에 정부와 정책에 대한 연구도 부분을 이루어야 한다. 서로 다른 생각과 선호와 가치를 가진 사람들이 더불어 살아가도록 하는 데 도움이 되는 많은 조건들 속에서 정부와 정책의 가치를 찾아내야 한다. 개인 인간의 입장에서 정부와 사회세계를 검토하기 위해 먼저 인간에 대해 생각해 보자.

[그림 2-1]은 현대 뇌과학자들이 인간의 뇌에서 일어나는 호르몬 현상을 관찰하여 밝혀낸 인간의 욕구체계를 보여 주고 있다(한스 게오르크 호이젤, 2008: 65).

그림 2-1 인간의 욕구체계

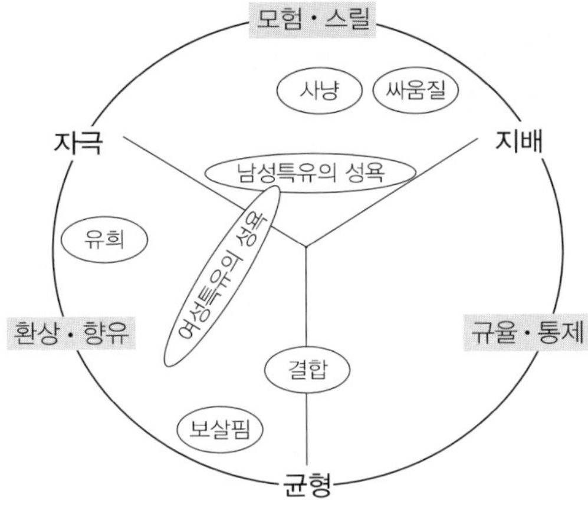

현대 뇌과학에 따르면, 인간은 이성이 아니라 감정에 의지하여 살아간다. 이성은 감정을 충족할 방법을 보다 잘 찾을 수 있도록 도와주는 역할을 할 뿐이다. 내가 무엇을 할 것인지에 대한 판단은 이미 감정에 의해 내려져 있다. 새로운 자동차를 사고 싶고, 여자 친구나 남자 친구가 있었으면 한다. 좋은 직장도 소망하고 좀 더 아늑한 집이 있었으면 한다. 내가 원하는 바는 나의 의식적인 노력에 의하여 결정되지 않는다. 나는 이미 많은 것을 원한다. 내가 무엇을 소망할 것인지는 이성적인 판단의 산물이 아니다. 이미 내 감정이 그것을 원한다. 이브가 선악을 알게 하는 나무를 보았을 때, 그 나무의 열매는 이미 먹음직도 하고 보암직도 하고 지혜롭게 할만큼 탐스럽기도 했다(창세기 3장 6절). 우리가 원하는 것들도 마찬가지다. 이미 멋있어 보이고 화려하고 아름답고 신나고 신비롭고 재미있을 것처럼 느껴진다. 이런 느낌을 얻기 위해 따로 공부해야 할 필요가 없다. 나의 감정이 이미 인지해 준다. 이성은 내가 원하는 것을 얻기 위해 고민할 때, 이때 나은 방법을 찾을 수 있도록 도와주는 역할을 담당할 뿐이다. 이런 점에서 인간은 이성적이기보다는 감성적이다.

인간 감정시스템의 중심부에는 음식, 수면, 호흡 등 생리, 생명유지 욕구가 위치하고 있다. 이런 욕구들은 변화가 불가능하며 인간의 생명을 규정하는 역할을 한다. 이런 기본적인 욕구 위에는 크게 3가지의 감정시스템이 자리하고 있다. 균형시스템, 지배시스템, 자극시스템이다. 이런 감정에 기초하여 주변 환경에 더 잘 적응하도록 하며, 또한 가능한 많은 유전자를 다음 세대에 전달하도록 도와주는 모듈들도 중요한 구성요소를 이루고 있다. 결합, 보살핌, 유희, 사냥과 포획, 싸움질, 식욕과 구토, 성욕 등의 모듈들이 있다. 이런 것들이 인간이 태어날 때부터 가지고 있는 욕구들이며 감정들이다. 인간이 궁극적으로 충족을 추구하는 것은 이런 욕구와 감정들이다. 이런 것들이 충족될 때 인간은 평안함을 느끼고 행복을 얻는다.

균형시스템은 사람이 안전함과 고요함을 추구하게 하고, 위험과 불확실성을 피하게 하며, 조화를 추구하도록 유도한다. 항상성을 유지하도록 지원하며, 세포가 최대한 적은 에너지로 살아가고 내부와 외부환경 사이에 균형을 유지하게 한다. 위험을 피하고, 변화를 피하고 습관을 만들며, 장애물과 불확실성을 피하고, 내외적인 안정성을 추구하고자 한다. 또 건강에 대한 욕구, 가정에서 맛볼 수 있는 아늑함에 대한 욕구 등을 추구하게 한다. 신에 대한 믿음도 이 감정과 관련되어 있다.

인간은 또한 권력을 얻고 지배하고자 욕구를 가지고 있다. 우리가 과거에 비해 훨씬 더 쾌적하고 안락한 삶을 살고 있는 것은 지배시스템 덕분이다. 이런 비약적이 발전은 동료들 가운데 최고가 되려고 하는 인간들의 의지가 작용했기에 가능한 일이다. 이 욕구에는 남성호르몬이라 불리는 테스토스테론이 가장 중요한 신경전달물질로 작용한다.

한편, 자극시스템은 아직 알려져 있지 않은 새로운 자극을 모색하게 한다. 익숙한 것을 박차고 나와 주변을 발견하고 탐색하고, 기분 전환에 나서기를 원하고, 다른 사람과는 다른 존재가 되고자 한다. 이런 감정 역시 인류의 진화에서 매우 중요한 요소다. 새로운 환경에 도전하고 새로운 영양을 섭취하고 새로운 능력과 기술을 습득하여 살아남을 수 있는 가능성을 향상시켜 주기 때문이다.

사람들은 이런 것들을 본능적으로 원한다. 그래서 이런 것들을 더 잘 충족시킬 수 있는 방법을 모색해 온 것이 인류발전의 역사다. 인간의 이성이 계산하고 추리하고 판단하는 능력을 발휘하는 것도 궁극적으로는 이런 감정을 보다 효율적으로 충족시키기 위한 노력이다. 문제는 크게 두 가지다. 첫째는 이런 인간의 소망을 충족시키는 데 필요한 자원이 부족하다는 것이며, 둘째는 서로가 자신의 욕구충족, 감정충족만을 추구할 경우 사람들은 제한된 자원을 놓고 서로가 극심한 경쟁을 펼쳐야 하는 '만인 대 만인의 투쟁' 상태에 빠질 위험이 크다는 점이다. 즉, 인간 공동체가 혼란과 무질서에 빠질 수 있다는 것이다.

2 감정과 가치

뇌과학자들에 의하면, 사람들이 소중하다고 여기는 가치들 역시 궁극적으로는 감정의 충족을 위한 것이다. 다음과 같은 가치들을 생각해 보자. 정직, 성실, 창조, 예술, 호기심, 꿈, 감성, 사교성, 신뢰, 관용, 전통, 건강, 신의, 청결, 우정, 가족, 자부심, 효율성, 야망, 규율, 의무, 금욕, 절약, 위생, 도덕, 질서, 정확함, 믿음직함, 승리, 투쟁, 자율성, 용기, 반항, 모험, 충동, 즉흥성 등 사람들이 중시하는 가치들은 많다. 그렇다면, 이런 가치들이 중시되는 이유는 무엇인가? 결국, 우리들의 감정의 충족을 위한 것이다.

가령, 정직하게 열심히 공부하고 일하는 것이 소중한 이유는 개인에게는 성공적인 삶과 여기에서 오는 평안과 승리감을 맛보게 하고, 사회적으로도 이런 행동들이 모이면 사회구성원들이 서로 협력하면서 질서있고 평화로운 사회를 유지하는 데 도움이 되기 때문이다. 왜 승리는 의미있는 것이며 사람들을 열광하게 하는가? 사람들의 모험심을 자극하고 지배욕구를 충족시켜 주기 때문이다. 왜 즉흥적인 것이 오히려 가치있는 것인가? 이 역시 모험심과 자극에 대한 감정적 갈증을 해소해 주기 때문이다.

3 자원부족과 무질서 문제

내가 원하는 기본적인 욕구들을 충족할 수 있고, 또 내가 감정적으로 충족을 원하는 균형, 지배, 자극의 감정을 만족시키는 데 필요한 자원이 충분하다면 굳이 시장도 필요하지 않고 정부도 필요하지 않을 것이다. 중동의 산유국들을 생각해 보자. 석유를 수출하여 벌어들이는 엄청난 돈으로 국가를 경영하고 있다. 다소 근대적인 정치방식으로 생각되는 왕정체제를 유지하고 있지만 사회적으로는 별 문제가 생기지 않고 있다. 사람들의 다양한 욕구들을 충족시킬 수 있는 충분한 경제적인 자원을 보유하고 있기 때문일 것이다.

그러나 이런 나라는 예외적인 경우다. 역사적으로 보면, 인류는 가난과 배고픔에 시달려왔다. 지금도 하루 1달러의 최저생계비조차 벌 수 없는 사회들이 많다. 인류에게 자원부족은 하나의 영원한 고민이다. 1800년대 말 영국의 경제학자 맬더스(Thomas R. Malthus)는 식량은 산술급수적으로 증가하지만 인구는 기하급수적으로 증가하기 때문에 엄격한 산아제한을 가하지 않으면 인류는 궁핍에 처할 것임을 경고하였다. 그런데 약 200년이 지난 지금, 지구상의 인구는 급격하게 늘어났지만 그럼에도 불구하고 인류는 경제적인 번영을 동시에 이룩하였다. 어떻게 이런 일이 가능할 수 있었는가? 기술개발과 산업혁명으로 획기적인 생산성의 향상을 이룩할 수 있었기 때문이다. 즉, 사람들의 삶의 문제를 기술과 경제발전이 해결해 주었다. 물론, 이런 배경에는 재산권제도와 특허제도를 통하여 기술개발의 동기를 자극하면서 동시에 사회질서를 지탱하였던 정부의 역할도 자리하고 있다. 즉, 정부와 시장이 함께 인류가 유사 이래 지속적으로 직면해 왔던 가난, 질병, 기근, 전쟁 등의 문제들을 해결할 수 있었기 때문에 오늘과 같은 삶이 가능하게 되었다는 것이다.

문제는 내가 먹을 것이 부족하고 편히 쉴 곳을 마련하기가 쉽지 않기 때문에 발생한다. 만일 각자가 원하는 바를 자신의 주변에서 얼마든지 얻고 혼자서 확보할 수가 있다면 서로가 경쟁을 하거나 다투어야 할 필요는 매우 낮아질 것이다. 그런데 현실은 이와 정반대다. 결국, 인간은 자기가 필요로 하는 것들을 조금이라도 더 많이 얻고 지키기 위하여 서로 다투게 되며, 이러한 갈등이 개인 간의 원시적인 주먹다짐에서부터 집단, 사회, 국가들이 서로 자기의 이익을 위하여 충돌하는 상황으로 나타났다. 또 이러한 크고 작은 분쟁 속에서 힘없는 개인과 집단은 자신의 자유와 권리를 빼앗기고 억압받고 착취를 당하기도 하였다.

인류가 해결해야 할 또 하나의 문제는 무질서 문제다. 다음의 예를 생각해 보자. 어떤 사람들이 하나의 마을을 형성하며 함께 살아가고 있다. 그런데 이 마을 주민들의 직업은 도둑질이다. 하지만, 이 사람들은 공동체를 이루고 있고 또한 이 공동체가 적어도 내적으로는 질서를 유지할 수 있기를 희망하고 있다. 이런 상황에서 이 마을공동체가 안정적인 질서를 유지하기 위해 주민들이 지켜야 할 최소한의 행동규칙은 무엇이겠는가? 어떤 행동을 마을공동체 내에서는 삼가야 하겠는가? 최소한 다른 공동체 구성원의 재산을 훔쳐서는 안 될 것이다. 만일 이런 일이 지속된다면 결국 서로에 대한 믿음이 붕괴되고, 서로에 대한 신뢰에 기초하여 더 나은 공동체를 만들 가능성은 약화될 것이다.

토인비(Arnold Toynbee)에 의하면, 구성원 간의 협력을 위협하는 가장 큰 요인은 구성원 자신이다(아놀드 토인비, 2006: 146－149). 인간은 원시사회처럼 지극히 작은 사회에 알맞도록 만들어졌다. 자기 집단을 지키고 자기 집단만을 사랑하는 것이 본능적인 인간의 모습이다. 친척이나 이웃에 대한 사랑은 저절로 우러나오는데 인류에 대한 사랑은 인위적으로 길러야 한다. 전자의 사랑에는 직접 도달하지만 후자의 사랑에는 직접 도달하지 못한다. 간접적으로 도달한다. 그래서 본능적인 감정에 따를 경우 인간은 서로 반목하고 충돌하기 쉽다. 게다가, 인간이 이 세계에서 만나야 할 모든 것 중에서 가장 두려운 것이 인간이다. 그래서 인간 사이에서 불화는 고질적인 병이 되기 쉽다. 인간은 사회적 동물이기도 하지만 자유의지가 부여된 동물이다. 인간을 호모사피엔스로 만든 강력한 창조의 행위는 바로 그 행위로 말미암아 인간이 '호모콘코러스(협력하는 인간)'가 되는 것을 결정적으로 어렵게 만든다. 그래서 서로 간에 끊임없이 의사의 충돌이 생기고 이런 충돌이 인간사회를 자멸에까지 이르게 할 수 있다. 홉스(Thomas Hobbes)가 자연 상태에서 인간은 "만인 대 만인의 투쟁 상태"에 있으며 비록 괴물과 같은 존재이지만 정부가 필요하다고 주장한 것도 역시 이런 이유 때문이다.

4 문제해결의 역사적인 경험들

미국의 제도연구자인 후쿠야마(Francis Fukuyama)는 『역사의 종언』이라는 책에서 자원부족과 무질서의 문제를 해결할 수 있는 해법으로 인류가 찾아낸 최선의 답은 자본주의와 민주주의라고 주장한다. 더 효율적인 방법으로 주어진 자원을 사용할 수 있는 경제주체가 해당 자원을 구매하여 사회구성원들이 필요로 하는 재화와 서비스를 보다 생산적인 방법으로 생산하여 공급하는 것을 가능하게 하는 시스템이 자본주의다. 자원부족 문제에 대한 최선의 해결책이라는 것이다. 사본주의란 사유재산권, 개인과 기업의 경제적인 자유, 자유로운 시장과 경쟁, 작은 정부 등을 핵심으로 하는 경제 질서 및 생산방식이다. 자본주의는 개인의 재산을 인정하지 않고 개인과 기업의 경제적인 자유를 억압하며, 시장을 통한 거래를 사익추구행위로 보아 억제하고, 그 대신 정부가 모든 것을 결정하는 공산주의방식과는 완전히 상반되는 것이다.

자본주의는 단지 효율성만을 위한 장치가 아니다. 사람들이 자율적인 거래관계 속에서 서로 협력적인 질서를 형성하는 데도 도움이 된다. 기업조직을 비롯한 각종의 사회조직들은 기본적으로는 조직에 참여하고 관계하는 사람들이 정직한 거래를 통하여 각자가 원하는 것을 얻게 되는 일종의 거래 메커니즘이다. 즉, 서로 다투지 않고 협력하여 공동의 이익을 달성하도록 도와주는 시스템이다. 기업조직이 성공적으로 운영될 경우 주주는 배당이익, 경영진은 임금과 성과급, 근로자는 일자리와 임금, 투자금융기관은 이자수익과 투자수익, 소비자는 소비자주권에 의하여 자발적인 소비에서 발생하는 잉여를 얻을 수 있다. 각 참여자들이 각자에게 주어진 역할을 정직하게 수행한다면 기업은 모두에게 유익이 되는 윈-윈(win-win)의 매개체가 될 수 있다. 이런 점에서 일종의 협력 장치다.

민주주의적인 정치와 정부 역시 이를 잘 발전시킨다면 자원부족 문제와 무질서 문제에 대해 해법이 될 수 있다. 아래에서 설명하겠지만, 정부 역시 희소한 자원을 보다 효율적으로 이용하기 위한 수단의 하나다. 예를 들면, 마을 공동의 다리, 마을 공동의 우물과 가로등은 개인이 자기 비용으로 설치할 때 보다는 마을 주민들이 함께 협력할 경우 필요한 양을 적절히 공급할 가능성이 높아진다. 국가적인 차원에서도 마찬가지다. 국방, 외교, 치안, 사회간접자본 등의 서비스와 재화는 사회구성원들이 정부를 통하여 함께 공급하는 것이 훨씬 유리하다. 자원의 적절한 이용에 도움이 된다. 정부는 또한 무질서에 대응하기 위한 장치이기도 하다. 법에 의하여 개인의 생명, 자유와 재산권을 보호하는 것은 정부가 정당화되는 가장 중요한 이유의 하나다.

그러나 현실적으로는 자본주의적인 시장경제방식과 민주적인 정부 및 정치를 통하여 자원부족 문제와 무질서 문제를 해결하지 못하고 있는 사회들이 많다. 역사적으로도 정부와 정치는 사회구성원들의 문제를 해결하기보다는 오히려 권력을 이용하여 시민들을 억압하고 수탈하기를 서슴지 않았다. 지금도 북한 정부처럼 지배집단의 권력유지를 위하여 주민 전체를 가난과 절망으로 내모는 정부는 흔히 있다.

후쿠야마의 주장처럼 자본주의와 민주주의가 인류가 채택할 수 있는 자원부족과 무질서에 대한 최선의 해법일 수는 있다. 그러나 실제로 이런 질서의 수립이 어떤 사회에서나 가능한 것을 결코 아니다. 바로 이 점이 문제다. 우리의 생명과 재산을 보호하기 위해 만든 '강력한' 정부는 우리의 재산권을 박탈하는 데도 '강력할' 수 있다.

제 2 절 자원부족에 대한 해법으로서의 시장과 정부

1 자원부족 문제의 해법: 효율성

자원부족 문제에 대한 최선의 대안은 부족한 자원을 가장 효율적으로 배분하고 사용할 수 있는 방법을 찾아내는 것이다. 효율성은 간단히 말하면, 투입에 대한 산출의 비율이라 할 수 있다. 동일한 양의 자원을 투입하여 더 많은 산출을 얻어내거나 또는 동일한 산출을 얻기 위하여 더 작은 양을 투입할 수 있는 방법이 있다면 이것이 바로 더 효율성이 높은 것이다. 효율성을 높이는 방법에는 생산의 효율성을 높이는 방법과 일단 생산된 재화를 재배분하여 효율성을 높이는 방법이 있다.

2 생산효율성 향상: 시장

시장이 효율적인 자원이용을 위한 장치로 작동하는 이유들을 생각해 보자. 우선, 보다 효율적인 자원이용이 가능하려면, 동일한 요소 투입량으로부터 더 많은 생산물을 얻거나 또는 동일한 산출물을 얻기 위하여 더 적은 양을 투입하는 방법을 찾아내어야 한다. 그런데 시장경제는 다음과 같은 방법으로 이를 달성하고 있다. 첫째는 사유재산권이다. 사유재산권이란 어떤 재산의 이용에서 발생하는 이익을 모두 그 재산의 소유자에게 돌아가게 하는 방법이다. 예를 들면, 마을의 공동의 우물이 있다고 하자. 이 물은 주인이 없다. 누구든지 먼저 이용하는 사람이 주인이다. 그렇다면, 어떤 일이 일어나겠는가? 누구든지 먼저 이용하는 사람은 최대한 많이 이 물을 이용하고자 할 것이다. 다음 사람을 위해 아껴야 할 이유가 없다. 설사 아껴놓아도 그것을 내가 이용한다는 보장이 없기 때문이다. 왜 공중화장실은 지저분하겠는가? 내 것이 아니므로 아끼고 관리해야 할 이유가 없기 때문이다. 사유물은 그렇지 않다. 아껴서 사용해도 그 혜택이 나에게 돌아오고, 내가 잘못 사용해서 고장이 나도 그 책임은 나에게 돌아온다. 사유재산이란 이런 것이다. 더 효율적으로 이용할 방법을 찾게 마련이다. 그로 인한 이익이 나에게 돌아오기 때문이다.

사유재산제도의 힘을 극명하게 보여주는 것이 중국 경제의 발전이다. 중국 농업이 발전할 수 있었던 것은 농지를 모두 국유화하였기 때문이 아니라 농지임대를 통해 농업생산물의 이익을 생산농민이 차지할 수 있도록 했기 때문이다. 토지를 나라에서 보유하고 있다는 외형적인 모습만 보면 중국은 사회주의 국가처럼 보인다. 그런데 그 토지를 이용하여 농업을 경영하는 방식은 자본주의와 다를 바가 없다. 내가 노력하여 얻은 것은 내가 차지할 수 있기 때문이다. 등소평(鄧小平)이 추진한 개혁개방의 핵심은 바로 이런 것이다. 자신들은 '사회주의적 시장경제'라고 말하지만, 사실은 사유재산제도를 핵심으로 하는 자본주의적인 경제방식을 통해 오늘과 같은 경제발전을 이룩할 수 있었다.

자유경쟁이라는 시장경제의 게임 규칙 역시 자원이용의 효율성을 높이는 방법이다. 시장경쟁에서 살아남기 위하여 기업들은 소위 '숨 막히는(cut－throat)' 경쟁을 펼친다. 가장 효율적인 기업만이 시장에서 살아남을 수 있다. 더 효율적인 기업이 더 저렴한 가격으로 더 질 좋은 제품을 생산할 수 있기 때문이다. 이 경쟁에서 지면 실제 기업들은 '컷스로트'를 당한다. 살아남을 수 없는 위치에 처한다는 것이다.

기업들이 시장에서 살아남기 위해 더 효율적인 생산방법과 생산기술을 모색하는 과정에서도 자원의 효율성은 높아진다. 증기에너지와 전기에너지가 가져온 차이점을 생각해 보자. 유선전화, 무선전화, 그리고 스마트폰이 가져온 효율성의 변화를 생각해 보자. 기술변화만큼 자원의 효율적인 배분에 결정적인 영향을 미친 것은 없다. 스마트폰으로 카메라, 녹음기, 전자사전, 동영상녹화 및 재생장치, mp3, 게임기 등 수많은 기기들이 더 이상 필요하지 않은 세상이 되었다.

효율성을 높이는 또 다른 방법은 분업이다. 애덤 스미스(Adam smith)의 『국부론』에 의하면, 핀(pin)을 분업하면 18가지의 직업으로까지 나눌 수 있다. 그런데 분업을 하기 이전에 기계류의 사용을 모르는 보통의 사람들은 하루 20개의 핀을 만들기도 어렵다. 하지만, 10명이 분업하여 생산할 경우에는 하루 48,000개의 핀을 생산할 수 있다. 분업이 이와 같은 생산성의 증가를 가져 올 수 있는 것은 다음과 같은 이유들 때문이다. 우선, 각 작업자는 자신이 담당하고 있는 업무만 잘하면 되므로 개인별 업무 능력의 전문화가 가능하다. 한 작업을 마치고 다음 작업으로 전환하는 시간을 절약할 수 있다. 각 작업에 필요한 기계를 발명하는 데도 유리하다. 농업과 공업 간에 생산성의 차이가 발생하는 것도 분업과 관련되어 있다. 농업은 분업을 하지 않는다. 개인이 전체 생산과정을 혼자 담당하는 경우가 많다. 굳이 분업이 필요하지 않다. 즉, 한국이 만일 과거와 같은 농업 중심의 산업구조를 유지했다면 현재와 같은 생산성의 향상과 경제발전은 불가능했을 것이다.

3 공동생산에 의한 효율성 향상: 정부

만일 어떤 재화나 서비스가 시장에서 자유롭게 거래하는 방식을 통해 잘 공급이 되고 있고, 그래서 이 재화를 시장에서 구매하여 이용하는 데 별 문제가 없다면, 이런 재화와 서비스는 시장을 통하여 이용하는 것이 보다 효율적이다. 우리가 시장에서 구매할 수 있는 매우 다양한 제품과 서비스들은 시장의 힘을 잘 보여준다. 시장에서는 소비자가 사실상의 주권을 가진다. 소비자로부터 외면당하는 제품은 살아남을 수 없기 때문이다. 뿐만 아니라, 소비자들의 수요에 매우 민감한 것이 시장이다. 만일 어떤 재화나 서비스에 대해 소비자들의 요구가 있다면 어떤 방법으로든 이를 충족시켜주는 시장이 만들어질 가능성이 높다. 매춘업이나 고리사채업과 같은 서비스들이 법적인 금지에도 불구하고 사라지지 않는 것은 이런 서비스에 대한 수요가 존재하고 있기 때문이다.

그런데 어떤 재화나 서비스들은 그 재화의 독특한 성격으로 인하여 시장에서 효율적으로 공급되지 못할 수도 있다. 시장에서는 제대로 공급을 하지 못하지만, 그럼에도 불구하고 시민들은 이런 서비스를 필요로 하고 있고, 뿐만 아니라 이런 서비스가 사람들의 삶에 매우 중요한 것이라면 어떻게 해야 하겠는가? 강제력과 징세에 기초하여 이런 서비스의 공급을 담당하는 정부에 의지해야 한다. 보통 경제학자들이 공공재라고 부르는 국방, 질서, 사회간접자본 등의 서비스와 재화는 이런 종류의 재화에 속한다. 이 재화들은 이의 소비로부터 사람들을 배제하기 어렵고, 또한 이를 소비하기 위해 경쟁할 필요도 없는 소위 '비배제적'이며 '비경합적'인 재화다. 소비를 하지 못하도록 배제할 수 없으므로, 사람들은 재화의 공급에 필요한 비용의 부담은 회피하면서, 일단 재화가 공급되면 공짜로 이 재화를 이용하기를 원한다. 그래서 소위 무임승차자(free-rider) 문제가 발생한다. 무임승차자가 많아지면 비용의 조달이 어려워지므로 비용을 부과할 수 있는 강제력을 가진 정부가 나서지 않으면 이런 재화를 적절히 공급하지 못하는 문제가 발생한다. 이것이 소위 '시장실패'다. 어떤 재화와 서비스는 시장이 자유로운 경쟁과 거래를 통하여 소비자와 생산자의 잉여를 극대화함으로써 시장을 통한 효율성의 달성이 가능하다. 그런데 공공재는 이와 같은 방식으로 시장이 사회적인 최적량을 공급하지 못한다. 그래서 시장실패라 부른다. 만일 시장실패가 일어난다면 이는 소비자의 이익에도 부정적인 영향을 끼치므로 이런 재화는 정부가 시장을 대신하여 공급을 담당하는 것이 필요하다. 정부는 바로 이런 이유로 정당화된다.

4 파레토 개선과 희생 없는 효율성 향상: 시장

생산과정에서 더 적은 비용으로 더 많은 것을 생산하는 방법으로 효율성을 달성할 수 있다면, 이렇게 생산된 재화는 이의 배분을 달리하는 방법으로 다시 자원이용의 효율성을 높일 수 있다. 배분을 달리하여 자원이용의 효율성을 높이는 방법에는 다시 크게 두 가지가 있다. 첫째는 누군가에게 희생이나 비용을 부과하지 않으면서 효율성을 높이는 방법이고, 둘째는 누군가에게 희생이나 비용부담을 요구하지만 이보다 더 큰 효용이나 만족을 얻는 방법으로 효율성을 개선하는 방법이다. 전자에 해당하는 것이 시장이며, 후자에 해당하는 것이 정부다.

시장이 가져 오는 효율성 개선의 성격을 잘 보여주는 것이 파레토 기준에 의한 효율성이다. 파레토 기준에 의한 효율성의 개선은 누군가의 효용을 감소시키지 않고도 다른 누군가의 효용을 증가시킬 수 있는 상황이다. 언뜻 어떻게 이런 것이 가능할까 싶지만, 시장은 바로 이런 원리로 작동한다. 뿐만 아니라, 시장거래가 국부의 근원이 되는 것도 이런 방식의 효율성 개선이 가능하기 때문이다. 즉, 그 누구에게도 손해를 끼치지는 않았다. 만일 이 거래로 인하여 누군가가 손해를 입는다면 그 사람은 더 이상 거래에 참여하지 않을 것이다. 다만, 자원배분을 달리했을 뿐인데, 이렇게 달라진 자원배분으로 인해 이를 소비하는 사람들이 누리는 효용은 오히려 증가하는 것이 파레토 개선(pareto improvement)이다.

파레토 최적(pareto optimality)은 파레토 개선에 의하여 얻을 수 있는 이익이 모두 실현된 상황이다. 그래서 이 상황에서는 누군가에서 이익을 주려면 다른 누군가가 반드시 손해를 입어야 한다. 파레토 최적 배분상태에서는 어떤 구성원의 효용을 감소시키지 않고는 다른 구성원의 효용을 증대시킬 수 없다. 파레토 최적의 개념은 다른 어느 누구의 상태도 불리하게 하는 일 없이 한 개인의 상태를 유리하게 하는 일은 사회적으로 바람직한 것이라는 비교적 약한, 그러기에 누구라도 받아들이기 쉬운 가치판단을 기초에 둔다. 또 자원배분은 그 사회를 구성하는 개개인의 선호에 의해서 정해져야 한다는 소비자주권 내지는 개인주의 원칙을 기반으로 한다. 파레토 최적은 자원배분의 효율성에 관하여 그 중핵을 이루는 중요한 분석개념으로서, 이러한 면의 이론분석에 극히 유용하다. 파레토 최적은 완전경쟁시장에서 달성되며, 각 개인은 최대의 만족을 얻고 기업은 이윤최대화가 달성되는 등 중요한 법칙이 성립한다. 그러나 이 이론은 자원배분에만 관여하고 소득분배에 대해서는

그림 2-2 파레토 개선과 파레토 최적

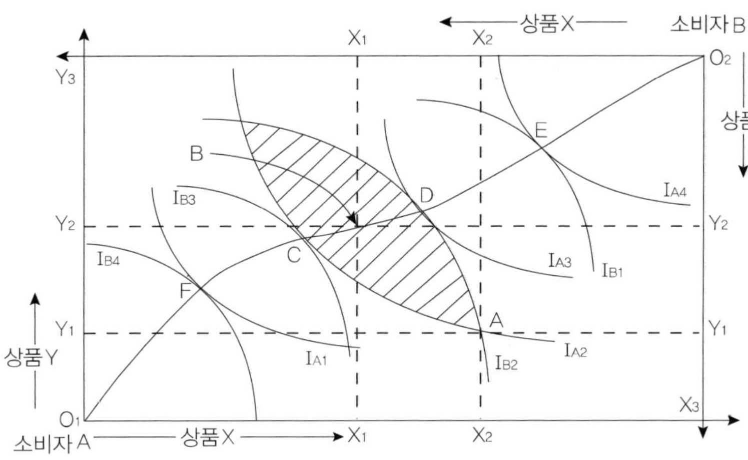

아무런 언급이 없다. 또 파레토 최적 상태는 무수히 존재하여 우열의 결정이 안 된다는 등의 한계가 있다.[1)]

[그림 2-2]를 보면서, 파레토 효율성의 의미를 좀 더 분명히 해보자.[2)] 우선, 그림이 나타내고 있는 주요 내용들을 보자.

[그림 2-2]는 소비자A, 소비자B 두 사람의 소비자로 구성되어 있고, 이 두 사람이 상품X와 상품Y를 함께 소비하는 상황을 나타내고 있다. O_1점을 기준으로는 소비자A의 무차별곡선을 표시하고 있고, O_2점을 기준으로는 소비자B의 무차별곡선(indifference curve)을 표시하고 있다. 무차별곡선이란 [그림 2-2]에서처럼 두 가지 상품을 소비할 때, 동등한(무차별의) 만족을 주는 두 상품의 소비결합을 연결한 곡선이다. 예를 들어, I_{A1}는 소비자A가 X재와 Y재를 소비할 때 동일한 만족을 얻는 두 재화의 상품조합을 나타낸다. 이 곡선 위에서는 상품의 조합은 달라져도, 이를 소비해서 얻는 효용의 합은 달라지지 않는다. 무차별곡선은 한계효용체감의 법칙에 의하여 원점에 대하여 볼록하다고 가정된다. 원점에서 떨어진 곡선일수록 큰 효용과 대응하며, 서로 다른 무차별곡선은 서로 교차하는 일이 없다.[3)] [그림 2-2]에서 I_{A1}, I_{A2}, I_{A3}는 소비자A의 무차별곡선이며, I_{B1}, I_{B2}, I_{B3}는 소비자B의 무차별곡선이다. 즉, 이들 재화를 소비할 때 소비자A가 얻는 효용은 I_{A1} 곡선 위에서는 동일하지만, I_{A2}, I_{A3}로 원점에서 멀어질수록 효용이 커진다. 마찬가지로 소비자B의 효용은 I_{B1} 선상에서는 동일하지만, I_{B2}, I_{B3}처럼 원점에서 멀어질수록 효용은 커진다.

먼저, A점에서 소비가 이루어지고 있다고 가정하자. 이때 소비자A는 X재를 O_1X_2만큼, Y재를 O_1Y_1만큼 소비한다. 그리고 이때 그가 얻는 만족을 나타내는 무차별곡선은 I_{A2}다. 한편, 이때 소비자B는 X재를 O_2X_2(전체수량－소비자A소비량)만큼, Y재를 O_2Y_1(전체수량－소비자A소비량)만큼 소비한다. 그리고 이때 그가 얻는 만족을 나타내는 무차별곡선은 I_{B2}다. 즉, 이 소비를 통해서 소비자A와 소비자B는 무차별곡선으로 표시할 경우 I_{A2}, I_{B2} 해당하는 만큼의 효용을 얻고 있다.

그런데 이 두 사람이 서로가 상대적으로 많이 보유하고 있는 재화들을 맞바꾸었다고 가정해 보자. 즉, 소비자A가 가진 X재 중 X_1X_2와 소비자B가 소비하던 Y재

1) 네이버 지식백과(두산백과) 참고.
2) http://www.tutorsglobe.com/homework-help/microeconomics/edgeworth-box-73787.aspx의 그림을 수정한 것이다.
3) 네이버 지식백과(두산백과) 참고.

중 Y_2Y_1을 서로 교환했다고 가정하자. 이렇게 하면 두 재화에 대한 두 사람의 상품 조합은 B점으로 이동한다. 이때 소비자A는 X재를 O_1X_1만큼, Y재를 O_1Y_2만큼 소비하며, 소비자B는 X재를 O_2X_1만큼, Y재를 O_2Y_2만큼 소비한다. 이처럼 소비하는 상품의 조합이 달라지면서 두 소비자들은 B점을 지나는 무차별곡선에 해당하는 효용을 얻을 수 있다.

중요한 것은 B점을 지나는 무차별곡선이 A점을 지나는 무차별곡선보다는 두 소비자의 원점에서부터 더 멀리 떨어져 있다는 점이다. 즉, A점에서 B점으로 상품의 소비조합을 달리함으로써 두 소비자 모두가 더 큰 효용을 얻을 수 있게 되었다는 것을 의미한다. 바로 이것이 파레토 개선이다. 누구도 손해 보지 않았다. 다만, 상품의 소비조합이 달라졌을 뿐이다. 그런데 두 사람 모두가 더 큰 효용을 획득하는 일이 일어났다. 동일한 자원으로 더 큰 효용을 얻는 효율성의 개선이 일어난 것이다. 즉, B점이 A점보다는 훨씬 자원이용의 효율성이 높은 점이다. 위의 [그림 2-2]에서는 A점으로부터 빗금친 부분, 즉 A점과 D점을 잇고 있는 두 사람의 무차별곡선 I_{A2}와 I_{B2} 사이의 빗금친 부분으로의 이동은 어디에서나 파레토 개선을 가져온다. 더 효율적인 자원이용이 가능하다. 더구나 누군가의 손해 없이 다른 누군가는 이익을 얻는다. 심지어 거래에 참여한 모두가 이익을 얻는 상황이 발생한다.

한편, O_1과 O_2를 잇고 있는 선분은 소비자A와 소비자B의 무차별곡선이 접하는 점을 연결한 것으로 파레토 최적을 나타낸다. 이를 계약곡선이라 한다. 이 선분상에 있는 점에서는 어디로 이동하든지 누군가 추가적인 효용을 얻기 위해서는 다른 누군가는 손해를 보아야만 한다. 즉, 누군가가 더 높은 무차별곡선으로 이동하면, 다른 사람은 더 낮은 무차별곡선상의 지점으로 이동한다.

그렇다면, 파레토 최적을 나타내는 점들 사이에서는 사회적 후생을 극대화하는 점이 없는가? 적어도 이론적으로는 있을 수 있다. 왜냐하면, 개인으로 이루어진 사회에서 총효용은 각 개인의 총효용을 합한 것이기 때문이다. 가령, 위의 [그림 2-2]에서는 B점이 다른 점들보다 총효용이 더 높은 점일 수 있다. 여기서 중요한 것은 바로 이 점을 시장이 스스로 찾아갈 가능성이 있는가 하는 점이다. 가령, 최초의 배분상태는 D점이라고 가정하자. 이 점은 파레토 최적선 위에 있는 점이다. 따라서 어떤 방향으로 움직이든지 누군가 한 사람의 효용은 감소한다. 설사 파레토 최적선상의 다른 B점으로 이동해도 마찬가지다. 아무런 보상없이 B점으로 강제적으로 자원배분을 변경할 경우 소비자A의 효용은 증가하지만 소비자B의 효용은 감소한다.

그렇다면, 이런 이동이 자발적으로 일어날 수는 없는가? 가능하다. 가령, D점에서 B점으로 이동하면 소비자A에게 일어나는 효용의 증가분이 화폐가치로는 5만 원에 해당한다고 하자. 반면, 소비자B의 효용감소분은 화폐가치로는 3만 원에 해당한다고 하자. 만일 상황이 이와 같다면, D점에서 B점으로 배분상태를 변경하는 대신 효용이 증가하는 A가 효용이 감소하는 B에게 4만 원의 보상을 제공한다면 이 변화로 인하여 소비자A와 소비자B의 각각 1만 원씩 증가할 수 있다.[4)] 이처럼 설사 계약곡선상에 있는 점들 사이에서의 자원재배분이라고 하더라도 적절한 보상이 이루어진다면 누구도 손해보는 사람은 없이 사회적인 총후생은 증가하는 변화가 일어날 수 있다.

시장이 수행하는 역할이란 바로 이런 것이다. 파레토 개선을 가능하게 한다. 어떤 사람은 과수농사에 매우 뛰어나서 많은 양의 과일을 생산하여 보유하고 있지만 논농사는 기술이 모자라서 쌀은 조금밖에 없다고 하자. 반대로, 다른 사람은 논농사를 잘 지어서 쌀은 풍족한데, 과일은 부족하다고 가정해 보자. 만일 두 사람이 이런 상황에 있다면 두 사람은 자신들에게 풍성한 것을 서로 교환하는 방식으로 양자가 모두 이익을 얻을 수 있다. 시장이란 사실은 이와 같은 거래관계의 확산물이다. 각 기업은 자신이 더 저렴하게 더 잘 만들 수 있는 제품을 만들고, 이렇게 생산한 제품을 시장을 통해 거래하는 방식을 통해 시장거래에 참여한 모든 사람들이 더 높은 무차별곡선상에서의 소비를 가능하게 하는 것이 시장이다.

누구도 손해보는 사람이 없다. 누구도 억지로 거래관계에 참여하는 사람도 없다. 그렇다고 생산량이 많아진 것도 아니다. 소비가 가능한 상품의 총량은 동일하지만 배분을 달리했을 뿐이다. 그런데 더 많은 총효용을 얻을 수 있다. 시장이 소중하고 가치 있는 자원부족 문제의 해결책이 되는 이유도 바로 여기 있다. 누구도 교환을 강요하지 않는다. 자발적인 선택에 의하여 교환이 이루어진다. 그럼에도 불

4) 한계효용체감의 법칙이 이를 가능하게 한다. 즉, 어떤 재화를 추가적으로 소비할 때 얻는 효용은 점차 감소한다. 따라서 어떤 재화를 이미 많이 가지고 있는 사람은 추가적으로 한 단위를 더 획득하더라도 이로 인하여 추가적으로 얻는 효용이 크지 않다. 바로 이 단위를 한계효용이 큰 사람에게 이전하고 발생한 손해에 대해 적절한 보상을 제공할 수 있다면 사회적으로는 총효용이 증가하는 일이 발생한다.

구하고 사회적으로는 더 큰 총효용을 얻을 수 있다. 애덤 스미스(Adam Smith)가 말하는 '보이지 않는 손'의 위력도 바로 이것이다. 각자는 자신의 이익을 위해 생산하고 거래하고 교환한다. 그런데 이렇게 하여 발생하는 사회전체적인 이익은 거래 이전에 비하여 훨씬 크다. 국부란 바로 여기에서 기원한다. 거래를 통하여 새로운 효용과 가치가 창조되기 때문이다.

5 누군가의 희생에 기초한 효율성 향상: 정부

파레토 효율성과 대비되는 것이 칼도어－힉스 기준(Kaldor－Hicks Efficiency Criteria)이다. 이 기준을 적용하면 파레토 최적 상황에 도달하더라도 추가적인 자원의 재배분을 통하여 추가적인 효율성의 개선, 즉 추가적인 총효용의 증가가 가능하다. 파레토 기준에 의하면, 파레토 최적 상황에서는 누군가의 효용의 증가를 위해서는 다른 누군가의 효용의 감소가 필요하다. 그런데 만일 어떤 사람의 소비를 감소시켜 효용을 감소시키고, 대신 이를 다른 사람이 소비하게 하여 그가 얻는 효용이 전자의 효용감소분보다 크다면 어떻게 되는가? 사회적인 총효용은 증가한다. 감소한 효용의 크기보다 증가한 효용의 크기가 더 크기 때문이다. 이런 방법에 의한 효율성의 개선도 효율성의 증가인 것으로 인정하는 것이 칼도어－힉스 기준이다.

좀 더 쉽게 설명하면 이런 것이다. 어떤 재화가 소비자에게 갖는 한계효용과 가치는 그 재화의 양이 증가할수록 감소한다. 즉, 부자에게 현금 10만 원이 갖는 효용가치와 극빈자에게 10만 원의 효용가치는 매우 큰 차이가 있다. 부자에게 10만 원이 갖는 가치는 별 것 아닐 수도 있다. 그 외에도 쓸 수 있는 돈은 얼마든지 있기 때문이다. 그런데 가난한 사람에게는 그렇지 않다. 한 달 간의 배고픔을 해결해 주는 돈이 될 수도 있다. 그렇다면, 부자에게서 10만 원을 세금으로 걷어 가난한 사람에게 생계지원비로 재분배하면 어떻게 되겠는가? 부자가 느끼는 상실감에 비해 가난한 사람이 이로 인해 얻는 효용이 훨씬 크다면, 이 차이만큼 사회적으로는 총효용이 증가할 것이다. 이런 방식에 의한 효율성의 증가도 효율성의 개선으로 인정하는 것이 칼도어－힉스 기준이다. 배분방식을 달리할 경우 발생하는 어떤 구성원의 효용손실보다 다른 구성원이 얻는 효용의 증가가 더 크다면 이를 사회적으로 더 바람직한, 즉 더 효율적인 배분으로 인정하는 기준이다.

사회복지와 약자 보호를 위한 각종의 제도들은 파레토 기준에 의하면 결코 효율성의 개선이 될 수 없다. 누군가에게는 손해를 끼쳤기 때문이다. 그런데 칼도어 – 힉스 기준에 의하면 효율성의 개선이 될 수 있다. 누군가는 손해를 보았지만, 사회적인 총효용은 증가하는 결과를 가져왔기 때문이다.

그러나 칼도어 – 힉스 기준에 대해 다음과 같은 의문을 제기할 수 있다. 누군가에게 혜택을 주기 위해 다른 누군가에게 부담을 주는 것이 과연 도덕적으로 아무 문제가 없는가 하는 점이다. 어떤 경우든 인간은 그 자신이 목적인 존재다. 인간을 다른 목적을 위한 수단으로 삼는 것은 바람직하지 않다. 칸트(Immanuel Kant)가 말하는 소위 정언명령(categorical imperatives)의 하나다. 어떤 조건도 없이 지켜야 할 도덕기준이다. 인간은 각자가 개별적인 삶의 주체다. 내가 소중하다고 판단한 것을 다른 사람에게 강요하는 것은 분명 개인의 자유와 평등을 침해한다. 설사 그것이 선한 목적이라고 하더라도 그 선을 위해 타인에게 희생을 강요하는 것은 인간의 가치와 충돌한다. 각자의 판단에 따라 선함까지도 다양하게 추구할 수 있는 존재이기 때문이다. 각 개인은 자신이 소중하다고 생각하는 선을 선택하고 그것을 추구할 자유를 가진 존재이기 때문이다. 이런 입장을 가장 강력하게 피력하고 있는 정치철학자는 노직(Robert Nozick)이다. 그는 개인의 생명, 자유, 재산을 보호하는 '최소 정부'만이 인간을 '목적 자체(ends – in – themselves)'로 다룰 것을 요구하는 도덕규범을 충족할 수 있다고 주장한다(Nozick, 1974).

제 3 절 무질서에 대한 해법으로서의 시장과 정부

인류가 역사적으로 의지해 온 무질서에 대한 해법은 많다. 각 사회와 공동체들은 각자 자신들이 원하는 방식으로 질서를 수립하고 있다. 자발적으로, 그리고 자생적으로 어떤 행동의 규범과 관습들을 형성하고 있다. 후설(Edmund Husserl), 하이데거(Martin Heidegger) 등의 현상학자들과 설(John R. Searle), 앤스콤(G. E. M. Anacombe), 제르겐(Kenneth J. Gergen), 쇼터(John Shotter) 등 사회구성주의 연구자의 연구에 의하면, 인간은 자신이 원하는 질서를 자기 스스로 형성할 수 있는 정신의 능력을 가지고 있다. 이런 정신의 능력에 의지하여 언어도 함께 만들 수 있으며, 언어에 의지하여 약속을 맺는 방식으로 공동의 규약도 수립할 수 있다. 앙리 피렌느(1939), 크로포트킨(포트르 A. 크로포트킨, 2005), 토크빌(알렉시스 드 토크빌, 1997), 베버(Weber, 1958) 등의 중세 자치도시 및 미국의 자치도시들에 대한 연구들을 보면, 사람들은 스스로 자신들이 원하는 공동체를 만들고, 공동체 규약을 만들고, 이런 규약에 근거하여 치안서비스를 직접 공급하고 심지어는 외부의 침입에 대비한 도시방어서비스도 자치도시의 주민들이 자발적인 협의와 합의에 의하여 공급하고 있다. 시민공동체 스스로가 자발적인 합의와 협약과 협력에 기초하여 질서를 창조하고 이를 유지할 수 있는 능력을 가지고 있다는 것이다.

시장에 의하여 수립된 자생적인 질서를 잘 보여주는 것이 상관습법이다. 우리 상법 제1조를 보면, "상사에 관하여 본법에 규정이 없으면 상관습법에 의하고 상관습법이 없으면 민법의 규정에 의한다."고 규정하고 있다. 상법에 규정이 없으면 상관습법에 의한다는 것이 상법 제1조다. 왜 상법의 서두에 상관습법에 대해 언급했겠는가? 상법이 만들어지기도 전에 이미 상인들은 나름의 방법으로 규칙을 개발하고 발전시켜 왔으며, 이런 관습적인 법규에 의지하여 상업을 발전시켜 왔다. 그래서 상거래에 참여하고 있는 사람들이 현실적으로 의지하고 있는 것은 상법이 아니라 상관습법이다. 그것이 시장에서 통하고 있는 법이기 때문이다.

프리드만(로렌스 M. 프리드만, 2006)의 지적처럼 법에 의하여 인간의 일상의 삶을 제어하기 시작한 것은 매우 근대적인 현상이다. 사람들은 법에 의해 질서를 형성하고 유지하지 않았다. 종교적인 교리에 의지하여, 일상에서 발전시킨 관습에 의지하여, 일상의 삶에서 학습한 도덕과 행동규범에 의지하여, 일상에서 자연스럽게 발전시킨 공동의 규약에 의하여 질서를 형성하고 유지해 왔다.

그러나 현대 사회는 그렇지 않다. 정부의 권한이 확대되어 있다. 물론, 일상적인 삶을 제어하는 일상의 규범, 일상의 문화와 관습과 전통, 일상의 삶을 형성하고 있는 종교의 영향력은 지속되고 있다. 하지만, 현대 사회는 대규모 도시를 형성하고 서로에 대하여 전통적인 방법으로 제약을 가하기는 어려운 사람들이 서로 수많은 거래관계를 형성하면서 살아가는 '익명성'이 높은 사회가 되었다. '익명성'이 높다는 것은 거래의 상대방에 대해 또는 공동체를 이루고 함께 살아가는 사람에 대해 잘 알지 못한다는 의미다. 당연히 상대방과 나의 이익이 충돌할 때 이기적인 행동은 물론 기회주의적인 행동까지도 서슴지 않을 가능성이 그만큼 커진다. 이런 상황에서는 전통에 의지하여, 규범에 의지하여, 일상의 행동규범에 의지하여 상대의 행동에 제약을 가하는 것이 어려워진다. 이런 전통적인 행동규범들은 공동체 구성원들이 서로에 대하여 어느 정도의 연대감(solidarity)을 가지고 있어야만 지키고자 하는 동기도 발생하고, 위반자에게 가하는 자율적인 제재도 영향력을 가진다.

하지만, 법과 정부를 통하여 수립하는 질서가 실제로 누구를 위한 질서가 될 것인지는 결코 법과 정부 자체에 의하여 규정되지 않는다는 점을 기억해야 한다. 북한의 김정은 정부는 공개총살을 서슴지 않는 강압적이고 살벌한 방식으로 질서를 유지하고 있다. 이런 정부는 흔히 있다. 질서를 요구하지만 그 질서가 특정한 소수 집단의 지배와 안위를 위한 질서일 뿐이며, 대다수의 일반시민들은 억압과 궁핍과 무질서의 나락에서 허덕이고 있다. 한국에서 경찰의 위상은 미국에서의 경찰의 위상과는 비교할 수 없다. 자신의 자동차를 몰고 파출소로 돌진하는 일들이 흔히 일어나고 있으며, 파출소에서 오히려 행패를 부리를 일들도 흔히 일어나고 있다. 질서의 수립을 위해 정부에 의지할 수 있다. 그러나 그 정부가 어떤 정부가 될 것이며 누구를 위한 정부가 될 것인지는 그 사회의 지도자들의 도덕성과 사회구성원들의 역량에 달려 있다.

제 3 장 정부현상 이해를 위한 기초경제학[1)]

제 1 절 수요곡선과 소비자잉여

1 수요곡선의 도출

정부와 정책을 본격적으로 분석하기에 앞서 기초경제학의 몇 가지 개념들에 대해 점검하자. 경제학적인 분석의 가장 큰 장점은 논리적인 일관성이다. 즉, 일부의 핵심적인 개념에 기초하여 다양한 정부현상들을 분석할 수 있는 길을 제공한다. 소위 시장실패라는 것이 어떤 의미인지 매우 명쾌하게 설명해 준다.

먼저, 알아야 할 것은 소비자잉여(consumer surplus)다. 소비자잉여는 구입자의 편에서 경제적 후생을 측정한 것이다. 지불용의가 있는 가격에서 실제 지불금액을 뺀 나머지로서, 구입자가 기꺼이, 그리고 지불이 가능한 금액으로서 구입자가 해당 서비스의 재화를 사용함으로써 얻을 수 있는 가치의 크기를 반영한다. 둘째는 생산자잉여(producer surplus)다. 생산자잉여는 판매자의 편에서 경제적 후생을 측정한 것이다. 생산자가 재화나 서비스를 판매하고 받은 수입에서 생산비용을 제외한 나

1) Mankiw, N. Gregory(1998). *Principles of Economics*, Ch.7을 내용을 기반으로 정리한 것이다.

머지가 생산자잉여가 된다. 먼저, 소비자잉여에 대해 알아보자.

다음과 같이 네 명의 소비자가 있는 음반시장을 가정하자(<표 3-1> 참고). 각 소비자들은 어떤 음반에 대하여 다음과 같이 각각 지불의사를 가지고 있다. 즉, 소비자들은 각자 이 음반이 자신에게 해당 지불의사만큼의 가치나 효용이 있다고 평가하고 있다.

표 3-1 수요자별 지불용의

구입희망자	지불용의가 있는 가격(단위: 달러)
존	100
폴	80
조지	70
링고	50

이들의 지불의사를 수요표로 정리한 것이 <표 3-2>다. 각각의 가격에서 어떤 사람이 구입할 의사가 있는지, 이 경우 수요량은 각각 몇 단위가 되는지 보여주고 있다.

표 3-2 수요표

가 격	구입희망자	수요량
$100 초과	없음	0
$80~100	존	1
$70~80	존, 폴	2
$50~70	존, 폴, 조지	3
$50 이하	존, 폴, 조지, 링고	4

이러한 지불의사를 이용하여 아래의 [그림 3-1]에 수요곡선을 도출하여 보자. 즉, 가격의 변화에 따라 수요량이 어떻게 달라지는지를 그림에 나타내 보자는 것이다.

첫째, 가격이 100달러를 넘을 때 수요자가 있는가? 없다. 즉, 이 재화에 대하여 100달러를 넘는 가치를 인정하고 있는 수요자는 없다. 그렇다면, 이 음반에 대하여 최고의 지불의사를 가지고 있는 사람은 누구인가? 존이다. 존은 100달러까지 지불할 의사가 있다. 즉, 자신이 보기에 이 재화는 100달러의 가치는 있다고 보는 것이다. 그렇다면, 이 재화에 대한 수요는 가격이 얼마일 때 최초로 발생하는가? 100달러다. 이때의 수요자는 존이며, 수요량은 존 한 사람, 즉 1단위다. 이를 [그림 3-1]에 표시해 보자.

그림 3-1 수요곡선의 도출

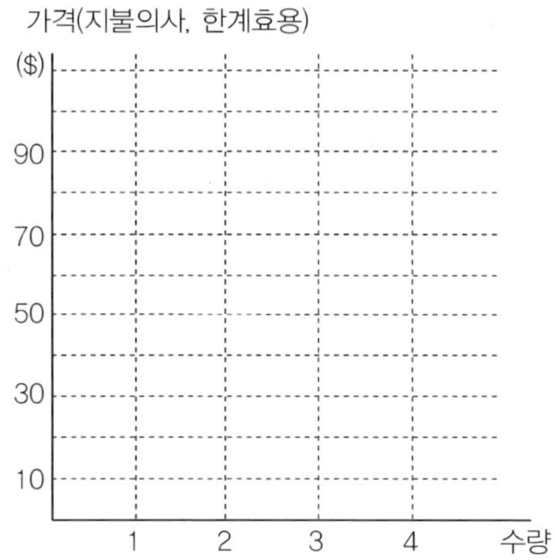

이 상품에 대한 두 번째 수요는 가격이 얼마일 때 발생하는가? 80달러일 때다. 가격이 80달러를 넘는다면 이를 구매할 의사가 있는 사람은 존뿐이다. 그런데 80달러가 되면 이 가격은 폴이 지불의사를 가진 가격이 된다. 즉, 폴이 이 재화를 구매할 수도 있게 된다.

동일한 방식으로 세 번째, 네 번째 수요가 상품의 가격이 얼마일 때 발생하게 되는지를 [그림 3-1]에 표시해 보자.

그림 3-2 도출된 수요곡선

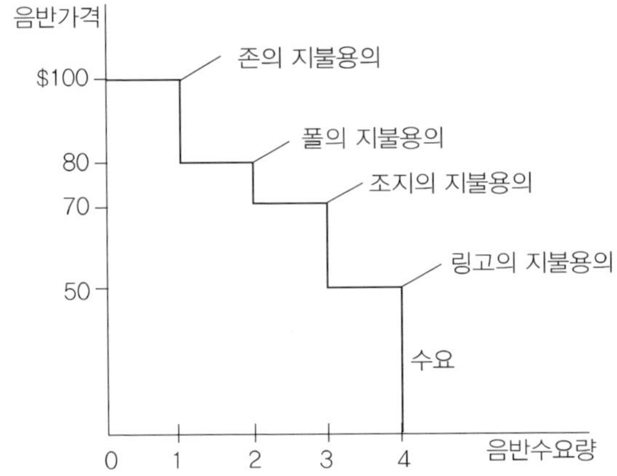

이렇게 하여 도출된 수요곡선의 모습을 보여주고 있는 것이 [그림 3-2]다. 그렇다면, 아래의 질문에 답해 보자.

(1) 가격이 75달러일 때, 이 제품에 대한 수요는 몇 단위이며, 구입을 희망하는 사람은 누구인가? 수요량: ______, 구입희망자: ____________

(2) 가격이 55달러일 때, 이 제품에 대한 수요는 몇 단위이며, 구입을 희망하는 사람은 누구인가? 수요량: ______, 구입희망자: ____________

가격이 75달러일 때 구입희망자는 존, 폴 두 사람이며, 수요량은 2단위다. 그런데 가격이 55달러가 되면, 이때 구입희망자는 존, 폴, 조지 등 세 사람이며 수요량은 3단위가 된다. 이런 수요가 발생하는 것은 구입희망자들이 지불할 용의가 있는 가격보다 시장가격이 낮기 때문이다. 구입희망가격보자 시장가격이 낮다면 물건을 구매하는 것이 소비자에게는 이익이다.

2 소비자잉여

이러한 시장거래를 통하여 소비자는 어떤 이익을 얻을 수 있는지 생각해 보자. 다음의 질문들에 답해 보자.

(1) 이 재화의 시장가격이 80달러라고 하자. 그렇다면, 이때 이 재화를 소비하는 것이 자신에게 이익인 사람은 누구이며, 자신의 지불의사를 고려할 때 이 사람은 최대 얼마만큼의 잉여가 발생하였다고 할 수 있는가?
구매자: ________, 소비자잉여:____________

(2) 이 재화의 가격이 단위당 80달러에서 70달러로 인하되었다고 하자. 그렇다면, 이때 이 재화를 소비하는 것이 자신에게 이익인 사람은 누구이며, 자신의 지불의사를 고려할 때 이 사람들은 각각 얼마만큼의 잉여가 발생하였다고 할 수 있는가?
구매자: ________, 소비자잉여:____________

그림 3-3 소비자잉여

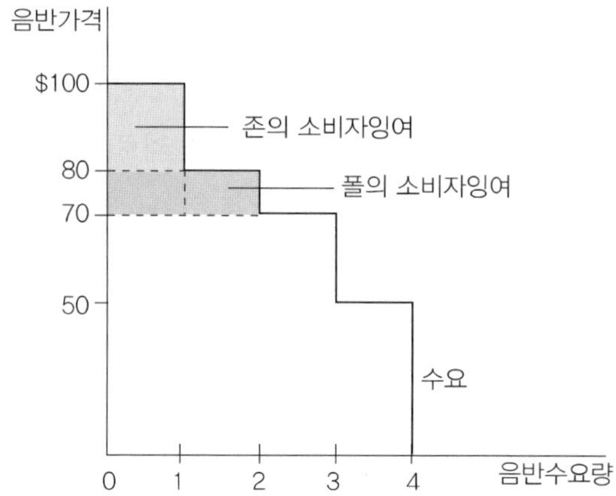

[그림 3-3]을 보자. 존은 이 음반에 대하여 100달러의 지불의사를 가지고 있다. 즉, 존에게 이 음반은 금전가치로 환산할 경우 100달러에 해당하는 가치가 있으며, 따라서 그는 이 음반을 구입하기 위해서 100달러까지는 기꺼이 지불할 의사가 있다. 그런데 막상 시장에서 이 음반의 가격은 80달러에 불과하다. 그렇다면, 존은 100달러에 살 음반을 80달러에 구입하였으므로 20달러의 이익을 본 것이 된다. 왜냐하면, 100달러에 구입했다면 물건 값으로 지불하고 내 주머니에 남아 있지 않을 20달러의 현금이 아직도 내 주머니에 남아 있기 때문이다. 이것이 존이 얻는 소

비자잉여다.

그런데 이 음반의 가격이 80달러가 아니라 70달러에 형성되면 어떻게 되는가? 존은 30달러의 잉여를 얻는다. 뿐만 아니라, 지불의사가 80달러인 폴도 이 가격에 음반을 살 것이며, 이렇게 하면 폴은 10달러의 잉여를 얻을 수 있다.

3 가격변화와 소비자잉여

[그림 3-4]는 위에서 설명한 계단처럼 그려진 수요곡선을 보다 정교한 수요곡선으로 단순화시킨 것이다. 이를 이용하여 가격의 변화가 소비자잉여에 어떤 변화를 초래하는지 아래의 질문에 차례로 답하면서 생각해 보자.

(1) 가격이 P_1일 때의 소비자잉여의 크기: ___________

(2) 가격이 P_2일 때 소비자잉여의 크기: ___________

(3) 가격 인하로 인하여 증가된 소비자잉여의 크기: ___________

(4) 가격 인하로 당초 소비자에게 증가한 잉여와 새로운 소비자에게 발생한 잉여:
당초 소비자: ___________, 새 소비자: ___________

우선, 가격이 P_1일 때의 소비자는 OQ_1만큼을 소비한다. 이를 통해 소비자는 □

그림 3-4 가격변화와 소비자잉여

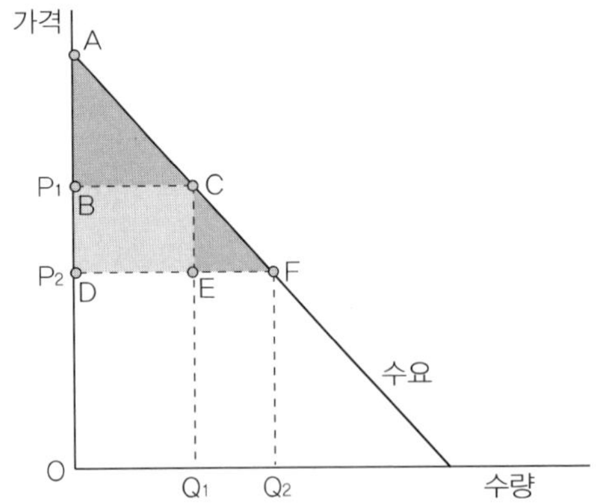

ACQ_1O만큼의 총효용를 얻는다. 이 재화를 구입하기 위해 소비자들이 지불한 총비용은 가격과 수량을 곱한 □P_1CQ_1O다. 소비자잉여는 획득한 총효용에서 지불한 총비용을 뺀 값이다. 즉, 가격이 P_1일 때 소비자는 △ACP_1만큼의 잉여를 얻는다.

가격이 P_2로 인하되면 소비자들은 이제 OQ_2만큼을 소비한다. 과거에 비해 Q_1Q_2만큼을 더 소비할 수 있다. 소비자는 □BCFD만큼의 잉여를 추가로 얻을 수 있다. 추가로 발생한 소비자잉여의 증가분 중에서 □BCED에 해당하는 잉여는 OQ_1을 소비하던 기존의 소비자에게 돌아가고 △CEF에 해당하는 잉여는 새로 이 재화를 소비하는 소비자들이 차지한다.

제 2 절 공급곡선과 생산자잉여

1 공급곡선의 도출

공급자가 물건 값으로 받은 금액에서 공급자비용(또는 생산비용)을 뺀 나머지 금액을 생산자잉여라 한다. 이를 통하여 시장거래에 참여한 판매자의 이익을 측정할 수 있다. 판매자의 이익을 이해하기 위해 먼저 공급곡선을 도출해 보자.

아래의 <표 3-3>은 주택도색(House Painting)서비스에 대한 공급자별 비용을 나타내고 있다. <표 3-3>을 이용하여 먼저 가격의 변화에 따라 공급량이 어떻게 변화될 것인지를 공급표를 통하여 정리해 보자. 우선, 이 서비스의 공급가격이 500달러 미만이라고 생각해 보자. 이 가격을 받고 이 서비스를 공급할 사람이 있겠는가? 없다. 최소 500달러는 되어야 이 서비스를 공급할 사람이 발생한다. 그랜드마는 공급비용이 500달러이므로 이보다 높은 가격을 받기만 하면 자신은 이익을 남길 수 있다. 그렇다면, 가격이 얼마 이상이 되면 두 번째 공급자가 시장에 참여할 수 있게 되는가? 600달러 이상이다. 이런 방식으로 우선 공급표를 완성해 보자.

표 3-3 공급자별 공급비용

공급자	비용(단위: 달러)
매리	900
프리다	800
조지아	600
그랜드마	500

표 3-4 공급표

가격(단위: 달러)	공급자	공급량
900 이상	매리, 프리다, 조지아, 그랜드마	4
800~900	그랜드마, 조지아, 프리다	3
600~800	그랜드마, 조지아	2
500~600	그랜드마	1
500 미만	없음	0

작성된 공급표에 근거하여 공급곡선을 도출해 보자. 아래의 [그림 3-5]에 가격의 변화에 따라 공급량이 어떻게 달라지는지 표시해 보자.

그림 3-5 공급곡선의 도출

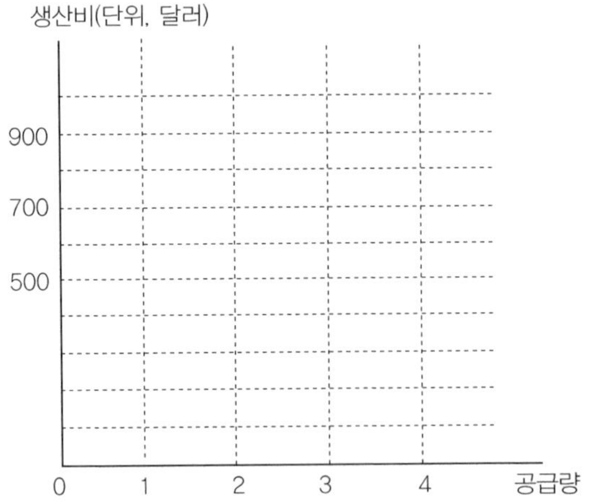

그림 3-6 도출된 공급곡선

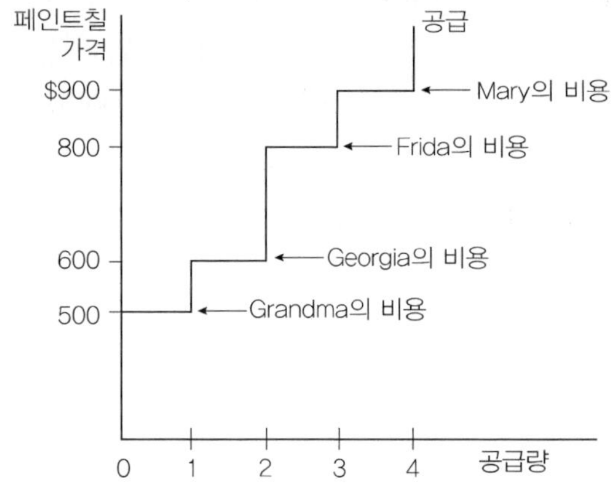

<표 3-3>과 <표 3-4>의 공급비용 및 공급표에 기초하여 도출한 공급곡선은 [그림 3-6]과 같다. 이 공급곡선을 이용하여 각각의 가격에서 누가 공급에 나설 것이며, 또 누가 얼마만큼의 잉여를 얻을 것인지를 알 수 있다.

가령, 가격이 500달러 이하라고 해보자. 이때는 가격선과 공급선이 교차하지 않는다. 즉, 공급이 발생하지 않는다는 것을 알 수 있다. 설사 발생하더라도 공급자인 그랜드마는 판매가격과 생산비용이 동일하여 이익을 얻을 수는 없다. 가격이 850달러라고 해보자. 이 경우는 가격선이 프리다의 공급비용과 매리의 공급비용의 중간지점을 지나게 된다. 그렇다면, 시장가격보다 더 낮은 가격에서 서비스를 공급할 능력이 있는 그랜드마, 조지아, 프리다 등 세 명이 공급에 참여할 것임을 알 수 있다. 반면, 매리는 자신의 생산비가 시장가격보다 높기 때문에 시장에 참여하지 못할 것이다.

2 생산자잉여

[그림 3-7]을 보면서 생각해 보자. 먼저, 서비스의 시장가격이 600달러에 형성되었다고 가정하자. 그렇다면, 위의 공급자들 중에서 누가 이 서비스를 공급할 수

있으며, 이때 공급자가 얻을 수 있는 생산자잉여는 얼마인가? 그랜드마가 공급할 수 있으며, 이 공급을 통하여 그랜드마는 100달러의 생산자잉여를 얻을 수 있다. 자신의 생산비는 500달러인데, 시장에서는 이보다 100달러 많은 600달러를 받았기 때문이다. 이것이 생산자잉여다. 그랜드마는 시장에서 500달러만 받아도 이익을 보는 것도 아니지만 그렇다고 손해를 보는 것도 아니다. 그런데 시장에서 600달러를 받았다. 그렇다면, 그랜드마의 입장에서는 100달러만큼의 잉여가 발생한다.

그림 3-7 생산자잉여

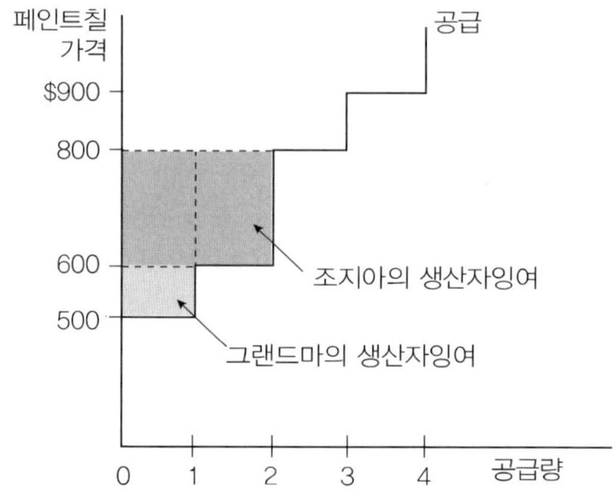

시장가격이 600달러에서 800달러로 인상되었다고 해보자. 가격이 이렇게 인상되면, 이 가격에 이 서비스를 공급할 수 있는 사람은 그랜드마와 조지아 두 사람이 된다. 두 사람은 이 가격을 받을 경우 자신의 생산비를 제하고 각각 300달러와 200달러의 생산자잉여를 얻을 수 있게 된다. 즉, 총 500달러의 생산자잉여가 발생하게 되는 것이다.

3 가격변화와 생산자잉여

[그림 3-8]은 위에서 설명한 계단처럼 그려진 공급곡선을 단순화시킨 것이다.

이를 이용하여 가격의 변화가 생산자잉여에 어떤 변화를 초래하는지 아래의 질문에 차례로 답하면서 생각해 보자.

(1) 가격이 P_1일 때의 생산자잉여의 크기: ____________

(2) 가격이 P_2일 때 생산자잉여의 크기: ____________

(3) 가격 인상으로 인하여 증가된 생산자잉여의 크기: ____________

(4) 가격 인상으로 인하여 당초 공급자에게 증가한 잉여와 새로운 공급자에게 발생한 잉여: 당초 공급자: ____________, 새 공급자: ______________

그림 3-8 가격변화와 생산자잉여

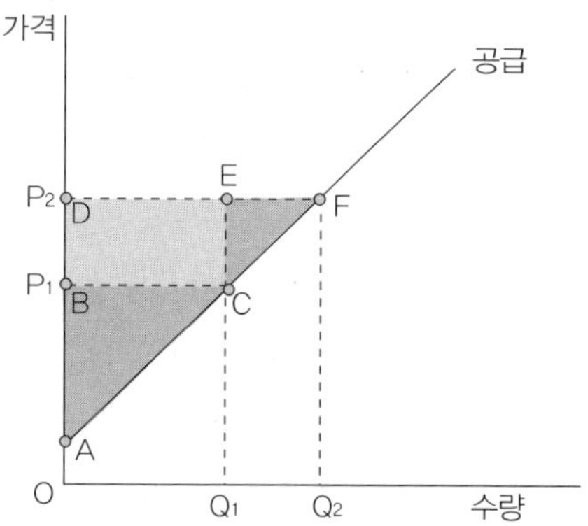

우선, 가격이 P_1일 때 생산자는 OQ_1만큼을 공급한다. 이를 통해 생산자는 □P_1CQ_1O만큼의 매출액을 얻는다. 그런데 이 재화를 생산하기 위해 생산자는 □ACQ_1O만큼의 비용을 지불하였다. 결과적으로, 생산자는 획득한 총판매수입(□P_1CQ_1O)에서 생산비용(□ACQ_1O)을 뺀 △BCA만큼의 잉여를 얻을 수 있다.

가격이 P_2로 인상되면 생산자는 이제 OQ_2만큼을 공급한다. 과거에 비해 Q_1Q_2만큼을 더 공급할 수 있다. 이때 공급자는 □BCFD만큼의 잉여를 추가로 얻을 수 있다. 추가로 발생한 생산자잉여의 증가분 중에서 □BCED에 해당하는 잉여는 OQ_1을 공급하던 기존의 생산자에게 돌아가고 △CEF에 해당하는 잉여는 새로 이 재화를 공급하는 생산자가 차지한다.

제 3 절 시장균형의 의미와 가치

1 총수요, 총공급곡선

시장균형의 의미를 이해하기 위해서는 수요곡선과 공급곡선이 의미하는 바를 좀 더 구체적으로 이해할 필요가 있다. 대체로 어떤 서비스나 재화가 거래되는 시장을 보면, 수요자의 숫자도 많고 공급자의 숫자도 많다. 그런데 시장균형을 설명하는 그림은 보통 수요곡선과 공급곡선을 하나의 선분으로 표시한다. 실제는 수요자와 공급자의 숫자가 많음에도 이처럼 단 하나의 선분으로 수요와 공급을 나타내는 것은 개인 수요자들과 개인 공급자들의 수요량과 공급량을 합한 것을 의미한다. [그림 3-9]와 [그림 3-10]은 개인의 수요와 공급에 기초하여 총수요와 총공급을 도출하는 과정을 보여주고 있다.

먼저, [그림 3-9]를 보자. 어떤 재화에 대한 갑, 을, 병 세 사람의 수요를 표시하고 있다. 가격이 높아질수록 수요량은 감소하고 가격이 하락할수록 각자의 수요량은 증가한다. 가령, 가격이 P_1일 때를 보자. 이때 세 사람은 각각 OQ_1, OQ_2, OQ_3 만큼을 구입하기를 원한다. 이 수요량이 각자의 잉여를 극대화하는 수량이기 때문

그림 3-9 총수요곡선의 도출

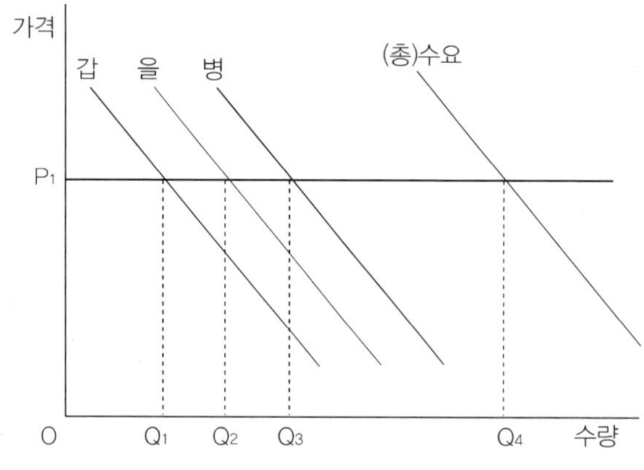

이다. 이때의 총수요는 이 세 사람의 수요를 모두 합한 OQ_4가 된다. 가령, 갑과 을과 병이 어떤 가격에서 각각 1켤레, 2켤레, 3켤레의 신발을 원하고 있다면, 이때의 총수요는 6켤레가 된다.

[그림 3-10]은 총공급곡선의 도출을 보여주고 있다. 공급자는 가격이 높아질수록 생산량을 증가시켜 공급을 늘릴 것이고, 반대로 가격이 낮아지면 공급을 줄일 것이다. 우상향하는 공급곡선은 이런 관계를 보여주고 있다. 가령, 가격이 P_1일 때를 보자. 이때 A, B, C 세 사람은 각각 OQ_1, OQ_2, OQ_3만큼을 공급하기를 원한다. 각각의 생산자잉여를 최대화하는 공급량이기 때문이다. 이때의 총공급량은 세 사람의 공급을 모두 합한 OQ_4가 된다.

그림 3-10 총공급곡선의 도출

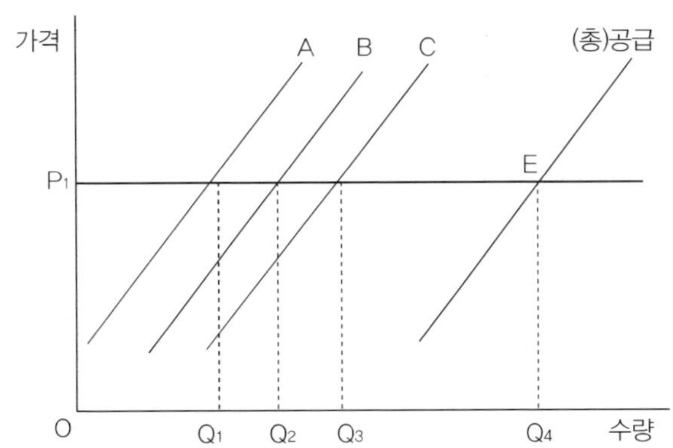

여기서 기억해야 할 점은 보통 시장재화의 수요는 개별 경제주체들의 수요곡선을 횡으로 더하여 도출한다는 점이다. 시장재화는 공동의 소비가 불가능하다. 각자는 자신이 필요로 하는 만큼을 각자 구입하여 각자 소비한다. 그래서 각자가 필요로 하는 양을 모두 합한 것이 총수요가 된다. 그런데 우리가 필요로 하는 재화 중에는 굳이 개인별로 구입하지 않아도 되는 것이 있다. 가령, 하나의 공원을 만들어 놓고 함께 사용할 수 있고, 하나의 다리를 만들어 함께 사용할 수도 있다.

2 시장균형의 의미와 가치

[그림 3-11]을 보면서 시장균형의 의미에 대해서 생각해 보자. [그림 3-11]과 같이 수요곡선과 공급곡선이 주어질 때 시장균형은 어디에서 달성되는가? 왜 그렇게 되는가? 시장균형은 수요와 공급이 만나는 E점에서 달성된다. 왜 하필 이 점인가? 생산자와 소비자가 자신들의 잉여를 극대화하고자 하는 과정에서 자연스럽게 도달하는 지점이기 때문이다.

그림 3-11 시장균형과 소비자잉여

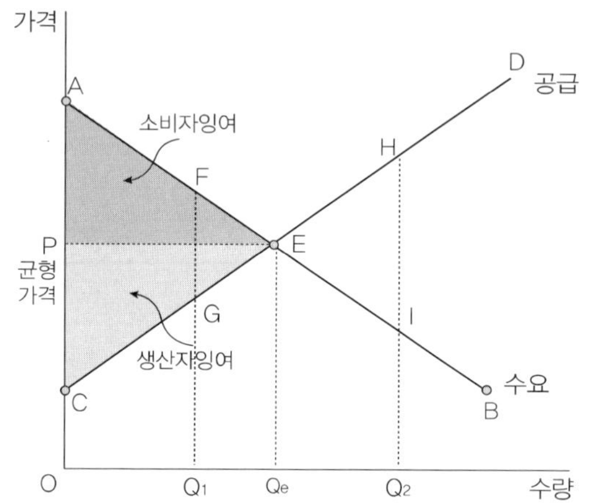

소비자와 생산자는 양자가 모두에게 이익이 되는 거래는 성사시키기를 원한다. 시장참여자 모두에게 이익이 되기 때문이다. 소비자와 생산자 모두 잉여를 얻을 수 있기 때문이다. 그런데 이처럼 소비자와 생산자 모두에게 이익을 실현할 수 있는 거래량이 OQ_e다. 'O'점에서부터 'Q_e'점 사이에서는 생산비에 비하여 지불의사가 높다. 즉, 생산비보다 이를 소비할 때 얻는 효용의 가치가 더 크다. 그렇다면, 생산비보다는 높고 지불의사보다는 낮은 선에서 가격에 합의하면 생산자와 소비자 모두가 잉여를 얻을 수 있다. 이렇게 모든 잉여의 발생기회를 실현할 수 있는 것이 E점이다. 즉, 공급량이 균형량보다 적다면 균형량 만큼까지 공급이 늘어날 가능성이 높다. 양자 모두에게 이익이 되기 때문이다.

예를 들어, Q_1점을 생각해 보자. Q_1을 소비할 때 얻는 효용은 이를 금전가치로 표현하면 FQ_1이다. 반면, Q_1을 생산하는 데 소요되는 비용은 GQ_1이다. FG만큼 효용이 비용을 초과한다. 지불의사가 생산비용보다 높다. 상황이 이와 같다면 생산자와 소비자는 FQ_1과 GQ_1 사이의 어떤 지점에서 가격을 정하든 서로가 이익을 본다. 이처럼 생산자와 소비자가 모두 이익을 보는 상황은 원점에서부터 'Q_e'점까지 계속된다. 이때 가격이 P_e가 되면 생산자와 소비자는 어떤 거래에서도 쌍방이 모두 이익이 되는 거래를 할 수 있다. 즉, 서로에게 이익이 되는 거래와 가격을 모두 실현하는 과정에서 서로의 거래는 자연스럽게 균형점에 도달한다.

반대로, 공급량이 균형량보다 많은 Q_2라고 가정해 보자. 이렇게 되면 어떤 상황이 발생하는가? 이때의 사회적인 잉여는 균형량에 비하여 △EHI만큼 감소한다. 공급과잉이 발생하여, 가격이 떨어지고 생산자가 손해를 보는 상황이 발생한다. 당연히 생산자는 균형점까지 공급을 줄여 자신들의 잉여를 극대화하고자 할 것이다.

갑자기 가격이 상승하거나 인하되어도 마찬가지로 균형점으로 이동하려는 성향이 발생한다([그림 3－12] 참고). 가령, 가격이 P_e에서 P_1으로 상승하였다고 하자. 시장가격이 인상되었으므로 공급자들은 높아진 가격에 더 많이 팔기를 원한다.

그림 3-12 가격의 변화와 균형

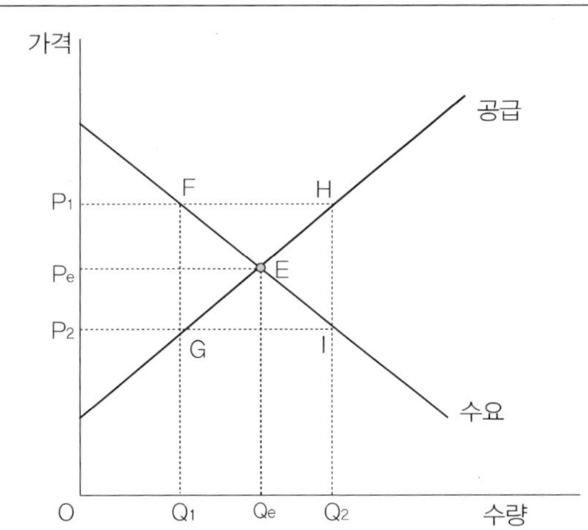

그 결과, 공급량이 공급선과 가격선과 만나는 Q_2까지 증가한다. 반면, 소비자는 가격이 높아진 만큼 수요가 Q_1까지 감소한다. 이렇게 되면 공급이 수요보다 Q_1Q_2만큼 많은 공급초과 상태가 발생한다. 공급이 Q_1Q_2만큼 초과되었으므로 시장에서는 가격을 낮추어서 남는 물량을 판매하려면 공급자가 나타날 것이고, 결국 가격은 초과공급이 해소되어 수요와 공급이 일치하는 P_e까지 낮아진다.

반대로, 가격이 P_2로 하락하였다고 하자. 시장가격이 하락하였으므로 생산자는 공급을 Q_1까지 줄인다. 하지만, 가격이 하락하였으므로 소비자들은 더 많은 양을 구매하고자 하며, 수요는 Q_2까지 증가한다. 공급은 Q_1까지 감소했으나 수요는 Q_2까지 증가하였으므로 수요량이 공급량을 Q_1Q_2만큼 초과하는 초과수요가 발생한다. 수요가 공급을 초과하고 있으므로 해당 제품에 품귀가 발생하고, 소비자들은 해당 제품에 대하여 더 높은 가격을 지불하고라도 이 제품을 구매하고자 할 것이다. 결국, 가격은 인상될 수밖에 없고 시장은 다시 균형점을 회복한다.

여기서 중요한 점은 시장이 자연스럽게 달성하는 균형점이 사회적 잉여, 즉 생산자잉여와 소비자잉여를 극대화하는 점이라는 것이다. 즉, 시장이 다른 누구의 간섭없이 자발적으로 사회적인 잉여를 극대화하는 균형점을 달성한다. 이것이 자원배분장치로서 시장이 가지는 최고의 가치다. 애덤 스미스(Adam Smith)가 소위 '보이지 않는 손'의 역할을 외치는 것도 이 때문이다. 누군가의 인위적인 개입에 의하여 달성된 것이 아니다. 그럼에도 불구하고 사회적으로는 최고의 잉여를 달성하고 있는 것이다.

3 '보이지 않는 손'과 연필

시장이 어떻게 작동하는지를 이해하기 위해 우리가 학용품으로 애용하는 연필에 대해 생각해 보자.[2] 연필을 만들려면 우선 나무가 있어야 한다. 연필에 필요한 나무를 벌목하여 운반하고 가공하는 데는 톱, 트럭, 밧줄 등 수많은 도구들과 근로자들이 동원된다. 또 이런 도구들을 만드는 데도 수많은 사람들의 셀 수 없이 많은 기술들이 동원된다. 금속광산과 제철, 이를 제련하여 톱, 도끼, 모터를 만드는 일이

2) 래너드 E. 리드(2016). 『저는 연필입니다(*I, Pencil*)』의 내용을 요약한 것이다.

필요하다. 대마를 심고 가꾸어 무겁고 튼튼한 밧줄도 만들어야 한다. 벌목캠프에서 일하는 벌목인부들이 마시는 커피 한 잔조차도 수많은 사람들의 노력의 산물이다.

통나무들은 기차에 실려 제재소에 보내진다. 물론, 이 과정에서 기차를 만들고 운행하는 수많은 사람의 도움이 필요하다. 제재소에서는 삼나무를 연필 길이로 자르고 1/4인치도 안 되는 두께의 판자로 만들어낸다. 이것들을 가마에서 건조하고 여인들이 얼굴에 루즈를 바르는 것과 같은 이유로 엷게 색을 입힌다. 판자들은 왁스가 칠해지고 다시 한 번 가마에서 건조한다. 많은 기술들이 색감과 가마를 만드는 데 사용되었고, 열과 빛과 동력, 벨트와 발전기, 그 외 제재소에서 필요한 모든 것들을 공급하는 데 사용된다. 제재소에 동력을 공급한 전기 회사의 발전시설 역시 수많은 사람들과 기술에 의해 작동한다. 연필 공장에서 놓인 기계를 구입하고 공장 건물을 짓기 위해 들어간 자본은 많은 사람들의 검소함과 절약에 의해 축적된 것이다.

각각의 판자는 복잡한 기계에 의해 8개의 홈이 생기고, 또 다른 기계가 모든 판자에 흑연을 놓은 후, 풀을 바르고, 그 위에 또 다른 판자를 놓는다. 말하자면 흑연 샌드위치다. 흑연 자체는 복잡하다. 흑연은 흑연광산에서 채굴된다. 흑연광산의 광부들과 그들이 사용하는 많은 연장을 만드는 사람들, 흑연이 선적될 때 사용하는 마대를 만드는 사람들과 마대를 조이는 끈을 만드는 사람들, 흑연을 배에 싣는 사람들, 그리고 배를 만드는 사람들, 뱃길을 비춰주는 등대지기들과 항구의 도선사들의 도움 속에서 흑연은 옮겨진다. 흑연은 진흙과 섞여지고 정제과정에는 수산화암모늄이 사용된다. 그리고 설폰산 수지(동물성 수지를 황산과 반응시킨 것)와 같은 가수제(加水劑)가 첨가된다. 수많은 기계들을 거쳐 혼합물은 마침내 소시지 분쇄기와 같은 것에서 끝없는 압출성형으로 나오게 되고 알맞게 잘라져서 건조되고, 1,850°F에서 몇 시간 동안 구워진다. 강도와 부드러움을 늘리기 위해 흑연은 멕시코의 칸델릴라 왁스, 파라핀 왁스, 경화천연수지가 포함된 뜨거운 혼합물로 처리된다. 이처럼 연필에 사용되는 나무, 흑연, 페인트, 금속조각, 지우개 등 각각의 재료들은 많은 사람과 도구의 도움을 받아 상당히 복잡한 과정을 거쳐서 만들어진다.

연필이 만들어지는 과정에는 수많은 사람들이 도움을 준다. 하지만, 그들 중 누구도 몇 사람 외에는 서로를 알지 못한다. 더 놀라운 것은 흑연과 진흙을 파내는 사람, 배와 기차와 트럭을 만드는 사람, 금속조각에 홈을 만드는 기계를 움직이는 사람, 연필회사의 사장까지도 연필이 필요해서 그 일을 한 것이 아니라는 사실이다. 그들 모두는 아마도 1학년 아이보다도 연필이 필요하지 않는 사람들이다. 사실이 수백만 명의 사람들 중에는 연필을 깎아 보지 못한 사람들도 있고 어떻게 연필을 사용하는지 알지 못하는 사람들도 있다. 그들의 행동 동기는 연필이 아니다. 아마도 그들 모두는 그들이 원하는 필요한 물건이나 서비스는 그들이 가진 작은 기술과 바꿀 수 있음을 알았을 것이다.

가장 놀라운 사실은 연필을 존재하게 만든 수많은 행동들을 강제로 지시하고 감독하는 어떤 지도자도 없다는 점이다. 그런 사람은 찾을 수 없다. 대신 '보이지 않는 손'이 작용한다는 것을 발견한다. 연필은 나무, 아연, 구리, 흑연 등의 기적들의 복잡한 조합이다. 그러나 이러한 기적들은 스스로 자연적인 기적에다 더 많은 특별한 기적들이 더해져 있다. 이것은 바로 인간의 창의적인 힘의 배치다. 수백만 가지의 기술들이 자연스럽고 자발적으로 인간의 필요와 욕구에 대응하여, 어떤 지도자도 없이 배치되어 있다.

인간이 풀어야 할 가장 큰 사회적 고민은 크게 두 가지다. 첫째는 필요한 재화와 서비스를 공급할 수 있는 자원이 부족하다는 것이며, 둘째는 사람들이 더불어 살아갈 수 있는 질서가 필요하다는 점이다. 연필에 관한 설명은 시장이 이 두 가지 문제를 동시에 해결하는 능력을 보여준다. 각자가 자신의 삶을 위해 생산과정에 참여한다. 각자의 이익을 위해 각 과정에 참여하지만, 이 과정에서 사람들은 어떤 결과를 위해 협력한다. 이런 협력의 결과로 모두가 이익을 얻는다. 개인은 사적인 이익 추구를 위해 기업이라는 조직에 참여한다. 그런데 기업이라는 조직을 매개로 사회구성원들이 서로 협력하는 일이 발생한다. 질서가 발생한다.

서로 다른 생각과 서로 다른 가치를 추구하는 사람들이 어떻게 질서를 유지하면서 같이 살 수 있을까? 시장을 매개로 하면 같이 살아갈 수 있다. 각자는 자신의 이익을 추구하지만 이런 속에서 오히려 사회구성원 모두가 이익을 얻는다. 첫째, 서로 다른 능력과 기술을 가진 사람들이 각자 자신이 상대적으로 강점을 가진 상품을 생산하여 거래하면 거래관계에 참여한 모든 사람들이 거래의 결과로 이익을 얻을 수 있다. 파레토의 효율성 이론은 이런 점을 잘 보여준다. 둘째, 더 효율적인 생산을 위해 기업을 만들면 기업 조직 자체도 서로 다른 능력과 기술을 가진 사람들간의 협력을 위한 장치로 작동한다. 셋째, 이런 상호협력의 결과로 사회구성원들은 더 나은 품질의 재화를 더 저렴한 가격으로 이용할 수 있다.

제 4 절 시장실패

1 시장의 작동조건

잘 작동해 준다면 시장은 자원부족의 문제를 해결하면서 사람들 간의 협력적인 상호작용과 질서를 창조하는 수단으로 작용한다. 『인구론』(1798)에서 맬더스(Thomas R. Malthus)가 예견한 인구증가로 인한 가난과 궁핍을 피하고, 현재와 같은 경제적 발전을 이룩할 수 있었던 것은 바로 이 때문이다. 산업혁명과 시장경제가 이를 가능하게 했다.

그러나 이와 같은 시장이 언제나 어디에서나 발전하고 잘 작동하는 것은 결코 아니다. 중동과 아프리카의 많은 사회들은 최소한의 질서조차 유지할 수 없는 갈등과 혼란과 가난과 궁핍에 여전히 머물러 있다. 한국에서도 시장거래가 정상적으로 작동하고 있는 것이 아니라 오히려 상대에게 손해를 입히는 수단으로 전락하는 일이 흔히 일어나고 있다. 주가조작, 다단계 판매 사기, 불법 고이자 대출, 기업들의 분식회계, 농수산물 원산지 표시 위반, 음식점의 부정직한 재료 사용 등의 사건이 끊이지 않고 있다. 뿐만 아니라, 이런 부정직한 거래행동이 인터넷의 발달과 더불어 새롭게 등장한 전자상거래 시장에서도 그래도 일어나고 있다. 시장거래의 기본 절차인 계약의 체결과 해지, 환불, 품질, 서비스 문제로 인하여 소비자들이 피해를 입는 일이 흔히 발생하고 있다(김두환, 2014).[3] 즉, 현실의 시장은 이론화된 모형에서의 시장처럼 작동하지 않는 일이 일어나고 있다.

그렇다면, 위에서 설명한 수요공급모델은 무엇인가? [그림 3-11]과 [그림 3-12]의 시장 모형이 보여주는 것은 현실의 시장이 이처럼 작동한다는 의미가 아니다. 시장에 참여하는 인간에 대해 일정한 전제조건을 가하고, 거래상품에 대해서도 일정한 이론적 전제를 가한 상황에서 이런 조건을 충족하는 가설적인 시장은 이렇게 작동할 수 있다는 것이다. 이런 점에서 앞서 설명한 모형은 가설적 모형이다. 이 모형이 가정하고 있는 것은 경제학자들이 '완전경쟁'이라고 부르는 상태다. 완전경

3) 김두환(2014). 『2013년도 전자상거래 소비자피해 동향 조사』. 한국소비자원.

쟁시장이란 경쟁이 최고의 수준에 도달해 있고, 효율성이 극대화되기 때문에 경제적 잉여가 최대인 상태다. 하지만, 현실적으로는 다음과 같은 완전경쟁시장의 조건을 충족하는 시장이 존재할 수 없다.[4]

첫째, 완전한 정보가 주어져야 한다. 정보실패도 없고 정보흐름의 지연도 없어야 한다. 이런 지식을 모든 시장참여자들이 이용할 수 있어야 한다. 정보가 완전하므로 불완전 정보로 인해 발생하는 위험을 최소화할 수 있어야 한다. 이처럼 완전한 정보가 주어졌을 때, 소비자는 자신의 효용을 극대화할 수 있는 합리적인 결정을 하며, 생산자 역시 자신의 이윤을 극대화하는 결정을 모색할 것으로 가정한다.

둘째, 다수의 수요자와 공급자가 있어야 한다. 이렇게 되면 개별생산자와 소비자는 가격에 아무런 영향을 미칠 수 없다. 즉, 시장에서 결정된 가격을 주어진 것으로 받아들이는 가격수용자, 즉 가격순응자(price taker)로 행동한다. 이런 조건이 충족되려면 정부가 어떤 시장의 참여에 제한을 가하는 진입규제나 가격에 제약을 가하는 가격규제는 억제되어야 한다. 이런 규제가 만들어지면 생산자가 가격순응자가 아니라 가격조정자로서의 영향력을 얻을 수 있다.

셋째, 서로 다른 생산자가 생산하는 재화가 동질적이어야 한다. 모든 생산자가 생산하는 제품은 대체가능하며, 아무런 차이가 없는 동질적인 제품이어야 한다. 만일 이처럼 재화가 동질적이지 않다면 사실상 독점과 유사한 경쟁 억제 상태가 되어 생산자가 제품의 가격에 영향을 미칠수 있다. 이런 점은 새로운 기술이 개발되어 새로운 제품이 등장하였을 때의 상황을 생각해 보면 알 수 있다. 가령, 아무도 스마트폰을 생산하지 않고 있는 상황에서 어떤 기업이 먼저 이런 제품을 출시한다면 이 기업은 독점적인 시장지배력을 가질 수 있고, 가격결정력도 가질 수 있다. 경쟁시장에서는 이런 지배력이 경쟁기업의 진입에 의하여 해소된다.

넷째, 시장거래로 인하여 외부자가 비용이나 편익을 얻는 일이 발생하지 않아야 한다. 이런 일이 발생하면 거래당사자는 이익을 얻어도 시장거래에 참여하지 않은 사람들은 손해를 입고, 이로 인해 시장거래의 이익보다 비용이 커지는 문제가 발생할 수 있다. 반대로, 사회적으로는 더 큰 이익이 있을 수 있지만, 이를 시장참여자들이 고려하지 않아서 이런 거래가 발생하지는 않는 일이 일어날 수도 있다.

---

4) http://www.economicsonline.co.uk/Business_economics/Perfect_competition.html 및 위키백과 완전경쟁 참고.

이런 조건들이 갖추어지면 소비자와 생산자는 자신에게 주어진 충분한 정보를 이용하여 자신에게 가장 적합한 재화와 서비스를 선택할 수 있다. 소비자와 생산자가 거래의 상대를 찾아내어 양자 모두에게 이익을 주는 모든 거래의 기회를 실현할 수도 있다. 누구도 독점적인 지위를 이용하여 경쟁시장에서는 얻을 수 없는 초과이윤을 얻을 수도 없다. 외부성 문제로 인하여 개인의 선택과 사회적인 이익이 충돌하는 문제도 생기지 않는다. 그러나 현실적으로 이런 조건을 완전히 갖추는 것은 불가능하다. 이들 조건의 충족이 어려운 만큼 시장경제의 최적 작동 역시 방해를 받을 수밖에 없다. 결과적으로, [그림 3-11]과 [그림 3-12]에서 논의한 것과는 달리 시장이 스스로의 힘으로는 사회적인 최적균형점을 달성하지 못하는 일이 발생한다. 바로 이것이 시장실패다. 왜 이런 일이 일어나는지 좀 더 구체적으로 생각해 보자.

2 시장실패의 원인

1) 불완전 정보

시장실패에 관해서는 제2부에서 상세하게 논의한다. 여기에서는 시장의 정상적인 작동을 방해하는 요인에 대한 개략적인 이해를 돕기 위해 기본적인 대강을 소개하고자 한다.

먼저, 완전 정보라는 전제조건에 대해 생각해 보자. 가령, 어떤 제품에 대하여 완전한 정보를 얻을 수 있는지 생각해 보자. 이런 일이 가능하려면 최소한 다음과 같은 세 가지 인식론적인 조건이 충족되어야 한다. 첫째, 거래 대상이 완전한 서술이 가능한 대상이어야 한다. 둘째, 대상현상에 관하여 서술할 수 있는 고정적이고 객관적인 의미의 언어가 있어야 한다. 셋째, 이 정보를 생산하고 이용하는 사람은 대상현상을 있는 그대로 서술하거나 이해할 수 있는 공정하고 완전한 이해력을 가지고 있어야 한다. 그러나 사회세계에서 인간이 거래의 대상으로 삼고 있는 것들은 이런 조건을 충족하는 것이 지극히 어렵다.

가령, 우리가 어떤 책을 한 권 구입하고자 한다고 하자. 이 책은 완전한 서술이 가능한 대상인가? 책에 관하여 서술할 수 있는 내용을 모두 서술하면 완전한 서술을 얻을 수 있을 것인가? 불가능하다. 어떤 책의 내용이 어떤 사람에게 갖는 의미는 사람에 따라 다르다. 성경이 끊임없이 읽히는 것은 그것을 읽어서 그것에 관한 완전한 서술을 얻을 수 있기 때문이 아니다. 그럴 수도 없지만, 그렇지 않아도 얼마든지 다양한 교훈을 주기 때문이다.

이 책에 관하여 서술할 수 있는 고정적이고 객관적인 의미를 가진 언어는 있는가? 적어도 인간의 해석을 반영할 수밖에 없는 한은 이런 어휘란 있을 수 없다. 단지 유사한 배경적인 조건을 가진 일부의 사람들이 공감할 수 있는 정도의 의미 전달만이 가능할 것이다. 완전하고 공정한 이해력을 가진 사람을 기대할 수 있는가? 인간은 자기가 겪어온 삶을 배경으로 현상을 이해하고 서술할 수밖에 없다는 점을 고려하면 이 질문에도 그렇다고 답하기 어렵다.

정보의 문제와 관련하여 가장 심각한 위협이 되는 것은 거래의 상대가 되는 사람일 것이다. "열 길 물속은 알아도 한 길 사람 속은 알 수 없다."는 속담이 있다. 거래상대방의 도덕성이나 정직성에 대해 온전한 지식을 얻을 수 있는가? 불가능하다. 완전하지는 않아도 해당제품에 대해 여러 가지 유용한 정보는 얼마든지 있을 수 있다. 그렇다면, 이런 정보를 얼마나 정직하게 소비자에게 제공할 것인가? 시장경쟁이 격화될수록 참여자들은 자신의 제품이나 서비스에 대해 더 많은 정보를 제공하고자 할 수도 있다. 제품에 대한 광고는 이를 위한 핵심 수단이다. 그런데 경쟁이 격화될수록 과장광고나 허위광고의 위험도 높아진다. 자동차의 연비를 실제보다는 높여서 발표하거나 전기제품의 전기효율을 과장할 수 있다. 농수산물의 원산지를 속일 수도 있다.

거래라는 것은 제품에 대해서도 알아야 하고 제품을 판매하는 사람의 정직성과 도덕성에 대해서도 어느 정도 믿음이 있어야 특별한 의심 없이 성사되고 별 어려움 없이 완료될 수 있다. 그런데 제품에 대해서도 온전한 정보를 얻기는 어렵고 거래 상대에 대해서도 충분한 정보가 없다면 이 거래는 어떻게 되겠는가? 쉽게 성사되지 않을 것이다. 즉, 시장거래 자체가 위축될 수밖에 없다. 정직하게 거래가 이루어진다면 참여자 모두가 이익을 얻을 수 있다. 그런데 해당 제품이나 거래상대에 대한 정보가 부족하고 믿음이 부족하여 거래가 성사되지 못하고, 결과적으로 거래 참여자들이 잉여를 획득할 수 있는 기회도 실현되지 못하는 일이 얼마든지 일어날 수 있다. 즉, 한우인지 수입소고기인지 구별하기 어렵다는 점이 한우 소비를 위축시키고, 결과적으로는 거래가 성사될 경우 실현할 수 있는 이익을 실현하지 못하는 일이 발생할 수 있다.

2) 소비자와 생산자의 합리성

소비자나 생산자가 얼마나 합리적으로 행동할 것인지도 의문이다. 이런 문제는 베블랜(Thorstein B. Veblen)과 같은 제도경제학자나 대니얼 카너먼(Daniel Kahneman)과 같은 행동경제학자, 그리고 사이먼(Herbert A. Simon)과 같은 행태론자들에 의하여 여러 가지 문제가 제기되었다. 합리적으로 계산하고 분석하여 구매를 하는 것이 아니라 단지 이웃집에서 구입했기 때문에 덩달아 사기도 한다. 심지어 고가의 사치품이라는 점이 구매의 욕구를 자극하기도 한다. 거래로 인하여 얻을 수 있는 이익보다는 혹시라도 모를 위험을 훨씬 중요하게 생각할 수도 있다. 또 완전한 정보를 얻을 수 없으므로 적당히 만족스러운 수준에서 결정을 내리는 것이 엄연한 현실이다. 복잡한 상황을 만나면 어림짐작에 기초하여 의사결정을 하기도 한다.

3) 독과점과 제품 간 차이

생산자나 소비자가 독과점적인 지위를 획득하여 가격에 결정력을 얻고, 가격을 인상하여 경쟁시장에서는 얻을 수 없는 초과이윤을 얻는 상황도 발생한다. 가령, 규모의 경제로 인하여 대규모 시설을 갖출수록 생산단가가 낮아진다면 새로운 기업이 진입하기는 어렵다. 기존 사업자들이 사업자단체를 중심으로 담합하여 새로운 사업자의 진입을 방해하는 법제를 요구하고 협회를 중심으로 가격을 담합할 수도 있다. 끊임없이 발생하는 건설업자들의 공사 수주를 위한 담합은 좋은 예다.

제품의 동질성이 시장실패를 야기하는 정도는 경쟁적인 제품 간의 대체가능성을 고려하여 판단해야 한다. 가령, 동일한 냉장고나 TV라고 하더라도 제조사에 따라 성능과 기술이 다르고 가격도 다르다. 그런데 소비자의 입장에서 보면, 이 제품들은 대체제의 관계에 있다. 이런 경우는 제품의 차이가 시장에 대한 영향력의 원인이 되지 못한다. 그런데 어떤 기업이 지금까지는 어떤 기업도 만들지 못했던 새로운 종류의 제품을 출시하였다고 생각해 보자. 가령, 스마트폰, 디지털카메라, 김치냉장고 등의 제품이 처음 시장에 나왔을 때를 생각해 보자. 이런 제품을 처음 개발한 기업은 시장에서 독점적인 영향력을 얻을 수 있고, 시장가격의 결정에도 상당한 영향을 미칠 수 있다. 그러나 이런 독점적인 이익을 오래가지는 못한다. 금방 경쟁기업들이 경쟁적인 상품을 출시할 것이기 때문이다.

4) 외부성 문제

외부성 문제도 시장실패의 중요한 원인이 된다. [그림 3-9]와 [그림 3-10]에서 설명한 것처럼 시장에서 수요와 공급은 개별 경제주체들의 수요와 공급을 모두 합한 것이다. 그런데 외부성이란 총수요와 총공급에 포함되지 않은 비용이나 편익이 존재하고 있다는 것을 의미한다. 즉, 염색공장이 강으로 폐수를 방류하면 강물을 식수로 이용하거나 강에서 어업을 하는 사람들은 피해를 입는다. 사회적으로 보면 비용이 발생한다. 어떤 재화의 거래를 통하여 사회적 잉여를 극대화하려면 그 거래로 인하여 발생하는 모든 비용과 편익을 고려해야 한다. 그런데 시장거래에 참여하고 있는 수요자와 공급자는 다른 사회구성원들이 입는 손해나 이익에는 관심을 기울이지 않는다. 설사 관심이 있더라도 이에 관하여 정확한 정보를 얻기도 어렵다. 결국, 시장거래가 사회적인 비용과 편익을 제대로 반영하지 못하여 시장균형점이 외부적인 비용과 편익을 고려한 사회적 균형점과는 괴리되는 문제가 발생한다. 즉, 시장이 스스로 사회적 잉여를 극대화하지 못하는 상황이 발생한다.

5) 종합: 시장실패란?

'실패'라는 말은 어떤 주어진 목표를 달성하지 못하거나 또는 정상적인 방법이나 기대하는 방법대로 작동하지 못하는 상태를 의미한다. 즉, 실패라고 규정할 만한 기준이 있어야 한다. 시장실패를 판단하는 기준에 해당하는 것이 [그림 3-11]과 [그림 3-12]다. [그림 3-11]과 [그림 3-12]가 의미하는 바는 시장이 스스로 생산자잉여와 소비자잉여를 극대화하는 균형점을 달성한다는 것을 의미한다. 이런 상태는 완전한 정보, 독과점 상태의 부재, 외부성의 부재 등의 조건이 갖추어졌을 때 달성할 수 있다. 시장실패란 시장의 성공적인 작동을 뒷받침하는 이런 조건들이 갖추어지지 못하고, 결과적으로는 시장도 [그림 3-11]과 [그림 3-12]에서 예상한 것과 같은 균형점에 스스로 도달하지 못하는 상태를 의미한다. 시장이 효율적인 자원의 배분에 실패하는 상태를 의미한다.

좀 더 구체적으로 설명하면 이렇다. [그림 3-11]과 [그림 3-12]에서 시장은 수요와 공급이 만나는 점에서 균형을 이루며, 이때의 균형상태에서 사회적인 잉여를 극대화할 수 있다. 바로 이런 점에서 효율적인 자원배분을 달성한 것이다. 실현 가능한 사회적인 잉여를 모두 달성한 상태이기 때문이다. 이 상태를 좀 더 풀어서 설명하면, 시장이 성공적으로 자신의 역할을 수행하는 상태란 어떤 거래로 인하여 발생하는 비용과 편익을 비교하여 편익이 비용보다 큰 거래관계를 모두 실현한 상태라 할 수 있다. 그런데 정보불균형, 독과점, 외부성 등의 문제들은 바로 이런 균형상태의 달성을 방해한다.

예를 들면, 정보의 부재나 높은 정보비용으로 인하여 어떤 상품에 대한 정보를 소비자가 제대로 얻을 수 없다면, 이 재화를 거래할 때 발생할 수 있는 사회적 잉여를 실현하지 못한다. 어떤 기업이 시장에 대해 독점적인 영향력을 행사한다면 이 기업은 공급량을 통제하여 시장가격을 균형가격에서 보다 높은 수준에서 형성되게 할 수 있다. 이 상태 역시 사회적 잉여를 극대화하는 균형상태에서는 벗어난 것이다. 외부성 문제가 발생하면 그로 인하여 발생하는 비용이나 편익을 시장에 참여한 생산자와 소비자가 제대로 고려하지 않아서 결과적으로는 시장균형점과 사회적으로 바람직한 균형점이 괴리되게 만든다. 어떤 경우이든 시장실패를 초래하는 원인현상이 발생하면 시장은 [그림 3-11]과 [그림 3-12]에서처럼 스스로의 능력으로는 사회적인 잉여를 극대화하는 상태에 도달하지 못한다. 이것이 바로 시장실패다.

좀 더 정확한 개념을 동원하여 설명하면, 시장실패란 '사적 한계비용'과 '사회적 한계비용'의 괴리 또는 '사적 한계편익'과 '사회적 한계편익'의 괴리로 인하여 발생한다. 즉, 개인과 기업은 원칙적으로 자신의 이익을 기준으로 행동한다. 그런데 정보불균형, 독과점, 외부성 문제가 발생하면 정상적으로 작동하는 시장에서와는 달리 개인의 이익과 사회적 이익이 서로 괴리되어 개인 경제주체들 간의 자발적인 거래만으로는 사회적인 이익을 제대로 실현하지 못하는 상태가 발생한다. 이것이 바로 시장실패다. 이런 점에 관해서는 제2부에서 상세히 설명한다.

제 5 절 시장실패에서 정부개입으로?

시장실패가 정부개입의 필요조건인가? 이 책은 그렇지 않다는 것을 설명하기 위해 쓴 것이다. 즉, 시장에 문제가 있다고 해서 정부의 개입을 선택하는 것은 일종의 논리적 비약이다. 정부는 훨씬 심각하고 치료 불가능한 실패의 위험을 가지고 있기 때문이다. 시장과는 차원이 다른 실패 위험을 가지고 있기 때문이다. 정부 역시 실패할 수 있다. 우리의 역사를 돌이켜 보면 알 수 있다. 실패해 왔고, 실패하고 있다. 실패할 뿐만 아니라 오히려 문제를 악화시킬 수도 있고 국민들에게 더 큰 혼란과 고통을 야기할 수도 있다.

시장실패가 정부개입의 근거가 되려면 시장실패와 정부실패의 위험을 함께 비교해야 한다. 정부의 개입은 필연적으로 정치와 재량권과 감시감독의 문제를 야기한다. 뿐만 아니라, 인간의 생각과 언어가 가진 약점으로 인해 발생하는 여러 가지의 인식론적 혼란들이 정부를 통하여 오히려 확대되는 결과를 초대할 수도 있다. 이념과 이념이 충돌하고, 누구의 이념을 위해 다른 누구의 이념을 짓밟는 일이 일어 날 수 있다. 법의 이름으로 자유와 평등을 유린하는 일이 얼마든지 일어날 수 있다. 제4부에서 설명하는 것처럼 정부가 개입하는 순간 수많은 문제들이 함께 발생한다. 정부개입으로 인한 비용과 혼란을 고려하면 시장실패론은 실패한 이론이라는 지적까지 나오고 있다(Zerbe Jr. & McCurdy, 1999; Holcombe, 2000). 시장이 어떤 재화의 공급에 나서지 않는 것은 그것을 공급하고자 하는 과정에서 발생하는 정치적 비용과 거래비용이 더 크기 때문이다. 비용이 더 크기 때문에 공급하지 않는 것을 '실패'라고 규정한다면 이는 이론이 실패한 것이라고 비판한다.

우리는 흔히 기자들이 우리 한국 사회에서 일어나는 일들을 보도하면서 정부가 그런 사실을 알고나 있는 것인지, 대책을 간구하고는 있는 것인지, 도대체 정부는 뭘 하고 있는 것인지를 질책하는 장면을 접한다. 우리 주변에서 어떤 문제가 발생했으니 당연히 정부가 알아야 하고 당연히 어떤 대책을 세워야 하는 것처럼 보도한다. 시장이 실패하고 있으니 정부가 나서라는 것이다. 그러나 이런 식의 논리는 지극히 위험하다. 정부 역시 실패할 위험이 있기 때문이다. 어떤 문제이든 해결할 수 있는 전능자도 아니고, 그럴 만한 능력과 자원을 가지고 있다는 보장도 없다.

누군가의 문제를 '해결'하기 위해 다른 누군가에게는 법에 의한 고통을 강요하는 새로운 문제를 창조할 수도 있다.

시장실패에 근거하여 정부의 개입을 요구하려면 정부가 과연 그 문제를 해결할 능력을 가지고 있는지, 자원은 가지고 있는지, 그 문제가 정부의 개입으로 해결될 수 있는 문제인지, 정부가 개입할 경우 오히려 문제가 복잡해질 위험이 있는 것은 아닌지, 국민들이 정부개입으로 발생하는 추가적인 조세부담을 감당할 의사가 있는지, 정치인과 관료들이 주어진 일을 성실히 수행할 만한 도덕성을 갖추고 있는지 등 수 많은 점들을 먼저 검토해야 한다. 그렇지 않으면 고양이에게 생선을 맡기는 것과 같은 일이 얼마든지 일어날 수 있다. 선무당이 사람 잡는 것과 같은 예기치 못한 일이 일어날 수도 있다.

예를 들면, 중동이나 아프리카의 많은 사회에서는 시장의 실패에 대해 정부가 이 문제를 해결하는 것이 아니라 정부 역시 실패하는 상황이 발생하고 있다. 한국도 마찬가지다. 국민들이 절실히 필요로 하는 국방서비스와 외교서비스를 정부가 제대로 공급한 일이 우리의 역사에서 얼마나 되는가? 물론, 그래도 없는 것보다는 있는 것이 나을 것이다. 그런데 페론(Juan Perón)의 아르헨티나 정부에서처럼 어떤 영역에서는 있는 것이 없느니만 못한 상황도 얼마든지 있을 수 있다. 시장이 실패한다고 정부의 개입을 당연시해서는 안 된다는 것이다.

게다가, 시장을 실패하게 만드는 요인들이 정부를 실패하게도 만들 수도 있다. 가령, 시장거래에서 정보의 부족과 불균형이 문제를 일으키듯이 정부개입 역시 정보의 부족이 정부실패의 원인이 될 수 있다. 일반 시민의 입장에서 보면, 제품이나 거래상대에 대한 정보를 얻는 것이 쉽지 않듯이 정부정책이나 이 정책을 결정하고 집행하는 사람들에 대한 정보를 얻는 것이 어렵다. 유권자를 대신하여 유권자를 위한 정책을 만드는 사람들이 진정으로 다수 유권자를 위해 정책을 만들 것인지 아니면 특정이익집단이나 정부를 위해 정책을 만들 것인지를 감시하는 것이 결코 쉽지 않다. 그나마 시장은 거래를 포기할 수도 있지만 한 번 만들어진 정부나 정책은 이를 폐지하는 것이 지극히 어렵다.

정부와 정책은 편견적 사고, 이념, 언어의 확대 장치가 될 수도 있다. 다수의 이념과 가치를 추구하기 위해 만들어진 정부가 특정집단의 이념을 위한 수단으로 전락할 수도 있다는 것이다. 만일 정부와 정책이 특정이념을 위한 수단으로 전락한다면 이는 인간의 존엄에 봉사하기 위해 만들어진 정부가 도리어 특정인의 이념을 위해 다른 사람의 존엄을 훼손하는 문제가 발생한다. 그런데 자기망각에 의지하여 작동하는 인간의 생각과 언어는 이런 위험에 대한 정확하고 공정한 이해를 방해한다. 정부와 정책실패의 위험이 보통 사회과학도들이 생각하는 경제적 비용의 측면을 넘어서는 문제라는 것이다.

시장실패가 정부의 개입을 당연히 정당화하는 것은 아니라는 점을 기억하면서 시장실패와 이에 기초한 정부개입 요구에 대해 좀 더 상세히 논의해 보자.

제 2 부

정부와 정책, 왜 만들고자 하나?

제 4 장 공공재의 공급

제 1 절 들어가는 말

시장실패의 가장 대표적인 예로 논의되는 것이 바로 공공재다. 공공재란 아래에서 설명하는 것처럼 비배제성과 비경합성을 특징으로 하는 재화다. 보통 시장에서 거래하는 재화나 서비스는 배제적이고 경쟁적이다. 가격을 지불하지 않는 사람은 서비스의 대상에서 배제할 수 있다. 어떤 사람이 먼저 소비를 하면 그로 인하여 나는 소비를 하지 못하는 경쟁적인 관계에 있다. 이런 상황에서 생산자는 더 높은 가격을 지불하는 소비자에게 판매를 할 것이며, 반대로 소비자는 더 낮은 가격으로 구입할 수 있는 방법을 찾을 것이다. 바로 이런 원리에 의해 시장거래는 작동하고, 시장은 균형점을 스스로 달성한다.

공공재는 보통 시장에서 거래하는 재화와는 성격이 다르다. 비용을 지불하지 않았다는 이유로 해당 서비스의 혜택을 누리지 못하게 하는 것이 어렵다. 비용을 지불하지 않아도 이용할 수 있으니 비용부담은 회피하고자 한다. 이런 사람이 많아지면 공급이 적절히 이루어지지 않는다. 즉, 시장실패가 발생한다. 그런데 아래에서 살펴보는 것처럼 이와 같은 공급의 실패를 시장실패로 볼 수 있는지에 대해 반론이 제기되고 있다. 뿐만 아니라 공공재 이론의 예상과는 달리 시장에서 공급이 되는 일도 일어나고 있다. 공공재 개념이 예상하는 상황과 실제의 현상이 일치하지 않는 문제가 발생하고 있다. 즉, 공공재 개념에 문제가 있다는 것이다.

개념적 약점이 없지 않음에도 정부를 설명하기 위해 공공재 개념을 가장 먼저 살펴보는 이유는 무엇인가? 정부가 공급하는 재화의 특성을 이해하는 데 도움이 되기 때문이다. 정부의 역할이 어디까지이며 이유는 무엇인지를 논의하는 데도 참고할 만한 잣대가 되기 때문이다. 이를 논의의 출발점으로 삼아 보다 정교한 논의를 진행하는 것이 복잡한 정부현상을 이해하는 데 도움이 되기 때문이다. 먼저, 공공재의 의미부터 구체적으로 검토해 보자.

제 2 절 공공재의 의미

1 비배제성

공공재(public goods)란 특정재화의 소비로부터 사회구성원을 배제시키기 어렵고(비배제성, nonexcludability) 또한 이의 소비를 위하여 서로 경쟁할 필요성이 약하여(비경합성, non-rivalriness), 시장에서는 적절히 공급하기 어려우며, 국가 또는 공동체의 차원에서 사회구성원들이 함께 생산하고 소비하는 것이 더 효율적인 재화이다(Samuelson, 1954: 387).[1)]

보통 시장에서 구입하는 재화들은 배제적이고 경쟁적이다. 비용을 지불하지 않는 사람들은 서비스 대상에서 제외할 수 있다. 배제가 가능하다. 또 경쟁적이다. 즉, 어떤 재화나 서비스에 대한 수요가 많아지면 가격이 인상되어 예전보다는 더 많은 비용을 지불해야 한다. 또 심지어는 다른 사람들로 인하여 나는 해당 재화를 구입

1) 공공재 개념은 사무엘슨(Paul A. Samuelson)에 의해 개발되었다. 그는 1954년 발표한 자신의 논문 「The Pure Theory of Public Expenditure」에서 공공재를 다음과 같이 정의하였다. 어떤 재화에 대한 개인의 소비가 그 재화에 대한 다른 사람의 소비을 감소시키지 않는다는 의미에서 집단적인 소비가 가능한 재화([goods] which all enjoy in common in the sense that each individual's consumption of such a good leads to no subtractions from any other individual's consumption of that good). 바로 여기에서 비배제성과 비경합성이라는 공공재의 속성이 유래한다.

할 수 없는 경우도 발생한다. 그런데 어떤 구성원을 특정 재화나 서비스의 소비로부터 배제할 수 없는 경우도 있다. 즉, 비배제적인 재화나 서비스도 있다. 예를 들어, 일단 국방서비스가 공급되면 영토 안에 있는 국민들은 그가 국방서비스의 공급에 필요한 조세를 부담했든 아니든 여부와는 상관없이 국방서비스를 향유할 수 있다. 어떤 이유에서든 특정국민을 국방서비스의 향유로부터 배제시킬 수 없다. 이를 비배제성이라 하는 것이다.

그런데 재화나 서비스가 이런 비배제성을 가지고 있을 때, 이의 소비자 중에는 비용을 부담하지 않아도 자신을 서비스의 향유로부터 배제할 수 없으므로 비용부담을 피하려는 사람들이 있을 수 있다. 이와 같이 비용은 부담하지 않으면서도 해당 서비스는 향유하는 사람을 무임승차자(free－rider)라 한다. 그런데 무임승차자가 많아지면 서비스의 공급에 필요한 비용을 충분히 거두어들일 수가 없어서 해당 서비스를 적정량만큼 공급하지 못하는 문제가 발생할 수 있다. 이것이 바로 시장실패다. 적절히 공급이 이루어지고 소비가 이루어질 경우 소비자들은 잉여를 얻을 수 있음에도 이를 충분히 실현하지 못하는 일이 발생한다. 통상적인 시장에서처럼 시장이 저절로 사회적인 잉여를 최대화하는 최선의 결과를 가져오지 못하기 때문에 시장실패라 한다.

2 비경합성

일반적인 시장재화나 서비스와는 달리, 소비를 위하여 다른 사람과 경쟁할 필요가 없는 재화의 특성을 비경합성이라 한다. 예를 들면, 공중파 TV, 국방, 등대, 한가한 도로 등은 비경합적인 재화다. 이 경우, 한 사람이 해당 재화를 더 소비하더라도 이로 인하여 추가적인 비용(한계비용)이 전혀 발생하지 않거나 거의 발생하지 않는다.

연습문제: 다음의 재화와 서비스들을 배제성과 경합성의 정도에 따라 아래의 [그림 4-1]에 분류하여 보라.

택시이용	음식점	호텔	대중교통	통신서비스
케이블 TV	학원교육	대학교육	극장	도서관
하수도	전기	일기예보	병원	쓰레기처리
무료공원	초등교육	도로주차	호수의 물고기	
가두행진관람		호수	유료공원	소방
도로	지하수	치안	예방접종	등대
연안 어류	해저광물	공기	TV 방송	인터넷
pay per view TV[2]		상수도		

그림 4-1 경합성과 배제성을 기준으로 한 재화와 서비스의 분류

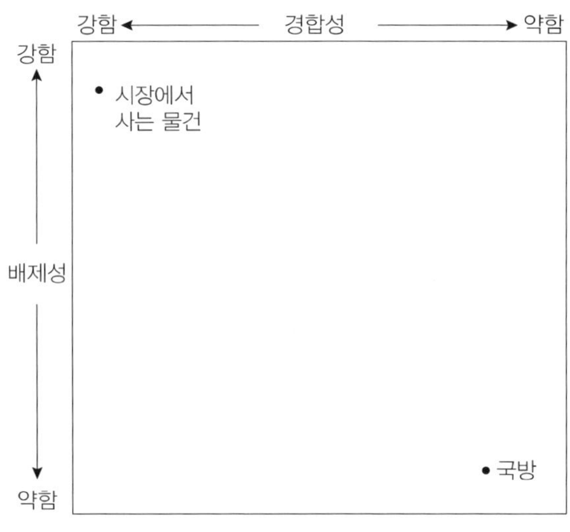

<표 4-1>은 몇 가지 재화와 서비스를 배제성과 경합성을 기준으로 분류해 본 것이다. 시장에서 구입하는 음식이나 자동차는 배제적이고 경합적이다. 이런 재

2) 시청프로그램을 기준으로 시청료를 지불하는 케이블방송.

화는 비배제적이고 비경합적인 순수공공재와는 정반대의 '순수'민간재, 즉 순전히 시장에서 거래되는 재화다(Buchanen, 1965: 1). 반면, 국방, 치안, 항로관리와 같은 재화는 '순수'공공재라 할 수 있다. 일단 공급이 되면 소비하지 못하도록 배제하기 어렵다. 경찰이 범죄자를 적발하고 처벌하는 방범서비스를 공급하면 이 서비스 역시 배제하기 어렵고 경쟁할 필요성이 거의 없다.

그런데 세상에는 이런 두 가지 재화만 존재하는 것이 아니다. 배제성과 경합성이 서로 혼합되어 있는 재화들이 존재한다. 우선, 바다의 물고기를 생각해 보자. 물고기를 잡지 못하도록 하는 것은 쉽지 않다. 즉, 배제시키는 것이 어렵다. 그런데 누군가가 먼저 물고기를 잡으면 다른 사람이 잡을 수 있는 수량은 감소한다. 중국 어선이 우리 연안의 물고기를 저인망으로 싹쓸이 한다면 우리 어민이 잡을 물고기는 씨가 마른다. 대기 중의 공기도 누군가가 오염물질을 배출하면 다른 사람은 더 이상 맑은 공기를 이용할 수 없게 된다. 소위 '공유재의 비극'이 발생한다(오스트롬, 2010).

공유재와는 반대로 배제는 가능하지만 경합성이 낮은 재화도 존재한다. 이런 재화에는 클럽재(club goods)라는 이름이 붙어 있다(Buchanen, 1965). 예를 들면, 부자들은 개인 사유의 수영장을 가지고 있다. 이런 시설을 갖추지 못한 많은 시민을 위해 유럽의 호텔들은 수영장이나 목욕시설을 갖추고 있다. 이런 시설은 배제는 가능하지만 어느 정도는 함께 이용하는 것이 가능하다. 하지만, 순수공공재처럼 이용자의 수가 무한히 증가할 수는 없는 재화다(Buchanen, 1965: 1－2). 지역자치단체들이 수용장과 같은 체육시설을 짓는 것은 이런 이유 때문이다. 개인이 공급하기

표 4-1 배제성과 경합성을 기준으로 한 재화와 서비스의 분류

	경합적	비경합적
배제적	시장재화	클럽재, 자연독점
	음식 자동차, 집 대학교육	다리, 터널 케이블 TV, 디지털 음악 인터넷, Wifi
비배제적	공유자원	공공재
	바다의 물고기 대기의 공기 개방된 공원	국방 치안 항로관리

에는 비효율적이지만 함께 만들어서 이용한다면 각 개인은 적인 비용을 부담하면서 많은 사람들이 함께 이용할 수 있기 때문이다.

클럽재는 흔히 인위적인 독점을 형성한다. 가령, 인터넷서비스를 제공하려면 막대한 비용을 들여 통신망을 설치해야 한다. 그런데 일단 설치하면 고객이 늘어나도 기존의 고객에게 아무런 피해를 주지 않는다. 즉, 일단 설치하면 추가 공급비용 없이 함께 이용하는 것이 가능하다. 이런 상황에서 경쟁기업의 참여는 자원의 낭비를 초래할 수 있다. 이미 시설이 갖추어졌다면 더 많은 사람이 이용하는 것이 바람직하다. 즉, 자연독점이 가능한 상황이 된다. 예술의 전당 아래는 우면산을 관통하는 터널이 있다. 일단 이 터널이 만들어지고 나면 적어도 그 자리에는 또 다른 터널을 만들 수 없다는 점에서 독점이다.

한편, 교육, 사회적 약자를 위한 의료지원과 급식지원 등의 서비스에는 가치재(merit goods)라는 이름이 붙어 있다. 이 재화는 배제도 가능하고 어느 정도의 경합성도 있다. 그러나 이런 재화는 배제성과 경합성만을 기준으로 재화를 분류할 것이 아니라 소비자에게서 그 재화가 갖는 가치를 기준으로 판단할 필요가 있다는 것이 이런 이름이 붙은 이유다. 비용을 지불할 능력은 모자라지만, 그럼에도 불구하고 어떤 사람의 생애와 행복에 매우 중요한 재화라면 그의 입장을 고려할 필요가 있다는 것이다. 롤스(John Rawls)가 말하는 기본재화(primary goods), 즉 한 사회의 구성원으로서 살아가는 데 누구나 필요한 재화라 할 수 있다. 반대로, 마약, 담배, 술은 비가치재다. 몸과 마음의 건강을 해치기 때문이다.

3 공공재와 민간재의 차이

공공재란 비배제성과 비경합성을 갖는 재화이기 때문에 우리가 보통 시장에서 구입하여 소비하는 일반적인 민간재와는 수요와 공급에서 다음과 같은 차이점이 있다.

첫째, 공공재는 일정량이 공급이 되면 모든 소비자들이 동일한 양을 소비할 수 있다. 비배제적이고 비경합적인 재화의 특성 때문이다. 즉, 일정한 예산규모의 국방서비스가 공급이 되면 모든 국민들은 동일한 규모의 국방서비스를 향유한다. 하지만, 국방서비스를 제공받기 위하여 지불하는 가격은 사람마라 다르다. 각 개인은 자신의 소득, 보유 재산과 같은 담세 능력에 따라 서로 다른 세금을 납부하고, 이런 세금에 의하여 국방서비스를 제공하기 때문이다. 반면, 민간재는 각 수요자가 시장에서 구매한 만큼씩 서로 다른 양을 소비하게 된다. 하지만, 만일 동일 상품을 구매한다면 가격은 동일하다. 또한 각 개인의 수요를 모두 합한 것이 민간재의 수요가 된다. 수식으로 표현하면 다음과 같다.

- $Q_p = q_a = q_b$(공공재 공급량(소비량) = a의 소비량 = b의 소비량)
- $Q_m = q_a + q_b$(민간재 소비량 = a의 소비량 + b의 소비량)

둘째, 어떤 재화의 수요는 해당 재화를 소비할 때 얻을 수 있는 한계효용에 의하여 결정된다. 그런데 여기에도 큰 차이가 있다. 민간재는 내가 소비하면 다른 사람은 소비할 수 없다. 다른 사람이 추가적인 효용을 얻을 수도 없다. 그래서 이의 총수요는 각 수요자의 수요를 모두 합한 것이 된다. 즉, 갑은 20kg의 쌀을 원하고 을은 40kg의 쌀을 원한다면 쌀의 총수요는 60kg이다. 두 사람의 수요를 합한 것이다.

공공재는 공급과 소비의 방법이 전혀 다르고 총수요를 계산하는 방법도 완전히 다르다. 공공재는 일정한 공급량을 놓고 사회의 구성원들이 함께 소비할 수 있다. 즉, 도로를 건설해 놓으면 시민들이 모두 함께 이용할 수 있고, 등대를 세워 놓으면 이 지역을 항해하는 모든 배가 함께 이용할 수 있다. 가로등도 같이 이용할 수 있고, 국방서비스도 같이 이용할 수 있다. 공항을 건설해 놓아도 이 역시 같이 이용할 수 있다. 너도 다리가 필요하고 나도 다리가 필요하다고 다리를 2개 만들 필요는 없다. 너도 길이 필요하고 나도 길이 필요하다고 2개의 길을 만들 필요는 없다. 이 점이 민간재와 공공재가 가장 극명하게 다른 점이다.

그래서 이 공공재에 대한 수요는 해당 공급 단위에 대한 이용자들의 한계효용을 합하여 구한다. 비용을 함께 부담하여 함께 공급하고 함께 효용을 누리는 것이 가능하기 때문이다. 즉, 새 도로를 이용할 때 시민들이 얻는 효용을 모두 합하여 이 도로에 대한 수요, 즉 지불의사가 있는 가격을 구하여야 한다는 것이다. 함께 이용하더라도 아무 문제가 없기 때문이다. 즉, 하나의 다리를 건설할 경우 마을 사람들이 이 다리를 모두 자유롭게 이용할 수 있고, 이 다리를 이용하여 마을 주민들이 얻을 수 있는 혜택이 금전가치로 총 50억 원에 이른다면 이 다리의 건설을 위해 최대 50억 원의 비용을 지출해도 손해볼 것은 없다는 것이다. 다음과 같이 수식으로 표현할 수 있다.

- $D_p = U_a + U_b$(공공재의 수요 = 소비자 a의 한계효용 + 소비자 b의 한계효용)
- $D_m = D_a + D_b$(민간재의 수요 = a의 수요 + b의 수요)

제 3 절 공공재 공급과 시장실패

1 시장에서의 공공재 공급과 시장실패

우선, 시장에서 공공재를 공급할 경우 어떤 문제가 있을 수 있는지 생각해 보자. <표 4-2>는 가로등에 대한 갑과 을의 지불의사를 나타낸 것이라고 가정한다. 즉, 첫 번째 가로등에 대해 갑은 40,000원의 지불의사를 가지고 있다. 반면, 을은 30,000원의 지불의사를 가지고 있다. 물론, 이 가로등은 일단 공급이 되면 갑과 을이 함께 이용하는 데 아무 문제가 없는 비경합적이고 비배제적인 재화다.

표 4-2 가로등에 대한 지불의사

수 량	갑의 지불의사(한계효용)	을의 지불의사(한계효용)
1	40,000	30,000
2	30,000	20,000
3	20,000	10,000
4	10,000	0

<표 4-2>를 이용하여 아래 질문에 답해 보자. 단, 이 공공재를 한 단위 공급하는 데 단위당 소요되는 공급비용은 35,000원이라고 가정하자.

① 35,000원이라는 가격을 지불하고 이 재화를 구매하여 소비할 사람이 있겠는가?
② 있다면 그는 누구인가?
③ 이 사람은 시장에서 몇 단위를 구매하겠는가?
④ 이 사람은 이 구매를 통하여 얼마의 소비자잉여를 얻을 수 있겠는가?

갑은 이 재화의 가격이 35,000원일 경우 최소 한 단위는 구매할 것이다. 이 구매를 통하여 5,000원의 잉여를 얻을 수 있기 때문이다. 그런데 두 번째 단위까지 구매하지는 않을 것이다. 이때는 5,000원만큼 효용보다 비용이 높기 때문이다. 반면, 을은 자신이 얻을 수 있는 효용이 최대 30,000원인데 비하여 이 재화의 가격은 35,000원이므로, 이를 자기비용으로 소비할 경우 5,000원만큼 손해를 본다. 따라서 을은 독자적으로 이 재화를 구매할 수는 없다. 대신 을은 갑이 자신의 비용으로 이 가로등을 설치하면 공짜로 이용할 수 있을 것이다.

이렇게 보면, 공공성이 있는 재화라고 하더라도 이의 효용가치가 높다면 시장에서 이에 대한 공급이 이루어질 수 있다는 점을 알 수 있다. 가령, 민간 보안업체를 생각해 보자. 일종의 경찰서비스를 제공하는 민간기업이다. 그런데 이런 서비스를 기업이 공급하고 있고, 또 일반 기업과 개인들이 이 서비스를 구매하고 있다. 그렇다면, 다음 질문들에 대해 다시 생각해 보자.

① 이 재화의 두 번째 단위는 시장에서 자율적인 거래에 의하여 공급이 이루어질 수 있겠는가? 즉, 갑이나 을 중에서 두 번째 단위를 구매할 사람이 있겠는가?
② 만일 구매를 하지 않는다면 이유는 무엇인가?

두 번째 단위는 시장에서의 자율적인 거래에 의해서는 공급이 이루어질 수 없다. 왜냐하면, 갑이나 을이 두 번째 단위를 소비할 때 얻을 수 있는 효용, 즉 두 번째 단위의 지불의사보다 구입비용이 더 비싸기 때문이다. 갑과 을의 두 번째 단위에 대한 지불의사, 즉 이를 소비할 때 얻는 효용은 각각 30,000원과 20,000원이다. 그런데 구입비용이 35,000원이므로 갑과 을이 각각 얻을 수 있는 효용보다 크다.

다음 질문을 다시 생각해 보자.

① 두 번째 단위를 소비할 때 두 사람이 얻을 총효용은 얼마인가?

② 이때도 지불하는 비용은 단위당 35,000원이다. 그렇다면, 이 두 번째 단위를 소비할 때 잉여가 최대 얼마까지 발생할 수 있는가?

③ 그렇다면, 이 두번째 단위를 소비하는 것이 갑과 을 두 사람에게 유리한가 아닌가?

만일 두 번째 단위를 소비한다면 두 사람은 총 50,000원의 효용을 얻을 수 있다. 두 번째 단위의 공급단가는 35,000원이므로 15,000원의 잉여를 얻을 수 있다. 따라서 적절히 비용을 분담하여 두 번째 단위를 소비하는 것이 유리하다. 예를 들어, 공급비용 35,000원 중 20,000원을 갑이 부담하고, 을이 15,000원을 부담하여 이 재화를 구매하여 소비한다면, 갑은 10,000원의 추가적인 잉여를 얻을 수 있고, 을도 5,000원의 추가적인 잉여를 얻을 수 있다. 그런데 시장에서는 이 두 번째 단위가 공급되지 않는다. 이것이 바로 시장실패다. 추가적인 잉여를 실현할 수 있는 기회가 있음에도 이를 실현하지 못하고 있기 때문이다.

2 무임승차자 문제와 시장실패

시장실패란 바로 이것이다. 앞서 제3장에서 배운 바에 따르면, 일반 재화의 경우 시장은 수요와 공급이 만나는 최적점에서 균형을 이룰 수 있고, 이를 통하여 사회적인 잉여의 극대화를 달성할 수 있다. 즉, 사회적으로 실현할 수 있는 잉여의 획득기회를 모두 실현한다. 그런데 공공재에서는 이를 소비하는 것이 분명 사회구성원들에게 유리하고 소비자잉여가 발생함에도 이를 소비하지 못하고, 그래서 소비자잉여를 실현하지 못하는 부분이 발생한다. 즉, 시장이 사회적 잉여의 극대화를 실현하지 못하는 상황이 발생한다. 시장이 사회적인 균형점을 달성하여 사회적 잉여의 극대화를 실현하지 못하였으므로 이를 시장실패(market failure)라 한다.

사회적인 적정량의 달성에 실패하는 이유는 무임승차가 발생하기 때문이다. 공공재는 비배제적이고 비경합적이다. 그래서 일단 공급이 되고 나면 무임승차를 해도 배제하기 어렵고, 또 경합적이지 않기 때문에 배제할 이유도 크지 않다. 그래서

비용은 부담하지 않으면서 이 재화의 혜택을 누리는 무임승차자 문제가 발생한다. 무임승차자는 비용을 지불하지 않고 이 재화를 이용할 수 있다. 그런데 비용지불 없이 서비스를 이용하고자 하는 사람들이 있게 되면, 사회적으로는 해당 재화를 구매하기 위하여 동원할 수 있는 재원이 감소한다. 재원이 감소하였으므로 적정량만큼 소비하지 못하고 이보다는 적게 소비해야 하는 과소공급 문제가 발생한다.

위의 예를 다시 생각해 보자. 갑은 자신의 필요를 충족하기 위하여 자신의 비용으로 가로등을 설치할 수 있다. 이렇게 하면 갑은 자신이 얻는 총효용 40,000원에서 구매비용 35,000원을 제외한 5,000원의 잉여를 얻을 수 있다. 그런데 갑이 이렇게 이 재화를 공급하면, 을은 이 재화를 공짜로 이용할 수 있다. 가로등은 비배제적이고 비경합적인 재화이기 때문이다. 즉, 을은 전혀 비용을 부담하지 않으면서 첫 번째 가로등을 이용하여 30,000원의 효용을 공짜로 얻을 수 있다. 무임승차로 얻은 효용이다.

물론, 가로등을 설치하면 을도 이를 이용할 수 있으므로 갑은 을에게 비용의 분담을 요구할 수도 있을 것이다. 그런데 을은 이 재화가 비배제적이고 비경합적이기 때문에 갑이 이를 설치한다면 자신은 이를 공짜로 이용할 수 있다는 것을 알고 있다. 그래서 실제로는 자신도 이 가로등이 필요하지만 자신은 굳이 필요하지 않다며 갑의 요구를 거절할 수도 있다. 즉, 공공재의 경우 해당 재화에 대하여 사람들이 자신의 선호를 정직하게 밝히지 않을 가능성이 있다. 이렇게 되면 이 재화에 대한 소비자들의 지불의사, 즉 효용을 제대로 파악할 수 없고, 결과적으로 적정량을 공급하지 못하는 문제가 발생한다. 즉, 시장실패가 발생한다.

제 4 절 공공재의 수요와 정부개입의 논리

1 공공재 수요곡선의 도출

어떤 재화든지 해당 재화의 최적소비량은 그 재화를 소비했을 때 얻을 수 있는 효용과 그것을 소비할 때 지불되는 비용을 비교하여 결정한다. 만일 지불의사보다

시장가격이 낮다면 구입하여 소비하는 것이 유리하다. 소비자잉여가 발생하기 때문이다. 반대로, 지불의사보다 시장가격이 높다면 구입해서는 안 된다. 잉여의 손실이 발생하기 때문이다. 공공재 역시 마찬가지다. 어떤 공공재를 소비했을 때 사람들이 얻는 총효용이 지불한 비용보다 크다면 소비하는 것이 유리하다. 소비자잉여가 발생하기 때문이다. 그렇다면, 공공재를 얼마나 소비하는 것이 좋은가? 이에 답하기 위해 먼저 공공재에 대한 수요곡선을 도출해 보자.

<표 4-3>은 <표 4-2>에 기초하여 가로등에 대한 총지불의사를 구한 것이다. 여기서 주의해야 할 점은 총지불의사를 구하는 방법이다. 첫 번째 단위에 대한 갑의 지불의사와 을의 지불의사를 합하여 이 단위에 대한 지불의사를 구하였다. 왜냐하면, 하나의 단위를 공급하여 갑과 을이 동시에 이용하는 것이 가능한 재화이기 때문이다. 각각의 지불의사만큼 효용을 얻을 것이므로 이만큼 지불해도 손해볼 것이 없다. 그래서 첫 번째 단위에 대한 지불의사는 70,000원이 된다. 이렇게 구한 총지불의사가 공공재에 대한 수요를 나타낸다.

표 4-3 가로등에 대한 지불의사

수 량	갑의 지불의사 (한계효용)	을의 지불의사 (한계효용)	총지불의사
1	40,000	30,000	70,000
2	30,000	20,000	50,000
3	20,000	10,000	30,000
4	10,000	0	10,000

먼저, 제3장에서 공부하였던 [그림 3-1]과 [그림 3-2]의 수요곡선 도출방법을 참고하여 [그림 4-2]에 갑의 수요곡선과 을의 수요곡선을 그려보자. 그리고 두 사람으로 구성된 이 공동체의 총수요곡선을 도출해 보자. 주의할 점은 이 재화는 비배제적이고 비경합적인 공공재이므로 두 사람이 함께 소비하는 것이 가능하다는 점이다.

그림 4-2 공공재의 수요곡선 도출

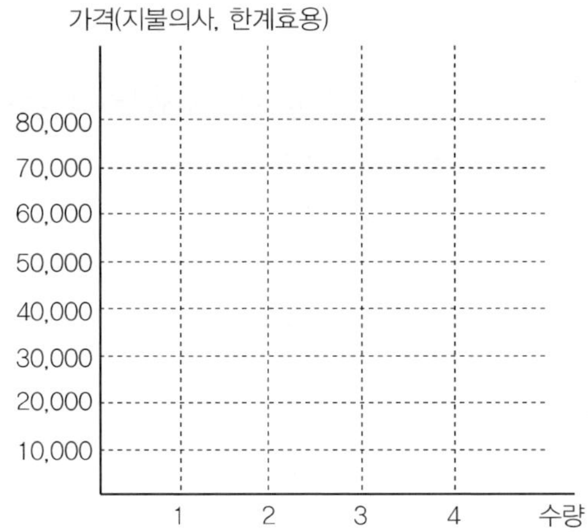

<표 4-3>에 따라 이 가로등의 총수요곡선을 도출하면, 그것은 [그림 4-3]과 같다. 여기서 특히 주의를 기울여야 할 점은 공공재의 수요곡선을 도출하는 방법이다. 각 공급단위에서 갑의 지불의사와 을의 지불의사를 합한 값으로 공공재의 수요곡선을 도출하였다. 즉, 첫 번째 가로등에 대해 갑은 40,000원, 을은 30,000원의

그림 4-3 공공재의 수요곡선

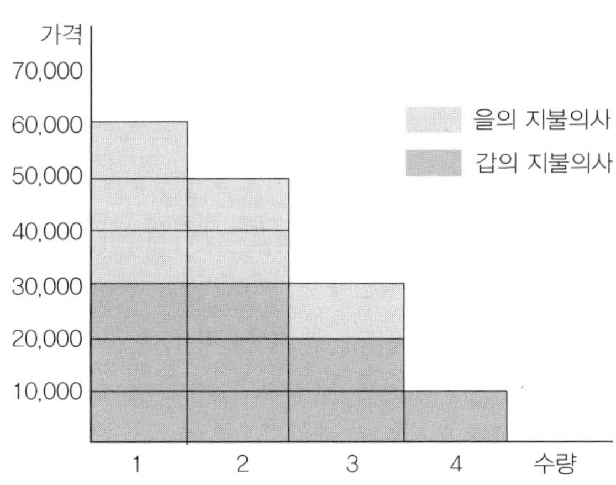

지불의사를 가지고 있다. 그렇다면, 이에 대하여 두사람은 최대 70,000원의 지불의사를 가지고 있는 것이며, 이 가격을 지불하더라도 기꺼이 이 재화를 구입할 것이라는 의미다.

공공재의 수요곡선을 도출하는 방법은 민간재와는 다르다. 즉, 민간재는 하나의 재화나 서비스를 놓고 두 사람이 함께 비용을 지불하지 않는다. 함께 사용할 수 없기 때문이다. 이런 차이는 제3장 <표 3-2> 및 [그림 3-3]과 비교해 보면 금방 알 수 있다. 어떤 가격에서 존, 폴, 조지가 각각 한 단위가 필요하다면 총 3단위의 재화가 필요하다. 그래서 민간재의 총수요곡선은 각 가격에서 개인의 수요량을 합친 것이 된다. 즉, 개인의 수요곡선을 수평으로 합하면 총수요곡선을 도출할 수 있다.

그림 4-4 민간재화의 총수요곡선

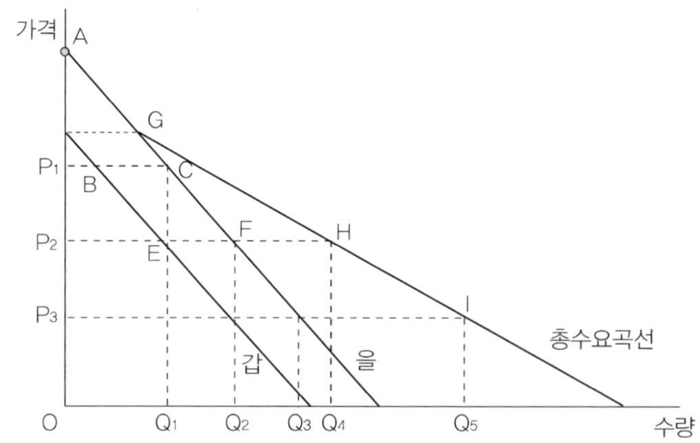

[그림 4-4]를 보자. 가격이 P_2일 때, 갑은 가격과 자신의 수요곡선이 만나는 P_2E, 즉 OQ_1만큼을 필요로 하고, 을은 P_2F, 즉 OQ_2만큼을 필요로 한다. 이때의 총수요량은 P_2E와 P_2F를 합한 P_2H가 된다. 즉, OQ_1과 OQ_2를 합한 OQ_4만큼을 필요로 한다. 만일 가격이 P_3라면, 갑은 가격과 자신의 수요곡선이 만나는 OQ_2만큼을 필요로 하고, 을은 OQ_3만큼을 필요로 한다. 이때의 총수요량은 OQ_2와 OQ_3를 합한 OQ_5가 된다. 그래서 갑과 을의 총수요곡선은 AGHI를 지나는 꺾인 직선이 된다.

그런데 공공재의 총수요곡선은 이런 방식으로 도출하지 않는다. 각자가 필요로 하는 수량을 각자가 구입해야 할 필요가 없다. 함께 구입하여 함께 사용해도 아무 문제가 없다. 그래서 각자가 얻는 효용가치만큼을 합하여 비용으로 지불해도 문제가 되지 않는다. 그만큼의 총효용을 얻기 때문이다. 공공재의 최적공급량은 바로 이렇게 도출된 총효용을 기준으로 결정해야 한다.

다시 공공재에 관한 설명으로 돌아가자. [그림 4-3]의 공공재 수요곡선을 보면서 앞서 제기했던 다음의 질문들을 다시 생각해 보자.

① 두 번째 단위를 소비할 때 두 사람이 얻을 총효용은 얼마인가?

② 이때도 지불하는 비용은 단위당 35,000원이다. 그렇다면, 이 두 번째 단위를 소비할 때 잉여가 최대 얼마까지 발생할 수 있는가?

③ 그렇다면, 이 두 번째 단위를 소비하는 것이 갑과 을 두 사람에게 유리한가 아닌가?

[그림 4-3]에 의하면, 두 번째 단위를 소비할 때 두 사람이 얻는 총효용은 50,000원이다. 이때 지불하는 비용은 35,000이므로 15,000원의 잉여를 얻을 수 있다. 세 번째 단위는 총효용이 30,000원에 불과하므로 이를 소비하는 것은 5,000원의 손해가 발생한다.

여기서 시장실패란 사회적으로 2단위까지 공급하는 것이 최적임에도 불구하고, 시장 스스로는 1단위까지밖에 공급하지 못하는 현상이다. 즉, 시장 스스로는 사회적인 최적량의 공급에 성공하지 못하기 때문에 이를 시장실패라 한다. 가령, 사람들이 정직하게 자신이 얻는 효용만큼 비용을 부담하면서 함께 공급하면 적정규모의 공공재를 공급할 수 있다. 즉, 국방, 도로, 교량, 공원, 가로등, 치안 등의 서비스를 적정량만큼 공급할 수 있다. 서로 비용을 회피할 경우 이런 재화와 서비스를 적절히 공급할 수 없다.

2 시장실패와 정부개입의 논리

1) 시장상황에서의 공공재 공급

지금까지의 논의를 토대로 공공재 문제에 정부가 개입하는 이유를 좀 더 종합적으로 검토해 보자. 비배제성과 비경합성을 갖는 공공재의 공급에 정부가 관여하지 않고 사회구성원들 간의 자발적인 거래와 협력에 의하여 이루어지도록 한다면, 즉 시장에서 공급이 이루어지도록 한다면 어떤 일이 일어날까?

결론부터 말하자면, 공공재란 이것이 일단 공급되면 사회구성원들 누구도 소비로부터 배제시킬 수 없는 특성이 있으므로 구성원들 중에는 사실은 자신도 이 재화를 필요로 하면서도 비용부담을 피하기 위하여 자신의 수요(또는 선호)는 숨기고 무임승차하려는 사람이 있을 것이다. 그러면 구성원들 중 해당 공공재에 대한 수요가 상대적으로 큰 사람들이 자신들의 부담으로 이 공공재를 공급하게 될 것이다. 그러나 이들은 사회적으로 최적이 되는 수량을 공급하는 것이 아니라 자신들에게 최적이 되는 공급량만을 공급하게 될 것이므로 무임승차자들의 수요까지도 포함했을 때와 비교했을 때는 상대적으로 적은 양만을 공급하게 될 것이다. 아래의 [그림 4－5]를 보면서 이를 좀 더 정확하게 이해해 보자.

우선, 아래의 [그림 4－5]에서 X축의 Q는 어떤 공공재의 수량을, 그리고 Y축은 가격을 나타낸다. D_1과 D_2는 각각 갑과 을의 수요곡선이며, 공급곡선은 불변가격으로 수평으로 주어져 있다. 공급곡선이 수평으로 그려진 것은 생산량이 늘어나더라도 이 공공재의 한계생산비, 즉 추가 생산단위의 생산비는 증가하지 않는 것으로 가정한 것이다.

[그림 4－5]를 보면서 정부의 개입이 없는 상황이며, 각 개인은 각자 개별적으로 자신의 지불의사를 기준으로 행동을 선택하는 것으로 가정하고, 아래의 질문에 답해 보자(김소영, 1995; Robbins, 2005: 222 참고).

① 위와 같이 갑과 을이 지불의사를 가지고 있으며, 또한 공급곡선이 주어졌을 때, 갑과 을 중에서 이 재화를 구입할 사람이 있는가? 있다면 그는 누구이며, 이유는 무엇인가?

② 자기비용으로 이 공공재를 구입한 사람은 이 재화를 얼마만큼 구입할 것이

그림 4-5 공공재의 수요곡선과 사회적 균형

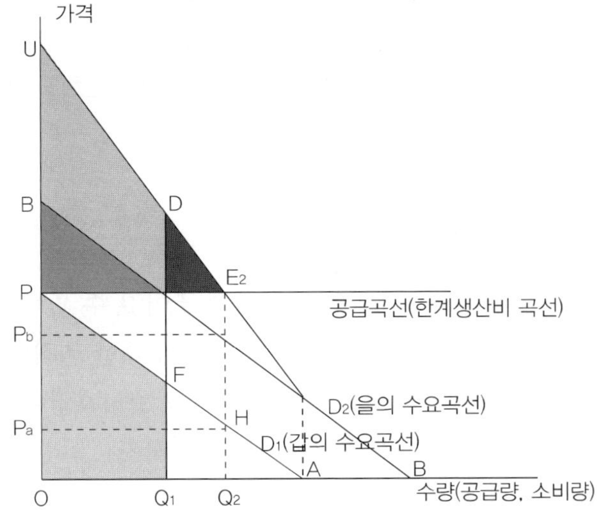

며, 이를 통하여 얼마만큼의 소비자 잉여를 얻을 수 있는가?

③ 이 재화는 비배제성과 비경합성을 가진 공공재다. 그렇다면, 이 재화를 공짜로 이용할 수 있는 사람은 누구이며, 얼마만큼을 무임승차로 이용할 수 있고, 무임승차를 통하여 얼마만큼의 효용을 얻을 수 있는가?

④ 이와 같은 상황에서 이 재화의 소비로 인하여 사회구성원들이 얻는 사회적인 잉여의 크기는 얼마나 되는가?

이 질문들에 대한 해답은 다음과 같다.

① 상황이 위와 같다면 을은 이 재화를 구매할 것이다. 왜냐하면, 구입비용보다 더 큰 효용을 얻을 수 있는 영역이 존재하기 때문이다.

② 을은 자기비용으로 OQ_1만큼을 구매할 것이다. 왜냐하면, 이를 소비하여 △BE_1P만큼의 소비자잉여를 얻을 수 있기 때문이다.

③ 을이 자기비용으로 OQ_1만큼을 공급하면, 갑은 무임승차를 통하여 □$OPFQ_1$만큼의 효용을 공짜로 얻을 수 있다. 즉, 이만큼의 잉여를 무임승차로 얻을 수 있다.

④ 이와 같은 상황에서 이 재화의 소비로 인하여 사회구성원들이 얻는 사회적인 잉여의 크기는 을이 얻은 잉여인 △BE_1P와 갑이 무임승차로 얻은 잉여인 □$OPFQ_1$의 합이다. 갑과 을의 수요곡선을 수직으로 합친 것이 UDE_2B로 꺾인 총수요곡선이므로, UDE_1B와 □$OPFQ_1$의 크기는 동일하다. 따라서 □UDE_1P만큼의 총잉여를 얻을 수 있다.

2) 사회적 최적량과 시장실패

설사 공공재라고 하더라도 시장에서 공급이 이루어질 수 있다는 점을 살펴보았다. 그렇다면, 시장에서의 이와 같은 공급이 이 재화에 대한 최적의 소비량인가? 즉, 이 재화를 소비하여 얻을 수 있는 사회적인 후생, 즉 소비자잉여를 극대화하는 소비량인지에 대해 생각해 보자. 다음의 질문에 답해 보자.

① 이 재화는 비배제성과 비경합성을 갖는 공공재다. 그렇다면, 이 재화의 총수요곡선은 어떤 것인가?

② 이 재화의 총수요곡선을 기준으로 할 때, 이 재화를 얼마만큼 소비할 때 이 두 사람의 소비자잉여는 극대화되는가? 이때의 소비자잉여는 얼마인가?

③ 개인이 각자의 선호를 기준으로 독자적으로 행동할 때에 비하여 얼마만큼의 소비자잉여를 더 얻을 수 있는가?

앞서 설명한 시장상황을 잠시 돌이켜 보자. 을이 자신에게 가장 유익한 소비량을 결정하는 방법은 수요곡선과 공급곡선이 만나는 점에서 소비량을 결정하는 것이다. 현재의 소비량이 이보다 적다면 소비량을 늘리는 것이 자신의 소비자잉여를 증가시키는 방법이 되며, 만일 이보다 더 많은 양을 소비하고 있다면 소비량을 이 균형점까지 감소시켜 과잉소비에 따른 손실을 줄여야 한다. 그래서 수요선과 공급선이 만나는 점이 소비자잉여를 극대화할 수 있는 최적점이 되는 것이다. 이와 같이 수요곡선과 공급곡선이 만나는 점에서 소비량을 결정하는 방법을 갑과 을 두 사람으로 구성된 가상의 사회에도 그대로 적용하면 사회적인 최적소비량을 결정할 수 있다.

① [그림 4-5]에서 갑과 을의 공공재에 대한 수요는 각각 D_1과 D_2다. 이들의

수요를 합한 사회적인 수요는 D_1과 D_2를 Y축 방향으로 합하여 도출한 UDE_2B 직선이 된다. 공공재는 비재제성과 비경합성을 가지고 있고, 일단 일정량이 공급되면 이를 다른 사람들도 함께 소비하고 그에 상응하는 효용을 얻을 수 있기 때문에 공공재에 대한 수요곡선은 각 공급량에 대한 소비자들의 한계효용을 수직방향으로 합하여 도출한다. 이렇게 하여 얻은 것이 사회적 수요곡선이 UDE_2B인 것이다.

② 이 재화의 총수요곡선을 기준으로 하면, 총수요곡선과 가격선이 만나는 OQ_2만큼을 소비할 때 소비자잉여는 극대화된다. 이때의 소비자잉여는 두 사람이 얻은 총효용에서 총비용을 뺀 $\triangle UE_2P$다.

③ 개인이 각자의 선호를 기준으로 독자적으로 행동할 때는 을의 비용으로 OQ_1만큼을 소비하여 $\square UDE_1P$만큼의 총잉여를 얻었다. 그런데 OQ_2만큼을 소비하면 $\triangle UE_2P$만큼의 소비자잉여를 얻을 수 있으므로 $\triangle DE_1E_2$만큼의 잉여를 추가로 얻을 수 있다.

시장실패란 바로 이런 것이다. 사회적인 잉여를 극대화하는 공급량은 OQ_2이며, 이를 소비하면 $\triangle UE_2P$의 잉여를 얻을 수 있다. 그런데 각 개인이 자신의 선호에 따라 독자적으로 재화의 소비를 결정하는 시장원리에 따라 행동하면, 공급량은 OQ_1에 그친다. 공급량이 최적량에 미치지 못하면서 획득하는 소비자잉여의 크기 역시 $\square UDE_1P$에 그친다. 사회적인 최적량을 소비할 때에 비하여 $\triangle DE_1E_2$만큼이 작다. 이것이 공공재에서 발생하는 시장실패다. 최적량에 비하여 Q_1Q_2만큼 적게 소비가 이루어지고, 이로 인하여 $\triangle DE_1E_2$만큼의 잉여는 실현하지 못하고 있기 때문이다.

그렇다면, 왜 이런 과소공급의 문제가 발생하는가? 무임승차 때문이다. 갑과 을이 자신의 지불의사를 숨기지 말고 힘을 합하여 지불의사에 해당하는 비용을 부담한다면 최적량의 공급이 이루어질 수도 있다. 그런데 무임승차가 가능한 갑은 비용의 부담을 회피할 수도 있다. 이렇게 되면 을은 독자적으로 소비할 수밖에 없고, 결국 사회적인 최적량을 소비할 수는 없게 된다.

3) 정부의 개입

정부의 개입이 왜 필요한가? 시장이 사회적 후생을 극대화하는 데 실패하기 때문이다. 보통 민간재화에서처럼 시장에서의 균형이 사회적 후생의 극대화를 당연히 수반하던 일이 공공재에서는 일어나지 않기 때문이다.

여기서 사회적 최적소비량과 시장에 맡겨 을이 단독으로 공급할 때의 소비량을 비교해 보자. 시장에 맡겨둘 때의 공급량이 사회적 최적량에 비하여 Q_1Q_2만큼 적다. 이것이 바로 공공재의 공급을 시장에 맡겼을 때 발생하는 과소공급 현상이다. 정부가 공공재를 공급하는 것은 이와 같은 과소공급의 문제를 해결하여 사회적인 최적량이 공급될 수 있도록 하기 위한 것이다. 즉, 을이 단독으로 공급할 때는 OQ_1만큼 밖에 공급되지 않는다. 하지만, 일단 공급이 되면 갑 역시 소비에 따른 효용을 얻으므로 자신이 얻는 효용만큼은 대가를 지불해도 손해 볼 것이 없다. 따라서 정부가 개입하여 을은 물론 갑에게도 일정한 비용을 부담시켜 이 공공재의 공급량을 Q_2까지 증가시킨다면 OQ_1만큼 소비할 때에 비하여 사회적으로는 $\triangle DE_1E_2$만큼 소비자잉여가 증가하게 된다. 즉, 정부가 공공재의 공급량을 사회적으로 최적인 양까지 확대시켜준다면 시장에 공급을 맡길 때에 비하여 $\triangle DE_1E_2$의 사회적인 잉여의 증가가 발생하게 되므로, 이와 같은 공공재의 경우는 정부가 공급하는 편이 시장에 맡기는 것보다 더 낫다. 즉, 다음과 같은 후생의 증가가 발생한다.

Q_2만큼 공공재가 공급될 때
총생산비: $\square PE_2Q_2O$
총소비자효용: $\square UE_2Q_2O(\square BGQ_2O + \square PHQ_2O)$
사회적잉여(총소비자효용 − 총생산비) = $\triangle UE_2P$
OQ_2만큼 소비할 때에 비하여 증가된 사회적 잉여 = $\triangle DE_1E_2$

그런데 이와 같이 정부가 개입하여 공공재의 공급량을 OQ_1에서 OQ_2로 Q_1Q_2만큼 증가키면 이의 공급에 소요되는 총비용도 $\square E_1E_2Q_2Q_1$만큼 증가하여 $\square PE_2Q_2O$만큼이 된다. 그러면 이 비용을 갑과 을에게 어떻게 부담시키는 것이 가장 합리적인가? 이 공공재의 수요곡선을 도출할 때와 동일한 방법으로 결정하면 된다. 즉, Q_2

에서 이 공공재에 대한 사회적인 수요는 갑의 한계효용인 HQ_2와 을의 한계효용인 GQ_2를 합하여 얻은 E_2Q_2이고, 이 사회적 수요와 이 공공재의 단위당 공급가격이 일치하는 점에서 공급량을 결정하였다. 따라서 두 사람에게 각각 P_aHQ_2O와 P_bGQ_2O 만큼의 비용을 부담시키면 누구도 이 공공재의 공급에 필요한 비용부담으로 인하여 자신이 얻는 효용 이상으로 비용을 부담함이 없이 각자가 자신에게 가장 최적인 점, 즉 자신의 한계편익과 한계비용이 같아지는 점에서 해당 공공재를 소비할 수 있게 된다.

3 정부개입의 이론적 성과: 연습문제

1) 시장실패

[그림 4-6]은 어떤 공공재에 대한 갑, 을, 병 세 사람의 수요곡선을 나타내고 있다. 공공재에 대한 정부개입의 논리를 정리하는 차원에서 아래의 [그림 4-6]을 보면서 다음의 문제들을 풀어 보자.

그림 4-6 공공재와 정부

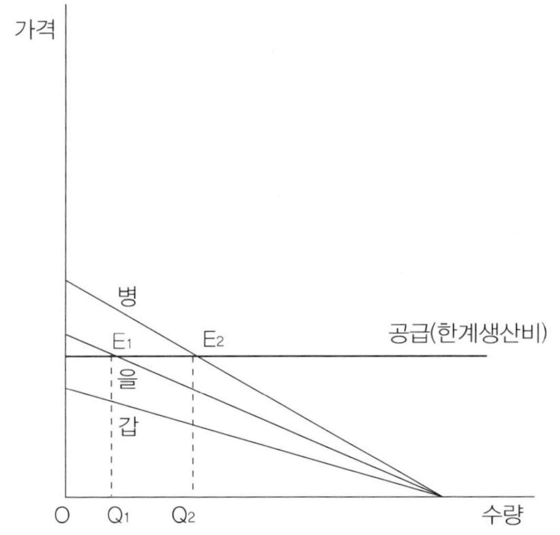

(1) 공동구매의 노력이 없이 각자 행동하는 상황

① 누가 얼마만큼을 자기비용으로 공급하는가? 이 사람은 얼마의 소비자잉여를 얻는가?

② 누가 무임승차할 수 있는가? 무임승차자는 각각 얼마의 이익을 공짜로 얻을 수 있는가?

③ 갑, 을, 병 세 사람의 수요를 합한 총수요곡선을 도출하시오.

④ 사회적 잉여를 극대화하는 소비량은 얼마인가?

⑤ 이때 시장실패란 무엇인가?

공동구매의 노력이 없이 각자 자기이익을 기준으로 행동한다면, ① 병은 OQ_2만큼, 을은 OQ_1만큼을 구입할 의사를 가지고 있다. ② 그런데 병이 구입한 재화를 을도 소비할 수 있으므로 갑과 을은 무임승차할 수 있다. 이 경우, 갑과 을은 병이 공급한 OQ_2만큼을 공짜로 이용할 수 있으며, 이때 자신의 지불의사, 즉 수요곡선의 높이에 해당하는 만큼의 잉여(면적)를 무료로 향유할 수 있다.

③ 이 재화는 공공재다. 비경합적이고 비배제적이다. 한 사람이 공급하면 다른 사람들은 무료로 이용할 수 있다. 하나의 재화를 세 사람이 함께 이용할 수 있으므로 이에 대한 총수요는 세 사람의 수요를 합하여 도출한다([그림 4-7] 참고). 즉, 각 단위에서 세 사람의 지불의사를 합한다. 단, 함께 사용할 수 있으므로 세 사람의 지불의사를 수직으로 합한다. 이렇게 도출한 총수요곡선을 기준으로 하면, ④ 사회적 잉여를 극대화하는 소비량은 OQ_e다. ⑤ 이때 시장실패란 사회적 잉여를 극대화하는 소비량은 OQ_e임에도 개인이 각자의 이익을 기준으로 행동하는 시장상황에서는 OQ_2만큼의 공급만 이루어지고, 이로 인하여 Q_2Q_e만큼을 추가로 공급할 때 얻을 수 있는 사회적 잉여를 얻지 못하는 것이다.

(2) '전지전능한' 정부가 있다면

정부는 전지전능한 정보능력을 가지고 있으며, 정직하게 다수의 이익에 봉사하는 존재라고 가정하자([그림 4-7] 참고).

⑥ 정부는 이 공공재를 얼마나 공급할 것인가?

⑦ 이와 같은 공급에 의하여 얼마만큼 사회적 잉여가 증가할 수 있는가?

그림 4-7 공공재의 시장실패와 정부

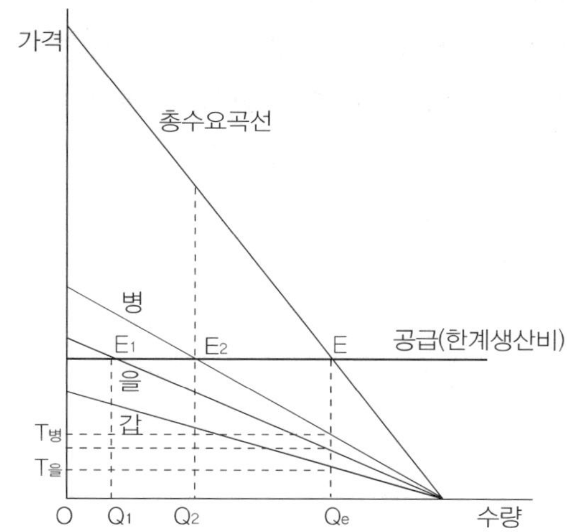

정부가 전지전능한 정보 능력을 가지고 있으며, 정직하게 다수의 이익에 봉사하는 존재라면, 정부는 이 공공재를 OQ_e만큼 공급할 것이다. 시장에서는 공급이 이루어지지 않던 Q_2Q_e만큼을 추가로 공급할 수 있으며, 이에 상응하는 사회적 잉여(총수요곡선과 공급곡선 사이의 면적)만큼의 추가 잉여를 얻을 수 있다.

제 5 절 이론적 기대와 달리 작동하는 시장과 정부

1 이론적 기대와 달리 작동하는 정부

공공재 이론이 기대하는 정부의 모습은 무임승차로 인해 발생하는 시장실패를 극복하고 국민들이 원하는 국방서비스와 치안서비스를 잘 공급해 주는 정부다. 그렇다면, 우리 정부는 얼마나 국방서비스를 공급하고 치안서비스를 공급해 주었는가? 분명히 우리 정부는 우리 국민을 외국의 침략으로부터 보호하는 데 그리 성공적이지 못했다. 다른 나라들도 마찬가지다. 히틀러(Adolf Hitler), 폴 포트(Pol Pot),

모택동(毛澤東) 등 수많은 정권들이 자신들의 무력으로 외부의 적이 아니라 자신들이 섬겨야 할 국민들의 생명을 빼앗았다(Rummel, 1993, 1994). 스탈린(Iosif V. Stalin), 사담 후세인(Saddam Hussein), 김일성, 김정은 등은 자신의 경쟁자를 제거하는 수단으로 무력을 악용하였다. 또한 군사력은 정권을 찬탈하는 수단으로 애용되었다.[3] 우리의 현대사도 쿠데타가 역사의 진로를 바꾸었다. 군대가 국민을 위한 무력이 된 것은 근현대적인 현상이다. 그것도 일부 국가에서다. 북한에서의 군대는 국방을 위한 수단이 아니다. 전통적으로 군대는 주민에 대한 압제의 수단이었으며, 국방을 빌미로 국민을 노예화하는 수단이었다. 우리의 현대사에서도 권력을 찬탈하기 위한 수단으로 동원되었다. 시장실패론이 기대하는 바와는 거의 정반대에 가깝다. '공공'의 이익에 봉사하는 재화가 아니라 '공공'을 탄압하는 수단이었다.[4]

2 시장에서도 잘 공급되는 공공재

시장실패론의 예상과는 달리 일부 사회에서는 시장 또는 시민사회가 스스로 공공재를 성공적으로 공급하고 있다. 먼저, 사무엘슨(Paul A. Samuelson)이 공공재의 예로 들고 있는 등대를 생각해 보자. 등대에 대해 사무엘슨은 다음과 같이 설명한다(Zerbe Jr. & McCurdy, 1999: 566).

> "등대가 우리의 생명과 재산을 구하지만 등대지기는 선장으로부터 이용료를 받을 수 없다. 개인의 비용·편익과 사회적 비용·편익이 괴리되는 문제가 발생한다. 철학자와 정치인들은 바로 이런 상황에서 정부의 역할이 필요함을 인식한다."

사무엘슨의 개념화가 있기 이전부터 이런 논의는 있어왔다. 로널드 코스(Ronald H. Coase)는 존 스튜어트 밀(John S. Mill)이 정치경제학원리에서 다음과 같이 적고 있다고 설명하고 있다. "항해의 안전을 위해 등대를 세우고 보전하는 것, 부표를 설치하는 것 등은 정부의 고유한 임무다. 이는 등대로부터 편익을 받는 해상

3) wikipedia의 List of coups d'éetat and coup attempts by country 및 List of coups d'éetat and coup attempts 참고.

4) 이런 점에 관해서는 제10장에서 더 상세히 논의한다.

의 선박에서 그것을 사용할 때마다 요금을 지불하는 것은 불가능하며, 국가의 강제적 과세 안에서 지불하게 하지 않는 한 개인적 이익의 동기로서는 아무도 등대를 건설하려고 하지 않을 것이다"(로널드 코스, 1988: 229-230).

그런데 코스(Coase, 1974; 로널드 코스, 1988: 229-269)가 17세기 잉글랜드와 웨일스의 등대를 대상으로 조사한 바에 따르면, 정부의 공급이 있기 이전에 등대는 이미 시장에서 자율적으로 공급되고 있었다. 선박들로부터 등대가 필요하다는 청원은 있었고, 이런 청원에 따라 왕이 사업권(patent)을 준 것은 맞다(Coase, 1974: 364). 이 사업권으로 선박에 이용료를 징수할 수 있는 권한이 주어졌다. 그러나 등대서비스의 공급은 사적인 이익을 추구하는 개인에 의해 이루어졌다. 코스는 이들이 '투기가'였던 것으로 설명하고 있다. 즉, 수익을 확신할 수는 없지만 잠재적 가능성을 감지한 개인사업가들이 등대 사업에 뛰어들었다는 것이다(로널드 코스, 1988: 240-241). 사용료는 대리인(관세관리인)에 의해 항구에서 징수되었다. 그러나 사업권은 개인에게 수여되었다. 공공기관인 수선안내협회가 공급에 참여하지만, 이들이 사용한 등대 역시 부분적으로는 개인사업자가 건설한 것이었다. 공공기관이 참여한 이유 역시 이 서비스의 공공재적 성격 때문이 아니라 관련된 사업자들이 정책결정자와 유착하여 과잉공급이 이루어지도록 로비를 했기 때문이다(Zerbe Jr. & McCurdy, 1999: 567).

제도연구자들은 국방과 치안서비스 역시 자율적으로 공급될 수 있다는 역사적 증거를 제시하고 있다. 우선, 중세 유럽의 자치도시들은 자발적으로 도시방어서비스를 공급하고 있었다. 중세 도시의 핵심적 경제주체는 길드(guild)조직이다. 상업이 번영하면서 길드조직은 자체적인 재원과 법적 규약을 가지고 있었고, 자기집단의 안녕을 위하여 자발적으로 도시발전에 필요한 일들을 감당했다. 도시가 전쟁을 해야 할 때면 길드는 자체적으로 마련한 무기를 들고 직접 선출한 지휘관의 지휘하에 독립된 연대를 이루어 전쟁에 나갔다(표트르 A. 크로포트킨, 2005: 240). 수입의 일부를 방어시설 축조와 도로유지에 할당하기도 하고, 길드의 장이 동료도시민을 위해 길드의 기금을 사용하기도 하면서 길드의 장이 사실상 행정관(사실상 자치단체장)의 역할을 수행하였다. 길드가 도시의 재정을 관리하고 도시 재정의 상당부분을 회비로 충당하면서 자치를 선도하였다. 공식적으로는 그렇게 할 권리가 없는 일들을 길드는 자신들의 결집력, 영향력, 재력, 공통적 필요에 대한 이해를 기반으로 수행하고 있다(앙리 피렌느, 1997: 제7장).

3 시장실패론의 '실패'

왜 공공재에 대한 시장실패론의 기대와 실제 상황 간에는 상당한 격차가 일어나는가? 간단히 말하면, 시장실패론이 기초하고 있는 후생경제학이 현실 정부와 정치의 복잡성을 제대로 고려하지 못하고 있기 때문이다. 너무 단순화된 모형이다 보니 현실의 차이를 설명해 내지 못한다.

시장실패론은 완전정보라는 현실적으로는 달성이 불가능한 가정에 기초한 이론이다. 완전정보 하에서는 거래비용[5]이 발생하지 않는다. 정부가 하는 일에 대해서도 충분한 정보를 얻을 수 있기 때문이다. 충분한 정보가 있다면 과잉공급이나 권력의 남용으로 발생하는 정부실패를 차단할 수 있다. 그러나 정부를 만들고 운영하는 데는 시장에서와는 비교할 수 없는 전혀 차원이 다른 정보 문제가 발생한다. 실제 공공재 문제에 대응하는 당사자들은 이런 비용까지 고려해서 정부개입 여부를 결정한다. 가장 대표적 공공재인 등대와 국방서비스까지 자율적인 공급이 가능했던 것은 이런 비용을 해결할 수 있었기 때문이다. 서비스의 공급에 소요되는 생산비용과 거래비용에 비해 더 큰 효용을 얻을 수 있다면 시장이 스스로 공급할 수 있다. 등대 공급에 대한 비용은 항구를 이용하는 배에 톤수에 비례하여 부과할 수 있었다. 자율적으로 치안과 국방을 공급한 자치공동체 역시 길드 관계, 종교공동체와 주민공동체에 기초하여 서로의 행동에 대해 일정한 견제와 감시가 가능한 상황에 있었다. 즉, 무임승차 문제의 해결에 높은 거래비용이 소요되지 않는 관계를 이미 형성하고 있었기 때문에 가능했다.

공공재의 공급에 실패하는 경우도 마찬가지다. 문제의 해결을 시도할 경우 편익을 초과하는 생산비용과 거래비용이 발생하기 때문에 나서지 않고 있다는 것이 정치경제학·제도경제학의 설명이다. 예를 들면, 공공재 공급을 이유로 만들어진

5) 거래비용은 정보비용과 감시비용이다. 공공재를 공급하기 위하여 만들어진 정부가 주어진 권력을 남용하여 국민에게 부당한 억압을 가하거나 업무를 불공정하게 처리하고 공공재를 과잉공급하지 않는지 등을 감시하는 비용이라 할 수 있다. 거래비용에 대해서는 제6장에서 상세히 설명한다.

정부가 권력을 남용하고 부정부패를 일삼고 특정집단의 이익에 봉사할 것이 우려된다면 자발적으로 권력기구를 만들고 공공재 공급의 임무를 맡기는 것을 주저할 것이다. 이런 일은 마피아가 지배하는 이탈리아 남부에서 목격할 수 있다(Putnam, 1993). 한국에서 지방자치가 자율적으로 발생하지 않은 이유도 이런 염려와 무관하지 않을 수 있다. 즉, 시장실패로 인한 공급의 실패가 아니라 정부실패의 위험을 피하려는 합리적인 선택의 결과라는 점에서 시장실패가 아니라는 것이다. 오히려 실패한 것이 아닌 현상을 실패한 것으로 설명하는 후생경제학의 시장실패론이 '실패'한 것이라고 비판한다(Zerbe Jr. & McCurdy, 1999: 561－566; 현진권, 2015).

이런 이유로 뷰캐넌(James M. Buchanan)과 같은 공공선택론자는 공공재와 정부개입 간에는 논리적 연계가 없다고 주장하고 있다(Holcombe, 2000: 275; 현진권, 2015: 1). 등대는 사유재로 공급하고 있는데 공공재 이론가들은 사실에 대한 검증도 없이 이를 공공재로 분류하고 있다는 것이다. 이런 논리적 약점에도 공공재 이론이 널리 인용되는 것은 평등주의적인 분배시각을 공공재 이론이 잘 뒷받침하기 때문이며(현진권, 2015: 4), 이념적 편견이 마치 과학적 사실인 것처럼 둔갑한 것이라고 비판하고 있다(Zerbe Jr. & McCurdy, 1999: 566). 공공재 이론을 통해 정부가 공익을 위해 일한다는 인식을 심어준다는 점도 비판하고 있다.

4 '공공재'를 제대로 이해하려면

'민간재'라는 개념이 의미를 가지는 이유는 단지 그것이 시장에 의해 공급되기 때문이 아니다. 시장에서 공급된 재화를 사람들이 그런 용도로 이용함으로써 그 목적이 달성되기 때문에 민간재다. 즉, 자동차를 이동의 수단으로 사용하고, 전화를 통신의 수단으로 사용하는 일까지 가능하기 때문에 민간재다. 실제 사람들은 이런 목적으로 자동차와 전화를 사용한다. 백남준처럼 자동차를 예술의 대상으로 삼을 수도 있다. 그러나 기본적으로 어떤 재화가 민간재가 되는 것은 시장에 의해 자유롭게 공급되는 측면과 더불어 사람들이 그 재화를 만들어진 용도대로 사용함으로써 효용을 얻는 측면까지 포함한다.

어떤 재화가 공공재, 즉 공공적인 '재화'가 되려면 공공적 목적으로 생산이 이뤄지고 동시에 이런 목적에 적합하게 이용되어야 한다. 이런 생산과 소비의 과정에 참여한 사람들이 이익을 얻으면서 안정적으로 협력관계나 거래관계를 계속할 때 공공재는 하나의 '재화'로서의 실체성을 확보할 수 있다. 반면, 사무엘슨이 개발한 공공재 개념은 공공재의 '소비' 측면에 초점을 둔 개념이다. '소비'로부터 배제할 수 없고, '소비'를 위해 경쟁할 필요가 없는 재화다. 이 재화의 공급을 둘러싸고 어떤 일이 일어날 수 있는지에 대한 연구가 아니다. 이 점에 대해 사무엘슨은 정치학과 정치경제학의 도움이 필요하고, 특히 공공선택론을 개척한 애로(Kennith J. Arrow)와 블랙(Duncan Black)을 지목하고 있다(Samuelson, 1954: 389). 공급측면에 대한 분석이 함께 이뤄져야 균형있는 이론의 수립이 가능함을 갈파한 것이다.

그런데 공급측면에서 보면 공공재는 이론적인 기대와는 전혀 다른 모습을 보인다. 시장에서처럼 소비자의 요구를 만족시켜야 공급자가 살아남는 상황이 아니다. 과잉공급, 지대, 특혜의 수단이다(Mill, 1859: 6). 심지어는 쿠데타의 수단이며 자기 동족에 대한 감시와 폭력과 살상의 수단이기도 하다. 유토피아적인 이념의 수단이며, 이웃 국가에 대한 침략의 수단이기도 하다. 어떤 개념이 안정적인 의미를 가지려면 그런 의미를 충족하는 구체적인 사례를 제시할 수 있어야 한다. 그렇지 않으면 공허한 개념이 된다. 공급자가 공공적인 의미와 가치를 부여하기는커녕 사회구성원을 탄압하고 착취하고 정권을 찬탈하고 이웃을 침략하는 수단으로 이용하고 있는데, 단지 수요자의 측면에서 '공공재'라는 이름을 붙이는 것은 현실에 대한 왜곡이며 은폐다.

국방과 치안의 핵심도구인 무력과 경찰력이 무엇이 될 것인지는 그 재화 자체의 속성보다는 그 재화를 생산하고 이용하는 사람들의 정치, 이해관계, 문화, 규범, 이념에 의해 결정되는 양상을 보이고 있다. 비배제성과 비경합성이라는 재화의 특성과 이에 기초한 수요의 측면보다는 이를 공급하는 과정에서 공공성이 위협받고 침해되고 심지어는 악의 도구가 된다는 점이 인류가 겪고 있는 역사적 경험이다. 이런 경험을 설명할 수 있으려면 공공재의 공급에 영향을 미치는 요소, 정부의 형성과 운영에 영향을 미치는 요소를 포괄적으로 포함하는 접근 시각이 필요하다.

특히, 공공재의 공급 과정에서 발생하는 정부실패를 설명하기 위해서는 정부, 정책, 정치에 영향을 미치는 요인들을 포괄적으로 고려할 수 있는 접근 시각이 필요하다. 이 책에서는 제4부에서 정부실패의 위험을 분석한다. 이 책이 정부와 정책을 설명하기 위해 인간의 사고와 언어의 문제까지 연구의 대상으로 삼고 파고드는 것은 이런 이유 때문이다. 인간의 욕구와 생각과 언어와 이념과 정치가 함께 결합될 때 발생할 수 있는 위험을 고려해야만 정부의 실패를 제대로 설명할 수 있기 때문이다. 이 책이 사회과학의 차원을 넘어 제도철학, 현상학, 언어철학 등 현대 철학적인 요소까지 고려하는 발생론적이고 초학문적인 접근시각을 채택하고 있는 것은 바로 이런 이유 때문이다.

제 5 장 외부성 문제의 해결

제 1 절 들어가는 말

공공재와 더불어 시장이 사회적인 후생을 극대화하는 데 실패하는 또 하나의 주요한 원인으로 논의되는 것이 외부성 문제다. 즉, 외부성을 고려하지 않으면 시장은 잘 작동하고 있는 것처럼 보인다. 그런데 외부성을 고려하면 시장이 사회적인 최적의 상태를 달성하고 있다고 할 수는 없다. 외부라는 것은 시장거래에 직접적으로 참여하고 있지 않은 경제주체를 의미한다. 즉, 어떤 재화나 서비스를 생산하고 소비하는 시장거래가 여기에 직접적으로 참여하고 있지 않은 사람에게 영향을 미칠 수 있다. 이런 일이 일어나면 생산자와 소비자가 경제활동의 비용을 전부 부담하지 않거나 편익을 전부 얻지 못하는 일이 발생한다. 비용이나 혜택을 전부 부담하지는 않으므로 사회 전체적으로 볼 때 재화나 용역이 너무 많이 혹은 너무 적게 소비되고 생산되는 일이 일어난다.

예를 들어, 공장에서 발생한 매연으로 인한 대기오염은 사회 전체에 비용을 초래하며, 화재예방 장치를 설치한 주택은 그 자신뿐만 아니라 이웃들의 화재 위험 역시 줄여 준다. 이때 추가적인 비용, 즉 대기오염이 발생한다면 이는 생산자가 사회에 추가적으로 발생할 손실을 고려하지 않았기 때문에 재화나 용역이 지나치게 많이 생산될 수 있다. 추가적인 편익, 즉 공공의 안정 등의 사회 전체적인 혜택이 발생한다면 생산자와 소비자가 추가적인 혜택을 고려하지 않았기 때문에 재화나 용역이 지나치게 적게 생산된 것일 수 있다. 즉, 외부효과를 고려하지 않았기 때문에 사회적인 잉여를 극대화하는 생산량 또는 소비량의 달성에 실패할 수 있다. 외부효과로 인하여 시장실패가 일어날 수 있다는 것이다.

그렇다면, 외부성 문제가 발생할 때 정부가 곧바로 개입해야 하는가? 절대 그렇지는 않다. 정부 역시 실패할 위험을 안고 있다. 외부성 문제가 있음에도 시장이 제대로 대응하지 못하는 데도 이유가 있다. 이런 점을 함께 고려해야만 보다 합리적인 판단이 가능하다.

제 2 절 외부성(externality)의 의의와 종류

1 외부경제

외부성(외부효과, external economy)에는 두 가지 종류가 있다. 첫째는 외부경제다. 예를 들면, 양봉업자는 자신의 이익을 위해 양봉을 하지만 주변의 과수원은 별도의 비용을 지불하지 않고도 꽃을 수분시킬 수 있다. 정원을 가꾸거나 건축물을 아름답게 관리하는 행위는 주변 사람들에게 경제적 이득을 포함한 혜택을 줄 수 있다. 전염성 질병 예방을 위한 노력은 환자 자신은 물론 잠재적으로 그 질환에 노출될 수 있는 주변의 많은 사람들에게도 긍정적인 영향을 끼친다. 기술의 개발은 개발 당사자에게도 이익이 되지만, 사회구성원들은 훨씬 많은 혜택을 얻을 수 있다. 새 기술에 대하여 배타적인 사용권을 인정하는 특허제도는 바로 이런 이유로 정당화된다. 새 기술이 가져올 수 있는 막대한 경제적 이익의 일부분을 개발자가 차지할 수 있도록 하여 기술개발의 이익을 공유하기 위해서다.

교육 역시 일정한 외부효과를 발생시킨다. 교육은 그것을 받는 개인에게 직접적 편익을 준다. 더 좋은 직장을 얻을 수 있고, 이에 따라 생애 소득이 증가할 수 있다. 지적인 만족과 사회적 지위의 향상에도 도움이 된다. 심리적인 자기성취감과 우월감을 줄 수도 있다. 즉, 교육으로 인하여 개인은 여러 가지의 이익을 얻을 수 있다. 따라서 개인은 당연히 자기비용으로 교육을 구매하고자 한다. 한국은 자녀 교육을 위해 부모들이 엄청난 비용과 손실을 감수하는 사회다. 소위 '기러기 아빠'가 속출하고 가능하다면 조기 유학도 기꺼이 보낸다. 냉정하게 말하면 단지 자녀의 성공을 위해 이런 비용을 감수한다. 이렇게 생각하면 교육은 완전히 사적 재화의 하나다.

그런데 외부효과도 있다. 예를 들어, 문맹률이 높은 사회를 생각해 보자. 아프리카의 많은 국가들은 문맹률이 50~70%에 이른다. 사회세계는 사람들 간의 상호 관계와 상호 작용에 기초하여 형성되고 진화한다. 그런데 상호 관계에 참여하고 있는 사람들의 상당수가 글자를 읽을 수 없다면 이런 상황에서 수립해 낼 수 있는 사회제도에는 어떤 것이 있을 수 있겠는가? 음성언어를 중심으로 하는 관계는 소규모 집단과 매우 단순한 정보의 교류에서는 작동할 수 있다. 그러나 복잡하고 구체적이고 상세하고 정교하고 안정적이며 객관적인 의미를 가지는 서술은 문자에 의지해야 한다. 문서화된 거래 및 계약 관계에 기초해서만이 시장경제나 재산권 제도와 같은 사회 기본 제도가 수립될 수 있다. 정치, 정당, 선거, 법, 정부와 같은 공적인 제도들도 문자에 의지해야 한다. 왜 아프리카 국가들이 원시적인 가난과 에이즈와 짧은 수명과 질병, 그리고 종족 간의 대량학살과 전쟁과 정치적인 혼란이 끊이지 않은 상황에서 벗어나지 못하겠는가? 교육도 중요한 요인의 하나다. 즉, 교육은 사람들에 의하여 구성되는 사회세계 자체를 부분적으로 뒷받침할 수 있다. 훌륭한 인재들을 길러낸다면 이는 단지 개인의 발전에만 유익한 것이 아니라 사회조직과 사회 전체의 발전에도 도움이 된다. 즉, 교육은 외부효과도 있다. 이렇게 생각하면 교육은 공적인 측면도 없지 않다.

2 외부불경제

외부불경제(external dis-economy)란 외부경제와는 반대로 누군가에게 손해에 대한 보상을 제공해 주지 않으면서 경제적 피해를 끼치는 경우이다. 인근 공장에서 심한 매연을 배출한다면 주변에 있는 세탁소는 세탁물을 건조하는 데 상당한 어려움을 겪을 수 있다. 또 공장의 폐수를 함부로 강물에 버리면 이 강물을 이용하여 농사를 짓거나 이를 생활용수로 쓰는 다수의 강유역 사람들이 피해를 입을 수 있다. 이것이 외부불경제이다. 아파트의 층간 소음도 일종의 외부불경제에 해당한다.

외부경제와 외부불경제가 어떤 의미에서 시장실패이며, 이로 인하여 사회적으로는 어떤 문제가 발생하는지에 대해 좀 더 구체적으로 분석해 보자.

제 3 절 외부경제와 시장실패

1 정부개입의 논리

누군가의 경제활동이 외부경제 효과가 있을 때, 예를 들면, 교육, 기술특허, 예방주사와 같은 일에 정부가 개입하게 되는 이유는 무엇인가? 우선, 아래의 [그림 5-1]에서 왼쪽의 그림을 보면서 정부가, 가령 교육문제에 전혀 관여하지 않을 때, 즉 순전히 교육서비스의 수요자와 공급자의 결정에 맡겨두었을 때를 생각해 보자. 이 경우, 각 개인, 즉 수요자와 공급자들은 외부경제와 같은 다른 사람에게 미치는 경제적인 효과는 고려하지 않고 각자 자기이익을 기준으로 자신들에게 가장 유익이 되는 만큼만 소비하고 공급하고자 할 것이며, 수요곡선과 공급곡선이 만나는 E_1에서 소비 및 공급량이 결정될 것이다. 이때 다음 각각의 값은 얼마나 되는지 생각해 보자.

시장에서의 균형점은: ________

공급 · 소비량: ________	가격: ________
총구매비용: ________	총효용: ________
생산자잉여: ________	소비자잉여: ________
사회적 총잉여: ________	

그림 5-1 외부경제와 시장실패

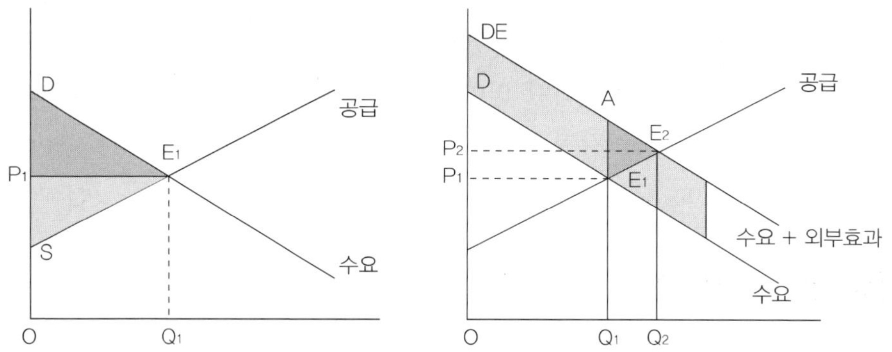

시장균형점은 E_1이 되며, OQ_1만큼을 OP_1의 가격으로 거래할 것이다. 이 경우, 소비자는 구입비용으로 가격과 수량을 곱한 $\square OP_1E_1Q_1$만큼을 지불하고, 이 재화를 소비하여 $\square ODE_1Q_1$만큼의 총효용을 얻을 수 있다. 소비자가 얻은 총효용에서 구입비용을 빼면 $\triangle P_1DE_1$만큼의 소비자잉여를 얻을 수 있다. 생산자는 $\square OSE_1Q_1$만큼의 생산비가 소요된다. 하지만, $\square OP_1E_1Q_1$만큼의 판매수입이 발생한다. 따라서 $\triangle P_1E1_S$만큼의 생산자잉여를 얻는다. 사회적으로 보면, 생산자잉여와 소비자잉여를 합한 DE_1S만큼의 잉여를 얻을 수 있다. 역사적으로 보면, 교육은 정부가 아니라 시장이 감당해 왔다. 지역공동체들이 스스로 학교를 만들었고 성공한 기업가들이 자기 재산을 기부하여 대학들을 세우기도 했다. 이런 학교들이 자생적·자율적으로 생존하고 발전할 수 있었던 것은 기본적으로 이 학교들이 제공하는 교육서비스가 소비자들의 욕구를 충족할 수 있었기 때문이다. 그렇지 않다면 자생적으로 발전할 수 없었을 것이다. 소비자의 기대를 저버리고는 살아남을 수 없는 것이 시장의 법칙이기 때문이다. 그런데 이런 균형은 어디까지나 외부효과를 감안하지 않은 것이다. 그렇다면, 외부효과를 감안하면 어떻게 되는지 생각해 보자.

[그림 5-1]에서 오른쪽 그림은 수요곡선이 두 개 표시되어 있다. D수요곡선은 외부효과를 감안하지 않은 수요를 나타낸다. 이는 소비자가 직접 얻는 효용과 이에 따른 지불의사를 나타낸다. DE수요곡선은 긍정적인 외부효과로 인하여 이익을 얻는 외부자의 지불의사를 반영한 것이다. 사회적으로 보면 이 재화의 소비로 얻는

총효용과 이에 따른 지불의사를 나타내는 것은 DE수요곡선이다. 개인이 자기에게 가장 유익한 소비량을 결정할 때 자신의 수요곡선을 기준으로 수요와 공급이 만나는 점에서 결정하듯이, 사회적인 최적 소비량 역시 사회적 수요곡선과 공급곡선이 만나는 점에서 결정하면 된다. 그렇다면, 사회적인 잉여의 극대화를 추구한다고 할 때 다음의 질문에 답해 보자.

사회적 잉여를 극대화하는 균형점은: ________

공급 · 소비량: ________	가격: ________
총구매비용: ________	총효용: ________
생산자잉여: ________	소비자잉여: ________
사회적 총잉여: ________	

사회적 최적균형점은 E_2가 되며 OQ_2만큼을 소비하는 것이 사회적으로는 최적이다. 개인이 외부효과를 감안하지 않고 결정할 때에 비하여 사회적 최적량은 Q_1Q_2만큼 더 많다. 즉, 외부효과가 있는 재화나 서비스를 시장, 즉 개인 간의 거래에 맡겨 둘 경우 사회적인 최적량 만큼 공급이 이루어지지 않음을 알 수 있다. 이것이 바로 외부경제로 인하여 일어나는 시장실패다. 시장이 사회적인 최적균형을 달성하지 못하고 있기 때문이다.

그리고 이와 같은 이유로 정부가 개입하여 사회적 최적량인 OQ_2만큼이 공급되도록 할 경우, Q_1Q_2만큼의 추가적인 생산에 소요되는 공급자의 생산비용은 $\square Q_1E_1E_2Q_2$인 데 비하여 추가적으로 얻어지는 총효용은 외부효과까지 포함하여 $\square Q_1AE_2Q_2$가 되어 사회적으로 $\triangle AE_2E_1$만큼의 추가적인 잉여가 발생한다.

외부경제 효과가 있는 재화나 서비스의 공급에 정부가 관여하는 것은 시장에 맡겨 둘 경우 발생하는 과소공급의 문제를 해결하고 사회적으로 가장 바람직한 만큼 공급되도록 하기 위한 것이다. 예를 들어, 정부는 국민들이 좀 더 많은 교육을 받을 수 있도록 하기 위하여 국가가 모든 비용을 부담하는 의무교육을 실시하기도 하고, 또 저소득층 자녀들의 학비를 지원하거나 국립대학교의 등록금은 사립대학교보다 저렴한 수준에서 유지는 등의 다양한 정책들을 펴고 있다. 이런 정책들이 모두 국민들이 시장가격을 기준으로 교육을 소비할 때에 비하여 좀 더 많은 교육을 받도록 지원하기 위한 것이며, 이와 같이 교육서비스의 공급을 확대하는 것이 사회적으로도 바람직하다고 기대하기 때문이다. 그러나 현실은 이처럼 간단치 않다. 정부는 단지 우리가 원하는 서비스를 가장 효율적인 방법으로 공급해주는 지극히 명령복종적인 단순 기계가 아니기 때문이다. 이에 대해서는 다시 논의하기로 한다.

2 시장에서의 자율적 해결: 양봉업자와 과수농가

청(Steven Cheung)의 연구에 의하면, 긍정적 외부효과의 전형적인 예로 거론되어 온 양봉업자와 과수농가는 자율적인 계약에 의해 외부성 문제를 스스로 해결하고 있다(Cheung, 1973, 1980; Zerbe Jr. & McCurdy, 1999: 569 재인용). 흔히, 양봉으로 인한 외부경제 효과를 내부화하기 위해서는 양봉에 대한 보조금이 필요함을 주장해왔다. 그런데 양봉업자와 과수농가는 오랫동안 계약관계를 유지해왔다. 발달된 계약에 의해 과수농가는 기한을 정해 임대하고 계약위반에도 대응하고 있었다. 심지어 채밀이 목적일 경우에는 채밀량에 따라 임대가격을 정했다. 외부효과가 발생하더라도 그에 관한 권리와 책임이 분명하게 규정되어 있고, 서로 간의 협상 및 합의비용이 크지 않다면 자유 계약에 의해 얼마든지 해결될 수 있음을 보여준다. 이에 관한 코스(Ronald Coase)의 설명은 아래에서 구체적으로 논의한다.

제 4 절 외부불경제와 정부개입

1 외부불경제와 시장실패

수질오염, 대기오염, 토양오염, 소음공해 등 각종 외부불경제 문제에 대하여 정부가 개입하는 이유는 무엇인가? 이 역시 순전히 개인 간의 거래, 즉 시장에만 맡겨 두었을 때는 사회적인 최적량의 공급에 실패하므로 이 문제를 해결하기 위한 것이다. [그림 5-2]를 보면서 생각해 보자.

우선, [그림 5-2]의 왼쪽 그림은 외부불경제 효과를 감안하지 않은 그림이다. 시장거래에 맡겨둘 경우 생산자는 자신의 생산활동에서 파생될 수 있는 하천의 오염과 같은 외부불경제 문제를 고려하지 않을 것이다. 단지 자신이 생산을 위하여 직접 지불한 비용만을 생산비로 계산할 것이고 이렇게 하여 나온 것이 공급곡선(한계생산비곡선)이다. 이 경우, E_1에서 수요와 공급이 균형을 이루게 되므로 기업은 OQ_1만큼을 생산하여 OP_1의 가격에 팔 것이고, 소비자와 생산자는 각각 $\triangle DE_1P_1$과 $\triangle P_1E_1S$의 잉여를 각각 얻을 것이다.

그러나 이는 어디까지나 이들의 경제활동에서 파생되는 외부불경제를 감안하지 않았을 때의 균형이다. 다시 말해, 하천오염, 대기오염과 같은 외부불경제로 인하여 다른 사회구성원들이 입는 피해를 감안하지 않은 것이다. 그러나 외부불경제에 따른 다른 구성원들의 피해 역시 전체 사회적으로 보면 엄연히 비용에 포함되는 것이며, 개인기업이 아니라 사회적 차원의 최적균형점에서 생산활동이 이루어지도록 하려면 이러한 외부불경제까지도 비용으로 포함하여야 한다.

그림 5-2 외부불경제와 시장실패

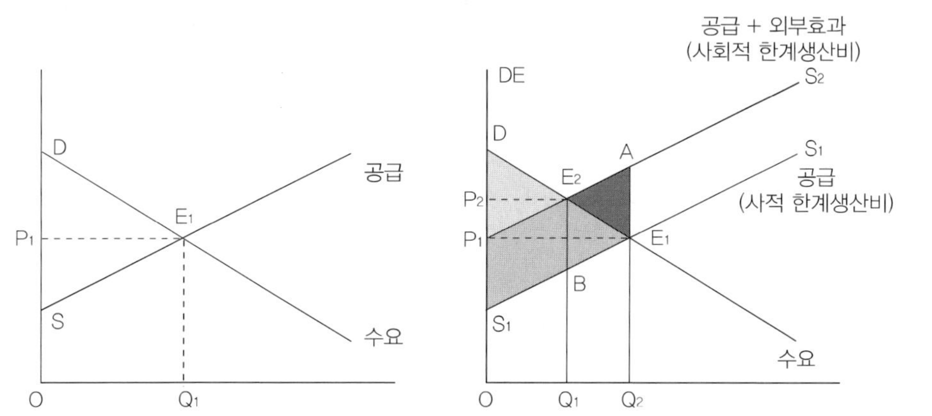

[그림 5-2]에서 오른쪽에 있는 그림에는 사회적 한계생산비를 나타내는 선(S_2)이 표시되어 있다. 그림에 따르면, 이 재화는 각 단위를 생산할 때마다 사적 한계생산비와 사회적 한계생산비의 차이에 해당하는 만큼(예: BE_2, E_1A) 외부불경제에

따른 비용이 발생하고 있음을 알 수 있다. 이러한 외부불경제로 인한 비용을 고려할 때 사회적인 후생의 극대화는 어떻게 달성할 수 있는지 아래 문제를 풀면서 생각해 보자.

① 외부불경제를 고려하지 않고 시장참여자들이 자기이익을 기준으로 행동할 경우 이때의 공급량은 외부불경제를 고려하여 사회적 잉여를 극대화하는 공급량보다는 얼마나 공급이 많은가? ________

② 초과공급으로 인하여 추가적으로 발생하는 사회적 총비용(외부불경제비용+생산비용)은 얼마인가? ________

③ 초과공급으로 인하여 추가적으로 발생하는 사회적 총효용은 얼마인가? ________

④ 초과공급으로 인하여 발생하는 총비용과 총효용을 비교할 때 사회적으로 어떤 손실이 발생하는가?________________________________

사회적 후생을 극대화하는 균형점은 E_2이며, 이때의 생산량은 OQ_2다. 그런데 시장은 외부불경제로 인한 비용을 고려하지 않기 때문에 E_1점에서 균형을 이룬다. Q_1Q_2만큼 과잉생산이 이루어지고 이로 인하여 $\triangle E_2AE_1$만큼의 후생손실이 발생한다. 이것이 시장실패다. 즉, 시장이 스스로 달성한 균형이 사회적으로는 Q_1Q_2만큼의 과잉생산과 이로 인하여 $\triangle E_2AE_1$만큼의 후생손실을 초래하기 때문이다. 즉, 시장 스스로는 사회적인 최적균형을 달성하지 못하며, 이로 인하여 공급초과와 후생의 손실이 발생하기 때문에 이를 시장실패라 한다.

2 외부불경제와 정부의 개입

이처럼 시장이 스스로 사회적인 최적점에서 균형을 이루지 못하는 상황, 즉 외부불경제로 인한 시장실패 상황을 개선할 방법은 없는가? 이론적으로 보면, 현재 E_1점에서 이뤄진 균형점이 E_2점에서 달성될 수 있다면 문제는 해결된다. 이렇게 할 방법은 무엇인가? 첫 번째 방법은 S_1생산곡선을 S_2로 이동시키는 방법이다. 이를 위해서는 S_1생산곡선과 S_2생산곡선의 높이 차이 만큼 정부가 조세를 부과하는 방법이 있다. 이렇게 되면 생산비 곡선이 S_1에서 S_2로 이동한다. 이에 따라 시장균형점이 E_2점에서 달성되고, 가격이 올라가면서 이에 따라 수요가 감소하여 과잉소비로 인한 시장실패를 해소할 수 있다.

두 번째 방법은 생산자에게 외부불경제를 발생시키지 않도록 규제를 가하는 방법이다. 가령, 축산농가나 염색업체에게 폐수정화시설을 설치하게 하거나 대기 중에 오염된 가스를 배출하는 기업에게는 배출가스 정화시설을 설치하게 할 수 있다. 또 시내공기오염의 주범인 시내버스에게도 배출가스규제를 가할 수 있다. 그런데 이런 규제에 따라 시설을 설치하고 운영하는 데는 상당한 비용이 발생하기 때문에 폐수를 무단 방류하는 일이 흔히 발생한다.

세 번째 방법은 오염물질을 배출할 수 있게 하되, 배출량에 대해서는 일정한 부과금을 납부하게 하는 방법이다.

그림 5-3 배출금 부과제도 논리

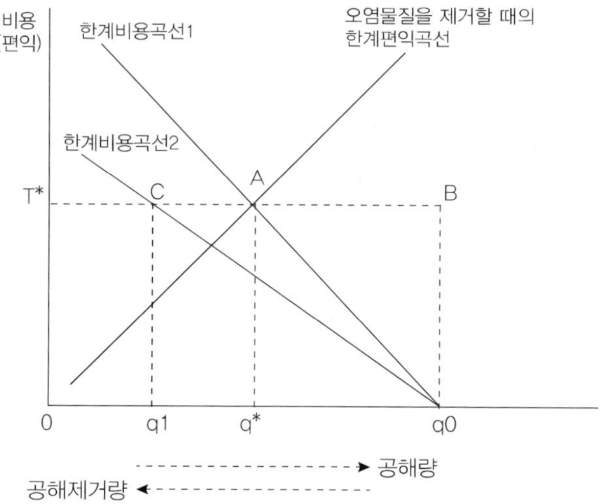

[그림 5-3]은 오염물질을 제거할 때 발생하는 사회적인 편익과 이때 소요되는 비용을 보여주고 있다. 이 기업은 현재 q0만큼의 오염물질을 배출하고 있다. 그런데 이를 제거하는 비용은 제거량이 많아질수록 점차 상승하지만 제거로 인하여 얻

는 편익은 점차 감소하고 있다. 사회적으로 보면, 제거로 인한 편익과 제거로 인한 비용이 일치하는 q0q*만큼은 제거하는 것이 사회적으로 이익이다. 그렇다면, 부과금을 얼마나 부과해야 할 것인가?

배출부과금을 OT*만큼 부과하면 된다. 이렇게 하면 기업은 q0q*만큼의 공해량을 스스로 제거할 것이다. 배출부과금을 납부하는 것보다는 자신이 제거할 때 비용이 절약되기 때문이다. 즉, 부과금을 납무하면 □q*ABq0만큼의 비용이 소요된다. 하지만, 스스로 이를 정화할 경우 △q*Aq0의 비용이 소요된다. 자신이 직접 정화할 때 △ABq0만큼 비용을 절약할 수 있다.

게다가, 부과금제도는 오염물질을 정화할 수 있는 기술개발을 유도하는 데도 유리하다. 장기적으로는 기업은 부과금 부담을 줄이기 위하여 공해물질 배출량을 줄일 수 있는 기술을 끊임없이 개발하고자 할 것이다. 이러한 기술개발의 성과로 오염물질의 제거에 소요되는 한계비용곡선이 낮아진다면, 예를 들어 한계비용곡선1에서 한계비용곡선2로 낮아지면, 기업은 q0q1만큼을 스스로 제거할 것이며, 이러한 기술개발로 △CAq0만큼의 비용을 절감할 수 있게 된다.

하지만, 한계비용곡선, 한계편익곡선의 도출이 쉽지 않기 때문에 배출부과금의 결정이 쉽지 않고, 이에 따라 부과금 수준을 놓고 합의의 도출이 쉽지 않을 수 있다. 그러나 미국의 경우, 직접규제가 시장유인적 규제(부과금)에 비하여 탄화수소의 경우 4.15배(듀퐁)의 비용이 더 소요된다는 연구가 나와 있다(곽승준 외, 1998: 202-205).

3 외부불경제와 재산권: 코스의 정리

1) 외부불경제 문제의 재서술: 코스의 정리

외부불경제 문제에 대하여 코스는 완전히 새로운 설명을 제공한다. 외부효과로 인하여 발생하는 문제에 시장이 적절히 대응하지 못하는 것은 이와 관련된 재화나 대상에 대하여 재산권을 설정하기 어렵고, 비용과 편익을 계산하는 데 정보비용과 감시비용이 높기 때문이라고 설명한다. 만일 이런 재화에 대해서도 재산권을 설정할 수 있고, 재산권을 보호하거나 집행하는 데 소요되는 감시비용과 정보비용, 즉 거래비용(transaction costs)이 크지 않다면, 당사자들 간의 자유로운 협상에 의해 효율적인 산출량이 달성될 수 있다고 그는 주장한다. 이것이 코스의 정리(Coase Theorem; Coase, 1960)다. 즉, [그림 5-2]를 기준으로 하면 사회적 균형점인 E_2에 도달하지 못하는 것은 환경을 이용할 수 있는 권리에 대한 재산권이 명확하지 않기 때문이며, 재산권만 명확히 해준다면 시장이 스스로 E_2에 도달할 수 있다고 주장한다. 만일 이런 일이 실제로 일어날 수 있다면 정부는 재산권을 설정해 주고 협상에 소요되는 거래비용이 높아지지 않도록 도와주면 된다.

그림 5-4 외부불경제와 코스의 정리

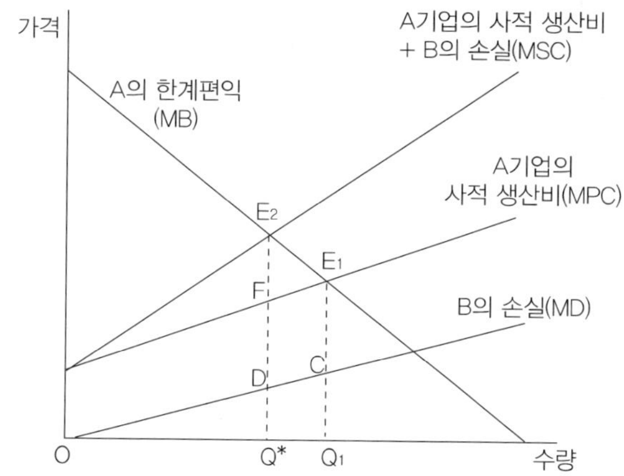

개인의 재산권 차원으로 외부불경제 문제를 재서술하기 위해 우선 [그림 5-4]의 의미를 이해하자. [그림 5-4]는 외부불경제 문제를 발생시키는 기업 A와 이로 인하여 손해를 입고 있는 B에 관해 나타내고 있다. 먼저, A를 보자. [그림 5-4]에서 수요곡선처럼 우하향하는 것으로 그려진 선은 A의 한계편익(MB)을 나타낸다. 즉, 생산량이 증가할수록 추가적인 생산으로 발생하는 이익을 감소함을 알 수 있다. A의 한계생산비(MPC)는 증가하는 것을 알 수 있다. 즉, 추가적으로 생산량을 늘림에 따라 추가 생산에 소요되는 생산비는 증가한다. A의 입장에서 이익을 극대화하는 균형점은 E_1이며, 이때의 생산량은 OQ_1이다. 이보다 생산량이 증가하면 한계편익보다 한계비용이 더 크기 때문에 그만큼 손해가 발생한다. 이것이 외부불경제 효과를 고려하지 않은 시장균형점인 셈이다.

그런데 이런 A는 이런 생산활동을 위하여 폐수를 배출하고 있고, 이로 인하여 강에서 어업을 하고 있는 B는 MD만큼 손해를 보고 있다고 가정하자. 즉, 외부불경제로 인한 편익의 감소가 일어나고 있는 것이다. 외부효과로 인한 B의 손해까지 고려하면 A의 생산활동으로 인한 사회적 비용은 사회적 한계비용을 나타내는 MSC가 된다. 따라서 사회적인 후생을 극대화하는 균형점은 E_2이며, 이때의 생산량은 OQ*다. 즉, Q^*Q_1만큼이 과잉생산되고 있다. 이것이 시장실패다. 여기까지는 앞서 설명한 바와 같다. 그렇다면, 어떻게 하면 사회적 잉여를 극대화하는 지점인 E_2에서 균형을 이루도록 할 것인가? 바로 이 질문에 대한 코스의 대답은 재산권을 분명히 설정하면 된다는 것이다. 여기에 하나의 조건이 더 갖추어져야 한다. 거래비용이 낮다는 것이다. 즉, 피해의 금전적 가치가 얼마인지, 피해의 원인이 무엇인지, 피해자와 원인자는 누구인지 등 협상에 필요한 정보를 얻고 협상을 벌이는 데 소요되는 비용이 크지 않아야 한다. 이런 조건이 갖추어지면 시장이 스스로 사회적 균형점에 도달할 수 있다는 것이다.

먼저, 재산권이 어부에게 있다고 가정하자. 즉, 어부는 폐수 배출 기업이 없을 때처럼 맑은 강에서 어업을 할 수 있는 권리가 있으며, 만일 강물이 오염될 경우 오염을 발생시킨 기업에게 피해보상을 요구할 수 있는 권리가 있다고 가장하자. 그렇다면, 이때의 균형점은 어디가 되겠는가? 어부에게 권리가 있으므로 A기업은 어부의 피해를 보상해 주어야 한다. 이 피해보상비는 A기업에게는 생산비용의 증가를 초래할 것이다. 그런데 O에서부터 OQ*까지는 피해를 보상하더라도 A기업에게는 이익이 발생한다. 왜냐하면, 자신의 생산비와 외부불경제로 인한 손실(MD)을 합한 사회적 총비용(MSC)보다도 이 생산활동으로 기업이 얻는 한계편익이 더 크기 때문이다. 그런데 OQ*를 초과하면 어떻게 되는가? 이때부터는 A가 얻는 이익(MB)보다 이 생산활동에 소요되는 총비용(SMC)이 더 크다. 비용이 더 크므로 당연히 A기업은 자신의 이익이 극대화되는 OQ*만큼을 생산할 것이다. 이렇게 되면 Q^*Q_1만큼의 과잉생산으로 발생한 시장실패가 해결된다. 사회적 최적량에서 균형을 이루기 때문이다.

반대로, 재산권이 A기업에게 있다고 해보자. 즉, A에게 폐수를 배출할 수 있는 권리가 있다고 가정해 보자. 이런 상황에서는 A와 B 사이에 어떤 일이 일어나겠는가? 상황이 이와 같다면, A는 자신의 이익이 극대화되는 E_1점에서 생산활동을 할 것이다. 그런데 이때 E_1점에서 A는 한계생산비와 한계편익이 일치하여 이익을 얻을 수는 없다. 그런데 이 점에서의 경제활동과 이로 인한 폐수 배출로 어부인 B는 CQ_1에 해당하는 만큼의 손실을 입고 있다. 하지만, A에게 폐수를 배출할 수 있는 권리가 있으므로 B는 보상을 요구할 수는 없다. 대신 B는 자신이 생산감축에 대한 보상을 제공하는 조건으로 생산감축을 제안할 수는 있다. 그렇다면, A는 보상을 받는 조건으로 생산을 감축할 수 있고, B는 A에게 제공하는 보상금액보다 자신의 이익, 즉 손해감축이 더 크다면 이익이 된다. 이처럼 B의 보상으로 A가 생산감축에 합의하는 것이 두 사람 모두에게 이익이 될 수 있는 구간이 Q_1에서부터 Q^*까지다. Q^*점에서 B가 보상금으로 제공할 수 있는 금액인 DQ^*와 A가 생산감축으로 입는 손실의 규모인 E_2F의 크기는 동일하다. 그런데 이보다 A의 생산감축 규모가 더 커지면 이때는 B가 제공할 수 있는 보상액보다 A가 입는 생산감축으로 입는 손실이 더 크다. 즉, $O \sim Q^*$구간에서는 MD의 높이(보상가능한 금액)보다는 MB와 MPC의 간격(생산감소로 인한 손실)이 더 크다. 그래서 B가 얻는 이익, 즉 B의 손실감축을 뜻하는 MD로 A가 입는 손해, 즉 MB와 MPC의 간격에 해당하는 손해를 보상하는 것이 불가능하게 된다. 그래서 A와 B가 자발적인 협상에 의하여 B로부터 보상을 받는 조건으로 A가 생산감축에 합의할 수 있는 지점은 E_2가 된다.

A에게 오염물질을 배출할 수 있는 권리를 부여하였을 때와 B에게 맑은 물을 이용할 수 있는 권리, 즉 A에게 오염물질 배출로 인한 피해의 보상을 요구할 수 있는 권리를 주었을 때의 상황을 비교해 보자. 누구에게 권리를 인정하든 두 사람은 자발적인 협의를 통하여 사회적 최적점인 E_2의 합의에 도달한다. 이것이 바로 코스의 정리다. 즉, 외부불경제로 인하여 시장이 사회적인 최적량보다 과잉공급하는 시장실패가 발생하는 것은 재산권이 분명하게 설정되어 있지 않고, 피해와 관련된 정보를 얻고 협상을 하는 데 상당한 거래비용이 소요되기 때문이라는 것이다. 만일 누구에게 권리가 있는지가 분명하고 누가 얼마의 피해를 입었는지에 대해 충분한 정보가 있다면 시장이 스스로 이런 피해를 줄이면서 시장실패를 개선해 나갈 수 있음을 의미한다.

2) 해 법

코스의 정리는 환경문제에 어떤 해법을 제안하는가? 첫째, A와 B가 합병하여 하나의 회사를 만들고, 회사의 이익을 극대화하도록 하는 방법이 있다. 일종의 피해 내재화 방법이다. 둘째, 오염물질에 대한 배출권을 거래할 수 있도록 하는 방법이다. 예를 들어, A는 배출권을 구매하는 비용을 부담하더라도 자신의 생산활동이 이익을 남길 수 있다면 기꺼이 배출권을 구매하여 생산활동을 전개할 것이다. 코스의 이와 같은 논리에 따라 환경규제는 과거 시설규제나 명령지시적인 규제에서 오염물질 배출권 거래제도로 규제의 방법이 발전하고 있다.

제 5 절 외부성 고통을 강요하는 정부

1 '완전정보' 가정에 기초한 외부성 개념

외부성 개념은 '완전정보'를 가정하는 후생경제학에 기초한 개념이다. 외부경제든 외부불경제든 이에 대해 정확한 정보를 얻을 수 있고, 외부성 문제를 해결하기 위해 정부를 만들고 운영하는 문제에 관해서도 완전한 정보를 얻을 수 있다는 것이다. 그런데 이런 세계는 현실에서는 존재하지 않는 세계다. 소위 '코스의 세계(Coasian World)'의 세계에 해당한다. 교육의 경제적 효과에 대해 객관적인 측정이 가능하고 완전한 정보를 얻을 수 있어야 한다. 완전한 정보가 있기 때문에 정보비용과 감시비용이 따로 소요되지 않는 세계다. 만일 이처럼 정보비용이 소요되지 않는다면 우리는 우리가 원하는 대로 정부를 만들어 우리가 원하는 해법을 실천하도록 할 수 있다(Coase, 1937). 이런 세계에서는 정치가 필요하지 않다. 주어진 정보로부터 해답을 찾아내면 된다.

그러나 사회세계는 이런 세계가 아니다. 정보의 생성이 매우 어려운 방식으로 작동하고 있다. 정보의 단위가 되는 언어가 세계와 맺고 있는 관계방식 역시 자연세계에서와는 전혀 다르다(사공영호, 2015b). 연구자나 정책담당자는 정보라고 생각하겠지만 엄격히 말하면 세계에 관한 여러 가지 해석방법의 하나일 뿐이다. 얼마든지 경쟁적인 해석이 있고 어떤 해석이 더 나은 해석인지를 평가할 방법이 없는 것이 사회세계다. 즉, 사회세계에서 발생하는 정보비용의 문제는 자연세계에서와는 차원을 달리한다. 이런 점에 관해서는 제12장~제15장에서 상세히 논의한다. 중요한 것은 정보비용을 고려하면 시장실패 문제는 완전히 다른 결론에 도달한다는 점이다. 시장실패가 '실패'가 아니며 반대로 정부의 개입은 '실패'가 되는 상황이 얼마든지 발생할 수 있다. 외부성에 대응하기 위하여 만들어진 정부가 외부성 문제를 해결하는 것이 아니라 부정적 외부효과를 강요하는 일이 발생할 수 있다.

2 시장실패론의 '실패'

과수농가와 양봉업자가 자율적인 계약에 의해 외부성 문제를 자율적으로 해결하는 일을 다시 생각해 보자. 어떻게 이론적 예상과는 달리 스스로 해결할 수 있었을까? 이들의 경우 정보비용 문제를 비교적 용이하게 해결할 수 있는 상황에 있다. 첫째, 재산권이 분명하다. 과수원은 농가의 소유이고 꿀벌은 양봉업자의 소유다. 꿀벌을 통하여 수분의 혜택을 얻든, 과수원의 꽃을 이용하여 꿀을 얻든 외부자가 얻는 혜택이 누구로 인한 것인지를 규정하는 것이 용이하다. 둘째, 협상당사자가 소수다. 두 사람만 합의하기만 하면 된다. 셋째, 합의에 의해 양쪽이 모두 혜택을 얻을 수 있다. 계약내용을 준수할 동기를 기대할 수 있다. 즉, 외부성 문제가 발생하더라도 당사자 간의 계약에 의해 이 문제를 해결하는 데 큰 어려움이 없다면 얼마든지 해결할 수 있다는 것이다. 재산권이 명확히 정의되어 있고, 거래비용이 크지 않다는 점에서 코스의 정리가 제안하는 것처럼 당사자 간의 자율적 해결이 가능한 사례다. 즉, 외부성 문제가 있다고 정부가 당장 개입할 필요는 없다는 것이다.

한강이나 낙동강의 오염을 생각해 보자. 이런 문제는 당사자 간의 자율적인 해법을 기대하기 어렵다. 우선, 관련 당사자가 많다. 오염의 원인을 규명하는 것도 쉽지 않다. 오염으로 인한 피해를 추정하는 것도 매우 어렵다. 수자원을 이용하는 사람들이 피해를 입더라도 원인제공자를 특정하기 어렵다. 설사 원인제공자를 특정해도 피해가 어떤 원인요소로 인한 것인지를 확증하는 것 또한 매우 어렵다. 즉,

설사 외부불경제 문제가 발생하더라도 이로 인한 피해의 규모와 원인에 관한 정보를 얻는 것이 매우 어렵다. 외부성 이론이 가정하는 것처럼 외부효과의 크기에 관한 정보를 얻는 데 아무런 비용이 발생하지 않는다면 이를 기준으로 합리적인 해법을 찾으면 된다. 그런데 정보를 얻고 협상하고 합의하고 합의내용을 집행하는 데도 비용이 발생한다면 문제는 달라진다. 정보를 이용해 문제를 해결하는 데 드는 비용이 문제해결로 얻는 혜택보다 훨씬 클 수 있기 때문이다. 한강이나 낙동강의 오염 문제에 당사자들이 직접 해결을 모색하기 어려운 것은 바로 이런 이유 때문이다. 이런 경우에도 정부가 직접 규제를 도입하는 방법 외에 오염물질 배출권과 같은 재산권 설정의 방법으로 접근할 수 있음을 코스는 제안하고 있다.

정보비용을 고려하지 않으면 시장이 실패한 것처럼 보인다. 외부경제가 있고 외부불경제가 있음에도 이를 고려하지 못하고 적절히 대응하지 못하고 있는 것으로 보이기 때문이다. 그러나 정보비용을 고려하면 달라진다. 양봉업자와 과수농가처럼 거래비용을 고려해도 해결의 혜택이 그 과정에서 발생하는 비용보다 크다면 스스로 해결한다. 반대로, 한강 오염에서처럼 자율적인 해결을 모색하는 과정에서 감당하기 어려운 정보비용·합의비용이 발생한다면 해결을 시도하지 않는 것이 현명한 선택이다. 즉, 거래비용을 고려하면 시장이 외부성 문제의 해결에 나서든 나서지 않든 그것만으로는 '시장실패'라 말할 수 없다. 시장은 비용이 낮은 방안, 혜택이 더 큰 방안을 선택한 것이기 때문이다(Zerbe & McCurdy, 1999).

3 정부에 의한 외부성 고통의 강요

제4부에서 상세히 논의하겠지만, 정부의 개입은 시장에서와는 차원이 다른 혼란스러운 문제들을 초래한다. 정치경제학자들이 지적하는 과잉공급, 지대추구, 부정부패, 포획, 인기영합적 정책, 비효율, 획일화 등의 문제가 발생한다. 뿐만 아니라, 현실과 괴리된 개념이 동원되고, 비현실적인 개념을 행정편의를 위해 정책화하면 외부성 문제를 해결하기 위해 만든 정책이 심각한 외부불경제를 법의 이름으로 강요하는 일이 일어난다. 획일적이고 강압적인 대학 구조조정 정책으로 대학과 대학 교육이 직면하고 있는 혼란, 고통, 비효율은 외부성 문제에 정부가 개입하면서

발생한 일종의 ‘외부불경제’다.

정부의 정책이 예상 밖의 외부불경제를 초래하는 것은 언어의 의미와 정보의 성격을 오해하기 때문이다. 자세한 논의는 제4부에서 다시 논의하기로 하자. 먼저, 교육이란 어떤 종류의 현상인지 잠시 생각해 보자. 자연대상처럼 개념화하는 것이 가능한 현상인가? 자연현상에서처럼 하나의 공통된 속성을 가진 현상으로 분류하여 이름을 붙이고, 핵심현상을 개념화하고 하는 것이 가능하냐는 것이다. 이런 접근이 가능하려면 인간이 어떤 지식이나 현상을 배우는 활동이 자연세계에서처럼 기계적 인과에 의해 작동해야 한다. 그러나 세계에 대한 인간의 이해는 기계적인 인과, 자연법칙적인 인과, 인과법칙적인 인과의 산물이 아니다. 인간의 의식이 가진 독특한 이해력과 통찰 능력의 산물이다. 개인 능력 상대적인 현상이며 교육방법 상대적인 현상이고 교사의 능력 상대적인 현상이다. 어떤 사람에게 어떤 것을 가장 잘 가르칠 수 있는 방법을 과학화하는 것이 가능한가? 불가능하다. 과학적 작용이 아니라 기술의 영역이며 예술의 영역에 가깝다. 법칙적 인과를 초월한다는 점에서 기술이며 상황에 맞는 방법을 찾아야 한다는 점에서 예술적이다. 현상 자체가 자연현상처럼 존재하고 있지 않다.

그런데 법과 정책은 개념화를 요구한다. 현상 자체는 예술에 가깝고 기술에 가까운 데 이를 개념화하여 정책을 만들면 어떤 일이 일어나겠는가? 결코 현상의 모습을 있는 그대로 서술하지 못한다. 실제의 모습을 은폐하고 왜곡하는 일이 필히 발생한다. 누군가는 그 개념에 동의하지만 다른 누군가는 전혀 그렇지 못한 일이 반드시 일어난다. 이런 개념에 기초해 정책을 만들면 그 정책은 누구를 위한 정책이 될 것인가?

외부성 문제를 해결하기 위해 만들어진 정책이 성공을 거두려면 그 정책으로 인해 추가적인 외부불경제가 발생하는 것을 최대한 피해야 한다. 인간은 자기 신념과 이념을 위해 기꺼이 자기 목숨을 거는 존재다(Popper, 1994; 찰스 샌더스 퍼스, 2008). 어떤 이념이 더 소중한지를 구별할 방법은 없다. 그런데 정부가 만든 정책이 특정집단의 이념과 가치에 기울어 있다면 이 정책은 다른 사람들의 이념과 충돌할 것임은 두말할 필요가 없다. 사회현상에 대한 정보는 이미 신념과 가치와 삶의 양식을 배경으로 한 해석의 산물이다. 이념의 반영물이다. 어떤 정보에 근거해 정책을 만들어도 누군가는 공감하지만 다른 누군가의 가치는 침해되는 일이 발생한다. 밀(John Sturut Mill)은 다음과 같이 경고하고 있다(Mill, 1859: 8).

> '자치(self-government)', '국민 자신에 대한 국민 자신의 권력(the power of the people over themselves)'과 같은 표현이 의미하는 바는 현실과는 다르다. 권력을 행사하는 국민과 권력의 대상이 되는 국민은 동일하지 않다. '자치'란 각자가 자신을 통치하는 자치가 아니라 각 개인이 나머지 개인에 의해 통치되는 것을 의미하고 있다. '국민의 뜻(the will of the people)'이라는 것도 가장 수가 많은 사람들이나 가장 정치적으로 영향력있는 사람들의 의사, 자신의 의사를 다수의 뜻으로 받아들이도록 하는 데 성공한 사람들의 의사에 지나지 않는다.

정부가 존재하는 이유는 구성원이 소중히 여기는 가치와 이념에 봉사하는 것이다. 그런데 누군가의 이념을 이유로 다른 누군가의 이념을 억압한다면 이는 개인의 자유에 대한 침해이며 개인의 평등에 대한 침해다. 사회세계에서 정보가 갖는 약점을 이해하지 못할 때 정부와 정책은 외부성 문제를 해결하는 수단이 아니라 법과 정책의 이름으로 외부불경제를 강요하는 수단으로 전락한다. 왜 이런 일이 일어날 수밖에 없는지에 대해서는 제4부에서 상세히 논의한다.

제 6 장 거래비용 문제의 해결

제 1 절 서 론

제2장에서 설명한 것처럼 주어진 자원으로 더 많은 것을 얻는 방법에는 두 가지가 있다. 첫째는 생산의 효율성을 높이는 방법이다. 둘째는 생산된 재화와 서비스의 배분을 달리하는 방법이다. 생산된 재화의 배분상태만 바꾸어도 교환에 참여한 사람들이 더 큰 효용을 얻는 파레토 개선이 일어난다. 시장이란 이렇게 작동한다. 일정한 기간 동안 한 사회가 생산할 수 있는 재화와 서비스의 생산량에는 일정한 한계가 있다. 그런데 이렇게 생산된 재화를 어떻게 배분하느냐에 따라 사회구성원들이 향유하는 총효용의 크기는 달라진다. 제2장의 [그림 2-2] 파레토 개선과 파레토 최적에서 설명한 배분상태의 변화를 생각해 보면 금방 알 수 있다. 바로 이 배분의 역할을 시장이 담당한다. 시장거래가 일어나도 재화와 서비스의 수량은 달라지지 않는다. 시장거래로 배분상태가 달라졌을 뿐이다. 그럼에도 주어진 재화의 더 효율적인 이용이 가능하다. 이것이 파레토 개선이다. 시장이 국부의 근원을 작용하는 것도 이 때문이다. 싸움은 말리고 거래는 붙이라는 우리의 속담도 이래서 나온 것이다.

그런데 이 시장을 이용하는 데도 비용이 발생한다. 바로 거래비용이다. 거래비용은 생산비용과 대비되는 개념으로 거래과정에서 발생하는 정보비용과 감독비용을 의미한다. 상품에 대해 또는 거래 상대방에 대해 필요한 정보를 얻을 수 없다면 설사 수요가 있고 공급이 있어도 거래가 성사되지 못한다. 거래가 성사되면 서로가 이익을 얻을 수 있는 기회가 실현되지 못한다. 이렇게 되면 거래관계에서 발생하는 사회적 후생의 증가를 기대할 수 없다. 거래비용 문제 역시 시장이 실패하는 중요한 원인의 하나다.

거래비용은 시장거래도 방해하지만 정부와 정책에도 방해가 된다. 정책을 만들기 위해 충분한 정보를 가지고 있는 경우는 없다. 정부를 만들고 필요한 기능을 부여하고 주어진 기능의 수행을 감독하는 데 필요한 정보가 충분히 제공되는 경우도 없다. 이런 이유로 효과성이 심히 의심스러운 정책이나 심지어는 사회의 발전을 오히려 가로막을 수 있는 정책도 만들어진다. 국민들에게 상당한 비용을 전가하는 정책도 만들어진다. 자신들에 대한 국민의 감시가 쉽지 않은 점을 이용하여 정부와 정치인들이 자신들에게 주어진 권한과 자원을 다수 국민의 이익이 아니라 자신들을 위하여 이용할 수도 있다. 이렇게 되면 정부는 국민을 위한 정부가 아니라 정치인과 관료를 위한 정부로 전락할 수 있다.

인간의 생각과 언어가 정부와 정책을 가능하게도 하지만 상당한 갈등과 혼란의 원인이 될 수도 있다. 왜 생각과 언어가 사회적 비효율이나 혼란의 원인이 되는가? 인간의 사고와 언어 자체가 거래비용의 원인이 되며 거래비용 문제의 해결에 방해가 될 수도 있다. 언어는 의사소통을 위한 수단이다. 정보를 전달하여 공동의 목적을 달성하거나 서로 거래하고 협력하고 관계하도록 하는 수단이 언어다. 그런데 인간의 생각과 언어가 이미 상대방에 대한 이해를 방해하는 원인으로 작용한다면 어떻게 되는가? 거래비용을 높이는 요인으로 작용한다. 잘 전달이 되고 이해가 되면 합의하고 상호작용의 이익을 취할 수 있음에도 이런 기회를 차단하는 문제가 발생한다. 즉, 현상학과 언어철학이 설명하는 인간의 생각과 언어에 대한 설명은 거래비용에 관해 전혀 새로운 차원의 문제를 제기하고 있다. 다만, 논의가 지나치게 복잡해지는 것을 피하기 위해 이번 장에서는 시장거래에서 일어나는 거래비용 문제를 중심으로 논의하기로 하자.

제 2 절 거래비용: 의미와 대응 필요성[1)]

1 코스의 시장경제

거래비용(transaction cost)이란 무엇인가? 이 개념은 노벨 경제학상을 받은 코스(Ronald Coase; Coase, 1937)의 연구에 기초하고 있다. 제3장에서 설명한 시장균형의 성격에 대해 다시 생각해 보자. 후생경제학에 의하면, 시장은 스스로 수요과 공급이 만나는 지점에서 균형을 달성할 수 있고, 그 결과로 소비자잉여와 생산자잉여로 구성되는 사회적 후생의 증가를 스스로 달성할 수 있다. 그런데 이와 같은 균형이 가능한 조건으로 경제학자들은 완전정보라는 조건을 전제하고 있다. 즉, 소비자와 생산자가 상품과 상대방에 대하여 필요한 모든 정보들을 가지고 있어서 원하는 상품을 곧바로 찾아낼 수 있고, 거래계약을 맺고 대상재화를 거래하는 데 아무런 추가적인 비용문제가 발생하지 않는다는 것이다. 이런 조건이 갖추어진 세계, 즉 거래비용이 제로가 되는 세계를 '코스의 시장경제(Coasian World)'라고 부르고 있다.

만일 상황이 이와 같다면 코스(Ronald H. Coase)의 시장경제와 후생경제학적 시장은 다를 것이 없을 것이다. 코스의 시장경제가 의미를 가지는 것은 이와 같은 세계는 현실적으로는 실현이 불가능하다고 주장하기 때문이다. 현실에서는 언제나 정보비용이 발생하고 있기 때문이다. 코스는 시장을 이용하는 데도 비용이 발생한다고 주장한다. 즉, 현실에서는 완전정보와 같은 조건을 달성하는 것이 쉽지 않다. 만일 이런 조건을 달성하는 것이 쉽지 않다면 소비자나 공급자는 일정한 정보비용을 부담해야 한다. 상품에 대해 알아야 하고 공급자에 대해 알아야 자신이 원하는 재화를 선택할 수 있을 것이기 때문이다. 즉, 현실에서는 후생경제학에서 말하는 완전정보에 기초한 시장경제를 실현하기 어려우며, 바로 여기에 장애물로 등장하는 것이 거래비용이라는 것이다.

쉽게 설명하면 이런 것이다. 후생경제학의 균형을 생각해 보면, 여기에는 수요와 공급, 가격과 수량이라는 개념만이 등장한다. 간단히 말해, 공급이 있고 수요가

1) 이 절의 내용은 사공영호(2015)『제도와 철학: 제도와 정책의 현상학・언어철학적 탐구와 비판』의 제2장 제1절과 제5절의 내용을 많이 인용하였음.

있다면, 또는 수요가 있고 공급이 있다면 이 둘 사이에서는 아무런 추가적인 비용이 없이 거래가 일어날 수 있다고 가정하고 있는 것이다. 그런데 현실은 그렇지 않다. 수요가 있고 공급이 있어도 얼마든지 거래가 일어나지 않을 수 있다. 수요자와 공급자가 서로에 대해 전혀 알지 못하는 상황이 얼마든지 일어날 수 있기 때문이다. 내가 원하는 재화나 서비스가 어디엔가 있을 수도 있다. 그런데 이 재화에 대하여 내가 아는 바가 전혀 없고, 이에 관한 정보를 찾는 것도 쉽지 않으며, 설사 정보를 찾더라도 공급자와 연락을 취하고, 거래조건에 대하여 협상을 하고, 계약을 체결하고, 계약한 대로 거래 관계가 잘 진행되도록 지속적으로 감시를 해야 한다면 어떻게 되겠는가? 거래가 일어나지 않을 수 있다. 즉, 수요가 있고 공급이 있어도 실제로 거래가 일어나는 데는 상당한 비용이 발생한다. 이것이 바로 거래비용이다. 시장거래를 수행하기 위해서는 (i) 거래하고자 하는 상대방을 발견하고, (ii) 사람들에게 거래하고자 하는 것과 그 조건을 알리고, (iii) 거래의 타결을 위한 협상을 수행하고, (iv) 계약서를 작성하고, (v) 계약조건이 준수되고 있는지를 확인하기 위해 검사하는 등의 일이 필요한데 거래비용은 여기에 드는 모든 비용을 포함하는 것이다(Coase, 1960: 7; 지광석・김태은, 2011: 269 재인용). 즉, 제품은 시장에 공급되어 있어도 이 가격에다 내가 추가적으로 부담하는 정보비용과 감시 비용까지 합하면 내가 실제로 지불하는 비용은 훨씬 높아진다. 이처럼 비용이 높아지면 제품 자체로는 내게 효용이 있어도 거래비용을 포함한 총비용이 높아서 거래를 포기할 수도 있다. 이것이 바로 거래비용 문제다. 즉, 제3장에서 살펴본 것과 같은 시장거래와 이에 수반되는 소비자잉여와 생산자잉여의 창출이 거래비용 문제로 인하여 불가능하게 될 수도 있다는 것이다.

제도경제학에서 말하는 제도란 바로 이 거래비용 문제에 대응하기 위하여 만들어지거나 이의 해소에 도움이 되는 사회적 형성물들을 의미한다. 그런데 정부 역시 이런 목적으로 만들어진다는 것이다. 뿐만 아니라, 정부가 이런 역할을 얼마나 잘 수행하느냐에 따라 어떤 사회의 발전의 가능성도 달라진다(North, 1990, 2006).

2 거래비용

경제주체들 간의 자유로운 거래관계에 정부가 어떻게 도움을 줄 수 있는가? 이 질문에 답하려면 시장거래에서 반드시 발생하는 거래비용 개념을 이해해야 한다. 거래비용은 그야말로 거래관계에서 발생하는 정보비용과 감시비용을 의미한다. 거래를 희망하는 상품을 탐색하고, 거래조건에 대하여 협상하고, 계약하고, 계약된 내용의 집행을 확인하고, 계약불이행 시 이에 따른 손해를 줄이는 과정에서 발생하는 정보비용과 감시비용을 거래비용이라 한다(Eggertsson, 1990: 15). 예를 들면, 내가 집을 사고자 한다면, 집주인에게 집값으로 지불하지는 않지만 그럼에도 구입자인 내가 부담해야 하는 비용이 발생한다. 내가 원하는 적정한 집이 있는지 알아 봐야 하고, 가격이나 건물의 상태는 어떤지에 대한 정보도 있어야 하며, 재산권 소유관계에 대한 정보도 알아야 한다. 필요한 정보를 보다 쉽게 얻고 거래관계가 보다 안전하게 진행되도록 하려면 부동산중개인과 법무사를 이용해야 한다. 이런 비용이 바로 거래비용이다. 집을 판매하고자 하는 사람도 역시 거래비용이 발생한다. 매수자를 찾아야 하고, 적정가격과 거래조건에 대해 협상해야 한다. 판매자 역시 거래를 위해서는 집값과는 별도로 일정한 비용을 부담해야 한다. 이런 비용이 거래비용이다. 생산에 소요되는 비용이 아니라 생산된 재화나 서비스를 거래하고자 할 때 발생하는 비용이라 할 수 있다(Wallis & North, 1986: 96-98).

거래비용은 제한된 합리성과 기회주의적 행동, 그리고 환경의 복잡성과 독과점 문제 등에 의하여 발생한다(Williamson, 1975: 20-40). 거래관계에서 발생하는 다양한 정보들을 사람들이 충분히 수집하고 분석하는 데 어려움을 겪을 수 있다. 또 거래관계에 참여하고 있는 사람들이 자신의 이익을 위하여 다른 사람의 이익을 훼손하는 행동을 할 수도 있다. 거래관계에 영향을 미치고 있는 제도적 요인, 사회문화적 요인 등 여러 가지 요인들이 거래의 불확실성을 높일 수도 있다. 또 거래의 상대방이 독과점적인 지위를 획득하고 있어서 내가 협상력에서 열세에 처할 경우에도 거래비용은 높아질 수 있다. 바로 이런 여러 가지 거래비용 요인에 대응하기 위하여 만들어지는 것이 제도다. 사회행위자의 행동에 대하여 일정한 제약을 가하여 상호작용을 가능하게 하기 위하여 제도는 만들어진다(노스, 1996: 13; 송현호,

그림 6-1 거래비용과 시장균형

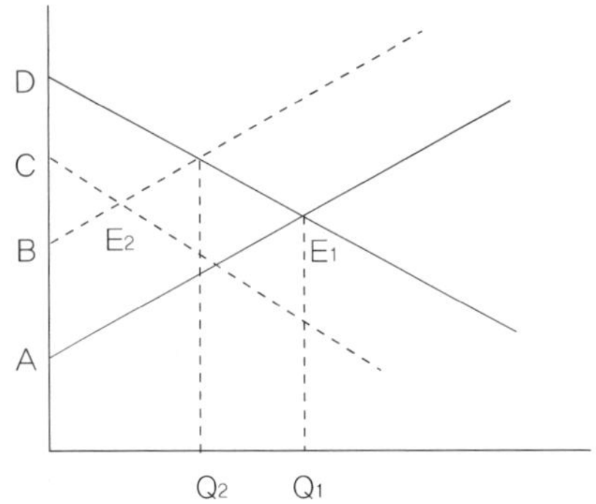

1998: 66; Ostrom, 1990: 139).

[그림 6-1]을 이용하여 설명하면 이렇다. 우선, 거래비용이 '0'인 상황을 생각해보자. 이 말은 거래과정에서 정보비용과 감시비용의 문제가 전혀 발생하지 않는다는 것이다. 이 상태가 소위 '코스의 세계'다. 즉, 거래상품과 거래상대방에 대하여 완전한 정보를 가지고 있다고 가정해 보자는 것이다. 만일 상황이 이와 같다면, 시장의 균형은 E_1점에서 달성될 것이다. 이때 시장에서는 Q_1만큼의 거래가 발생하고 생산자와 소비자는 $\triangle ADE_1$만큼의 잉여를 얻을 수 있다. 시장이 국부를 증가시키는 원리는 바로 이런 것이다. 생산자와 소비자 모두에게 거래 이전에는 발생하지 않던 새로운 잉여가 발생하기 때문이다.

그런데 거래비용이 발생하면 시장의 상황은 완전히 달라질 수 있다. 거래비용이 존재한다는 것은 생산자나 소비자가 기회주의적으로 행동할 가능성이 있거나 또는 필요한 정보를 보유하지 못하고 있어 정보비용과 감시비용이 발생하는 상황이다. 예를 들어, 생산자가 허위광고 또는 과장광고를 하거나 또는 담합에 의하여 불공정행위를 하고 있다고 하자. 생산자가 제품의 원산지를 속이거나, 원료의 성분을 정직하게 표시하지 않는 일이 흔히 일어나고 있다. 소비자는 생산자의 기회주의적인 행동으로 피해를 입을 수 있다. 이런 상황이 되면 소비자는 생산자의 말만 믿고 물건을 살 수 없게 된다. 더 많은 정보를 찾아야 하고 더 심사숙고해야 한다. 계약조건도 훨씬 세심하게 살펴야 하고, 물건을 받은 이후에도 품질과 상태에 대해서 다시 잘 확인해야 한다. 훨씬 많은 시간과 노력이 정보수집과 기회주의적인 행동의 감시를 위해 투입되어야 한다. 이렇게 되면 소비자가 해당 재화를 소비하여 얻을 수 있는 효용은 그만큼 감소한다.

생산자의 입장에서도 여러 가지 정보비용이 발생한다. 우선, 매우 좋은 새로운 제품을 개발했다고 하자. 그런데 실제로 이 제품을 성공적으로 시장에 출시하기 위해서는 수요자들의 지불 능력과 선호에 대하여 여러 가지 정보를 수집하여 이를 제품의 디자인에 반영해야 한다. 또 제품에 관한 정보를 소비자에게 효율적으로 전달할 수 있는 광고 전략도 수립해야 한다. 또 생산자와 마찬가지로 소비자들도 기회주의적인 행동을 할 수 있다. 구매한 상품의 하자를 문제 삼아 기업을 상대로 과도한 피해보상금을 요구하거나 거짓으로 피해를 본 것처럼 꾸며 보상을 요구하는 소위 블랙 컨슈머(Black Consumer)가 흔히 있다. 상품을 구입한 후 일정 기간 동안 사용한 후 상품의 하자를 주장하며 제품교환 또는 환불을 요구하는 유형에서부터 상품으로 인한 근거 없는 신체적·정신적 피해를 호소하면서 반품·환불을 넘어 보상금을 요구하는 유형, 거액의 보상금을 수령할 목적을 가지고 일부러 식료품 등에 이물질을 넣어 악의적인 민원을 제기하는 유형 등 블랙 컨슈머의 유형은 다양하다. 그런데 이런 비용은 사업자의 서비스 비용을 증가시키고, 결국은 기업뿐 아니라 선량한 다수의 소비자에게도 악영향을 주게 된다.

이처럼 소비자나 생산자의 기회주의적인 행동으로 인하여 거래비용이 증가하게 되면, 소비자의 효용은 거래비용만큼 감소하고 생산자의 생산비 역시 거래비용만큼 증가될 수 있다. 그래서 가령, 시장에서의 균형점이 E_2에서 형성되었다고 하자. 이렇게 되면 소비량은 Q_2가 되고, 생산자와 소비자의 잉여는 $\triangle CBE_2$가 된다. 거래비용이 '0'이던 상황과 비교하면 사회적인 후생은 급격히 감소한다. 극단적인 경우는 시장거래가 아예 성사되지 않을 수도 있고, 이렇게 되면 시장을 통하여 얻을 수 있는 사회적 후생의 획득 기회는 완전히 사라진다.

가령, 누군가가 중고 자동차를 구입하고자 한다고 생각해 보자. 그는 중고차에 대하여 잘 알지 못한다. 그런데 중고차의 운전 거리를 속이거나 또는 사고 경력을 속이는 일이 흔히 일어나고 있다. 한국소비자원에 의하면, 중고차는 소비자들의 상담이 가장 많이 일어나는 품목의 하나다. 실제로 성능불량, 사고이력 미고지, 주행거리조작, 보증수리 미이행, 성능상태 점검기록부 허위 또는 미고지 등의 피해사례들이 일어나고 있다(한국소비자원 보도자료). 상황이 이렇다 보니 소비자들의 신뢰도는 낮다. 어떤 설문조사에 따르면, 중고차 구매자의 26.6%가 크고 작은 분쟁에 휘말렸다(서울파이낸스, 2011.12.9). 우려되는 주요 분쟁 유형으로는 '자동차 성능 하자' 42.8%, '허위매물' 27.9%, '매매가격 수준' 14.1% 등을 꼽고 있다. 이런 조사 결과에 대하여 조사기관인 보험개발원 측은 중고차 시장은 판매·구입자 간 정보의 격차로 인해 품질이 낮은 상품이 유통되고, 결과적으로 소비자의 신뢰를 받지 못하는 전형적인 '레몬시장'이라고 분석하고 있다.

레몬시장은 거래비용의 발생 원인을 잘 설명해 준다. 애컬로프(George A. Akerlof)에 의하면, 여기서 '레몬'이란 우리나라의 '빛 좋은 개살구'처럼 겉만 멀쩡한 물건을 가르킨다. 예를 들면, 중고차를 파는 사람은 사는 사람에 비해 그 차에 대해서 더 많은 정보를 가지고 있다. 따라서 자신의 차가 결점이 많다면 이미 정해진 중고차 시장가격이 만족스럽기 때문에 시장에 자신의 차를 내놓게 되지만 질 좋은 차를 가진 사람은 자신의 차의 성능에 비해 평균적으로 책정된 시장가격이 만족스럽지 못하기 때문에 차를 시장에 내놓지 않으려고 한다. 결과적으로, 시장에는 질이 안 좋은 차가 상대적으로 더 많아지므로 구매자는 품질이 좋은 상품보다 역으로 품질이 낮은 상품을 선택할 가능성이 높아진다. 자신이 원하는 것과는 정반대의 상품이나 거래상대를 선택하는 역선택이 일어날 가능성이 높아진다.[2] 상황이 이러하므로 중고차의 구매자는 자신도 피해자가 될 가능성을 염려하지 않을 수 없다. 이런 위험을 줄이려면 어떻게 해야 하는가? 정직한 매매상을 찾거나 또는 자기 스스로 여러 가지 정보를 수집하여 품질 좋은 중고차를 구별하는 법이나 혹시 문제가 생겼을 경우 이런 위험을 피할 방법이 있는지 공부해야 할 것이다. 이런 비용이 모두 거래비용이다. 상당한 시간과 비용이 소요될 수도 있다. 마땅한 해결의 방법을 찾지 못하면 중고차 대신 새 차를 사는 것이 안전하다고 판단할 수도 있을 것이다.

제품의 원산지가 가격에 상당한 영향을 미치는 농수산물을 생각해 보자. 농수산물은 그냥 육안으로 봐서는 그것이 국산인지 수입인지 구별하기가 쉽지 않다. 국립농산물품질관리원의 단속정보 공시내용을 보면, 돼지고기, 소고기, 쌀, 배추김치, 오미자, 조청세트, 닭고기, 삼겹살, 돼지족, 수산물(낙지, 새우) 등의 원산지를 허위로 표시한 식당들이 전국에 걸쳐 매일 단속되고 있다. 그렇다면, 이런 상황에서 원

2) [네이버 지식백과] 레몬시장 이론(시사상식사전, 박문각).

산지를 정확하게 알고 농수산물을 구입하고 싶다면 어떻게 해야 하겠는가? 믿을 수 있는 판매자에게 구입하는 것이 그나마 안전한 방법이 될 것이다. 이런 점에서 보면 대형마트가 안전하다. 원산지를 허위표시했다가 적발될 경우 기업의 신뢰도에 상당한 손상이 발생하고, 이는 상당한 매출의 감소로 이어질 수 있다는 점을 알기 때문이다. 반면, 전통시장은 이런 점에서는 상당한 약점이 있다. 설사 처벌을 하더라도 소비자는 알기 힘들다. 그렇다면, 판매자는 설사 약간의 벌금을 물더라도 얼마든지 다시 이런 행동을 반복할 수 있다.

이런 상황에서 필요한 것이 제도다. 중고차 매매인으로 하여금 의도적으로 자동차의 운행거리나 사고기록을 속이는 행동을 제어하여 중고차 거래에서 발생하는 정보비용과 감시비용을 줄여준다면 중고차 거래는 보다 활성화될 수 있고 거래참여자들은 모두 이익을 얻을 수 있다. 구매자는 자동차의 품질과 가격에 대하여 좀 더 정확한 정보를 손쉽게 얻을 수 있다. 적정가격 이상으로 바가지를 쓰지 않아도 된다. 판매자는 구매자를 쉽게 구할 수 있고 적정한 가격에 매각할 수도 있다. 중개자도 중개수수료 수입을 올릴 수 있다. 농수산물도 마찬가지다. 원산지 허위표시에 대한 염려가 없이 제품을 구입할 수 있다면 소비자도 정보비용을 줄일 수 있고, 판매자도 적절한 매출과 더불어 이익을 얻을 수 있다.

3 거래비용에 대한 대응으로서의 시장과 정부

1) 시 장

우리의 일상의 삶에서 거래비용의 문제는 매우 다양하게 발생하고 있다. 경제적인 거래이든 정치적인 관계이든 두 사람이 어떤 재화나 서비스를 거래하는 상황에서는 언제나 정보비용의 문제가 발생하기 때문이다. 이런 거래비용을 해결하기 위하여 인류사회는 어떤 제도들을 발전시켜 왔는지 생각해 보자(<표 6-1> 참고).

나는 상당한 현금을 가지고 있으며, 이 현금을 잘 운영하여 돈을 불리기를 원하는 사람이라고 가정하자. 내가 가진 돈을 이용하여 이익을 남기려면 믿을 수 있는 투자대상자를 찾아야 한다. 그런데 믿을 수 있는 투자대상자를 찾는 일에는 상당한

표 6-1 금융거래와 제도의 계층 구조

현금자산의 거래비용	1차 제도 (시장)	2차 제도 (정부, 공공부문)	3차 제도 (정치)
• 거래대상자 탐색 • 거래대상자의 신용도 정보 분석 • 거래조건의 협상 및 계약비용 • 거래위험에 대한 평가 • 거래위험에 대한 대비책 • 거래위험 대비책의 신뢰도 • 거래로 발생하는 수익 평가	• 은행 • 증권사 • 신용카드사 • 대부업체 • 사채업자 • 채권회수 대행업체	• 금융위원회 • 금융감독원 • 한국은행 • 공정거래위원회 • 법원 • 예금보험공사	• 국회 • 대통령 • 감사원

정보비용이 발생한다. 돈을 빌려줄 상대방이 정말 믿어도 좋을 사람인지, 갚을 능력은 있는 사람인지, 빌린 돈을 갚을 분명한 도덕의식은 있는 사람인지 아는 것이 간단치 않다. 다른 사람으로부터 돈을 빌려서 쓰기를 원하는 사람도 마찬가지로 거래비용이 발생한다. 돈을 빌려줄 수 있는 사람을 우선 찾아야 하고, 또 그 사람이 셰익스피어(W. Shakespeare)의 희극 『베니스의 상인』에서 나오는 샤일록처럼 피도 눈물도 없는 사람은 아닌지, 탈법행위를 일삼은 대부업체들처럼 혹시 희한한 이자 계산법으로 빌려준 돈을 미끼삼아 무리하게 이자를 뜯어내는 사람은 아닌지에 대해서도 검토해야 한다. 그래서 개인 간의 금전거래는 거래하는 쌍방이 모두 상대방에 대하여 내가 이미 상당한 정보를 가지고 있지 않다면 잘 발생하지 않는다. 거래비용 문제가 개인 간의 현금거래에서는 상당한 걸림돌이 된다.

은행, 증권사, 상호저축은행, 신용카드회사, 대부업체 등의 금융기업들은 기본적으로 금융거래에서 발생하는 거래비용 문제를 해결하기 위해 만들어진 기업들이다. 은행은 돈을 빌리고자 하는 사람과 돈을 빌려 줄 여유가 있는 사람들을 중개할 수 있는 위치에 있으면서, 예금을 유치하여 이를 다른 고객에게 대출해 주고, 예금이자와 대출이자의 차액을 자기이익으로 취한다. 이 이자차액이 거래비용을 덜어주는 데 대한 이익에 해당한다. 은행이 있기 때문에 예금자와 대출자는 직접 돈을 빌려줄 사람을 찾거나 돈을 빌릴 사람을 찾을 필요가 없다. 상대방이 믿고 거래할 만한 사람인지에 대해 염려해야 할 필요도 사라진다. 증권사 역시 기업들이 새로 투자를 유치하고자 할 때 기업을 대신하여 증권을 발행함으로써 증권투자자와 기업 간의 투자관계를 매개하는 역할을 한다. 이때 증권사는 투자자들에게는 기업 가치에 관한 정보를 제공하는 역할도 담당한다. 또 투자자를 대신하여 투자가치가 있는 회사를 찾아내어 투자하는 역할도 담당한다. 신용카드가 없다면 나는 어떤 물건을 구입하기에 앞서 구매 금액이 얼마인지를 미리 알아야 하고 또한 필요한 현금을 준비해야 한다. 하지만, 카드로 결제하면 이런 정보비용을 덜 수 있다. 소액 대출이나 급한 대출이 필요할 때 그간의 거래정보와 이에 기초한 신용등급에 따라 곧바로 대출을 받을 수도 있다.

대부업체, 사채업자, 채권회수대행업자 등도 모두 금융거래에서 발생하는 거래비용 문제를 해결하기 위해 만들어졌다는 점에서 제도라 할 수 있다. 대부업체들은 상대적으로 높은 이자를 받지만 대신 쉽게 돈을 빌려준다. 돈을 빌리는 사람의 입장에서 보면 내가 갚을 능력이 있는지 없는지에 대해 충분한 근거를 제시하지 않아도 된다. 내가 빌린 돈을 갚지 못할 위험이 있음에도 돈을 빌려준다. 대신 이자가 높다. 이자가 높아지는 것은 감시비용을 반영하고 있기 때문이다. 즉, 상대방이 빌려간 돈을 갚지 못할 가능성이 있고 그렇다면 계약내용대로 대출금에 대한 회수가 어려울 수도 있다는 점을 반영한 것이다. 채권회수대행업자 역시 거래비용을 줄이기 위해 발생하였다는 점에서는 제도다. 상대방에게 받아야 할 돈은 있지만 실제로 돈을 받고 계약을 집행하기는 어려울 때 이용하는 것이 채권회수업자다.

2) 정 부

코스, 윌리암슨(Oliver E. Williamson) 등이 주장하는 것은 이런 시장을 이용하는 데도 또 다시 거래비용이 발생한다는 것이다. 정보비용을 해결하기 위해 각종의 시장기업들이 만들어진다. 그런데 이런 시장기업들을 이용하는 데도 또 다시 거래비용이 발생한다. 바로 이것이 시장을 이용할 때 발생하는 거래비용이며, 이에 대응하기 위하여 정부가 필요하다.

우선, 은행이라고 망하지 않는다는 보장은 없다. 예금자들이 맡긴 예금을 지나치게 투자위험이 높은 사업에 투자하여 대출금을 회수하지 못할 경우 은행이 부실화될 수도 있다. 1998년의 외환위기나 흔히 발생하는 저축은행의 부실화 사태는 이런 이유로 발생한 것이다. 이렇게 되면 최악의 경우 맡겨놓은 예금을 돌려받지 못할 수도 있다. 즉, 믿고 돈을 맡겨도 좋을 안전한 은행인지에 대한 정보가 있어야 한다. 대출을 받는 경우에도 대출이자는 적정한지, 은행의 대출약관이 소비자에게 불리한 내용을 담고 있지 않는지에 대한 정보가 필요하다. 만일 이런 불안이 해소되지 않으면 은행은 금융 중개 기능을 제대로 수행하지 못할 것이다. 이렇게 되어 시중의 자금이 잘 순환되지 않으면 예금자들도 손해를 보고 대출고객도 손해를 본다. 이런 거래비용 문제를 정부가 덜어 주고, 이로 인하여 은행이 정상적으로 기능을 수행하면 은행의 고객은 물론 사회 전체가 이익을 얻을 수 있다. 각종 투자에 필요한 자금들이 보다 저렴한 비용으로 공급되면서 투자가 활성화되고 고용이 증가하면서 경제 자체가 훨씬 활발하게 작동할 것이기 때문이다.

금융시장에 정부가 여러 가지 제도를 통하여 개입하는 것은 바로 이런 이유 때문이다. 예를 들면, 예금보험공사는 은행의 부실화로 인한 예금자들의 손해를 덜어주는 역할을 수행한다. 설사 은행이 망하더라도 정해진 한도까지는 예금을 국가에서 보호해 주기 때문에 예금자들이 은행의 건전성에 관하여 직접 정보를 검토해야 할 필요성을 덜어준다. 금융감독원은 금융기관들의 설립과 경영상태를 감독하고, 금융거래에서 발생하는 소비자 또는 투자자의 피해를 구제하거나 금융분쟁을 조정함으로써 정보비용과 협상비용을 줄여주는 역할을 담당한다. 가령, 은행을 설립하려면 자본금이 1천억 원 이상이어야 하며, 적법하게 주주 구성계획을 수립하고, 건전하고 타당한 사업계획서와 은행업을 경영하기에 충분한 인력, 영업시설, 전산체계 등을 갖추어 금융위원회의 인가를 얻어야 한다(은행법 제8조). 또 은행을 경영하는 과정에서도 은행의 재무현황, 자본적정성, 자산건전성, 수익성, 생산성, 리스크 등에 대하여 감시하는 역할을 수행한다. 금융감독원의 이와 같은 역할을 통하여 소비자들은 금융기관들을 이용할 때 발생하는 여러 가지 거래비용을 덜 수 있다. 공정거래위원회는 금융기업의 불공정 담합이나 불공정 약관 등 불공정 행위를 감시하는 역할을 수행한다. 법원은 금융거래 당사자 간의 분쟁을 해결하는 역할과 더불어, 판례를 통하여 그와 관련된 금융기업의 영업활동에 제약을 가할 수 있다.

정부에 의하여 제공되는 이와 같은 규제나 보호장치는 모두 금융거래에서 발생하는 정보비용 및 감시비용 문제에 대응하기 위하여 만들어졌다는 점에서 '제도'들이다. 거래비용 문제에 대응하기 위하여 만들어졌다는 것이다. 정부가 대부분의 산업에 개입하여, 새로운 기업이나 사업체를 만들고자 하면 일정한 조건을 갖추어 정부의 허가나 인가를 받도록 하고, 설립된 후에는 영업에 대하여 규제를 가하고, 불공정한 영업에 대해 제재를 가하는 등의 조치를 취하는 것도 소비자들이 당면할 수 있는 거래비용 문제의 해결에 도움을 주기 위한 것이다.

3) 거래비용과 시장과 삶의 양식

거래비용 문제가 얼마나 중요한 문제인지를 이해하기 위해 우리 주변에서 일어나고 있는 일들을 생각해 보자. 왜 초등학교, 중학교, 고등학교, 대학교를 보내는가? 학부모 입장에서는 여러 가지 거래비용을 줄일 수 있다. 만일 학교가 없다면 무엇을 가르쳐야 할지, 선생을 어떻게 구해야 할지, 비용을 얼마나 들여야 할지, 잘 가르치고는 있는지, 아이는 잘 이해하고 있는지 등의 문제를 모두 직접 해결해야 한다. 모두가 정보비용이다.

인터넷과 스마트폰이 각광받는 이유는 무엇인가? 내가 원하는 정보를 매우 저렴한 비용으로 무궁무진하게 제공하기 때문이다. 가격비교 사이트가 왜 있을까? 더 저렴한 제품이 무엇인지 찾아준다. 맛집을 찾아주기도 하고 심지어는 이성 친구를 찾아주기도 한다. 인터넷쇼핑 시장이 급격히 성장하는 이유도 거래비용 때문이다. 전화만으로도 물건을 보고 가격을 비교하고, 주문을 하고, 결제하는 것까지 가능하다. 놀이공원에 가면 자유이용권이라는 것이 있다. 이 표를 구입하면 놀이기구를 이용할 때 표를 사기 위해 줄을 서야 할 필요가 없다.

결혼은 왜 하는 걸까? 단지 사랑하기 때문일까? 남녀가 자신들이 원하는 것을 얻기 위해 지불해야 하는 정보비용을 획기적으로 줄여주기 때문이다. 남자는 자신이 원하는 것을 얻기 위해 계속 시장을 헤매지 않아도 된다. 여자도 자신이 원하는 것을 얻기 위해 정보를 찾고 협상을 하고 계약을 맺지 않아도 된다. 어쩌면 시장에서 얻고자 할 때는 상당한 거래비용 문제가 발생하는 것을 해결해 주기 때문에 배우자가 그만큼 소중하고 사랑스러운 것일지도 모른다. 왜 남자들이 경제 능력을 잃으면 여성에게서도 버림을 받는 일이 일어날까? 원하는 것을 줄 수 있는 능력을 상실했기 때문이다. 상호관계의 상대가 될 수 있는 기본 조건에 미달했기 때문이다.

종교가 인간에게서 갖는 의미는 무엇일까? 단지 내세의 문제에 답을 주기 때문일까? 인간은 자기 삶의 의미에 대해 의문을 던지는 유일한 존재다. 무엇을 위해 살아야 하고 어떻게 살아야 할지, 무엇이 선한 것이며 행복이란 어디에 있는 것인지에 대해 궁금해 한다. 이런 문제에 대해 과학에서와 같은 누구나 인정할 수 있는 객관적 근거에 기초한 해답을 제시할 수 있는가? 그렇지 못하다. 이런 질문은 경험에 관한 질문이 아니라 해석에 관한 질문이다. 종교란 적어도 우리가 주어진 인간 삶의 여건을 어떻게 해석해야 할 것인지에 대해 답을 준다. 설사 그 답을 믿음으로 선택하더라도 적어도 새로운 해답을 찾아서 새로운 정보를 찾아서 다시 세상을 헤매는 고통을 덜 수 있다. 분명 정보비용을 덜어주는 측면이 있다.

언어란 왜 필요하며 어떤 가치를 가질까? 아마도 인류사적으로 보면, 언어란 인간으로 하여금 상호 작용과 협력과 거래를 가능하게 한 도구다. 약속을 가능하게 하고 명령을 가능하게 하고 단체 협약을 가능하게 하고 의무가 발생하게 하고 규범이 발생하게 하며 조직이 가능하게 하고 법과 정책과 국가가 만들어지는 길을 열어 준 것이 언어다. 많은 사람들이 매우 다양한 방법으로 상호관계를 형성할 수 있는 길을 열어 준 것이 언어다. 언어가 없다면 현대 사회에서와 같은 정교하고 복잡한 거래관계는 애초부터 상상할 수도 없었을 것이다. 이런 점에서 보면 언어 역시 거래비용 문제의 해결에 도움이 되었기 때문에 인류의 삶의 일부를 이루고 있는 것이다.

그렇다면, 현대 사회와 같은 첨단의 문명을 가능하게 한 것은 무엇일까? 좀 더 낮은 비용으로 원하는 바를 얻기를 원하는 인간의 노력의 산물이다. 거래비용 문제에 대한 지속적인 대응 노력의 산물이라 할 수도 있다는 것이다.

제 3 절 거래비용에 관한 정부의 다양한 대응

1 정보의 관리 및 제공

거래비용 문제에 대응하기 위해 정부는 어떤 역할을 하고 있는지 좀 더 구체적으로 살펴보자. 정부는 우선 많은 정보를 직접 생산하고 축적하고 관리하고 제공한다. 가령, 주민센터와 법원등기소에서 관리하고 제공하는 정보들을 생각해 보자. 토지, 건물과 같은 부동산의 소유와 권리관계에 관한 정보, 개인의 생일 · 주소 · 가족관계 · 혼인관계와 인감(도장)에 관한 정보, 자동차와 선박의 소유관계 정보, 출입국 기록, 사단법인 · 재단법인 · 학교법인 · 의료법인 · 법무법인 등 각종 법인의 설립 · 정관 · 임원에 관한 정보 등을 정부는 보유하고 있으며 이에 관한 정보를 제공하고 있다.

만일 토지와 건물의 소유 및 권리관계에 관한 정보가 불확실한 상황에 있다면 어떤 일이 일어날까? 토지의 이용을 놓고 사람들이 충돌할 수밖에 없다. 이의 거래는 매우 힘들어질 것이다. 서로가 무력에 의해 뺏고 뺏는 갈등이 일어나지 않으리라는 보장이 없다. 정말 만인 대 만인의 투쟁이 벌어질 수도 있을 것이다. 정부가 이런 정보를 축적하고 사람들이 이를 쉽게 열람할 수 있도록 하는 이유는 무엇일까? 간단히 말하면, 거래과정에서 발생하는 정보비용과 감시비용을 줄이는 것이 목적이다.

주유소의 휘발유 가격에 대한 정보를 제공하기도 하고, 대학알리미를 통해 각 대학에 관한 정보들을 제공하도록 하고 있다. 금융감독원은 기업정보공시제도를 운영하고 있다. 기업의 주식소유, 기업에 관한 개요 사항, 재무에 관한 사항, 이사회에 관한 사항 등을 공시하도록 하고 있다. 각종 인증제도를 통하여 제품에 관한 정보비용을 크게 줄여주는 역할도 담당하고 있다. 품질인증을 받는 공산품의 KS 인증, 식품이 제조 · 가공되는 단계에서 유해 물질이 섞이거나 오염될 위험은 없는지를 검사하여 확인하는 해썹(HACCP) 인증제도 역시 상품에 대한 안전성이나 품질에 대한 정보를 보다 효과적으로 제공하기 위해 고안된 제도다.

정부 대신 민간단체에 이런 정보의 축적과 제공을 위탁하기도 한다. 예를 들면, 변호사는 대한변호사협회에 등록하도록 하고 있으며, 건설업 시공실적에 관한 정보는 대한건설협회에서 관리하도록 하고 있다.

2 권리의 설정

거래비용 관점에서 보면, 권리를 설정하는 것은 시장거래를 가능하게 하는 전제조건이며 첫 단계다. 권리가 설정되어 있지 않다면 공유재의 비극이 발생한다. 자원의 효율적인 이용이 어렵다. 또 재산권이 설정되어 있지 않다면 거래를 통하여 더 효율적인 자원의 이용을 모색하기도 어렵다. 홉스(Thomas Hobbes)가 말한 것과 같은 무정부적인 혼란상태가 될 것이며, 자원의 효율적인 이용에도 결코 도움이 되지 않는다.

그러나 누군가에게 권리를 주는 것은 다른 누군가를 그 권리로부터 배제하는 것을 의미한다. 누군가는 이익을 얻지만 다른 누군가는 손해를 입는다. 즉, 권리를 설정하는 일을 놓고 관련 당사자 간의 이해관계가 충돌한다. 예를 들어, 면허를 받은 사람만이 의료행위를 할 수 있게 하면, 면허를 받은 사람들은 독점적인 권리를 갖지만 그 외 모두는 이런 직업을 선택할 수 있는 자유를 침해받는다. 피부과 병원과 피부 미용실의 업무 경계를 생각해 보면 알 수 있다. 그럼에도 권리를 설정하는 것은 권리를 설정하는 것이 거래비용 문제의 해결에 도움이 되고 궁극적으로는 시장거래를 통한 사회적 부의 생산에도 유리하다고 생각하기 때문이다.

법규에 의하여 권리를 설정할 때는 처음부터 잘 획정하는 것이 중요하다. 경제시스템의 효율적 작동에 영향을 미치기 때문이다(Coase, 1960: 8; 지광석 · 김태은, 2011: 269). 설정된 권리의 의미를 해석하고 적용하는 데도 거래비용이 발생한다. 뿐만 아니라, 일단 권리가 설정되면 그로 인하여 이익을 얻는 집단이 발생한다. 수혜집단은 기존 제도의 변경에 저항할 수밖에 없다. 일단 권리가 설정되면 이를 개선하는 일 자체가 어렵다. 따라서 권리를 설정할 때 신중해야 한다.

예를 들면, 헌법 제110조는 "대한민국의 경제질서는 개인과 기업의 경제상의 자유와 창의를 존중함을 기본으로 한다."고 규정하고 있다. 제126조에서는 "국방상 또는 국민경제상 긴절한 필요로 인하여 법률이 정하는 경우를 제외하고는, 사영기업을 국유 또는 공유로 이전하거나 그 경영을 통제 또는 관리할 수 없다."고 규정하고 있다. 한편, 근로기준법에서는 근로조건은 근로자와 사용자가 동등한 지위에서 자유의사에 따라 결정하여야 하며(제4조)", 제24조에서는 "사용자가 경영상 이유에 의하여 근로자를 해고하려면 긴박한 경영상의 필요가 있어야 한다. 이 경우, 경영 악화를 방지하기 위한 사업의 양도 · 인수 · 합병은 긴박한 경영상의 필요가 있는 것으로 본다."고 규정하고 있다.

코스(1937)의 설명에 의하면, 기업조직이 시장에서 발생하는 이유는 노동력이라는 생산자원을 이용하는 데 거래비용이 있기 때문이다. 근로자들에 관해 완전한 정보를 얻을 수 있고 또한 근로계약을 체결하는 데 비용이 소요되지 않는다면 그때그때 필요한 근로자들을 자유롭게 고용하여 원하는 업무에 투입하면 된다. 굳이 근로자들을 직원으로 고용해야 할 필요가 없다. 그런데 현실적으로는 원하는 근로자를 찾아내고 회사가 필요로 하는 능력과 자질을 갖추었는지를 판단하고 업무에 배치하고 회사가 원하는 성과를 내도록 하는 과정에 정보비용과 감독비용이 발생한다. 기업을 만들어 원하는 근로자들을 고용하여 기업조직을 구성하면 그때그때 필요한 근로자들을 채용하여 일하게 할 때에 비하여 거래비용을 크게 절약할 수 있다. 이런 관점에서 보면 기업이 근로자와 노동계약을 채결하고 기업조직을 형성하는 것은 시장에서 필요 노동력을 조달할 때 발생하는 거래비용을 절감하기 위한 방법이다. 그렇다면, 기업 경영권에서 가장 핵심적인 내용은 무엇인가? 필요에 따라 근로자를 고용하거나 해고할 수 있는 권리다. 이것이 노동력이라는 자원을 가장 효율적으로 이용할 수 있는 방법이기 때문이다. 헌법에서 기업활동의 경제상의 자유와 창의를 존중하도록 규정한 것이나 근로기준법에서 양자 간에 동등한 지위와 자유의사를 존중하는 것도 이런 관점에서 이해할 수 있다.

그런데 근로기준법 제24조처럼 해고에 관한 규정을 도입하면 어떻게 되는가? 기업은 자신이 원하는 사람을 고용하여 기업의 경쟁력을 최대화하는 데 어려움을 겪을 수밖에 없다. 어떤 사람이 가진 능력이나 도덕성에 관한 정보를 얻는 데도 상당한 거래비용이 발생한다. 사람을 고용하는 단계에서 이에 관한 정보를 온전히 얻을 방법은 없다. 결국, 이런 정보는 그 사람을 고용하여 실제로 업무를 맡겨봐야 알 수 있다. 그런데 이 경우에도 그가 가진 업무 능력을 객관적으로 측정하고 설명하기는 매우 어렵다. 해고를 하려면 업무 능력이나 성과에 대해 근거를 제시할 것을 요구하는 것은 또 다른 정보비용 문제를 야기한다. 개인과 기업의 경제활동에 대해 권리를 설정하는 일은 시장거래를 통한 사회적 부의 창출을 위한 사전준비 단계다. 권리의 설정이 사회의 발전에 기여할 수 있으려면 권리의 설정이 거래비용의 해소에 도움이 되어야 한다. 근로자의 해고에 관한 현재의 규정은 처음부터 고용관계에서 발생하는 거래비용의 독특성을 제대로 이해하지 못한 결과일 가능성이 높다.

근로자의 능력과 도덕성에 대한 이해와 정보는 객관화하는 것이 쉽지 않다. 사전에 충분한 정보를 얻는 것도 어렵다. 이처럼 객관적인 정보가 있을 수 없는 문제에 정부가 개입하였기 때문에 당사자는 법규를 각자의 이익에 맞추어 해석하고 결과적으로는 법규로 인하여 서로 간의 갈등이 오히려 악화되는 문제가 발생한다.

지적재산에 대한 재산권, 기술에 대한 특허권, 사업의 업무영역, 자격증의 업무영역, 토지를 비롯한 각종 재산권의 권리의 내용, 기업 대주주의 의결권, 사립학교의 학교 경영권, 공기업의 독립적 의사결정권 등에 관한 정부의 역할은 각종 자산의 시장거래를 가능하게 하기 위한 권리의 설정을 의미한다. 권리의 설정으로 새롭게 발생하는 거래비용을 고려하지 않으면 정부의 개입은 거래의 증진을 통하여 사회의 발전에 이바지하려는 본래의 개입의도에서 멀어질 수 있다.

3 표시에 의한 정보제공 의무화 및 광고 규제

정부는 기업들로 하여금 상품에 관한 정보를 설명이나 규격의 표시 또는 정보공개의 방법으로 제공하도록 요구하고 있다. 반면, 과장된 정보나 허위정보 또는 기만적인 정보는 제공하지 못하도록 규제하고 있다. 정보의 제공을 법적으로 강제하는 대표적인 장치가 표시규제다. 방민석의 조사에 의하면(방민석, 2005), 19개의 정부부처가 129건의 법을 제정하여 418건의 표시 및 광고 규제를 가하고 있다. 농림부, 복지부, 재경부, 해양수산부, 환경부, 산업자원부, 건설교통부, 금융감독위원회, 공정거래위원회, 문화부, 교육부, 노동부, 미래창조과학부, 법무부, 외교부, 행정안전부 등 정부 주요 부처들이 모두 표시 및 광고 규제를 하고 있다.

업종별로 보면, 부동산 중개업, 학습교재, 학원운영, 증권투자운영, 장의업, 체육시설 운영업, 할인카드 회원권 운영업, 사진현상 및 촬영업, 화물자동차 운수업, 완구업, 의류업, 가구업, 주방용품업, 귀금속·보석업, 자동차 부품업 등 24개 업종에 걸쳐 49개의 표시 및 광고 규제를 가하고 있다(<표 6-2> 참고; 방민석, 2005: 24-25). 농수산물의 원산지나 식품의 유통기한을 표시하도록 하거나 의약품 및 식품의 성분을 상품에 표시하도록 하는 것은 소비자가 필요로 하는 정보를 보다 쉽고 간편하게 제공하도록 하기 위한 규제다. 중고자동차를 매매할 때는 성능점검기록부를 작성하여 상품에 대한 정보를 제공하도록 하고 있다.

표시·광고의 공정화에 관한 법률(제3조)에서 과장광고와 허위광고를 금지하는 것도 거래과정에서 발생할 수 있는 정보비용과 감시비용에 대응하기 위한 조치

표 6-2 업종별 표시 및 광고 규제

업 종	중요정보내용	적용대상	
		표시	광고
부동산 중개업	① 중개수수료 과다징수에 따른 피해보상기준 ② 중개대상물의 권리관계와 거래 및 이용제한 사항의 확인·설명을 소홀히 하여 재산상 손해를 발생시킨 경우의 피해보상기준	○	○
학습교재	① 구입 후의 철회 가능 여부와 철회의 방법 ② 파손 등 피해발생 시 보상기준 ③ 교재 사용 연령(아동용 학습교재에 한하여 적용한다)	○	○
학원운영	① 수강료·이용료 또는 교습료의 환불 가능 여부 및 환불 기준 ② 수강료·이용료 또는 교습료 외에 부대비용의 추가부담 여부	○	○
증권투자 운영	① 환매 신청 후 환매금액의 수령이 가능한 구체적 시기 ② 환매 수수료 ③ 성과 수수료(운용 수수료 등 명칭 여하를 불문한다) 등 유가증권 운용과 관련한 각종 수수료	○	○
장의업	① 수의 원단 제조에 소요되는 원사의 종류·구성비율 및 원산지 ② 수의 원단의 제조방법 및 제조지역 ③ 수의 완제품의 제조자명	○	○
체육시설 운영업	① 제공되는 서비스의 구체적 내용과 요금체계(기본요금 및 추가 비용) ② 체육시설 이용계약의 중도해지 시 잔여기간의 이용료 환불기준	○	○
할인카드 회원권 운영업	① 할인카드 이용과정에서 발생하는 각종 피해의 보상기준 ② 가맹점의 수 및 상품별 할인율	○ –	– ○
사진현상 및 촬영업	① 현상불량 등 피해발생에 대한 보상기준 ② 사진원판의 인도 가능 여부	○ ○	○ –
화물자동차 운수업	① 분실·파손 등 피해발생 시 보상기준	○	○
완구업 (작동완구)	① 결함·하자 등 피해발생 시 보상기준	○	–
의류업	① 원재료의 종류와 그 혼용율(함유비율) ② 세탁방법 등 취급상의 주의사항	○	–
가구업	① 주요 원재료의 종류 ② 환불·교환 가능 여부 및 환불·교환기준	○	–
주방용품업	① 품질보증기간 ② 환불·교환 가능 여부 및 환불·교환기준	○	○
귀금속·보석업	① 세공불량 등 소비자 피해에 대한 보상기준 ② 가공국가명 및 가공지역명(국내가공의 경우 시·군·구 단위까지 기재)	○ ○	– ○
자동차 부품업	① 품질보증기간 ② 환불·교환 가능 여부 및 환불·교환기준	○	–

투자자문·투자일임업	① 투자위험성 또는 원본손실 가능성 등 유의사항	○	○
건강식품업	① 환불·교환 가능 여부 및 환불·교환기준 ② 부작용 발생 가능성(부작용이 있을 경우)	○	○
산후조리원 운영업	① 제공되는 용역의 구체적 내용과 요금체계(기본요금 및 추가비용) ② 중도 해약시 환불 가능 여부 및 환불기준	○	○
공동주택업	① 하자 등으로 인한 소비자피해 발생 시 보상기준	○	○
유사금융업	① 연(年)단위 환산 이자율 및 연체 이자율 ② 이자 이외 추가비용이 있는지 여부	○	○
결혼정보업	① 제공되는 용역의 구체적 내용과 요금체계(기본요금 및 추가비용) ② 중도해지 시 가입비 환불기준	○	○
영화업	① 상영등급	–	○
부동산 분양업	① 건축허가 취득 여부 ② 대지소유권 확보 여부 ③ 신탁계약 체결 여부 등 분양대금 관리방법 ④ 시행사·시공업체명 ⑤ 분양물의 용도·규모·지번	–	○
여행업	① 광고상 제시한 가격 외의 추가비용 유무 (공항이용료, 보험료, 관광진흥기금, 필수관광경비, 안내원 수수료 등 일체 경비를 포함. 단, 광고되는 다수의 여행상품에 공통적으로 적용되는 추가경비는 이를 1개의 공통항목으로 기재 가능) ② 관광진흥법 시행규칙 제18조 제3항의 규정에 의한 보증보험 가입 여부 또는 영업보증금 예치 여부	–	○

다. 광고는 소비자들이 필요로 하는 정보를 제공하여 정보비용을 낮추어 주는 기능을 수행한다. 기업의 입장에서는 자기 상품의 우수성을 홍보하여 고객을 확보하는 판매촉진의 수단이다. 하지만, 소비자에게는 상품의 특징, 가격, 품질, 거래조건에 대한 정보를 제공해 준다. 정직하게 정보를 제공한다면 거래관계가 발생하는 데 필요한 정보를 제공하는 긍정적인 역할을 수행하는 것이 광고다. 그러나 기업의 입장에서 보면 소비자들의 관심을 끌어 구매가 이루어지도록 하기 위해 과장된 광고를 하고자 하는 유혹도 받을 수밖에 없다. 이렇게 되면 정보비용을 낮추어 주기 때문에 용인되는 광고가 오히려 정보비용을 높이는 요인이 된다. 이런 이유로 표시·광고의 공정화에 관한 법률(제3조)은 소비자를 속이거나 소비자로 하여금 잘못 알게 할 우려가 있는 표시·광고 행위로서 공정한 거래질서를 해칠 우려가 있는 행위를 금지하고 있다. 거짓·과장의 표시·광고, 기만적인 표시·광고, 부당하게 비교하

는 표시·광고, 비방적인 표시·광고를 해서는 안 된다.

그러나 어떤 광고가 허위광고이고 과장된 광고인지를 판단하는 것은 간단한 문제가 아니다. 예를 들어, "가장 좋은", "가장 큰", "뛰어난"과 같은 단어를 사용함으로써 어떤 상품의 품질에 대한 주관적 의견을 표현하는 경우를 보자. 이에 대해 그렇지 않다는 것을 입증하는 것은 쉬운 일이 아니기 때문에 부당성의 판단이 어렵다. 또한 정도의 차이는 있겠지만 일반적으로 많은 수의 광고가 어느 정도의 과장성을 갖고 있는 것이 현실이다. 따라서 이런 광고를 정부가 온전히 감시하는 것은 결코 쉬운 일이 아니다.

4 진입규제에 의한 정보부담 절감

정부가 가하는 진입규제와 가격규제 역시 거래비용 문제에 대한 해법의 일환이다. 진입규제란 특정산업이나 직종에 참여하여 그 사업을 영위할 수 있는 자유나 권리를 제한하는 것을 의미한다. 어떤 산업이나 직업을 하려면 정부로부터 허가, 면허, 지정, 승인을 받거나 정부에 등록하거나 신고를 하도록 하는 것이다. 진입규제에 대하여 규제이론가들이 제시하는 설명은 소비자보다는 해당 재화나 용역의 생산자를 위해 이런 규제가 만들어진다는 것이다. 예를 들면, 미국에서 의사나 변호사에 대한 진입규제는 의사의 요구와 변호사의 요구에 의하여 만들어졌다(최병선, 1992: 301-307; Meier, 1985: 177-178). 진입규제가 없다면 사업자들은 더 많은 고객을 유치하기 위해 치열하게 경쟁해야 하는 무한경쟁 상황에 처한다. 가장 안정적으로 이러한 경쟁을 피하는 방법이 진입규제의 도입이다. 이런 점에서 보면, 진입규제는 소비자가 아니라 생산자를 위하여 만들어진 규제다. 그런데 거래비용이라는 측면에서 보면, 소비자에게도 유익한 측면이 있다. 정부의 규제가 소비자의 정보비용을 덜어주는 역할을 하기 때문이다.

진입규제란 어떤 사업에 진입하기 위해서는 어떤 자격 조건을 갖출 것을 요구한다. 법이 정한 자격 조건을 갖추지 못한 사업자는 시장에 진입할 수가 없다. 일정한 조건을 갖춘 사업자만이 해당 시장에 진입하도록 하고 영업활동에도 적절한 제약을 가함으로써 이들이 제공하는 재화나 서비스의 품질 확보에 기여한다. 생산자의 자격과 능력이 검증되었으므로 소비자의 입장에서 보면 정보비용이 감소한다. 정부 부처의 입장에서도 이들을 감시하고 감독하는 데 소요되는 정보비용이 감소한다. 즉, 거래비용이 감소할 수 있다는 것이다.

예를 들면, 은행법 제8조(은행업의 인가)는 은행업을 경영하려는 자는 금융위원회의 인가를 받아야 하며, 다음과 같은 조건을 갖추어야 한다.

- 자본금이 1천억 원 이상일 것. 다만, 지방은행의 자본금은 250억 원 이상 가능
- 은행업 경영에 드는 자금 조달방안이 적정할 것
- 주주구성계획이 제15조,[3] 제15조의3[4] 및 제16조의2[5]에 적합할 것
- 대주주가 충분한 출자 능력, 건전한 재무상태 및 사회적 신용을 갖출 것
- 사업계획이 타당하고 건전할 것
- 발기인(개인인 경우만 해당한다) 및 임원이 제18조에 적합할 것
- 은행업을 경영하기에 충분한 인력, 영업시설, 전산체계 및 그 밖의 물적 설비를 갖출 것

왜 은행의 설립에 대해 이처럼 엄격한 규제를 가하는가? 은행의 예금자 입장에서도 상당한 정보비용과 감시비용이 발생하고, 은행을 감독해야 하는 금융감독위원회와 정부의 입장에서도 상당한 정보비용과 감시비용이 발생하기 때문이다. 예금자를 비롯한 고객의 입장에서도 믿고 거래할 수 있는 은행이 필요하고, 정부의 입장에서도 은행을 건전하게 경영할 수 있는 바람직한 경영이념을 가진 은행이 필요하기 때문이다. 의사, 한의사, 약사, 간호사가 되려면 의과대학, 한의과대학, 약학대학, 간호학과 등을 졸업하고 국가시험에 합격해야 한다. 전문의가 되려면 다시 수련의 과정을 거쳐 전문의 자격시험에 합격해야 한다. 왜 이렇게 진입을 까다롭게 규제하는가? 정보비용과 감시비용을 줄여주기 때문이다.

이들에 관한 정보는 소비자도 필요하고 이들을 감독해야 하는 보건복지부나 일

3) 동일인은 은행의 의결권 있는 발행주식 총수의 100분의 10을 초과하여 은행의 주식을 보유할 수 없음.

4) 경영참여형 사모집합투자기구 또는 투자목적회사가 동일인 주식보유 한도를 초과에 따른 승인을 받고자 하는 경우에는 갖추어야 할 조건에 관한 규정임.

5) 비금융주력자는 은행의 의결권 있는 발행주식 총수의 100분의 4(지방은행의 경우에는 100분의 15)를 초과하여 은행의 주식을 보유할 수 없음.

선의 행정기관도 필요하다. 그러나 소비자는 물론 보건복지부도 이들이 이런 서비스를 제공할 만한 능력을 갖추었는지를 판단하는 것이 쉽지 않다. 이들이 제공하는 서비스의 내용을 감독하는 것도 쉽지 않다. 이런 정보비용과 감독비용 문제를 사전에 차단하거나 감소시킬 수 있는 방법이 진입규제다. 즉, 이론교육과 실습교육을 병행하는 전문교육과정을 통하여 필요한 지식을 얻게 하고, 시험을 실시하여 필요한 지식을 갖추었음이 확인된 사람에게만 해당 서비스를 제공하게 하는 것이다. 물론, 이런 규제가 소비자 보호를 위해 요구되는 수준 이상으로 강화되면서 결과적으로는 소비자보다는 생산자의 이익에 봉사할 위험이 발생하기도 한다. 하지만, 정보비용과 감시비용이라는 측면에서 보면, 진입규제는 분명 필요한 측면이 있다.

2008년 세세분류 기준으로 1,121개의 산업이 존재하는 데, 이 가운데 50.2%인 563개 산업이 진입규제를 받고 있다(김종호 · 심영섭 · 유진근, 2009: 46). 특히, 광업(94.%), 운수 통신업(78.9%), 음식 숙박업(72.7%) 등의 산업에서 진입규제를 받는 세세분류 산업의 비율이 높다. 이 진입규제들 중 얼마만큼이 거래비용 문제에 대응할 목적으로 만들어진 것인지에 대해서는 좀 더 자세한 연구가 필요하다. 가령, 경제개발기에 만들어진 많은 진입규제들은 소비자를 보호할 목적으로 만들어진 것이 아니라 생산자를 보호할 목적으로 만들어졌다. 즉, 진입규제를 통해 새로운 경쟁기업의 진입을 차단하고, 정부 기준에 따라 선별된 기업에게 집중적으로 정부 지원을 제공함으로써 해당 기업을 보호 육성하는 것을 목적으로 하였다.

그러나 산업정책적 목적의 진입규제도 거래비용과 무관한 것은 아니다. 정책을 펴는 정부에게 해당 산업에 대한 정보는 무엇보다 중요하기 때문이다. 즉, 소비자의 정보비용에 대응한 정책이 아니라 정책결정자의 정보비용에 대응하기 위한 정책일 수 있다는 것이다. 예를 들면, 광업의 경우는 이미 산업이 쇠퇴하고 있으므로 기존 기업에 대한 일정한 지원을 목적으로 하고 있을 가능성이 높다. 그런데 이런 정책을 펼 때도 정부는 해당 산업에 관한 정보가 필요하다. 그렇다면, 진입규제를 유지하면서 해당 기업들과 감독관계를 지속하는 것이 원활한 정책의 결정과 집행에 도움이 될 것이다. 운수업의 경우, 규제완화로 인하여 운수업의 수익성이 크게 악화된 것이 진입규제의 원인으로 작용하고 있다. 이 경우도 정책을 펴야 하는 정부 부처는 해당 기업들에 대한 정보가 필요하다. 즉, 소비자의 정보비용이 아니라 정책을 담당하는 정부의 정보비용 문제에 대응하기 위해 규제를 지속하고 있는 측면도 있다. 어떤 경우든 진입규제는 거래비용 문제가 중요한 정책의 원인이다.

가격규제는 보통은 진입규제로 인하여 발생한다. 진입규제가 가해지면 생산자의 숫자가 감소하고 경쟁이 억제되고 가격이 인상되기 쉽다. 가격 인상은 소비자의 부담 증가를 의미하므로 규제의 필요성이 발생한다. 그런데 거래비용 관점에서도 가격규제는 필요한 측면이 있다. 가령, 공인중개사의 중개수수료를 생각해 보자. 지금은 지방자치단체의 자치 조례로 수수료율을 정하고 있다. 그런데 만일 이런 것이 없다면 어떻게 될까? 적정 수수료를 얼마로 할 것인지에 대해 정보비용이 발생하고 협상비용이 발생한다. 수수료율이 이미 법으로 정해져 있다면 이런 거래비용은 피할 수 있다.[6]

5 독점규제 및 불공정행위 제한

독과점이나 불공정행위 역시 거래비용을 높이는 원인이 된다. 만일 어떤 시장이 완전경쟁상태에 있다면, 각 생산자는 소비자의 요구를 충족시키고자 노력해야 한다. 그래야만 시장에서 살아남을 수 있다. 이런 시장거래에서 생산자는 약자의 위치에 처한다. 소비자가 거래상대를 자유롭게 선택하고 변경할 수 있는 위치에 있기 때문이다. 공급자들이 경쟁상태에 있다는 사실 자체가 거래비용 문제에 대한 중요한 해법이 된다. 살아남기 위해서는 소비자가 원하는 바를 조금이라도 더 잘 충족시켜야 하기 때문이다. 그런데 독과점이나 담합을 비롯한 불공정행위는 이런 관계를 완전히 역전시킨다. 독과점 상태이므로 가격경쟁과 품질경쟁의 필요성이 약화된다. 소비자는 가격이 높고 품질이 불만스러워도 달리 대안이 없으므로 사야 하는 문제가 발생한다.

이론적으로 보면, 제3장에서 설명한 것처럼([그림 3-11] 참고), 경쟁시장에서 시장균형은 수요자의 지불의사, 즉 한계편익과 생산자의 한계생산비가 일치하는 점에서 형성된다. 이때 각 기업은 가격순응자(price-taker)로 행동해야 한다. 만일 시장가격보다 높은 가격을 제시하면 소비자들이 외면할 것이기 때문이다. 그런데

6) 이런 방법이 반드시 궁극적으로 소비자의 이익에 부합할 것인지를 판단하는 것은 쉽지 않다. 가격규제가 그 이상의 가격 인상을 억제하는 최고가격선으로 작용할 수도 있지만, 반대로 그 이하의 가격으로 가격이 떨어지는 것을 막는 최저가격선으로 작용할 수도 있기 때문이다.

독점상태가 되면 공급을 독점하고 있는 생산자는 자신의 한계수입과 한계생산비가 일치하는 점에서 공급량을 결정한다. 이것이 자신의 이익을 극대화하는 방법이기 때문이다. 결과적으로는 상품의 공급량이 감소하고 상품의 가격이 인상되어 생산자는 경쟁시장에서는 얻을 수 없는 초과이윤, 즉 독점지대를 얻을 수 있다.

생산자들이 서로 담합하는 경우에도 독점과 유사한 문제가 발생한다. 정부 공사에 입찰기업들이 가격을 담합하면 공사금액은 인상될 수밖에 없다. 시멘트 생산자들이 함께 담합하여 가격을 차례로 올리면 수요자로서는 마땅히 대응할 방법이 없다. 그 이하의 가격으로는 물건을 구할 수 없기 때문이다. 독점규제 및 공정거래에 관한 법률에는 이와 관련된 여러 가지 규제들이 포함되어 있다. 시장지배적 지위의 남용(제3조의2~제6조), 기업결합(제6조), 부당공동행위(제19조) 등에 대한 규제는 거래상대방이 독과점적 지위에 상응하는 지위를 인위적으로 형성하고, 이를 이용하여 시장거래에서 공정하지 못한 방법으로 이익을 취하는 것을 규제하는 것을 목적으로 한다. 하도급거래 공정화에 관한 법률 역시 원사업자(原事業者)가 우월한 지위를 이용하여 수급사업자(受給事業者)에게 부당한 행동을 하는 것을 규제하는 것을 목적으로 하고 있다.

6 공공재와 외부성 문제

공공재와 외부성 문제에 대한 정부개입의 논리 역시 거래비용과 무관하지 않다. 시장이 공공재의 적정한 공급에 실패하는 것은 사람들이 무임승차하고자 하기 때문이다. 그런데 무임승차라는 것은 일종의 정보비용 문제다. 만일 상대방의 선호와 지불의사에 대해 정확한 정보를 얻는 데 아무 문제가 없다면 무임승차는 사전에 예방할 수 있다. 가령, 어떤 사람이 가로등을 이용할 때 얻는 효용이 얼마나 되는지 쉽게 화폐가치로 환산할 수 있고 또 이를 누구나 알 수 있다면 이에 상응하는 비용의 부담을 요구할 수 있다. 상대방도 이를 알고 있으므로 비용의 분담에 동의할 수 있을 것이다. 문제는 이런 정보를 얻는 것이 쉽지 않기 때문에 발생한다. 상대방이 자신이 얻는 이용가치에 대하여 정확하게 알리지 않더라도 이를 알아낼 방법이 마땅치 않다.

외부효과 문제도 마찬가지다. 앞서 설명한 바와 같이, 코스의 정리에 의하여 자원배분의 효율성이 달성되려면 첫째는 재산권이 설정되어 있어야 하고, 둘째는 거래비용이 낮아야 한다. 즉, 설사 사람들에게 환경권이 주어져 있다고 하더라도, 환경오염으로 인하여 입은 피해의 경제적 가치가 얼마나 되는지 측정하기가 쉽지 않을 수 있다. 가령, 건강상의 문제가 발생하더라도 이 문제가 환경오염으로 인하여 발생한 것임을 입증하는 것은 쉽지 않을 수 있다. 또 오염을 초래한 원인자가 누구인지 알아내는 것도 쉽지 않을 수 있다. 또 설사 오염원인자를 찾아내더라도 피해보상을 위한 협상의 과정 역시 결코 순탄치 않을 수 있다. 이런 것이 모두 거래비용 문제다. 확실하고 명확한 정보가 있다면 당사자들이 스스로 협상을 통해 해결하는 길을 찾을 수 있다. 문제는 필요한 정보를 얻는 일 자체가 어렵기 때문에 발생한다.

교육 문제에 대한 정부의 개입 역시 거래비용과 무관하지 않다. 왜 사립학교의 설립에 대해 정부가 제약을 가하는가? 왜 학교의 운영에 대해 정부가 감독을 하는가? 학교 설립자들이 학교를 교육이라는 본래의 목적으로 이용하지 않을 위험을 사전에 예방하기 위한 것이다. 학교를 운영하면서 여러 가지 정당하지 못한 방법으로 사적인 이익을 취할 위험을 감시하기 위한 것이다. 왜 교사가 되려면 일정한 교육을 받고 임용시험에 합격해야 하는가? 그래야만 제공하는 교육의 질을 확보할 수 있기 때문이다. 왜 교사들의 촌지 문제에 정부가 제약을 가하는가? 교사와 학생 및 학부모 간의 건전한 관계를 훼손하고 결과적으로는 교육의 질을 저하시킬 수 있기 때문이다. 교육서비스를 이용하는 소비자들의 입장에서 보면, 교육부의 이런 규제들은 정보비용과 감시비용을 덜어주는 역할을 한다.

제 4 절 거래비용 문제와 정부의 역할: 스미스, 코스, 노스[7)]

거래비용 문제에 적절히 대응하는 것이 왜 중요한지 주요 경제사상가들의 사상에 기초하여 재정리하자. 제2장에서 설명한 것처럼 인류가 더 잘살기 위해서 해결

7) 이 절의 내용은 사공영호(2015)『제도와 철학: 제도와 정책의 현상학 · 언어철학적 탐구와 비판』의 제2장 제4절의 내용을 재정리한 것이다.

해야 할 문제를 아주 짧게 요약하면, 주어진 인적·물적 자원을 이용하여 사회구성원들이 필요로 하는 각종의 공적(예: 국방, 질서, 치안)·사적(예: 의·식·주 관련 재화) 재화와 서비스들을 더 풍족하게 생산하면 된다. 물적인 자원의 공급량이 제한되어 있고, 게다가 수요를 충족시키기에는 부족하다. 자원의 공급 자체를 늘리는 것은 쉽지 않으므로 동일한 양의 자원을 더 생산적으로 이용할 수 있는 방법을 찾아야 한다. 인적 자원은 이중의 문제를 풀어야 한다. 한편으로는 주어진 인적 자원의 잠재력을 극대화하는 방법을 찾아야 하며, 동시에 기회주의적인 행동을 억제하면서 상호 협력을 촉진하는 방법을 찾아야 한다.

자원을 더 효율적으로 이용할 수 있는 방법으로 애덤 스미스(Adam Smith)가 『국부론』에서 제안하고 있는 방법은 분업이다. 매우 단순한 핀을 제조한다고 하더라도 이 과정을 나누어 근로자들이 분업하면 수십 배 또는 수백 배까지도 생산성을 높일 수 있다. 인적 자원을 더 효율적으로 이용하는 방법 역시 분업을 통해 실현할 수 있다. 나는 농업에 소질이 있고, 다른 사람은 옷을 만드는 데 소질이 있다면 우리는 각자가 잘할 수 있는 것을 생산하고, 이런 생산물을 서로 교환함으로써 훨씬 많은 재화와 서비스를 향유할 수 있게 된다.

이와 같은 스미스의 사상은 후생경제학자들에 의하여 좀 더 논리적으로 전개된다. 후생경제학도들은 완전한 정보와 완전한 이성, 그리고 이기적인 인간에 대한 가정을 전제로 경제·사회적인 성장이 시장경제의 발달에 의한 사회적 후생의 증가 효과임을 보여준다. 그러나 바로 여기에 후생경제학적 관점의 함정이 도사리고 있다. 즉, 시장이 제대로 작동하여 준다면 그것은 분명히 사회적 후생의 증가를 가져오고 국부의 증가를 가져오게 된다. 이 점은 틀리지 않다. 그런데 이런 시장경제라는 것이 아무 사회에서나 발전하고 있지는 않다는 현실적인 문제에 대해서는 분명한 설명을 제공하지 않고 있다. 즉, 시장경제가 발달할수록 잠재적 거래기회가 실현될 가능성이 높아지고, 상호거래가 증가하면서 거래관계에서 발생하고 획득하는 사회적 후생이 증가한다는 점은 분명하다. 이 점에서 후생경제학은 틀리지 않았다. 그런데 시장경제를 아무 사회나 발전시킬 수 있는 것은 아니라는 막스 베버(Max Weber)의 문제 의식에 대하여 후생경제학이 줄 수 있는 답변은 궁색하다. 베버는 서구 사회에서는 과학도 발전하고 기업조직도 발전하고 법도 발전하고 심지어 예술까지도 발전하고 있지만 다른 많은 사회들을 그렇지 못하다는 점을 지적한다(Weber, 1976). 시장경제가 어디서나 발전할 수 있다면 이런 경제발전의 차이는 발생하지 않았을 것이다. 그런데 경제 역사가 보여주는 현실은 그렇지 않다. 많은 사회에서는 기업조직과 시장제도가 제대로 발전하지 못하고 있다. 거래비용 개념이 필요한 지점은 바로 여기다. 왜 아무 사회에서나 시장이 작동하지는 않는가? 왜 거래로 인한 사회적 후생의 증가를 어떤 사회는 실현하는데 다른 사회는 실현하지 못하는가? 이 점에 대해서는 후생경제학자들이 답하지 않는다. 완전정보 하에서는 이런 문제가 발생할 이유가 없기 때문이다.

바로 이 질문에 대하여 답할 수 있는 열쇠는 제공하고 있는 것이 코스(Ronald H. Coase)다. 거래비용 개념을 이용하여 시장경제가 어디에서나 발전할 수 없는 이유를 설명해 주기 때문이다. 코스에 따르면, 기업과 같은 조직조차도 후생경제학자학의 가정처럼 완전한 정보의 조건이 갖추어진 상황, 즉 정보비용으로 인하여 발생하는 거래비용이 존재하지 않는다면 만들어져야 할 이유가 없다(Coase, 1937). 이런 관점에서 보면, 기업조직 역시 제도라는 것이 기업의 본질에 대한 코스의 주장이다. 그러나 조직을 만든다고 거래비용이 완전히 해결되는 것은 결코 아니다. 기업이 거래하는 자원에는 노동력만 있는 것이 아니다. 금전적인 자원을 동원하는 데도 거래비용이 발생한다. 필요한 기술을 개발하거나 이용하는 데도 거래비용은 발생한다. 뿐만 아니라, 제품을 만들어 시장에 판매하는 과정에서도 거래비용이 발생한다. 광고도 해야 하고 소비자 불만에 대응도 해야 하고 사후서비스도 제공해야 한다. 거래상대방의 기회주의적인 행동에도 대비해야 한다. 이런 비용까지 포함하면 결국 총비용이 해당 재화의 효용을 초과하는 일이 일어날 수 있고, 이렇게 되면 결국 시장은 붕괴된다([그림 6-1] 참고).

그렇다면, 이와 같은 거래비용 문제에 대응하려면 어떻게 해야 하는가? 그것이 바로 노스(Douglass C. North)가 제안하는 제도다. 높은 거래비용으로 인하여 시장거래가 형성되지 않으면 시장참여자들은 모두가 손해를 본다. 정상적으로 시장거래가 이루어진다면 얻을 수 있는 경제적인 이익을 기대할 수 없게 된다. 공식제도이든 비공식제도이든 제도가 중요한 것은 이 제도가 필요한 정보들을 보다 저렴한 방법으로 제공해 주고 거래참여자의 기회주의적인 행동에 제약을 가하여 여기에서 파생되는 정보비용과 감시비용 문제의 해소에 도움이 되어야 한다는 것이다.

그렇다면, 사회발전이란 어떻게 가능한가? 아놀드 토인비(Arnold Toynbee)의 지적처럼 사회란 결국 사람들 간의 상호작용의 체계다(아놀드 토인비, 2006: 493). 정치든, 경제든, 과학이든, 예술이든, 민주주의든, 자본주의든 이를 보다 기본적인 구성단위로 환원하면 모두 사람들 간의 관계가 된다. 그런데 사람이라는 대상만큼 거래비용 문제에서 예측하고 통제하기 어려운 대상은 없다. 그렇다면, 인간의 행동에 대하여 적절한 제약을 발전시킬 수 있는 사회, 이러한 제약이 서로 간의 협력을 촉진하는 사회만이 거래비용 문제에 대하여 적절한 해법을 찾을 수 있다. 이런 제도적인 해법이 적절하게 작동한다면 사람들은 자신들이 가지고 있는 이성의 능력을 이용하여 과학도 발전시키고, 예술도 발전시키며, 경제조직도 발전시키고, 정치조직도 발전시킬 수 있다.

제 5 절 정부개입의 성공 조건

1 시장실패와 정부실패의 차이

정부와 정책이 거래비용으로 인한 시장실패에 해법이 되려면 정부와 정책으로 인하여 새롭게 발생하는 비용이 새롭게 발생하는 편익이나 효과보다는 작아야 한다. 시장에서 정보비용이 발생하듯이 정부에서도 감시비용이 발생한다. 그런데 정부로 인하여 발생하는 정보비용과 감시비용이 정부로 인하여 발생하는 사회적 편익을 초과하면 어떻게 되는가? 이런 정부는 시장실패의 해법이 되지 못한다. 정부로 인한 비용이 편익을 초과하기 때문이다.

게다가, 정부실패, 정치실패, 정책실패로 인하여 발생하는 비용과 시장실패로 인한 비용에는 큰 차이가 있다. 시장은 실패하면 거래관계가 붕괴되는 것으로 끝난다. 더 이상 거래가 형성되지 않으며 각자는 그와 관련된 자신의 문제를 스스로 해결해야 한다. 그런데 정부실패와 정치실패는 그렇지 않다. 거래관계가 붕괴되는 것으로 끝나지 않는다. 왜냐하면, 정부와 정치는 원하는 서비스의 제공에 실패해도 붕괴되지 않기 때문이다. 시장에서처럼 관계를 단절하고 독자적인 해법을 마련하도록 내버려두지 않는다. 설사 상대는 원하지 않더라도 폭력과 무력을 동원하여 상호작용관계를 강요한다. 지배와 복종의 관계를 강요하고 과세와 납세의 관계를 강요하여 규제와 순응의 관계를 강요한다. 정치실패로 인한 비용부담을 국민 다수에게 강요한다. 용인경전철 사건이나 박근혜 정부의 누리과정을 생각해 보면 금방 알 수 있다. 선택은 정치인들이 하지만 그로 인한 비용과 책임은 국민이 부담해야 한다. 실패로 끝나는 것이 아니라 실패의 책임을 떠안아야 한다.

그렇다면, 정부가 만들어지는 것은 국민들에게 유익인가 위협인가? 여전히 많은 사회에서 일어나고 있는 독재 정부를 생각해 보자. 시장실패에 대응하여 거래비용 문제의 해결에 도움을 주기는커녕 국민의 생명과 재산을 빼앗고 국민의 자유와 권리를 짓밟고 있다. 정부와 정치가 국민의 감시에서 벗어나 있을 뿐 아니라 반대로 국민이 독재 정부의 감시와 통제에 시달리는 상황이 전개되고 있다. 정부가 거래비용 문제의 대안이 될 수 있으려면 정부를 형성하고 운영하는 데 소요되는 거래비용 문제에 사회구성원들이 적절히 대응할 수 있어야 한다. 그런데 이런 민주적인 제도를 갖추는 일 자체가 쉽지 않다.

2 정부와 정치로 인해 발생하는 거래비용

정부와 정치를 이용할 때도 거래비용은 발생한다. 우리가 정부와 정치에 대해 적절한 감독을 하지 못하는 사이 정치인들은 국민의 이익보다는 자신과 자기 정당의 이익을 앞세우고 자신의 권력을 이용하여 자신의 사적 이익이나 정치적 이익을 취하는 일이 일어난다. 자신의 정치적인 이익을 위하여 국민의 부담으로 인기영합적인 정책을 펼 수도 있다.

뿐만 아니라, 인간의 생각과 언어에 대한 연구는 시장실패와는 차원이 다른 문제가 정부와 정치에서 발생할 수 있음을 시사하고 있다. 폴 포트, 히틀러, 스탈린 정부의 실패는 한편으로는 정치의 실패지만 다른 한편으로는 인간 생각과 언어의 실패가 정치를 매개로 전체 사회를 혼란으로 몰아넣은 것이다. 시장에서는 개인의 생각의 실패는 자신의 책임으로 끝난다. 그런데 정부와 정치에서는 그렇지 않다. 사회 전체를 혼란과 갈등과 가난의 수렁으로 몰아넣을 수 있다.

왜 정치와 정부의 실패는 시장에서처럼 제동장치가 없을까? 시장은 살아있는 삶의 세계다. 시장도 개념이나 이념의 영향을 받는다. 그러나 정치만큼은 아니다.

시장에 비해 정치는 유토피아적인 이념과 추상적이고 허구적인 개념의 영향에 쉽게 노출된다. 시장에서는 의식주가 판단과 행동의 기준이지만 정치는 아니다. 단지 이념이 다르고 종교가 다르고 추구하는 가치가 다르다는 이유만으로 사람의 존엄이 무시당하는 것이 정치의 세계다. 정부정책도 마찬가지다. 남북정책, 환경정책, 원자력정책, 노동정책에서 일어나고 있는 이슈들은 경제적인 이해나 합리적인 대화를 통하여 해결하는 것이 쉽지 않다. 이미 각자의 정답은 정해져 있고 여기서 물러서는 것은 양보와 타협이 아니라 처참한 패배를 의미한다고 생각하기 때문이다.

상세한 논의는 뒤로 미룬다. 대신 한 가지는 여기서 다시 강조하고자 한다. 정치와 정부를 이용할 때 발생하는 거래비용은 정치경제학이나 공공선택론 등 사회과학적인 논의를 벗어난다는 점이다. 이런 이유로 정치학, 경제학, 사회학 등 사회과학도들은 이 문제에 대해 제대로 이해하고 설명하는 것조차 쉽지 않았다. 이 책이 서두에서부터 계속 철학적인 논의를 포함할 수밖에 없는 것은 이런 이유 때문이다. 정부와 정책의 실패 위험에 관한 논의는 제4부에서 상세하게 다룬다.

제 7 장

질서의 공급

제 1 절 질서의 의미와 형성 원리

1 질서의 의미

교통 질서, 공공 질서, 사회 질서, 법 질서, 국제 질서, 시장 질서, 경쟁 질서, 경기장 질서, 어떤 분야, 어떤 장소, 어떤 시대이든 질서가 있다는 것은 바람직하다. 좋은 상태고 사람들이 원하는 상태다. 만일 이런 상황들이 무질서에 빠지면 어떻게 되겠는가? 교통은 혼잡을 금치 못하며, 사회는 무법적이고 야만적인 상황에 빠질 것이며, 국가 간에는 전쟁과 충돌이 끊이지 않고, 시장에서는 온갖 종류의 기회주의적인 행동이 난무하며, 기업들은 서로에게 상처를 주어 모두가 공멸하는 상황에 빠질 수 있을 것이다. 아마도 사회세계는 심각한 혼란과 갈등 속에 빠져들 것이다.

제2장에서 살펴본 것처럼 인간은 균형을 원한다. 안정되고 평화로운 상태를 본능적으로 선호한다. 설사 자극적이고 새로운 것을 추구하더라도 이 역시 안정적이고 질서가 잡힌 사회상태를 유지할 때 더 다양한 방법으로 시도할 수 있을 것이다. 또 지배적이고 우월한 어떤 것을 얻고자 하는 감정도 사회구성원 다수가 공감하는

사회 질서를 바탕으로 달성된다면 개인뿐 아니라 사회적으로도 바람직한 것이 될 수 있다. 무엇을 원하든 질서 있는 사회는 인간이 원하는 것을 사람들이 함께 달성할 수 있는 기반이 된다. 즉, 인간의 생존을 위해서도 필요하고 서로 간의 협력을 위해서도 필요하며 사회의 발전을 위해서도 질서는 필요하다. 질서의 문제가 인류사적인 고민이 되어 온 것도 바로 이런 이유 때문일 것이다. 인간에게는 소중하지만 이를 달성하는 것이 쉽지 않기 때문이다.

질서란 사전적으로는 '혼란 없이 순조롭게 이루어지게 하는 사물의 순서나 차례'(네이버 국어사전)를 의미한다. 어떤 규칙을 형성하고 이를 준수할 때 발생하는 것이 질서다. 혼란 없이 시장거래가 가능하고, 혼란 없이 일상적인 공동체적인 삶이 가능하고, 혼란 없이 정치 권력의 계승이 가능한 것을 의미한다. 어떤 일이 부드럽게 갈등과 대립이 없이 순조롭게 이루어지고 처리될 수 있을 때 달성되는 것이 질서다.

질서의 부재는 여러 가지 사회 문제의 근원으로 작용한다. 질서가 부재한다는 것은 내가 질서를 위해 협력하더라도 상대방은 협력하지 않을 가능성이 많다는 것을 의미한다. 이런 상황이 반복되면 사람들 간에 상호 불신이 커질 것이다. 사람들이 질서를 지키지 않으므로 질서를 지키는 사람이 오히려 손해를 보는 일이 일어나고, 사회는 점점 더 큰 무질서로 빠져들 수 있다. 상대를 믿기 어려우므로 사람들이 서로 협력할 경우 달성할 수 있는 많은 기회들이 사라진다. 서로 협력하면 모두가 윈-윈(win-win)할 수 있는 조직이 특정인의 기회주의적인 행동으로 붕괴될 수도 있다. 사회구성원들이 스스로 질서를 형성하지 못할 경우, 질서 수립을 빌미로 정부의 강제력과 통제력은 강화될 가능성이 높아진다. 강한 정부는 개인의 자유를 억압하는 데도 얼마든지 강력할 수 있다. 결국, 사회가 권력의 지배 하에 놓이고, 자유로운 질서에서 자율적으로 자랄 수 있는 혁신적이고 창조적인 조직이나 사회활동은 기대하기 어렵게 된다.

철학과 사회과학은 궁극적으로는 질서에 관한 학문이다. 플라톤(Platon)은 『프로타고라스(*Protagoras*)』에서 왜 산수는 학교에서 배울 수 있는데 미덕은 학교에서 배울 수 없느냐는 질문을 던지고 있다(Hamilton & Cairns, 1989: 318). 홉스(Thomos Hobbes)가 리바이어던(Leviathan)과 같은 강력한 정부를 제안한 것도 사람들이 스스로는 질서를 형성하기 어렵기 때문이고, 애덤 스미스가 『도덕감정론』에서 고민하는 것도 자유로운 경제를 가능하게 하는 자율적인 질서를 뒷받침할 도덕이다. 무질서할 때, 경제도 무너지고, 정치도 무너질 수밖에 없다. 결국, 사람들은 가난해지고 국가는 혼란에 빠진다.

2 일상에서의 학습

인간에게 소중한 만큼 사람들은 역사적으로 다양한 종류의 질서 장치를 고안하거나 다양한 대상을 질서의 근간으로 이용해 왔다. 정부와 법에 의한 질서가 사회질서의 중심적인 역할을 하기 시작한 것은 근대적인 현상이다(로렌스 M. 프리드만, 2006). 즉, 정부가 법을 제정하고 집행하는 역할을 담당하기에 앞서 사회구성원들은 자기 스스로 나름의 방법을 발전시켜왔다. 따라서 질서의 수립에서 정부의 역할을 이해하려면 이에 앞서 사람들이 스스로 발전시켜 온 질서에 대해 이해할 필요가 있다.

이론적으로 생각하지 말고, 지금 우리가 일상의 삶을 살아가는 중에 무엇인가 당연히 지켜야 한다고 생각하는 것들이 있지 않는지, 이런 것들이 어디에서 온 것인지 생각해 보자. 질서의 가장 기초적인 토대는 일상의 삶이다. 일상의 삶 속에서 자연스럽게 어떤 규범이 만들어질 수 있고, 이런 규범에 의지하여 질서가 형성될 수 있다. 법으로 규정되어 있는지는 알 수 없지만 그럼에도 불구하고 당연히 지켜야 한다고 생각하는 것들이 일상의 삶 속에서 자연스럽게 형성되고, 자연스럽게 학습되고, 자연스럽게 행동의 규칙으로 내재화되고 습관화될 수 있다(사공영호, 2014b). 가령, 내가 우리 가족의 일원이면서 동시에 이 사회의 구성원으로서 지켜야 할 최소한의 규칙들은 내가 성장하는 과정에서 내가 굳이 배우려고 의도하지 않아도 이미 학습되어 내 사고와 행동의 일부를 이루고 있다. 물고기들이 물에서 살면서 헤엄치는 법을 삶 속에서 배우는 것과 같다.

예를 들면, 나는 두 아들의 아버지로서 아이들을 위해 내가 해야 할 것이 있고 지켜야 할 것도 있다. 폭력을 가해서는 안 되며, 이들의 생계를 책임지고 교육에 힘써야 할 의무가 있다. 한 여인의 남편으로서 이 사람을 위해 해야 할 것도 있고 지켜야 할 것도 있다. 동등한 인격체로서 서로의 의사를 인정하고 존중해야 하며,

부정한 행동을 해서는 안 된다. 어디서 배웠는지는 정확히 알 수 없지만 가족들을 위해 내가 담당해야 할 의무가 있고 지켜야 할 규칙도 있다. 또 나는 한 조직의 구성원이다. 이 조직의 일원으로서도 나는 지켜야 할 것들이 있다. 내게 주어진 일에 최선을 다하는 것은 물론 조직에 해가 되거나 조직의 명예에 누가 되는 일을 해서는 안 된다. 내가 함께 살고 있는 주거공동체의 주민들과 지역공동체의 주민들을 위해서도 내가 지켜야 할 것들이 있다. 주차 질서도 지켜야 하고, 층간소음도 조심해야 한다. 나는 이런 규칙들을 지키기 위해 특별한 노력을 별도로 기울이지 않는다. 별 어려움 없이 이런 행동 규칙들을 준수할 수 있다. 이런 것들은 어디에서 오는가? 우리의 일상의 삶이 이런 행동 규범의 자생적인 발전의 근원이다. 삶 속에서 삶을 살아가는 중에 우리가 함께 우리 자신도 잘 모르는 사이 어떤 공동의 질서와 행동의 방식을 형성해 가는 것이 사회공동체다. 즉, 우리 자신과 사회세계는 서로가 서로를 함께 형성하며 변해간다. 내가 속한 이 사회세계와 나 자신은 뗄 수 없는 관계로 얽혀 있다.

좀 더 생생한 예를 생각해 보자. 아침에 집 주변을 산보를 하다가 우연히 어떤 사람과 마주쳤다고 하자. 그런데 상대방이 나를 쳐다보고는 살짝 웃음을 지어 보였다고 하자. 이때 내가 못 본 채 하면 그의 웃음은 무의미한 행동이 될 것이다. 그런데 나도 살짝 고개를 숙이며 마주쳐 지나갔다고 하자. 내가 이렇게 반응하면 그의 행동은 무언의 인사가 된다. 즉, 상대의 행동의 의미나 가치는 내가 거기에 어떻게 반응하느냐에 따라 달라진다. 만일 어떤 사람의 행동에 대해 주변에 있는 많은 사람들이 격려하면 어떻게 되겠는가? 그 사람은 그런 행동을 익히게 되고, 나중에는 이런 행동을 당연시할 것이다. 이런 행동을 하는 사람이 많아지면 그것은 그 사회에서는 당연한 행동의 방식으로 자리를 잡을 것이다. 즉, 어떤 규범이나 행동의 예절이 우리의 일상의 삶과는 상관이 없는 어떤 절대적인 규칙으로 미리 주어져 있는 것이 아니다. 우리가 함께 만들어간다.

3 미러 뉴런에 기초한 공감과 상호적 질서 형성

뇌과학자들에 의하면, 인간은 상대의 느낌이나 감정을 의도적인 노력이 없이도 공감할 수 있는 특별한 능력을 가지고 있다. 인간의 뇌가 가지고 있는 미러 뉴런(mirror neuron)이 이를 가능하게 한다(장대익, 2013). 스미스 역시 『도덕감정론』에서 자유로운 질서의 자생적 발전을 가능하게 하는 근원은 인간의 공감 능력에 있음을 지적한 바 있다. 심리학자들이 설명하는 인간이 가지고 있는 감정 이입 능력 역시 미러 뉴런에 근거하여 설명할 수 있다. 유사한 상황에서 내가 느꼈던 감정적 경험(예: 슬픔)에 기초하여 상대방의 감정(슬픔)을 이해하는 방법이 감정 이입이다. 그런데 뇌과학자들은 굳이 유사한 경험이 없어도 나의 뇌가 가지고 있는 미러 뉴런의 인지 능력에 의하여 상대의 감정을 내가 느낄 수 있다고 설명한다.1)

미러 뉴런이란 간단히 말하면, 상대를 보는 순간 상대가 가진 느낌을 나 자신도 거울처럼 복사해서 느끼게 하는 신경세포다. 우리가 혼자가 아니라 함께 살아갈 수 있는 것도 미러 뉴런 덕분이다.

그림 7-1 고흐의 신발 한 켤레(A Pair of Shoes)

1) 한편, 현대 뇌과학(neuroeconomics)자들은 이런 능력이 옥시토신이라는 호르몬과 관련되어 있다고 설명하고 있다. 옥시토신은 또한 상대에 대한 믿음과 감정의 이입 및 상호협력적인 행동에도 긍정적인 영향을 미친다고 설명한다(Paul Zak, 2011, Trust, moralty and oxiton, TED lectures 외 참고).

[그림 7-1]을 보자. 어떤 느낌이 드는가? 이 그림이 단지 신발 한 켤레인 것으로만 보이는가? 혹시 이 신발을 신은 사람의 일상에 대해 느껴지는 것이 없는가? 이 그림을 그린 고흐가 진정으로 보여주고자 하는 것은 이 신발 자체가 아니라 이 그림에서 느낄 수 있는 그런 삶의 모습일 것이다(Heidegger, 1971: 35). 단지 그림을 보고 어떻게 어떤 느낌을 가질 수 있는가? 그것이 바로 미러 뉴런의 역할이다. 상대의 느낌을 나 자신도 느끼게 하는 것이다. 이미 세상의 어떤 측면, 다른 사람의 어떤 부분을 나도 알 수 있게 만든다.

상대방의 고통을 나도 느낄 수 있다면 이런 행동은 하지 않으면 된다. 이런 행동을 서로가 자제하면 공동체가 서로에게 불편과 해를 끼치지 않으면서 함께 살아갈 수 있는 방법도 찾을 수 있다. 어떤 사회나 나름의 자생적인 관습이나 규범을 형성하고 있는 것은 바로 이런 상호 이해의 능력에 기초하고 있을 것이다.

4 종교와 공동의 이해

역사적으로 보면, 인류에게 가장 전통적인 질서의 근원이 되었던 것은 종교다. 전 세계 인구의 약 70%가 어떤 종류이든 종교에 의지하여 살아가고 있다. 유대인들이나 이슬람인에게 있어 종교는 삶 그 자체다. 유럽과 미국 역시 기독교의 영향을 제외하고는 그들의 역사를 설명하는 것이 불가능하다(아놀드 토인비, 2006).

질서의 또 다른 근원은 공통의 이익이다. 예를 들어, 기업, 대학, 병원과 같은 각종의 사회조직들은 거기에 참여하고 있는 사람들의 공동 이익을 목표로 한다. 즉, 기업이 성공하면 투자자, 주주, 경영인, 근로자, 기술자 등 많은 사람들이 이 기업 성공의 이익을 공유한다. 그런데 이런 이익은 서로가 협력하면서 조직 내적인 질서를 유지할 수 있을 때 안정적으로 달성될 수 있다. 이런 점에서 기업을 비롯한 각종의 사회조직들은 사회구성원 간의 질서와 협력을 이끌어내는 데 중요한 역할을 한다. 서구 사회가 발전할 수 있었던 것은 이와 같은 각종의 사회조직들이 자생적으로 발전할 수 있었기 때문이다.

5 법과 정부

대규모 도시를 형성하고, 서로에 대해 잘 알지 못하는 사람들이 함께 모여 살아가는 현대 사회에서는 정부가 만든 법과 정부에 의한 법의 집행이 중요한 질서의 일부가 되고 있다. 정부가 질서 수립의 핵심 주체로 등장한 데는 여러 가지 이유들이 있다. 우선, 대의민주제적인 방법을 채택하여 의사결정비용을 줄일 수 있다. 결정내용을 법으로 공포하면 사회구성원들이 공유하는 것도 용이하며, 또한 내용이 무엇인지 알기도 쉽다. 적절한 집행조직을 갖추면 질서를 확보할 가능성도 높아질 수 있다. 물론 여러 가지 문제점들도 발생할 수 있다. 이 점에 대해서는 다시 논의한다.

제 2 절 질서의 사회적 가치

1 이기적 행동의 사회적 결과: 죄수의 딜레마 게임

각 개인이 각자 자신의 이익만을 추구하면 사회세계는 어떻게 될까? 어떤 경우에는 사회 전체적인 국부의 증가에 도움이 될 수 있다. 애덤 스미스에 의하면, 개인은 자신의 이익을 추구하지만 그럼에도 "보이지 않는 손"에 의하여 사회적으로는 부의 성장을 가져올 수 있다. 즉, 각 기업과 각 개인들은 각자가 자신의 이익을 위하여 경제활동을 한다. 그런데 각 경제주체들은 자신의 이익을 추구하지만, 시장거래가 정상적으로 이뤄진다면 거래에 참여한 소비자도 이익을 얻고 생산자도 이익을 얻는다. 파레토 개선을 생각해 보면 쉽게 이해할 수 있다. 이런 상황에서는 개인의 이익 추구가 사회적으로는 국부의 증가를 가져온다. 물론 이런 일이 언제나 가능한 것은 아니다. 스미스는 시장 질서를 가능하게 하는 "도덕 감정"을 평생 연구하였고, 이기성만 추구하는 행동은 자율적인 질서의 수립에 방해가 될 수 있다는 점을 경고하기도 하였다.

그런데 존 내쉬(John Nash)는 어떤 경우에는 개인의 자기 이익 추구가 사회전체의 이익 실현에 오히려 방해가 될 수 있음을 보여 주고 있다. 이것이 그가 노벨 경제학상을 받은 이유다.2)

표 7-1 죄수의 딜레마

		갑	
		자백 않음	자백함
을	자백 않음	(−1, −1)	(0, −10)
	자백함	(−10, 0)	(−5, −5)

<표 7−1>은 범죄현장에서 경찰에게 채포된 공범 갑과 을이 선택할 수 있는 행동과 각각의 행동에 따른 결과를 나타낸 것이다. 갑과 을은 별도의 방에 수감되어 심문을 받고 있다. 그런데 경찰은 이 피의자들이 매우 심각한 중범죄를 범한 사실을 추궁하고 있다. 만일 갑과 을이 모두 나머지 죄에 대하여 입을 열지 않으면 (−1, −1)의 처벌을 받게 된다. 즉, 양자가 공히 1년씩의 징역형을 살 것으로 예상된다. 그런데 어느 한쪽이라도 여죄를 자백하면 상황은 완전히 달라진다. 여죄를 자백한 피의자는 수사에 협조했다는 이유로 석방될 수 있기 때문이다. 단, 두 사람이 모두 여백을 자백했을 때는 수사에 협조한 것이 아니라 단지 자신들의 여죄가 밝혀진 것으로 취급하여 각각 5년형(−5, −5)을 선고받는다. 이런 상황에 대하여 다음의 질문에 답해 보자.

① 이 상황에서 갑과 을 모두에게 최선의 상황은 어떤 것인가?

② 갑과 을이 오로지 자신의 이익을 기준으로 행동한다고 가정하자. 을이 자백을 할 때, 갑에게 더 유리한 전략은 자백을 하는 것인가 아니면 자백을 하지 않는 것인가?

③ 을이 자백하지 않을 때, 갑에게 더 유리한 전략은 자신도 자백을 하는 것인가 아니면 자기는 자백을 하지 않는 것인가?

④ ②와 ③을 고려할 때, 갑에게 최선의 선택은 무엇인가?

2) 안타깝게도 내쉬는 2015년 미국 뉴저지에서 택시 사고로 사망하였다.

⑤ 갑이 자백을 할 때, 을에게 더 유리한 전략은 자신도 자백을 하는 것인가 아니면 자기는 자백을 하지 않는 것인가?
⑥ 갑이 자백하지 않을 때, 을에게 더 유리한 전략은 자백을 하는 것인가 아니면 자기는 자백을 하지 않는 것인가?
⑦ ⑤와 ⑥을 고려할 때, 을에게 최선의 선택은 무엇인가?
⑧ 갑과 을이 모두 자기 이익을 기준으로 행동하면 두 사람은 어떤 상황에 빠지는가?

① 이 상황에서 갑과 을 모두에게 최선인 상황은 둘 다 여죄를 자백하지 않는 것이다. 이렇게 하면, (−1, −1)의 처벌을 받는 것으로 마무리할 수 있다. 이 처벌이 두 사람이 받을 수 있는 처벌 중에서는 가장 약하다. 이런 점에서 최고의 선택이다.
② 만일 갑과 을이 오로지 자신의 이익을 기준으로 행동한다면, 을이 자백을 할 때 갑 역시 자백해야 한다. 자백하지 않으면 자신의 여죄가 밝혀져서 10년형을 받게 되지만 자백하면 5년형에 그친다.
③ 을이 자백하지 않을 때도 갑은 자백하는 것이 유리하다. 자신은 전혀 벌을 받지 않고 석방될 수 있다.
④ ②와 ③을 고려할 때, 갑은 을이 어떤 행동을 선택하든 자신은 자백하는 것이 유리하다.

을의 입장에 대해 생각해 보자.
⑤ 갑이 자백을 한다면, 을도 자백하는 것이 유리하다. 그렇지 않으면, 자신의 여죄가 밝혀져 10년형을 받게 된다. 자백하면 5년형이 된다.
⑥ 갑이 자백하지 않을 때도 을은 자백하는 것이 유리하다. 곧바로 석방될 수 있기 때문이다.
⑦ ⑤와 ⑥을 고려할 때, 을에게 최선의 선택은 갑이 어떤 행동을 선택하든 자신은 자백을 하는 것이다.
⑧ 갑과 을이 모두 자기 이익을 기준으로 행동하면 두 사람은 모두 여죄를 자백하는 선택을 한다. 그런데 이렇게 선택한 결과로 두 사람은 각각 5년형을

선고받는다.

①과 ⑧을 비교해 보자. 두 사람에게 가장 유리한 상황은 두 사람이 각각 1년씩 합하여 2년형을 선고받는 것이다. 그런데 각자가 자기 이익을 기준으로 행동한 결과 두 사람은 각 각 5년씩 합해 10년형을 선고받게 된다. 죄수의 딜레마 게임의 가장 중요한 시사점은 사회구성원들이 각자 자기만의 이익을 기준으로 행동하면 사회 전체의 복지를 오히려 해친다는 것이다. 개인의 이익추구가 갑, 을 두 사람으로 구성된 공동체든 더 많은 사람들로 구성된 공동체든 공동체 전체의 이익을 오히려 해친다는 것이다.

2 주변에서 일어나는 죄수의 딜레마

우리 주변에서 이런 일은 흔히 관찰할 수 있다. 가령, 교통 신호를 생각해 보자. 다른 사람들이 모두 교통 신호를 지키는 상황에서 나만 어기면 나는 기다리는 시간을 절약할 수 있다. 그런데 너도나도 신호를 어기고 교차로에 끼어든다면 어떻게 될까? 모두가 오도 가도 못하는 상황에 처할 수 있다. 함께 질서를 지킬 때에 비해 오히려 더 극심한 정체가 유발될 수 있다. 도심의 상가 지역에서 누군가가 자신의 가게가 잘 보이도록 하기 위해 네온사인이 반짝이는 대형 광고판을 설치했다고 하자. 다른 가게들이 옛날식의 간판을 유지한다면 손님 끌기에 성공할 수도 있다. 그런데 너도나도 이런 간판으로 바꾸면 어떻게 되겠는가? 간판으로 가득 차 뭐가 뭔지 찾기가 더 어려운 혼란스러운 골목으로 변할 것이다. 모두가 더 많은 비용을 지불하지만 그로 인한 해택을 기대하기는 어려운 상황이 될 수 있다. 마을 앞에 공동의 어장이 있다고 하자. 만일 사람들이 치어를 잡지 않고 조업 기간과 조업 방법을 준수하면서 어족 자원을 잘 관리한다면, 이 어장은 마을 사람들에게 안정적인 어업 구역을 제공할 수 있다. 그런데 누군가가 먼저 저인망식 어구를 동원하여 치어까지 잡기 시작하고, 또 이런 사람들이 늘어나면 어떻게 되겠는가? 어장은 황폐화되고 말 것이다. 내 아이를 위해서 어떤 학부모가 촌지를 건넸다고 하자. 나 혼자일 때는 효과가 있을지 모른다. 그런데 이런 소문이 나면서 너도나도 촌지를 건네면 어떻게 되겠는가? 돈은 많이 쓰지만 별로 효과는 없을 수도 있다. 이 뿐이 아니다. 스미스가 설사 사적인 이익을 추구하더라도 작동할 수 있다고 주장하는 시장도 만일 시장참여자들이 정상적인 상거래가 불가능할 정도로 기회주의적인 행동을 일삼으면 이 역시 정상적으로 작동하지 않을 수 있다.

3 정치에서 발생하는 죄수의 딜레마

만일 정치에 참여하고 있는 사람들이 각자 자신의 이익만을 앞세우면 정치 역시 죄수의 딜레마 상황에 빠질 수 있다. 예를 들어, 유권자들은 정치에 대하여 소위 '합리적인 무지(rational ignorance)'를 선택할 수 있다. 정치에 대하여 전혀 무관심하고 유권자로서 담당해야 할 정치적인 의무는 외면한다. 선거에서도 유능한 후보자를 뽑기 위해 관심을 기울이는 대신 금품이나 향응을 제공하거나 또는 연고가 있는 사람에게 투표할 수 있다. 정치인들도 다양한 방법으로 자신과 자기 정당의 이익을 추구할 수 있다. 선거에서는 정책 경쟁을 하는 것이 아니라 상대방을 헐뜯는 흑색 선전과 과잉 복지와 같은 선심 공약으로 유권자를 현혹할 수 있다. 국가부도의 혼란을 겪고 있는 그리스 정치인들은 "국민이 원하는 것은 다 내줄 것이라."는 공약을 내세우고 대학을 가지 못한 고교졸업생은 국비로 해외 유학까지 보내는 퍼주기식 복지정책을 남발했다(조선일보, 2015.7.6). 선거가 이런 식으로 진행되면 능력 있고 도덕성 있는 정치인이 아니라 오로지 권력이나 지위를 위해 출마한 3류 정치인들이 당선될 가능성이 높아진다. 이렇게 선출된 정치인은 정책과정에서도 다수의 이익이 아니라 자신과 자기 당의 이익을 추구할 가능성이 높다. 자기 집단에게 유리한 정책이 결정되도록 집요하게 로비하는 이익집단과 유착할 가능성도 높아진다.

이익집단들 역시 오로지 자기 집단의 이익만을 주장할 수 있다. 이익집단이란 본래부터 구성원들의 이익을 위해 만들어진 조직이다. 하지만, 이런 이익집단이 어떤 방법으로 어떤 수준까지 자기 집단의 이익을 추구할 것인지는 해당 사회의 정치 및 경제적인 상황과 사회적인 여건에 의하여 결정된다. 국가의 영향력이 커지고 정치 권력의 역할이 커질수록 이익집단들이 소비자들의 요구에 부응하기보다는 정치와 정부에 로비하여 집단 이익을 추구할 가능성은 높아진다. 이익집단과 정치 및 정부 간의 관계가 가까워질수록 정치와 정부는 편파적이기 쉽고 부패하기 쉽다. 즉, 국민과 유권자, 정치인, 이익집단, 관료 등은 정치에 참여하고 있는 핵심 주체들이다. 그런데 이들 집단이 각자 자신들의 이익만을 추구한다면 결국 정치는 다수 사회구성원의 이익을 위한 수단이 아니라 특정집단의 정치권력 획득을 위한 수단, 특정집단의 경제적인 특혜를 위한 수단으로 전락한다. 즉, 국가 사회 전체는 도덕성의 붕괴, 재정 비효율성으로 인한 국가 채무의 급증과 같은 혼란에 빠져들 수 있다. 최근의 그리스 사태나 페론 정부에 의한 아르헨티나의 경제적 쇠퇴는 정치에 의하여 촉발된 국가 전체적 죄수의 딜레마라 할 수 있다.

4 공유재의 비극

어떤 상황에서 죄수의 딜레마가 발생하기 쉬운가? 제4장에서 공공재를 설명하면서 검토한 재화의 성격을 다시 생각해 보자. 먼저, 시장에서 이런 일이 일어날 수 있다. 그런데 시장은 질서를 지키는 것이 참여자 모두에게 이익이 된다는 점이 자생적인 질서의 수립을 가능하게 하는 유인 체계로 작동한다. 이런 상황에서는 상대의 이익을 침해하지 않는 것이 나를 위해서도 유익하다.

그런데 외부불경제 문제를 일으키는 재화는 어떤가? 이런 재화에서는 행동의 책임을 내가 지지 않는다. 즉, 강을 오염시키는 폐수를 버리더라도 그 책임은 나에게 돌아오지 않는다. 상황이 이와 같다면, 몰래 폐수를 방류할 동기가 커질 것이다. 이런 이유로 강에 폐수를 방류하는 기업들이 늘어나면 결국 그 강은 물고기들이 떼죽음 당하는 죽은 하천으로 전락할 것이다. 하천은 일종의 공유재다. 즉, 배제성이 낮고 경쟁성도 낮다. 이용하지 못하도록 하는 것이 매우 어렵다. 죄수의 딜레마와 같이 관련자들이 각자 자기 이익만을 앞세우는 일은 재화의 성격과 무관하지 않다는 것이다.

노벨 경제학상을 받은 오스트롬(Elinor Ostrom)은 『공유의 비극을 넘어(*Governing the commons*)』라는 책에서 논의하고 있는 사례들은 죄수의 딜레마 상황이 일어나는 이유를 잘 보여준다. 가령, 서해 바다를 생각해 보자. 이곳의 물고기는 일종의 공유재다. 경쟁관계에 있기 때문에 어부들이 경쟁적으로 어장으로 달려가서 물고기를 마구 잡더라도 이를 막기 힘들다. 중국 어선들이 우리 연안에 몰래 들어와서 마구잡이로 어로 활동을 하지만, 이를 단속하는 데는 한계가 있다. 그러니 남획으로 연안의 물고기는 금방 씨가 말라 버린다. 누구든 먼저 잡는 사람이 주인이므로 중국 어선까지 앞다퉈 고기를 잡는다. 하지만, 비배제적인 성격으로 인하여 이용을 제한하는 것이 쉽지 않으며, 결국 어장이 황폐화될 수도 있다. 중국 어민들뿐 아니라 한국의 어민들까지도 다 피해자가 되는 상황이 일어날 수도 있다는 것이다. 이런 재화는 많다. 산림, 지하수, 저수지의 용수, 목초지, 심지어 깨끗한 공기도 다분히 공유재의 성격을 가지고 있다.

각 개인이 자유롭게 이용하게 내버려두면 공유재는 고갈되거나 파괴되어 버리기 때문에 협력해서 집단적으로 잘 관리해야 하는 문제가 제기된다. 연안 어장의 물고기가 고갈되지 않게 하기 위해서는 근처의 지역공동체 구성원들이 협력해서 집단적으로 잘 관리해야 하고, 저수지의 물이 고갈되지 않게 하기 위해서는 인근의 지역공동체 구성원들이 서로 협력해서 저수지를 관리하고 적당량의 물만 써야 한다. 즉, 공유재는 지역공동체 구성원들의 집단적 협동을 필요로 한다는 것이다.

하지만, 이런 개인들의 자발적인 집단행동이 성공적으로 이루어지기 무척 어렵다는 것이 그간의 정설이었다. 그 이유를 논리적으로 밝힌 가장 대표적인 이론이 이른바 '죄수의 딜레마' 이론이다. 요컨대, 집단행동이 절실히 필요한 상황에서 합리적이고 이기적인 각 개인들은 다른 사람들이 열심히 협동할 것을 기대하고 자신은 슬쩍 빠져서 무임승차하려는 욕심을 가지게 되는데, 저마다 이런 생각으로 얌체 짓을 하면 결과적으로 집단행동은 성공할 수 없다는 것이다. 물론, 일부 경제학자들은 죄수의 딜레마 상황에서도 개인들 사이의 자발적 협력이 이루어질 수 있다고 주장하고 있으나, 그것은 오직 특수한 상황에서만 가능하다는 점도 수학적으로 밝혀졌다(이정전, 2010). 예컨대, 자주 만나기 때문에 안면을 몰수할 수 없는 소수의 사람들 사이에서는 자발적 협동이 가능하다는 것이다. 이와 같이 여러 이론에 의해서 개인들 사이의 자발적 협동에 입각한 집단행동이 어렵다면 어떻게 할 것인가? 많은 학자들이 정부에 의한 직접 관리를 그 대안으로 제시하였다. 그렇다면, 질서 공급자로서의 역할을 충실히 수행할 수 있는 정부는 어떤 사회나 잘 만들 수 있는가? 결코 쉽지 않다. 정부에 의하여 형성하는 질서가 과연 사회구성원들의 다양한 삶의 방식을 뒷받침하는 것은 가능하겠는가? 여기에도 상당한 문제가 발생할 수 있다.

제 3 절 죄수의 딜레마와 정부

1 죄수의 딜레마와 탈출 전략들

1) 서로에 대한 믿음과 자발적 협력

죄수의 딜레마 상황에서 탈출할 방법이 있는가? 우선, 죄수들이 경찰에 체포되기에 앞서 설사 체포되더라도 여죄에 대해서는 말하지 않기로 약속했다고 가정해 보자. 이 방법에 의하여 두 죄수가 딜레마 상황에 빠지는 것을 피할 수 있는가? 두 가지 가능성이 있다. 첫째는 각 죄수들이 상대가 약속을 지킬 것임을 굳게 믿는 경우다. 만일 상대방이 약속을 지킬 것임을 두 죄수가 모두 믿고 있다면 두 사람은 모두 여죄에 대한 자백을 하지 않을 것이다. 게다가, 이 상황은 마치 파레토 최적과 같은 상황이다. 왜냐하면, 두 사람이 공동의 목표를 위하여 서로를 믿고 협력하였을 때와 비교하면, 다른 모든 상황들은 두 사람 중 누군가에게는 더 열악한 상황을 초래하기 때문이다. 즉, 어느 쪽으로 움직이든지 누군가 한 사람은 손해를 보아야 하는 상황이 발생한다.

하지만, 이런 해법이 가능하려면 상대에 대한 믿음이 전제되어야 한다. 그런데 현실적으로는 이런 믿음의 형성이 쉽지 않다는 문제가 있다(예: 프랜시스 후쿠야마, 1996; Putnam, 1993 외).[3] 전통사회에서처럼 사람들이 소규모 마을공동체를 형성하고, 상호 관계를 지속하며 살아가고 있다면 서로에 대해 특별한 믿음을 형성할

3) 후쿠야마(Francis Fukuyama)는 중국과 한국은 전통적으로 서로가 서로를 믿지 못하는 불신이 강한 사회이며, 이런 사회에서는 서로에 대한 믿음에 기초하여 발전할 수 있는 대규모 기업 조직이 발전하기는 어렵다고 지적한다. 퍼트넘(Robert D. Putnam)은 이탈리아에 대한 연구를 통하여 사회구성원 상호 간의 믿음은 한번 깨어지면 이를 다시 구축하는 것이 결코 쉽지 않다는 점을 지적하고 있다.

수 있다. 그러나 현대 사회와 같이 수많은 사람들이 함께 상호 작용하는 과정에서는 이기심을 억제할 만한 서로에 대한 믿음이나 또는 협력 동기를 형성하는 일은 결코 쉽지 않을 수 있다(사공영호, 2014b). 이런 믿음이나 협력 동기는 일상의 삶에서의 경험에 기초한다. 일상의 삶을 영위하는 사회세계가 이런 믿음이나 협력 동기의 형성을 뒷받침할 수 있는 방식으로 작동할 것이라는 보장이 없기 때문이다. 사회구성원들이 사회적인 이익을 위하여 협력하는 일이 가능하려면 최소한의 규범이 전제되어야 한다고 오스트롬은 설명한다(Ostrom, 2010: 154). 그런데 이런 최소한의 규범의 형성은 일종의 우연에 맡겨져 있다. 즉, 우연한 이유로 삶의 기반을 차지하고 있는 종교, 우연한 이유로 처하거나 획득하게 된 자연 조건, 우연한 이유로 발전시킨 일상적인 관습과 규범이 서로에 대한 믿음과 협력 의지를 결정한다. 즉, 믿음과 협력 의지라는 조건을 안정적으로 달성할 수 있는 방법을 찾기가 쉽지 않다는 것이다.

2) 이익 추구와 내쉬 균형

둘째, 설사 미리 약속을 했지만 그럼에도 불구하고 각 죄수가 각자 자신의 이익을 추구한다면 딜레마 상황에서 벗어날 방법이 없다. 약속이란 약속을 지킴으로써 서로가 이익을 얻을 수 있을 때는 지켜질 가능성이 높아진다. 하지만, 죄수의 딜레마 상황에서처럼 약속을 어기는 쪽이 이익을 얻는다면 깨어질 가능성이 높아진다.

게다가, 상호 관계에 참여하고 있는 사람들이 각자 자신의 이익을 앞세우는 한은 어떤 경우에도 딜레마 상황에서 벗어나지 못한다. 자백을 하는 것이 각각에게는 유리하기 때문이다. 이것이 소위 '내쉬 균형' 상태다. 시장이 어떤 상황에 있든 궁극적으로는 스스로 수요과 공급이 만나는 균형점을 찾아가듯이 이와 같은 상황에서는 딜레마 상황에 빠질 수밖에 없기 때문에 이를 '내쉬 균형'이라 부른다. 즉, 각자가 자기 이익을 추구하는 한은 필연적으로 이런 상황에 빠진다는 것이다. 오스트롬이 자발적인 협력 행동의 근원을 연구하면서 결과적으로는 최소한의 규범이 전제되어야 한다는 결론에 도달하는 것도 이 때문이다. 인간이 이기적인 한은 모두에게 열악한 상황에 빠질 수밖에 없고, 이 상황에서 벗어나려면 상대의 행동에 협력하는 규범이 선행되어야 하기 때문이다.

이런 상황에서는 전체의 이익에 협력하는 사람이 오히려 손해를 본다는 점도 딜레마 상황에서의 탈출을 어렵게 한다. 즉, 다수가 신호등을 지키지 않는데 나만 지키고 있으면 나만 손해를 본다. 나도 신호를 어겨야만 그나마 조금이라도 빨리 갈 수 있다. 다른 업소들이 중국 농산물을 국산으로 속여서 팔고 있는데 나만 정직하게 장사를 하면 오히려 내가 망할 수 있다. 다른 기업들이 정부 공사를 수주하기 위해 담합을 하고 있는데 나만 여기에 참여하지 않으면 결국 손해를 보는 것은 나다. 즉, 다수의 경쟁자들이 기회주의적인 행동을 하고 있다면 나도 여기에 동참하는 것이 그나마 나의 손해를 줄이는 길이다(사공영호, 2014c).

딜레마 상황에서 탈출하는 것이 왜 쉽지 않은지를 잘 보여주는 것이 여성 할례다.[4] 여성 할례는 여성들에게 상당한 고통과 생명의 위협이 됨에도 계속되고 있다. 세계보건기구(WHO)에 따르면, 여성 할례는 아프리카와 중동의 28개국에서 행해지고 있다. 수단, 이집트, 소말리아, 에티오피아 등에서는 여성들의 80~90%가 할례를 받고 있다. 문제는 하루에만 6,000명 정도의 여자 아이들이 할례를 받고 있으며, 이 과정에서 죽음의 위기에 내몰리고 있다는 것이다. 케냐는 1990년에 일부 형태의 여성 할례를 금지했으나, 64지역 중 49곳에서 여전히 여성 할례가 행해지고 있다(Wikipedia 참고). 모든 여성들에게 상당한 고통을 주는 이 관습은 어떻게 계속될 수 있을까? 대부분의 여성이 이를 수용하고 있는 상황에서 나만 이를 거부하면 이 사람은 용기 있는 사람이 될 수는 있을지 모르나 사회적으로는 차별과 지탄의 대상이 되기 때문이다. 이런 상황에서 내가 사회의 일원으로서 인정받는 방법은 그 관습을 수용하는 길뿐이다.

3) 오메르타 규칙: 제3자의 개입

서로에 대한 협력 동기나 믿음을 인위적으로 형성하는 것도 쉽지 않고, 개인의 이기심을 전제하면서 자발적인 협력에 의해 딜레마 상황에서의 탈출을 기대하기도 쉽지 않다. 그렇다면, 더 이상의 방법은 없는가? 당사자들이 스스로 해결하지 못한다면 제3자가 개입하는 방법이 있다. 마피아의 해법을 예로 들면 이런 것이다. 이

4) 여성의 성년의식 중 하나로 여성 성기의 음핵 표피만을 제거하는 시술에서부터 표피, 음핵, 소음순, 대음순 등을 모두 제거하는 시술까지 방식은 다양하다. 여성 할례에 대한 정확한 기원은 알려지지 않았지만 학자들은 대략 5천 년 전부터 시작되었다고 주장한다.

탈리아 출신 마피아들에게는 오메르타(omerta)라는 내부 규칙이 있다. 흔히, 마피아 십계명이라고도 불리는 침묵의 규칙이다. 어떤 경우에도 수사기관에 다른 마피아 조직이나 또는 동료 조직원의 범죄에 대해 발언해서는 안 된다. 다른 마피아에게 원한이 있을 경우 상대방에게 물리적인 보복을 가할 수는 있다. 그러나 이런 경우에도 상대에게 보복하기 위하여 상대의 범죄 혐의를 경찰에 알려서는 안 된다. 이 규칙을 어길 경우는 죽임을 당한다(Wikipedia 참고). 남부 이탈리아와 미국에서 마피아들이 위세를 떨칠 수 있었던 중요한 이유가 바로 이 규칙 때문이다. 동료 마파아들이 수사에 전혀 협조하지 않았기 때문에 범죄를 입증하고 처벌하는 것이 어려웠던 것이다.

질서 문제에 대한 정부개입은 바로 오메르타 규칙 위반자의 처벌과 같은 일종의 제3자 개입에 해당한다. 당사자들이 스스로 해결하지 못하고 있으니 정부가 나서서 규칙을 수립하기도 하고, 또 규칙 위반자를 적발하고 처벌하는 역할을 담당해야 한다는 것이다.

2 정부개입의 필요성

질서 문제에 왜 정부가 개입해야 하는가? 그렇지 않으면, 사회가 죄수의 딜레마와 같은 상황에 빠질 수 있기 때문이다. 마피아 비유를 응용하자면, 오메르타와 같이 다수의 이익에 합치되는 규칙을 결정하고 집행할 수 있는 제3의 개입을 인정하는 것이다. 경찰에게 심문을 받는 죄수들이 자기 이익을 쫓지 않고 공동의 이익에 협력하였던 것은 자기 이익을 앞세울 경우 이를 처벌하는 제3자가 있기 때문이다. 마찬가지로 정부를 수립하여 다수의 이익에 합치되는 질서를 수립하고, 또 이 질서를 위반하는 사람을 감시하고 처벌하는 역할을 부여하는 방법으로 죄수의 딜레마와 같은 상황을 벗어날 수 있다는 것이다.

가령, 도로교통법을 정하고, 교통경찰을 배치하여 위반자를 단속하고 처벌하는 방법으로 교통 질서를 바로 잡을 수 있다. 공유재 문제에 대해서도 정부가 규칙을 정하고 위반자를 처벌하는 방법으로 이런 재화의 고갈 위험을 줄일 수 있다.

제 4 절 정부에 의한 질서의 한계

1 질서를 빙자한 공권력의 횡포

미국에서 경찰의 법 집행력은 다른 어떤 나라와 비교할 수 없을 정도로 강하다. 무기의 소지가 법적으로 허용되어 있고, 다양한 인종이 섞여 있어 질서 유지에서 경찰의 역할이 그만큼 중요하기 때문이다. 그런데 이처럼 강력하고 엄격한 경찰에 의한 질서 유지는 미국인들에게 상당한 희생을 요구하고 있다. 미국의 소리(Voice of America, 2015.7.)에 따르면,[5] 2015년 1월부터 5월까지 경찰관에 의해 사망한 사람은 385명이며, 2014년에는 거의 1천 명이 경찰의 총에 맞아 목숨을 잃었다. 사망자의 80%는 무장상태였지만 49명은 무기를 가지고 있지 않았다. 즉, 더 강력한 정부는 우리의 생명을 지키는 데도 강력하지만 우리에게 해를 가하는 데도 강력할 수 있다. 박정희 정부는 강력한 경제개발정책을 실시하여 한국을 가난에서 건져냈다. 하지만, 정부의 정당성이나 정책에 도전했던 많은 사람들이 억울하게 고초를 겪어야만 했다. 이라크의 사담 후세인(Saddam Hussein) 정부는 내부적으로는 종족 및 종파 간의 갈등을 완화시키면서 사회 질서를 수립하는 데 성공했다. 그러나 권력을 유지하기 위해 반대세력에게는 무자비한 폭력을 가했고, 퇴진을 요구하는 시위도 무력으로 진압했다. 즉, 국민의 적절한 통제를 받으면서 민주적으로 작동하는 정부를 수립하는 일은 결코 간단한 일이 아니라는 것이다.

2 공유재 문제에 대한 정부개입의 한계

공유재 문제에 대한 정부개입 역시 성공한다는 보장이 없다. 이 문제를 연구했던 오스트롬(오스트롬, 2010)은 정부의 실패 사례를 다수 발굴하였을 뿐만 아니라 그 원인도 밝혀냈다.[6] 각지에 흩어져 있는 공유재는 저마다 독특한 특성을 가지고

5) http://www.voakorea.com/content/us–police–shootings/2802009.html 참고.

6) 오스트롬 연구에 관한 아래 내용은 다음 글 참고. 이정전(2010). "노벨상 수상자의 경고 '4대강 비

있다. 그 특성을 잘 알아야만 관리를 잘할 수 있다는 것은 상식이다. 하지만, 각처에 흩어진 그 많은 공유재의 특성에 관하여 정부가 세세한 정보를 획득한다는 것은 사실상 불가능하다. 따라서 정부에 의한 공유재의 직접 관리는 실패할 수밖에 없다. 더구나 정부의 정책이나 규제는 획일적이라서 현장의 현실과 동떨어질 수밖에 없고 그래서 현지인의 협조도 얻기 어렵다. 더욱 더 큰 문제는 인원과 예산의 제약 때문에 그 많은 공유재를 제대로 관리하지도 못한다는 것이다. 심지어 대대로 지역공동체들이 자치적으로 잘 관리해오던 공유재가 국유화 이후 집행 능력 부족, 감시 소홀, 부패 등의 요인 탓으로 오히려 접근 자유의 공유재로 변해버림으로써 더욱 황폐화된 사례도 있다.

경제학자들은 공유재의 사유화를 주장한다. 예를 들어서, 공유화된 목초지가 결국 황폐화된다면 그 목초지를 갈라서 개인에게 분양하면 되지 않느냐는 것이다. 하지만, 오스트롬이 조사한 바에 의하면, 이들은 사유화된 공유재의 관리 및 유지에 소요되는 비용을 과소평가하는 실수를 범하고 있다. 예를 들어서, 마을이 공유하던 목초지를 개인들에게 분양한다면 우선 울타리를 치고 도둑을 감시하는 비용부터 치러야 한다.

어장이나 목초지의 예에서 보듯이 공유재 이용자들은 상호의존 관계에 있는데, 공유재 관리의 성패 여부는 이러한 상호의존 관계의 구성원들이 '독자적으로 행동하는 상황'으로부터 '상호 조율된 전략을 채택하도록 하는 상황'으로 어떻게 변화시킬 수 있느냐의 여부에 따라 달라진다. 오스트롬은 공유재에 대한 사례 분석을 통해서 공통적 요인들을 뽑아내고 이를 지역공동체에 의한 성공적 공유재 관리 제도의 구성 원리로 제시하였다. 그는 이를 '디자인 원리'라고 표현하면서 8가지를 제시하였다. 그 핵심은 우선 공유재 이용자들이 행동 규칙을 자발적으로 정해야 한다는 것이다. 이 규칙은 개인이 공유재를 이용하는 방법뿐만 아니라 이를 유지하고 관리하는 책임을 분담하는 방법에 대한 것까지 포함한 포괄적인 것이다. 물론, 이 규칙은 현지의 사정에 적합한 것이어야 하며, 현지인들이 참여해서 완전히 합의한 것이어야 한다고 주장한다.

여기에서 중요한 것은 이렇게 만들어진 규칙의 집행이다. 기존의 이론들이 집단행동에 비관적 견해를 표명하였던 이유는, 설령 규칙을 성공적으로 만들어도 이

극을 피하려면; 엘리너 오스트롬의 <공유의 비극을 넘어>", 프레시안, 2010.9.17.

를 집행하는 것 자체가 딜레마를 안고 있다는 것이었다. 이기적이고 합리적인 개인은 다른 사람들만 이 규칙을 지키고 자기는 몰래 위반함으로써 무임승차 이익을 얻으려하기 때문이다. 오스트롬이 특히 강조한 것은, 성공한 공유재 자율 관리 조직들이 이 규칙의 준수를 감시하고 위반을 제재하는 나름대로의 매우 효과적인 방법을 개발하고 실시하고 있다는 점이다. 여기에는 구성원들 사이의 분쟁을 해결하는 방법도 포함된다. 통상 감시, 제재, 분쟁 해결에는 많은 비용이 소요되지만, 성공한 공유재 자율 관리 조직들은 아주 저렴하게 실시하는 방법을 채택하고 있다는 것이다. 경우에 따라서는 외부 기관의 도움을 얻기도 하지만, 대체로 보면 규칙의 준수 여부를 서로 서로 감시하는 내부적 방법에 크게 의존한다.

하지만, 오스트롬은 정부의 개입이나 사유화 논리를 전면 배제해야 한다고 주장하지는 않는다. 경우에 따라서는 중앙정부나 지방정부의 도움이 필요하고 사유화의 논리를 활용할 필요도 있다. 중요한 것은 그러면서도 공유재 관리를 주도하는 지역공동체의 자율성을 손상시켜서는 안 된다는 점이다. 물론, 이런 성공적인 지역공동체의 자율적 공유재 관리가 하루아침에 이루어지는 것은 아니다. 수많은 세월에 걸쳐 수많은 시행착오를 거치면서 현실에 맞도록 점진적으로 개선되어 하나의 체계적 제도로 정착되고 있다는 점에 오스트롬은 특히 주목한다. 이 결과, 구성원들 사이에는 신뢰가 높아가면서 성공적 공유재 관리를 뒷받침하는 '사회적 자본'이 조성된다. 이어서 오스트롬은 실패 사례를 수집하고 분석하였다. 실패 사례에서는 위의 8가지 디자인 원리 가운데 극히 일부분만 적용되든가, 아니면 매우 허술하게 적용되어 있다는 결론을 얻었다. 결과적으로, 그는 수많은 사례 연구를 통해서 8가지 디자인 원리들이 실패 사례와 성공 사례를 가르는 기준이 될 수 있음을 보여주고 있다.

3 '함께' 창조하기의 어려움

오스트롬이 설명하는 제도 설계를 위한 8가지 원리들을 성공시킬 수 있는 사회들은 어떤 사회일까? 오스트롬의 설명을 빌리면, 사회구성원들이 오랫동안 함께 노력하면서 서로 간에 신뢰가 높아지고 공유재를 관리할 수 있는 '사회적 자본'이 조성된 사회다. 어떤 사회는 제도의 디자인 원리를 제대로 적용하지 못하는가? 이런 제도의 발전을 위해 노력하지만 결과적으로는 이런 제도를 성공시킬 만한 서로에 대한 신뢰와 사회적 자본의 형성에 실패한 사회들이다. 다시 말하면, 질서의 문제를 해결하는 데 도움이 되는 조건들은 있다. 그런데 이 조건들을 어떻게 성공적으로 달성할 수 있을 것인지는 다시 여러 가지의 사회적이고 상황적인 요인들에 의하여 달라진다. 즉, 오스트롬이 질서 수립을 위한 조건들을 제시하지만, 이런 조건들을 성공적으로 달성할 수 있는 방법에 대해서는 다시 서로에 대한 신뢰와 사회적 자본에 의지해야 한다고 설명한다. 협력적인 질서의 수립을 위해서는 최소한의 규범이 전제되어야 한다는 설명을 다시 하고 있는 것이다(Ostrom, 2010: 154). 다시 말하면, 사회세계가 어떤 질서의 인위적인 형성에 성공할 것인지 여부는 어떤 기계적인 원리나 과학적인 원리, 이론화된 법칙이나 필연적이고 과학적인 인과법칙에 의하여 설명하기는 쉽지 않다는 것이다.

기계화된 공정을 거쳐서 동일한 사양의 제품을 대량으로 생산하는 기계적이고 공업적인 생산과 예술 작품의 생산이 다른 점은 무엇인가? 사회세계에서 어떤 질서를 창조하는 것은 사회구성원들이 함께 어떤 예술 작품을 창조해 가는 과정에 가깝다. 예술 작품을 만들어 가는 과정에서 가장 중요한 것은 창조자의 의도와 생각이다. 예술 작품은 어떤 상황에서 어떤 사상을 배경으로 어떤 의미를 담고자 하느냐에 따라 재료도 달라지고 가공하는 방법도 달라지고 전체적인 디자인도 달라진다. 오스트롬이 말한 디자인 전략들은 예술가들이 갖추어야 할 예술적인 기술과 능력과 같은 것에 해당한다. 제도나 정책 또는 법과 정부는 이런 예술가들이 함께 작업하면서 다수의 예술가들이 공감할 수 있는 작품을 창조해 내는 것과 비슷하다. 예술적인 능력도 개발해야 하지만 자신들이 어떤 작품을 만들고자 하는 이유에 대해 공감해야 하고 이 작품을 통해 무엇을 추구할 것인지에 대해 합의해야 하며, 이를 위해 어떤 재료를 골라 누구에게 어떤 작업을 맡길 것인지에 합의할 수 있어야만 참여자들을 골고루 만족시키는 작품이 만들어진다.[7)]

예를 들면, 오스트롬은 정부의 도움도 필요하고 사유화의 논리도 필요하다고 설명하고 있다. 그렇다면, 무엇을 얼마나 정부에 맡기고 어떤 부분은 시장에 맡겨

7) 아리스토텔레스(Aristoteles)가 말하는 4가지 존재의 조건들, 즉 재료요인, 형상요인, 운동요인, 목적요인을 예술작품에 적용하면 이와 같은 논리의 설명이 가능하다.

야 할 것인가? 결국, 사회구성원들이 함께 논의하고 토론하고 검토하는 과정 속에서 자신들의 상황에 맞는 답을 함께 찾아내어야 한다. 이때의 해답은 그 어디에도 없는 것일 가능성을 배제할 수 없다. 왜냐하면, 각 사회구성원들은 각자의 입장에서 자신들이 원하는 질서를 형성해 나갈 수밖에 없기 때문이다. 이런 점에서 질서 문제를 해결해 나가는 것은 사회구성원들이 하나의 예술 작품을 만들어나가는 것에 가깝다.

4 정답 부재와 정부 권력의 확대

동성애 문제에 대해 정답이 있는가? 없다. 사람마다 생각이 다르다. 미국에서는 주에 따라 허용하는 주가 있고 그렇지 않는 주가 있다. 동성결혼이 가능한 국가도 있지만 사형에 처하는 국가들도 있다. 왜 이처럼 지역에 따라 또는 국가에 따라 이 문제에 대한 해법이 다른가? 의견의 일치를 이끌어낼 수 있는 어떤 객관적인 근거도 없기 때문이다. 성매매 역시 마찬가지다. 나라에 따라 다른 입장을 취하고 있다. 물론, 같은 사회에서도 성별에 따라 소득에 따라 다른 태도를 보인다. 모두의 합의를 이끌어낼 수 있는 객관적인 근거가 없다. 각자가 자신의 판단에 따라 행동하고 있기 때문이다. 즉, 대상현상을 어떤 시각에서 어떻게 해석하느냐에 따라 그 현상의 의미는 달라진다. 그런데 어떤 시각이 올바른 것인지에 대해 다수가 공감하고 합의할 수 있는 기준이 없기 때문에 이런 상황이 발생한다.

이처럼 어떤 방식의 질서의 기준에 대하여 대다수가 공감하기는 쉽지 않은 경우를 흔히 볼 수 있다. 사교육 문제에 대한 정부의 개입에 대해 객관적인 근거를 제시할 수 있는가? 불가능하다. 자식을 공부시키는 것이 무엇이 잘못인가? 그렇게 공부해서 훌륭한 사람이 되면 결국 그런 사람들이 한국 사회의 발전을 이끌 수도 있는 것이 아닌가? 고등학교 성적과 대학입학 수학능력 시험의 성적의 등급화에 대해 객관적인 근거, 대다수가 공감할 수 있는 근거를 제시할 수 있는가? 그렇지 않다. 85점과 65점이 동일하게 2등급을 받거나, 또는 단지 한 문제를 틀린 사람과 여러 문제를 틀린 사람이 동일하게 2등급을 받는 것이 과연 공정한가? 참 불공정하다. 공정하다는 것은 다른 것은 다르게 취급하는 것을 의미한다. 이런 점에서 보면

등급제란 분명 불공정해 보인다. 그런데 오로지 성적만으로 학생을 선발하는 것이 공정한가라는 관점에서 생각해 보면 결론은 또 달라진다. 성적에서는 좀 차이가 나더라도 다른 측면까지 고려하면 어떤 학생이 더 나은 학생인지에 대해 달리 판단할 가능성도 없지 않기 때문이다.

질서는 바람직한 것이다. 그런데 어떤 방식의 질서가 최선의 질서인가에 대해서는 정답이 없다는 데 고민이 있다. 그런데 이런 상황에서 정부가 개입하면 어떤 일이 일어나는가? 다수가 공감할 수 있는 기준이 없으므로 특정집단의 이념에 따라 국가 전체의 질서 방식이 결정되는 결과를 초래할 수 있다. 다수가 공감할 수 있는 기준이 없다면 다양한 선택의 가능성이 열려있어야 한다. 어떤 것이 정답인지 모르기 때문이다. 그런데 정부에 의한 질서는 이런 다양성을 보호하는 데는 취약하다. 결국, 획일화가 필연적으로 발생한다.

과학철학적으로 보면, 사회문제는 결정불충분성(under-determination)이 매우 높다(사공영호, 2015b: 216-217). 인과관계에 관련된 변수들이 많아서 여러 가지 독립변수 중에서 어떤 독립변수도 독자적으로 그 영향을 검증할 수 없는 것이 이런 상황이다. 다시 말하면, 정답을 찾을 수 없는 상황이다. 만일 상황이 이와 같다면, 각자의 판단을 존중하는 것이 구성원 간의 자유와 평등을 실현할 수 있는 최선의 길이다. 어떤 대안도 그것이 최선이라는 확신이 없는 상황에서 그것을 다른 사회구성원에게까지 강요하는 것은 각 개인의 사상과 선택의 자유를 제한하는 것이기 때문이다.

이런 상황에서 정부가 채택할 수 있는 방법은 어떤 행동을 직접 제한하는 것이 아니라 어떤 행동을 선택하는 그런 행동 속에서 반드시 지켜야 할 규칙을 규정하는 것이다. 예를 들면, 대학입학 수능시험이나 고등학교 성적의 처리 방법 자체를 제한하는 것이 아니라 불공정한 방법으로 신입생을 선발하거나 불공정한 방법으로 성적을 처리하는 것을 규제하는 것이다. 그런 다음 학생들의 어떤 측면을 어떻게 평가하여 신입생을 선발할 것인지는 대학의 선택에 맡겨야 한다. 인성을 중심으로 학생을 뽑든 아니면 성적을 중심으로 학생을 뽑든 그것은 각 대학과 각 학과의 선택에 맡겨야 한다. 정답이 없는 문제이기 때문이다.

5 과잉규제: 니르바나 성향의 함정

정부의 규제는 '니르바나(Nirvana) 성향의 함정'에 빠져 과잉규제로 흐르는 경향을 가지고 있다. 정책을 제언하거나 입안하는 과정에서 사람들은 불완전과 비효율을 구분하지 않는 경향이 있다. 세상이 불완전하다는 사실 자체만으로 정부규제를 통해 무언가를 해야 한다고 목적의식을 갖는 것이다. 이 때문에 정부실패 가능성이 높은 규제정책이 범람하는데, 해럴드 뎀세츠(Harold Demsetz) 교수는 이를 '니르바나 성향의 함정'으로 표현했다.[8] 니르바나는 불교의 열반(涅槃)을 의미한다. 유토피아(utopia)와 마찬가지로 살아서는 갈 수 없고, 이 땅에 구현할 수도 없는 이상향이다.

니르바나 성향이란 어떤 이상적인 기준이나 규범을 절대적 기준점으로 삼아 현실의 불완전성을 탓하는 한편, 정부가 개입해서 이를 개선해야 한다며 규제를 촉구하는 성향을 일컫는다. 경제 현실 또는 시장기능이 불완전하다는 이유로 정부가 규제를 해야 한다면 세상에 규제에서 자유로운 것은 하나도 없을 것이다. 예를 들어, 교과서적인 완전경쟁의 잣대로 보면 세상의 모든 시장은 불완전하기 짝이 없다. 완전경쟁은 처음부터 현실에 존재할 수 없는 이론적 허구, 니르바나이기 때문이다.

과잉규제, 정부실패의 가능성을 줄이려면 먼저 완전성, 니르바나에 대한 강박증부터 떨쳐내야 한다. 세상은 불완전하기 때문에 모든 이에게 새로운 기회와 가능성이 열려 있을 수 있다. 시장경쟁 또한 불완전하기 때문에 지식의 발견과 혁신이 끊이지 않고 도전적인 기업가 정신이 보상을 받을 수 있다. 그리고 불완전이 반드시 비효율을 의미하지 않음도 직시할 필요가 있다. 현실이 불완전하다는 이유로 규제의 칼날을 들이대면 더 나쁜 상태를 초래할 위험이 크다. 이런 일이 재발되지 않으려면 입법부와 행정부의 정책 입안자는 물론, 학계의 정책 제언자들은 니르바나 성향의 함정에 빠지지 않도록 주의해야 한다.

8) 황인학, 한국경제, 2015.5.29. 자본주의 오해와 진실 <14> 시장실패의 우화 참고.
http://www.hankyung.com/news/app/newsview.php?aid=2015052968331

제 8 장 복지서비스의 공급

제 1 절 서 론

1 복지의 의미

복지문제의 해결에서 정부는 어떤 역할을 담당해야 하는가? 복지부분에서 정부의 역할은 급격하게 커지고 있다. 2015년 375조 원의 정부예산에서 보건, 복지, 노동 등 복지와 관련된 예산은 115조 원으로 전체 예산에서 약 30%를 차지하고 있다. 즉, 이미 정부의 역할에서 복지문제는 상당한 예산이 소요되는 중요 역할의 하나가 되었다. 그러나 복지정책을 둘러싸고 다양한 이론과 사상과 철학이 충돌하고 있다. 학생들의 급식문제를 놓고 주민과 주민이 출동하고 있고, 복지비용의 조성문제를 놓고 중앙정부와 지방정부가 충돌하고 있다. 복지의 범위를 놓고 정당과 정당이 충돌하고 있다. 복지정책의 방향을 놓고는 연구자들이 충돌하고 있다.

왜 다른 정책과는 달리 복지정책에 관해서는 이처럼 사람들의 생각이 서로 충돌하는가? 이처럼 사람들은 생각을 달리함에도 왜 복지정책의 비중은 계속 늘어나고 있는가? 사람들의 합의가 미흡함에도 정부의 역할은 계속 확대된다면 이 정책의 정당성은 어디에서 오는 것인가? 사실 이런 질문에 답하는 것은 간단한 문제가 아니다. 그만큼 복지정책은 앞서 설명한 다른 정책과 동일한 차원에서 다루기는 쉽지 않다는 것이다. 즉, 국방, 외부경제, 질서, 거래비용 등의 문제에 관하여 정부가 일정한 역할을 담당해야 한다는 데 대체로 경제학자들은 물론 사회과학도들과 심지어는 철학도도 공감한다. 인간답게 살아가는 데 필수적인 조건을 제공하는 서비스이기 때문이다. 그런데 복지정책에 대해서는 연구자들도 생각을 달리하고 있고 사람들도 생각을 달리하고 있다. 사회세계의 문제에 대하여 사람들이 서로 간의 합의 형성에 실패한다는 것은 사실상 그런 사회세계를 만드는 과정에는 상당한 혼란과 갈등이 있을 것임을 의미한다. 왜냐하면, 사회세계란 사회구성원들의 합의와 공감에 의하여 형성되고 작동하고 발전하는 것이기 때문이다.

'복지'가 추구하는 목표만을 놓고 보면 서로 생각을 달리할 이유가 별로 없는 것처럼 보인다. 사람들에게 행복을 주는 것을 목적으로 하고 있기 때문이다. 실제로 선별적인 복지가 필요하다는 점에 대해서는 대체로 많은 연구자들이 동의하고 있는 것으로 보인다. 문제는 복지정책의 범위를 확대하고자 할 때 발생한다. 선별적인 복지를 제공할 때와는 달리 수많은 문제들이 함께 파생되기 때문이다. 예를 들면, 보편적 복지의 제공은 극단적인 두 가지의 가능성을 동시에 가진다. 첫째는 그야말로 진정한 복지를 실현할 가능성이다. 복지의 확대를 주장하는 사람들은 이런 측면을 강조한다. 둘째는 복지가 오히려 국가 재정을 파탄낼 위험이다. 재정 지출이 확대되어 국민의 부담은 늘어나지만, 실질적인 삶의 질이 개선되지는 않으면서 성장에 의한 복지와 배분에 의한 복지 두 가지를 동시에 모두 잃어 버릴 가능성이 있다는 것이다. 그리스가 겪고 있는 혼란은 이런 점을 잘 보여준다. OECD에 의하면, 한국의 기대수명은 지난 40년 사이 약 20년이 증가했다. 대다수의 OECD 국가들이 6~13년의 수명이 늘어난 것에 비하면 매우 크게 늘어난 것이다. 이런 변화는 한국 사회의 경제 성장과 의료 제도의 발전에 기인한다. 직접적인 복지의 산물이 아니다. 즉, 경제가 발전하는 것이 중요한 복지의 수단이라는 것이다. 간단히 말하면, 위험과 가능성을 동시에 가지고 있기 때문에 복지문제를 놓고 충돌하고 있다는 것이다.

복지란 간단히 말하면, 불우한 처지에 있는 사람들을 도와 그 사람들이 더 큰 욕구의 충족이나 행복을 얻을 수 있도록 지원하는 것이다. 수혜대상자를 좁게 잡느냐 아니면 넓게 잡느냐에 따라 한정적·협의적 복지와 광의의 복지로 나누어 볼 수 있다(행정학 사전 참고). 한정적·협의적 개념으로서의 사회복지는 극빈자·사회적 낙오자 등과 같이 스스로 생활을 영위하지 못하는 불우계층의 사람들을 대상으로 국가 또는 지방자치단체 등의 공공기관이 그들을 구제하고 보호하는 활동이다. 그리고 광의적 개념으로서의 사회복지는 불우계층과 같은 국민 일부만을 대상으로 하지 않고 국민전체를 수혜대상으로 하는 사회복지이다. 사실 국민들이 합의만 할 수 있다면 수혜의 대상이 넓을수록 사회복지의 수준은 향상되고 국민들이 안전하고 편안하고 안락한 삶의 질을 누릴 가능성도 향상될 수 있을 것이다. 그러나 복지문제에 대하여 다수의 사회구성원들이 합의에 도달하는 것 자체가 어렵다. 민주주의 사회에서 정책의 정당성을 뒷받침하는 것은 국민들의 합의다. 그런데 합의 자체가 어렵다. 그렇다면, 복지정책을 어떻게 추진해야 할 것인가? 좀 더 깊이 있는 논의를 위해 이론적인 측면들을 검토해 보자.

2 복지정책의 확대 배경

개인의 건강이나 개인이 잘 살고 못사는 문제는 개인의 문제인 것으로 생각할 수 있다. 그런데 왜 이 문제에 대해 다른 사회구성원이 개입해야 하는가? 왜 개인의 책임에 속하는 문제임에도 정부가 개입해야 하는가? 복지정책을 뒷받침하고 있는 심리적·사회적 배경에 대해 생각해 보자.

우선, 정부나 제3자가 개입하기 이전의 상황을 생각해 보자. 사람들은 상대의 어려움에 대해 가슴 아파한다. 제7장에서 설명한 바와 같이 미러 뉴런이 이런 안타까움을 느끼게 한다. 또 [그림 2-1]에서 살펴 본 것처럼, 뇌과학자들은 인간에게 약자를 보호하고자 하는 욕구도 있다고 설명한다. 즉, 어떤 사람이 어려운 상황에 처할 경우 서로 도와가며 이런 문제를 해결하고자 하는 욕구를 가지고 있다는 것이다. 아마도 전통사회에서 관찰되는 상부상조를 위한 관습들은 이런 인간 욕구에 의지한 복지문제의 해법일 것이다. 현재도 미국에서는 복지지출의 상당 부분이 민간 분야에서 자율적으로 이루어지고 있다(장대홍, 2015: 2).

문제는 산업화와 도시화에 의하여 특징지어지는 근대 이후 자본주의 사회에서다. 자본주의 사회란 각자가 자신의 개인적 재산과 능력으로 자유로운 시장거래와 경쟁에 참여하여 스스로의 삶을 해결해 나가는 방식을 채택하고 있다. 간단히 말하면, 개인책임의 사회다. 사회는 개인에게 자유와 평등을 주지만 이런 자유와 평등에 의지하여 어떤 삶을 살아 갈 것인지는 개인의 능력에 따라 결정된다. 이런 사회에서는 필연적으로 발생하는 것이 경쟁에서 패하여 가난과 궁핍에 처한 사람들이다.

산업화, 도시화로 인해 사람들은 실업, 산업재해, 질병 등에 집단적으로 노출될 위험에 처하게 되었다. 하지만, 도시에 모여든 사람들은 농촌에서처럼 대가족이나 혈연적인 관계로부터 단절되어 있다. 어려움이 발생하더라도 마땅히 도움을 청할 이웃을 찾기도 어려운 위치에 있는 것이다. 더구나 어른들이 모두 직업을 갖게 되면 아이들은 자기들끼리 방치되어 위험에 처할 수도 있다. 또 의학이 발전하면서 타인의 도움을 필요로 하는 노인들의 비율 역시 급격히 증가하였다. 그렇다면, 이들은 자기 노력과 자기 선택의 결과로 그와 같은 어려움에 처했으므로 오로지 개인의 책임으로 돌려야 할 것인가? 그렇지 않다.

최소한의 복지는 당사자를 위해서도 필요하지만 사회를 위해서도 필요한 측면이 있다. 첫째는 최소한의 삶의 질은 보장하는 것은 인간이라면 타고난 권리이며, 이런 권리를 보호하는 것은 사람들이 소중히 여기는 인간 존엄의 가치를 실현할 수 있게 한다. 둘째는 이들을 방치해 둘 경우, 사회적 안정을 해치거나 혼란을 초래할 수 있다. 이런 사태를 방지하기 위하여 일정한 지원을 제공하는 것이 사회적으로도 유익할 수 있다. 즉, 개인의 삶이 열악한 상황에 처할수록 당사자는 자신의 생존을 위하여 다른 사람의 재산이나 생명을 훼손하는 일을 할 동기도 커진다. 불우한 처지에 있는 당사자 자신만을 위해서가 아니라 그런 처지에 있지 않은 사회 구성원들의 안녕을 위해서도 복지는 필요하다.

3 선별주의와 보편주의[1)]

1) 의 미

선별주의(selectivism)와 보편주의(universalism)에 관한 논쟁은 복지정책이 시작

1) 양승일(2011). 행정학용어사전.

된 이래 끊임없이 이어져왔다. 전자가 자산조사 등을 통해 엄격히 선별된 저소득층 등 복지기본선 이하의 국민을 대상으로 한다면, 후자의 경우는 나이, 자녀유무 등 특정자격에만 해당되면 소득이나 자산에 상관없이 모든 국민이 대상이 되는 시각이다. 자산조사 등을 통해 복지기본선 이하라고 입증되는 가구에 대해 혜택이 주어지는 국민기초생활보장제도 등 공공부조가 전자에 해당한다. 반면, 일정 이상의 나이가 되면 모든 국민에게 연금이 지급되는 국민연금제도, 일정한 수의 아동을 가진 모든 가구에 대해 수당을 지급하는 가족수당제도, 모든 노인에게 지급되는 노인수당제도, 그리고 전 국민을 대상으로 무료의료 서비스를 제공하는 의료공영제 등은 후자에 해당된다.

2) 선별주의와 보편주의의 장 · 단점

두 시각에 대한 장 · 단점을 살펴보면, 선별주의자들은 선별주의에 대해 한정된 자원을 가지고 저소득층 등에게 지원할 수 있다는 점에서 불필요한 자원을 줄여 비용효과성을 지향할 수 있다는 입장이다. 모든 국민이 아닌 저소득층 등에게만 복지혜택이 제공된다는 점에서 국가에 대한 의존현상을 최소화시킬 수 있다는 견해이다. 또한 저소득층에 복지혜택이 집중적으로 제공된다는 점에서 소득재분배를 통해 빈부의 격차를 상당부분 줄일 수 있으며, 선별주의의 특성상 여타부분에 대해서는 민간부문이 참여해서 복지활동을 할 수 있다는 논리를 내세운다. 하지만, 보편주의에 대해서는 모든 국민을 대상으로 복지혜택이 주어진다는 점에서 자원낭비가 심하고, 국가에 대한 의존성이 높아지며, 소득재분배가 낮은 수준으로 유도되고, 민간부문이 복지영역에 참여할 수 있는 여지가 낮아진다고 비판한다.

반면, 보편주의자들은 보편주의에 대해 모든 국민에게 복지혜택이 제공된다는 점에서 수혜자의 수치심과 이로 인한 절망감 등이 없고, 별도의 자산조사 등이 필요하지 않기 때문에 행정절차가 단순하다는 입장을 내세운다. 또한 복지혜택이 특정층에게만 제공되는 것이 아니라 전 국민에게 지급된다는 점에서 급여의 공정성을 통한 사회통합을 이룰 수 있어 사회효과성을 지향할 수 있고, 보편주의에 입각한 사회복지정책에 대해서는 선별주의에 비해 모든 국민이 지지를 한다는 점에서 안정적 운영이 가능하다고 보는 것이다. 하지만, 선별주의에 대해서는 저소득층 등에게만 복지혜택이 주어진다는 점에서 수혜자의 입장에서는 수치심이 많아 절망감에 빠질 수 있으며, 자산조사 등이 필수요건이라는 점에서 이로 인한 행정절차가 복잡할 수밖에 없다는 점을 지적한다. 또한 모든 국민을 대상으로 하지 않는다는 점에서 급여의 불공정성으로 인한 계층 간 사회분열이 나타날 수 있고, 선별주의에 입각한 사회복지정책에 대해서는 모든 국민들이 지지를 할 수 없는 조건이라는 점에서, 축소 및 폐지의 우려가 있다고 비판한다(<표 8-1> 참고).

한편, 두 시각은 단점에 대한 반박의 입장도 제시하고 있는데, 선별주의자들은 낮은 수준의 사회효과성을 지향한다는 것에 대해, 보편주의 못지않은 사회통합을 통해 사회효과성을 지향할 수 있다고 반박한다. 즉, 적극적으로 저소득층 등에게 복지혜택을 제공할 경우, 사회의 긴장감과 적대감 등이 감소되어 사회통합을 이룰 수 있고 이에 따라 사회효과성을 지향할 수 있다는 것이다. 보편주의자들 역시, 선별주의에 못지않은 높은 수준의 소득재분배를 달성할 수 있고, 낮은 수준의 자원낭비를 통해 비용효과성을 지향할 수 있다고 주장한다. 즉, 사회복지급여를 조세가 부과될 수 있는 소득액에 포함시켜 부유한 사람들이 보다 많은 세금을 내어 재정을 뒷받침하게 할 수 있는 세금환원제도 등을 통해 소득재분배가 가능하다는 것이

표 8-1 선별주의와 보편주의의 상반된 시각

선별주의	구 분	보편주의
복지기본선 이하 국민	대상	모든 국민
낮은 수준의 자원낭비(비용효과성) 낮은 수준의 의존성 높은 수준의 소득재분배 높은 수준의 민간부문의 복지참여	장점	수혜자의 수치심 부재 단순한 행정절차 급여의 공정성 · 사회통합(사회효과성) 정치적 지지에 따른 안정된 운영
수혜자의 수치심 복잡한 행정절차 급여의 불공정성 · 사회분열 정치적 불지지에 따른 불안정된 운영	단점	높은 수준의 자원낭비 높은 수준의 의존성 낮은 수준의 소득재분배 낮은 수준의 민간부문의 복지참여
높은 수준의 사회통합 가능(사회효과성)	단점에 대한 반박	높은 수준의 소득재분배 낮은 수준의 자원낭비 가능(비용효과성)
국민기초생활보장제도 등 공공부조	해당 제도	국민연금제도, 가족수당제도, 노인수당제도, 의료공영제도 등
미국 등	해당 국가	스웨덴, 오스트리아 등

다. 또한 노인이나 임산부 등에게 포괄적인 서비스를 제공하여 차후 발생할 수 있는 문제를 미연에 방지함으로써 높은 수준의 비용초래를 사전에 막을 수 있다는 것과 선별주의에서 시행하는 자산조사 등이 별도로 필요하지 않다는 점 등을 고려할 때, 상당부분 비용효과성을 지향할 수 있다는 것이다.

3) 평가와 전망

어쨌든 경제적 성장이 두드러진 제2차 세계대전 이후에는 보편주의가 지배적이었고, 1970년대 오일쇼크 이후에는 선택주의가 새로운 관심을 보였지만, 두 시각에 대한 논쟁은 아직도 지속되고 있어, 현실적인 차원에서 어느 시각이 우세한지는 명확히 증명되지 않고 있다. 다만, 이들 장점들을 종합하여 경제적·사회적 현실에 맞는 사회복지정책이 추진되고 있다는 점에서, 현실적으로는 한 시각만을 추구하는 것이 아니라 두 시각의 특징이 혼재되어 나타난다고 할 수 있을 것이다.

4 복지서비스의 발전

역사적으로 보면, 사회복지의 의미는 지속적으로 변해왔다. 로마니쉰(Romanyshyn, 1973)에 의하면, 사회복지의 개념은 ① 보완적인 것에서 제도적인 것으로, ② 자선을 베푼다는 입장에서 시민의 당연한 권리로, ③ 특수한 봉사 활동이라는 성격에서 보편적인 활동으로, ④ 최저 조건의 조성에서 최적 조건의 조성으로, ⑤ 개인적 차원에서 사회적 차원으로, ⑥ 자발적인 것에서 공공적인 것으로, ⑦ 빈민구제에서 복지사회의 건설로 점차 변화해 왔다는 것이다. 여기서 보완적 사회복지란 일반적인 사람일지라도 한 때 불행이나 경제적 어려움을 당할 경우 그러한 사람에 대해서는 임시나마 도와주어야 한다는 관점이고, 제도적 사회복지란 빈곤이나 기타 장애요인이 사회적으로 구조화되어 있어서 제도적으로 국민전체에 대한 복지체제를 이루어야 한다는 관점이다.

잔여적 복지란 개인의 욕구가 일차적으로 가족과 시장에서 충족되고, 그렇지 못할 경우에만 잠정적, 일시적으로 사회가 나서서 돕는 것을 의미한다. 즉, 개인의 문제를 그의 과실로 인해 발생하는 것으로 가정하여 개인이 자력으로 문제를 해결할 수 있을 때까지만 구호하는 것이 사회복지라고 보는 입장이다. 또한 사회복지 대상자는 사회에 의존적인 사람으로서 가급적 의존 상태에서 벗어나기 위해 스스로 노력해야 하는 도덕적 의무가 있으며, 그런 사회적 기대를 저버릴 경우 비난과 경멸의 대상이 된다. 가족과 시장을 보완하는 것이 사회복지이고, 가족과 시장을 통해 욕구가 충족되는 상태로 회복되면 사회복지는 중단된다는 점에서 '잔여적'이다. 하이에크(Friedrich A. Hayek), 프리드먼(Milton Friedman) 등 자유주의자들은 이념적으로 이런 입장을 지지한다.

제도적 복지란 사람들의 욕구를 정상적인 것으로 간주한다. 따라서 사회는 욕구를 가진 사람을 도와야 할 의무가 있고, 사회구성원은 사회복지 급여와 서비스를 받을 권리(시민권, 복지수급권)가 있다고 생각한다. 제도적 사회복지는 개인의 욕구 충족을 목적으로 하는 사회복지가 가족, 경제, 정치, 교육, 종교와 같은 사회제도들과 동등한 수준에서 일차적, 정상적으로 제도화되어 있으며, 평등주의 이념에 따라 모든 국민에게 보편주의적으로 제공되야 한다는 입장이다.

제 2 절 복지정책의 양면적 얼굴

1 복지의 효과

1) 칼도어-힉스 기준에 의한 효율성 개선

복지정책이 인간 사회의 영원한 고민의 하나인 자원배분의 효율에도 기여할 수 있다. 즉, 동일한 자원으로 더 큰 만족과 효용을 얻는 방법이 될 수도 있다.

제2장에서 자원배분에 관한 효율성의 기준으로 파레토 기준과 칼도어-힉스 기준 두 가지를 검토하였다. 파레토 기준을 적용하면 복지정책을 정당화하는 것이 쉽지 않다. 왜냐하면, 누군가에게 복지혜택을 제공하기 위하여 다른 누군가에게 조세를 부과하는 것은 누군가의 이익을 위하여 다른 누군가에게 피해를 주는 행동이기 때문이다. 이런 위험을 피하는 길은 미국에서처럼 자율적인 기부에 의하여 복지

재원을 조성하는 방법이다. 파레토 효율성과 대비되는 것이 칼도어－힉스 기준이다. 이 기준에 의하면, 감소한 효용의 크기보다 증가한 효용의 크기가 더 크다면 사회적으로는 동일한 자원에 근거하여 더 큰 총효용을 얻는 효율성의 개선이 일어날 수 있다. 이를 가능하게 하는 것이 한계효용체감의 법칙이다.

한계효용은 재화나 용역이 증가 혹은 감소함에 따라 주관적으로 매겨지는 경제적 효용(혹은 가치)의 관계에 대한 개념이다(Wikipedia 참고). 일반적으로 합리적인 경제에서 인간 행동은 자신에게 가장 시급한 욕구를 충족하는 일을 가장 먼저 하거나 가치를 두는 특성이 있다. 따라서 어떤 사람이 재화나 용역을 이용하여 효용을 얻고자 할 때 주관적으로 판단되는 욕망충족의 정도인 효용의 가치가 높은 것부터 낮은 것 쪽으로 추구한다. 재화나 용역의 한계효용은 그 재화나 용역을 사용하는 것을 증가하거나 감소함에 따라 변화한 가치의 양을 상정한 것인데 이런 변화에서 추가의 1단위, 즉 경계인 단위에서의 재화나 용역의 효용을 한계효용이라고 한다. 이후 경제학자들은 이를 가격이 결정되는 것을 설명하는 법칙에 이용하고자 하였다. 소비되는 재화의 양이 늘어날수록 소비자가 추가로 얻는 한계효용은 감소한다는 것이 한계효용체감법칙이다. 예를 들면, 이런 것이다. 배가 고플 때 먹는 짜장면 한 그릇은 참 맛있다. 하지만, 부족하다는 생각에 하나를 더 시키면 두 번째는 분명 첫째만큼 큰 만족을 주지는 못한다. 세 그릇째가 되면 더 이상 먹고 싶지 않을 수도 있다. 즉, 소비가 늘어날수록 추가적으로 얻는 만족의 크기는 작다.[2]

개인의 소득에서도 마찬가지다. 100억 원을 가진 부자와 전 재산이 100만 원인 가난한 사람이 있다고 하자. 이들 두 사람에게 공히 100만 원의 소득이 새롭게 발생한다면 누가 더 큰 기쁨을 느끼겠는가? 부자에게 100만 원은 별 것 아닐 수 있다. 그가 이미 가진 재산의 1만분의 1에 지나지 않는다. 하지만, 가난한 사람은 그렇지 않다. 그에게 100만 원은 상당한 가치를 가질 것이다. 재산이 일시에 2배 늘어날 뿐 아니라, 그가 돈이 없어서 할 수 없었던 많은 것들을 할 수 있는 기회를 줄 것이다. 돈이 많으면 많을수록 추가적인 만족 한 단위를 얻기 위해서는 더 많은 돈이 필요하다. 반면, 가난한 사람은 조금만 돈이 생겨도 큰 만족을 얻을 수 있다.

여러 가지의 복지정책들은 바로 이런 논리에 의해 정당화된다. 사회적으로 보면 화폐자산의 총액은 동일하다. 단지 배분을 달리하는 방법으로 훨씬 큰 만족을

2) 이 법칙은 독일 경제학자 허만 고센(H. H. Gossen)에 의해 정리되어 고센의 제1법칙이라고도 불린다.

얻을 수 있다. 동일한 투입으로 훨씬 큰 산출을 얻어낼 수 있다. 바로 이런 점에서 효율성의 개선을 가능하게 한다.

하지만, 분명히 기억해야 할 것은 이는 누군가의 손해에 기초하여 다른 누군가에게 이익을 주는 방법이라는 것이다. 손해를 입는 사람이 동의하고 공감하지 않거나 또는 이들로부터 동의를 얻는 과정을 분명하게 거치지 않은 채 정부가 정치적인 목적으로 복지정책을 펼치는 것은 하나의 가치를 위해 다른 가치를 손상하는 문제를 초래한다.

2) 낙인효과의 예방과 실질적 평등의 보장

보편적 복지를 주장하는 중요한 이유의 하나는 수혜자들이 느끼는 낙인감이다. 즉, 혜택을 받는 것이 오히려 다른 사람과는 다른 상황에 있다는 것을 공공연히 들어내어 상처를 줄 수 있다는 것이다. 그런데 실제로 조사한 바에 따르면, 무상급식으로 인하여 아이들로부터 놀림을 받거나 차별받는 일은 없다고 한다. 미국과 영국의 무상급식 조사 결과에 따르면, 양국 모두 선별적 무상급식을 시행하고 있으며, 무상급식률이 영국은 11%, 미국은 52.2%다. 그런데 낙인문제를 고려하여 영국에서는 식권제(호명제)에서 카드제로 변경하고, 낙인문제보다는 영양식 공급에 더 많은 관심을 쏟고 있다고 한다. 미국은 무상급식 아동들에게 별실에서 중식을 제공하는 것이 오히려 낙인문제의 원인이 되고 있다(양승일, 2013: 136).

그런데 모두에게 무상급식을 제공하면 낙인효과를 완전히 피할 수 있고, 복지수급자와 일반인 간에 완전한 평등을 보장할 수 있다고 보편복지를 주장하는 사람들은 설명하고 있다. 그러나 이때의 평등은 하나의 평등을 위하여 또 다른 평등(예: 조세부담의 형평성, 비용부담의 형평성)을 침해하는 문제를 수반한다.

2 수반되는 문제들

1) 지대추구를 위한 수단

복지정책은 정책의 특성으로 인하여 정치적 지대추구를 위한 수단으로 전락할 수 있다. 지대(rent)란 간단히 말하면, 경쟁적인 시장에서는 얻기 어려운 이전 소득이라 할 수 있다. 가령, 정부의 규제로 인하여 경쟁이 억제되고, 이로 인하여 가격이 인상되면 공급자는 경쟁시장에서는 얻을 수 없었던 초과 이윤을 얻을 수 있다(Tullock, 2003; 고든 털럭 외, 2002: 72). 제3자의 개입이 없이 자유로운 경쟁에 의하여 정상적으로 거래가 이루어지는 상황에서는 이런 이전 소득이 발생하지 않는다. 누군가에게 이전 소득을 얻을 수 있게 해주는 법이나 정책을 만들고, 이로 인하여 얻는 것이 지대다. 이런 일이 일어나는 것은 지대를 획득하기 위하여 집요하게 정치인들과 관료들에게 로비하는 이익집단이 있기 때문이다. 즉, 지대를 추구하는 집단이 있고, 정치인과 관료들은 이들에게 시장에서는 얻을 수 없는 혜택을 법을 통하여 제공한다. 대신, 이익집단은 정치 자금, 정치적 지지, 선거비용 등의 지원을 정치인들에게 제공한다. 관료들에게는 퇴직 후 일자리를 제공하기도 한다. 통상적인 상황에서는 얻을 수 없는 이익을 얻기 위하여 이익집단과 정치인·관료가 결탁하고, 이러 인하여 발생하는 것이 지대라는 이전 소득이라는 것이다.

복지지출을 지대로 볼 수 있을 것인지에 대해 연구자들은 서로 다른 입장을 견지하고 있다. 먼저, 정부의 지원 중에 복지와 관련된 지원은 지대(rent)로 간주하지 않는다(현정택, 2015: 5)는 입장이 있다. 만일 복지 지출이 장애인, 노인, 실업자와 같은 사회적 약자의 보호를 목적으로 하고 있고, 이들 중에서도 해당 조건을 갖춘 사람들에게 선별적으로 어떤 지원을 제공하는 것이라면 이는 정부가 가부장적인 입장에서 시혜적인 지원을 제공하는 수단이 될 것이다. 이런 지출을 지대추구라고 하기는 어렵다.

반면, 복지지출비용을 지대추구의 일부분으로 포함시킨 연구도 있다(김행범, 2012: 215). 가령, 사회적인 약자를 지원하는 본래의 목적에 충실한 복지지출이 아니라 정치인들이 오로지 선거에 이길 목적으로 선심성의 복지정책을 제안하고, 수혜집단은 단지 혜택을 얻기 위하여 투표하였다고 가정해 보자. 예를 들면, 아르헨티나의 페론 정부나 그리스의 정치인들은 이런 정책을 남발했고 시민들도 여기에 동의하는 방식으로 복지정책들이 확대되었다. 그렇다면, 이때의 복지정책은 사회적 약자의 보호를 위한 정책이 아니라 정치의 힘을 이용하여 특정집단에게 이전 소득을 제공하고 그 대가로 정치인들은 정치적 지원을 얻는 정치적인 거래의 수단에 불과하다.

이런 점에서 보면, 복지는 정치인들이 정치적인 지대를 얻는 수단이 될 수 있다. 만일 정치 시장에서 공정한 경쟁이 작동하고 있고, 이런 경쟁 속에서 진정으로 국민을 위한 정책을 제시하는 정치인이 누구인지를 알 수 있고, 또 진정으로 국민 다수와 국가의 내일을 위한 정책이 어떤 것인지에 대하여 합리적이고 민주적인 논의가 가능하다면 정치적인 지대추구는 쉽지 않을 것이다. 하지만, 아르헨티나와 그리스에서 볼 수 있듯이 정치는 반드시 이런 식으로 작동하지 않는다. 오로지 선거에서의 승리만을 위한 선심성 정책이 얼마든지 난무할 수 있는 것이 정치다. 선심성 정책은 정치인들이 추구하는 일종의 지대추구행위다. 경쟁적인 정치 시장에서 자신의 정치적 노력과 희생과 봉사의 대가로 유권자들로부터 인정을 받아 권력을 얻는 것이 아니라, 대다수 유권자의 이익은 희생하고 대신 특정의 유권자 집단과 결탁하는 방법으로 정치권력을 취하고자 제시하는 정책이기 때문이다. 국민을 잘 살게 하기 위해 만들어진 복지정책이 국민 전체의 삶을 수렁으로 몰아넣는 일이 일어나는 것은 바로 이런 이유 때문이다. 겉으로는 복지의 이름을 하고 있지만, 실제로는 정치적인 이익을 위한 수단에 불과한 정책이 될 수 있기 때문이다.

2) 사회적 고정비용화

고정비용이란 간단히 말하면, 임의적으로 지출을 줄일 수 없는 비용이다. 경제 상황이 나빠지거나 또는 노령화로 인하여 경제활동인구가 감소하면서 정부의 세입 규모가 감소하였다고 하자. 고정비용이란 정부의 재정수입은 감소되었음에도 불구하고 변함없이 지출해야 하는 비용을 의미한다. 복지정책의 집행을 위해 관련 공무원을 계속 충원하고 있다. 이 역시 정부의 예산에서 인건비 부담을 지속적으로 높이는 원인이 된다. 세수가 부족함에도 정부의 예산지출을 줄일 수 없다면 정부는 세율을 올려 국민들에게 더 많은 세금을 부과하거나 또는 채권을 발행하여 외국이나 금융기관으로부터 돈을 빌려야 한다. 이렇게 되면 국민의 세금부담은 커지고 정부 역시 재정 적자에 시달리게 된다. 세율이 높아지면 국민들은 가처분소득이 감소하므로 이를 피하기 위해 조세를 회피하고자 할 것이다. 결국, 정부가 공정하게 세금을 부과할 수 없는 지하경제가 확산될 가능성이 높아진다. 국민의 소득이 경제활동에 투입되는 것이 아니라 세금으로 징수되므로 가처분소득이 감소하여 총수요가 감소되고 경제가 나빠지고 실업률은 올라가면서 경기 자체에도 악영향을 미칠 수 있다(장대홍, 2015).

3) 축소 및 철회의 곤란

복지지출은 일단 시작하면 축소하거나 철회하기 어렵다. 국가부도 상황에 있는 그리스에서 국민들이 격렬하게 저항하는 이유도 복지지출을 축소할 수밖에 없는 상황에 처했기 때문이다. 일단 복지지출을 시작하면 국민들은 이를 당연히 받을 권리가 있는 것처럼 생각한다. 뿐만 아니라, 이미 복지혜택에 의지하고 있으므로 이를 축소할 경우 생계가 어려워지기 때문이기도 하다.

4) 도덕적 문제

비용을 기준으로 보면, 복지란 나라에서 제공하는 혜택이 아니라 다른 국민의 비용으로 나의 문제를 해결하는 것을 의미한다. 내가 낼 병원비, 내가 부담할 요양비, 내가 부담할 급식비, 내가 부담할 양육비를 다른 사람의 비용으로 조달하는 것이다. 자기 책임의 원칙에 위배된다. 결국, 사람들의 도덕적 해이를 심화시킬 수 있다. 나의 문제를 다른 사람의 비용으로 해결할 수 있으므로 스스로 책임지고 대비하려는 유인이 약화된다.

거의 모든 복지지출에서 부정 수급이 발생하고 있다. 노약자 무상 의료보험, 실업급여, 건강보험, 어린이집 보조금, 육아휴직급여, 출산 관련 지원금 등 모든 복지지출에서 부정수급이 발생하고 있다. 정부는 부정수급을 방지하기 위하여 거의 모든 복지지출에 대하여 신고포상제도를 실시하고 있다. 그러나 내부자의 고발을 조직에 대한 배신 행위처럼 생각하는 한국에서 내부자의 고발을 기대하기는 어렵다. 결국, 사람들이 소위 '눈먼 돈' 따먹기 경쟁이 다양하게 발생하면서 사회적인 도덕성에도 악영향을 미치고 있다.

5) 부담의 불공정성 문제

복지지출로 인하여 정부의 지출이 증가하는 만큼 정부는 더 많은 세금을 거둬

들여야 한다. 그렇다면, 이 세금은 누구에게 전가될 것인가? 세금을 부과하기 쉬운 사람들에게 세금을 더 부과할 수밖에 없다. 가령, 소위 유리지갑이라 불리는 봉급 생활자들에게 조세감면혜택을 축소하는 방법으로 더 많은 세금을 걷고 있다. 상대적으로 회계가 투명하게 공개되어 있는 기업에게 법인세를 더 부과할 수도 있을 것이다. 반면, 수입의 정확한 포착이 어려운 개인사업자나 자산가들에게는 세금을 부과하는 것이 용이하지 않다. 결국, 월급쟁이와 기업들에게 세금을 더 걷어 복지비용으로 충당하는 일이 발생할 가능성이 크다.

제 3 절 정부에 의한 복지의 전제 조건: 다수의 공감

'고부담 고혜택'이든 '저부담 저혜택'이든, '선별적 복지'든 '보편적 복지'든 가장 중요한 것은 사회구성원들의 공감이다. 특히, 복지비용을 부담해야 하는 사람들의 동의가 있어야 한다. 북유럽처럼 '고부담 고혜택' 정책을 채택할 수도 있다. 중요한 것은 국민 다수가 동의해야 한다는 것이다. 국민 다수가 정책에 동의하고 있다는 것이 정책이 정책으로서 정당화될 수 있는 유일한 근거다. 즉, 어떤 나라는 어떤 유형의 복지를 선택하고 있으니 우리도 하자고 해서는 안 된다. 그 나라들이 그런 유형의 복지를 선택하는 과정에서 국민들이 어떻게 그런 정책에 공감할 수 있었는지를 돌이켜 보아야 한다. 국민들은 그렇게 생각하지 않는데 다른 나라가 이렇게 하고 있으니 우리도 이렇게 해야 한다는 것은 민주주의의 기본 정신에 위배된다. 그 나라가 그런 유형의 복지를 선택한 것은 그런 정책을 그들이 선호할 만한 이유가 있기 때문이지 그 정책이 다른 모든 나라에 맞기 때문은 결코 아니다.

단지 선거의 공약으로 특정계층을 겨냥한 복지정책을 제시하고, 선거에 이겼으므로 당연히 이런 정책이 입법화되어야 한다는 것은 국민들에게 비용을 부과하는 민주적인 방법이 아니다. 선거는 공약들이 꾸러미로 제시되기 때문에 개별공약에 대한 여론의 수렴의 기회로는 적합하지 않다. 게다가, 오로지 득표를 목적으로 졸속적으로 공약들이 만들어지기 때문에 이런 공약들을 모두 입법화했다가는 국민의 부담이 급격히 증가하고 국가의 재정 역시 급격히 고갈될 수도 있다.

이를 위해서는 국회의원들이 법의 결정에 의하여 국민들에게 부담을 증가시키는 입법의 경우 일정한 제약을 가할 필요가 있다. 가령, 재적의원 과반수 출석에 출석의원 과반수의 찬성으로 법안을 결정할 것이 아니라, 재적의원 과반수 출석에 출석의원 3분의 2의 찬성을 얻도록 국회법을 개정할 필요가 있다. 즉, 국민에게 부담을 주는 정책은 국민 다수의 공감을 얻었을 때 정책이 결정되도록 해야 한다는 것이다.

제 3 부

정부와 정책이 만들어지는 원리

제 9 장 정부와 정책: '함께' '만들기'

제 1 절 정부: 인간의 '예술적' 창조물

정부와 정책이 시장실패의 대안이 될 수 있는가? 이 질문에 답하려면 먼저 정부와 정책이 만들어지고 작동하는 원리를 알아야 한다. 정부와 정책은 우리가 원하는 대로 만들 수 있고, 우리가 원하는 대로 사용할 수 있는 도구가 아니다. 정부와 정책은 돌과 나무처럼 주어져 있지 않다. 사회구성원들이 자신들의 삶의 양식과 언어와 서로에 대한 믿음에 기초하여 '함께' '만들어 내고', '함께' '운영해야' 한다. 더 나은 정부와 정책을 만들려는 노력을 '함께' 계속할 수 있어야 한다. 사회구성원들이 힘을 합하여 만들어내는 '예술적' 창조물이라 할 수 있다. 다른 나라를 참고할 수도 있다. 하지만, 우리의 이념, 우리의 가치, 우리의 삶의 양식에 맞는 정부와 정책을 우리 스스로 찾아내야 한다. 우리의 형편에 어울리도록 '창조해 내야' 한다.

정부와 정책은 좋은 수단이 될 수도 있고 나쁜 수단이 될 수도 있다. 국방서비스를 공급하고 외부성 문제를 해결하며 시장에서의 거래비용 문제에 대응하고 사회 질서를 공급하는 정부와 정책이 될 수도 있다. 반대로, 국민을 수탈하고 억압하고 생명을 빼앗고 자유를 짓밟는 정부가 될 수도 있다. 우리는 휴전선 바로 건너편에 우리 동족이 만든 가장 잔혹하고 독재적인 정부를 두고 있다. 겉으로는 다수의 이익을 외치지만 실은 자신들의 정치적 이익과 조직적 이익을 추구하는 정부가 될 수도 있다. 정부와 정책은 도대체 어떤 원리에 의해 만들어지고 작동하기에 이처럼 사회마다 다른 모양을 하고 있는가?

적어도 분명히 말할 수 있는 것은 모든 유형의 정부와 정책은 사람과 사회와 역사에 의해 만들어진 창조물이라는 점이다. 역사를 거슬러 올라가면 분명 정부와 같은 정치조직은 존재하지 않는다. 원시적인 가족공동체와 씨족공동체가 있을 뿐이다. 고대 국가이든 현대 국가이든 권력장치에 의해 하나의 사회를 통치하는 정부는 분명 사람의 창조물이다. 사람들이 만들어냈다면 적어도 사람들이 이를 만드는 원리를 공유할 수는 있지 않는가? 바로 이 가장 단순하고 공통된 정부형성의 원리에서부터 정부에 대한 연구를 시작해 보자. 공통된 것에 기초하여 차이를 가져오는 원인을 탐구하는 방식으로 접근하면 정부라는 현상을 좀 더 근원에서부터 체계적으로 이해할 수 있을 것으로 생각되기 때문이다. 정부가 악의 도구가 되거나 실패하는 원인도 찾아낼 수 있을 것이다.

정부가 만들어지는 기본 원리는 제1장에서 이미 설명한 바 있다([그림 1-2] 정부와 정책의 발생체계 참고). ① 인간이 나면서부터 가지고 있는 마음의 능력과, ② 더불어 살아가는 속에서 자연스럽게 발생하고 진화하는 언어와 규범에 의지하여, ③ 조직을 만들고 지위를 창조하고 법을 창조함으로써 정부는 만들어진다.

이건희 삼성회장은 1995년 "우리나라 정치는 4류, 행정은 3류, 기업은 2류"라고 발언한 적이 있다. 굉장히 짧은 기간에 세계적인 기업을 만들어냈다. 이건희 회장은 2류라고 말했지만, 세계적인 경쟁력을 가진 기업들이 한국 사회에서 탄생했다. 그런데 정부를 구성하는 핵심 요소인 행정과 정치는 삼류, 사류에 그치고 있다. 우리 정부와는 비교할 수 없을 정도로 국민의 삶을 참혹하게 파괴하는 정부도 있다. 일류든 이류든 아니면 도저히 등수를 매길 수도 없을 정도의 반인륜적인 정부이든 정부가 이런 역할을 감당하려면 정부는 분명 어떤 사회적인 실재가 되어야 한다. 실제로 사람들의 삶에 영향을 미치는 살아있는 도구가 되어야 한다.

제3장에서 우리는 시장이 작동하는 기본 원리를 살펴보았다. 매우 단순한 원리에 의해 작동한다. 하지만, 이런 원리에 의해 작동하는 시장이 발생하고 확산되고 발전하고 진화하여 다양한 형태의 현대적 삶을 조직하는 공통의 메커니즘으로 자리하고 있다. 다양한 종류의 시장이 있지만 기본 원리는 제3장에서 살펴본 후생경

제학의 수요공급이론이다. 마치 시장이 수요와 공급의 상호작용에 의해서 발생하듯이 정부도 하나의 사회 제도로서 발생하려면 반드시 의지해야 하는 공통의 창조원리가 있다. 먼저, 이 점을 살펴보자. 그리고 이에 기초해 왜 수많은 유형의 정부가 만들어질 수밖에 없는지, 민주 정부의 형성은 왜 어려우며, 오히려 독재 정부가 역사를 지배할 수밖에 없는지에 대한 문제로 논의를 확대해 보자.

제 2 절 창조의 기본 원리: 지위 기능 부여

1 마음의 능력과 지위 기능 부여

정부를 포함한 모든 제도는 '지위 기능 부여'에 의하여 수립된다(Searle, 1995: 13-21). 지위 기능은 대상이 본래 가지고 있던 것이 아니라 인간이 자신의 의식의 능력을 이용하여 부여한다. 제도가 인간의 마음에 의해서 만들어져야 하는 것도 바로 이 때문이다. 대상현상 자체는 '정부'라고 하는 특별한 지위나 권한을 가지고 있지 않다. 즉, 대통령, 국회의원, 도지사, 시장, 시의원의 지위는 본래부터 있던 것이 아니다. 국민과 유권자들이 이런 지위를 만들고 어떤 사람에게 이에 해당하는 지위와 권한을 부여함으로써 탄생한다.

홉스(Thomos Hobbes)와 로크(John Locke), 루소(Jean Jacques Rousseau)가 제시하는 평등한 사회구성원 간의 사회계약 역시 일종의 지위 기능 부여 행위다(존 로크, 1996; 토마스 홉스, 2012; 장 자크 루소, 2007). 이들에 의하면, 사회계약의 핵심은 우리의 권리의 일부 또는 전부를 정부에 맡기는 데 있다. 즉, 개인이 권리의 주체로서 독립적 인격을 갖듯이 정부 역시 자신의 권한을 대중들로부터 위탁받아 독립적인 행위주체로서의 지위를 획득한다. 이렇게 보면, 사회계약 역시 일종의 지위 기능 부여행위다.

정부가 다양한 양상을 보이는 것은 지위 기능을 부여하는 과정에 여러 가지 요인들이 영향을 미치기 때문이다. 우리의 일상 경험을 돌이켜보자. 우리는 사물들을 단지 물리적 대상으로 다루지 않는다. 의자, 책상, 자동차, 집, 정원으로 대상을 다루고 경험한다. 즉, 이미 나를 위하여 어떤 기능을 수행하는 어떤 도구인 것으로 이 대상들을 지각한다. 그렇다면, 이 기능들은 어디에서 온 것인가? 대상 자체가 이미 이 기능을 가지고 있는 것인가? 결코 그렇지 않다. 우리가 이런 기능을 부여하기 때문에 이런 도구적인 대상이 된다. 정부, 정치인, 공무원 역시 마찬가지다. 우리가 이들 조직이나 사람들에게 어떤 역할과 권한을 부여하느냐에 따라 이들의 지위와 기능은 달라진다.

대상 자체가 이런 기능을 가지고 있는 것이 아니라 우리가 부여한 것이라는 점을 어떻게 알 수 있는가? 이 대상들에 대한 평가 기준이 어디에서 온 것인지를 생각해 보면 금방 알 수 있다. '안락한' 의자, '실용적이고 편리한' 책상, '튼튼하게' 지은 집 이런 대상들에 대하여 이런 평가가 가능한 것은 우리가 그런 기능을 부여하였기 때문이다. 앉을 도구로서의 기능을 부여하지 않았다면 어떤 의자가 안락한지 여부는 전혀 문제될 이유가 없다. 심지어는 강과 나무와 같은 자연 대상에도 사람들은 어떤 기능을 부여할 수 있으며, 이에 따라 평가할 수 있다. 지위 기능 부여란 이런 것이다. 그 기능은 결코 대상 자체에 내재되어 있지 않다. 외부에 있는 사용자가 부여한다.

2 약속의 원리와 그 속의 함정

어떻게 어떤 여성은 누군가의 아내가 되는가? 단지 결혼하고 혼인 신고만 하면 되는가? 결혼을 하고 혼인 신고도 했지만 그녀의 남편은 이 사람을 자신의 아내로 전혀 생각하고 있지 않다고 가정해 보자. 그래도 이 여성은 그의 아내가 되는가? 누군가에게 선물을 한다고 하자. 그것이 왜 선물이 되는가? 물건을 건네고 선물이라고 말은 하지만 내가 전혀 다른 계산을 하고 있다고 하자. 그래도 이것이 선물이 될 수 있는가? 약속에 대해 생각해 보자. 어떻게 약속은 약속이 될 수 있는가? 이와 같은 일들은 분명 자연의 대상처럼 있지는 않다. 그렇다면, 어떤 사람이 누군가의 아내가 되게 하고, 어떤 물건은 선물이 되게 하며, 어떤 발언은 약속이 되게 하는 것은 무엇인가?

앤스콤(G. E. M. Anscombe)의 설명에 의하면, 이런 것은 이에 대한 우리의 생각이 핵심이다. 우리가 그렇게 생각하지 않으면 이런 일은 있을 수 없다. 이런 행동을 앤스콤은 자기참조적(self-referential)이라 부르고 있다. '달'이라는 표현의 의미는 밤하늘에 떠 있는 천체를 참고하면 된다. '꽃'이라는 표현이 무슨 뜻인지 알려면 정원에 피어 있는 화려한 식물을 참고하면 된다. 그런데 약속이 무엇인지 알려면 참고할 대상이 따로 없다. 단지, 우리가 약속했다는 점, 좀 더 엄밀하게는 우리가 어떤 발언을 약속이라고 생각하는 것이 그 발언이 약속이 되는 이유다. 약속을 참고하여 약속을 이해하는 것이다(Anscombe, 1969: 61). 인간의 의식이 정부와 제도의 창조에서 무한한 창조력과 더불어 위험의 근원이 되는 것은 바로 이 자기참조적인 창조의 원리에서 기원한다. 세상이 아니라 우리의 생각이 창조되는 질서의 기반이며 근거이기 때문이다.

'좋은' 정부, '민주적인' 정부를 만드는 것이 어려운 이유도 바로 이 창조원리에서 기원한다. 서로 사랑하는 남편과 아내가 서로에게 상응하는 지위를 부여하고 함께 일생을 해로하는 것도 쉽지 않다. 2010년 통계를 보면, 중년부부(결혼생활 20년 이상)의 이혼율이 27.3%, 결혼 4년차 이하 신혼부부의 이혼율은 25%에 이른다(동아일보, 2011.5.16).[1] 정부, 정책, 법과 같은 공적인 현상들은 다수의 사회구성원이 공통의 지위를 부여해야 발생하고 작동한다. 그런데 사람들은 각자의 입장에서 정부를 바라볼 수밖에 없다. 인간의 생각이 이런 식으로 작동한다. 정책을 놓고, 정부의 권한과 역할을 놓고 사람들이 이미 기대를 달리하고 있다. 게다가, 이기적으로 또는 기회주의적으로 심지어는 악하게 정부를 이용하고자 하는 사람도 있다. 유토피아적인 환상에 사로잡힌 이념가도 있다. 이렇게 다양한 생각을 가진 사람들이 하나의 약속에 스스로 도달할 수 있을까? 어렵다. 아마도 불가능할 것이다. 생각을 같이하고 그 생각에 기초해 약속을 하고 지킬 수만 있다면 어떤 것이든 어떤 모양의 제도든 만들 수 있다. 그런데 우리가 원하는 대로 만들 수 있다는 바로 이 점이 오히려 우리를 갈등과 혼란에 몰아넣는다.

---

1) http://m.donga.com/NEWS/rel/3/all/20110515/37252391/1

3 언어: 지위 기능 부여의 매체

언어가 없이는 인간세계에 지금까지 존재한 적이 없는 새로운 지위나 기능을 창조할 수 없다. 언어는 법, 조직, 정부, 기업과 같은 제도가 발생할 수 있는 재료와 동력을 제공한다. 그래서 언어에 대한 이해가 없이 제도의 발생을 설명하고 이해는 것은 불가능하다(Searle, 2010: 61). 언어는 있으나 정부는 없는 사회는 있을 수 있다. 그런데 정부와 재산권 제도는 있으나 언어는 없는 사회는 있을 수 없다. 이런 것들은 언어에 의지해서만이 만들어질 수 있기 때문이다.

언어는 주변 세계에 대한 해석과 이의 공유를 가능하게 한다. 새로운 해석에 기초해 새로운 목표와 이념과 질서의 방식을 형성하고 공유할 수 있다. 하이데거(Martin Heidegger)는 고대 그리스는 호메로스(Homeros)의 시에서 서술된 것과 같은 인간관과 세계관에 뿌리를 두고 있다고 설명한다(Heidegger, 1971). 사회구성원들이 언어를 매개로 공통의 세계관을 갖게 되면 이는 해당 사회의 질서의 근간으로 작용한다. 또 유럽 사회와 미국은 기독교적인 사상과 언어를 공유하고 있었기 때문에 이를 근거로 자본주의와 민주주의를 실현할 수 있었다.

언어는 약속을 가능하게 한다. 언어가 있으면 이를 이용하여 약속을 만들 수 있다. 이렇게 만들어진 약속은 지켜야 한다는 의무가 발생한다(Searle, 2010: 80－84). 언어에 대한 전통적인 생각은 사실을 서술하기 위한 도구라는 것이다. 그런데 비트겐슈타인(Ludwig Wittgenstein), 오스틴(John L. Austin), 설(John R. Searle), 앤스콤(G. E. M. Anscombe) 등에 의하면 언어는 다양한 행동의 도구다. 언어를 이용하여 명령하고, 사과하고, 용서하고, 비난하고, 격려하고, 사랑을 고백하는 것도 가능하다. 소위 언어행위(speech act)의 도구다. 언어를 이용하면 약속도 가능하다. 약속이란 아직 발생하지 않은 어떤 상황에 대해 그런 상황이 발생하도록 하기로 함으로써 만들어진다. 이런 상황이 실제로 발생하면 약속은 지켜진다. 약속이 약속으로서 작동하는 이유는 우리가 약속했다는 것뿐이다. 즉, 우리가 함께하기로 약속하면 약속하는 만큼 어떤 상황을 새롭게 만들 수 있다는 것이다. 약속 속에 어떤 내용을 담을 것인지도 우리가 스스로 정하여 담을 수 있다. 참으로 놀라운 창조의 도구를 인간은 가지고 있는 것이다.

언어를 이용하여 정부와 정책도 만들 수 있다. 정부라는 것은 지위, 조직, 권한의 복합물이다. 분명 본래부터 있던 것은 아니다. 그런데 아직 발생하지도 않은 것에 대해 있을 수 있는 것으로 생각하고 여기에 관하여 이야기를 나눌 수 있고, 그래서 궁극적으로는 마치 아직 있지는 않지만 그와 같은 것이 있는 것처럼 이름을 붙이고 이를 따르게 되면 이와 같은 어떤 것들은 새롭게 창조될 수 있다. 바로 이와 같은 생각을 가능하게 하는 것이 언어다(Searle, 2010: 68-69).

미국의 독립선언(Searle, 1995: 118)을 생각해 보자. 분명히 독립선언이 선포한 상태는 당시의 실제 상태가 아니다. 그런데 영국의 지배를 받는 정착민들은 분명 이와 같은 새로운 상황에 대하여 생각할 수 있었고, 소망을 가질 수 있었으며, 게다가 이런 생각을 공유할 수 있었다. 즉, '함께' 어떤 상태를 소망하고 있었다. 그리고는 어느 날 이런 상황이 발생한 것으로 선언하고 이러한 선언이 정당한 것으로 믿으면서 행동하였다. 결국, 처음에는 반대하던 영국도 이를 인정하고 여기에 따라 행동하게 되었다. 이러한 선언사항이 실제로 실현되도록 하였다. 영국으로부터의 독립을 반대했던 상당수의 사람들은 미국을 떠나 캐나다로 이주하기도 했다. 어떤 일이든지 사회구성원들이 모두 한결같이 동의하는 일은 기대하기 어렵다. 바로 이 점이 정부와 정책의 정당성에 가장 큰 걸림돌이 된다.

언어란 인간의 마음과 세계와 정부를 이어주는 하나의 '공통의 끈(common thread)'과 같다. 어떤 관점에서 세계를 해석하게 하고, 이런 해석을 공유하게 하고, 이런 해석에 기초하여 집단적인 약속을 할 수 있게 하고, 이런 약속을 통해 정부를 만들고 질서를 만들게 하고, 이렇게 만들어진 정부와 정책을 이해하고 인정할 수 있는 공통의 근거가 되는 것이 언어다. 서로 다른 언어를 사용하고 있다는 것은 이미 다른 세계에 있는 것이며, 다른 생각을 하고 있는 것이며, 다른 꿈을 가지고 있는 것이고, 정부와 질서에 대한 생각도 다르다는 것을 의미한다.

언어가 없는 상황에서는 이와 같은 복잡한 상황에 대하여 서술하는 것도 어렵고 이해하는 것도 어렵다. 당연히 사람들이 함께 생각을 공유할 수 있는 방법도 없고, 힘을 모을 수 있는 방법도 존재하지 않는다. 이런 점에서 언어가 없이는 새로운 사고는 물론 새로운 제도의 창조 역시 불가능하다는 것이다. 그런데 이런 언어에 우리의 편견과 편향된 이념이 스며들고, 이런 상황에서 자신의 언어의 근원을 망각한다면 제도는 무엇이 되겠는가? 다수의 소망에 봉사할 가능성이 사라지게 될 것이다. 언어 역시 다수에게 횡포를 정당화하는 수단으로 전락할 수 있다.

제 3 절 헌법: 지위 기능 부여의 결정체

1 헌법에 의한 정부조직과 기능의 창조

헌법이 담고 있는 내용을 한마디로 요약하면 지위 기능 부여에 의해 창조되는 조직, 지위, 권한, 기능이다. 헌법은 전체 사회구성원들이 투표의 방법을 통하여 형성한 사회적 협약이다. 그런데 그 내용을 분석해 보면, 헌법의 조문 전체가 어떤 조직이나 지위가 창조될 것이며, 누가 어떤 권한과 기능을 갖도록 할 것인지에 관한 것이다. 지위 기능 부여에 관한 것이 주된 내용이다(<표 9-1> 참고).

표 9-1 지위 기능 부여 체계로서의 헌법

근거 조문	만들어지는 지위와 기능
제1~4조	대한민국: 정체(제1조), 국민(제2조), 영토(제3조), 기본 정책 방향(제4조), 전통문화 계승 노력(제9조)
제5조	국군의 사명, 정치적 중립
제6조	조약, 국제법규, 외국인
제7조	공무원, 공무원 신분과 정치적 중립성
제8조	정당, 설립자유, 민주적 목적, 자금 보조, 해산 조건
제10~38조	국민의 권리와 의무
제40~65조	국회, 입법권, 국회의원, 국회 의장, 부의장의 임기, 권한, 특권, 의무, 징계, 탄핵
제66~85조	대통령의 선출, 임기, 권한
제86~89조	국무총리와 국무위원, 국무회의의 임명, 권한, 역할
제90~ 93조	국가원로자문회의, 국가안전보장회의, 민주평화통일자문회의, 국민경제자문회의
제94~96조	행정각부의 장의 임명, 권한, 행정각부의 설치
제97~100조	감사원의 소속, 구성, 권한, 감사위원
제101~109조	법원의 구성, 대법원, 법관, 대법원장과 대법관의 임명, 권한, 역할
제110조	군사법원

제111~113조	헌법재판소의 역할, 구성, 재판관 임명, 임기, 결정방법
제114~116조	선거관리, 선거관리위원회의 역할, 구성
제117~118조	지방자치단체의 역할, 종류, 지방의회
제119~127조	경제질서의 원칙, 국토와 자원의 이용, 농지, 국토 균형 개발, 농업 및 어업 보호, 중소기업 보호, 소비자 보호, 대외 무역 보호, 과학 기술의 혁신 등과 관련된 국가의 역할
제128~129조	헌법 개정의 발의 및 방법

헌법에 의하여 국민은 국민으로서의 지위를 인정받는다(제2조). 국민이 구체적으로 어떤 자유와 권리를 가진 지위가 될 것인지도 헌법에 의해 규정된다(제10~38조). 즉, 헌법은 국민에 의해 만들어지지만, 헌법을 만드는 국민이 구체적으로 어떤 자유와 권리를 가질 것인지는 다시 헌법에 의하여 규정되고 제한되고 인정된다.

입법부, 행정부, 사법부 등 정부 3부도 헌법에 의하여 그 지위와 역할이 창조된다. 국무총리와 국무위원, 국무회의, 국가원로자문회의, 국가안전보장회의, 민주평화통일자문회의, 국민경제자문회의, 행정각부의 장, 행정각부, 감사원, 감사위원, 법원, 대법원, 대법원장, 대법관, 군사법원, 헌법재판소, 선거관리위원회, 지방자치단체, 지방의회, 경제활동과 관련된 국가의 역할, 헌법 개정의 발의 및 방법에 관한 내용으로 헌법은 구성되어 있다. 즉, 헌법은 대한민국이라는 국가의 형성을 위하여 어떤 정부기관을 둘 것이며, 각 정부기관은 어떤 방법으로 만들어지고 어떤 역할을 수행할 것인지에 관한 것이다. 헌법에 근거하여 만들어지는 지위와 기능의 종류와 권한, 이런 지위를 담당할 사람을 선출하는 방법, 이런 지위 기능 체계를 담고 있는 헌법을 개정하는 방법을 담고 있는 것이 헌법이다. 따라서 헌법 전체가 지위와 기능의 부여에 관한 것이라고 해도 전혀 틀리지 않다.

2 법과 정책에 의한 지위 기능 부여

헌법뿐 아니라 많은 법과 정책이 누군가에게 어떤 지위, 권한, 역할, 권리, 자유, 책임, 의무를 부과할 것이냐에 관한 것을 담고 있다. 즉, 지위 기능 부여에 관한 것이다. 가령, 수도권 집중 및 지역균형발전과 관련된 각종의 법과 정책을 생각해 보자. 이 정책들은 대한민국의 국토를 인위적으로 수도권과 지방으로 분리하고 각각에게 어떤 지위를 부여할 것인지를 핵심적인 내용으로 한다. 대학평가정책을 생각해 보자. 대학을 어떤 기준에서 평가하고 이 결과를 어떤 방법으로 이용할 것인지는 대학의 지위와 자유와 권리, 그리고 역할을 사실상 규정한다.

국가공무원법, 지방공무원법, 변호사법, 의료법, 공인회계사법, 공인중계사법, 건설업법, 건설기계업법, 은행법, 사립학교법 등의 법률 역시 어떤 사람에게 또는 어떤 법인이나 기업에게 어떤 지위를 주고 어떤 권한을 줄 것인지를 규정하는 것을 핵심으로 하고 있다. 민법과 상속세 및 증여세법 등은 가족의 범위와 지위, 권리에 관해 규정하고 있다. 정부조직, 기업조직 등 각종의 조직 역시 형성 원리의 차원에서 보면 지위 기능 부여의 결합체다. 각각의 조직구성원에게 어떤 지위와 권한과 책임을 부여하는 것을 핵심으로 하고 있다.

우리는 지위 기능 부여에 의해 만들어진 사회 제도의 바다에서 살고 있다. 마치, 바다 속에 살고 있는 물고기가 물의 존재를 의식하기 어렵듯이 이 제도들은 우리의 눈에 잘 보이지 않는다. 너무나 익숙하여 특별한 관심을 기울이지 않고도 그럭저럭 대응하며 살아갈 수 있기 때문이다. 어떤 것은 법규에 명문화되어 있고 어떤 것은 관습적이고 비공식적일 수 있다. 그러나 사회세계란 결국 우리가 '함께' 지위 기능을 부여하여 '만든' 수많은 종류의 지위 기능의 복합체다. 설은 다음과 같은 것이 지위 기능 부여의 원리에 의해 만들어진 것들이라고 설명하고 있다(Searle, 2010: 91-92).

- 정부 제도: 법, 군대, 경찰, 행정관, 재판관
- 스포츠 제도: 대한축구협회, 아마추어야구팀, 지역스포츠클럽
- 특정 목적 제도: 병원, 학교, 대학, 사업자단체, 식당, 극장, 교회
- 경제 제도: 기업, 중개인, 부동산 중개인, 동업자
- 일반 목적 제도: 화폐, 사유재산, 결혼, 정부
- 비구조적·비공식적 제도: 친구관계, 가족, 연인관계, 정당
- 자체가 제도는 아니지만 제도를 포함하고 있는 것들: 과학, 종교,[2] 여가활동, 문학, 성생활, 식사
- 제도는 아니지만 제도를 포함하고 있는 전문 활동: 법조계(law), 의료업

2) 종교 자체는 제도가 아니지만, 가톨릭교회는 제도이며, 과학은 제도가 아니지만 국가과학재단은 제도다.

(medicine), 학문세계(academia), 극단(theater), 목공작업, 소매업

기업과 같은 복잡한 조직도 동일한 방법으로 만들어진다. 특정한 조건을 갖춘 어떤 사람들의 조직에 대하여 기업이라고 하는 특별한 지위를 부여함으로써 만들어진다. 또 기업을 구성하고 있는 사람들 역시 사장, 이사, 주주, 감사, 투자자, 채권자, 근로자, 부장, 과장, 직원 등의 특별한 지위와 역할을 부여받음으로써 창조된다(Searle, 2010: 98).

3 '연장된 공통의 마음'으로서의 헌법

헌법은 사회구성원들이 공적인 지위와 권한에 대해 가진 공통된 생각을 공식문서화한 '연장된 마음(extended shared mind)'이라 할 수 있다(Clark & Chalmers, 1998; Gallagher & Crisafi, 2009). 굳이 이런 표현까지 동원한 것은 국가와 정부와 정책의 발생적 토대는 국민이라는 점을 다시 강조하기 위해서다. 유권자가 국가와 정부의 주인이며 주권자라는 것이다.

'연장물'에 대해 생각해 보자. 어떤 상황에 대해 생각하고 이해하고 분석하고 기억하고 기억을 되살려 활용하는 역할은 우리의 마음이 담당한다. 우리의 마음이 가진 능력에 의지해야만 이런 일이 가능하다. 그런데 정리하고 분석해야 할 것이 많아지면 우리는 노트에 기록한다. 수첩에 전화번호를 메모하기도 하고 일정을 기록해둔다. 그리고 기억이 분명하지 않을 때는 다시 노트를 펼치고 수첩을 꺼내 본다. 나의 생각은 나의 머리에서만 일어나는가? 그렇지 않다. 나의 노트와 수첩은 나의 머리가 가진 약점은 보완해 준다. 그리고는 나의 두뇌가 기억을 되살려 이용하듯이 노트와 수첩을 펼쳐 기록된 내용을 확인하고 이용한다. 그렇다면, 이 노트와 수첩은 무엇인가? 내 두뇌의 연장물이다. 사실상 두뇌의 일부인 것처럼 활용되고 있다. 여러 사람이 참여하여 서로의 생각을 나누고 교환하고 공감을 형성하는 일도 우리의 마음이 담당한다. 그런데 서로 공유해야 할 내용이 많아지고, 분명히 해야 할 내용이 많아지면 자료를 만든다. 서로의 생각을 담아 합의문을 만들기도 하고 계약서를 만들기도 한다. 이 역시 일종의 '연장된 마음'이다.

다수가 참여하여 합의한 내용을 '문서화'하면 여러 가지 이점이 발생한다. 우선, 언제든지 다시 확인해 볼 수 있다. 상황이 달라지면 부분적으로 또는 전체적으로 내용을 수정할 수도 있다. 의사결정 과정에 직접 참여하지 않은 사람도 그 결과를 공유할 수 있다. 서로 이견이 생겼을 때 이를 판단이나 조정의 기준으로 삼을 수도 있다. 공감해야 할 내용이 복잡해지고 관련된 사람이 많을수록 문서화하는 것이 여러 이점이 있다.

헌법과 법 역시 일종의 '연장된 마음'이다. 즉, 사회구성원들이 토론을 하고 논의하여 이렇게 만들어진 자신들의 공감과 합의, 즉 공통의 생각을 서술한 것이기 때문이다. 사회구성원의 집단적 지혜를 모으고 축적하고 발전시키는 수단이기 때문이다. 그러나 현실적으로 사람들의 생각이 다르고 삶의 방식이 다르고 이념이 달라 합의와 공감에 도달하는 것이 쉽지 않다. 정치가 필요하고 민주적인 정치가 더 나은 정치가 되는 것은 이 때문이다. 다양한 생각을 가진 사회구성원들이 하나의 '연장된 마음'을 형성하고 이를 발전시키는 데 도움이 되기 때문이다.

4 법적 · 정책적 창조물의 실질적 지위

헌법은 한국 사회의 가장 기본적인 제도의 체계를 규정하고 있다. 그러나 사회질서의 형성에서 법이 갖는 실제적 영향력은 단지 헌법이라고 규정함으로써 완성되는 것이 결코 아니다. 단지 약속했다는 것만으로 약속이 될 수 없고 단지 결혼했다는 것만으로 부부가 될 수 없듯이 헌법이 진정으로 국가의 기본질서에 관한 약속으로서의 지위를 가지려면 사람들이 헌법에 대해 그러한 지위와 권위를 인정해야 한다.

헌법에 의하면, 대통령은 선거에 의하여 선출하는 것이 원칙이다. 그런데 이 규정이 제대로 지켜지려면 보다 구체적인 선거의 방법이 규정되어야 하고, 또 이 규정을 선거에 참여한 사람들이 인정하고 준수해야 한다. 그런데 선거에 참여한 사람들의 행동을 완전히 규제할 수 있는 법은 결코 만들 수 없다. 사람들이 어떻게 행동할 것인지는 누구도 온전히 예측할 수 없고, 이를 온전히 법으로 규제하는 것은 법 기술상 불가능하기 때문이다. 언제나 법에는 허점이 있게 마련이다. 법의 허점을 이용하면 얼마든지 편법적인 선거 운동이 가능하고, 심지어는 불법적인 선거 운동과 부정 선거가 있어왔던 것이 우리의 역사다. 즉, 아무리 규정을 세밀하게 만들어도 사람들이 이 규정을 무시하고자 하면 무력화될 수 있는 것이 법이다.

뿐만 아니라, 군사쿠데타를 통하여 헌법에 근거한 절차를 완전히 무너뜨릴 수도 있다. 헌법의 절차를 무시하고 탄생한 정권이지만 이런 정권을 국민들은 다시 인정하였다. 이렇게 탄생한 권력자에게 다시 총구를 겨누었던 것이 권력의 현실이며, 우리의 역사다. 단지 법으로 규정하는 것만으로는 하나의 제도가 온전한 지위를 얻지 못한다.

법과 정책은 지극히 추상적인 사회적 구성물이다. 사람들이 무시하고 인정하지 않으면 무너진다. 무용지물이 될 수 있다. 왜 많은 사회들이 민주적인 정부의 형성에 실패하는가? 단지 법을 규정하는 것만으로는 이런 제도를 만들 수 없기 때문이다. 이를 가능하게 하는 사회구성원들이 인정과 공감을 형성하는 일이 결코 쉽지 않기 때문이다.

제 4 절 성공 가능성을 높이는 요소

1 '함께' 만들어 가기

1) 지위 기능을 부여하는 마음의 능력: 지향성

정부와 같은 제도는 사회구성원들이 '함께' 지위 기능을 부여해야 발생한다. '함께' 부여한다는 점에서 집단적이고, 본래 가지고 있지 않던 기능을 부여한다는 점에서 '지향적'이다. 집단지향성을 이해하려면 지향성을 먼저 이해해야 한다. 현상학의 설명에 의하면, 인간이 주변 세상을 이해하고 인식하는 가장 기본적인 방식은 감각자료로 주어진 것을 '무엇' 또는 '무엇에 관한 것'으로 지각하는 방식이며, 이를 현상학에서는 지향성이라 한다(Husserl, 2001: 39–43; 이남인, 2013: 73–81; 박승억, 2007: 74–82; Sokolowski, 2000: 7–8; Searle, 2010: 26–309 외). 감각 자료란 인간의 오감에 주어진 자료 그 자체다. 그런데 주어진 감각 자료 자체는 그것을 무엇인 것으로 인식하기에 매우 부족하다. 그럼에도 불구하고 '무엇' 또는 '어떤 것'으로 지향하여 구성하는 것이 지향성이다.

"(^_^)", "(*^_^*)". 전화로 문자를 보내면서 사용하는 그림이다. 이것을 우리는 무엇으로 보는가? 사람의 '얼굴'로 본다. 이렇게 생긴 얼굴이 진짜 있는가? 세상 어디에도 이렇게 생긴 얼굴은 없다. 그런데도 우리는 이미 얼굴로 인식한다. 주어진 자료 자체와 우리가 지각한 내용 간에는 큰 격차가 있다. 이런 격차에도 불구하고 이 그림이 얼굴인 것으로 구성해내는 것이 지향성이다. 즉, 주어진 감각 자료 자체에는 주어져 있지 않은 것, 또는 매우 부족하게 주어져 있음에도 불구하고 우리는 그것이 내가 알고 있는 '무엇' 또는 '어떤 것'을 의미하는 것으로 구성하여 지각한다. 이를 가능하게 하는 것이 우리 의식의 지향성이다(사공영호, 2015a: 162-169).

이러한 지향성에 대한 설명에서 알 수 있는 것은 우리 의식의 능력이다. 주어진 자료나 주어진 사실 자체는 가지고 있지 않은 의미를 부여하고 이해할 수 있는 능력을 가지고 있다는 것이다. 왜 하나의 돌이 문진이 되고 망치가 되고 무기가 될 수 있는가? 돌 자체가 그런 도구성을 가지고 있는가? 그렇지 않다. 우리가 그것을 그런 용도의 물건으로 해석할 수 있고 사용할 수 있기 때문에 가능하다. 지위 기능 부여란 바로 이러한 인간 의식의 창조적인 해석 능력, 의미 부여 능력의 산물이다. 정부와 같은 제도는 사회구성원들이 함께 어떤 기능을 부여해야 안정적으로 창조되고 작동한다. 집단지향성이 요구되는 것은 바로 이 때문이다.

2) '함께' 지위 기능을 부여함: 집단지향성

미국의 독립 선언과 연방 정부의 형성 과정을 생각해 보자. 본래부터 이런 상태나 제도가 있었던 것은 아니다. 그런데 사람들이 그렇게 선언하고 그것이 진실인 것처럼 행동하고 그런 행동이 인정을 받음으로써 독립이 인정되고 정부도 만들 수 있었다. 만일 영국이 끝까지 독립을 인정하지 않았다면 어떻게 되었을까? 연방 헌법에 대해 미국의 각 주의 대표들이 합의하지 않았다면 어떻게 되었을까? 각 주의 대표들이 동의한 연방 헌법을 각 주들이 승인하지 않았다면 어떻게 되었을까? 각 주가 승인한 헌법을 미국 시민들이 인정하지 않았다면 어떻게 되었을까? 미국이 하나의 연방 국가로 탄생하고 연방 정부가 정부 3부로 구성되어 각자의 역할을 담당하는 일이 애초부터 불가능하였을 것이다.

정부란 사회구성원들이 함께 지위 기능을 부여함으로써 만들 수 있다. 우리가 함께 지위 기능을 부여한다는 것 이외에 다른 근거가 필요하지 않으며, 그래서 우리가 함께 합의만 한다면 만들어진다. 그러나 합의에 의한 정부 수립의 원리는 한편으로는 무한히 다양한 형태의 정부를 가능하게 하지만 많은 사회에서는 이런 일이 일어나지 못하도록 방해하는 걸림돌이 되고 있다.

서구 사회의 제도 역사를 돌이켜 보면, 자치공동체, 기업조직, 학교, 교회 등 여러 가지 자생조직들이 스스로 생성되고 발전되어 왔다(예: 토크빌, 베버, 파슨즈, 노스, 설, 앤스콤, 블루어 외). 이런 제도들도 모두 집단적인 지위 기능 부여에 의하여 만들어진 것이다. 어찌 보면 참 간단해 보인다. 그러나 그 외의 사회들을 보면, 서구형 자생제도 또는 자신들의 현실에 맞는 건전한 정치·경제제도들을 발전시키고 있는 사회들은 많지 않다. 왜 어렵겠는가? 집단지향성 문제의 해결이 지극히 어렵기 때문이다.

집단지향성이란 말 그대로 사회구성원들이 공통적으로 특정대상에게 어떤 지위와 기능을 부여하는 경향이나 또는 상대가 협력할 경우 자신도 협력하고자 하는 마음을 의미한다(Searle, 2010: 42-60). 설은 집단지향성에 의하여 사회 제도가 수립되며, 집단지향성의 한계가 곧 부여할 수 있는 지위 기능의 한계라고 말한다(Searle, 2010: 47). 가령, 어떤 사회구성원들이 다같이 어떤 조직의 설립에 대하여 동의하고, 또한 그 조직의 운영에 정직하게 협력하기로 한다면 이런 범위 안에서만이 그 조직이 하나의 제도로서 작동할 수 있다는 것이다. 제도연구자인 바인가스트(Weingast, 2002) 역시 제도란 거기에 참여하고 있는 사람들이 그 제도를 인정할 때, 그 제도의 원리를 존중할 의사가 있을 때 자기집행적으로 작동한다고 말한다.

2 신뢰와 협력 의지

'함께' 지위 기능을 부여하려면 상대방을 믿을 수 있어야 한다. 참여자들 간에 신뢰가 수반되어야 한다(Searle, 2010: 50－52). 지위를 남용하고 권리를 남용할 위험을 필연적으로 포함하고 있기 때문이다.

예를 들면, 저 사람이 나와 듀엣을 연주할 수 있는 사람이라는 믿음이 없다면 듀엣을 연주하기 위해 나의 파트를 담당하려는 생각도 일어날 수 없다. 사람들이 어떤 믿음을 공유하고 있다면 집단지향성을 가지고 있는 것이나 마찬가지다(Searle, 2003: 5). 누군가를 믿는다면 그에게 맡기고 그의 판단을 얼마든지 인정하고 존중할 수 있다. 사실상 그와 생각을 함께 하는 것과 같은 협력과 동의가 발생한다. 좀 더 실천적으로 설명하자면, 집단지향성이란 상대가 자신의 역할을 성실히 수행할 것을 서로서로 믿고 기업의 경영인은 경영인으로서 역할에 성실하고, 근로자는 근로자로서의 역할을 성실히 수행하는 것을 의미한다. 공동체의 구성원들과 조직의 구성원들이 각자의 역할을 성실히 수행하는 것을 의미한다.

이와 같은 방법으로 만들어지기 때문에 사람들이 이런 조직과 제도에 대하여 어떤 지위와 역할을 부여하는지, 즉 지위 기능 부여에 참여하고 있는 사람들이 가지고 있는 공통된 생각과 기대, 즉 집단지향성이 이런 제도들의 생성과 진화를 결정하는 근거와 경계로 작용한다(Searle, 2010: 103－104). 이런 이유로 어떤 제도가 안정적으로 존속할 수 있으려면 이의 발생과 작동을 가능하게 하는 언어들이 안정적으로 공통의 의미로 사용될 수 있어야 한다. 언어의 의미가 불확실하고 사람들의 생각이 흐려지면 제도 현상 역시 힘과 정체성이 약화될 수밖에 없다.

3 공감을 이끌어내는 정치

사람의 생각은 자신이 처한 상황과 경험에 대한 자신의 해석에 근거하여 발생한다. “So many men, so many minds.” 사람의 생각은 여러 가지인데 하나의 결론을 내려야 한다. 정부가 내려야 하는 결정은 이런 것이다. 각자의 의견을 존중할 방법이 없다. 이런 상황에서 채택할 수 있는 최선의 방법은 최대한 많은 사람들이 공감하고 동의할 수 있는 해법을 창조해 내는 것이다. 정치가 필요하고 민주적인 정치가 더 나은 정치가 되는 것은 바로 이런 이유 때문이다.

생각이 같고 삶의 양식이 같고 원하는 목표와 이념이 같은 사람이 함께 정부와 정책을 만든다면 문제가 생기지 않는다. 문제는 사람들의 생각이 모두 제각각이기 때문에 발생한다. 정부와 정책을 만드는 과정은 사실상 이처럼 다양한 생각을 가진 사람들의 소망을 수렴하고 조정하여 최대한 다수에게 이익이 되는 정부와 정책을 만들어 가는 것을 목표로 하고 있다. 문제는 이런 절차들이 실제로 다양한 국민들의 기대와 소망을 얼마나 수렴하고 조화시킬 수 있느냐는 것이다.

예를 들면, 대통령, 국회의원, 지방의원, 시장과 도지사, 교육감은 선거를 통해 선출된다. 그런데 선거는 국민의 생각을 수렴하는 방법의 하나다. 선거에 승리하기 위해 각 후보들은 공약을 제시한다. 선거에서 승리하려면 보다 많은 유권자가 원하는 정책을 공약으로 제시해야 한다. 더 많은 표를 얻으려면 다양한 유권자로부터 더 많은 지지를 받을 수 있는 공약을 제시할 수 있어야 한다.

정책문제를 정의하고 정책대안을 개발하고 정책을 결정하고 정책을 집행하는 정책과정 역시 '함께' 정책을 만들고 시행하기 위한 노력의 일종이다. 시민, 시민단체, 이익단체, 이념단체, 지역주민, 전문가 단체, 일선 정책담당자, 정치인, 언론 등 다양한 집단이 정책을 만드는 과정에 함께 참여한다. 이들 다양한 집단의 참여를 보장하는 것 역시 궁극적으로는 정책이란 '함께' 만들고 '함께' 집행하고 '함께' 발전시켜 나가야 하기 때문이다. 국회와 정부는 법령을 제정하고 시행하기에 앞서 공청회를 비롯하여 갖가지 방법으로 관련 집단의 의견을 수렴하는 절치를 거친다. 정책은 관련 집단이 함께 만들어 함께 집행해야만 본래의 목적을 달성할 수 있기 때문이다.

제 5 절 정부형성을 방해하는 요인

1 재료에 내재된 방해 요인

인류사에 정부가 출현한 것은 지금으로부터 약 3천 년에서 5천 년 전이다. 지역마다 차이가 있지만 고대시대를 기준으로 하면 그렇다. 한반도에서 최초로 국가가 출현한 것은 지금으로부터 약 3500년 전으로 추정하고 있다. 고조선이 이때 세워졌다. 정부가 출현한지는 수천 년이 흘렀다. 하지만, 여전히 많은 사회의 구성원들은 민주적으로 정부를 만드는 데 큰 어려움을 겪고 있다. 경제사학자인 노스(North, 1990, 2006)는 이런 상태는 앞으로도 계속될 가능성이 높다고 경고하고 있다. 지금까지 경제발전을 가능하게 하는 제도를 발전시키지 못한 사회는 앞으로도 여전히 그럴 가능성이 높다는 것이다.

왜 민주적인 정부를 발전시키는 것은 이렇게 어려운가? 정부와 정책을 가능하게 하는 모든 것들이 정부와 정책의 형성과 발전을 방해하기 때문이다. 정부와 정책을 가능하게 하는 요인이 오로지 그런 용도로만 작용한다면 정부와 정책을 우리가 원하는 대로 만들지 못할 이유가 없다. 이런 일이 가능하다면, 자동차를 만들고 집을 만들고 우주선을 만들 듯이 정부도 만들면 된다. 정책도 얼마든지 우리가 원하는 대로 만들어 이용할 수 있다. 정부와 정책을 만들기 위해 필연적으로 의지해야 하는 재료와 원리에 피할 수 없는 치명적 약점들이 있기 때문에 이를 이용하여 정부와 정책을 만들지 못하는 것이다.

지위와 조직의 창조를 가능하게 하는 인간의 마음은 지위와 조직을 사적 목적으로 이용할 능력도 있다. 법과 정책을 구성하는 언어는 현상을 알게 하면서 동시에 현상을 왜곡하여 정확한 대응을 방해한다. 공식제도의 불완전성을 뒷받침해야 할 문화와 관습은 기회주의적이고 이기적인 행동을 정당화할 수도 있다. 서로 간의 대화와 타협을 위해 작동해야 할 정치는 오로지 정치적 목적을 위해 분열과 갈등과 특혜를 조장할 수도 있다. 국민의 이익에 봉사해야 할 관료들은 얼마든지 자기 조직의 이익을 위해 국민을 지배와 통치의 대상으로 삼을 수 있다. 법과 제도에 존재의 이유를 부여해야 할 이념과 목표는 유토피아적인 허구성으로 사회를 혼란과 갈등의 수렁으로 몰아넣을 수도 있다. 겉으로는 국민의 이익을 주장하지만, 실은 특정집단의 이익에 봉사할 수도 있다.

2 '함께' '지위 기능 부여하기'의 어려움

지위 기능 부여에 관한 설(John R. Searle)의 연구는 정부, 정책, 법, 조직, 권력, 지위 등이 발생하는 공통의 원리를 보여준다는 점에서 매력적이다. 이런 현상은 본래부터 있던 어떤 재료를 이용하여 만드는 것이 아니다. 만일 인간의 생각이나 언어와 상관없이 존재하는 무엇인가를 재료로 정부를 만든다면 혼자서도 얼마든지 정부를 만들 수 있다. 그런데 정부와 법과 정책은 그렇지 못하다. 우리의 언어와 의식의 능력에 의지하여 창조되어야 한다. 이런 점에서 정부와 정책은 철저하게 사회적 창조물이다. 너무나도 다양한 양상의 정부가 만들어지고, 정부와 국민 간의 관계가 극단적인 대조를 이룰 정도로 상반된 양상을 보이는 것도 이 때문이다. 정부가 무엇을 위한 정부, 누구를 위한 정부가 될 것인지는 결코 정부나 법 자체에 의해 통제되지 않기 때문이다. 그것을 이용하는 사람이 정부를 어떤 목적과 용도로 도구화하느냐에 따라 달라진다.

그렇다면, 이렇게 만들어지는 정부가 다수 국민을 위한 정부가 되려면 어떤 조건이 갖추어져야 하는가? 설은 크게 두 가지 조건을 제시하고 있다. 첫째는 '함께' 지위 기능을 부여하는 것이다. 설은 '집단지향성'이라는 표현을 쓰고 있다. 둘째는 공유의 의미를 갖는 언어다. 이를 좀 더 구체적으로 설명하면 이런 것이다.

함께 지위 기능을 부여하여 정부조직을 만들고 정책을 만들려면 첫째, 모두가 공감할 수 있는 분명한 다수의 이익, 목표, 이념이 있어야 한다. 특정집단의 이익, 목표, 이념이 다른 집단의 그것과 충돌해서는 안 된다. 만일 충돌이 있다면 정책과정에서 이런 이견이나 갈등이 해소될 수 있어야 한다. 이것이 집단적인 지향의 대상 또는 목표가 될 것이다. 정부와 정책은 이것을 위한 수단인 것으로 사회구성원들이 함께 지위나 기능을 부여하는 것이 가능해진다.

둘째, 다수가 공감하는 이익, 목표, 이념은 모든 관련자들에게 공통의 의미를 가지는 언어로 서술될 수 있어야 한다. 그래야만 이를 공식제도의 목표와 내용으로 삼을 수 있다. 이런 조건을 충족시킬 수 있으려면 집단지향적으로 추구하는 목표가 언어로 서술가능한 조건이 형성되어야 한다. 만일 이런 조건의 형성이 어렵다면 정치와 정책과정은 이의 형성이 가능하도록 작동할 수 있어야 한다.

셋째, 정부와 정책에 참여하는 사람들이 정부와 권력을 자신의 사적인 이익을 위한 수단으로 삼지 말아야 한다.

넷째, 정부와 정책의 사적 이용을 차단하기 위해서는 관련 정보가 투명하게 공개되거나 적절한 견제 장치가 마련되어야 한다. 모두가 공감하는 분명한 목표가 있고, 또한 분명한 의미를 갖는 언어로 목표나 이념이 서술될 수 있다면 이를 위해 만들어진 정부와 정책이 사적인 목적을 위한 수단으로 악용될 위험을 차단할 수 있다. 정부와 정책을 견제하는 데도 중요한 기준이 될 수 있다. 서로에 대한 신뢰가 중요한 것도 이런 이유 때문이다.

사실 이 조건 자체는 간단해 보이지만 역사적인 경험은 전혀 그렇지 못하다. 공산주의자들과 이념가들은 정부를 이념을 위한 수단으로 삼았다. 부패한 집권자들은 정부를 권력형 축재를 위한 수단으로 삼았다. 정치인들은 정책을 자신들의 정치적 이익을 위한 수단으로 삼았다. 관료들 역시 정부 권력을 자신의 사적 이익을 위한 수단으로 삼는 일이 끊임없이 있어 왔다. 군인들은 자신에게 맡겨진 병력을 권력의 강탈을 위한 수단으로 삼았다. 민주적인 정부는 상대적으로 국민 다수의 이익이나 공통의 이념에 합치되는 정도가 높다. 그러나 이 정부에 대해서도 많은 비판이 있어왔다. 다수의 이익을 위한 정부가 아니라 특정집단의 이익을 위한 정부라는 것이다(Kolko, 1963; Strigler, 1975; Friedman, 1983).[3]

설은 함께 지위 기능을 부여해야 한다는 점을 강조한다. 하지만, 우리는 이미 서로 다른 생각과 선호와 이념을 가지고 있다. 이처럼 다양한 생각과 선호를 가진 사람들이 서로에 대해 믿음을 형성하고 공통의 목표나 이념을 지향하고 공통의 지위 기능을 부여할 수 있는가? 설은 이런 현실적 문제에 대해서는 설명하지 않고 있다. 집단지향성이 어떻게 생성되어 어떻게 개인의 마음에 내재화될 수 있는지, 어떤 방식으로 사람들의 생각과 행동에 영향을 미칠 수 있는지에 대해서는 구체적인 설명을 제시하고 있지는 않다. 집단지향성은 '처음요인'이 아니라 사회적 형성물이다. 그렇다면, 왜 어떤 사회에서는 제도친화적인 집단지향성이 형성될 수 있었는지에 대한 설명이 있어야 한다. 또 이 과정에서 인간 의식의 약점이나 언어적 약점이 어떻게 해결될 수 있었는지에 대한 설명도 이루어져야 할 것이다. 하지만, 설은 이런 점에 대해서는 설명하지 않고 있다.

그런데 인간의 사고와 언어가 작동하는 원리나 주변 세계와 주변 대상에 대한 인간의 해석이 작동하는 원리에 비추어 보면, 집단지향성에 의지하여 정부와 같은 제도를 형성하는 데는 여러 가지 인식론적인 문제와 존재론적인 문제가 함께 관련되어 있다. 철학적인 설명은 상당히 어렵고 복잡한 설명을 요구하므로 그냥 현실의

3) 콜코(Gabriel Kolko)는 미국에서 진보주의 시기(1890년대 이후)에 정부가 팽창한 것은 사회약자의 보호나 사회문제의 해결을 위해서가 아니라 그렇게 하는 것이 자본가들의 이익과 합치되었기 때문이라고 설명하고 있다. 즉, 자신들의 재산을 지키기 위해 정부의 규제를 이용하였고, 정부는 이들이 원하는 방식으로 경제에 개입하였다고 설명하고 있다.

우리의 삶을 보자. 정부의 역할이나 어떤 정책 이슈에 대해 사회구성원들이 생각을 같이 하는 경우가 얼마나 있는가? 사실은 없다고 해도 과언이 아닐 것이다. 각자가 처한 상황이 다르고 자신의 입장을 기준점으로 삼을 수밖에 없기 때문이다. 롤스(John Rawls)가 정의에 관한 기준을 마련하기 위해 무지의 베일과 원초적인 상태를 가정하는 것은 이런 이유 때문이다. 각자의 입장을 고려한 상황에서는 공통의 기준을 마련할 방법이 없기 때문이다. 후설(Edmund Husserl)이 현상에 대한 있는 그대로의 인식을 위해서는 자신의 이론, 경험, 지식을 괄호 안에 넣을 것을 요구하는 것도 마찬가지다. 각자의 이론과 경험은 현상을 자기 입장에서 볼 수밖에 없도록 만들기 때문이다. 그러나 롤스의 가정이나 후설의 요구는 어디까지나 이론적으로나 또는 가설적으로만 가능하다. 실제 인간의 인식이 이런 상황에 도달하는 것은 매우 어렵다(Heidegger, 1962). 내가 이미 가진 지식을 우회해서는 세상을 이해하고 인식할 방법이 없기 때문이다. 집단지향성이라는 조건 자체가 결코 쉽게 충족될 수 있는 조건이 아니라는 것이다. 공산주의자들이 생각을 달리하는 사람들에게 그토록 가혹할 수밖에 없었던 이유도 이 때문일 것이다.

역사적으로 보면, 집단지향성은 사회구성원 누군가의 인위적인 노력이 아니라 우연한 이유로 공유한 종교의 산물이다. 예를 들면, 미국이 여러 가지 역사적인 혼란 속에서도 결과적으로 개인의 자유와 권리를 더 넓게 인정하는 정치 및 경제 제도를 발전시킬 수 있었던 것은 개인의 존엄과 자유와 인권에 대한 집단적인 믿음에 의지하고 있다. 그런데 이런 믿음은 누군가의 의도적인 노력이나 합리적인 논의의 산물이 아니라 그들이 물려받은 종교와 오랜 사회적 상호작용의 산물이다(시모어 마틴 립셋, 1963; Huntington, 2006; Bellah et al, 1996; Tocquville, 1997; Whitehead, 1933). 로티(Richard Rotty)의 표현으로는 우연히 형성된 것이다(Rorty, 1989).

만일 집단지향적인 목표나 이념 또는 역할기대가 형성되지 않았다면 정치는 이를 형성하는 것을 정책결정 이전에 1차적인 목표로 해야 한다. 적어도 특정한 목표나 이념을 정치적으로 이용해서는 안 된다. 그런데 현실의 정치는 그렇지 않다. 정치적 이익을 위해서는 특정집단과 결탁하는 것이 오히려 필요하다. 정부와 정치가 실패하고 사회가 혼란과 갈등에 빠지는 것은 바로 이런 이유 때문이다.

3 언어의 의미 문제로 인한 혼란

언어는 집단지향적인 지위 기능 부여에 의해 정부를 만드는 데 필수적인 매체이며 도구다. 아직 사회세계에 존재하지 않는 어떤 사회적 실재에 대하여 생각하고, 논의하고, 합의하고, 또 이런 대상이 실제로 있는 현상이 되도록 하기 위해서는 합의와 실천의 매개가 되는 언어가 반드시 필요하다(Searle, 2009: 238).

그러나 비트겐슈타인과 하이데거, 로티(Rorty, 1979, 1989), 소쉬르(남경희, 2013)[4] 등의 현대 언어철학에 의하면, 인간의 언어는 인간으로 하여금 심각한 오해에 빠지게 만드는 매체다. 현실을 있는 그대로 보지 못하게 할 뿐 아니라, 자신이 현실을 제대로 보고 있지 못하다는 점을 인식하지 못하게 만드는 것이 언어다(Braver, 2012; 사공영호, 2015b). 로티는 언어는 세계를 거울처럼 그 안에 담음으로써 의미를 얻는 것이 아니라 매우 우연하고 자의적인 이유로 의미를 얻는다고 설명하고 있다(Rorty, 1979, 1989). 인류의 역사를 돌이켜 보면, 언어는 이처럼 우연하고 자의적인 방식으로 의미를 얻기 때문에 각 사회는 서로 다른 세계관과 삶의 형식을 발전시키고 있다. 하나의 국가 내에서도 마찬가지다. 계층에 따라 종교에 따라 세대에 따라 세계관이 다르고 삶의 양식이 다르며 학문상이 다르고 이를 배경으로 형성되는 언어의 의미 역시 다르다. 하나의 현상을 동일한 관점에서 해석하고 이해한다는 보장이 없다. 역사교과서 논쟁이나 박정희 정부에 대한 평가, 복지정책을 둘러싼 논쟁과 대립은 이런 점을 잘 보여 준다.

공산주의자들은 상당한 경험적 지식에 근거하여 사회발전을 추구하였으나 실제로는 사회를 지옥으로 만들면서 사람들의 생명까지도 빼앗았다. 이런 판단의 근저에 자리하고 있으면서 인간의 이성을 마비시킬 수 있는 것이 언어다. 언어의 이와 같은 약점을 이해하지 못한 상황에서 언어에 의지하여 정부를 만들고 정책을 만들면 공산주의자들이 범하였던 것과 같은 실패의 위험에 처한다. 사회구성원들에게 구체적이고 상당한 고통을 가하지만 그로 인하여 얻는 것이 무엇인지는 추상적이고 유토피아적인 언어로만 공언되는 상황이 발생할 수 있다.

4) 남경희는 소쉬르(Ferdinand de Saussure)가 말하는 언어의 자의성이 단지 기표의 자의성뿐 아니라 의미의 자의성을 의미하고 있다고 설명한다. 즉, 언어의 의미는 대상에서 오는 것이 아니라 사회구성원들이 공유한 배경언어 또는 언어네트워크에 기초하고 있다고 설명하고 있다.

행정부를 세종시로 옮기고 공공기관들을 지방으로 이전하는 것이 과연 균형발전에 실제 도움이 될 것인가? 사실 판단하기 매우 어렵다. 그런데 이로 인하여 공무원들과 공공기관 근로자들은 상당한 희생을 직접 감수해야 한다. 희생은 분명한데 이를 통해 얻는 것이 무엇인지는 불확실하다. 그럼에도 불구하고 이를 정당화하는 것이 언어의 마력이며, 이를 이용하는 것이 정치다. 대학경쟁력 향상과 특성화를 이유로 획일적인 기준에 의해 대학을 평가하는 교육부의 정책 역시 언어적으로는 화려하지만 실제 대학경쟁력과는 무관할 가능성이 높다.

4 죄수의 딜레마를 촉발하는 정치

애플의 아이폰은 750여 개의 협력사의 분업과 협력의 산물이다. 이들 협력사의 80%는 중국을 포함한 아시아에 있다.[5] 서로 언어가 다르고 종교가 다르고 삶의 양식이 다르다. 그렇지만, 이렇게 많은 기업들이 하나의 제품을 만들기 위해 서로 협력하는 데 문제가 생기지 않고 있다. 분명한 목표가 있고, 이에 관해 서로가 할 일을 나누어 담당하는 데 아무런 언어적 문제가 없기 때문이다. 함께 협력하면 모두가 이익을 얻고 함께 발전할 수 있기 때문이다. 분명한 목표가 있고 서로에게 유익이 된다면 이처럼 민족을 뛰어넘는 협력도 가능한 것이 인간 간의 상호작용이다.

만일 정부와 정책을 형성하는 언어들과 거기에 참여하는 사람들의 이해관계 · 이념 · 생각이 아이폰의 생산과정처럼 작동한다면 집단지향성에 의한 정부 · 정책의 형성 역시 큰 혼란 없이 가능할 것이다. 우리가 궁극적으로 소망하는 정부의 모습도 이념적으로는 이런 모습일 것이다. 잘 작동해 준다면 서로 간의 협력이 가능하고, 이를 통해 모두가 이익을 얻고, 모두에게 행복을 주고 평안함을 줄 수도 있다.

하지만, 정부와 정책은 분명히 이처럼 작동하는 경우가 많지 않다. 왜 그럴까? 정부와 정책은 기업이 작동하는 것보다는 훨씬 복잡한 대규모의 협력을 요구하기 때문이다. 우리가 원하는 공공재를 얻고 질서를 얻고 서비스를 얻기 위해서는 함께 협력해야 한다는 점은 분명하다. 함께 협력하면 더 나은 결과, 모두에게 유익이 되는 결과를 얻을 가능성도 분명히 있다.

5) http://macnews.tistory.com/874 참고.

그러나 협력하기보다는 자신만의 이익을 쫓는 것이 훨씬 유리할 수 있는 상황에 있는 것이 정치와 정책이다. 총과 탱크를 앞세워서라도 권력을 잡는 것이 나은 선택일 수 있다. 권력을 이용하여 사리사욕을 취하는 것이 내게 유리할 수도 있다. 국민의 이익을 위해 고민하기보다는 정치인에게 충성하는 것이 고위관료에게는 훨씬 많은 기회를 줄 수 있다. 국민들도 세심하게 표를 행사하기보다는 특별한 관계가 있거나 혜택을 약속하는 사람에게 투표하는 것이 오히려 유익할 수 있다.

기업과 시장에서는 관련자들이 협력하면 이익을 얻지만 그렇지 않으면 함께 이익을 얻을 기회는 사라진다. 하지만, 정치는 그렇지 않다. 함께 이익을 보는 상황을 만드는 것이 훨씬 어렵다. 그래서 관련 당사자들이 모두 각자의 이익을 추구하면 정부와 정치와 정책은 오히려 혼란에 빠진다. 소위 정치적 죄수의 딜레마 상황에 처한다. 모두가 각자의 이익을 추구했지만 결과적으로는 모두가 더 나빠지는 상황에 처한다. 차라리 나만의 이익을 취하는 것이 그나마 권력을 얻고 기회를 얻는 데 유익한 것이 정치의 세계다. 많은 후진사회들은 정치, 경제, 일상의 삶 모든 영역에서 죄수의 딜레마 상황에 처해 있다.

지위 기능 부여에 의해 정부를 만듦으로써 탄생하는 것은 단지 주어진 임무를 기계적으로 수행하는 조직이 아니다. 정치, 권력, 재량권, 획일화, 비효율성 등의 문제들이 반드시 함께 발생한다. 왜 많은 사회들이 민주적인 정부의 형성에 실패하는가? 정부의 형성과 함께 발생하는 이들 문제에 적절히 대응할 수 없었기 때문이다. 정치와 권력과 특권집단과 착취와 압제를 위한 정치, 무력에 의한 권력의 획득과 권력의 유지를 위한 탄압과 폭력, 재량권을 이용한 정경유착과 부패와 권력남용, 획일적인 제도에 의한 국민의 식민화, 독점으로 인한 비효율의 문제에 대응할 방법이 없었기 때문이다.

그나마 이런 문제에 성공적으로 대응할 수 있었던 것이 지금의 서유럽과 북아메리카의 국가들이다. 그런데 이들 국가가 이런 문제를 해결할 수 있었던 것은 그들이 우연한 기회에 물려받은 종교에 의지하고 있다(알렉시스 드 토크빌, 1997; 막스 베버, 1988; 사무엘 헌팅턴, 2006). 이런 종교적인 배경이 없다면 노스(North, 1990, 2006)가 비공식제도라고 부르는 규범이나 전통에 의지해야 한다. 그러나 규범이나 전통은 이미 주어져 있는 것이 아니라 일상의 삶에서 형성되어 사람들의 사고와 행동의 관습으로 내재화되어야 하는 삶의 형성물이다(Garfinkel, 1967; 사공영호, 2014c).

왜 민주 정부의 형성이 어려운가? 이를 뒷받침하는 집단지향성, 언어, 규범, 그리고 정치가 인위적인 통제 밖에 있기 때문이다. 우연한 형성물이며 사회적이고 역사적인 형성물이기 때문이다. 시장은 이윤동기와 상호이익의 가능성, 그리고 이를 가능하게 할 구체적 생산물에 의지하여 집단지향성과 언어의 의미 문제, 그리고 규범의 문제까지도 대응이 가능하다. 그러나 정부와 정책은 그렇지 않다. 사람들의 생각과 언어와 규범을 함께 통제할 수 있는 근거가 없다.

제 6 절 정부와 정책: '예술적 협력 과정'

1 기계처럼 만들 수 없는 정부와 정책

정부와 정책을 만들기 위해 아이폰을 만드는 기업들처럼 협력할 수는 없다. 정부와 정책을 위해 동원하는 언어는 아이폰의 설계도에서처럼 정교하고 객관적인 의미를 갖고 있지 않다. 비트겐슈타인은 "대부분의 경우 우리는 우리가 사용하는 개념을 분명하게 한정지을 수 없다. 우리가 그것의 진정한 정의를 알지 못해서가 아니라, 그것들의 진정한 정의가 없기 때문이다(Wittgenstein, 1958: 53)."라고 주장한다. 그는 심지어 "언어에서의 일치는 의미에서의 일치가 아니라 생활양식에서의 일치다."라고 말한다(Wittgenstein, 1958: §24). 그렇다면, 이미 각자의 상황에 처하여 각자의 삶을 배경으로 사적인 지식과 언어를 형성하여 축적하고 있는 사람들이 자신의 삶의 필요와 관련된 문제에 대해 얼마나 동의하고 공감할 수 있을까? 서로의 언어를 얼마나 이해할 수 있을까? 로티는 이런 사적인 언어는 공적인 정책을 수립할 경우 이는 상호이해를 가능하게 하는 지식과 언어가 되지 못한다고 경고한다(Rorty, 1989: xv). 삶의 양식을 함께 하고 있는 사람들 사이에서는 협력을 가능하게 하는 매체가 된다. 하지만, 이미 삶의 양식을 달리하고 있고, 이념과 가치를 달리하고 있다면 그 언어는 공통의 문제를 서술하고 협력의 방법을 서술하기 위한 도구가 되지 못한다.

정부와 정책이 작동하는 것은 그것이 갖추어야 할 작동의 규칙이 정확히 규정될 수 있기 때문이 아니다. 규칙의 수립에 필요한 언어의 의미와 공통의 목표가 이미 주어져 있기 때문이 아니다. 관련자들이 자신들의 상황에 맞게 규칙을 수립할 수 있기 때문에 작동한다. 언어의 의미는 애매하고, 추구하는 목표 역시 불확실하다. 그럼에도 불구하고 정부와 정책을 만들고 운영하는 과정에서 관련자들이 언어의 의미를 구체화시킬 수 있고, 서로 다른 의견도 수렴하여 이견을 해소할 수 있고, 추구하는 목표도 공유하고 구체화할 수 있기 때문에 작동한다. 좀 더 정확히 말하면 이런 것이 가능할 때 작동한다. 자신들이 원하는 목표를 위해 조직도 만들고 행동규칙도 만들 수 있는 능력에 의해 행정은 작동한다. 서로 다른 사회의 행정들이 공통의 규칙을 수립하고 있기 때문에 행정이 작동하는 것이 아니라 자신들의 여건에 기초하여 협력의 목표와 협력의 방법을 추구할 수 있는 능력 때문에 정부와 정책은 발생하고 작동한다.

2 '예술적'인 협력의 '과정'으로서의 정부와 정책

사람들이 협력할 수 있는 능력, 공통의 의미와 공통의 목표와 이념을 형성해 낼 수 있는 능력이 발휘되는 곳이 정부와 정책을 만들고 운영하는 '과정'이다. 민주적 행정이 존재하는 방식의 핵심은 지속적이고 끊임없는 상호작용과 이를 통하여 공유 의미, 공유 이념, 공유 목표, 공동의 행동방식을 형성하는 '과정'으로 작동할 수 있다는 점이다. 어떤 것도 미리 정해져 있는 것은 없다. 함께 만들고 함께 추구하고 함께 책임지고 함께 노력하고 협력하는 과정이 있을 뿐이다. 이런 점에서 정책분석은 지적인 판단과정이 아니라 사회적 상호작용이 핵심이다(Wildavsky, 1987; 최병선, 2015: 87-91 재인용). 분석적인 합리성에 의해 해답을 찾고 이를 집행하는 것이 행정이 아니라 의사소통적인 합리성을 추구하는 것이 정부와 정책이다(위르겐 하버마스, 2011). 어떤 것이 정답이기 때문에 정책으로 결정되는 것이 아니다. 관련 당사자들이 서로 의견을 나누고 조정하고 타협하는 과정을 거쳐 어떤 공감과 합의에 도달했으므로 이를 정당하고 합리적인 것으로 인정하는 것이 의사소통적 합리성이다. 사실 이 결정이 문제를 해결해 줄지는 알 수 없다. 그럼에도 시도하고 문제가 발생하면 다시 개선해 나가기로 하는 것이다. 이처럼 어떤 노력을 지속하는 과정, 어떤 문제를 해결하기 위해 서로 간의 의견수렴과 협력과 역할분담을 지속해 가는 과정이 정부와 정책의 핵심이다.

이런 점에서 정부와 정책은 법칙이 지배하는 과학보다는 창조적 능력이 핵심을 이루는 예술에 가깝다. 과학적 지식도 예술적 판단의 일부가 되어야 한다. 예술이란 전에 없던 작품을 새롭게 창조하는 방식으로 작동한다. 정책결정은 단지 분석에 의한 최적안의 결정이 아니다. 모든 분석은 해석자의 해석을 기다리는 자료에 불과하다. 물론, 분석된 자료도 동원한다. 하지만, 관련 당사자들의 언어가 충돌하고 이념이 충돌하는 상황에서 합의를 이끌어내는 것은 기존의 자료가 전혀 제시하지 않는 해법, 기존의 자료가 보여주지 않는 의미를 관련 당사자들이 새롭게 찾아내고 창조하는 것이다. 서로 다르게 찾아낸 의미 속에서 무엇인가 공감이 가능한 의미를 새롭게 찾기 위해 고민하는 노력에 가깝다. 일선의 관료 역시 다르지 않다. 물론 법을 기계적으로 해석하는 방식으로 업무를 수행할 수도 있다. 주어진 권한이나 역할의 크기는 상대적으로 작을 수 있다. 그러나 숙달된 간호사가 환자의 상태에 따라 환자에게 맞는 처방은 제공하듯이(Flyvbjerg, 2001: 18, 11－21), 법이 허용하는 범위 안에서 민원인과 지역주민의 요구에 보다 잘 대응할 수 있는 해법을 찾는 것은 일종의 예술적 행동이다.

예술에 가까운 창조를 가능하게 하는 가장 핵심적 요소는 인간의 능력이다(Wittgenstein, 1953; Searle, 2010; Dreyfus, 1980, 2014). 상대의 생각과 상황을 이해하는 능력, 이런 능력에 기초하여 생각을 교환하고 합의를 이끌어내는 능력, 합의된 내용을 명문화하고 그 정신을 함께 추구해 가는 능력이 정부와 정책을 가능하게 한다. 법칙적인 측면도 있다. 그러나 정교하게 설계된 기계처럼 정교한 생각과 행동과 상호작용법칙에 의하여 행정을 설계할 수는 없다. 이런 언어 자체가 없기 때문이다. 능력과 기술은 사람이 이를 획득하고 체화할 수는 있어도 이를 언어로 서술하기는 어렵다(Dreyfus, 2003: 11). 드라이퍼스(Hubert Dreyfus)는 예츠(William B. Yeats)의 시를 빌려 다음과 같이 설명하고 있다.

> “인간은 진리를 체화할 수 있다. 그러나 그것을 알 수는 없다(Man can embody truth, but he can’t know it).”

경영학자가 아니라 기업인들이 경영을 담당하고, 정치학자가 아니라 정치인들이 정치를 담당하고, 행정학자가 아니라 전문 관료가 행정을 담당하는 것은 아마도 이런 이유 때문일 것이다.

제10장 함께 만든 정부의 단면들

제1절 짧게 돌이켜 보는 정부 역사

인간이 함께 만든 정부가 실제로는 어떤 모습인지 생각해 보자. 시장실패론은 엄밀히 말하면 정부에 대한 이야기가 아니다. 그야말로 시장에 관한 단순화된 이론모형이다. 이론모형이라는 것은 해당 모형들이 전제하고 있는 가정들이 실제 인간이나 사회의 상황과 일치한다면 그러한 모형에 의한 설명이 맞을 수 있음을 의미한다. 실제로 이런 설명이 사실과 일치되는 진실이 될 수도 있고 아닐 수도 있다. 그것은 상황에 따라 다르다. 즉, 어떤 사회에서는 실재로 시장실패가 일어나고 공공재와 같은 재화의 공급이 잘 이루어지지 않았지만 어떤 사회에서는 이런 문제를 시민들이 스스로 극복하고 공공재와 치안서비스까지도 공급하고 있다. 베버(Weber, 1958), 표트르 A. 크로포트킨(2005), 앙리 피렌느(1997) 등의 연구에서 이런 예들을 찾을 수 있다. 많은 사회에서 실제 시장실패론이 설명하는 것과 같은 공공재나 치안서비스의 공급실패나 외부성 문제의 해결에 실패하는 일이 일어나고 있다. 그러나 이 역시 시장실패론이 가정하는 것처럼 사람들이 단지 자신의 이익을 위해 무임승차하고자 하기 때문에 일어나는 것인지는 확실하지 않다.

시장실패론이 정부에 관한 직접적인 설명을 제공하지는 않더라도 사회구성원

당사자의 입장에서는 적어도 정부라는 새로운 대안을 검토할 필요성을 제기한다. 만일 어떤 대안이 우리의 공통의 문제를 잘 해결하지 못한다면 다른 대안을 모색하고 검토하는 것은 문제에 대응하는 자연스러운 순서다. 중요한 것은 시장이 해결할 수 없다면 당연히 정부에 맡겨야 하고 또한 정부는 해결할 수 있어야 한다고 생각해서는 안 된다는 점이다. 정부는 시장실패와는 차원이 다른 실패의 위험을 내재하고 있기 때문이다.

시장실패론이 주장하는 것은 어떤 정부가 실제 시장실패 문제를 해결할 수 있다는 것도 아니고 해결해 왔다는 것도 아니다. 정부가 시장실패를 해결해 준다면 정부가 사람들의 행복에 기여할 수도 있다는 가능성에 관한 설명이다. 적절한 법과 제도를 수립하여 시장실패 문제에 상대적으로 잘 대응하고 있는 정부는 분명 있다. 그러나 이런 정부는 분명 일부다. 정부에 대해 좀 더 정확하게 이해하려면 역사적 경험을 검토해 볼 필요가 있다. 이것이 실제 정부의 모습이기 때문이다. 지나치게 논의가 복잡해지는 것을 피하기 위해 주요 인류의 문명을 중심으로 생각해 보자.

먼저, 우리와 가장 가까이 있는 황하 문명에 대해 생각해 보자. 이 지역에 하나의 통일된 제국이 등장한 것은 기원전 3세기 진나라의 시황제 때다. 시황제는 전국을 군현으로 나누고 각 지역에 직접 관리를 보내어 통치하는 중앙집권적인 통치제도를 수립하였다. 이후 여러 왕조의 지배를 받아왔으나 기원전 3세기에 만들어진 황제 중심의 중앙집권적인 통치제도는 거의 2천 년 이상 지속되었다. 왕조정치는 청나라를 끝으로 1911년 무너졌다. 하지만, 중앙집권적인 정치는 공산 정부에 의해 계속되고 있다. 국민의 동의와 사회계약에 의해 만들어지는 민주적인 정부는 아직 나오지 않고 있다.

유프라테스 강이 있는 이라크를 중심으로 하는 메소포타미아 지역을 생각해 보자. 고대에는 아시리아와 바빌론 제국이 자리하였고, 이후 로마의 지배를 받다가 7세기 중엽 이슬람에 의해 정복된 이후에는 사실상 이슬람 규율이 사회 전반의 기본질서를 이루고 있다. 무함마드의 후계자인 칼리파가 정치적 권력과 종교적 권위를 사실상 독점적으로 행사해왔다. 종교가 세속적인 정사보다 중요하다. 국가의 목적 역시 사람들을 무슬림으로 개종시키는 것이며, 무함마드의 가르침과 이에 기초하여 만들어진 법과 규칙에 의하여 사회를 통치하는 것이 국가가 존재하는 이유다.[1] 사실상 코란(Koran)과 종교지도자에 의한 통치가 이루어지고 있으므로 국민의 뜻에 따라 법을 만들고 정책을 만들어야 할 이유가 없다. 이런 목적의 정부조직이 반듯이 있어야 할 필요도 크지 않다. 그렇다면, 이런 정치상황에서 정부란 무엇이겠는가? 종교적 지배의 실천 수단이라고 해야 할 것이다. 물론, 이런 정부도 공공재를 공급하고 교육을 공급할 수도 있다. 그러나 이 역시 이슬람이라고 하는 통치이념을 위한 수단이라 해야 할 것이다.

종교의 영향력은 유럽에서도 다르지 않았다. 로마제국은 무너져도 교황의 정신적 지배는 이후에도 계속되었다. 국가를 수립한 왕은 교황에 의해 황제로 임명되었고, 시민들은 교회의 지배와 황제의 지배를 함께 받아야 했다. 정부와 교회가 통치권력을 공유하고 있었으나 정부보다는 교회가 우위에 있었다. 종교개혁은 교회와 정부의 이런 관계를 바꾸어 놓았다. 종교개혁으로 로마 교회가 아니라 성경이 믿음과 권위의 기반이 되었다. 모든 개인이 평등한 종교적인 힘을 가지게 되었으며, 개인이 자유와 권리의 주체가 되었으므로 이들이 의사결정의 주체로 등장하는 민주적인 정치제도가 요구되었다. 개인의 가치를 인정하자 국가의 지도자 역시 국민이 선택할 수 있다는 생각이 대두하고, 이런 믿음이 권력은 신에 의해 주어지는 것이라는 생각을 대신하게 되었다. 국왕의 조세징수를 돕기 위해 만들어진 잉글랜드 의회는 이제 국왕의 권력을 억제하는 일을 담당하였다. 미국에서 이루어진 민주 정부와 프랑스 혁명은 민주 정부의 발전에 큰 영향을 미쳤다. 점차 민주 정부가 정통적인 군주제를 대신하기 시작했다.[2)]

좀 더 구체적인 예를 생각해보자. 영국은 가장 의회민주주의가 발전한 국가로 꼽힌다. 그러나 실제 이 정부가 국왕을 위한 정부가 아니라 의회 중심의 국민을 위한 정부가 된 것은 그것이 언제부터라고 분명하게 말하기 어려울 정도로 수많은 정치적 대립과 정변을 거친 오랜 진화 과정의 결과다. 국왕의 권력이 대헌장 이후 지속적으로 견제의 대상이 되어 왔으나 현재처럼 군림하지만 통치하지 않는 관행이 정착된 것은 19세기 후반 빅토리아 여왕 때로 평가되고 있다.[3)] 시장실패론에 근거하여 영국의 정치 및 정부 역사를 얼마나 설명할 수 있을지 불확실하다.

미국 법의 역사에 관한 프리드먼(Lawrence M. Friedman)의 연구를 보면, 정부

---

1) http://www.worldhistorysite.com/r&fCivI.html
2) http://www.worldhistorysite.com/r&fCivI.html 참고
3) https://ko.wikipedia.org/wiki/빅토리아_(영국)

가 운하를 만들고 도로, 철도, 다리를 만든 것은 그것이 공공재적인 성격을 가지고 있기 때문이 아니라 이익집단이 자신들의 이익을 위하여 이를 요구하거나 또는 정부 자신의 재정수입을 위해 필요하였기 때문이다(로렌스 M. 프리드먼, 1988: 203-208). 이 재화는 비재제적이고 비경합적인 성격을 가지고 있으며 따라서 정부의 세금으로 이를 생산하여 함께 소비하는 것이 더 효율적인 자원이용의 방법이기 때문에 정부가 이런 일을 감당한 것이 아니다.

정부가 만들어지고 발전하고 진화해 온 역사적이고 경험적인 이유는 무엇인가? 정부란 무력과 강제력, 그리고 징세권을 보유하고 있으며, 개인의 자유와 재산권에 자의적인 제약을 가할 수 있는 능력을 핵심으로 하고 있다. 시장실패론은 이런 정부의 힘이 시장실패 문제에 대한 해법으로 이용된다면 정부가 다수의 이익에 봉사할 수 있을 것이라는 기대를 담고 있다. 그러나 실제로 다수의 이익을 위한 정부를 실현하고 있는 사회는 많지 않다. 역사적으로도 근현대적인 현상이다. 이런 정부를 만드는 것은 쉽지 않기 때문이다. 왜 다수의 이익에 봉사하지 않는 정부가 인류의 역사를 지배하고 현대 사회에서도 지속되고 있을까? 다수의 이익에 봉사하는 정부는 만드는 것보다는 소수의 이익을 위한 정부는 만드는 것이 훨씬 쉽기 때문이다. 정부가 수행하고 있는 일들을 보면 이런 점은 더 분명하게 드러난다.

제 2 절 정부에 의한 폭력

1 독재 정부와 전쟁

이론적으로 보면, 공공재란 비배제성과 비경합성을 특징으로 한다. 이 재화의 소비로부터 사람들을 배제할 수 없고, 이 재화의 소비를 위해 경쟁할 필요도 없음을 의미한다. 소비로부터 배제할 수 없으니 모든 국민이 혜택을 받는다. 혜택을 받는다면 그 혜택에 상응하는 비용을 부담하는 것은 공정하다. 그러나 사람들은 자신이 받는 혜택을 정직하게 인정하는 대신 무임승차하기를 원하고 비용부담을 피하고자 한다. 이런 이유로 정부가 세금을 부과하여 거두어들인 정부 재정으로 국방서비스와 치안서비스를 적정한 정도까지 제공하는 것이 필요하다.

그렇다면, 현실은 어떤가? 정부는 정말 국민들에게 누구와도 경쟁할 필요가 없고 누구도 예외가 될 수 없는 보편적인 서비스를 제공하고 있는가? 현실은 그렇지 못하다. 제4장의 말미에서 설명한 것처럼 정부가 성공적으로 공공재를 공급하려면 가령 국방이나 치안서비스를 공급하려면, 첫째, 서비스의 공급에 필요한 무력으로 국민의 자유와 생명을 억압하지 말아야 하며, 둘째, 정치적 경쟁자에게 불공정한 폭력을 가해서도 안 된다. 셋째, 공공재의 수요를 정확하게 예측할 수 있는 능력을 갖추어야 하며, 넷째, 자신에게 주어진 권력과 기능을 다수 국민의 이익을 위해 행사하는 정치윤리가 갖추어져야 한다. 다섯째, 공공재의 공급에 필요한 비용은 공정한 방법으로 국민들에게 부과되어야 한다. 하지만, 현실은 전혀 이런 조건을 충족하지 못하는 정부들이 많다.

정부와 정책이 무엇을 위한 수단, 어떤 수단이 될 것인지는 결코 그 자체에 의해 정해지지 않는다. 결국, 정부와 정책에 영향을 미치는 사람들의 생각과 의도에 의해 결정된다(사공영호, 2013). 만일 권력을 잡은 사람들이 정부와 정책을 억압적인 지배를 위한 수단으로 삼으면 정부는 억압의 수단이 된다. 폴 포트(Pol Pot)처럼 이념을 위한 살상의 수단으로 삼으면 이런 악의 도구가 될 수도 있다. 국방과 치안서비스 역시 마찬가지다. 어떤 사회에서는 국민의 생명과 안전을 위한 도구였다. 하지만, 어떤 사회에서는 국민의 생명을 빼앗고 자유를 박탈하는 수단에 지나지 않았다. 정부에 의한 시민의 살상을 연구한 럼멜(R. J. Rummell)은 다음과 같이 설명하고 있다.

> "권력은 사람을 살해한다. 절대 권력은 절대적으로 살해한다. 정부가 더 큰 권력을 가질수록 엘리트의 변덕과 욕망에 의해 더 자의적으로 정부는 행동할 것이며, 다른 사람들과 더 많은 전쟁을 벌이고 외국인과 자국민에게 더 많은 살인을 감행한다. 정부의 권력이 더 많이 억제되고 분산되고 견제될수록 다른 사람을 공격하고 대량살상을 감행할 가능성은 낮아진다. 전체주의적인 공산주의 정부는 수천만 명의 자기 국민들을 살해하지만, 많은 민주적인 정부는 연쇄살인범의 사형을 집행하는 일도 간신히 수행한다"(Rummell, 1994: 1－2).

군사력이 무엇을 위한 수단이 될 것인지는 어떤 정부를 만나느냐에 따라 크게 달라진다. <표 10-1>은 19세기 이후 약 200년 간 발생한 315건의 전쟁을 분류한 것이다(Rummell, 1994: 1-3). 럼멜에 따르면, 민주국가 사이에는 폭력적인 군사행동을 포함하여 전쟁이 일어난 예가 없다. 1993년을 기준으로 75개의 민주국가가 있고, 48개의 관련 지역을 포함하면 지구 인구의 4분의 1을 차지한다. 그러나 이들 국가 사이에는 전쟁이 없었다. 전쟁의 위협도 없었으며, 평화의 오아시스를 창조하고 있다. 더구나 전쟁이 끊이지 않았던 유럽에서도 민주 정부가 수립된 1945년 이후에는 전쟁이 사라졌다. 대신 유럽 연합이 결성되었다.

표 10-1 민주국가와 비민주국가 간의 전쟁(1816~1991)

구 분	전쟁 횟수
민주국가 대 민주국가	0
민주국가 대 비민주국가	155
비민주국가 대 비민주국가	198
합계	353

가장 많은 횟수를 차지하고 있는 것은 비민주적인 국가 간의 전쟁이다. 즉, 민주성이 덜한 정부일수록 전쟁에 나설 가능성은 커진다는 것이다. 국민의 생명을 보호할 목적으로 만들어진 군사력을 집권자의 이념이나 자의적 목적을 위한 수단으로 이용할 가능성이 커진다는 것이다.

2 정부에 의한 인권 유린

그런데 군사력과 경찰력은 단지 외국을 대상으로만 행사되지 않는다. 더구나 폴 포트의 예에서 볼 수 있듯이 전쟁과는 아무 상관이 없이 자국민을 살상의 대상으로 삼을 수 있다(<표 10-2> 참고, Rummell, 1994: 4 일부 수정 단순화). 럼멜의 추정에 의하면, 20세기에만 약 1억 7천만 명이 정부에 의하여 살해되었다. 이런 이유로 역사적 증거는 정부란 자유와 생명과 행복추구권을 보호하는 수단이 아니라 개인의 안전에 대한 가장 심각한 위협이라고 간주할 필요가 있다는 주장이 제기되고 있다(Hoppe, 2003: 4). 즉, 정부는 시민들에게는 폭력을 사용하지 못하도록 제한하면서 정작 자신은 바로 자신이 봉사해야 할 시민을 향해 폭력을 행사하고 있다.

표 10-2 정부에 의한 인명 살상

(단위: 천 명)

정 부	연 도	내국인	대량살상 (genocide)[4]	합 계
소련	1917~1987	54,769	10,000	61,911
중국(공산당)	1949~1987	35,236	375	35,236
독일	1933~1945	762	16,315	20,946
중국(국민당)	1928~1949	10,075		10,075
북한	1948~1987	1,293		1,663
멕시코	1900~1920	1,417	100	1,417
러시아	1900~1917	591	502	1,066
일본	1936~1945			5,964
중국(모택동)	1923~1949	3,466		3,466
캄보디아	1975~1979	2,000	542	2,035
터키	1909~1918	1,752	1,883	1,883
베트남	1945~1987	944		1,678
폴란드	1945~1987	1,585	1,585	1,585
파키스탄	1958~1987	1,503	1,500	1,503
유고슬라비아(티토)	1944~1987	987	675	1,072
중국(군지휘관) 포르투갈, 인도네시아 등	1900~1987	10,812	4,071	14,918
합계	1900~1987	129,547	38,566	169,202

더욱 놀라운 점은 레닌, 스탈린, 모택동, 히틀러 등의 정부는 국민의 지지 속에 수립되었다는 것이다. 국민의 지지를 받아 정부를 수립하였으나 그 정부가 다른 국민들에게는 무자비한 폭력을 행사하고 있다(Hoppe, 2003: 5). 미국의 4대 대통령이었던 제임스 매디슨(James Madison)은 군대에 대해 다음과 같이 말하고 있다.

4) 민족, 인종, 종교, 언어로 인한 살상을 의미한다.

"외적 위험에 대한 방어의 수단이었던 군대는 국내적으로는 항상 독재의 수단이었다. 로마에서는 반란의 위험이 있을 때는 전쟁을 일으키라는 격언이 있다. 유럽의 역사에서 군대는 국방이라는 명목으로 유지되었지만 사실을 국민을 노예화하기 위한 수단이었다.[5)]

뷰캐넌(James Buchanen)과 같은 학자는 헌법에 의하여 정부의 권력을 제한할 것을 요구한다. 그러나 정부 권력을 제한할 수 있는 헌법을 만들고 이 헌법이 실제 살아있는 규칙이 되게 하는 것은 제도적인 설계와 통제의 범위를 벗어난다.

국방서비스를 위한 비용 부담 역시 전혀 공정하지 못했다. 토크빌(Alexis de Tocqueville)은 다음과 같이 설명하고 있다. 프랑스 혁명 이전 앙시앵 레짐(Ancien Régime)에서의 민병대는 근무기간이 불확정이었고 대체 복무는 금지되어 있었으며, 천직출신자는 천대하고 가장 비참한 자들에게 의무 전가하는 수단이었다(알렉시스 드 토크빌, 2006: 146-154). 뿐만 아니라, 국왕이 자신에게 적대적인 귀족을 자극하지 않기 위해 납세 능력이 가장 뛰어난 사람들이 아니라 세금에 대한 저항에서 가장 무기력한 사람들을 과세의 대상으로 삼았다. 부유한 자에게는 면세의 혜택을 주면서 가난한 자에게는 납세의 부담이 주어지는 흉측한 결과가 발생하였다(알렉시스 드 토크빌, 2006: 118).

3 쿠데타 수단으로써의 무력

군대는 또한 중요한 권력 찬탈의 도구이기도 하다. 끊임없이 지속되고 있는 쿠데타는 이런 점을 잘 보여준다. 역사적으로 보면 군대란 기존 정권을 무력으로 붕괴시키고 새로운 정권을 창출하기 위한 수단이었다. 고구려 말 연개소문은 쿠데타로 영류왕을 살해하고 정치적 실권을 차지하였다. 조선을 세운 이성계는 고려의 장수였으나 자신의 군대로 고려 왕조를 무너뜨렸다. 조선은 쿠데타로 수립된 정부다. 우리의 현대사도 쿠데타가 역사의 진로를 바꾸었다. 우리에게 역사적으로 유래가 없는 경제 발전의 가져다 준 박정희 정부는 5·16 군사쿠데타로 정권을 획득하였

5) http://teachinghistory.org/history-content/ask-a-historian/24671

다. 박정희 대통령이 시해된 후에는 또 다시 전두환이 군대의 힘으로 정권을 차지하였다. 다른 국가들의 현대사 역시 다르지 않다. 현대사에서 정부의 창출과 유지에 가장 주된 요인이 되고 있는 것은 군사력에 의한 쿠데타다.[6] 민주주의가 발전한 미국, 영국 등 극히 일부 국가를 제외하고는 대부분의 국가에서 쿠데타로 정권이 교체되는 일이 일어났다.

그렇다면, 군대는 누구를 위해 존재하는가? 잘 공급이 된다면 국방서비스는 비배제적이고 비경합적인 성격이 강한 전형적인 공공재다. 그러나 어떤 정부가 권력을 잡느냐에 따라 국방서비스는 국민들에게 비재제적이고 비경합적인 폭력을 뒷받침하는 수단이 될 수도 있다. 후생경제학적으로 보면 군대는 국방서비스의 공급자다. 그러나 정치적으로는 전혀 그렇지 않다. 왕과 독재자들이 권력을 획득하고 유지하며, 이를 위하여 국민을 수탈하고 억압할 수 있는 수단이 군대다.

4 정부 폭력의 이념적 기원

왜 국민의 생명과 자유를 보호해야 할 정부가 오히려 자신의 국민을 향해 무자비한 살상을 자행하는가? 이 문제를 이해하려면 정부와 더불어 인간의 생각, 언어, 그리고 이에 근거하여 작동하는 인간의 이념을 이해해야 한다. <표 10-3>은 20세기에 있었던 가장 잔혹한 독재자들과 그들의 사상적 배경을 설명하고 있다(Rum-

표 10-3 가장 잔혹한 독재자들

독재자	이데올로기	국 가	연 도	사망자
조지프 스탈린	공산주의자	소련	1929~1953	42,672
모택동	공산주의자	중국	1923~1976	37,828
아돌프 히틀러	파시스트	독일	1933~1945	20,946
장개석	군국주의자/ 파시스트	중국	1921~1948	10,214
레닌	공산주의자	소련	1917~1924	4,017

6) wikipedia의 List of coups d'éetat and coup attempts by country 및 List of coups d'éetat and coup attempts 참고.

도조 히데키	군국주의자/ 파시스트	일본	1941～1945	3,990
폴 포트	공산주의자	캄보디아	1968～1987	2,397
야히아 칸 (Yahya Khan)	군국주의자	파키스탄	1971	1,500
티토	공산주의자	유고슬라비아	1941～1987	1,172

mell, 1994: 8).

공산주의는 피의 테러리즘, 인종청소, 강제노동수용소, 강제 노동, 강제 추방 또는 강제 이주, 인적 요인으로 인한 기근, 공개재판, 공개처형 등 잔혹한 방법으로 인권과 생명을 유린했다. 공산주의자들에 의해 약 1억 천만 명이 죽었으며, 이 중 약 3분의 2는 정부, 준정부 또는 게릴라에 의해 살해되었다. 이 숫자는 같은 기간 전쟁으로 죽은 3,800만 명의 약 3배에 이르는 숫자다.7)

여기서 깊이 생각해 보아야 할 것은 공산주의자들이 이렇게 잔인할 수 있었던 이유다. 이들은 어떻게 이토록 잔인하고 무자비할 수 있었을까? 이에 대해 럼멜이 제시하는 해답은 '절대 이념과 절대 권력의 결합'이다. 공산주의자들은 진리를 안다고 생각하였다. 마르크스(Karl Marx)의 연구를 통해 인간에게 가장 큰 복지와 행복을 가져다 줄 방법에 대해서는 해답을 얻었다고 생각하였다. 노동자의 독재적 권력은 낡은 자본주의와 봉건주의 질서를 파괴하고 이를 대신할 새로운 질서를 수립하기 위한 수단이다. 이런 사회 질서를 유토피아(utopia)라고 생각하는 문화를 건설하기 위해 독재 권력은 필요하다. 어떤 것도 이 과정에 방해가 되어서는 안 되며, 이 목표를 실현하기 위해서는 정부와 공산당이 그 어떤 법보다 위에 있어야 한다. 사람을 희생시키는 것도 새로운 질서를 수립하기 위한 수단으로 정당화하였다. 유토피아를 건설하는 일은 가난, 착취, 제국주의, 불평등에 대한 전쟁을 의미한다. 더 큰 선을 위해 방해가 되는 사람들은 죽어야 한다. 공산주의 유토피아를 위해서는 필연적으로 대적해야 할 적이 부르주아, 자본가, 혁명반대자, 우익, 부자, 지주 등이다. 공산주의 유토피아의 건설을 위해 이들의 죽음을 당연한 것이라고 생각하였다.

그러나 유토피아를 건설하려는 혁명에 의해 사람들의 삶은 오히려 악화되었다. 소련에서는 1921~1923년과 1932~1933년에 대기근이 일어나 각각 500만 명과 700

7) 이 부분의 내용은 Rummel(1993)의 연구를 요약한 것이다.

만 명의 사람들이 아사하였다. 중국에서도 1959~1961년 사이에 대기근으로 약 2,700만 명이 사망하였다. 기근과 관련된 질병으로 죽은 사람을 포함하면 약 5,500만 명이 기근으로 사망하였다.

어떻게 이들은 마르크스의 사상을 이토록 맹신할 수 있었을까? 믿음의 단초가 될 수 있는 경험적인 자료에 기초하고 있기 때문이다. 그는 역사적인 증거에 근거하여 인류의 역사는 공산주의적인 종말을 향하고 있으며, 이를 아무도 막을 수 없을 것임을 주장하였다. 이런 사회변화를 늦추는 것은 더 큰 인간의 비극을 연장하는 것일 뿐이다. 사람들은 광신도들처럼 일말의 의심도 없이 그의 주장을 신뢰하였으며, 그의 주장을 믿지 않는 사람들에 대해 자신들은 십자군과 같은 성전을 치르는 것으로 생각하기도 하였다. 이들은 자신의 목적을 위하여 국가의 모든 강제력을 동원하여 모든 독립적인 권력의 근원들을 파괴하였다. 교회, 전문가, 기업, 학교, 가족도 이런 이유로 파괴되었다.

정부가 독점한 무력은 어떤 수단이 되는가? 정부의 권력이 덜 제한되고, 정부의 권력이 사회・문화의 모든 영역에 영향을 미치고, 덜 민주적일 때, 정부가 자신의 시민을 살상할 가능성은 더 커진다. 독재적 권력이 커지고 정치엘리트가 자신이 원하는 무엇이든 할 수 있을 때, 공권력은 국민의 생명과 자유를 지키는 수단이 아니라 국민을 희생하여 일부 국민의 유토피아적인 이념을 추구하는 수단으로 전락한다. 전체주의적 권력의 극한점에서 가장 극한의 대량 살상이 발생하였다. 공산 정부는 예외 없이 독재적 권력을 점하였고, 그들의 권력이 정점에 이르렀을 때 최대의 희생이 발생하였다. 반면, 중앙정부가 권력을 잃으면서 살상의 정도는 급격히 하락하고 있다. 공산주의는 가장 거대한 사회공학적 실험이었다. 완전히 실패했으나 시행과정에서 1억 명의 생명을 앗아갔다. 럼멜은 권력과 관련해서는 누구도 믿어서는 안 된다는 교훈을 주고 있다고 설명하고 있다.

5 공산 정부의 실패, 우리와 상관없는 사례인가?

정부에 의한 죽음의 원인으로 럼멜이 지적하는 가장 중요한 이유는 권력과 이념이다(Rummell, 1993, 1994). 한국은 이들 국가들과는 비교할 수 없을 정도로 국가 권력이 분산되어 있고, 개인의 자유와 권리를 인정하는 이념도 뿌리를 내리고 있다. 그렇다면, 공산 정부의 실패는 우리와는 상관이 없는 이야기인가? 이로부터 우리가 배워야 할 교훈은 없는가? 우리의 입장에서는 다소 예외적이고 극단적인 것처럼 보이는 사례를 굳이 설명한 것은 이 책이 권력, 정부, 이념, 정치에 대해 가지고 있는 기본적인 이해를 잘 보여주고 있기 때문이다.

시장실패에 대응하기 위해서 또는 다른 사회문제나 공통의 이념을 추구하기 위해 정부를 만들고 정책도 수립한다. 그런데 이렇게 만들어진 정부와 정책이 실제로 누구를 위한 것이 되며 어떤 수단이 될 것인지는 전혀 다른 이유로 결정된다. 정부와 정책은 기본적으로 정치의 논리에 기초하여 작동한다. 권력을 발생시키고 권력적인 방법으로 의사결정이 이루어지고 정책이 집행된다. 재량권이 필연적으로 발생하고 재량적인 결정의 책임을 국민이 져야 하는 문제가 발생한다. 그런데 정치와 권력에 대한 연구를 보면 아무리 권력이 분산되고 정책과정이 민주화된 사회라고 하더라도 정치와 권력은 정치의 논리에 기초하여 작동한다. 정치적으로 힘 있는 사람에게 유리하게 작동하고 권력을 가진 사람에게 유리하게 작동한다. 정책이 국민의 이익을 위한 수단이 아니라 정치인과 권력집단을 위한 수단으로 이용되는 일이 필히 일어난다. 현대 미국 정치를 연구한 고든 털럭(Gordon Tullock) 외는 다음과 같이 말하고 있다(고든 털럭 외, 2005: 17).

> "국민의, 국민에 의한, 국민을 위한 정부"라는 링컨의 정부에 대한 호의적인 비전은 실현될 수 없는 희망을 제기했을 뿐이다. 만약 그가 생존해 있었다면 그는 민주주의가 만들어낸 억압적인 정부를 인정하지 않았을 것이다. 왜냐하면, 더 이상 국민의, 국민에 의한, 국민을 위한 정부가 아니었기 때문이다. 이제 링컨은 국민의, 국민에 의한, 국민을 위한 정부보다는 "특정부류의, 특정부류에 의한, 특정부류를 위한 정부"를 보게 될 것이다. 그는 정부를 국민의 정부가 아닌 정치가와 관료들에 의하여 운영되는 정부로 규정하고, 보통의 국민을 위한 정부가 아닌 정치가와 관료들에 의하여 운영되는 정부로 규정하며, 보통의 국민을 위한 정부가 아닌 조직력, 재력, 영향력을 가진 사업조직, 전문가 집단, 노동조합 등 조직화된 집단을 위한 정부로 규정할 것이다. 그래서 현대 정부는 정치활동가의, 정부관리자를 위한, 로비활동가들의 정부라 평가할 수 있다."

우리는 오랜 권위주의적인 전통과 정부 중심의 경제개발의 영향, 그리고 민간

분야의 도덕성 문제와 대기업에 대한 국민들의 신뢰 부족 등의 영향으로 정부가 여전히 시장보다 우위에 있다. 대통령에게 여전히 상당한 권력이 집중되어 있다. 선거에 이기기 위해서는 행정수도도 옮길 수 있으며, 수십조 원을 들여 4대강을 개발할 수도 있고, 선거에 이기기 위해서는 어떤 정책이든 일단 제시하고 보는 정치가 계속되고 있다. 공산 정부만큼은 아니라도 상당한 권력이 정부와 정치인들에게 주어지고 있는 것이 엄연한 현실이다.

다른 하나는 이념 문제다. 이념이 공산주의자나 특정 사상에 물들어 있는 다소 극단적인 사람들의 문제라고 생각해서는 안 된다. 인간의 생각과 언어가 작동하는 원리로 인하여 인간은 누구나 어느 정도 이념적이다(Popper, 1994; 사공영호, 2015a: 274－282). 사회운동가들은 물론 사회과학도들도 최소한 부분적으로는 이념적이다. 공산주의자들만큼은 아니지만 자신의 학문 자신의 이론 자신의 개념이 옳다는 생각에 빠져들기 쉽다. 사회세계에는 자연세계에서와 같은 누구나 인정할 수 있는 공정하고 객관적인 답이 없다. 그럼에도 마치 마르크스가 자신의 해석에 기초하여 자신의 연구 결과가 정답이라고 믿듯이 사회과학도들은 자신의 학문적 패러다임과 편견에 빠져든다. 이는 인간의 생각과 언어가 작동하는 원리로 인하여 피할 수 없다(사공영호, 2015b).

그렇다면, 정부와 정책은 어떤 위험에 노출되는가? 공산주의자들처럼 절대 이념을 절대 권력을 수단으로 실현하고자 하지는 않겠지만, 자신의 입장이 정답이고 내가 권력을 잡으면 내 이념에 따라 정책을 펴리라는 편견적인 생각에 빠질 수 있다. 상당한 사회적 갈등과 대립을 야기하면서도 자기 생각의 약점을 돌이켜 보지 못하는 것이 인간 사고의 작동원리다. 결국, 나의 이념, 나의 유토피아를 실현하기 위해 다수 사회구성원에게 희생을 강요하고 불편을 강제하는 일이 얼마든지 일어날 수 있다. 우리의 자유 계약의 자유, 그리고 재산권을 지키기 위해 만들어진 정부가 오히려 우리의 자유와 권리에 공격을 가하는 일이 얼마든지 일어날 수 있다(Rothbard, 2004: 295－301).

인간이 다른 어떤 동물에서도 볼 수 없는 동족에 대한 대규모 살상을 감행하는 이유에 대해 남경희(1997: 44－46)는 언어가 근본원인이라고 설명하고 있다. 인간은 언어를 매개로 세계를 접하고 이해할 수밖에 없다. 그런데 주변 대상의 의미를 이해하기 위해 언어가 취하는 의미는 사실은 매우 자의적이다. 어떤 표현이 그와 같은 의미를 가지는 것은 현상 자체가 그렇기 때문이 아니라 해석자가 자신의 지식과 경험과 희망에 근거하여 그와 같은 의미를 부여하기 때문이다. 그래서 동일한 현상이라도 얼마든지 다양한 해석이 발생하는 것이 엄연한 현실이다. 그런데 이런 언어적 해석에 깊이 몰입하고, 그렇게 얻어진 자의적인 해석에 익숙해지면 그것이 마치 객관적인 진리인 것처럼 생각하게 된다. 점차 자의적 해석에 근거한 인식이 이념화하고 다른 구성원에 대한 살상까지도 정당화하는 단계로 발전한다. 이런 이유로 남경희는 갈등을 종식시키려면 언어와 이념의 무한한 암세포적인 자기증식력과 보편적 지배력을 절제할 것을 주장한다(남경희, 1997: 45).

남경희의 분석과 충고는 정확하다. 다만, 실제 권력을 잡은 사람들은 자신의 사고와 언어가 가진 한계를 모른다는 현실적인 한계를 극복하는 것은 여전히 쉽지 않다는 실천적인 문제가 있다. 인간의 사고와 언어는 당사자의 인위적인 선택과 통제를 벗어나서 작동하고 있기 때문이다. 문제는 정치와 정책을 담당하는 정치인과 관료뿐 아니라 이들을 견제해야 할 시민단체와 언론 심지어는 연구자들까지도 인간 사고와 언어의 약점에 대해 무지하다는 점이다. 인간 사고와 언어의 약점이 정치와 정책에 침투할 수밖에 없는 상황에 있고, 이로 인하여 정치와 정책이 비민주적이고 비효율적인 결과를 초래하는 일이 발생하고 있다.

제 3 절 공공재의 과잉공급

1 정부실패의 원인

시장이 실패하는 것은 정보가 부족하기 때문이다. 그렇다면, 정부는 시장이 해결하지 못하는 정보부족의 문제를 해결할 능력이 있는가? 결코 쉽지 않다. 만일 완전한 정보가 있다면 정치와 정부의 필요성조차 발생하지 않을 것이다. 완전한 정보는 의사결정의 부담을 완전히 해소할 수 있다. 그 정보 속에 이미 해답이 있기 때문이다. 이런 상황에서는 갑론을박을 벌이고 이견을 해소해야 하는 문제 자체가 발생하지 않는다(Coase, 1937). 제6장에서 설명한 것처럼 이런 세계를 경제학자들은

'코스의 세계'라고 부르고 있다. 완전한 정보가 주어져 있으며, 의견 조정에 필요한 거래비용이 발생하지 않는 세계다. 정보가 완전하다면 해답은 이미 그 속에 주어져 있다. 정보가 부족하기 때문에, 정보를 얻는 일 자체가 어렵기 때문에 정치가 발생한다. 정보가 불확실하기 때문에 어떤 문제에 대해 사람들이 생각을 달리하는 일이 발생한다. 정보가 불확실하기 때문에 이견을 해소할 수 있는 공정하고 객관적인 증거를 제시하는 것도 어렵다. 그럼에도 어떤 결정을 내리기 원한다. 바로 이런 상황에서 정치는 발생한다(사공영호, 2015b).

이처럼 정보가 부족한 상황에서는 어떤 정책이 다수의 이익을 위한 것인지를 명확히 판단하는 것도 어렵다. 따라서 각 집단은 해당 정책을 자신의 이익을 기준으로 판단할 수밖에 없는 상황에 직면한다. 바로 이런 불확실성에서 정치의 영역도 발생한다. 시장에서 사람들이 자신들의 이익을 기준으로 행동하듯이 정부의 정책을 결정하는 사람들도 자신의 이익을 기준으로 행동할 수 있는 영역이 발생한다. 그들의 선택이 진정으로 다수 유권자를 위한 것인지 정치적인 이익을 위한 것인지를 판단하는 것이 어렵기 때문에 정치인들은 자신의 이익을 기준으로 행동할 수 있게 된다. 그렇다면, 이런 이유로 정책과정에 참여한 사람들이 각자 자신의 이익을 중심으로 행동한다면 정부의 개입은 어떤 결과를 가져올 것인가? 이 질문에 관해서는 스티글러(Geroge J. Stigler), 프리드먼(Milton Friedman), 올슨(Mancur Olson), 털럭(Gordon Tullock) 등 공공선택론자들이 경제학적인 설명을 제시하고 있다.

시장에서는 수요자와 공급자가 자신들의 이익을 기준으로 거래 여부를 결정한다. 공공재의 공급에는 좀 더 많은 사람들이 참여한다. 정치인, 공무원, 이익집단, 유권자, 시민단체 등이 의사결정에 참여한다. 그런데 이들이 각자 자신의 이익을 추구한다면 어떤 일이 일어날 것인가? 인간이 이기적인 존재라면 정치에 참여하고 있는 사람들도 결국 자신의 이익을 추구할 것이다. 그렇다면, 정치에 참여하거나 영향을 미치는 사람들이 각자 자신의 이익을 기준으로 행동할 가능성이 높다. 정치인들은 원칙적으로 권력과 지위를 추구하는 사람들이다. 다수 국민의 이익보다는 자기 정당의 이익이나 개인의 정치적인 이익을 추구할 수 있다. 정치에 도움이 된다면 국민의 편에 서는 대신 이익집단의 이익을 위한 정책을 만들 수도 있다. 이익집단들이 선거에 필요한 상당한 정치자금을 제공하기 때문이다. 이념집단의 편을 들 수도 있다. 이념집단들 역시 선거에서의 승리에 상당한 영향을 미치기 때문이다. 어떤 경우이든 정치인들은 자신의 정치적인 이익을 위해 다수 유권자의 이익을 저버리고 특정집단의 이익을 대변할 수 있다.

유권자들 역시 자신의 이익을 추구할 수 있다. 투표에 불참할 수도 있고 부정투표를 할 수도 있다. 필요한 정보를 충분히 얻기도 어렵고 알려고 하지 않을 수도 있다. 정치과정에 참여하지 않는 것이 오히려 자신의 이익에 유리할 수도 있다. 소위 합리적 무지(rational ignorance)와 합리적 절제(rational abstention)가 발생할 수 있다. 유권자들이 이처럼 무관심하다면 정치인들이 자신의 선호를 무시해도 제대로 알 수도 없고 견제할 수도 없다.

반면, 이익집단들은 정치과정에 집요하게 영향을 미치고자 한다. 정책이 어떻게 결정되는지에 따라 자신들의 이익이 큰 영향을 받기 때문이다. 집요하게 로비를 펼치고 선거자금을 제공하고 심지어 뇌물을 제공하기도 한다.

정부의 정책은 공무원들로 구성된 정부조직에 의해 집행된다. 국방서비스의 핵심적 주체인 직업군인은 국가공무원이다. 치안서비스와 소방서비스, 주민등록서비스 역시 공무원들이 담당한다. 그런데 공무원 역시 자신의 이익을 추구할 수 있다. 고용의 안정을 원하고 더 많은 복지혜택을 원하며 더 큰 조직과 예산을 원한다. 자기 조직의 권한과 예산이 축소되는 것에 저항하고, 자신들의 업무가 다른 부서로 옮겨지는 것에도 저항한다.

이처럼 유권자들은 정치와 정책에 무관심한 반면, 정치인과 관료, 이익집단이 자신들의 정치적인 이익과 조직적인 이익, 그리고 경제적인 이익을 추구한다면 어떤 일이 발생할 것인가? 국민의 이익을 무시하고 정치인과 이익집단, 그리고 고위관료들이 자신들의 이익을 위하여 서로 협력하는 일이 발생할 수 있다. 소위 '철의 삼각관계(iron triangle)'가 형성될 수 있다. 무관심한 국민의 이익에 봉사하는 대신 이 삼자가 서로의 이익에 봉사하는 관계가 철의 삼각관계다. 정치인들은 이익집단과 공무원의 이익을 인정하고, 공무원들 역시 정치인들과 이익집단의 편에 서며, 이익집단 역시 정치인들과 공무원이 원하는 선거자금과 정책정보 및 일자리를 제공하면서 상부상조하는 관계를 형성하는 것이다. 이런 상황에서는 공공재의 적정공급이 일어나는 것이 아니라 얼마든지 과잉공급이 일어날 수 있다. 정부 역시 비효율적일 수도 있으며, 정부 역시 실패할 수 있다.

2 과잉공급의 실상

공공재의 공급에서 발생할 수 있는 가장 대표적인 정부실패는 공공재의 과잉공급 현상이다. 국가적인 차원에서 도로, 항만, 공항 등 사회간접자본의 과잉공급이 발생할 수 있으며, 자치단체 차원에서도 이런 문제가 발생할 수 있다. 정치인들은 유권자들의 인정을 받거나 선거에서의 승리를 위하여 도로, 지하철, 항만과 같은 대중이용시설을 공약으로 이용할 수 있다. 그런데 해당 공공재에 대한 수요가 얼마인지, 건설비용은 얼마나 소요되며, 건설 이후에 얼마의 이익이 날 것인지에 대해 정확한 예측이 쉽지 않다. 시장이 정보가 부족하듯이 정부 역시 정보부족의 문제에 직면한다. 이런 상황에서 정치인들은 선거에서의 승리를 위해 선심성 정책을 제시하려는 유혹을 받는다. 일단 선거에 도움이 될 것으로 예상되면 사업 자체의 타당성에 대한 엄격한 조사와 연구는 뒤로 미루고 '장밋빛 청사진'을 선거의 공약으로 발표한다. 결과적으로, 필요 이상으로 공공재가 과잉공급되는 일이 발생한다(임도빈 외, 2015; 임도빈, 2015).

제1장에서 설명한 용인 경전철은 공공재의 과잉공급을 초래하는 정치와 권력의 작동 원리를 너무나 적나라하게 보여준다.[8] 이 사업을 시행하는 과정을 보면, 정치인은 오로지 선거에서의 승리를 위해 섣부른 공약을 제시하고, 연구기관은 선거 공약에 맞추어 엉터리 수요예측을 내놓는다. 수요예측기관과 사업시행기관이 유착하여 사업을 진행하고, 졸속추진을 견제해야 할 지방의원들은 해외여행 등의 향응을 받으며 입을 닫는다. 토지 확보 등 사업의 전제가 갖추어지지 않은 상황에서의 무리한 사업 시행이 이루어지고, 친인척에게 공사에 참여할 기회를 제공하는 일도 일어난다. 하지만, 이런 정책결정과 무리한 추진으로 인한 책임은 결국 정책결정자가 아니라 용인 시민들이 부담한다.

<표 10-4>는 2007년 개통 이후 2013년까지 7년 동안 정부가 민자업자에게 지급한 인천공항철도 운임수입보조금(MRG)을 보여주고 있다. 2007년 약 1천 9십억 원이던 것이 2013년에는 2천 960억 원으로 증가하였다. 총 1조 3천 864억 원을 지급하였다.[9]

8) http://m.naeil.com/m_news_view.php?id_art=86791; 내일신문 2013.10.24일자 참고.

9) 인천in, 2013년 10월 26일자. "인천공항철도 보조금 1조원 넘어서, 수요예측 엉터리"; 프레시안

표 10-4 인천공항철도 운임보조금

연 도	운임보조금(단위: 백만 원)
2007	109,333
2008	159,195
2009	128,187
2010	122,855
2011	275,635
2012	295,263
2013	295,900
합계	1,386,368 (1조 3,864억 원)

이처럼 엄청난 국고가 지급된 이유 역시 1996년 교통개발연구원이 수행한 타당성 조사의 수요예측이 빗나간 것이 가장 큰 이유다. 정부와 인천국제공항철도(주)가 맺은 실시협약상 2007~2013년 이용자 예측치 합계는 8억 843만 6천 명이었으나, 2013년 8월까지 실이용자 수는 1억 4,639만 8천 명으로 이용률이 18.1%에 불과했다. 실시협약상 2007~2013년 요금수입 예측치 합계는 2조 3,485억 5,100만 원이었으나 2013년 8월까지 실적은 1,607억 3,000만 원에 그쳐, 예측치의 6.8%에 불과하다.

지방공항 역시 과잉공급으로 인한 손실이 발생하고 있다. 김포 · 김해 · 제주공항을 제외한 11개 지방공항은 2014년 총 593억 원 적자를 기록했다. 원주공항은 22억 원, 울산공항은 99억 원, 여수공항은 93억 원의 적자를 냈다. 청주공항이나 대구공항, 양양공항, 광주공항 등은 전년 대비 적자가 감소했지만, 여전히 수십억 원의 적자를 면치 못하고 있다. 지방자치단체도 이를 인식, 지원금을 늘리고 있지만 근본적인 처방이 되진 않고 있다. 무안공항은 전라남도가 12억 5,600만 원의 손실보전금을 지원했음에도 여전히 공항 활성화가 요원하다(헤럴드경제, 2015.9.14).[10]

2014.1.28일자. "정부, 인천공항철도 매각 계획…'가장 악질적인 민영화'" 등 기사 참고.

10) 이와 같은 보도에 대해 국토부는 다음과 같은 보도참고자료를 발표하였다(국토교통부, 2015.9.14). 국토교통부는 관계부처, 지자체, 공항공사, 항공사 등과 함께 지방공항활성화 방안을 마련하여 적극 추진하고 있음. 지방공항 공항시설사용료 감면 혜택 확대, 지방공항에서 한국공항공사의 취급업 · 정비업 서비스 제공, 일본단체 비자 소지 중국 단체관광객에 대한 무비자 입국 허용 등 방안을 경제관계장관회의(7.2) 및 무역투자진흥회의(7.9) 보고한 바 있음.

3 빙산의 일각

위에서 제시한 사례는 빙산의 일각이다. 사실상 정부예산의 모든 영역에서 이와 같은 비효율이 발생하고 있다. 이런 사실은 감사원의 감사결과 자료들을 보면 잘 나타난다. 수없이 많은 예산낭비 사례들이 보고되고 있다. 왜 정부예산은 낭비되기 쉬운가?

첫째, 공유재와 비슷한 성격을 가지고 있다. 누구든 먼저 쓰고 더 많이 쓰는 사람이 주인이다. 내 돈처럼 아껴 쓸 이유가 거의 없다. 아껴 쓴다고 이익이 될 것이 없기 때문이다. 각종의 복지예산 역시 마찬가지다. 어떤 방법으로든 더 많이 받을수록 유리하다. 더 많이 받기 위해 불법행위까지 난무하고 있다. 둘째, 정치인들에게 예산은 중요한 업적으로 여겨진다. 국회의원은 자기 지역에 더 많은 예산을 배정하기 위해 노력한다. 단체장들은 자신의 업적을 위해 수요조사나 경제성 검토를 제대로 하지 않은 채 착수하는 일이 일어나고 있다. 셋째, 정부부처들 역시 기관이기주의나 기관 간의 경쟁으로 동일하거나 유사한 사업에 중복투자하는 일이 일어나고 있다(강혜규 외, 2015).

제 4 절 실존적 교육의 획일적 통제

1 교육정책에 대한 평가

교육이 외부효과를 창출하려면 교육이 제대로 이루어져야 한다. 다시 말하면, 외부효과를 낼 수 있는 교육이 이루어져야 한다. 즉, 교육을 받는 당사자는 물론 교육으로 인해 다른 사회구성원이 혜택을 얻을 수 있는 교육이 이루어져야 한다. 배우는 당사자의 삶에도 유익이 되고 다른 사회구성원에게도 도움이 되는 지식, 기술, 삶의 양식에 대한 교육이 이루어져야 한다. 교육의 목표는 그야말로 '교육'이다. 사람을 가르치는 것이다. 그렇다면, 정부의 역할은 무엇이겠는가? 교육을 담당하는 사람들은 교육을 잘할 수 있도록 돕고, 교육을 받는 사람은 잘 교육을 받을 수 있도록 돕는 것이 될 것이다.

그러나 정부가 개입하면서 교육이 실패를 거듭하는 일이 일어나고 있다(김재웅, 2012; 박거용, 2005; 오욱환 2009; 임재홍, 2014 외 참고). 한국의 교육정책들이 실패를 거듭하는 이유를 오욱환(2009)은 다음과 같이 정리하고 있다.

① 현상을 의도적으로 단순화함으로써 왜곡시킨다.

② 정책의 목적을 혼동하며 모순된 목적들을 동시에 해결하려는 오류를 범한다.

③ 정책대상집단의 복합성을 파악하지 못한 채 정책을 구상하고 집행한다.

④ 정책의 효과를 과도하게 홍보함으로써 실패를 자초한다.

⑤ 구상에서 실행 사이에 변질됨으로써 초심의 참신함과 의욕이 사라진다.

⑥ 성과에 대한 조급함 때문에, 결실의 적기(適期)를 놓친다.

⑦ 정권 간의 적대감 때문에, 전임 정권의 정책이 실효에 관계없이 중단된다.

⑧ 통제에 의존함으로써 정책에 대한 지지, 동의, 수용, 묵인 과정을 빠뜨린다.

⑨ 정권의 정통성과 정책결정자들의 권위가 취약하여 호응을 받지 못한다.

⑩ 다양한 이익집단의 존재를 경시함으로써 예상치 못한 반대에 부닥친다.

⑪ 공리주의와 이기주의의 괴리가 정책결정자들에게도 일어나고 있다.

⑫ 한국 사회에 만연해 있는 공격적 평등주의에 직면하여 저항에 부닥친다.

⑬ 정책의 구상과 집행에 즉흥성과 직감이 지배한다.

⑭ 과시를 위해서 굳이 정책으로 공표함으로써 주목을 받고 갈등을 초래한다.

⑮ 정책결정권자들이 주도권에 집착함으로써 교육주체들을 무력화시킨다.

교육정책이 실패할 수밖에 없는 이유는 크게 두 차원으로 나누어 볼 수 있다. 첫째는 인간의 인식, 언어, 개념화, 개념화된 현상과 현실과의 괴리 등 인간의 생각과 언어와 관련된 철학적 문제들이 발생한다. 둘째, 정부가 개입할 때 발생하는 정치적 문제들이 발생한다. 정부와 정책은 인간의 생각과 언어로 인하여 발생하는 인식론적 문제들을 해결하기 위해 작동할 수도 있지만 반대로 이를 이용하는 방식으로 작동할 수도 있다. 만일 정부와 정치가 사회구성원들이 가진 편견와 갈등, 이념적 오해를 정치적으로 이용하면 정책은 문제해결의 수단이 아니라 단지 정치적 이익을 위한 수단으로 전락한다. 오욱환(2009)의 교육실패에 대한 진단은 정부실패에 관한 이 책의 거시적인 이해와 대체로 일치하고 있다. 좀 더 자세히 논의하면 이렇다.

2 실존적 현상의 사실화

정부와 정책은 인간의 생각과 언어에 의지해야 한다. 그런데 복잡하고 다면적인 현상을 이해하기 위해 인지자는 현상을 자신의 지식, 경험, 이론, 가치, 신념에 근거하여 해석하고 이를 개념화할 수밖에 없다. 인간의 편견적인 사고의 원리와 언어가 개입하면서 지극히 실존적인 방식으로 진행되고 있는 교육이라는 현상이 마치 기계적인 인과에 의하여 작동하는 사실적 현상인 것처럼 인식되고 서술되는 문제가 발생한다.

'실존'적 현상이란 간략히 설명하면 이런 것이다. 인간은 다른 대상들처럼 세상에 그저 있는 존재가 아니다. 단지 자연의 인과관계에 지배를 받는 대상이 아니다. 자연의 여건에 종속되어 오로지 동물적인 욕구의 충족만을 추구하는 존재가 아니다. 인간은 세상을 알려고 하고 이해하고자 하며, 자기 나름의 경험과 이해에 기초하여 자기 나름의 해석을 하고 판단을 내리고 나름의 방법으로 세계에 대응하며 살아간다. 더 행복하게 살고자 하고 더 소중한 가치를 위하여 살고자 한다. 이를 위해 자신의 주변 세계를 자신의 입장에서 해석하고 대응한다. 교육은 이런 인간사의 일부분이다.

내가 어떤 사람에게 내가 알고 있는 지식을 전달하고자 한다고 하자. 나는 더 잘 전달하기 위해 고민하고 연구도 하고 노력도 할 것이다. 어떤 방법을 시도하기도 하고 다른 방법을 시도하기도 할 것이다. 이런 노력들 속에서 더 나은 방법을 찾기도 하고 이런 방법은 기록되어 후배들에게 교육되기도 할 것이다. 이런 인간의 노력을 과학화할 수 있을 것인가? 과학적 지식을 서술해 낼 수 있을 것인가? 과학적 지식을 얻으려면 이런 인간행동을 서술하는 고정적인 의미를 가진 개념을 발전시켜야 하고, 이 개념은 누구나 이해할 수 있는 명확한 의미를 가져야 할 것이다. 이런 개념을 개발할 수 있을 것인가?

이런 질문에 대한 교육학계의 답은 부정적이다(김재웅, 2012: 4-6). 개념화를 시도할수록 현장과는 멀어지고 있다는 것이 교육연구자들의 고민이다. 쉽지 않다는 것이다. 과학화할 수 없다는 것이다. 교육이란 교사와 학생이 함께 만들어가는 일종의 창조적이고 예술적인 상호작용과정이다. 운동장에 있는 축구선수들이 서로 팀을 이루어 경기를 하고 있다고 하자. 이들의 경기력을 극대화하는 방법을 이론화할 수 있을 것인가? 아마도 불가능할 것이다. 인간의 상호작용은 기계가 작동하듯이 일어나지 않기 때문이다. 교실에서 일어나고 있는 교사와 학생 간의 상호작용 역시 마찬가지다. 이론화할 수 있는 부분이 없지는 않겠지만 실제 어떤 상황에서 학생과 교사가 자신들의 관계나 문제를 어떻게 풀어 갈 것인지를 이론화하기는 어려울 것이다. 너무나 다양한 사건이 다양한 상황에서 발생할 수밖에 없기 때문이다.

'실존'이란 이런 의미다. 당장의 상황을 가장 잘 이해할 수 있는 사람은 당사자 자신이다. 이 상황에서 어떻게 문제를 해결할 것인지는 교육학의 이론적인 지식이 답을 주는 것이 아니라 거기에 참여한 사람들 상호 간의 이해와 해석이 결정한다. 이런 상황 판단에 대해 어떤 것이 틀렸고 어떤 것이 옳다고 말할 수 있는가? 사회세계에서는 이런 판단이 쉽지 않다. 소위 결정불충분(under-determination) 상황에 있다(사공영호, 2015b: 216-217). 정답은 없지만 그럼에도 당사자들이 당장의 상황에 맞는 답을 찾아내었기 때문에 그것이 해법이 되는 것이 실제의 상황이다. 이런 점에서 실존적인 당사자들이 찾는 문제의 해법은 자연과학에서와 같은 대응적인 지식에 근거한 것도 아니고, 사회과학에서와 같은 논리적 일관성에 근거한 것도 아니다. 단지 당장의 상황에 대한 당사자들의 이해가 현상의 의미를 이해하고 대응할 수 있을 길을 새롭게 보여주었을 뿐이다. 하이데거(Martin Heidegger)의 표현을 빌리면 탈은폐적인 이해의 일종이다(Heidegger, 1971; 사공영호, 2015b: 212-214; Dreyfus, 1991: 266-271). 자신들에게 갖는 의미를 찾아내었고, 이렇게 찾아낸 의미가 적절한 해법을 찾는 데 도움이 되었다는 점에서의 이해다. 그러나 이런 이해가 당사자들에게는 소중하다. 사실상 진리다. 이렇게 해석하고 이렇게 대응하며 살아가면 그것이 나름대로 문제에 대한 해법이 되기 때문이다. 이때의 진리는 당사자들이 놓인 공통의 상황과 선지식을 배경으로 하여 해당 상황에서만이 알 수 있는 어떤 지식을 찾아내었다는 점에서의 진리다(Dreyfus, 1991: 266-271).

사실화한다는 것은 여러 가지 사건 또는 대상을 공통된 속성에 근거하여 어떤 것, 즉 일정한 안정성을 갖는 어떤 실체적 사실로 규정한다는 의미다. 이렇게 규정하면 이런 속성을 가진 것은 이런 것이라고 말할 수 있게 된다. 예를 들어, 새끼들이 어미의 젖을 먹고 자라는 동물을 포유류하고 분류하면, 이런 속성을 가진 모든 동물을 이렇게 분류하여 함께 연구와 서술의 대상으로 삼는 것을 의미한다. 이런 분류와 규정은 자연과학에서는 별 문제를 일으키지 않는다. 그런데 교육과 같은 사회현상에서는 다르다. '교육'이라는 이름으로 같이 분류하여 부르더라도 실제 일어나고 있는 교육은 너무나 천차만별이기 때문이다.

그런데 정부가 개입하여 교육을 정책의 대상으로 삼으려면 먼저 교육을 사실화해야 한다. 그런데 이렇게 사실화하는 순간 교육의 진짜 모습은 은폐된다. 어떤 언어로도 현실의 교육을 온전히 서술해 낼 수 있는 방법은 없기 때문이다. 특정 측면을 부각하고 다른 측면을 무시하는 문제가 필히 발생한다. 브레이버(Lee Braver)의 표현으로는 '험티–덤티(Humpty–Dumpty)' 문제가 발생한다(Braver, 2012: 111–112). 험티–덤티는 『이상한 나라의 앨리스』에 나오는 계란 인간이다. 한번 깨어지면 아무리 강력하게 접착시켜도 본래의 모습으로 되돌아가지는 못한다. 그런데 교육현상을 서술하는 개념은 한편으로는 교육의 어떤 측면을 서술한다. 하지만, 그 외 다른 측면들은 볼 수 없도록 은폐한다. 교육에 대한 온전한 이해를 방해한다. 교육연구자들이 편을 나누어 다툴 수밖에 없는 것도 이 때문이다. 그들이 채택하고 있는 개념들이 어떤 측면은 보게 하지만 다른 측면은 결코 공정하게 이해하지 못하도록 방해하기 때문이다. 인간의 생각과 언어가 이렇게 작동한다. 그런데 당사자들은 자기망각에 빠져 자기 인식과 자기 언어의 한계를 잘 알지 못한다. 자신이 정답이라고 생각하고 상대가 잘못되었다고 판단한다. 이에 근거하여 정책을 만들면 어떻게 되겠는가? 이런 정책이 다수를 위한 정책이 될 수 있을 것인가? 이미 현실과 괴리된 개념과 인식에 기초한 정책으로 올바른 처방을 내놓을 수는 없다.

3 이념화와 정치화

왜 철저하게 현장 중심으로 진행되어야 할 교육이 현장을 벗어난 어설픈 개념에 의해 이론화되고 정책화되는 일이 일어날까? 정부가 개입하면서 이념과 정치가 미치는 영향이 커지기 때문이다. 즉, 학교 일선에서 현장에 맞게 다양한 방법으로 진행되어야 할 교육이 특정한 이념이나 정치의 논리에 의해 통제되는 일이 일어나기 때문이다.

이념이란 사실, 구체, 실재와 대비되는 개념이다. 즉, 이념이란 실제의 현실에 관한 서술이 아니라 바람직한 상태, 가능한 상태, 추상화하고 개념화한 상태에 대한 사람들의 생각이라 할 수 있다. 현실은 그렇지 않지만, 어떤 모습의 사회가 되어주기를 기대하고 소원하고 있다면 이는 하나의 이념이다. 이념의 근원 역시 인간의 지향적인 의식 능력이다. 인간은 아직 존재하지 않는 것에 대해 생각하고 소망하고 설계할 수 있는 능력을 가지고 있다. 아직 발생하지 않은 상태에 대해서도 언어를 수립하고 의미를 부여할 수 있는 능력을 가지고 있다. 이런 의식 능력에 의지하여 어떤 사회 상태에 대하여 소망을 가지게 되면 그것은 하나의 이념이 된다. 이념과 뗄 수 없는 관계에 있는 것이 현실의 상황이다. 현실에 대한 인식에 근거하여 그것과 대비되는 이념적인 세계를 구상할 수밖에 없기 때문이다. 현실에 대한 해석과 이해에 근거하여 바람직한 세계에 대한 소망을 형성할 것이기 때문이다. 칼 포퍼(1994)의 지적처럼 인간은 이념적인 존재다. 이를 위해 전쟁을 불사하고 생명을 내어놓을 수도 있는 것이 인간이다.

그런데 이념이 교육의 발전에 해가 될 것인지는 이념 그 자체와 더불어 그것에 대한 사회구성원들의 공감에 달려 있다. 어떤 이념과 다른 이념의 우월을 비교할 수 있는 객관적인 기준은 없다. 이런 이념들 간에 어떤 선택을 해야 할 것인지는 사회구성원의 자발적 공감과 합의에 달려 있다. 만일 다른 구성원의 공감을 얻지 못하면 이념은 하나의 사상적 강압 또는 사상적 폭력과 다를 것이 없다(Windavsky, 1987: 125; 최병선, 2015: 87－88 재인용). 만일 정답이 없는 것이 현실의 상황이라면 각 집단에게 각자의 해석에 기초하여 각자의 방법으로 대응할 수 있는 자유를 인정하는 것이 개인의 자유와 평등을 실현할 수 있는 유일한 방법이다.

하지만, 이념은 경쟁적인 이념에 우호적이지 않다. 경쟁적인 이념은 상대와의 경쟁 속에서 함께 발생한다. 이런 이유로 서로 간의 경쟁적인 관계가 각 이념의 존재론적인 근거로 작용한다. 보수와 진보를 함께 발생하며 서로 경쟁할 수밖에 없는 것이 태생적인 상황이라는 것이다. 그렇다고 공존이 불가능한 것은 아니다. 상대를 온전히 이해할 수는 없지만 상대의 교육을 서로 방해하지 않는다면 얼마든 공존할 수 있다. 이런 다양성이 교육을 받는 사람에게도 유익하고 교육의 발전에도 유익할 수 있다.

그런데 정치가 개입하면 문제가 달라진다. 선거에 이기기 위해서는 상대를 더 비방해야 하고, 선거에 이긴 이후에는 이념 추구적인 정책을 모든 학교에 획일적으로 적용해야 하기 때문이다. 결국, 이념과 이념이 충돌할 수밖에 없는 상황이 발생한다. 예를 들면, 이런 것이다. 무상급식, 학생인권조례, 학업성취도 평가, 자립형사립고 문제에 대해 정답이 있을 수 있을까? 관련 당사자들이 충분한 토론을 거치면서 공감대를 형성하고 합의하는 것 외에는 해법이 없다. 해법이 없다면 각자가 각자의 판단에 따라 대응하면 된다. 굳이 하나의 정책을 모두에게 요구할 필요가 없다. 시행착오를 거치면서 지지가 확산되는 정책은 살아남을 것이고 반대로 예상하지 못한 문제들이 발생하는 정책은 퇴출하면 된다. 각자가 각자의 판단에 따라 결정하면 된다.

그런데 이념을 배경으로 하는 정책은 이런 유연한 결정과 집행을 기대할 수 없다. 이미 포기할 수 없는 정책으로 공약되고 당선된 교육감은 일방적으로 이런 정책을 밀어 붙인다. 이렇게 되면 교육감이 바뀔 때마다 정책이 달라지고, 학생들과 학부모는 혼란에 처한다. 한국교원단체총연합회가 교사를 대상으로 조사한 결과에 따르면 76%의 응답자가 교육감 직선제 폐지에 동의하고 있다. 교육감 직선제가 교육의 정치화와 이념화를 가속시켰기 때문이다(한국교육신문, 2015.6.8). 교육이 정치적 권력 획득을 위한 수단, 편견적 이념의 현실화를 위한 수단으로 전락했다는 것이다.

4 학문 위기로 인한 견제의 실패

경영학자가 기업경영인보다 경영에 대해 더 잘 알 수는 없다. 정치학자가 정치에 대해 정치인보다 더 잘 알 수는 없다. 이론화할 수 없고 말로는 서술할 수 없는 지식과 기술을 현장의 경영과 정치는 담고 있기 때문이다. 전문가란 이론지식에 해박한 사람이 아니다. 이론적 지식과 더불어 현장경험이 풍부하여 상황에 맞게 대응할 수 있는 능력을 가진 사람이다(Flyvbjerg, 2001: 18, 11－21; Dreyfus, 1986, 2014).

예를 들면, 유능한 간호사는 자신이 대학에서 배운 이론적인 지식에 따라 환자를 다루는 사람이 아니다. 유능한 간호사는 풍부한 현장 경험이 축적되고, 이론적인 지식도 현장경험 속에서 충분히 체화되어 있는 사람이다. 이들은 비슷한 환자들인 것 같지만 그 차이점을 인지하고 다르게 대응한다. 각 환자의 개별적인 상황에 매우 깊이 개입한다. 그래서 어떤 판단을 내릴 때도 교과서적인 판단을 내리는 것이 아니라 자신이 이해한 환자의 상태와 여건을 고려하여 판단한다. 즉, 자신의 해석이 판단에 중요한 변수가 되며, 따라서 자신의 판단에 대하여 책임감도 느낀다. 이런 전문간호사가 환자와 관계하는 방식은 분석적인 문제해결자나 인간의 판단을 정보처리과정모형처럼 생각하는 심리학적인 이해와는 다르다. 이들의 생각은 빠르고, 통찰적이며, 전체적이고, 해석적이다(Flyvbjerg, 2001: 14).

간호학을 아무리 세련되게 발전시켜도 지식의 효율성을 위하여 일반화하는 과정에서 발생하는 현실과 이론의 괴리를 온전히 해소할 수는 없다. 아무리 세련된 교육이론을 발전시켜도 개념화, 이론화의 과정에서 현실과의 괴리는 필연적으로 발생한다. 교육학은 바로 이런 이유로 인하여 학문적인 정체성과 현장적 전문성 사이에서 방황하고 있다(김재웅, 2012; 오욱환 2009). 교육학이라는 학문 자체가 충분한 과학성을 가질 수 있는 것도 아니고, 실천적인 현장성을 확보할 수 있는 것도 아닌 상황에 처해 있다. 이런 학문적 딜레마는 사회과학이 다같이 겪고 있는 문제다.

이런 학문의 위기가 교육정책에도 부정적인 영향을 미치고 있다. 비현실적인 교육정책이 인기영합적인 정치적 목적으로 도입되는 것을 제대로 견제하지 못하고 있다. 뿐만 아니라, 실존적인 교육의 현실과는 괴리된 실증주의적인 개념에 기초하여 교육을 인과적으로 설명하면서, 이런 단순화된 개념과 논리에 기초하여 획일적인 정책이 만들어지는 것을 오히려 지원하고 정당화하고 있다.

즉, 교육정책의 실패는 인간의 인식 사고와 언어의 한계로 인한 온전한 이해의 실패, 개념화의 한계에 무지한 학문의 실패, 정치적인 목적을 위해 기꺼이 교육을 이용하는 정치의 실패, 이념에 물든 교육운동가들의 자기 망각에서 비롯되는 총체적 실패의 산물이다.

제5절 종 합

정부와 정책은 매우 독특한 종류의 피조물이다. 인간에 의해 만들어지지만 반드시 인간을 위해 작동한다는 보장이 없다. 사람들에 의해 한 순간에 무너지기도 하지만 설사 매우 잔악한 정부라도 일단 만들어지면 쉽게 무너지지는 않는다. 어떤 사회에서는 시장실패에 대응하고 사회문제와 공통의 목표를 해결하는 수단이 되기도 한다. 하지만, 어떤 사회에서는 전혀 아니다. 심지어 자신을 탄생시킨 사람들을 향해 무자비한 폭력을 행사한다.

정부가 이처럼 천의 얼굴을 가지는 것은 그것을 탄생시키고 그것을 작동하게 하는 인간의 생각과 정치권력의 작동원리에 대해서는 누구도 온전한 통제력을 가질 수 없다는 점에서 기원한다. 사람들은 대체로 자기 사고와 언어의 작동원리에 대해 무지하다. 자신의 생각과 언어에 의지하여 살아갈 수밖에 없고, 게다가 이에 의지하여 세상을 이해해야 하는 일상의 상황으로 인하여 자신의 생각과 언어가 얼마나 치명적인 약점을 가지고 있는지는 잘 알지 못한다. 사회세계에 대한 자신의 생각은 누구나 인정할 수 있는 객관적인 근거가 없다는 점을 알지 못한다. 이런 이유로 유토피아적인 이념과 자의적으로 구성된 문제의식에 쉽게 빠져들 수밖에 없는 것이 인간의 사고방식이다. 패러다임의 경계 내에서 학문활동을 하는 학자들도 이런 편견적인 사고의 약점으로부터 자유롭지 못하다. 사회운동가 못지않게 연구자들도 사회세계를 바꾸고 싶어 한다.

정치 권력은 인간 사고의 약점을 피하면서 다수의 지혜를 모으는 수단이 될 수 있다. 만일 이렇게 정치가 작동한다면 이는 소위 공화주의적 정치라 할 수 있다. 그러나 현실의 정치는 그렇지 못하다. 인간의 삶의 양식을 고려하면 '공화주의적 정치'는 일종의 이상이다. 각 개인은 각자가 경험과 이해와 판단과 선택의 주체로 살아가는 존재다. 그런데 인간이 가진 생각과 주변에 대한 이해를 공화주의적인 방법으로 공감과 합의로 수렴하는 일은 해석순환적인 인간의 사고원리로 인하여 결코 쉽지 않다. 사람들이 서로 충돌하고 이런 충돌이 쉽게 풀리지 않는 것은 각자가 자신이 이미 가진 지식과 경험에 의지할 수밖에 없기 때문이다. 실존적인 삶을 살아가는 개인의 삶의 양식과 획일화된 법에 의지할 수밖에 없는 정부는 태생적으로 서로 충돌할 수밖에 없는 상황에 있다.

정부의 권력이 커질수록 정부가 시민의 의사와는 상관없이 시민의 자유, 권리, 재산권을 제약할 수 있는 힘도 커진다. 게다가, 자기 생각의 약점에 무지한 사람들과 자기 학문의 한계에 무지한 학자들, 그리고 오로지 권력을 위해서는 어떤 정책이든 선택할 수 있는 사람들이 권력을 매개로 단결하면 정부와 정치와 정책은 점점 다수 국민의 요구와 이익으로부터 멀어진다.

시장과 정부의 가장 중요한 차이의 하나는 인간의 편견적인 생각과 언어, 그리고 유토피아적인 이념에 대응하는 능력이다. 시장관계에서 사용되는 언어는 결국 인간의 몸과 감정이라는 실재적인 검증 장치의 견제를 받는다. 아무리 화려한 말로 현혹하더라도 내가 해당 서비스를 사용해 보면 알 수 있다. 아무리 도덕적으로 지탄받는 서비스라도 그런 거래가 시장에서 일어나고 있다면 당사자들은 분명 그것으로 인하여 무엇인가 다른 사람이 이해하기 어려운 어떤 것을 얻고 있다. 그렇지 않다면 그 서비스는 살아남지 못할 것이다.

정부는 그렇지 않다. 정부는 합법적인 폭력의 독점자다. 합법적으로 우리의 삶에 억압을 가할 수 있다. 그런데 이런 정부의 통제력과 편견적인 인간의 사고, 언어, 이념이 결합하면 어떻게 될까? 합법적인 폭력과 억압에 의해 특정집단의 편견적인 해석과 삶의 양식과 이념을 다른 사회구성원에게 강요하는 수단이 될 수 있다. 더욱 심각한 것은 시장에서와는 달리 여기서 벗어날 수가 없다는 점이다. 개인의 차원에서는 견제할 방법이 없다.

시장실패론은 정부에 대해서는 일종의 규범론이다. 정부가 시장실패 문제를 해결해 주기를 소망하고 있을 뿐이다. 그런데 실제 정부가 어떻게 작동할 것인지는 전혀 다른 요인에 의해 결정된다. 정부가 시장실패를 해결해 주리라는 보장이 없다는 것이다. 정부를 구성하고 운영하는 것이 어떤 종류의 작업이기에 이토록 우리가 원하는 정부를 만드는 것이 쉽지 않은지에 대해 논의해 보자.

제4부

창조원리에 내재된 실패 위험

제 11 장 주권을 상실한 주권자

제1절 서 론

설(John R. Searle)의 존재론은 정부, 조직, 정책, 법, 지위, 권력 등 정부와 관련된 현상의 발생원리를 설명해 준다. 설이 설명한 발생원리만 생각하면 좋은 정부를 만드는 일이 그리 어렵지 않을 것 같다. 집단지향성과 공유의 언어에 기초하여 정부를 만들고 어떤 권한을 부여하기로 약속하고 그 약속에 따라 행동함으로써 정부를 만들 수 있기 때문이다. 정책도 만들 수 있다. 사회구성원들이 마음만 모을 수 있다면 할 수 있다는 것이다. 그런데 현실은 그렇지 못하다. 일부의 사회만이 민주적인 정부의 형성에 성공하고 있다. 여전히 많은 사회는 독재적인 정부의 지배 하에 놓여 있다.

왜 좋은 정부, 민주적이고 효율적이며 공정하게 작동하는 정부를 만드는 것이 어려운가? 인간은 자기 주변의 대상이나 사람을 어떤 목적을 위하여 수단화하고 도구화하는 데는 매우 탁월한 능력을 가지고 있다(Searle, 1995; Heidegger, 1962). 그런데 왜 정부를 만들고 이용하는 일은 이처럼 쉽지 않은가? 정부형성을 위한 조건의 성취가 '지극히' 어렵기 때문이다. '지극히' 어렵다는 것은 인간이 자신의 생각과 언어에 의지하여 주변 세계를 이해하고 대응하는 삶의 양식 자체가 정부의 형성에 필요한 집단지향성이나 공유의 의미를 갖는 언어의 형성, 민주적으로 작동하는 정치의 발전을 방해할 위험을 내재하고 있다는 의미다.

정부와 정책처럼 인간의 인식에 의지한 형성물은 수많은 사람들의 인식에 의지하여 창조되고 작동하기 때문에 안정적이고 독립적인 작동 체계를 확보하는 일 자체가 어렵다. 서로 생각과 삶의 양식을 달리하는 사람들이 함께 거대한 협력적 상호작용관계를 형성하는 것이 쉽지 않다. 이런 문제를 해결하려면 집단지향적인 지위 기능 부여가 가능하여야 하고, 공유의 언어를 발전시킬 수 있어야 하며, 또한 공유의 신념과 공유의 삶의 양식까지도 요구되는 측면이 있다. 상호 협력의 규범도 필요하고 주어진 권력을 남용하지 않을 것이라는 서로에 대한 신뢰도 필요하다. 정부를 형성하고 운영하는 원리 속에 이미 여러 가지 불안정한 요인들이 관계되어 있다는 것이다.

인간, 언어, 규범, 정치제도의 형성과 발전을 연구한 많은 연구들은 정부와 정책의 성공적인 운영에 필요한 요인과 조건은 수많은 우연한 요소의 상호작용의 산물이며 인위적인 통제력의 범위를 벗어난다는 점을 암시하고 있다. 정부의 형성과 운영에 영향을 미치는 요인들을 학문 경계를 초월하여 포괄적으로 종합해 보면, 민주적인 정부의 형성에 일부 사회만 성공하고 있는 것은 우연이 아니라 당연한 결과일 가능성을 시사하고 있다. 그나마 서유럽 국가들과 미국 등 일부의 국가들이 이런 조건들을 비교적 성공적으로 달성하여 민주적인 정부가 등장할 수 있었던 것도 역사적으로 획득한 우연한 종교적 여건에 크게 의지하고 있다. 즉, 서구 사회에서 자본주의가 발전하고 민주주의가 발전할 수 있었던 것은 그들이 우연한 이유로 받아들인 기독교의 영향이나 신대륙이라고 하는 광활하고 무한한 자연여건에 기초하고 있다. 즉, 좋은 정부를 형성하고 운영하는 데는 매우 많은 난관이 자리하고 있으며, 많은 사회들은 이 난관을 여전히 해결하지 못하고 있고, 앞으로도 그럴 가능성이 크다는 점을 암시하고 있다.

한국이 그나마 현재와 같은 정부를 수립할 수 있었던 것도 냉전, 개방적인 국제관계, 경제 발전과 국민 소득의 향상, 교육의 확대 등 1960년대 이후 일어난 많은 사건들에 기초하고 있다. 사실상 우연하게 이룩한 측면이 강하다. 이런 외재적인 환경변화가 없었다면 권력 투쟁과 당쟁, 부정 선거, 쿠데타, 권력 남용, 정경 유착 등으로 인한 정부실패의 굴레에서 쉽게 벗어나지 못했을 가능성이 크다. 노스

(North, 1990, 2006)가 제도의 발전은 경로의존적이라고 주장하는 것은 바로 이런 이유 때문이다. 정부에 관한 역사를 돌이켜 보면, 좋은 정부, 우리가 원하는 대로 작동하는 정부를 만드는 일이 결코 쉽지 않다.

그런데 우리 사회에는 정부를 통해 무엇이든 할 수 있다는 생각이 팽배해 있다. 1960년대 경제개발정책을 추진하면서 구축되었던 행정만능형 정부가 최근에는 환경, 복지, 교육, 노동 등의 영역에서 재등장하고 있다. 과연 정부가 이런 영역에서 얼마나 문제해결의 열쇠가 되어 줄 것인가? 과연 성공적인 정부의 형성을 위한 조건들을 우리는 해결해 나갈 수 있을 것인가? 이 질문에 답하려면 정부의 형성과 운영에 영향을 미치는 요인들을 좀 더 면밀하게 검토할 필요가 있다.

설은 정부의 형성 원리와 조건은 잘 설명한다. 하지만, 현실적으로 이런 조건을 달성하는 것이 얼마나 가능한 것인지에 대해서는 설명을 제공하지 않고 있다. 하이데거(Martin Heidegger)는 인간이 어떤 대상을 도구화하는 데는 이미 많은 요소들이 갖추어져야 함을 시사하고 있다. 집단지향성과 언어에 의지하여 정부를 형성하고 운영하는 데는 설이 설명하지 않고 있는 훨씬 많은 요인들이 영향을 미친다. 이런 요인들로 인해 정부는 그 내부에 이미 많은 실패의 위험을 내재하고 있다. 게다가, 많은 요인은 인위적으로 통제하는 것도 쉽지 않다(사공영호, 2015c). 정부에게 일을 맡길 수는 있지만 우리가 원하는 대로 정부를 형성하고 작동하는 데는 수많은 방해요인이 작용한다. 정부를 형성하고 운영하는 데 관련된 요인들을 좀 더 구체적으로 살펴보면서, 왜 좋은 정부를 만드는 데 성공한 사회가 여전히 많지 않은지, 정부실패의 위험은 도대체 어디에서 오는 것인지에 대해 논의해 보자.

제 2 절 정부와 국민: 주인과 대리인

1 대리 · 대의 관계

지위 기능 부여에 의하여 정부를 형성하였다는 점에서 정부를 형성하는 사람과 정부의 관계는 대리 또는 대의적인 것이다(Searle, 1995: 20–21; 황혜신, 2005: 38).[1)]

'대리'한다는 것은 누군가의 역할을 대신 수행하는 것을 의미한다. 본래부터 주어져 있던 역할이 아니라는 의미다. '대의민주주의'라고 할 때 '대의한다(represent)'는 것도 사실상 동일한 의미다. 나의 의사는 내가 직접 설명하는 것(present)이 제일 좋다. 그런데 이렇게 하기에는 너무 많은 사람들의 이야기를 들어야 하니 대신하여 대표로 의사를 전달(represent)하고 의사결정에 참여하는 것이 대의민주주의다. 즉, 지역의 유권자들이 자신들의 대표로 뽑은 국회의원들은 지역주민의 대표자이면서 지역주민의 대리자로서 정책과정에 참여한다.

이런 대리 관계는 정부가 담당할 업무가 독재자의 자의적인 판단에서 나온 경우에도 달라지지 않는다. 이때도 정부가 수행하는 역할은 정부 스스로 정한 것이 아니다. 집권자의 뜻에 따라 집권자를 대신하여 그 임무를 수행한다. 부여받은 역할이 독재자의 자의적인 판단과 자의적인 창조에서 나온 것이든 반대로 다수 국민들의 의사에서 나온 것이든 정부가 본래부터 주어진 일을 수행하는 것은 아니라는 것이다. 반면, 심장에 의해 이루어지는 혈액 순환은 지위 기능 부여와는 상관없이 이루어진다. 사람들의 실천적인 의도나 생존욕구와는 아무런 상관이 없이 심장은 독립적으로 작동하고 있다. 이러한 기능을 "비대리적 기능(nonagentive function)"이라 한다.

비대리적인 기능과 대리적 기능은 매우 중요한 차이점이 있다. 대리적 기능은 사용자의 지속적인 지위 기능 부여를 요구한다는 점이다. 바로 이점이 대리적 기능의 안정적 작동에는 가장 심각한 약점이 된다. 의자, 망치, 자동차, 집, 정부, 기업, 조직, 법 등은 사용자 또는 관련자들이 부여하는 기능을 수행한다. 즉, 이런 대상들이 어떤 기능을 수행할 것인지는 대상 자체가 아니라 이용자의 의도에 달려 있다. 사람들이 어떤 기능을 부여하느냐에 따라 하나의 의자는 책상이 될 수도 있고, 동시에 옷걸이가 될 수도 있으며, 무기가 될 수도 있고, 받침대가 될 수도 있다. 우리가 지향적으로 어떤 기능을 부여하는지에 따라 기능은 부여되고 결정된다.[2] 즉, 드라이버와 동전이 자신의 역할을 계속하려면 사람들이 계속 그렇게 사용해야만 한다. 그런데 심장은 우리가 전혀 관심을 기울이지 않아도 자신의 기능을 수행한다.

1) 미트닉(Barry M. Mitnick)은 주인-대리인 관계야말로 정치활동의 본질을 이루며, 정치에서 가장 중요한 것은 자신의 대리인을 창조하는 것이라 설명하고 있다(황혜신, 2005: 38).

2) 두 가지 기능이 완전히 구별되는 것은 아니다. 가령, 인공심장을 만들어 이식한다면, 이 심장은 인공적으로 부여한 기능을 수행한다.

사회적 대상과 물리적 대상 간에도 큰 차이가 있다. 단지 '지위 기능 부여'라는 발생의 원리만을 기준으로 하면 양자 모두 사람들의 의도에 따라 기능이 결정된다. 그런데 드라이버가 드라이버로서의 기능을 부여받을 수 있는 물리적인 조건은 드라이버 자체가 가지고 있다. 그러나 언어와 문자, 법, 정부, 조직 등의 사회적 대상들은 다르다. 이런 사회적 실재들은 기능을 부여받을 수 있는 조건을 그 자체가 독자적으로 가지고 있지 않다. 관련된 사람들이 함께 부여해야 한다. 설이 집단지향성을 강조하는 것은 바로 이때문이다. 설사 독재권력이라고 하더라도 사람들의 비자발적인 지위 기능 부여에 의지해야 한다. 모두가 대항하면 독재 정부는 더 이상 존속할 수 없다. 서로 다른 생각과 가치를 가진 사람들이 함께 어떤 목표와 가치에 합의해야 하는 문제가 발생하고, 설사 공유의 가치를 목표로 하더라도 이를 위하여 수립된 제도는 언제든지 악용되고 남용될 수 있다는 감시비용의 문제를 수반한다.

지위 기능 부여가 항상 의식적으로 일어나는 것은 아니다. 오히려 많은 경우는 무의식적으로 이루어진다(Searle, 1995: 21－22). 가령, 화폐에 대하여 그와 같은 기능이 부여된 것은 어느 날 사회구성원들이 특정한 대상에 대하여 그와 같은 기능을 부여하기로 하면서 발생한 것이 아니다. 오랜 시간과 시행착오를 거친 진화의 산물이다. 게다가, 지금 돈을 이용하여 물건을 사고파는 사람들도 돈이라는 물리적 대상에 부가된 지위 기능의 논리적 구조까지 생각하며 이용하지는 않는다. 그러나 대리적 기능의 경우 사회구성원 중 누군가는 의식적으로든 무의식적으로든 이런 기능을 이해하고 있어야 한다. 그렇지 않다면 이런 기능은 부여될 수 없을 것이다. 어떤 사람은 돈에 대하여 사람들의 의도와는 완전히 다른 기능(예: 땔감, 예술도구)을 부여할 수 있다. 이렇게 되면 돈은 대리적 기능을 상실하게 될 것이다.

2 주인-대리인 관계의 발생

대리 관계 또는 대의 관계에서 발생하는 문제를 좀 더 정확하게 이해하려면 반드시 주인을 포함시켜서 함께 검토해야 한다. 정부나 사회현상에서 주인이 되는 사회구성원들은 주인의 위치에서 대리인과 관계를 맺고 이 관계를 적절히 유지하면서 대리 또는 대의 서비스를 형성하고 유지하고 이용하고 감독하기에는 결코 쉽지 않은 상황에 있기 때문이다. 제도연구자들은 이를 '주인-대리인' 관계에 비유하여 설명하고 있다(Eisenhardt, 1989; Kim & Mahoney, 2005; 황혜신, 2005).[3] 정부가 수행하는 기능은 유권자와 국민이 부여한 것이다. 이런 점에서 국민과 유권자가 주인이라면 정부와 정치인, 관료는 주인이 스스로 수행하기를 원하는 일을 대신 수행하는 대리인이다([그림 11-1] 참고). 이런 관계가 문제를 일으키지 않으려면 다음과 같은 조건이 갖추어져야 한다.

첫째, 업무를 지시하고 감독할 수 있는 주인이 있어야 한다.

둘째, 주인은 대리인이 수행할 업무를 분명하게 지시하고 결과를 감독할 수 있어야 한다.

셋째, 대리인은 주인의 업무를 수행할 수 있는 능력과 도덕성을 갖추고 있어야 한다.

아이폰으로 세상을 바꿔놓은 애플을 생각해 보자. 애플은 스마트폰 조립에 필요한 대부분의 부품을 자신이 생산하지 않는다. 애플이 스스로 공개한 보고서에 따르면 애플에 부품을 공급하는 기업은 총 748개에 이른다.[4] 그런데 이 중 80%에 이르는 600개의 업체가 동아시아에 밀집해 있다. 그 다음으로 미국 본토와 유럽이 뒤를 잇고 있다.[5] 심지어는 가장 핵심적인 부품까지도 자신이 직접 생산하지 않는다. 현대자동차와 비교하자면 엔진에 해당하는 부품까지도 자신이 직접 만들지 않는 셈이다.[6] 자신이 해야 할 일을 누군가에게 대신하게 하고 있다. 심지어는 언어도 다르고 문화도 다른 전 세계에 흩어져 있는 기업들에게 맡기고 있다. 어떻게 핵심부품까지 납품을 받아 사용할 수 있을까?[7] 그럼에도 어떻게 애플이 원하는 품질과 사양의 제품을 만들어낼 수 있을까? 자신이 원하는 것을 매우 구체적으로 초정밀하게 대리인에게 지시할 수 있고, 대리인이 수행한 업무의 결과물을 처음의 주문사항

3) 주인-대리인 관계에 관한 여러 가지 이론적 논의는 황혜신(2005)의 연구가 잘 정리하고 있음.
4) Supplier Responsibility 2013 Progress Report 참고.
5) http://macnews.tistory.com/874 참고.
6) http://economy.hankooki.com/lpage/it/201409/e20140910170516117700.htm 참고. 아이폰6에는 20나노 공정의 모바일 AP 'A8'이 탑재되었다. 이 칩은 스마트폰 애플리케이션을 구동하는 칩으로 두뇌 역할을 하는 핵심부품이다. 애플이 설계한 A8은 회로 선폭이 20나노미터로 28나노급인 A7보다 한층 줄었다. 그런데 이 부품의 상당량의 생산을 삼성전자에 할당했다.
7) 이런 점은 제6장에서 설명한 거래비용 개념을 적용하면 쉽게 이해할 수 있다. 대부분의 기업들은 핵심부품일수록 자신이 직접 생산한다. 제품의 생산과 품질 전체에 불확실성을 초래하기 때문이다.

그림 11-1 국민과 정부의 주인-대리인 관계

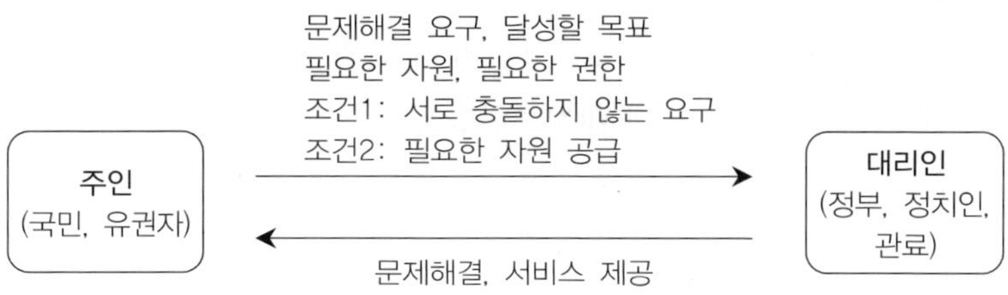

을 기준으로 정확하게 평가할 수 있다면 가능하다. 만일 이와 같은 업무의 지시와 결과의 통제가 가능하다면 주인은 대리인을 이용하여 얼마든지 자신이 원하는 바를 달성할 수 있다. 이것이 [그림 11-1]이 의미하는 바다.

3 주인-대리인 관계의 성공조건

첫째, 주인-대리인 관계의 가장 중요한 중심은 주인, 즉 국민, 사회구성원, 유권자다. 애플의 예를 다시 생각해 보자. 어떻게 이런 일이 가능하겠는가? 먼저, 주인은 대리인에게 정확하게 원하는 업무를 지시하고 업무결과를 감독할 수 있는 전문지식을 갖추어야 한다. 만일 이런 전문성이 없다면 업무지시도 불가능하고 생산된 결과물의 확인도 불가능하다. 원하는 부품을 얻을 수 없고 원하는 제품도 얻을 수 없다. 대리인의 업무를 지시하고 감독할 능력이 떨어질 때 주인은 여러 가지 위험에 빠진다. 진정으로 나의 이익에 합치되는 대리인이 아니라 정반대로 피하고 싶은 대리인과 계약을 맺을 수도 있다. 역선택이 일어날 수 있다. 대리인은 주인의 이익이 아니라 자신의 이익을 위해 행동할 위험이 커지고 이로 인한 책임은 주인에게 돌아온다.

둘째, 대리인은 주인이 지시한 일을 수행할 수 있는 능력과 더불어 그 일을 성실히 수행할 수 있는 도덕성을 갖추어야 한다. 대리인 문제의 가장 중요한 연구 주제인 기업의 전문경영인과 주주의 관계를 생각해 보자. 전문경영인들은 기업의 주식을 보유한 소유자나 대주주가 아니지만, 자신의 경영 능력을 이용하여 기업을 경영하는 사람이다. 전문경영인이 기업을 잘 경영하지 못하면 그 책임은 기업의 주주에게 돌아온다. 주인-대리인 관계가 성공하려면 전문경영인은 능력도 갖추어야 하고, 자신에게 주어진 경영 권한으로 개인의 사적인 이익을 추구하지 않는 도덕성도 갖추어야 한다. 그러나 이런 기대는 어디까지나 주인의 입장이다. 대리인이 주인의 이익을 위해 최선을 다하리라는 보장이 없다. 즉, 경영인에게 일을 맡기고 권한도 주었지만 그가 일을 잘하고 있는지 감독해야 하는 문제가 발생한다. 제6장에서 설명한 감시비용과 정보비용이 발생하고 거래비용 문제가 발생한다. 주주의 입장에서는 기업을 잘 경영해 줄 유능한 전문경영인이 필요하다. 그런데 이 사람이 진정으로 주주의 이익을 위해 일하도록 감독하고 유인하는 것이 쉽지 않다.

예를 들면, 기업회계 연구자들은 경영진이 마음먹고 회계장부를 조작할 경우 외부의 회계감사기관이 이를 밝혀내는 것은 불가능하다고 말하고 있다(사공영호, 2006: 105). 분식회계가 세상에 드러나는 것은 외부감사기관의 감시가 아니라 회사의 사정을 잘 알고 있는 사람의 내부고발에 의해서다. 바로 이 문제가 주인-대리인 문제다. 주인은 대리인의 도움이 필요하다. 그런데 이런 관계가 성공하려면 애플처럼 구체적이고 명확한 업무지시가 가능하고 업무결과의 엄격한 검증이 가능하거나 아니면 대리인이 주인을 위해 일하도록 감독하고 유인할 수 있는 방법을 찾아야 한다.

국민은 정부에게 명확하고 구체적인 업무지시를 할 수 없다. 그렇다면, 정부가 일을 잘하도록 유인하고 감독할 방법이 있어야 한다. 그런데 정치인과 관료들은 국민이 제공하는 유인보다는 이익집단이나 이념집단이 제공하는 유인에 끌리기 쉽다. 훨씬 강력한 경제적 이익을 제공하거나 정치적 이익을 제공할 수 있기 때문이다.

셋째, 대리인에게 맡길 업무가 분명하게 서술될 수 있어야 한다. 애플의 예를 다시 생각해 보자. 애플이 하청업체에서 공급받은 부품으로 아이폰을 만들 수 있었던 것은 매우 구체적이고 분명한 어휘들을 동원하여 요구사항을 서술할 수 있었기 때문이다. 즉, 언어철학에서 사용하는 표현으로는 '고정적'인 의미를 갖는 표현, 즉 그 표현에 대해 '단 하나의 의미 해석만이 존재하는 어휘'를 사용했을 것이다. 만일 업무지시가 이렇게 주어졌고, 이 표현을 이해하는 데 아무 문제가 없다면 이를 충족하는 부품을 만들 수도 있고, 이를 기준으로 부품을 검수할 수도 있다. 이렇게 하면 대리인을 통해 원하는 바를 달성할 수 있다.

넷째, 업무의 서술이 명확하게 이루어질 수 없다면 주어진 일을 성실하게 수행할 수 있는 도덕성을 갖추거나 또는 주어진 일에 최선을 다할 수 있도록 유인하는 유인책이 제공되어야 한다. 경영인에게 기업의 주식을 경영성과에 대한 보상으로 제공하는 것은 이런 이유 때문이다. 열심히 일하여 좋은 성과를 내고 주식가격이 상승하면, 그로 인한 혜택이 경영인에게도 돌아간다.

그러나 정치인이나 관료는 이런 방법으로 국민을 위해 일하도록 유인하는 것이 쉽지 않다. 기업의 경우, 기업의 이윤창출이라는 지극히 분명한 목표가 있다. 주주가 원하는 것도 이것이며, 전문경영인의 능력과 경영의 성과를 보여주는 것도 시장에서 창출된 성과다. 그런데 정부에는 여기에 해당하는 것이 없다. 권력은 주어지되 그 권력으로 무엇을 해야 할 것인지는 명확하게 주어지지 않는다. 그러니 누구를 위해 일하고 있는지 판단하기 어렵고, 국민을 위해 일하는 것이 아니라 자신과 자신의 정당, 그리고 자신의 지역과 자신을 지원하고 있는 이익집단과 이념집단을 위해 일할 수 있게 된다.

제 3 절 주권자의 형식화

1 명확한 지시 주체의 결여

국민과 정부, 정치인, 관료 간에 주인-대리인 관계를 형성할 때 어떤 문제가 발생할까? 어떤 문제가 발생하기에 민주적이고 책임감 있는 정부의 수립이 쉽지 않을까? 왜 국민을 위해 봉사해야 할 정치가 국민 위에 군림하고, 국민을 희생양으로 삼고, 심지어 국민을 살육과 압제와 착취의 대상으로 삼는 일이 일어나는 것일까? [그림 11-2]는 국민과 정부 간의 주인-대리인 관계에서 발생할 수 있는 위험을 정리해 본 것이다. 결론부터 말하자면, 주인-대리인 관계를 성공시키는 데 너무나 많은 장애요인들이 자리하고 있다. 이런 문제들을 유권자와 사회구성원들이 해결해 내지 못하는 사이 독재적인 정치인들이 권력을 잡고 국민 위에 군림하고 있는 것이 많은 나라의 현실이다. [그림 11－2]가 담고 있는 자세한 내용은 절을 바꾸어 더 구체적으로 설명하기로 하고 대강의 내용을 먼저 살펴보자.

우선, 국민과 유권자들은 집단지향성을 형성하고 정부에 구체적으로 업무를 지시할 수 있는 능력과 상태를 갖추지 못하고 있다. 각자는 자신의 인식의 능력과 한계에 의지하여 자기 나름대로 세계를 대응하며 살아가는 삶의 주체들이다. 일상에서 얻은 상당한 실천적인 지식에 의지해서 살아간다. 그러나 이런 지식은 각자의 삶의 여건을 배경으로 상황의존적이고 문화의존적이며 사회의존적인 지식이다. 즉, 국민은 동일한 생각과 선호를 가진 사람들의 집합이 전혀 아니다.

무엇보다도 계층에 따라 소득에 따라 교육수준에 따라 종교에 따라 성장과정에 따라 원하는 바가 매우 다르고 이질적이다. 정부에 대해 '단일'의 요구를 하고 결과를 감독할 만한 능력이 없으며 대체로는 관심도 크지 않다. 애플사와 같은 전문성

그림 11－2 주인－대리인 관계와 정부실패 · 정책실패

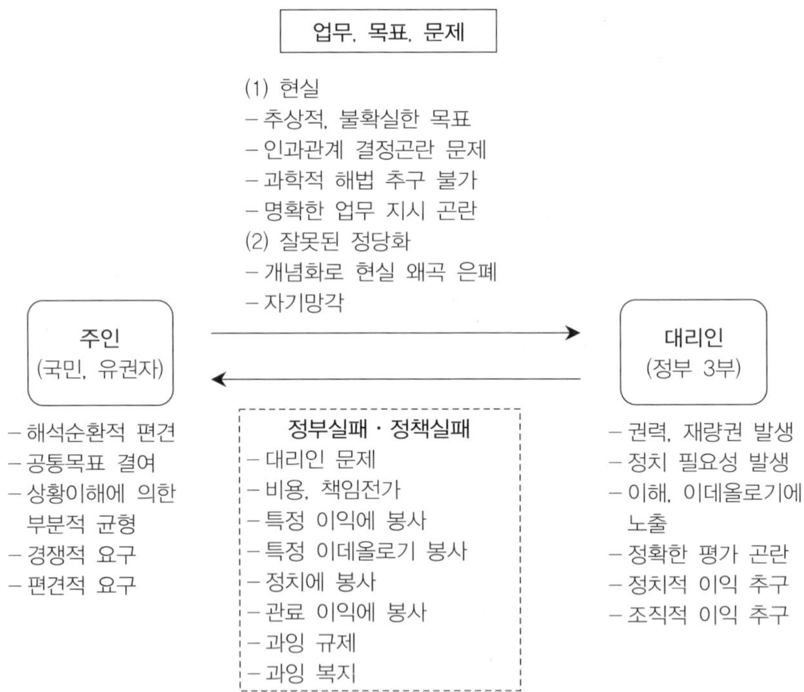

을 기대하기도 어렵고, 또한 애플처럼 단일의 주체로 존재하고 있지도 않다. 즉, 정부에서 주인-대리인 관계는 애플과 협력업체처럼 단일한 목표를 위하여 구성된 조직 간의 일대일 관계가 아니다. 복수의 주인으로 구성되어 있을 뿐 아니라 경쟁적인 이해와 생각을 가진 주인들의 집합이다. 대리인 역시 단일의 대리인이 아니라 경쟁적인 생각과 이념을 가진 복수의 경쟁자들이다(황혜신, 2005: 36). 그렇지만, 대통령과 국회의원 등 정치인은 자신들은 '국민'을 섬기고 '국민'을 위해 일할 것을 외친다.

예를 들어, 사교육, 환경, 노사관계, 대기업 규제, 성매매 등 대부분의 정책에서 국민들은 서로 생각을 달리하고 있다. 이런 현상들은 어떻게 해석하고 이해하느냐에 따라 대상현상에 대한 인식이 달라진다. 상당히 대립적인 해석이 나오는 것도 자신의 선지식을 이용한 개념적 이해의 산물이기 때문이다. 많은 경우 서로 심각한 갈등과 대립을 보인다. 국민들의 생각이 이미 이처럼 분열되어 있는 상황에서 구체적이고 명확한 업무를 정부에 지시하기는 어렵다. 윌다브스키(Aron Wildavsky)의 설명처럼 이런 저런 요구를 반영하느라 매우 추상적이고 애매한 목표나 기능의 서술이 이루어진다(Wildavsky, 1987: 319; 최병선, 2015: 54 재인용). 국민들의 생각이 이처럼 분열되어 있으니 정치인들은 선거에서는 국민의 뜻을 외치지만 막상 정책을 만들 때는 국민의 뜻을 수렴하여 담아내기 어려운 상황에 처한다. 그러니 실제 정책과정에서는 국민의 주권적인 지위가 지속될 수 없는 문제가 발생한다(Schattschneider, 1975). 즉, 주권은 국회의원의 선거과정에서만 발휘되고 그 이후 의회활동에 대해서는 국민들이 주권을 발휘하기 힘들게 되므로 국민의 주권은 '반쪽짜리(semi-sovereignty)'에 불과한 것이 된다.

2 공통이념의 불확실

명확한 업무 지시를 대신하여 정책과정에 참여하고 있는 수많은 사람들을 하나로 묶어 공통의 목적을 달성하게 하는 것은 공통의 신념, 공통의 가치와 같은 추상적인 가치다.

사람들이 서로 협력하는 것은 크게 두 가지 이유 때문이다. 첫째는 이해관계에 기초한 협력이다. 기업은 이런 종류의 조직이다. 기업이 정상적으로 작동한다면 거기에 참여한 모든 사람들이 이익을 얻는다. 기업이 자생적으로 발전할 수 있는 것은 이런 이유 때문이다. 정치조직도 이런 이유로 만들어질 수 있다. 정부를 통해 함께 질서를 형성하고 공동체를 유지하는 것이 거기에 참여한 모두에게 이익이 되기 때문이다. 중세 유럽이나 미국의 자치공동체들은 이런 이유로 자생적으로 만들어졌다.

둘째는 이념이다. 교회와 같은 조직은 이념공동체다. 시민단체도 이념공동체라 할 수 있다. 어떤 공통의 가치를 추구한다. 공산주의 국가 역시 이념공동체다. 마르크스(Karl Marx)가 주창한 공산주의 이념을 실현하는 것을 목적으로 한다. 화이트헤드(Whitehead, 1933)는 서구의 역사는 관념의 모험의 역사라고 설명하고 있다. 진리, 아름다움, 예술, 모험, 평화, 기독교적인 인간관, 이성, 과학적 지식 등과 같은 관념들을 실현하는 과정이었다는 것이다. 돌이켜 보면, 서구의 역사는 기독교적인 이념에 기초하여 노예 해방이 이뤄지고, 흑인과 소수민족, 그리고 여성에게까지 동일한 자유와 권리가 주어지는 제도가 점진적으로 만들어져 나온 어떤 이념의 실현 과정이다. 즉, 어떤 가치와 이념을 추구하기 위하여 이를 구체화하는 수많은 개념들과 언어, 그리고 삶의 양식들이 만들어지고, 이런 삶의 양식들에 기초해서 특정한 사람이나 조직에게 특정한 지위와 역할을 부여하는 제도들이 만들어져 나오고, 이런 제도에 기초해서 다시 삶이 달라지고 사람들의 생각이 달라지고 또다시 새로운 언어와 제도들이 만들어져 나오는 과정이 서구의 역사라는 것이다.

이념은 사람을 하나로 묶어주는 힘이 있다. 이념은 추상적이기는 하지만 바로 이점 때문에 많은 사람들이 공유하는 것이 가능하다. 숫자에 관한 생각은 모든 인류가 아무런 이견없이 공유할 수 있다. 순수이념이기 때문이다. 평등이나 자유와 같은 이념은 순수이념은 아니다. 그러나 비슷한 상황에 처한 다수의 사람들이 공유하는 것이 가능하다. 만일 다수의 사람들이 공유하고 있다면 이는 설(John R. Searle)이 말하는 집단지향성과 같은 역할을 할 수 있다. 이런 가치를 추구하는 정부를 만들고 정부에게 이런 일을 맡길 수 있다. 그러나 공산주의 혁명이나 화이트헤드(Alfred North Whitehead)의 서구 역사에 대한 분석에서 보듯이 이념은 이를 공유한 사람들 사이에서는 공통의 목표가 되지만, 이를 달리하는 사람들 사이에서는 갈등의 원인이 된다.

3 사회적 통념의 부재

'사회적 통념'이라는 표현은 사법부에서 주로 쓰는 표현이다. 사법부의 임무는 어떤 행동이 법의 규정을 위반했는지 여부를 판단하는 것이다. 그런데 법은 어떤 행동이 해당 법의 규정을 위반한 것인지 여부를 결코 온전히 규정하지 못한다. 즉, 애플이 아이폰의 부품을 설계하고, 이 설계도를 기준으로 부품의 합격여부를 검증하듯이 객관적이고 정밀한 표현으로 법령을 규정하지는 못한다. 사회세계는 이런 세계가 아니기 때문이다. 인간의 상호작용은 엄격한 규칙에 근거하여 일어나는 것이 아니다. 다수가 공유한 사회규범과 상황에 대한 공통의 이해, 상황에 의지하여 발생하는 언어의 의미의 이해에 의지하여 발생한다. 상대의 생각과 상황을 이해하는 능력에 의지하여 작동하는 것이 사회세계다. 이 세계에서 언어는 결코 자연세계에서와 같은 고정적 의미를 가지지 않는다. 국회가 만드는 법을 보면 가장 먼저 등장하는 것이 주요 용어에 대한 설명이다. 그런데 이 용어는 결코 자연세계나 자연과학에서와 같은 구체적이고 실체적이며 명확한 의미를 가지지 못한다. 관련자들은 법적 용어를 자신에게 유리하게 해석하고자 한다. 어떻게 해석할 것인지를 놓고 갈등이 일어날 수밖에 없다.

이런 해석문제에 대하여 국민이 택할 수 있는 방법은 크게 두 가지다. 첫째는 해당 부처에 법 규정의 의미가 무엇인지 문의하는 방법이다. 행정각부는 국회에서 만든 법률에 기초하여 시행령과 시행규칙, 훈령, 예규와 같은 보다 구체적이고 세부적인 규정들을 만드는 역할을 한다. 즉, 법률의 의미를 해석하여 더 구체화하는 역할을 담당한다. 행정부가 법률의 해석에 대해 일정한 권한을 가지고 있는 것이다. 행정부가 법률에 근거하여 하위 법령을 만들었으니 그 의미가 구체적으로 무엇인지에 대해서도 답변할 책임이 있다.

둘째는 법원의 판결이다. 법원의 판결을 통해 어떤 행동이 법규에 합치되는지 여부를 판단하는 방법이다. 법원이 재판의 1차적 근거로 삼는 것은 법령이다. 법의 규정에 근거하여 판단을 내린다. 그런데 법령이 스스로 법에 포함하고 있는 표현의 의미를 충분히 설명하지는 않는다. 즉, 어떤 판결을 내려야 하지만 그 기준이 명확하지 못한 상황에 직면한다. 이때 법원은 앞서 내려진 판례들을 참고하기도 하고,

정부부처의 의견이나 관련 단체의 의견을 참고하기도 한다. 그러나 이런 방법도 의미의 문제를 온전히 해소하지는 못한다. 사회세계는 이런 세계가 아니기 때문이다. 이처럼 판단의 근거가 여전히 불확실할 때 법원이 최종적으로 제시하는 판단의 근거가 '사회적 통념'이다. 사회구성원들이 대체로 공유하고 있는 생각이 사회적 통념이다. 그런데 이미 사람들의 생각이 애매하고 다양한데 '사회적 통념'이 무엇인지 규정할 방법이 있는가? 쉽지 않다.

게다가, 법원이 결론이 내려지더라도, 이런 해석에 사회구성원이 공감하고 동의한다는 보장은 없다. 설사 법원의 판단은 그러하더라도 사회구성원들은 자신의 생각이 옳다고 판단하고, 그런 해석의 방식과 행동의 방식을 여전히 지속할 수 있다. 왜 법원의 판결에도 불구하고 자신의 생각을 버릴 수 없는가? 자동차의 설계도에서처럼 공정하고 객관적인 해석의 기준이 없기 때문이다. 다시 말하면, 사회현상이나 사회제도에 관해서는 누구나 공감할 수 있는 객관적인 의미를 갖는 언어를 수립하는 것이 결코 쉽지 않다는 것이다.

4 중간단체의 한계

정당, 이익집단, 이념집단, NGO는 주인의 의사를 대변하는 역할을 할 수도 있다. 연구소와 연구자집단도 이런 일을 수행한다. 정당은 유권자들이 원하는 다양한 요구들을 수렴하여 국민들이 진정으로 원하는 바를 좀 더 명확하고 구체적인 정책공약으로 발전시키는 역할을 한다. 이익집단과 이념집단 역시 일부 집단이 원하는 바이기는 하지만 국민과 유권자가 원하는 바를 정부에 요구하기 위해 존재한다.

그렇다면, 정당, 연구자집단, 이익집단, 이념집단, NGO 등 중간단체가 유권자들이 원하는 바를 얼마나 수렴해 낼 수 있을까? 이 질문은 중요하다. 만일 이것이 가능하다면, 이에 근거하여 정부에 기능을 부여하고 이를 기준으로 정부의 업무를 감독할 수 있기 때문이다. 그러나 이 역시 간단한 문제가 아니다. 정당은 정권이 목적이지 국민의 의사를 수렴하는 것이 목적이 아니다. 정치적인 이익을 위해 얼마든지 국민의 분열된 의사를 오히려 이용할 수 있다. 다운스(Anthony Downs)는 다수 국민의 이익에 봉사하기 위하여 정치가 있는 것이 아니라 정치의 수단으로 정책이 있는 것이며, 정책을 위하여 정책이념이나 정당이 있는 것이 아니라 단지 선거에 이기기 위하여 정당이념도 만들어지고 정당과 정책도 만들어질 뿐일 수 있다고 경고하고 있다(Downs, 1957: 28).

뿐만 아니라, 복수의 정당이 정책을 놓고 서로 다른 입장을 보이는 것이 보통이다. 그렇다면, 어떤 정당이 집권하든지 집권당의 공약이나 정책방향과는 생각을 달리 하는 유권자들이 발생한다. 이런 상태에서 선거에서 승리하였다는 이유로 선거공약을 입법화하면 집권당에 투표하지 않는 많은 사람들은 자신의 선호와는 전혀 다른 정책에 순응해야 하는 문제가 발생한다. 정책에서 소외되는 일이 발생한다. 소위 '다수의 횡포'가 발생할 수 있다.[8]

이익집단은 본래부터 그 단체를 구성하는 회원의 이익을 위해 만들어진 것이다. 대한의사협회의 목적은 의사의 이익을 지키는 것이지 의료서비스에 대한 국민의 권리를 보호하는 것이 아니다. 이념집단 역시 자기집단이 목표로 하고 있는 이념에 일방적으로 몰입하는 경향을 보인다.[9]

다시 논의하겠지만 연구자들도 여러 가지 문제에 직면한다. 개념으로 현상을 단순화하면서 개념과 현실이 괴리되고, 개념에 의해 현실의 어떤 부분은 두드러지지만 다른 부분은 은폐되는 문제가 발생한다(사공영호, 2015b: 227-231). 이중해석의 문제도 발생한다(피터 윈치, 2011: 81). 정치와 정부를 연구하는 연구자는 자신의 사상, 이론, 개념을 동원하여 해석한다. 그런데 연구대상이 되는 유권자, 정치인, 관료들도 자신의 경험과 지식에 의지하여 상황을 해석한다. 자동차를 수리하는 수리공은 그가 대하고 있는 자동차를 직접 본다. 그런데 연구자가 정치인이나 관료, 유권자의 행동을 이해하려면 그들이 이해하고 있는 주변에 대한 이해를 연구자는 다시 자신이 알고 있는 이론과 개념으로 해석해내어야만 학문의 일부로 삼을

8) 현대 민주주의 사회에서는 다수 대중이 최고 권력자의 위치에 오르면서 그들과 다른 생각을 하고, 다른 삶을 살아가는 '비주류 소수'에 대해 무자비한 탄압을 가한다. 여론과 관습을 내세워 '대세에 순종'할 것을 강요하는 것이다. 옛날 독재자처럼 정치적·물리적으로 폭력을 휘두르지는 않는다. 그 대신 "개인의 사사로운 삶 구석구석에 침투해, 마침내 그 영혼까지도 통제하면서 도저히 빠져 나갈 틈을 주지 않는다." 사회는 이런 방법을 통해 모든 사람의 성격과 개성을 사회의 어떤 한 표준에 맞게 획일화하려 한다. 다수 사람들의 삶의 방식과 일치하지 않는 것은 아예 그 싹이 트지도 못하게 막는다(네이버 지식백과 참고).

9) 이념집단이 이런 경향을 보일 수밖에 없는 인식론적 이유에 대해서는 사공영호(2015a: 274-282)의 설명을 참고할 수 있다.

수 있다. 이것이 이중해석이다. 개인의 인식과 개인에 대한 연구자의 연구 결과가 일치한다는 보장이 없다.

간단히 말하면, 대리인에게 부여할 업무를 분명히 하는 일이 굉장히 어렵다는 것이다. 뿐만 아니라, 국민의 이익과 이익집단의 이익이 충돌하고, 다수의 생각과 이념집단의 생각이 충돌할 수도 있다. 이익집단과 이익집단의 의견이 충돌하고 이념집단과 이념집단의 생각이 충돌하고 있다. 왜 이처럼 서로 충돌할 수밖에 없는지의 문제를 답하려면 사회세계가 작동하는 방식과 인간의 생각이 작동하는 방식을 함께 연구해야 한다. 이 점에 대해서는 다음 장에서 좀 더 구체적으로 논의한다.

제 4 절 임무의 추상성과 대리인의 자기이익 추구

1 업무의 추상성과 결정불충분성

정부가 수행할 많은 일이나 목표가 구체적인 서술이 가능한 상태에 있지 않다는 점도 국민과 정부 간 건전한 대리 관계 발전을 어렵게 한다. 정부가 목표를 달성하기 위해 관계해야 할 사회세계는 자연세계처럼 구체적이고 명확한 개념으로 서술할 수 있는 세계가 아니기 때문이다. 간단히 말하면, 정부가 풀어야 하는 문제는 자동차를 고치거나 질병을 고치는 것처럼 문제의 원인이나 위치를 국한하는 것이 쉽지 않다. 문제를 국한하여 서술했다고 생각하는 것은 언어가 주는 환상이다.

제9장에서 설명한 것처럼 사회세계는 자연세계처럼 법칙적으로 작동하는 세계, 인간의 인식과 상관없이 존재하는 실제의 세계가 아니다. 이런 세계에 대해 사람들은 하이데거의 설명처럼 각자의 지식을 배경으로 각자의 선택을 하고 각자의 방식대로 대응하며 살아간다. 사회세계가 그럭저럭 작동하는 것은 거기에 어떤 기계적 법칙이 있기 때문이 아니다. 상대방의 말과 행동을 이해하고 적절히 대응할 수 있는 인간의 능력에 의지하여 사회세계는 작동한다. 이를 가능하게 하는 것은 법칙이나 규칙이 아니라 인간의 능력이다. 인간의 능력에 의해 느슨한 행동의 규칙과 규범이 형성되고, 인간의 이해 능력에 의지하여 상황에 맞게 상호관계를 형성하면서 사회세

계는 작동한다(Wittgestein, 1953; Heidegger, 1962, 1971; Dreyfus, 1980, 1986).10)

이런 사회세계에서는 어떤 개념과 이론을 수립하든 상당한 '결정불충분성'을 피할 수 없다. 결정불충분성이란 어떤 명제나 판단의 옳고 그름을 판단하기 위해서는 함께 검토해야 할 전제나 관련된 변수들이 너무나 많기 때문에 실제적으로는 옳고 그름을 판단하는 것이 쉽지 않은 상황에 있음을 의미한다(Stanford, 2013: §2; Quine, 1951: 42-43; 한스 요한 글로크, 2009: 102-103). 즉, 어떤 이론이든 항상 예외가 있을 수밖에 없고, 예외가 발생하더라도 그 원인을 온전히 검증할 방법은 없다는 것이다. 좀 더 간단히 말하면, 어떤 문제에 대해 정답이 없는 세계라는 것이다.

이처럼 무엇이 최선이며 무엇이 가장 바람직한 것인지에 대한 해답이 없는 상황에서 인간은 각자의 가치, 각자의 신앙, 각자가 중시하는 삶의 양식에 의지하여 현상을 이해하고 대응하며 살아간다. 각 사회가 나름의 질서를 형성하고 있고, 하나의 사회 내에서도 사람들이 서로 다른 삶의 양식을 형성하는 것은 이런 이유 때문이다. 다양한 대응의 방식이 나올 수밖에 없고, 이런 다양한 대응방식 중에서 어떤 것이 다른 것보다 더 나은 방식이라고 규정할 방법이 없는 것이 사회세계다. 이런 상황에서 정부에게 구체적인 업무를 지시하는 것이 가능한가? 불가능하다. 애플이 필요한 부품을 협력업체에 주문할 때처럼 명확한 업무 지시가 가능한 방식으로 업무 자체가 존재하고 있지 않기 때문이다. 게다가, 어떤 지시를 내리든 그 지시로 인해 혜택을 얻는 사람과 손해를 입는 사람이 함께 발생한다. 하나의 규칙을 사회세계 전체에 적용하는 것이 정부가 작동하는 방식이기 때문이다.

사회세계가 작동하는 원리는 과학적인 지식을 개발하는 데도 심각한 걸림돌이다. 설사 이론적인 지식을 만들어도 이런 지식은 결코 자연과학에서와 같은 보편성과 필연성을 가지는 지식이 되지 못한다. 하나의 경향을 보여주기는 하지만 현상의 전체와 구체적인 내용을 온전히 서술하는 것은 불가능하다. 아래에서 더 자세히 살펴보겠지만, 이론화에 의해 개념화된 현상과 실제의 현상이 괴리되는 위험이 발생하는 것이 사회세계다.

---

10) 비트겐슈타인, 하이데거, 드라이퍼스 등이 공통적으로 강조하는 것은 인간의 능력이다. 사회세계에 어떤 규칙이 있을 가능성을 부인하는 것은 아니다. 그러나 이 규칙은 자연세계에서처럼 기계적이고 인과적인 규칙이 아니다. 어디까지나 인간의 일상의 삶의 양식과 이런 삶속에서 자신도 모르는 사이 형성되고 학습되고 내재화되는 규칙이다. 너무나 깊이 내재화되어 있기 때문에 공식적인 연구나 관찰의 대상으로 삼는 것이 쉽지 않다.

2 정치 기회와 재량권의 필연성

정부를 만들고 정치인과 관료조직도 갖추었다. 하지만, 이들이 구체적으로 수행할 일은 지시하지 못하고 있다. 바로 이런 업무 지시의 곤란함으로 인해 필연적으로 발생하는 것이 정치와 권력, 그리고 재량권이다. 즉, 대리인인 정부에게 대리인이 해야 할 분명한 업무를 주지 못하고 대신 정치의 기회를 주고 권력과 재량권을 주어야 하는 상황이 발생한다. 국민과 유권자들은 구체적으로 업무를 지시할 능력과 여건을 갖추지 못하고 있다. 그럼에도 정부가 무엇인가를 해달라는 수많은 요구들을 쇄도한다. 그러니 정부와 정치인 관료들은 국민 일부의 여론이나 요구를 핑계로 정책을 만든다. 그런데 구체적인 업무 지시는 쉽지 않기 때문에 추상적으로 업무를 부여한다. 구체적인 업무 내용에 대한 지시가 없으니 정부가 이 업무를 이유로 정치를 하고 권력과 재량권을 획득하고 규제를 만들고 세금을 부과할 수 있는 기회를 주게 된다([그림 11-3] 참고).

애플이 내린 업무를 수행하는 과정에서 정치가 발생할까? 그럴 필요가 없을 것이다. 부품을 만드는 업체는 그냥 지시받은 대로 정확하게 그 일을 수행하면 된다. 그 일을 수행하는 방법에 관해 의견을 듣고 업무를 조율할 필요는 있을 것이다. 그러나 업무의 목표나 내용 자체를 놓고 사람들이 대립하고 의견을 조율해야 할 필요는 없다. 명확하게 서술된 업무 지시가 이런 필요성을 애초부터 제거하기 때문이다. 그러나 업무는 주어졌으나 도대체 뭘 어떻게 하라는 것인지 구체적인 내용은 빠져 있다면 문제는 달라진다. 더구나 주어진 일을 어떻게 수행하느냐에 따라 사람

그림 11-3 정치의 과정

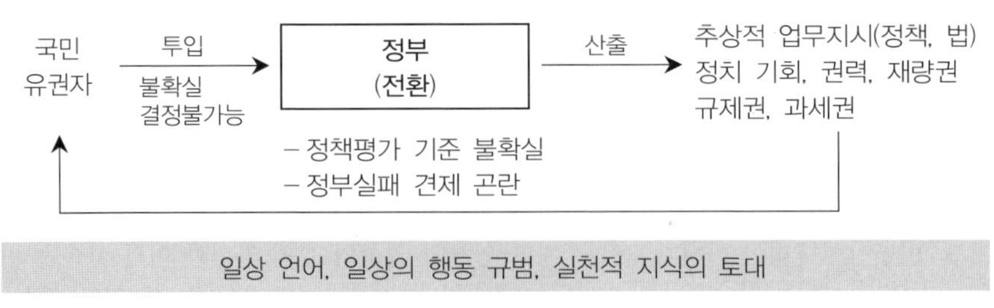

들의 이해관계가 달라진다면 더욱 그렇다. 이런 상황에서는 필연적으로 정치가 발생한다.

정치에 관해 여기서 지적해야 할 것은 정치의 기원이 되는 사회세계 또는 사회문제의 본성이다. 사회문제는 심각한 결정불충분성 상황에 있다. 원인이 복잡하게 얽히고설켜 정책연구자들은 하나의 문제를 해결하는 것보다 상호 관련된 10개의 문제를 해결하는 것이 쉽다고 말한다(윌리엄 던, 1996: 175－176). 규제연구자들은 '풍선효과'라는 이름을 붙여놓고 있다. 풍선의 한 지점을 누르면 다른 지점이 부풀어 오르듯, 문제를 풀기 위해 어느 지점을 정책의 대상으로 삼으면 예상치 못한 다른 곳에서 문제가 발생한다는 의미다.[11] 즉, 문제 자체는 풀 수 있는 상황에 있지 않다. 어떻게 해야 할지 정답이 없는 상황에 처해 있다. 이 상황에서 사람들이 문제를 규정하기를 멈추고 물러서면 정치는 필요하지 않다. 그냥 각자의 삶의 양식으로 인정하면 그것으로 끝난다.

그런데 인간의 인식이 작동하는 원리로 인해 다른 개인의 인식을 공정하게 이해하고 인정하는 것이 쉽지 않다. 이미 틀린 것으로 보이고 시정해야 할 대상으로 보인다. 문제로 보인다. 정답은 없지만 서로가 서로를 비난의 대상으로 삼고 상대를 문제로 규정하는 상황이 발생한다. 어떤 것이 바람직한 삶인지에 대해 합의할 수 있는가? 논의하고 충고할 수는 있을지는 몰라도 이는 어디까지나 참고의 대상이다. 나의 삶은 내가 선택한다. 주변 사람에게 피해를 주지 않았다면 그의 선택을 내가 비판할 수는 없다. 나는 그의 입장을 온전히 이해할 수 있는 상황에 있지 않기 때문이다. 이런 상황에서 사람들을 비교하고 우열을 가린다면 이는 인간의 자유 및 평등과 충돌한다. 그런데 인간의 생각은 이렇게 작동하지 않는다. 각자가 자기 망각에 빠져 자신은 해석순환적인 편견에 처해 있다는 점을 잘 알지 못한다. 그러니 자신이 추구하는 목표와 가치는 소중하다고 여기고 상대의 가치는 낮게 여긴다(마이클 셔머: 2008, 151－188; Plous, 2003). 즉, 인간이 처한 인식의 여건 자체가 문제의 해결 가능성이나 문제 규정의 정당성과는 상관없이 제3자의 개입을 요구한다는 것이다.

사람들이 이미 갖가지 요구를 하고 있다면 이를 이유로 정치와 권력을 정당화

11) 예를 들면, 집창촌에 대대적인 단속을 펼치자 성매매는 음성화되고 다양화되어 사회 곳곳으로 퍼져나가 이제는 손을 쓰기도 어려운 상황이 되었다.

하는 것은 쉽다. 누구의 요구를 이유로 다른 누군가에게는 제약을 가하면 된다. 단지 사람들이 이미 서로 분열되어 있다는 이유만으로 정부는 문제해결자의 임무를 차지할 수 있다. 문제의 해결이 어렵다는 점도 문제가 될 것이 없다. 문제를 해결할 수 없어도 문제해결을 위한 권력을 얻는 데는 아무 문제가 없기 때문이다. 정치인은 문제에 관한 공약을 제시하는 것만으로도 권력을 얻을 수 있다. 행정부처들 역시 문제를 다루는 시늉만 해도 권력을 얻을 수 있다. 굳이 해결이 되지 않아도 상관없다. 해결을 시도하는 과정에서 권력을 얻고 세상을 지배할 수 있다. 해결이 어려우니 이 일을 지속적으로 업무로 삼을 수 있고 권력을 지속할 수 있다. 구체적 목표와 지시가 없으니 책임의 회피도 가능하다. 다수를 위한 정책이라고 말하지만 진정으로 다수를 위한 것인지 검증하는 것이 쉽지 않다. 힘 있는 이익집단이나 이념집단의 압력에 의하여 정치와 정책이 다수의 이익을 벗어날 가능성도 발생한다.

권한과 역할은 주어졌으나 이를 실제로 어떻게 행사해야 할 것인지에 대한 규정은 불확실하다. 투표자로서의 유권자는 있지만 구체적이고 공통적인 요구사항으로 표현되어야 할 주권자로서의 주인의 의사는 불확실하다. 심지어 교육, 노동, 통일, 복지 등 대부분의 정책 이슈에서 유권자들의 의사는 분열되어 있을 뿐 아니라 서로 상충하고 있다. 매우 추상적이다. 주인의 뜻이 불확실하니 대통령과 정치인들이 자신들의 판단에 따라 정치를 펼 수 있는 영역이 넓어진다. 재량적인 영역이 확대되어 있으니 이를 이용하여 경제적인 이익을 얻기를 원하는 집단에게 유리한 정책을 만들 수 있다. 특정이념을 위한 정책을 만들 수도 있다. 설사 이렇게 하더라도 감독이 쉽지 않다. 감독주체는 무관심하고 심지어는 분열되어 있기 때문이다.

3 대리인의 자기이익 추구와 정부실패

정치인, 국회, 행정각부, 관료 등 국민과 유권자의 이익을 위해 일해야 할 국민의 대리인들이 국민의 이익이 아니라 자신들의 정치적 조직적 이익을 추구할 수 있게 되는 것은 단지 이들이 이기적이기 때문이 아니다. 애초부터 다수 유권자의 이익을 위해 무엇을 해야 할지 애매하고 불확실하다. 업무를 지시해야 할 국민은 그럴 수 있을 만큼 단일하고 분명한 선호를 가지고 있지 않다. 인간의 인식의 한계와 사회세계가 작동하는 원리로 인하여 대리인인 정부와 정치인에게 구체적인 업무 지시를 하는 것 자체가 어렵다. 업무 자체가 명확하지 않으니 정부와 정치인이 마음대로 결정할 수 있는 재량권과 권력이 발생한다. 이들에게 재량권이 있으니 자신들에게 유리하게 결정해 달라는 각 집단의 요구가 쇄도한다. 이들 집단의 강력한 조직력에 정치인과 관료들은 그들의 포로가 되고, 그들의 이익에 유리한 정책을 내어놓는다(Stigler, 1975).

다수결 투표로 의사결정을 하지만 이 역시 반드시 다수의 이익에 유리한 결과를 초래한다는 보장이 없다. 많은 의원들은 자신이 투표하는 안건의 내용에 대해 구체적으로 잘 알지 못한다. 관련 상임위원회와 소수 국회의원을 자기편으로 만들기만 해도 자신들에게 유리한 입법을 이끌어낼 수 있다(이정전, 2005).

정치인들이 서로 자기 지역의 이익을 챙기는 과정에서 공공재의 과잉공급이 일어난다. 선심성 공약이 만발하고 복지지출도 증가한다. 그러나 정보가 부족한 유권자들은 이를 견제하기 어렵다. 국민들의 다양한 불만과 요구에 규제를 만들어 대응하면서 정부의 규제는 늘어가고, 결국 국민들의 세세한 일상의 삶까지 규제가 침투하게 된다. 규제가 늘어날수록 경제는 활력을 잃고 국가의 경쟁력에도 악영향을 미친다.

시장이 실패하는 것은 정보가 부족하기 때문이다. 그런데 정부 및 정책과 관련하여 유권자들이 당면하는 정보부족의 문제는 시장에서와는 차원이 다르다. 정부재화의 수요에 대한 정보가 부족할 뿐 아니라 심지어 발생된 요구조차도 서로 경쟁하고 충돌하고 있다. 무엇을 위해 일을 해야 할 것인지 목표 자체가 불분명한 상황이다. 목표가 불분명하니 감독이 어렵고, 감독이 어려우니 비효율적이고 불필요한 서비스도 정치적이고 조직적인 이유로 계속할 수 있다. 막대한 예산을 국민으로부터 걷어서 사용한다. 하지만, 이로 인하여 얼마만큼의 편익이 국민에게 돌아가고 있는지를 확인하기는 어려우니 예산 절감을 요구하기도 쉽지 않다. 기업은 소비자의 요구를 충족시키지 못하면 망한다. 그러나 정부는 그렇지 않다. 국민으로부터 세금을 걷을 수 있는 한 망하는 법이 없다. 정부가 실패하더라도 마땅히 견제할 방법도 없다는 것이다.

제 5 절 사례 연구: 교육정책

1 교육정책에서 주인-대리인 관계

왜 교육정책에서 성과를 기대하는 것이 쉽지 않은가? 먼저, 교육정책에서 주인-대리인 관계를 생각해 보자. 교육정책의 주인은 국민이다. 좀 더 구체적으로는 학생과 학부모다. 원칙적으로 교육의 비용을 부담하고 교육의 효과로 인한 혜택도 수혜하기를 원한다. 하지만, 주인에 해당하는 국민들은 주인으로서의 권리를 행사하는 데 필요한 공통의 선호를 가지고 있지 않다. 각자가 교육에 대한 요구가 다르고 기대가 다르다. 추구하는 이념도 다르다. 학교교육과 사교육에 대한 입장도 서로 다르다. 이처럼 교육에 대한 국민의 태도와 요구가 다양할 수밖에 없는 것은 각자가 자신의 입장에서 교육을 바라볼 수밖에 없는 실존적인 상황조건 때문이다. 교육에 어떤 의미를 부여해야 할 것인지에 대해 정답이 있을 수 없는 것도 이 때문이다. 내가 교육에 부여하는 의미는 내가 그런 의미를 찾아내었기 때문에 가치있을 뿐이다. 피터 윈치(Peter Winch)의 개념으로는 경험현상이 아니라 개념현상이며, 하이데거의 설명으로는 '탈은폐'적인 진리에 해당한다(피터 윈치, 2011: 8, 15-17).

대리인에게 맡길 업무에 대해 생각해 보자. 교육부와 교육청 및 교사에게 맡길 교육서비스의 내용을 구체적으로 규정할 방법은 있는가? 쉽지 않다. 이런 일이 가능하려면 애플이 부품업체에 부품의 사양을 지시할 때처럼 정밀하고 객관적인 개념이 필요하다. 그런데 교육이라는 인간현상에 관해 이런 개념의 수립을 기대하기는 어렵다. 교육의 내용이나 방법, 그리고 교육의 성과에 관해 정교하고 구체적인 개념을 개발하기는 어렵다(김재웅, 2012). 교육은 물리, 화학, 전기적인 인과 작용이 아니다. 사람에 따라 상황에 따라 방법을 달리해야 하는 기술적인 현상이다. 운전을 잘하는 방법을 언어로 서술하는 것이 어렵듯이 교육도 언어로 서술하기는 어렵다(Dreyfus, 2014). 이런 기술은 개념이나 이론으로 배우는 것이 아니라 현장에서 터득하는 것이다. 체험으로 알 수는 있어도 언어화는 어렵다.

개념화하기 어렵고 이론화하기 어려운 것을 개념화하고 이론화하기 때문에 문제가 발생한다. 개념으로 표현하고 나면 마치 그런 현상이 있는 것처럼 착각한다. 그야말로 '착각'이다. 인간이 유토피아적인 환상에 빠지는 것은 이 때문이다. 세상이 단순해 보이고, 몇 가지만 바꾸면 될 것처럼 보이기 때문이다. 언어로는 화려한 성과 같은 학문이론을 개발하고 정책을 만들고 법을 만들어도 이런 학문이나 정책으로 세상을 바꾸기 어려운 것은 이런 이유 때문이다. 자기망각에 빠져서 자신의 생각은 자기 해석의 결과인 개념현상일 뿐이라는 점을 이해하지 못하기 때문이다.

예를 들어, 대학의 특성화, 대학 인증 평가, 경쟁력 향상, 사회수요중심과 같은 표현을 생각해 보자. 모든 언어는 현상의 특정부분을 특정관점에서 보는 것이다. 결코 대학교육의 실상을 있는 그대로 보는 수단이 되지는 않는다. 왜 '특성화'해야 할까? 전구를 만드는 회사로 출발한 미국의 GE는 더 이상 전구를 만들지 않는다. 항공기 엔진과 원자력 발전설비를 만든다. 전구만 만들고 있었으면 어떻게 되었을까? 이미 중국기업에 밀려 망했을 것이다. 연세대학교의 전신은 의과대학인 세브란스의학전문학교와 공업대학인 연희전문학교다. 이 두 학교가 각자의 전문성을 살려 각각 의과대학과 공업대학으로 남아 있었다면 오늘의 연세대학교는 없다. 삼성전자는 라디오를 만들고 TV를 만들던 회사다. 이것에 특성화했다면 오늘의 삼성전자는 없다. 각 대학 역시 자신의 발전을 위해 각자의 위치에서 특성화도 하고 보다 포괄적인 발전전략도 수립할 수밖에 없다.

그런데 교육부에서 '특성화'를 개념화하면 전혀 다른 문제가 발생한다. 각 대학이 처한 상황에서 특성화를 공정하게 평가할 방법이 있는가? 없다. 서로 다른 재능과 형편을 가진 아이들을 학업성적을 기준으로 줄을 세우는 것과 전혀 다르지 않다. 반드시 개별 학교의 현실과 괴리되고, 대학의 현실을 은폐하는 측면이 발생한다. 온전히 개념화할 수 없는 현상을 개념화하기 때문에 반드시 이런 문제가 발생한다. 교육부에 상당한 예산과 재량권을 주는 일은 반드시 일어난다. 그러나 이 정책이 어떤 결과를 가져올 것인지는 알 수 없다.

구체적으로 업무를 지시할 수 없으니 정치의 영역이 발생하고, 이익집단과 이념집단의 요구가 정책에 반영될 여지도 발생한다. 교육부에는 분명한 정책 권력이 주어진다. 재량권이 주어진다. 이런 상황에서는 교육부의 정책에 대해 성과를 평가하기 어렵다. 성과의 평가가 어려우니 정책의 책임을 묻기도 어렵다. 책임을 묻기 어려우니 교육부는 교육정책의 성과와는 상관없이 교육정치를 할 수 있다. 책임은 지지 않으면서 권력과 재량권을 행사할 수 있다. 결국, 교육부가 대학 위에 군림하고 교육부가 학교 위에 군림하고 있는 것이 우리의 현실이다. 예산은 늘어나고 교육부 관료들의 권력도 커지지만 그에 상응하는 변화가 있는지는 불확실하다.

2 대리 관계와 교육정책의 실패

1) 교육정책에서 주인-대리인 관계

제10장에서 설명한 교육정책의 실패 이유(오욱환, 2009)를 다시 생각해 보자. ① 현상의 단순화, 왜곡, ② 모순된 목적 동시 해결 추구, ③ 정책대상집단의 복합성 인지 실패, ④ 정책효과 과도한 홍보, ⑤ 구상에서 실행 사이 변질, ⑥ 조급한 성과 기대로 결실 획득 실패, ⑦ 효과와 무관한 전임 정권정책의 중단, ⑧ 통제 의존, 공감과 동의 확보 실패, ⑨ 정책결정자 권위 취약, 지지확보 실패, ⑩ 다양한 이익집단, 예상치 못한 반대, ⑪ 공리주의와 이기주의의 괴리, ⑫ 공격적 평등주의 직면, ⑬ 즉흥적, 직감적 정책구상과 집행, ⑭ 과시용 정책공표, 갈등 촉발, ⑮ 정책주도권 집착, 교육주체 무력화 등을 실패의 원인으로 꼽았다.

이런 문제들 역시 주인-대리인 관계 구조 속에서 발생한다. 즉, 교육서비스의 수요 주체인 학부모와 학생들은 다양하고 상충하는 교육수요를 가지고 있다. 각자의 입장에서 나름의 해석을 가지고 있다. 하지만, 교육에 대한 지식과 정보가 부족한 상황에 있다. 이로 인해 교육수요에 관해 상호이해 가능성이 높은 개념, 현실을 왜곡없이 서술할 수 있는 개념의 개발이 어렵다. 어떤 관점에서 접근하든 연구자 및 관료의 해석과 교육수요자의 해석이 괴리되는 문제도 발생한다. 각자가 자기 입장에서 행동을 선택하기 때문에 어떤 정책이 어떤 결과를 가져올지 예측하기도 어렵다. 즉, 결정불충분성이 높다. 주인과 문제 상황이 이런 상황에 있기 때문에 대리인인 교육당국에 명확하고 일관된 역할을 부여하기 어렵다. 권한은 주어졌지만 업무의 내용은 구체적이지 못하다. 교육부가 재량권은 행사하지만 그 재량권에 대해 책임을 묻기는 어려운 상황이 발생한다. 몇 가지 교육실패의 원인에 대해 좀 더 구체적으로 생각해 보자.

2) 현상의 의도적 단순화와 왜곡

오욱환(2009)은 '의도적' 단순화라고 비판한다. 가령, 대학평가지표에 등록금 인상률이 포함된 때가 있었다. 이런 지표는 정말 의도적이다. 등록금을 인상하는 대학에 불이익을 주어 등록금 인상을 억제할 목적으로 선택된 지표다. 중요한 것은 의도하지 않아도 단순화와 왜곡이 필연적으로 발생한다는 점이다.

기호삼각형에 따르면, 언어는 대상을 참고하여 의미를 얻는다(Riemer, 2010: 13). 가령, '나무'라는 어휘는 우리 주변에 있는 수많은 나무들이 의미의 참조 근거다. 나무라는 하나의 어휘로 수많은 다양한 나무들을 지칭할 수 있는 것은 모든 나무들이 몇 가지 특징을 공유하고 있기 때문에 가능하다. 나무에 관하여 서술하는 수많은 식물학의 용어들도 이런 관계 속에서 의미를 얻는다. 이런 용어들의 법칙적 관계에 의해 식물을 설명할 수 있고 분석할 수 있다. 이런 정보를 참고하여 산림녹화, 도시공원 관리, 공동주택의 녹지에 대한 정책을 만들 수도 있다. 식물에 관해 충분히 정밀하고 과학적인 지식을 얻을 수 있다면 이런 지식에 기초하여 보다 효율적이고 효과적인 정책대안을 선택할 수도 있다. 이때의 언어도 언어화에 따른 단순화와 왜곡을 완전히 피할 수는 없을 것이다. 예를 들면, 어떤 식물이 사람들에게 주는 심리적인 효과처럼 개념화하기 어려운 측면도 있을 것이다. 그렇지만, 과학적인 지식이 주는 이점을 이용하여 얻는 정책의 이점이 더 클 것이다.

하지만, 교육은 여러 가지로 개별적인 독특성이 강하다. 특별한 종류의 인간 상호작용이다. 즉, 교육현장에서 일어나는 교사와 학생의 상호작용은 식물이 주변 세계와 상호작용하는 것과는 차원이 다른 현상이다. 교사는 단지 지식을 가르치는 사람이 아니다. 설사 지식을 가르치더라도 학생의 이해도에 따라 매우 다양하고 창의적인 방법을 동원한다. 기술적이고 심지어 예술적일 수도 있다(Flyvbjerg, 2001: 14−15; Dreyfus, 1986: 33−34). 운전을 잘 하는 법을 결코 이론으로는 공부할 수 없듯이 학생들을 잘 가르치는 법을 책으로 배우는 데는 한계가 있을 수밖에 없다. 유능한 간호사는 책에서 배운 대로 환자를 다루는 사람이 아니다. 환자의 상황에 맞게 통찰적인 판단을 내리고 처방하는 능력을 가져야 전문 간호사가 된다. 이런 능력은 이론화할 수 없는 기술의 영역이다. 어떤 어휘를 동원하든 자연세계에서처럼 의미를 전달할 수는 없다. 필히 왜곡이 발생한다.

정책을 만들려면 반드시 단순화 과정을 거쳐야 한다. 단순화하지 않고는 복잡한 상황을 서술할 수가 없다. 게다가, 여러 가지 요인들을 복잡하게 서술하면 정책이 어떤 효과를 가질 것인지 논리를 전개하는 것도 복잡해진다. 단순화시켜야 정책이 마치 어떤 목적을 가진 것처럼 최소한 주장이라도 할 수 있다. 그러나 단순화는 개념을 요구하고, 개념은 필히 현실과의 괴리와 현실의 은폐를 초래한다. 획일화에 따른 비효율과 갈등을 초래한다. 게다가, 상호 간의 인과관계를 결정할 수 없는 복잡한 원인들을 개념을 통해 단순화하였기 현실적으로는 성공이 쉽지 않음에도 마치 성공이 가능할 것 같은 착각에 빠지게 만든다. 국민들에게 과시용으로 제시하고 정치적으로 이용하는 데는 매력적일지 모르나 이미 실패의 위험을 내재하고 있다.

3) 목적 혼동과 모순된 목적의 동시 해결 오류

정책의 목적을 분명하게 서술하는 것이 어렵고, 여러 경쟁 집단의 요구를 수용하다보니 이런 일이 일어난다. 만일 국민의 뜻이 분명하다면 이런 일이 일어날 가능성은 줄어든다. 국민의 뜻이 분명하지 않은 것은 현상 자체가 자연현상처럼 명확하게 개념화하고 서술할 수 있는 현상이 아니기 때문이다. 그럼에도 불구하고 개념화하면 개념이 목적의 추상성이나 허구성에 대해 오해하게 만든다. 마치 구체적인 목적을 추구하고 있는 것처럼 착각하게 한다. 어떤 목적이 구체적인 것은 그것이 개념으로 서술되었기 때문이 아니다. 실제 현장에서 그 목적이 의미하는 바가 행동의 지침으로 구체화될 수 있어야 한다. 정책에 표현된 개념들은 추상화의 수준이 높아서 현장에서 실천적인 의미를 갖기는 쉽지 않다.

가령, '학생 인권'을 생각해 보자. '권리', '인권'은 좋은 말이다. '인권'이 하나의 권리로서 인정되는 것은 그것이 단지 소중한 가치이기 때문이 아니라 그것을 가능하게 하는 여러 가지 조건들과 같이 있을 때다. 제10장에서 설명한 "하나의 도구는 존재론적으로 있을 수 없다."는 하이데거의 주장은 여기서도 통한다. 미국 사람들이 여성에게 평등한 권리를 인정하게 된 것은 갑자기 생각이 달라졌기 때문이 아니다. 여성들의 사회참여가 늘고 여성들의 역할이 커지면서 여성들에게 남성들과 동등한 지위를 인정하는 것이 바람직하기도 하고 사회적으로도 확산되었기 때문이다. 주변 세계가 변하면 함께 변해간다.

그런데 갑자기 '학생 인권'을 제도화하면 어떻게 될까? 개념화하기 쉽지 않은 문제를 개념화하는 문제가 반드시 발생한다. 어떤 상황에서 어떤 판단을 내리는 것이 '학생 인권'을 위한 길인지에 관해 현장에서 적용가능한 기준을 마련할 수 있는가? 자동차 수리공을 위해 수리메뉴얼을 만들 듯이 개념화하는 것이 가능한가? 쉽지 않다. '학생 인권'이 유일한 가치인 것도 아니다. 수업 환경, 학습 분위기, 교사와 학생 간의 관계 등 많은 경쟁적인 가치들이 있을 수 있다. 어떤 가치가 더 중요한지 획일적으로 판단할 방법이 없다. 그런데 개념을 만들어 놓고 그 개념에 집중하다보면 마치 그 개념이 가장 중요하고 가치있는 것처럼 오해하는 것이 인간 사고의 작동방식이다.

4) 정책대상집단의 복합성을 파악하지 못한 정책의 구상과 집행

사회세계는 법칙적인 인과관계가 아니라 복잡한 상황의 조건을 고려하여 그에 맞는 협력관계를 구성해 낼 수 있는 인간의 능력에 의지하여 작동한다는 점을 이해하기 못하고 있기 때문에 정책의 성공가능성을 오판한다. 이런 인식 오류 역시 개념화의 산물이다. 개념은 복잡한 상황을 단순화시키는 속성을 가지고 있다. 대상현상에서 특정부분을 잘라내는 역할을 하고, 이렇게 잘라낸 현상이 마치 전체 현상인 것처럼 착각하게 만드는 것이 언어의 힘이다.

그 외 다른 원인들도 마찬가지다. 인간이 처한 다양한 여건과 이에 대응하기 위해 스스로 찾아낸 이해와 대응의 방법, 인간의 이해와 대응의 기술을 반영하지 못하는 개념화, 개념의 약점을 이해하지 못하는 자기망각적인 사고방식, 사고와 언어의 약점을 기꺼이 이용하여 공허한 목표를 수립하고 거창한 언어로 포장하는 정치인과 관료들, 이런 틈을 파고들어 자기집단의 이익이나 이념을 추구하는 여러 단체들이 함께 작용한 결과다.

제 12 장 정답 없는 세계, 상충하는 요구와 정치

제 1 절 서론: 부족한 지식, 어떻게 해야 하나?

사회세계는 결정불충분성이 높은 세계다. 무엇이 원인인지 규정하기 어렵고, 무엇이 잘못되었고, 누가 잘못한 것인지를 규정하기 어렵다. “처녀가 아이를 낳아도 할 말이 있다.”는 속담은 이래서 나온 것이다. 우리가 보기에는 특정한 누군가가 잘못한 것 같다. 하지만, 그 사람의 입장에서 보면 그 사람 나름대로의 고충이 있고 이유가 있다는 것이다. 그래서 무엇이 잘못이고 누가 잘못이라고 특정하는 것이 매우 어렵다. 즉, 처녀가 아이를 가졌어도 단지 그 사람만을 탓하기는 어려운 것이 실제의 상황이라는 것이다. 정확히 이해하기도 어렵고 결정에 필요한 정보를 충분히 얻는 것도 결코 쉽지 않다. 그러면 어떻게 해야 할까?

자동차의 고장처럼 무엇인가 문제를 특정할 수 있으면 그것만 고치면 된다. 그 일을 시키면 된다. 그가 제대로 일을 했는지 아닌지는 결과로 금방 확인할 수 있다. 그런데 사회세계에서는 원인을 특정하기 힘들다. 무엇이 잘못되었는지를 확실히 판단하기 어렵다. 원인을 규정하기 어렵고 사건의 전체 진상을 알기도 어려우니 정답을 찾기도 어렵다. 사실은 정답이 없다. 정답이 있다면 모두가 이 정답을 추구하며 정해진 삶을 살았을 것이다. 하지만, 도대체 정답을 찾기는 어렵다. 사람마다 생각을 달리하고 있고, 어느 것이 더 옳은지 분간하기도 힘들다. 그렇다면, 도대체 어떻게 해야 하나?

이 질문은 세상에 던져져 살아남아야 하고, 더 잘 살기를 원하는 인간에게는 참으로 중요한 문제다. 지식이 부족하다. 도대체 잘 이해도 되지 않는다. 그런데 내게 주어진 시간은 제한되어 있고, 나는 어떻게 해서든 살아 갈 방법을 찾아야 한다. 그렇다면, 어떻게 해야 하나?

크게 두 가지 방법이 있다. 첫째는 정답을 먼저 찾아보는 방법이고, 둘째는 내가 가진 지식과 정보와 신념에 의지하여 판단하고 살아가 보는 방법이다. 그렇다면, 인류의 역사에 비추어 볼 때, 사람들은 어떤 방법을 채택하며 자신에게 주어진 불확실성의 문제에 대응해 왔겠는가? 두 번째 방법이다. 정답을 찾기보다는 그냥 내가 내릴 수 있는 판단에 기초하여 대응하고 살아가 보는 방법이다. 즉, 인과관계의 결정이 어렵고, 충분한 지식, 온전히 근거있는 지식을 얻을 수 없으니 판단을 미루고 더 많은 정보를 찾기보다는 일단 행동하고 대응하는 방식으로 살아왔다. 설사 틀렸을 수도 있고, 근거가 없을 수도 있지만 그럼에도 인간들은 판단을 미루고 행동을 미루기보다는 판단하고 행동하며 살아왔다. 아니, 그렇게 살아남았다. 심지어 이해할 수 없다면 인간은 알 수 없는 초능력적인 존재가 있다는 근거가 없는 미신을 선택하더라도 인간은 판단을 미루기보다는 어떻게 해서든 원인을 추정하고 그에 따라 행동하며 해법을 찾아왔다.

왜 충분한 조사와 연구와 분석보다는 부족한 지식에도 불구하고 행동하는 전략을 선택했을까? 여기에 대해서는 다시 크게 두 가지를 생각해 볼 수 있다. 첫째는 살아남을 가능성이 높을 수 있기 때문이다. 즉, 산길을 가다가 언뜻 호랑이를 본 듯하다면, 정말 호랑이인지 확인하기보다는 일단 피하는 것이 낫다. 확인하려다가는 호랑이에게 발각되어 목숨을 잃을 수 있기 때문이다. 아이를 학원에 보내야 할까 말아야 할까? 그냥 망설이고만 있다가는 기회를 놓친다. 일단 보내놓고 그 결과를 보는 편이 오히려 낫다. 즉, 일단 행동하는 것이 위험을 피하고 원하는 것을 얻는데 유리할 수 있다. 둘째는 인간의 사고와 언어가 자신도 잘 모르는 사이 판단과 행동으로 이끌기 때문이다. 자신도 잘 모르는 사이 어떤 판단과 선택이 정당하고 바람직한 것처럼 생각하게 만든다. 이런 판단에 근거하여 정책을 만들어도 좋겠다는 생각으로 이끌기 때문이다. 이번 장에서 다루려는 문제는 바로 이 문제다.

사회세계와 사회문제에는 분명 자연세계에서와 같은 정답이 없다. 그럼에도 우리의 생각과 언어는 끊임없이 무엇인가를 문제로 규정하도록 우리를 이끈다. 그러면서도 우리의 생각이 잘못되었을 가능성은 지각하기 어려운 방식으로 작동한다. 바로 이런 우리 사고의 약점이 우리가 사용하는 언어와 절묘하게 결합되어 있다. 사회현상에 대해 내가 사용하는 언어는 분명 자연과학에서처럼 누구나 공감할 만한 근거를 가지고 있지 않다. 그럼에도 마치 상당한 근거가 있는 것처럼 착각하게 만든다. 이런 언어를 이용해서 정책을 만들고 법을 제정해도 될 것처럼 생각하게 만든다. 생각을 달리하는 사람들은 무시해도 좋다고 오해하도록 이끄는 힘을 언어는 가지고 있다.

예를 들면, 정책연구자들은 정책문제는 인위적으로 만들어지고 사회적으로 구성된다고 주장해왔다(Blumer, 1971; Spector & Kitsuse, 1973; 사공영호, 2012b, 2015b). 그렇다면, 문제를 규정하는 우리의 생각과 언어는 문제를 공정하게 규정할 수 있는 능력과 조건을 갖추고 있는가? 그렇지 못할 가능성이 매우 크다는 것이다. 정책을 결정하는 것은 여러 가지 대안을 비교하여 최선의 대안을 선택하는 것으로 생각해 왔다. 그렇다면, 정책대안을 서술하기 위해 동원되는 언어들은 합리적이고 공정한 판단과 선택을 뒷받침할 수 있는 조건을 갖추고 있는가? 이런 조건을 충족시키는 것이 쉽지 않다. 그렇다면, 이처럼 문제를 규정하고 대안을 서술하는 것이 쉽지 않음에도 왜 정부가 개입해야 하고 정책을 만들어 대응해야 한다는 요구는 빗발치는가? 이런 작업을 가능하게 하는 우리의 생각과 언어가 상당한 문제를 가지고 있지만 생각과 언어에 의지해 삶을 살아가는 인간은 이런 점을 잘 이해하기 어렵기 때문이다.

먼저, 사회문제는 왜 정답을 규정하기 어려운지에 대해 생각해 보자.

제 2 절 정답 없는 사회세계[1)]

1 이가성 기준에 의한 판단 불가

사회현상에 대해서는 자연세계에서처럼 이가성(bivalence, 二價性) 기준에 근거하여 옳고 그름을 구별하는 것이 힘들다. 이가성 기준이란 어떤 명제는 옳은 것이거나 아니면 틀린 것이거나 둘 중에 하나여야 한다는 기준이다(Braver, 2007: 19−21; Glanzberg, 2014: 27).[2)] 즉, 어떤 것이 실제로 있다면 어떠하거나 아니면 어떠하지 않거나 둘 중에 하나여야 한다는 것이다. 예를 들면, 어떤 대상은 물이거나 또는 물이 아니거나, 붉은색이거나 붉은색이 아니거나 둘 중의 하나여야 한다는 것이다(Braver, 2007: 19−21). 이가성 기준을 적용할 수 있으려면 명제의 진위를 판별할 수 있는 기준이 인간의 인식과는 상관없이 존재해야 한다. 즉, 어떤 현상이 이렇게 보면 이렇고 저렇게 보면 저렇게 된다면 이가정 기준을 적용할 수 없다. 즉, 물이라는 것이 어떤 때는 화학적으로 수소와 산소의 화합물 H_2O였다가 어떤 때는 탄소와 산소의 화합물 CO_2가 되어서는 안 된다. 물은 항상 H_2O로 있어야만 H_2O라는 기준을 물을 판별하는 기준으로 사용할 수 있다. 이가성 기준은 과학적인 지식을 개발하는 데는 매우 중요하다. 진리의 검증을 가능하게 하고 허위사실의 기각을 가능하게 하기 때문이다. 진리로 검증된 사실만을 축적하면 세계에 관한 지식을 얻을 수 있다. 자연과학이 보편성과 필연성이 높은 지식을 발전시킬 수 있었던 것은 이런 종류의 지식을 얻을 수 있는 세계가 존재하기 때문이다.

그런데 사회세계는 이런 세계가 아니다. 예를 들면, 성매매가 어떤 점에서 문제가 있는 행동인지, 보편적 복지가 어떤 점에서 바람직한 것인지, 사교육을 규제해야 할 이유가 무엇인지 등에 대하여 판단하기 위해 참고할 수 있는 기준이 외부세계에 주어져 있지 않다. 어떤 사회에서는 한 남자가 여러 아내를 거느리는 것이 법에 의해 보장된다. 하지만, 어떤 사회에서는 1대 1의 부부관계만이 법적으로 보호

1) 사공영호의 논문(사공영호, 2015b: 214−219)을 재정리한 것이다.
2) 실재론자들은 세계에 관한 모든 진리의 담지자는 진실 또는 거짓 중 하나이어야 한다[Every truth−bearer (sentence or proposition) is true or false]고 주장한다(Glanzberg, 2014: 27).

된다. 또 다른 사회에서는 형제가 아내를 공유하는 일이 하나의 사회 관습으로 인정되고 있다. 믿음과 일관성에 근거하여 또는 세계와 인간에 대한 이해에 근거하여 판단의 기준을 수립해야 한다. 그런데 이렇게 기준을 수립하더라도 이의 배경을 이루고 있는 가치관과 이념과 경험을 공유하고 있는 사람들 간에만 정당성을 인정받을 수 있을 뿐이다. 어떤 상황에서나 공통적으로 적용할 수 있는 판단의 기준은 없다.

중동의 일부 국가에서는 여자가 부정한 행동을 하면 사람들이 돌을 던져 그 여성을 사형에 처하는 일이 여전이 일어나고 있다. 여자는 이렇게 처벌하지만 상대 남성은 함께 벌을 하지 않는다. 어떤 곳에서는 여자가 부정한 행동을 하면 가족들이 집안의 명예를 더럽혔다는 이유로 여성의 생명을 빼앗는 일이 여전히 일어나고 있다. 현대적인 이념에 비추어 보면 분명 비인격적인 행동으로 보인다. 하지만, 당사자들이 현대 자유민주사회의 가치에 동의하지 않는다고 주장할 때 설득할 방법이 있는가? 자연현상은 증거를 가지고 상대를 설득할 수 있지만 사회현상은 그렇지 못하다. 설득이 가능했다면 이들의 전통은 이미 달라졌을 것이다. 즉, 어떤 것이 정답이라는 점을 인정하지 않고 있는 것이다.

우리가 보기에는 납득하는 것이 쉽지 않다. 그런데 독특한 관습과 전통에 따라 살아가는 사람들에게는 그것이 그들이 삶의 양식이다. 삶에 대한 나름의 해석의 결과다. 옳고 그름의 판단 기준이 외부에 주어져 있지 않다는 것은 해석의 기준을 사람들이 스스로 수립해야 함을 의미한다. 그런데 어떤 해석이 더 나은 해석의 방법인지에 대해 누구나 인정할 수 있는 기준이 있는가? 적어도 사회세계에는 이런 기준이 없다.

하이데거(Martin Heidegger)는 세계에 대한 그리스인들의 이해가 그리스적인 사회 질서의 창조를 가능하게 하였다고 설명한다(Heidegger, 1971). 또 화이트헤드(Alfred North Whitehead)는 서구 사회가 자신들만의 인간에 대한 신념에 기초하여 자유와 평등이 넓게 인정되는 세계를 수립할 수 있었던 것은 그들이 가진 이념의 산물이라고 설명하고 있다(Whitehead, 1933). 세계에 대하여 사람들이 가지는 인식과 해석이 사회 질서의 구축과 진화를 가능하게 하는 핵심 요소라는 것이다. 인간이 나름의 사회를 형성할 수 있었던 것은 사전적으로 주어진 고정된 공통이념이 있었기 때문이 아니다. 외부세계에 주어져 있지 않기 때문에 스스로 수립할 가능성이 발생하고, 이렇게 수립한 가치와 이념에 의지하여 공동체도 만들고 조직도 만들고 사회세계와 질서도 스스로 수립한 것이 인간의 역사다. 이런 이념에 대하여 어떤 이념은 옳고 어떤 이념은 틀렸다고 판단할 수 있는 객관적인 기준은 없다.

그런데 이가성 기준의 부재는 사회현상에 대한 공통된 인식의 수립에 치명적인 약점으로 작용한다. 어떤 인식에 기초하여 사회세계나 질서의 세계를 수립하는 데 심각한 장애가 될 수도 있다는 것이다. 이슬람세계가 여성의 권리, 다른 종교와의 관계, 정치와 종교의 관계 등에 대하여 내부적으로 겪고 있는 갈등이나 다른 종교와 겪고 있는 갈등은 이런 점을 잘 보여준다. 어떤 세계관이 정답이라고 할 수 있는 기준이 있는가? 없다. 왜냐하면, 객관적으로 검증할 수 없는 세계에 대한 믿음까지도 해석을 위한 선지식의 일부로 포함하고 있기 때문이다. 복지문제를 놓고 한국사회가 겪고 있는 정책갈등도 마찬가지다. 이가성 기준에 의하여 옳고 그름을 판단할 수 있는가? 그렇지 못하다. 만일 이런 판단이 가능하다면 이런 판단에 따라 정책을 수립하면 된다. 그런데 이런 판단은 어려움에도 불구하고 정책이란 하나의 선택을 요구하기 때문에 문제가 발생한다.

2 결정불충분성과 검증의 곤란성

결정불충분성이란 어떤 명제나 판단의 옳고 그름을 판단하기 위해서는 함께 검토해야 할 전제나 관련된 변수들이 너무나 많기 때문에 실제로는 옳고 그름을 판단하는 것이 쉽지 않은 상황에 있음을 의미한다.

결정불충분성이란 대상현상의 객관적인 존재와 이에 대한 객관적인 진리의 획득가능성을 강하게 의심하는 듀햄(Pierre Duhem), 콰인(W. V. O. Quine) 등 반실재론(anti-realism)자들이 대응에 근거한 진리 개념을 비판하기 위해 사용하는 개념이다. 이들에 의하면, 이론과 가설은 집합적으로만 경험적인 검증의 대상이 될 수 있다. 하나의 이론이나 가설을 고립시켜서 그것만을 테스트하는 것은 불가능하다는 것이다. 단일의 가설을 검증하지만 실제로는 그와 관련된 믿음, 가설, 세계에 관한 배경적인 가정, 측정수단에 대한 믿음, 연구대상과 주변 세계의 관계에 관한 가정 등을 배경으로 검증할 수밖에 없다는 것이다. 그런데 이와 같은 상황은 검증 결과의 해석에서 상당한 불확실성을 초래한다. 검증한 가설이 실제의 상황과는 일치하지 않는다는 결론에 도달했다고 가정하자. 그렇다면, 이 가설과 관련된 어떤 부분이 틀린 것인지를 찾아내고 이 부분을 포기할 수 있어야 한다. 그런데 어디가 어떻게 잘못된 것인지를 찾아내는 것은 매우 어렵다. 이를 검증하기 위해서는 또다시 많은 배경적인 가정과 믿음과 지식들을 동원해야 하기 때문이다(Stanford, 2013: §2).

예를 들면, 이런 것이다. 뉴턴(Isaac Newton)의 천체물리학은 천왕성의 궤도를 예측하는 데 실패하였다. 그러자 과학자들은 뉴턴의 이론이 아니라 태양계에는 7개의 행성이 존재한다는 전제에 대해 논란을 벌였고, 가설적으로 8번째 행성의 존재를 계산하여 마침내 명왕성을 찾아내었다. 그런데 이런 전략은 수성의 궤도에 대한 연구를 통하여 벌칸(Vulcan)이라는 가설적인 행성이 수성과 태양 사이에 있을 수 있다는 가정에서는 맞지 않았다. 이 문제는 나중에 아인슈타인의 일반상대성이론에 의해 해결되었다.

좀 더 쉬운 예를 들면 이런 것이다. 누군가가 감기가 들어 감기약을 먹었다고 하자. 그렇게 이틀이 지나자 감기가 떨어졌다고 하자. 그렇다면, 감기가 나은 것이 감기약 때문이라고 말할 수 있는가? 그렇게 말하기는 어렵다. 약이 효과가 있었기 때문일 수도 있다. 하지만, 환자의 건강상태가 나아지고 면역력이 높아져서 자연스럽게 나은 것일 수도 있다. 사람의 건강상태에 영향을 미치는 요인에는 심리적인 것에서부터 환경적인 요인, 약리학적인 요인, 신체적인 요인 등 무수히 많다. 이처럼 영향요인이 많은 상황에서, 그리고 이런 영향요인이 미치는 영향을 온전히 통제하고 이해할 수 없는 상황에서는 결코 무엇이 어떤 결과를 가져온 것인지 알 수 없다.

콰인은 이렇게 설명한다. 인간의 지식과 믿음은 서로 연결된 지식들의 결합체(web)다. 이 지식과 믿음은 심지어 수학과 논리학까지도 인간이 만든 인조섬유와 같은 것이며, 인간의 경험은 단지 이 섬유의 끝부분에서 일어나는 사건에 불과하다. 다른 비유로 설명하자면, 경계부분의 상황만을 경험할 수 있는 힘의 장과 유사하다. 경계부분에서 일어나는 갈등은 힘의 장(지식체계) 내부에서 어떤 재조정을 요구한다. 그러나 전체 힘의 장은 경계부분에서 일어나는 사건들로는 확정하기 어렵기 때문에 어떤 부분을 재평가하고 수정해야 할지를 결정하기가 어렵다. 힘의 장 전체를 고려하지 않고는 어떤 특정한 경험도 내부의 어떤 특정한 진술과 관련되어 있는지를 알 수 없다. 다만, 전체 속에서 간접적으로 외적인 사건과 내부의 상관관계를 추정할 수 있을 뿐이다(Quine, 1951: 42-43; 한스 요한 글로크, 2009: 102-103).

인간의 지식, 삶의 양식, 문화는 이런 방식으로 축적된 것이다. 모든 믿음과 지식은 일상적인 경험에 의하여 잠재적으로 변화될 가능성을 내포하고 있다. 심지어는 칸트(Immanuel Kant)가 말하는 분석명제, 즉 선험적인 지식까지도 이런 변화의 가능성을 포함하고 있다. 경험에 맞추어 쉽게 수정되는 지식이 칸트의 종합적인 지식이며, 경험에 의하여 쉽게 수정되지 않는 지식이 분석적인 지식일 뿐이다.

이와 같은 상황은 어떤 예측이나 가설이 틀렸을 때, 그것이 틀린 이유를 확정하는데 심각한 어려움을 초래한다. 어떤 부분이 틀렸는지를 알기 위해 아직 불확실한 많은 것을 함께 고려해야 하는 상황에 직면하기 때문이다. 결국, 어떤 이론이 성공적인 이론이 되는 것은 그 이론을 옹호하는 사람의 재능, 창의력, 결단력의 함수가 되며, 동시에 연구자가 가진 사회적·정치적 관심이 이런 판단에 영향을 미칠 수 있는 여지가 발생하게 된다(Stanford, 2013: §2.2). 이론의 선택이 비논리적이고 비경험적인 요소의 영향을 받게 되며, 다른 시기, 다른 사회, 다른 집단은 다른 기준을 선택하는 일도 이런 이유로 발생한다. 즉, 어떤 자료에 대하여 어떤 의미를 부여하고 어떻게 해석할 것인지가 결코 그 자료 자체에 의해서만 결정될 수는 없는 상황에 처한다는 것이다.

3 결정불충분성과 정치·정책

결정불충분성에 심각하게 노출될 수밖에 없는 것이 사회현상에 대한 인간의 판단이다. 이가성에 근거하여 옳고 그름을 판단할 수 있는 세계도 아니며, 게다가 각 사회의 구성원들은 자신들이 스스로 찾아낸 세계에 대한 이해에 근거하여 각자가 사회세계를 형성하며 살아간다. 그래서 어떤 삶의 양식이나 판단에 대하여 객관적인 근거를 제시할 수는 없는 것이 사회세계다. 자연과학의 세계에서처럼 부분의 지식도 진리가 될 수 있는 방식으로 사회세계는 존재하고 있지도 않고 작동하고 있지 않다. 자연세계에서는 "다른 조건이 동일하다면"이라는 전제나 또는 "다른 인접

과학의 지식이 옳다면"이라는 전제에 의하여 연구대상현상을 특정하고 고립시키는 것이 상대적으로 용이하다. 심지어 온전한 지식이 없어도 그것을 이용할 수 있는 것이 자연세계다.

그러나 사회세계에서 인간과 사회는 서로가 서로를 형성하면서 함께 생성하고 진화하며 변화해간다. 부분을 국한하고 고립시켜 연구의 대상으로 삼는 것이 어렵다. 그래서 사회세계는 자연세계에 비해서는 훨씬 심각한 지식의 부족 상황에 있다. 게다가, 인간은 이런 자기 지식의 한계를 잘 이해하고 인식하기도 쉽지 않다. 결정불충분의 상황에 있음에도 불구하고 결정을 시도하고자 한다는 것이다.

예를 들면, 이런 것이다. 맨큐(N. Gregory Mankiw)에 따르면, 경제이론에 대해 경제학자들이 완전히 합의하고 있는 경제 원칙은 없다(Mankiw, 2003: 33). 아래 나열한 내용은 경제 명제에 대한 경제학자들의 합의 비율을 나타낸다.

1. 주택임대료에 가격상한을 부여할 경우 이용가능한 주택의 수량과 품질은 감소한다. 93%.
2. 관세와 수입쿼터는 일반적 경제 후생을 감소시킨다. 93%
3. 유동환율제도가 보다 효율적인 국제금융여건을 제공한다. 90%
4. 조세감면, 정부재정지출 증가 등 재정정책은 불완전고용경제에서 의미 있는 경제 자극 효과를 가진다. 90%
5. 연방예산이 균형을 달성하고자 한다면, 회계연도보다 경기순환 연도를 기준으로 달성해야 한다. 85%
6. 현금지원이 동일한 가치에 해당하는 물품의 제공보다 수혜자에게 더 큰 복지를 제공한다. 84%
7. 대규모 연방예산 적자는 경제에 부정적 영향을 미친다. 83%
8. 최저임금의 인상은 청년과 단순노무근로자의 실업을 증가시킨다. 79%
9. 정부의 복지지출은 부의 소득세(negative income tax)[3]를 고려하여 재구조화되어야 한다. 79%
10. 배출금부과세(effluent taxes)와 거래가능한 오염물질 배출허가는 배출상한을 규정하는 규제보다 더 나은 접근방법이다. 78%

---

3) 소득수준이 면세점에 미달하는 모든 저소득자에게 면세점과 과세 전 소득과의 차액의 일정비율을 정부가 지급하는 소득보장제도이다(사회복지학사전).

비율 자체만 놓고 보면, 경제학자들은 이들 사항에 대해 절대적으로 공감하고 있다. 그러나 분명 자연과학에서와 같은 의견의 일치를 보이지는 않는다. 게다가, 경제학자의 절대다수가 동의하고 있음에도 정책을 입안하는 정치인들은 임대료에 가격상한을 가하고 자유무역에도 제약을 가하는 정책을 선택한다. 정치인들이 이런 선택을 하는 것은 경제학자들의 주장이 국민 다수의 공감을 얻지는 못하기 때문이라고 맨큐는 설명하고 있다. 맨큐의 이런 설명은 사회세계가 결정불충분성 원리에 의해 작동하는 이유를 잘 보여준다. 동일한 현상에 대해 연구자들의 입장과 일반시민들의 입장이 다르다. 자연현상에서처럼 전문가의 입장을 신뢰하지 않는다. 자신의 입장에서 현상을 해석한다. 이런 상황에서 정치인은 다시 연구자들의 의견을 듣고도 연구자들의 주장과는 다른 선택을 한다. 예측할 수 있는 것이 없다.

4 '근거없는 근거'에 의한 정당화

이가성 기준에 의하여 옳고 그름을 판단하는 것이 어렵고, 결정불충분성으로 인하여 충분한 자료에 근거하여 판단하는 것도 어려움에도 사람은 판단을 내리고 게다가 자신의 판단이 옳다고 믿는다. 이런 믿음의 근거는 무엇인가? 인간은 객관적인 검증에 의해서만 자신의 믿음을 형성하는 존재가 아니다(마이클 셔머, 2008, 2012). 단지 주변 사람들이 그렇게 생각하고 그렇게 행동하고 있다는 것만으로도 이를 당연한 것으로 받아들이는 것이 일상적인 삶의 방식이다. 이런 방식에 의하여 수립하는 정당화의 방법이 소위 '근거없는 근거'에 의한 정당화다(김용준 외, 2014: 125-139; Bax, 2013: 10-13; Braver, 2012; Putnam, 1981: 49-50; Wittgenstein, 1969: §166).

왜 가난한 사람을 도와야 하는가? 왜 성매매를 불법화해야 하는가? 왜 보편적 복지가 실현되어야 하는가? 이런 문제에 대하여 객관적으로 인정할 수 있는 기준이 있는가? 그렇지 않다. 만일 이런 기준이 있다면 지금과 같은 갈등은 없을 것이다. 이런 기준은 없다. '비도덕적 행동'의 기준이 미리 주어져 있는 것이 아니다. 사회 구성원들이 어떤 행동에 대해서 함께 비난하기 때문에 그런 행동은 비도덕적인 행동이 된다(솔 A. 크립키, 2008: 155). 듀이(John Dewey)는 모든 악은 거부된 선이라고 말했으며, 윌리엄 제임스(William James)는 사람의 욕구는 다른 사람의 욕구와 충돌한다는 사실만이 그런 욕구의 충족을 거부하는 이유가 될 수 있다고 주장한다(김용준 외, 2014: 210). 객관적으로 정당화할 수 있는 누구나 동의하고 인정할 수 있는 근거는 없다(groundless). 그런데 이를 믿고 공감하고 있는 사람들 사이에서는 이것이 상대를 비난하고 훈계하고 제재할 수 있는 근거로 작용한다. 이런 점에서는 근거가 있다.

정책연구자들이 정책의 궁극적 목표로 삼고 있는 소위 본질적인 가치에 해당하는 이념들도 마찬가지다. 자유, 인권, 평등, 생명 등의 가치는 소중하다. 그러나 이런 가치를 놓고 사회구성원들이 서로 충돌하고 있을 때, 이런 충돌을 화해시킬 수 있는 공통의 근거가 있는가? 그렇지는 않다. 로티(Richard Rotty)의 표현을 빌리면(Rorty, 1989), 누가 어떤 이념과 가치를 추구할 것인지도 일종의 우연이다. 그가 처한 역사적, 사회적, 종교적, 생애사적 상황에 따라 달라진다. 남북전쟁 때처럼 남군과 북군이 공히 성경에 근거하여 노예제의 정당성을 주장하는 일이 일어나는 것이 인간의 해석이다. 자신의 입장에서 성경의 특정부분들을 선택하여 자기중심적으로 해석하여 의미를 부여하기 때문에 이런 일이 일어난다(Noll, 2002: 109).[4] 이런 가치들을 전혀 다른 문화와 삶의 방식을 가진 공동체에서도 동일하게 요구할 수 있을 것인가? 만일 그렇게 한다면, 인류학자들이 원주민 공동체를 연구하면서 서구적인 문화를 기준으로 미개한 문명으로 인식하였던 것과 같은 잘못을 저지르게 될 것이다(Winch, 1958).

이런 가치들은 인간에 의하여 창조된 것들이다. 하이데거의 표현을 빌리면 일종의 '탈은폐형'의 진리다. 즉, 어떤 상황에 처한 사람들이 그 상황을 배경으로 그 상황에 맞는 가치를 찾아내었기 때문에, 즉 숨겨진 의미를 밝혀내었기 때문에 소중한 가치일 뿐이다(Dreyfus, 1991: 266-271). 그리스 사람들이 자신들의 역사적 사회적 여건을 배경으로 자신들의 사회세계를 이해하듯이, 목수들이 자신들의 작업상황을 배경으로 도구들의 의미와 가치들을 이해하듯이, 이런 가치를 창조하고 공감하고 동의하는 사람들의 입장에 서지 않는다면 이런 이념의 가치를 온전히 이해할 방법이 없다.

---

4) 이런 이유로 놀(Mark A. Noll)은 남북전쟁이 일종의 종교전쟁이었다고 설명하고 있다. 전쟁에 패한 후에도 남부의 백인들은 자신들이 틀렸다고 인정하지 않았다.

5 '근거없음'에 근거한 규범 · 이념 · 목표 · 요구

사회현상에 대한 인간의 인식은 매우 주관적이고 해석적이고 구성적이고 심지어 창조적이다. 누구나 인정할 수 있는 근거는 없다. 사회마다, 동일한 사회 안에서도 지역에 따라, 종교에 따라, 소득에 따라, 성별과 세대에 따라 매우 다르게 생각하고 다른 행동을 선택하는 것은 바로 이 때문이다. 다같이 인정할 수 있는 근거, 누구나 일정할 수 있는 증거가 없다. 사실 있을 수가 없다. 생각을 대상에 맞추는 것이 아니라 대상에 대한 해석이 인식의 원리이기 때문이다. 그렇게 보기 때문에 그런 현상이 된다. 로티(Rorty, 1979, 1989)의 표현을 빌리면, 우리의 생각은 세계를 비추는 거울이 아니다. 우연한 이유로 의미를 얻는 언어와 우연한 방식으로 형성된 삶의 형식에 기초한 우연한 해석의 결과다. 누구나 인정할 수 있는 문제와 정답과 해법은 없다. 어떤 사람에게는 심각한 문제인 것이 다른 사람에게는 전혀 아닐 수 있다. 어떤 사람에게는 해법인 것이 어떤 사람에게는 오히려 더 큰 고통이나 부담을 줄 수 있다.

문제는 현실은 이와 같음에도 인간의 생각은 이렇게 작동하지 않기 때문에 발생한다. 현실은 분명 정답이 없다. 어떻게 해야 할지 사람들이 서로 생각을 달리하고 있다. 합의를 이루는 것이 매우 어렵다. 그럼에도 불구하고 사람들은 어떤 것을 "해야 한다"고 생각한다. "해야 한다"는 생각은 일종의 규범이다. '현상이 어떠하다'는 사실 판단과는 전혀 다른 종류의 판단이다. '있음'에 관한 판단이 아니라 "지금 있지는 않지만 그런 상태가 되어야 한다."는 판단이다. 이런 생각의 내용을 이루는 것이 이념이다. "이런 나의 판단이 '더' 옳다." 그래서 이런 나의 판단에 근거해서 "정부에 역할을 부여하고, 정책을 만들어야 한다."고 생각한다. 즉, 정부에 대한 요구가 발생하고, 정책의 목표도 주어진다.

현상 자체는 이가성 기준에 근거한 분명한 판단이 어렵다. 인과관계를 결정하는 것도 어렵다. 그래서 대다수 사람들이 함께 인정하고 공감할 수 있는 증거나 근거를 제시하는 것도 어렵다. 그럼에도 불구하고 사람들은 어떤 조치가 이루어져야 한다고 생각한다. 정부에 대해 수많은 정책 요구, 문제해결 요구가 발생한다. 심지어는 많은 요구들은 서로 경쟁적이고 상충한다. 그럼에도 불구하고 당사자들은 자신이 옳다고 생각한다.

바로 이런 이유 때문에 정치가 발생한다. 이미 다수가 원하는 목표가 있다면 이는 정치적 의사결정의 대상이 아니다. 목표는 이미 주어진 것이고, 더 효율적인 방법의 선택만 남아있을 뿐이다. 그런데 서로 요구하는 바가 다르면 결국은 누군가가 나서서 이런 갈등을 중재하고 다수가 공감하는 해법을 모색하는 일을 담당해야 한다. 정치가 발생하는 지점은 여기다. 정답이 있기 때문이 아니다. 실현가능한 목표가 있기 때문이 아니다. 오히려 정답이 없기 때문에 정치의 필요성이 발생하는 것이다.

그렇다면, 인간은 어떻게 이런 판단, 즉 "해야 한다"는 판단에 도달하는가? 정부와 정책은 이처럼 "해야 한다"고 생각하는 바를 "하기" 위한 수단이다. 정부와 정책이 우리가 원하는 좋은 수단이 되려면 정부와 정책을 통해 달성해야 할 목표가 우선 바람직한 방법으로 만들어져야 한다. 우리는 우리의 생각과 언어에 기초하여 목표를 형성한다. 과연 우리의 생각과 언어는 이런 일을 감당할 만한 능력이 있을까? 이런 판단의 작동원리를 분석하지 않는다면 정부와 정책은 목표의 달성수단이 아니라 인간 생각과 언어의 약점에 심각하게 노출될 수 있다. 공산주의가 빚은 비극은 인간 사고와 언어의 위험을 극명하게 보여준다. 유토피아를 만드려는 정책이 오히려 사회를 지옥으로 만드는 일이 일어난다. 우리의 사고가 어떻게 이런 판단에 도달하는지 현상학의 설명을 빌려 좀 더 자세히 분석해 보자.

제 3 절 증거를 대신하는 판단의 근거

1 믿 음[5)]

만일 자연세계에서처럼 과학적인 지식을 얻을 수 있다면 사람들은 이를 기준으로 판단하고자 할 것이다. 그런데 사회세계에는 이런 지식이 없다. 예외 없는 지식이 없다. 보편적이고 필연적인 지식이 사회세계에는 없다. 각자는 각자의 삶의 방

5) 사공영호의 논문(사공영호, 2015b: 210－214)을 재정리한 것이다.

식을 채택하고 있다. 어떤 삶의 방식이 더 나은 것인지 판단할 기준은 주어져 있지 않다. 그래서 사람들은 각자의 가치를 추구하며 각자의 삶을 살아간다. 어디서나 통하고 언제나 통하는 그런 지식이 사회세계에서는 있을 수 없다.

물론, 각 분야의 사회과학들이 상당한 지식을 제공하고 있다. 이런 지식들은 현상의 이해와 문제의 해결에 상당한 도움을 준다. 연구자들의 연구가 사회의 발전과 정부, 정치, 정책의 발전에 기여했다. 그러나 일상의 삶을 살아가는 사람은 이런 이론적인 지식보다는 자신이 일상에서 얻은 실천적인 지식에 의지하여 살아간다. 즉, 이론적 지식은 사회현상을 설명할 수는 있어도 개별적인 인간의 행동을 설명하는 데는 한계가 있다는 것이다.

인간과 사회문제에 대해 과학적 지식 부재를 대신해 온 것은 해 온 것은 '믿음'이다(마이클 셔머, 2012; 찰스 샌더스 퍼스, 2008: 256-273; Peirce, 1877; Popper, 1994). 설사 연구를 하고 조사를 하더라도 이런 탐구의 목적은 참된 지식에 도달하는 것이 아니라 의견의 정착, 즉 믿음의 확인이다. 즉, 내가 의심을 중지하고 참되다고 생각할 만한 믿음에 도달하면 이 믿음이 참인지 거짓인지와는 무관하게 만족하고 탐구를 멈춘다(찰스 샌더스 퍼스, 2008: 261). 내가 행동의 근거로 삼을 만한 정도의 믿음에 도달하면 더 이상 지식의 정당성을 파고들기를 멈추고 행동으로 나가고자 한다.

더 이상 알 수 없는 상황의 원인을 신에게 돌리기도 한다. 마이클 셔머는 인간의 뇌는 '믿음의 엔진'이라고 설명하고 있다. 어떤 반복적인 패턴을 찾아내면 설사 근거가 불충분하고 현실을 온전히 설명할 수는 없더라도 믿는 것이 인간이다(마이클 셔머, 2012: 13-14). 이런 믿음은 추상적이고 심지어는 허구적이며 유토피아적일 수도 있지만, 그럼에도 불구하고 더 이상 의지할 수 있는 객관적인 지식을 결여하고 있는 인간들은 기꺼이 이런 믿음을 위하여 전쟁을 불사한다(Popper, 1994).

이런 믿음은 정치인, 사회운동가, 정치사상가, 일반시민, 시민단체, 심지어는 연구자까지도 예외가 없다. 사회세계에서는 그 누구도 자기 판단과 자기 생각의 근원을 온전히 설명하지 못한다. 자기 나름의 증거와 이유를 제시하는 단계를 지나 더 거슬러 올라가면 그 다음은 더 이상은 근거를 제시할 수 없는 믿음이 나온다. 세상이 이래서는 안 된다는 믿음, 더 나은 세상이 되려면 세상은 어떤 모습이어야 한다는 믿음, 인간에게 진정으로 소중한 것은 어떤 것이라는 믿음, 인간에게 진정으로 행복을 주는 것은 어떤 것이라는 믿음이 나온다. 증거를 제시할 수 있다면 그것은 믿음이 아니라 앎이다. 다른 증거에 의해 달라질 수도 있다. 믿음이란 증거를 제시할 수 없음에도 그것이 옳다고 생각하기 때문에 믿음이다. 이처럼 증거를 제시할 수 없기 때문에 각자는 각자가 선택한 믿음의 길을 간다.

그런데 이 믿음이 현상에 대한 인식의 근거라면 어떻게 되겠는가? 동일한 현상을 놓고 달리 해석하는 일이 일어난다. 각자의 믿음에 비춰보면 전혀 다르게 해석되기 때문이다. 이런 해석은 그런 믿음을 공유한 사람들 사이에서는 문제를 일으키지 않는다. 서로의 생각에 동의하기 때문이다. 그런데 생각을 달리하고 해석을 달리하고 행동을 달리하는 사람들 사이에서는 심각한 갈등의 기원이 된다. 서로를 이해하는 일 자체가 어렵기 때문이다. 그럼에도 불구하고 이런 차이를 '차이'로 인정하지 않고, 상대에게 문제가 있거나 상대가 틀린 것으로 생각하고 자신이 옳다고 생각할 수도 있다. 이렇게 되면, 자신이 옳으니 얼마든지 자신의 생각에 근거해 정책을 만들고 법을 만들 수 있다고 생각하기 쉽다. 그러나 이런 생각은 생각의 자유, 종교의 자유, 행복추구권, 개인의 평등을 강조하는 민주주의 사상과는 조화를 이루기 어렵다.

정책을 만들어 정책을 통해 추구하는 규범, 목표, 이념 역시 많은 경우는 믿음에 기반하여 추구하는 믿음에 가깝다. 첫째는 추구하는 목표와 이념이 가치 있다는 믿음이고, 둘째는 달성할 수 있다는 믿음이다. 자동차처럼 어떤 부품을 교체하면 문제가 해결된다는 지식이 있기 때문에 그런 선택을 하는 것이 아니다. 단지 그것이 바람직하다고 생각하기 때문에, 그것을 위해 노력할 필요가 있다고 생각하기 때문에 그렇게 하는 것이다. 그런데 믿음은 비현실적이고 추상적이고 유토피아적일 수 있다. 그럼에도 불구하고 이런 믿음에 매료되어 여기에 자신의 목숨을 거는 것이 인간이다. 문제는 이런 믿음에 근거하여 사회세계를 바꿔야 한다고 생각하기 때문에 발생한다.

2 논리적 일관성

온전한 증거가 되는 것은 아니지만 논리적 일관성에 근거하여 상대적으로 현실에 가까운 지식을 얻기 위해 노력하기도 한다(Lynch, 2001: 19; Putnam, 1981: 49-50; Young, 2013).[6] 그러나 이 역시 객관적인 증거를 가진 것은 아니기 때문에 사회세계에 대해 오해하게 할 수 있다.

논리적 일관성은 일종의 내적 일관성이다. 앞의 논의가 맞다면, 또는 전제하고 있는 조건이 맞다면 결론도 맞다고 생각하는 것이 논리적 일관성이다. 수학이나 기하학에서처럼 개념 자체에서 유래하는 영구불변의 객관적인 기준이 있는 것도 아니고, 자연과학에서처럼 외부에 객관적인 검증의 기준이 있는 것은 아니다. 이를 대신하는 것이 논리적 일관성이다. 인간과 사회세계는 외부적인 관찰을 통해서는 결코 온전히 이해할 수 없는 인간 사고와 행동에 의지하여 작동한다. 그래서 사회마다 삶의 방식이 다르다. 그럼에도 불구하고 어떤 사회현상에 대하여 지식을 얻는 방법이 일정한 가정을 도입하고, 이를 토대로 논리적인 일관성에 기초하여 지식을 얻고 이런 지식에 기초하여 문제를 규정하거나 옳고 그름을 판단하는 것이다.

예를 들면, 경제학에서처럼 인간은 이기적이고 계산적이라 가정하고, 이런 가정 하에 인간 행동에 관한 가설을 수립할 수 있다. 그리고 이 가설과 관찰된 인간의 행동이 일치한다면, 그와 같은 행동은 인간 이기성의 결과라고 설명하는 방식이다. 자연세계에서처럼 객관적인 증거를 제시할 수는 없다. 그런데 만일 전제조건이 맞다면 결론도 옳다는 의미에서 옳은 것이다. 일상적인 우리의 판단 역시 많은 경험 속에서 반복적으로 검증된 상식적인 지식을 전제로 하는 이런 종류의 판단이다(한스 게오르크 가다머, 2012; Heidegger, 1962).

연구자들만큼 엄격한 개념을 사용하지는 않지만 인간의 일상적인 판단 역시 많은 경우는 과거의 경험에 비추어 판단하는 일관성에 기초한 판단이다. 콰인(Quine, 1953: 42-43)은 지식체계의 집합(web of knowledge)에 근거하여 판단한다고 설명하며, 하이데거(Heidegger, 1962: 274-278)는 근원적 진리(primordial truth)에 근거한 판단이라 설명하고 있다. 일상의 삶 속에서 자연스럽게 학습하여 내재화하고 있는 지식들을 선지식으로 이용하여 새로 주어진 자료의 의미나 옳고 그름을 판단한다는 것이다.

일관성에 근거한 옳고 그름의 판단은 다음과 같은 약점들이 있다. 첫째, 전제조

---

6) 린치(Michael P. Lynch)에 의하면, 자연대상에 대한 대응에 근거한 진리도 외부세계의 존재와 양상에 대하여 일정한 믿음을 전제로 하고 있다는 점에서는 일관성에 근거한 진리에 해당한다.

건을 객관적으로 정당화할 방법이 없다. 그래서 객관적으로 이런 문제에 관하여 진리를 수립할 수 있는 방법은 없다. 결국, 각 사회는 각자의 믿음과 이념에 기초하여 어떤 삶의 방식을 채택하고 있다. 하지만, 어떤 식의 방식이 최선인지에 대한 답은 없다. 그래서 사회현상에 관한 인간의 판단은 '근거없는 근거'에 기초하게 된다(Bax, 2013: 10–13; Braver, 2012; Heidegger, 1971; Rorty, 1989: 3–22; Wittgenstein, 1969: §166, 174–175). 하나의 현상에 대하여 서로 다른 해석적인 서술들이 얼마든지 있을 수 있으며, 이런 해석들을 비교할 수 있는 공통의 기준은 없다(Rorty, 1989: 9). 단지 당사자들이 합의하고 공감하고 있다는 점이 어떤 삶의 방식이 정당화되는 근거라는 것이다. 누구나 인정할 수 있는 근거는 없지만(groundless) 그럼에도 관련 당사자들은 인정한다는 점에 근거하고 있는 것(ground)이 '근거없는 근거'다.

둘째, 이렇게 수립된 지식은 해당 전제(또는 믿음)를 인정하는 집단 내에서는 소통이 가능하지만 전제를 달리하는 집단들 사이에서는 소통이 곤란하다. 즉, 패러다임 속에 진행되는 정상학문은 해당 패러다임을 공유하고 있는 사람들 사이에서는 의사소통이 가능하고 공감도 가능하지만, 패러다임을 달리하는 사람과는 상호이해가 어렵다(Dreyfus, 1980: 7; Kuhn 1962). 즉, 사회과학도들 간에 심각한 이론적 대립이 발생하더라도 이런 갈등의 해결을 가능하게 할 수 있는 공통의 근거가 없는 것이 사회세계다.

전제조건이 무너지면 옳고 그름에 대한 판단 역시 달라진다는 것도 약점이다. 사람들의 생각과 행동이 전제조건이 가정하는 것처럼 획일적일 수는 없다. 설명하기 어려운 영역이 발생한다. 예를 들면, 현대 뇌과학에 의하면 인간은 이기적인 면과 더불어 상대를 보호하고 품으려는 본성도 가지고 있다. 그래서 이익을 위해 무한 경쟁을 펼칠 수도 있지만, 약자를 보호하고 서로 협력하는 관계를 구축할 수도 있다. 그런데 만일 인간을 이기적이라고만 가정하면 이런 협력적이고 이타적인 인간 행동이나 사회현상은 설명하기 어렵게 된다.

또한 내적인 일관성을 추구하기 때문에 알려지지 않은 영역이 항상 존재하게 되며, 이렇게 알려지지 않은 영역까지 고려하면 해당 이해는 편견에 불과한 것이 될 위험에 항상 노출된다(Welton, 2003: 17). 즉, 인간은 이기적이라고 가정하게 되면, 이기성에 의해 설명할 수 있는 영역 외의 현상은 영원히 설명할 수 없는 현상이 된다. 그런데 이기성이 인간 본성의 전부는 아니라는 점에서 이기성 가정은 인간에 대한 편견으로 작용하고, 인간을 공정하게 이해하는 것을 방해한다.

3 '탈은폐'형의 이해와 해석

우리의 일상 삶에서의 판단을 잘 설명해 주는 것이 하이데거의 '탈은폐'형 이해에 근거한 해석이다. '탈은폐'형의 지식이란 자기의 의사와는 상관없이 세계에 던져져버린 개인들이 자신의 삶을 살아가기 위하여 주변 세계를 이해하고 해석하는 과정에서 밝혀낸 주변 세계에 대한 지식이다(Heidegger, 1971; Inwood, 1997: 50-51). 이때의 지식은 당사자들이 놓인 공통의 상황과 선지식을 배경으로 하여 해당 상황에서만이 알 수 있는 어떤 지식을 찾아내었다는 점에서의 진리다(Dreyfus, 1991: 266-271).

이때는 언어의 의미 역시 상황에 따라 달라지만, 적어도 공유의 상황에 처한 당사자들 사이에서는 이 의미가 실천적으로 중요하며, 게다가 당사자들 사이에서는 문제를 일으키지 않는다. 하이데거에 의하면, 일상의 삶에서 얻은 탈은폐적인 세계에 대한 이해에 기초하여 주변 대상들에 대한 대상적인 진리도 의미를 얻는다(Braver, 2007: 291). 탈은폐적인 지식이 다른 대상을 이해할 수 있는 선지식으로 작용한다. 비트겐슈타인(Wittgenstein, 1978)은 심지어 수학적 진리 역시 일상의 삶이 토대라고 설명하고 있다. 즉, 사회라는 일상의 삶의 여건을 배경으로 숫자의 세계가 발생하고 작동하고 있다는 것이다(솔 A. 크립키, 2008).

예를 들면, 이런 것이다. 어떤 목공작업실에서 두 사람이 가구를 만드는 일을 하고 있다고 하자. 이때 한 사람이 못을 박기 위하여 망치를 들자 다른 사람이 "그 망치는 무겁다. 이걸로 해" 하면서 새로운 망치를 건넸다. 그러자 상대방이 넘겨받은 망치를 사용해 보고는 "정말이네"라고 답했다고 하자. 이때의 옳고 그름은 어떤 명제와 어떤 사실의 일치에 근거한 판단이나 또는 어떤 가정에 근거한 판단이 아니다. 단지 당사자들이 놓인 공통의 상황과 공통의 실천적인 지식을 배경으로 할 때 옳다는 의미다(Dreyfus, 1991: 266-271). 하이데거는 이런 종류의 지식을 "탈은폐"형의 진리라 부르고 있다. 즉, 대응적인 의미로 서술하면 망치란 나무와 쇠뭉치의 결합물이다. 틀리지는 않다. 그런데 일상의 상황에 처한 사람들은 이렇게 이해하는 것이 아니라 자신의 상황을 배경으로 대상을 이해한다는 것이다.

하이데거가 강조하는 것은 이 판단이 옳은 판단이 되는 조건, 즉 "그 망치는 무겁다"는 표현이 진리가 될 수 있도록 만드는 것이 무엇인가의 문제다(Wrathall, 2011: 43-44). 발언이 이루어진 상황이다. 명제와 대상 간의 대응관계가 아니다. 망치라는 대상이 어떤 모양이나 무게를 가지는 것이 옳고 그름의 기준이 되지 않는다. 지금 우리가 처한 상황에서 수행하고자 하는 작업상황을 배경으로 할 때만이 제대로 옳고 그름을 판단할 수 있고, '옳다'는 것은 이런 상황에서 적절한 판단을 내렸다는 의미다. 기본적으로는 망치에 대한 판단에서처럼 일상의 행동에 대한 판단도 이미 가지고 있는 선지식과 현재의 상황을 고려하여 이루어진다.

그런데 하이데거는 이와 같은 주변 세계에 대한 새로운 해석, 의미의 부여가 사회세계의 발생적 기원으로 작용한다고 설명하고 있다(Heidegger, 1971). 예를 들어, 그리스인들이 호머(Homer)의 시에서 서술된 것과 같은 인간관과 세계관을 갖게 되면, 이런 세계관이 해당 사회의 질서의 근간으로 작용한다는 것이다. 또, 유럽 사회들처럼 기독교적인 세계관을 사회구성원들이 공유하면 해당 사회의 정치・경제 질서는 이런 세계관에 기초하여 수립된다. 세계의 숨겨진 의미를 어떻게 해석해내느냐에 따라 해당 사회의 구조가 마련된다는 것이다.

'탈은폐'적으로 수립된 판단기준은 다음과 같은 점이 특징적이다. 첫째, 상황과 맥락, 실천적인 지식을 배경으로 한 판단이다. 하이데거가 『존재와 시간』에서 주장하는 존재란 바로 이런 의미의 현상이다. 즉, 인간에서 어떤 현상이 의미와 가치를 갖는 것은 그것이 지금 내가 처한 상황에서 유용하고 의미있는 도구가 되고 수단이 되기 때문이다. 세상에 던져진 인간의 입장에서 보면, 주변의 대상들은 내가 나의 어떤 삶의 목적을 위하여 이용할 수 있는 가능성의 총체들이고(이남인, 2013: 205-210), 이런 가능성은 나의 상황과 여건을 배경으로 현실화되기 때문에 가치있는 대상들이 된다. 게다가, 이런 대상들을 현실화하기 위하여 사람들은 자신들이 일상의 삶을 통하여 획득한 근원적인 진리(primordial truth)[7]를 자유롭게 이용하여 판단할 수 있다(Dreyfus, 1980: 7; Heidegger, 1962: 274-278). 사실 일상적인 인간의 삶과 판단은 바로 이런 종류의 판단이라 할 수 있다. 나의 입장에서 보면 상대

7) 일상의 삶 속에서 자연스럽게 학습하여 축적하고 있으면서 새로운 상황과 사건을 이해하고 해석하는데 근간으로 동원되는 주변 세계에 대한 지식들을 의미한다.

의 행동이나 판단이 잘 이해되지 않을 수도 있다. 하지만, 상대방은 자신의 지식과 경험, 자신이 처한 상황, 주변 세계에 대한 자기 나름의 해석과 이해, 그리고 자신이 추구하고 있는 삶의 가치를 배경으로 대상현상의 의미와 가치를 이해하고 판단하고 있는 것이다.

둘째, 이런 기준을 적용하면 사회적인 상황에서 옳고 그름을 판단할 수 있는 절대적인 기준을 수립하기는 쉽지 않다. 동일한 현상도 상황과 맥락에 따라서 얼마든지 달리 판단할 수 있기 때문이다. 따라서 옳고 그름에 있어서도 정도의 차이가 있을 뿐이다. 어떤 판단이 전적으로 옳고 다른 판단을 전적으로 틀렸다고 말하기가 쉽지 않다는 것이다(Inwood, 1997: 50－51). 어떤 것이 옳다거나 어떤 것이 틀렸다는 것은 단지 어떤 상황에 처한 당사자들이 그렇게 공감하고 동의했다는 점에 근거한 판단이다. 다르게 해석하고 다르게 판단할 여지가 항상 열려있다. 게다가, 이처럼 새로운 해석의 가능성이 열려 있다는 점이 사람들이 자신들의 판단에 기초하여 자신들의 소망에 맞는 세계를 수립해갈 수 있는 근거다.

셋째, 어떤 사람의 행동에 대해 판단하고자 할 경우는 당사자인 '현존재'[8]의 입장에서 옳고 그름을 판단해야 한다는 점이다. 당사자의 입장을 이해하지 못하고 관찰자의 입장에서 고립시켜 서술하고 이해할 때 대상현상의 실제 모습을 제대로 이해하지 못함으로써 '틀린' 판단의 위험이 발생한다. 예를 들면, 망치란 작업실의 많은 연장들의 하나로서 작업자가 실제로 그것을 사용하는 과정에서 그 가치를 제대로 이해할 수 있는 것으로 다루지 않고, 나무막대가 붙어있는 쇠뭉치로 자체만을 고립시켜 대상화하면 이는 망치에 관한 진실을 은폐하는 것이 된다(Dreyfus, 1991: 271).

넷째, 이런 상황에서 인식의 오류는 인간과 대상현상이 관계하는 방식, 또는 어떤 현상이 인간에게서 갖는 의미를 제대로 서술하지 못할 때 발생한다. 특히, 하이데거에 의하면 현상에 대한 있는 그대로의 서술이 이루어졌음에도 불구하고 오히려 이 서술로 인하여 현상의 전체를 보지 못하도록 진실을 은폐하는 일이 일어날 수 있으며, 이런 일이 일어나는 이유는 현상을 맥락으로부터 단절시키기 때문이다(Wrathall, 2011: 2). 어떤 현상이 그와 같은 기능이나 역할을 부여받게 되는 상황,

8) 인간이 세계와 관계하는 독특한 방식을 설명하기 위하여 하이데거가 『존재와 시간』에서 인간을 칭하기 위하여 사용하는 명칭이다.

그 상황과 관련되어 현실세계에 던져진 실존적인 존재인 인간의 실제적인 삶의 모습을 그의 입장에서 실제 모습 그대로 그려내는 데 실패하기 때문이다. 예를 들어, 목수의 망치를 설명하려면 작업실을 구성하고 있는 다른 도구들과 재료들, 그리고 만들고자 하는 가구의 종류들과 이런 도구들을 이용할 수 있는 목수의 능력과 계획과 작업방식 등에 대한 설명이 함께 이루어져야 한다. 다른 도구들이 없어도 망치는 무의미하고, 다른 재료들이 없어도 망치는 무의미하며, 유능한 목수가 없어도 망치는 무의미하다(Heidegger, 1962: 353).[9)]

제 4 절 사고 · 언어의 한계와 충돌하는 정책 요구

1 통제하기 어려운 인간 사고

1) 숨어 있지만 생생히 살아있는 선험적 의식

현상학과 언어철학에 따르면, 인간의 사고와 언어에는 신중한 판단, 의사소통적이며 다수가 공감할 수 있는 판단을 방해하는 요소가 내재되어 있다. 즉, 이가성 기준의 적용가능성과 인과관계의 결정가능성을 고려하면 정부개입이 필요한 문제라고 특정하기는 어려운 상황임에도 마치 분명하게 문제가 있는 것처럼 오해하고 정부의 개입이 정당한 것으로 착각하게 만드는 요인들이 내재되어 있다. 우리의 사고와 언어가 편견적이고 독단적인 문제정의와 이에 근거한 정부개입을 정당화할 위험을 내포하고 있다는 것이다.

우리는 대체로 자신의 생각을 스스로 통제할 수 있으며, 그래서 공정한 이해를 방해하는 편견적인 판단에 이르지 않도록 나의 생각을 제어할 수 있다고 생각한다. 그러나 현대 철학의 설명들에 따르면 그렇지 않다. 오히려 우리의 기대와는 정반대다. 현상을 이해하고 문제를 인식하기 위해 필연적으로 의지해야 하는 생각과 언어

9) 하이데거는 "하나의 도구는 존재론적으로 불가능하다(One tool is ontologically impossible)."라고 설명하고 있다.

가 현상에 대한 있는 그대로의 이해를 오히려 방해할 수 있다. 이를 이해하기 위해서는 첫째, 인간 의식의 선험적인 영역을 이해해야 하며, 둘째, 사회현상에 관하여 선험적인 영역에 내재되어 있는 지식을 축적하는 방법에 관해 알아야 한다.

후설(Husserl, 2001: 39－42)과 하이데거(Heidegger, 1962: §34, 207)에 따르면, 우리의 의식에는 스스로 통제할 겨를도 없이 거의 자동적·무의식적으로 작동하는 의식의 영역이 있다. 소위 '선험적' 영역이다. 노벨 경제학상을 받은 행동경제학자 카너먼(Kahneman, 2011)이 설명하는 소위 '빠른 판단(fast thinking)'은 선험적 영역에서 거의 자동적 무의식적으로 일어나는 판단의 산물이다. 예를 들면, 5+4가 얼마인지 알기 위해 굳이 의식적인 노력이 필요하지 않다. 수많은 군중들 중에서 내 가족을 찾을 때도 한 사람 한 사람 주의를 기울이지 않아도 된다. 보면 바로 알 수 있다. 이처럼 의식적인 노력이 없이도 이루어지는 판단을 카너먼은 '빠른 판단'이라 부르고 있다.

인간의 판단에서 빠른 판단의 역할이 얼마나 큰 비중을 차지하고 있는지 일상을 생각해 보자. 나의 의식은 내가 굳이 요구하지 않아도 주변의 대상들을 이미 '어떤 것', '무엇'으로 지각한다. 나무와 꽃과 자동차로 지각하고, 계단으로 지각하고, 웅덩이로 지각하고, 교회와 병원과 아파트인 것으로 이미 지각한다. 이런 것들에 대하여 항상 부분적인 정보, 관점적인 정보만 접하지만 내 눈에 보이는 측면만 있는 것으로 생각하지 않는다(Husserl, 2001: 39－42). 시각정보를 획득하는 우리의 망막은 오목하기는 하지만 2차원 평면이다. 그래서 우리의 망막에 비치는 모든 것들은 2차원 자료로 주어진다. 하지만, 우리의 의식은 이미 3차원의 공간세계이며 공간에 연장물을 가지고 있는 입체물인 것으로 대상을 지각한다. 글자를 보면 의도적으로 노력할 필요 없이 그것이 무슨 뜻인지 알 수 있다. 게다가, 의식적인 노력을 기울이지 않아도 계단을 오르고 길을 걷고, 사람들과 인사를 나눈다.[10)]

사무실에 앉아 있으면 창밖의 소음들은 이미 자동차 소리, 아이들이 떠드는 소리, 새소리, 음악소리, 오토바이의 경적소리, 사람들이 다투는 '소리로' 들린다. 어떤 음악은 멜로디만 들어도 이미 가사가 떠오른다. 말소리 속에서 사람들의 기분까지도 같이 느껴진다(Mehrabian, 1971). 이런 소리에서 해석된 의미를 의도적으로 배제하는 것이 오히려 어렵다(Heidegger, 1962: §34; Inwood, 1997: 49). 내가 잘 알

10) 좀 더 자세한 설명은 사공영호(2014a, 2014b)의 연구를 참고할 수 있다.

고 익숙한 소리를 그런 소리가 아닌 것으로 듣는 것이 더 어렵다. 일단 감각자료로서의 소리를 먼저 인지하고 이어서 그 소리가 어떤 소리인지로 나누어 인식하지 않는다. 이미 어떤 소리로 들린다.

이처럼 내가 의식적인 노력을 기울이지 않아도 주어진 감각자료를 해석해 주는 것이 후설이 말하는 선험적 의식이다(Husserl, 2001). 경험과 상관없이 경험 이전에 주어지는 인식의 틀이 아니다. 내가 무엇을 경험할 때 그런 현상으로 경험하도록 내가 의식적으로 시키지 않아도 스스로 작동하여 결과를 보여주는 역할을 하는 것이 선험적 의식이다. 즉, 어떤 자료를 무엇으로 인식할 때, 그 자료의 의미를 해석하여 '무엇' 또는 '어떤 것'으로 인지하도록 하는 것이 선험적 의식이다. 우리가 잘 의식하지 못할 뿐 적어도 현상을 지각하고 대응하는 한 우리의 선험적인 의식은 살아 있으면서 우리의 인식을 가능하게 한다.

2) 선험적 의식에 의지한 사회현상의 이해

그런데 이런 선험적 의식은 사회세계에서도 동일한 방식으로 작용한다. 바로 이 점이 문제의 근원으로 작용한다. 사람들의 말소리는 이미 그 의미가 해석되어 들린다(Heidegger, 1962: §34, 207). 동일한 어휘나 말이 상황에 따라 다른 의미로 이미 해석되어 다르게 들린다(Gergen, 2009: 65–66). 아무리 그렇게 들으려 하지 않아도 이미 그렇게 들린다. 인간의 행동도 보는 즉시 무례한 행동인지, 예절 바른 행동인지 즉시 알 수 있다. 연구자들이 이론적으로 구성하여 사용하는 개념들도 일단 익숙해지면 굳이 의식적으로 동원하지 않아도 대상현상은 이미 이런 관점에서 이해된다. 사회세계는 자연세계처럼 있는 현상이 아니다. 그런데 주변 세계, 개념세계에 익숙한 사람들과 연구자들은 이점을 잘 인식하지 못한다. 자연대상이든 사회현상이든 나의 의식은 동일하게 내가 굳이 의도적으로 노력하지 않아도 스스로 해석을 성취하여 그 결과물들을 나에게 보여준다. 그래서 그렇게 '판단되는 것(judged)'이 아니라, 이미 그런 것으로 '보인다(seen)'(Kosowski, 2010: 22).

나의 사고를 내가 통제할 수 없는 것은 바로 이런 이유 때문이다. 주어진 자료를 해석하는 방법에 대해 여러 가지의 가능성을 검토하고, 각각의 방법이 얼마나 정당하고 타당한 것인지에 대해 충분히 생각하면서 어떤 결론에 도달하는 방식으로 작동하지 않는다. 만일 이런 방식으로 결론에 도달했다면 이런 판단의 근거가 불확실하다는 점을 인지할 수 있다. 경우에 따라서는 자신의 판단이 틀렸으며 고쳐야 할지도 모른다는 점도 이해할 수 있다. 그런데 우리의 사고는 이런 방식으로 작동하지 않는 영역이 있다. 그것이 바로 선험적 영역이다. 내가 통제할 겨를도 없이 스스로 해석하고 판단하여 그 결과를 보여준다. 그래서 나에게는 이미 '버릇없는 행동', '문제가 많은 행동', '고쳐야 할 행동', '용서해서는 안 될 행동'으로 보인다.

즉, 나의 판단은 나의 믿음, 내가 그동안 경험한 사실들에 근거한 논리적 추론, 나의 상황과 여건을 배경으로 한 '탈은폐'적인 상황의 이해를 배경으로 이루어진 것이다. 그럼에도 불구하고 우리는 이미 세상은 어떠하며 또한 세상은 어떻게 달라져야 한다는 판단에도 도달해 있다. 그래서 누군가의 어떤 행동이 잘못되고 문제가 있는 것으로 이미 보인다.

이미 대상이 그렇게 보이기 때문에 현상이 그렇게 보이는 이유는 대상이 그렇기 때문이라고 오해한다. 내 인식의 근원이 나에게 있지만 내 의식의 작용을 알지 못하므로 외부의 대상에게 원인을 돌린다. 현상학에서는 이런 인식의 방식을 '자연적 태도'라고 부르고 있다. 우리의 일상의 태도가 이렇다는 의미다. 내 판단의 산물인 것을 대상현상이 그렇기 때문인 것으로 지각하는 것이다. 이런 시각에서 보면, 대상은 이미 그렇다. 현상이 그렇다면, 대상을 바꿔야 한다는 나의 판단은 틀리지 않다. 나의 판단이 틀리지 않으니 내 생각에 따라 세상을 바꿀 수 있다고 생각한다. 또 그래야만 한다고 생각한다.

2 자기망각과 '근거없는' 정당화

내 눈에는 이미 현상이 그렇게 보이고, 이는 대상현상이 그렇기 때문인 것처럼 착각한다. 자연현상의 경우는 이런 판단이 옳지만 사회현상에서는 그렇지 않다. 사회현상에 관한 지식은 자연세계에서와 같은 객관적인 지식의 근거가 없다. 그럼에도 불구하고 자신의 판단이 옳다고 생각하는 것은 자기 판단의 근거를 스스로 망각하기 때문이다. 선험적 영역에 작용하는 지식의 가장 중요한 특징은 자동적, 무의식적으로 적용된다는 점이다. 설사 객관적인 근거가 부족하더라도 마찬가지다.

그런데 이런 점을 인식하지 못하는 것이 자기망각이다(Husserl, 2001: 5). 집단상대적이고 문화상대적이고 이론상대적인 지식이라도 마찬가지다. 일단 어떤 지식에 익숙해지면 이런 지식을 자동적으로 적용하여 주어진 자료를 해석하여 보여주는 것이 우리의 선험적 의식이다. 그런데 스스로 작동하고 있으니 의식의 역할을 잘 인식하기 못하는 것이 '자기망각'이다. 사회세계는 정답이 없다. 결론을 내기 매우 어렵다. 그런데 자기망각과 '자연적 태도(natural attitude)'에서 일상을 살아가는 우리의 입장에서는 달리 보인다(Husserl, 1962: §38-39; Held, 2003: 34). 내 의식의 작용과 판단의 근거를 망각하고 있다. 내가 내린 결론은 세상에 관한 것이므로 그 판단이 마치 '정답'인 것처럼 보인다. 사회세계에서 사람들은 누구나 자신이 내린 결론이 옳다고 생각하며 살아간다. 우리의 의식이 자신이 숨어서 하는 역할을 숨기고 있기 때문이다.

서로가 이해하고 타협하여 공통의 해답을 찾아가려면 나의 생각이 틀렸을 수 있음을 인정해야 한다. 그런데 선험적 의식에 대한 망각은 자기 사고에 대한 반성적인 인식을 어렵게 한다. 이미 세상이 그렇게 보인다. 그래서 의식이 성취한 "결과"는 알 수 있지만 의식이 "어떻게 그런 지각을 성취하였는지"는 알지 못한다. 나의 의식의 구성물임에도 나의 의식이 왜 어떻게 그렇게 구성하였는지 그런 인식이 얼마나 정당한 것인지는 정확히 의식하지 못한다. 즉, 자신의 판단이 '이가성' 부재, '근거없는 근거', '결정불충분성'의 상황에서 단지 집단상대적으로만 공감을 얻고 있는 지식을 이용하고 있지만, 이런 점을 알기 어렵다. 대신 자기 인식의 근거가 대상에 있는 것으로 오해한다. 일상적인 우리의 태도가 이처럼 자기 생각의 구성적 근원을 인지하지 못하는 '자기망각' 상태에 있다는 것이다. 자기 의식의 역할을 인지하지 못하고 있으므로 주관적인 구성물을 객관적인 지각으로 오해한다. 이런 상황에서는 나의 생각의 한계를 인정하고 나의 판단이 잘못되었을 가능성을 인정하기 힘들다. 당연히 상대가 잘못되었다고 생각하고, 내가 양보하거나 타협하는 것은 잘못된 것이라고 생각하게 만든다. 사회세계에서 서로 타협할 수 없는 갈등이 일어나는 것은 이런 이유 때문이다.

나의 독단적인 결정이 불가피하거나 오히려 정당한 것으로 생각하게 할 수도 있다. 우리의 의식은 자기 판단의 약점을 정확히 보지 못하면서, 상대의 생각은 부당하게 평가절하하는 방식으로 작동하는 경향이 있다(마이클 셔머: 2008, 151-

188; Plous, 2003; Sherif, 1954). 우리의 사고가 작동하는 원리로 인하여 상대의 생각보다는 자신들의 생각이 우월하며 따라서 상대의 생각을 무시해도 별 문제가 되지 않을 것이라는 착각에서 빠지기 쉽다. 서로가 생각을 달리하고 있다고 생각하기보다는 나의 생각이 옳은 것이며 상대가 잘못되었다고 오해할 가능성이 높다.

또한 인간은 단지 서로 다른 집단에 소속하고 있다는 사실 자체만으로도 자기 집단에게 우호적이며 상대에게는 그렇지 못한 편견적 이해가 형성된다(Sherif, 1954, 1958).[11] 즉, 서로 다른 집단에 속하여 일상의 삶을 살아가거나 또는 학문활동을 하는 여건 자체가 자신과는 다른 상황에 있는 사람들에 대한 공정한 이해를 방해한다. 또한 인간은 자기 판단의 정당성에 대해서는 과잉평가하는 경향을 가지고 있다. 자신과 자신이 속한 집단의 판단과 도덕성은 높게 평가하고 다른 사람들과 그들이 속한 집단의 판단과 도덕성은 상대적으로 낮게 평가하는 여러 가지 인식의 오류들이 작용한다(마이클 셔머: 2008, 151－188; Mills & Polanowski, 1997; Plous, 2003). 예를 들면, 다른 사람의 생각의 맹점은 잘 보면서도 자신의 맹점은 잘 알지 못한다(맹점편향). 마더 테레사가 천국 갈 확률은 79%라고 생각하면서 자신이 천국 갈 확률은 87%라고 생각한다(자기복무적 착각). 자신의 좋은 행동에 대한 칭찬은 받아들이고 나쁜 행동에 대한 책임은 상황을 탓하는 경향도 있다(전가편향). 현재 자신이 가지고 있는 믿음을 확인해 줄 수 있는 증거를 인정하고 찾지만 이를 반증하는 증거는 무시하고 재해석한다(확증편향). 자신이 옳고 상대는 그렇지 못하다면 설사 상대가 의견을 달리하더라도 나의 판단에 의지하여 의사결정을 하는 것이 모두를 위한 것일 수도 있다는 생각을 하게 만든다. 로티가 특정한 상황에 처한 사람들이 이런 상황을 배경으로 수립하고 있는 사적인 지식과 언어를 동원하여 서로 다른 상황에 처한 사람들과 관련되어 있는 공적인 정책을 수립할 경우 이는 상호이해를 가능하게 하는 지식과 언어가 되지 못한다고 경고하는 것도 이런 이유 때문이다(Rorty, 1989: xv).

---

11) 그의 실험은 'The Robbers Cave experiment'라는 실험으로 널리 알려져 있다. 그의 실험은 서로 다른 집단에 속해 있으면서 다른 집단과 경쟁하고 있다는 사실 자체가 서로에 대한 오해와 편견을 자연스럽게 형성하는 원인이 됨을 보여준다.

3 언어에 의한 자의적 해석의 정당화[12)]

언어로 인하여 발생하는 문제를 논하기에 앞서 기호삼각형을 이용해 언어가 의미를 얻는 구조에 대해 먼저 생각해 보자([그림 12-1] 참고; Riemer, 2010: 13). 언어를 도입하기 이전의 세계는 무규정적인 혼란 그 자체다. 예를 들면, 설사 사과가 눈앞에 있더라도 '사과'라는 이름을 붙여 그 대상을 주변 세계로부터 분리하지 않으면 그것을 서술과 사고의 대상으로 삼기는 쉽지 않다. 강아지는 현관에 서 있는 주인을 볼 수는 있지만 내일 그를 또 만날 것인지 예상하기는 쉽지 않다. 그런 언어가 없기 때문이다. 언어를 이용하여 세상의 현상을 '무엇'이라 불러야 대상은 분절되고 사고의 대상으로 발생한다(남경희, 2012: 85-92).

그림 12-1 의미의 발생 구조

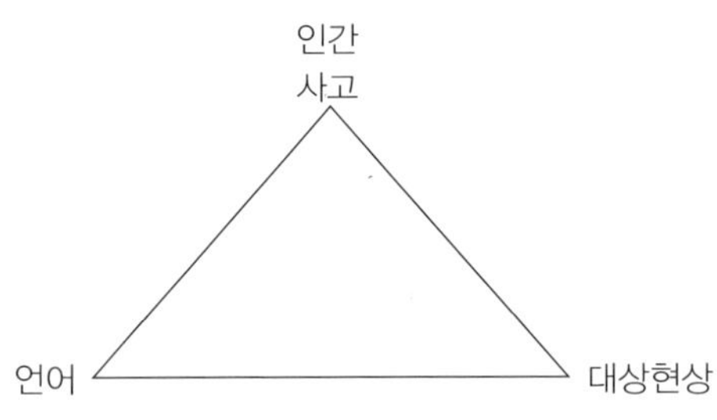

대상현상에 대해 누구나 인정할 수 있는 고정적이고 객관적인 의미의 언어가 발생할 수 있으려면 다음과 같은 조건이 갖추어져야 한다. 첫째, 대상현상이 객관적인 서술이 가능한 방식으로 존재하고 있어야 한다. 둘째, 대상을 있는 그대로 서술할 수 있는 정확한 의미를 갖는 언어가 있어야 한다. 셋째, 공정한 판단 능력을 가진 인간이 있어야 한다. 그런데 비트겐슈타인(Ludwig Wittgenstein)에 의하면, 이와 같은 조건을 충족하는 것은 자연세계다(Wittgenstein, 1922: §4.11, 6.53; 위르겐 하버마스, 2011: 177). 대상현상이 인간의 인식 여부와 상관없이 존재하고 있고, 이

12) 사공영호의 논문(사공영호, 2015b: 208-209, 227-231; 2015c: 410-412)을 토대로 재정리한 것이다.

존재를 기준으로 언어의 의미를 수립하고 검증함으로써 언어의 의미를 세계에 일치시킬 수 있다. 언어를 이용하여 세계에 관한 그림을 그려낼 수 있다.

사회현상에 관한 표현의 의미는 자연세계에서처럼 규정되지 않는다. 인간의 인식을 이미 존재하는 세계의 대상과 비교하여 대조하는 방식으로 의미가 형성되지 않기 때문이다. 크게 두 가지 이유가 있다. 첫째, 사회세계와 인간의 상호작용은 자연세계나 자연적 상호작용처럼 있지 않다. 고정된 언어로 서술할 수 있는 세상은 없다. 사회세계는 독자적으로 존재하지 않는다(Searle, 1995, 2010; Rorty, 1979, 1989). 사회세계는 인간의 인식에 의하여 형성되고 진화하며 작동한다. 따라서 그것에 대한 언어를 붙일 수는 있으나 결코 그 표현으로 자연과학에서와 같은 독립적으로 존재하는 구체적이고 실체적인 현상을 지칭하지는 못한다. 정부, 가족, 역사, 법, 조직, 기업, 경영, 경제 등 어떤 어휘라도 상관이 없다. 그것이 의미하는 바가 어떻게 발생하고 어떻게 작동할 수 있는지 생각해 보자. 결코 자연과학에서와 같은 의미의 근거를 찾을 수는 없다.

둘째, 사회현상은 인간의 인식에 의지한다. 예를 들면, 자연상태에서는 성매매, 빈곤, 수도권, 재벌과 같은 것이 있을 수 없다. 그냥 남녀 간의 관계가 있고, 어떤 삶의 상태가 있고, 자연공간이 있고, 조직이 있을 뿐이다. 이런 현상에 이와 같은 이름이 붙은 것은 사과를 사과로 볼 때와는 다르다. 이를 문제로 규정하는 사람들의 이념, 가치, 도덕관 등을 배제하면 이런 현상은 사라진다. 이런 현상이 관심의 대상이 된 것은 우리가 그렇게 보기 때문이다. 따라서 이 현상이 어떤 현상이 될 것인지는 시대에 따라 다르고 사회에 따라 다르다.

이런 이유로 소쉬르(Ferdinand de Saussure)는 언어의 의미는 자의적이라고 설명하고 있고(남경희, 1997, 2012), 로티는 언어의 의미는 우연적이라고 설명하고 있다. 대상을 비추는 거울처럼 대상으로부터 또는 현상으로부터 그 모습을 그대로 그려내는 것이 언어가 아니라는 것이다(Rorty, 1979, 1989. 하이데거가 설명하는 '탈은폐'적인 지식 역시 상황상대적이고 해석자상대적인 의미의 생성과 작동원리에 근거하고 있다. 이 점은 각 사회가 자신들만의 언어를 이용하여 자신들만의 삶의 양식을 창조하고 있다는 점을 생각해 보면 금방 알 수 있다.[13] 언어의 의미가 고정적이지 않고 가변적이고 우연적이며 자의적임에도 사회적인 상호작용의 매체로 작동

13) 언어의 의미에 관한 보다 자세한 논의는 사공영호(사공영호, 2015a: 제5장)의 내용을 참고할 수 있다.

하는 것은 이를 이해하고 이용할 수 있는 인간의 능력 때문이다.

문제는 언어와 인간의 사고가 매우 절묘하게 결합되어 있기 때문에 발생한다. 사람들은 자기가 사용하는 언어가 자의적이고 우연적인 것이라는 점을 잘 알지 못한다. 언어의 의미를 이해하는 일 역시 선험적인 의식의 역할에 의지하고 있기 때문이다. 내가 의식적인 노력을 기울이지 않아도 나의 의식은 언어의 의미를 해석해준다. 의식적인 노력 없이도 무슨 뜻인지 알 수 있다. 의식적인 노력이 없이도 알 수 있으니 언어의 의미가 나의 해석의 결과가 아니라 언어 자체가 그런 의미를 갖기 때문인 것처럼 착각한다. 자기망각과 자연적 태도는 언어를 이해하고 언어를 이용하여 삶을 살아가는 데도 그대로 적용된다.

꽃이 이미 아름다워 보이고, 어떤 행동이 이미 무례한 행동으로 보이듯이, 어떤 현상은 이미 어떤 현상인 것으로 언어적으로 지각된다. 즉, 이미 성매매로, 수도권 문제로, 사교육 문제로, 비정규직 문제로, 재벌에 관한 것으로 생각된다. 이미 지대추구행위로 보이고, 이미 권력추구 행동으로 보인다. 이미 가난으로 보이고 불평등으로 보인다. 현상 자체가 그런 의미를 갖는 현상인 것으로 오해한다. 현상 자체가 그렇다면 당연히 이를 정책의 대상으로 삼을 수 있다고 생각한다. 또 이런 나의 판단은 정의롭고 정당하고 공정한 것으로 생각한다.

4 개념화에 의한 현상의 고립화, 단순화, 은폐, 왜곡

전통적으로 언어란 세계에 대한 서술의 수단, 세계에 대한 그림, 세계의 거울인 것으로 생각해 왔다. 나는 나의 사고를 자유롭게 이용할 수 있는 능력을 가진 자유로운 생각의 주체이며 언어는 단지 생각을 서술하기 위한 수단인 것으로 생각해 왔다. 그러나 언어는 단지 서술을 위해 자유롭게 이용할 수 있는 수단이 결코 아니다. 전체현상으로부터 특정현상의 특정측면을 특정관점에서 단절하여 고립화시키는 수단이 언어다. 지각이 가능한 형태로 단순화하는 과정에서 실제의 모습을 왜곡하고 은폐하는 수단이 언어다. 언어는 현상에 대한 이해와 사고를 위해서는 필연적인 매체다. 하지만, 언어를 잘못 이용하면 오히려 현실에 대한 있는 그대로의 서술과 이해를 방해하면서 현실과는 상관없는 자의적 인식을 촉발하는 원인이 될 수 있다.

비트겐슈타인과 하이데거가 공통적으로 강조하는 것은 현상 자체는 개념화가 쉽지 않은 대상임에도 이론화를 위하여 무리하게 개념화를 추구할 때, 인위적으로 형성된 이론적 개념이 현실의 실제 모습과 괴리될 위험이 발생한다는 점이다(Heidegger, 1979: 144). 브레이버(Lee Braver)는 물고기를 물에서 건져냈을 때처럼 현상의 본래 모습을 오히려 관찰할 수 없게 만든다고 설명하고 있다(Braver, 2012: 107). 비트겐슈타인은 연극의 한 장면을 잘라내는 것과 같다고 비유하고 있다(Wittgenstein, 1953: §38). 이런 개념이 인간의 사고와 결합하면 한편으로는 의사소통적인 공감을 방해하면서 다른 한편으로는 자기중심적이고 편견적인 판단을 부추기는 원인이 될 수 있다.

개념화가 현상을 은폐하고 왜곡하는 원인이 되는 첫 번째 이유는 주변 세계 및 상황과 뗄 수 없는 관계를 맺고 있는 인간 및 사회현상을 주변 세계로부터 분리시켜 고립화시키는 역할을 하기 때문이다(Braver, 2012: 53, 68−71). 인간과 조직의 가장 중요한 존재론적 특징은 '본질적'인 존재가 아니라 '실존적' 존재라는 점이다(이남인, 2013: 205−210). 본질적이라는 것은 어떤 대상을 이루는 요소들이 공통의 속성을 공유하고 있다는 의미다. 물과 나무는 그것이 어디에 어느 시대에 있든 동일한 속성을 공유하고 있다. 그런데 사람과 조직은 전혀 그렇지 않다. '탈은폐'형의 지식을 추구하면서, 주변 세계에 대한 각자의 이해에 기초하여 스스로 자신의 삶과 자신의 목적을 수립해가는 것이 사람과 조직이다. 이런 존재의 가장 중요한 속성은 '사실성(actaulity)'에 있지 않고 '가능성(potentiality, possibility)'에 있다. 각 사람과 조직이 무엇을 추구할 것인지는 주변 세계에 대한 각자의 이해에 의지한다. 그래서 외형적으로 보면 비슷해 보일 수는 있으나, 각 개인과 조직은 '처절하게' 주변 세계를 '체험하면서(live through)' 주변 세계와 뗄 수 없는 관계로 얽힌 채로 삶을 경험한다(Laverty, 2003: 8−10). 상황을 배제하고는 상황에 따라 달리 사용되는 언어의 의미를 설명할 수 없듯이, 상황을 배제하고는 개인과 조직을 설명할 수 없다. 그런데 이런 현상을 개념화하면서 대상현상은 마치 물고기를 물에서 건져내듯이 그것이 놓인 상황으로부터 괴리되는 일이 일어난다.

예를 들면, 이런 것이다. 각 대학들은 각자가 추구하는 목표가 있고 각자가 처한 상황이 있으며 각자만의 강점과 약점들을 가지고 있다. 각 대학이 한편으로는 비슷하지만 다른 한편으로는 상당한 차이를 보이는 것은 그것이 처한 상황이 다르고, 각각의 상황에 각자의 방법으로 대응하고 있기 때문이다. 그런데 정책문제를 정의하기 위해서는 표준화되고 획일적인 기준에 의하여 대학의 현실을 측정해야 한다. 이 기준에 의하여 대학의 현실을 서술하고 비교하게 되면, 각 대학이 가지고 있는 많은 진실들은 이 기준에 의해 덮여버린다. 이 기준들이 한편으로는 대학의 현실에 대한 정보를 제공하지만 다른 한편으로는 대학의 실상을 은폐하는 도구가 된다. 각자의 가능성을 각자의 방법으로 추구하고 있는 '실존적' 속성이 강한 대학을 자연대상처럼 획일적으로 개념화함으로써 개념화된 현상과 실제 현상이 괴리되고, 문제의 정의 역시 현실을 제대로 반영하지 못한 채 이루어지고, 이를 집행하는 과정에서 대학들이 오히려 혼란을 겪는 역설적인 상황이 발생하고 있다.

'성매매', '수도권', '선행학습', '재벌', '사교육', '비정규직', '중소기업' 등의 개념들도 마찬가지다. 동일한 이름을 붙여서 같이 분류할 수 있을 것 같지만 각각의 당사자들이 처한 상황은 모두 다르다. 그럼에도 불구하고 무리하게 동일한 종류로 개념적으로 분류하여 대상현상을 다루면서 겉으로 보면 실증적인 자료에 근거하고 있는 것 같지만 사실은 현실과는 괴리되고 당사자들이 자신들의 상황에 맞게 대응할 수 있는 기회를 오히려 차단하는 일이 발생한다.

둘째, 개념화된 언어는 현상의 모습을 있는 그대로 전체적으로 보는 것이 아니라 부분에 초점을 맞추어 특정부분을 잘라내는 수단으로 작용한다(Braver, 2012: 107; Brunner 1991: 66－69). 브루너(Ronald D. Brunner)는 정책분석가가 정책문제를 다루기 쉬운 문제로 단순화시키는 과정에서 중요부분을 제외하거나 왜곡시키고 있으며, 결과적으로 실제문제가 아니라 왜곡된 문제를 다루는 현상을 분석적 오류(analytical errors, Brunner 1991: 66－69)라고 설명하고 있다. 언어는 한편으로는 세상에 대한 분석을 가능하게 하는 것처럼 보이지만, 실은 특정부분에 초점을 맞추게 만들고, 특정부분의 의미를 과장하게 만들면서 본래의 대상의 모습을 오히려 파괴하고 은폐하는 도구가 될 수도 있다(권향원 · 최도림, 2011: 280).

브레이버(Lee Braver)는 이를 언어에 의하여 발생하는 '험티－덤티(Humpty－Dumpty)' 문제로 지칭하고 있다(Braver, 2012: 111－112). 예를 들면, 이런 것이다. 사람들이 어떤 지역에 '수도권'이라는 이름을 붙이고 이 지역에 경제적 부가 집중되고 인구가 집중되는 일에 관심을 기울이고 있다고 하자. 그런데 이런 관점에서 접근하여 한국을 이해하거나 연구하다 보면, 이런 식의 접근은 우리가 그렇게 이름을 붙였기 때문에 그런 현상이 된 것이 아니라 본래 그런 현상이 있었던 것처럼 착각하게 된다. 소위 '자기망각'에 빠진다. 이런 생각을 가진 사람은 한반도에서 이런 지역적 구별이 없이 이해하는 것이 지극히 어렵다. 이미 그렇게 보이기 때문이다. 이런 개념에 의지하여 공공기관들을 여러 지방으로 이전하고, 심지어 행정부처까지도 세종시로 이전하였다.

셋째, 언어를 개념화하면서 가변적이고 애매한 듯한 언어에 생명을 불어넣어 상호관계의 매체로 이용하고 있는 인간(의 능력)을 화석화(petrifaction)하는 일이 발생한다(Heidegger, 1979: 144). 가령, 대학의 핵심은 사람이다. 대학 구성원들의 활동이 핵심이다. 계량화하기는 쉽지 않은 요소를 핵심으로 하고 있다. 개념화와 계량화는 이런 실상을 은폐하고 왜곡한다. 이런 개념을 무기로 궁극적으로 봉사해야 할 사람과 조직을 공격의 대상으로 삼는 정책이 만들어진다. 언어는 그 자체의 의미의 고정성이나 안정성이 아니라 서로 다른 상황 속에서 상황에 맞게 의미를 이해할 수 있는 인간의 능력에 의하여 자신의 역할을 수행하게 된다. 그런데 이런 언어를 개념화하면서 정작 언어를 살아있게 만드는 인간이 망각되는 일이 일어난다.

이런 개념이 인간의 사고방식과 결합하면 개념화의 약점은 망각되고, 의사소통적인 공감을 방해하는 요인으로 영향력을 발휘한다. 현상 자체는 그런 방식으로 있지 않다. 하지만, 이런 식의 해석에 익숙한 연구자에게는 이미 그런 개념적 현상으로 보인다(Kosowski, 2010: 22). 그렇지 않은 것으로 보려면 오히려 의식적인 노력을 기울여야 한다(Inwood, 1997: 49). 외부에 존재하는 나무와 산을 볼 때처럼 이미 어떤 현상으로 보인다. 개별 현상들 자체는 무엇이라 규정하기가 매우 '애매'하고 옳고 그름을 판단하기 어려운 이가성 부재의 상황에 있다. 하지만, 개념으로 무장한 연구자에게는 이렇게 보이지 않는다. 이미 재벌로 보이고, 성매매로 보이고, 수도권으로 보이고, 사교육으로 보인다. 개념에 비추어 보면 달라져야 할 문제, 비난받아야 할 행동으로 보인다. 더구나 내 주장을 뒷받침할 증거들을 너무나 많이 축적하고 있기 때문에 양보할 수 없다. 사회구성원들과는 달리 연구자들이 서로 물러 설 수 없는 이견을 보이는 이유도 이 때문이다. 그러나 적어도 사회세계와 사회문제에 관해서는 이와 같은 절대성을 가진 해답이란 있을 수 없다. 후설(Edmund Husserl)의 표현으로는 자기 개념과 이해의 근원에 대한 자기망각의 산물이다(Husserl, 2001:

5). 결코 누구나 인정할 수 있는 근거를 제시하지는 못하는 것은 이 때문이다. 자기 주장을 뒷받침할 수 있는 자료만을 인정하고 나머지는 모두 기각하는 방법으로 '근거없는 근거'에 기초하고 있기 때문이다.

사회현상에 관한 이해에서도 개념은 필연적이다. 사회현상도 개념에 의지해야만 이해할 수 있다. 문제는 이런 개념들에 의지하여 정책을 만들 때, 개념의 의미의 근원을 망각하기 때문에 일어난다. 이론적인 개념은 이미 이념과 가치와 학문사상을 배경으로 하고 있다. 게다가, 이런 관점에서 현상의 특정부분을 특정관점에서 고립화시킨 것이 개념이다. 이런 점을 망각하면 개념은 세상을 이해하기 위한 수단이 아니라 의사소통을 방해하고 편견과 독단에 빠지게 하는 빌미가 될 수 있다(김용준 외, 2014: 135-138; 윌리엄 제임스, 2011: 85-86).[14] 사회현상은 그것이 발생하고 진화하는 원리의 다양성으로 인하여 부분에 관한 관찰에 의지하여 수립한 개념으로 대상현상 전체를 이해하는 것이 매우 어렵다. 그러나 자신의 연구세계에 깊이 몰입한 연구자들은 '자기망각'에 빠져 자기 학문세계의 부분성을 잘 이해하지 못한다. 더 많은 지식을 얻지만, 이를 구성하는 이론적 개념의 한계를 모르면 오히려 지식이 바람직한 문제의 이해를 방해할 수 있는 것이 사회세계다.

5 다큐멘터리적 해석과 상충하는 정책 요구[15]

인간의 사고는 다큐멘터리적인 해석방식에 의존한다(Heritage, 1984: 84-87; Schutz, 1953: 5-6). 슈츠(Alfred Schutz)는 우리의 일상적인 태도에 대하여 다음과 같이 설명하고 있다. 우리는 흔히 특정측면에만 관심을 기울인다. 그래서 이 대상에 대하여 "S는 p다"라고 서술하는 것은 많은 것들이 생략된 표현이다. 실은 "S는 다른 많은 것들 중에서 p이다"라고 서술해야 한다. 그럼에도 불구하고 "S는 p다"는 표현을 당연한 것으로 단언하고 있다면, 이는 내가 많은 경우 S의 p측면에 관심이

14) 김용준 외가 설명하는 로티의 진리론에 의하면, 각 집단이 믿고 의지하는 진리는 자기 집단 내에서는 타당하지만 다른 집단에서는 전혀 그렇지 못하다. 그럼에도 불구하고 이런 지식에 의지하여 사회구성원 전체를 제약하는 정책을 수립하고자 할 때 개념은 이해의 도구가 아니라 억압의 도구가 될 수 있다.

15) 사공영호(2014a: 13-15)의 논문을 참고한 것이다.

있기 때문이며, 다른 q, r의 측면은 타당하지 않은 것으로 무시한 결과다. 그래서 하나의 사건을 놓고 전혀 다른 해석이 나온다.

예를 들면, 성매매 문제를 놓고 불법화해야 한다는 요구, 합법화해야 한다는 주장, 위헌의 소지가 있다는 주장과 그렇지 않다는 주장, 성적자기결정권을 존중해야 한다는 주장, 사회윤리의 차원에서 접근해야 한다는 주장 등 여러 가지의 주장이 제기된다. 이처럼 서로 다른 주장이 나오는 것은 하나의 현상을 놓고 사람들은 자신의 관점에서 자신이 중시하는 가치와 언어를 동원하여 현상의 특정측면을 특정한 관점에서 해석하는 방식으로 이해하기 때문이다. 사진을 찍듯이 있는 모습을 그대로 그려낸 것이 아니라 특정측면을 선택하고 나머지는 무시하는 방식으로 현상의 의미를 해석하는 것이 다큐멘터리적 사고다. 그런데 인간의 생각은 전형적으로 이런 방식으로 진행된다.

다큐멘터리 영화의 제작자는 어떤 특정한 메시지를 전달하기 위하여 이를 기획한다. 그런데 자신이 전달하고자 하는 의미를 잘 전달하기 위해서는 매우 주도면밀하게 세부적인 내용을 구성하고자 하며, 이런 목적을 위하여 어떤 자료들은 강조하고 어떤 자료들은 제외한다. 다시 말하면, 일부의 자료를 선택하여 해당 자료들을 특정한 방식으로 제시하면서 이 설명들을 따라가면 특정한 결론이나 판단에 도달하도록 이끈다. 사회세계에 대한 인식과 연구 역시 이런 방식과 유사하다. 연구자는 이론, 사상, 개념을 배경으로 대상현상의 특정한 측면들을 선택하여 특정한 방식으로 대상현상을 연구하고 이런 관점에서 대상현상을 해석한다. 그래서 어떤 결론을 내리는 데, 이 결론은 엄밀히 말하면 이미 자신이 가지고 있는 이론이나 사상이 옳다는 것을 뒷받침하는 역할을 하고 있다. 결국, 자신이 이미 가지고 있는 생각을 다시 검증하는 것이다.

다큐멘터리적 해석의 가장 큰 특징은 자료에 대한 선택이 부분적으로 이루어질 수 있다는 점이다. 약간 극단적인 예를 들자면, 여러 항성들 가운데 특정한 별들만을 자의적으로 골라서 별자리를 규정하는 것과 같은 일이 발생할 수 있다(Searle, 1998: 34; Goldman, 2010: 13).[16] 카(Edward H. Carr)는 역사연구자들이 역사적 사실로 서술하는 현상들은 마치 어부가 자기가 선택한 지점에서 자신이 선택한 그물

16) 골드만(Goldman, 2010)은 사회현상에서 과학적 사실은 "외부의 실체(out there entities)"가 아니라 사회적 제작물(fabrication)일 뿐이라고 말하고 있다.

을 사용하여 자신이 원하는 종류의 물고기를 잡아 올린 것과 같다고 비유하고 있다(에드워드 H. 카, 1997: 41). 그래서 역사에 대한 연구는 '가위와 풀'로 연구자가 원하는 사실들을 골라내고 잘라 붙여서 원하는 그림을 만들어내는 과정이 될 수 있다고 경고하고 있다. 역사연구에서 객관적인 서술이란 있을 수 없으며, 결국 사실은 무(無)가 되고 해석이 전부가 될 수 있다고 설명하고 있다(에드워드 H. 카, 1997: 45-46). 게리멘더링식의 개념 구성의 위험에 노출될 수밖에 없는 것이 다큐멘터리적인 해석의 방식 자체에 내재되어 있다.

해석적인 이해가 자기 주장을 반복하는 상황에 빠지기 쉬운 것은 해석적 이해의 순환성에서 비롯된다(Malpas, 2009; Ramberg & Gjesdal, 2005: §1).[17] 해석적 이해는 삼각형에 대한 연구에서처럼 개념 자체에 주어져 있는 의미에서부터 사실상 동의반복적으로 새로운 의미를 연역해내는 작업이 아니다. 주어진 자료의 의미를 이해하기 위하여 연구자가 이미 가지고 있는 지식, 이론을 활용하고, 이런 해석에 기초하여 기존의 지식을 수정하거나 강화, 보완해가는 방식으로 주변 세계에 대한 이해를 확장해 간다. 사람이 성장하는 과정, 사회화되는 과정은 해석순환적인 이해에 필요한 배경적인 지식, 윤리, 가치관을 학습해 가는 과정이다(Piaget, 1932; Lapsley, 2000: 21-52; Dreyfus, 1980).

예를 들면, 이런 것이다. 어릴 때는 어떤 행동이 가치있는 행동이고 어떤 행동이 무례한 행동인지 알지 못한다. 그래서 부모의 말이나 선생님들의 말을 잘 듣는다. 그런데 학교와 집에서 배우고 실제 주변 사람들이 행동하는 것을 보면서 어떤 가치관을 가지게 되면 이때부터는 이런 지식을 적용하여 스스로 판단을 할 수 있게 된다. 이렇게 얻은 지식이 내재화되어 주변 세계를 이해하고 해석하기 위하여 무의식적으로 활용하는 단계가 되면 이런 지식은 새로이 접하는 자료와 사건들을 해석하기 위하여 언제나 의지하게 되는 근원적인 진리와 같은 지식이 된다(Dreyfus, 1980: 7; Heidegger, 1962: 274-278).

학문적인 성장이 이루어지는 과정도 마찬가지다. 학문을 배우는 과정은 학문연구에 필요한 배경적인 지식, 철학, 사상, 이론들을 학습하는 과정이다. 그런데 이렇

17) 카너먼(Kahneman, 2012)은 이와 같은 인식의 독특성은 이용가능성 휴리스틱스(availability heuristics)라고 부르고 있다. 사람은 결국 자신이 이용할 수 있는 정보를 이용하여 새로운 정보를 해석할 수밖에 없다는 의미다.

게 하여 주변 세계를 연구할 수 있는 하나의 학문사상을 학습하게 되면 연구자는 자신이 학습한 지식에 기초하여 연구를 계속해나갈 수밖에 없다. 자신이 의지할 수 있는 지식이 그것뿐이기 때문이다. 즉, 연구 역시 하나의 패러다임을 배경으로 해석순환적으로 진행된다(Kuhn, 1962). 물론, 지식의 확장이 일어날 수는 있으나 이는 어디까지나 해당 패러다임 안에서 일어나며, 패러다임의 혁명이 일어나는 경우는 드물다. 게다가, 학문이 성숙되어 갈수록 특정한 패러다임은 이를 뒷받침하기 위하여 이용할 수 있는 자료와 증거들이 많아지고, 이론과 개념들은 거의 무의식적으로 적용할 수 있을 정도로 내면화된다. 내가 굳이 세상을 그렇게 보려 하지 않아도 세상은 이미 그렇게 보이고, 연구자는 점점 이러한 자신의 패러다임이 처음부터 의심할 수 없는 확신들 속에서 수립된 것은 아니었다는 점을 망각하게 된다(Descartes, 1644: 42; Husserl, 2001: 5; 차인석, 1987: 27-31).

주변 세계에 대한 상호주관적인 이해 역시 해석순환적인 편견적 인식의 위험을 온전히 해결하기는 쉽지 않다. 가핑켈(Garfinkel, 1967)의 연구를 보면, 사회구성원들은 일상의 삶 속에서 어떤 행동방식이나 어떤 개념에 대한 상당한 공통적인 이해를 수립할 수 있을 것임을 보여준다. 실제 우리의 경험에서도 그렇다. 주변의 사람들과 많은 부분에서 우리는 생각을 공유하고 있다. 그런데 사회적인 문제나 정치적인 문제에서는 사회구성원 전체가 상호주관적인 공통 인식에 도달하는 경우가 드물다. 이런 문제에서 달성되는 상호주관성은 일부의 사람들 사이에서 달성되는 부분적이고 집단적인 현상이다. 이런 상황에서는 상호주관이 소위 '내집단편애(in-group favoritism)'의 근원이 된다.[18] 단지 다른 생각을 가지고 있을 뿐임에도 그들의 생각을 평가절하한다. 서로가 자신들의 생각이 더 정당하고 바람직하다는 생각에 빠진다. 상호주관성이 편견적인 이해와 집단 간 갈등의 원인이 될 수 있다(Plous, 2003; Mills & Polanowski, 1997).

다큐멘터리적 해석의 방법이 자기망각적 사고와 현실을 왜곡하는 언어와 결합하면 어떻게 되겠는가? 당사자는 자신의 판단이 충분한 근거를 가지고 있지 않다는 점을 잘 이해하지 못한다. 현실을 특정한 관점에서 보고 있고, 다른 관점에서 보면 달라질 수 있다는 점을 잘 이해하지 못한다. 내가 이런 판단에 도달한 것은 현상이 그렇기 때문이지 내가 그렇게 해석하여 구성한 것은 아니라고 생각한다. 이미 현상

18) http://www.understandingprejudice.org/apa/english/page7.htm 참고.

은 그렇게 보이고, 나의 판단은 물러설 수 없는 정당성을 가진 것처럼 느껴진다. 즉, 각자가 자신이 정답이며 자신이 옳다고 주장한다. 그런데 그렇게 정답이라고 주장하는 것이 전혀 서로 일치하지 않는 상황이 발생한다.

정치가 발생하는 것은 바로 이 지점이다. 공통의 요구가 있어도 정치는 발생한다. 하지만, 서로 경쟁적이고 상충하는 주장들이 제기되어도 정치는 발생한다. 문제의 해결이 가능하다는 보장은 없다. 하지만, 문제의 해결을 주장하면서 권력을 얻을 수는 있기 때문이다.

제 5 절 정치의 발생과 팽창

1 정치의 발생

1) '코스의 세계'와는 정반대의 사회세계

'정답'이 있고 이를 실현할 방법에 관해 완전한 정보가 있다면 정치는 발생하지 않을 것이다. 이미 정답이 있다면 그대로 하면 된다. 함께 모여 서로의 생각을 나누고 함께 의논하고 토론하고 아직 주어져 있지 않은 어떤 것을 결정해야 할 필요성이 발생하지 않는다. 이런 상황은 경제학의 개념을 빌리면, '코스의 세계(Coasian World)'와 비슷하다(Coase, 1937). 즉, 근로자들에 관해 완전한 정보를 얻을 수 있고 또한 근로계약을 체결하는 데 비용이 소요되지 않는다면 그때그때 필요한 근로자들을 원하는 업무에 투입하면 된다. 굳이 근로자들을 직원으로 고용해야 할 필요가 없다. 그런데 현실적으로는 원하는 근로자를 찾아내고 회사가 필요로 하는 능력과 자질을 갖추었는지를 판단하고 계약을 맺고 회사가 원하는 성과를 내도록 하는 과정에서 여러 가지 비용이 발생한다. 따라서 기업을 만들어서 원하는 근로자들을 조직화하게 되면 그때그때 필요한 근로자들을 채용하여 일하게 할 때에 비하여 거래비용을 크게 절약할 수 있다. 이것이 기업이라는 조직이 발생하는 이유에 대한 설명이다. 필요한 정보가 모두 주어져 있다면 그대로 하면 된다. 정보의 부족에 대응하기 위해 따로 조직을 만들고 의사결정 과정을 만들 필요가 없다.

정부와 정책이 만들어지는 사회세계는 '코스의 세계'와는 정반대의 세계다. 이 세계는 온전한 정보가 발생할 수 있는 방식으로 존재하고 있지 않다. 온전한 정보의 생산을 가능하게 할 수 있는 고정된 세계도 없고, 온전히 의미를 규정할 수 있는 언어도 없고, 중립적으로 세계를 서술할 수 있는 사람도 없다. 사람들이 더불어 살아가고 있지만 온전한 정보가 있기 때문에 함께 살아가는 세계가 아니다. 정보가 부족하지만 그럼에도 함께 해법을 모색하는 것이 유리할 수도 있기 때문에 더불어 살아가고 있을 뿐이다. 이 세계에는 정답이 없다. 단지 구성원들이 서로 공감하고 동의하기 때문에 의사결정이 정당화되는 세계다.

2) 정치의 발생

정보는 부족함에도 의사결정을 하고자 하기 때문에 정치가 발생한다. 여기서 말하는 정치란 의사결정 방식을 의미한다. 과학적인 분석을 통해 정답을 찾아낼 수 있다면 연구가 의사결정의 방법이다. 이런 방법은 대상세계가 이를 가능하게 하는 방식으로 있을 때 가능하다. 그런데 사회세계는 이런 세계가 아니다. 그럼에도 불구하고 결정을 해야 한다. 결정을 하고자 한다. 과학적 분석을 대신해 인류가 역사적으로 이용해 온 방법이 있다. 첫째는 신의 계시를 따르는 방법이다. 인류는 오랫동안 이런 방법에 의지해 왔다. 이슬람의 '성전(聖戰, 소위 지하드)'은 이런 종류의 의사결정이다. 둘째는 더 많은 것을 알고 있는 사람들에게 의사결정을 맡기는 방법이다. 즉, 공동체의 원로에게 의사결정을 맡기는 방법이다. 셋째는 카리스마적인 능력을 가진 개인이나 특별한 지위를 획득한 개인에게 의사결정을 맡기는 방법이다. 넷째는 대의민주주의서처럼 대표를 뽑아서 그들에게 맡기는 방법이다. 다섯째는 구성원들이 직접 결정을 하는 방법이다. 이런 방법의 공통점은 한 가지다. 정보가 부족하다는 점, 누군가에게 의사결정권이 주어진다는 점, 결정된 내용은 구속력을 가진다는 점 등이다.

연구 결과에 기초하여 결정을 내리고 그 결정을 수용하는 것은 그 결정이 그 문제를 해결해 준다는 지식에 근거한 결정이다. 그런데 정치란 이런 방법이 아니다. 지식은 부족하다. 심지어 그 지식조차 '자기망각'에 근거해 있고, 단지 일부의 당사자가 믿고 있을 뿐이다. 어떤 것이 더 나은 선택일지 판단하기 어렵다. 그럼에도 굳이 결정을 해야 할 때, 결정을 하고자 하기 때문에 발생하는 것이 정치다. 이처럼 정보가 부족하기 때문에 결정 권력은 획득하여 향유하지만 그에 대한 책임을 지지는 않을 수 있는 집단이 함께 발생한다. 책임을 추궁하는 것도 여러 가지 정보가 있어야 하기 때문이다.

2 권력만 향유하는 정치인과 관료

국민의 뜻이 분명하다면 이를 기준으로 정치인과 관료들의 행동을 통제할 수 있다. 그러나 현실은 그렇지 못하다. 국민의 뜻 자체가 불분명할 뿐 아니라 심지어는 심각하게 대립하는 일도 흔하다. 사교육, 복지, 노사문제, 대기업규제, 수도권규제, 남북문제, 역사교과서 국정화 문제 등 어떤 문제이든 국민 다수가 문제에 공감하고 해법에 공감하는 경우는 드물다. 이런 상황은 정치인과 관료에게 의사결정 권력은 줄 수 있어도 그 권력에 대한 책임의 추궁은 어렵다. 즉, 권력만 향유하는 집단이 발생할 수 있다는 것이다.

국민의 의사는 경쟁적이고 불확실하고 심지어 상충하지만 정부는 수많은 정책을 만들고 집행하고 있다. 도대체 정부는 누구를 위해 정책을 만들고 있는 것일까? 무엇을 위해 정책을 만들고 있는 것일까? 차라리 국민 각자의 자발적 선택에 맡기는 것이 더 나은 방법이 아닐까? 도대체 무엇이 불확실하고 애매하며 심지어 서로 상충하고 경쟁하는 국민의 뜻을 대신하여 정책에 목표를 부여하고 정당성을 부여하는 것일까? 도대체 정부가 풀려는 문제는 누구의 문제일까? 누굴 위해 해결하고자 할까? 문제라고 할 수 있고, 해결이라 할 수는 있는 것일까? 국민의 의사가 경쟁적이라면 이런 질문에 대한 답은 궁색해진다. 누군가의 문제해결은 다른 누군가의 문제 악화를 의미하기 때문이다.

애로(Kennith J. Arrow)의 불가능성 정리는 결정의 어려움을 잘 보여준다(이정전, 2005: 196-205). 이미 국민들이 원하는 바가 다양하고 경쟁적이라면 이런 국민들의 요구를 공정하게 반영할 수 있는 복지함수, 즉 의사결정 방법은 존재하지 않는다는 것이다. 그러나 정치인과 관료의 입장에서는 그렇지 않다. 해결해야 할 문제가 없다면 이들은 할 일이 없다. 할 일이 없다면 권력을 주어야 할 이유도 사라진다. 권력을 정당화하려면 그 권력을 이용하여 무엇인가를 달성할 목표가 있어야 한다. 달성할 목표가 없다면 적어도 있는 것처럼 말이라도 해야 한다.

정치인에게 정책은 문제의 해법이 아니라 선거에서 이겨 권력을 획득하고 권력을 연장하기 위한 수단이다. 국민에게 상당한 부담이 발생하거나 또는 재정의 낭비가 발생할 가능성이 있어도 선거에 도움이 된다면 얼마든지 이런 정책을 공약할 수 있는 것이 정치의 세계다. 물건을 파는 사람들이 허위광고, 과장광고를 하듯이 공허하고 유토피아적인 공약을 제시해서라도 선거에서 이겨야 권력을 차지할 수 있다. 선거에 도움이 된다면 수도를 옮길 수도 있고, 모든 공기업들을 지방으로 이전할 수도 있다. 상당한 비용이 발생하는 노인복지나 영유아복지를 공약으로 제시할 수도 있다.

관료들 역시 문제의 해결이 가능하기 때문에 정책을 만드는 것이 아니라 자신의 이익을 위해 정책을 만들 수 있는 집단이다. 자신들에게 돌아올 책임이나 비난을 피하기 위해서, 자기 조직의 권한을 강화하기 위해서, 산하 기관에 대한 통제를 강화하기 위해서, 단지 전시성의 효과를 위해서 얼마든지 정책을 만들 수 있다. 아니 정책을 만들어야 한다. 해결이 곤란해도 문제로 규정하고 해법을 제시해야 한다. 문제를 실제로 해결하거나 목표를 달성한다는 보장이 없어도 좋다. 당장의 비난을 피할 수 있고, 조직과 권한과 예산의 유지에 도움이 된다면 얼마든지 정책화할 수 있다. 과거 경제개발기나 권위주의적 정권시절에 못지않게 관료들이 분야별 산업을 지배하고 있고 초·중·고등학교는 물론 대학까지도 지배하고 있다.

어떻게 국민들의 뜻이 분명하지 않는데 정치인과 관료들의 지배는 계속될 수 있을까? 역설적이게도 국민들의 뜻이 분명하지 않다는 점이 정치인과 관료들의 지배와 권한을 정당화하는 원인이 되기 때문이다. 유권자 다수의 뜻이 분명하다면 정치인과 관료들은 이를 정책화하는 역할을 담당한다. 유권자가 원하는 바가 정책의 핵심내용을 구성하므로 정치인이나 관료가 스스로 판단하고 영향력을 행사할 수 있는 영역은 크지 않다. 하지만, 유권자의 뜻이 다양하고 경쟁적이며 심지어 상충적일 때 정치인과 관료의 재량권은 오히려 더 커질 수 있다. 국민들의 뜻이 분명하지 않으니 겉으로는 유권자의 이익을 빙자하면서 실제로는 자신들의 정치적 이익을 추구할 수 있다. 이념적 목표를 추구할 수도 있다. 조직의 이익에 맞는 정책을 선택할 여지도 발생한다.

예를 들면, 이런 것이다. 성매매는 어떤 사람에게는 문제이지만 어떤 사람에게는 그렇지 않다. 게다가, 이런 문제에 대한 사람들의 생각은 각자가 자신의 사상이나 가치를 배경으로 하여 서로 공감을 형성하는 것이 쉽지 않다. 그런데 이 문제에 대해 주장하고 연구하는 사람들의 생각은 그렇지 않다. 분명히 문제가 있다고 주장한다. 게다가, 각 집단은 자신이 옳고 상대방이 틀렸다고 주장한다. 그런데 사회세계는 이런 세계가 아니다. 누군가의 주장이 정답이 되고 다른 누군가는 틀린 것으로 입증할 수 있는 세계가 아니다. 그런데 정책 이슈가 되면 달라진다. 참여한 집단은 누구나 자신이 정답인 것처럼 주장하고 그렇게 정책을 만들어야 한다고 주장한다. 만일 사람들의 입장이 이처럼 제각각이라면 정치인과 관료는 자신들의 정치적 이익이나 조직적 이익 또는 책임 회피를 위해 이런 문제에 개입을 선택할 수 있다. 즉, 책임을 지지도 않고 문제를 해결해 주는 것도 아니지만 그럼에도 국민 전체에 영향을 미치는 의사결정 권력을 향유하는 집단이 발생하는 것이다.

3 비난과 책임 추궁 심리

우리에게 일어나는 문제 중에 정부에게 책임을 돌릴 수 없는 문제가 있을까? 사실 모든 것을 정부책임으로 돌릴 수 있다. 이런 비난 심리 역시 정부개입과 정치의 영역을 팽창시키는 역할을 한다. 아직 법을 만들고 대책을 세우지 않았다면, 정부는 아직 문제를 제대로 파악도 못하고 있다고 비난한다. 정부가 대책을 내놓으면 전시성 정책이라 비판하고 성과가 없다고 비판한다. 정부가 나섰는 데도 나아진 것이 없다고 비판한다. 심지어 정부가 나서서 문제가 오히려 음성화되고 더 해결하기 어렵게 됐다고 비난하기도 한다. 행정만능! 법률만능! 규제만능! 정부는 무엇이든 할 수 있어야 하고, 법을 만들어서 무엇이든 할 수 있고, 규제를 만들어서 얼마든지 할 수 있다고 생각한다.

다음의 질문을 생각해 보자. 내 자식을 내 마음대로 할 수 있는가? 내 아내와 내 남편을 내가 원하는 대로 바꿀 수 있는가? 우리 동네와 학교와 회사와 지역을 원하는 대로 바꿀 수 있는가? 당장 내 곁에 있는 내 가족도 내 마음대로 할 수는 없는 데 수많은 사람들이 서로 뒤엉켜 살아가는 세상을 내가 원하는 대로 바꿀 수 있는가? 쉽지 않다. 내가 할 수 없는 것을 어떻게 정부는 할 수 있는가? 정부는 우리 자신보다 더 뛰어난 능력을 가지고 있는가? 더 나은 도덕성을 가지고 있는가? 우리 문제에 대해 더 상세한 정보를 가지고 있는가? 우리의 문제를 우리의 입장에서 이해할 능력을 가지고 있는가? 정부가 내가 낸 세금을 내 돈처럼 아껴 쓸 것인가? 어느 것 하나 그렇다고 답하기는 어렵다. 그런데 왜 정부를 탓하고 정부에 의지하고 정부가 무엇이든 할 수 있을 것처럼 말하는가?

심리학자들은 인간의 이런 심리에 근본적 귀인 오류(fundamental attribution error)라는 이름을 붙여 놓았다. 무엇인가 특정이 가능한 원인을 규정하고자 한다는 것이다. 즉, 어떤 일이 일어났다면 분명 원인이 있어야 한다. 그런데 상황이 복잡하여 실제의 원인을 찾는 데는 상당한 어려움이 있다. 그렇다면, 원인을 특정하기는 쉽지 않고, 우연하고 복잡한 원인들이 작용한 것으로 인정하는 것이 옳다. 그런데 사람들의 심리는 그렇게 작동하지 않는다. 누군가에게 비난의 화살을 돌리고, 그 대상을 원인의 핵심으로 규정하기를 원한다. 이것이 근본적 귀인 오류다. 인간이 자신의 무지를 피하면서 위로를 얻는 방법일 것이다.

이런 책임 추궁이 정확한 현실 이해에 기초한 것이 아니라는 점은 정부개입의 결과를 보면 알 수 있다. 투입 가능한 예산이 정해져 있고, 공무원 인력의 규모도 정해져 있다. 설사 인력과 예산이 있어도 정부가 신이 아닌 한은 온전한 정보를 가질 수 없다. 게다가, 세상은 인간이 자신의 생각과 언어에 의지하여 이해할 수 있는 범위를 벗어난다. 그러다 보니 정부의 개입은 꼬리에 꼬리를 물고 계속되지만 상황은 달라지지 않거나 오히려 악화되는 일이 계속 일어나고 있다. 성매매 문제, 사교육 문제, 대학입시 문제, 음성적으로 이루어지는 온갖 부정부패, 불공정 하도급, 노사갈등 등의 문제들이 정부의 개입에도 계속되거나 심지어 문제가 악화되는 일이 발생하고 있다.

정부에 대한 책임 추궁은 관료조직의 확대와 규제의 증가, 세금의 증가를 초래한다. 정부가 커지고 정치의 영역이 커지는 결과를 초래한다. 정부가 커진다는 것은 또 다른 문제의 원인이 된다. 시장보다 훨씬 견제하고 감독하기 어려운 것이 정치행위와 정부·정책 행위다. 문제를 해결하지는 못하면서 권력은 행사하고 비용은 국민에게 떠넘기는 조직이 얼마든지 만들어질 수 있다.

4 서로에 대한 불신

서로에 대한 불신 역시 제3자인 정부개입과 정치영역이 확산되는 원인이다. 정부도 마음에 들지는 않지만 주변에서 일어나는 일들은 더 불만이라면 그나마 정부가 낫다고 판단할 것이다. 여기에도 심각한 인식 오류가 작용한다. 일상에서 일어나는 일들은 직접 경험한다. 비교적 정확하게 정보를 얻을 수 있다. 뿐만 아니라, 정확하게 정보를 제공하는 것도 쉽다. 이런 일은 언론이 잘 담당한다.

정부정책의 잘못보다는 대기업의 비리와 부당행위를 캐내는 것이 훨씬 쉽다. 게다가, 이들이 저지르는 행동은 분식회계, 배임, 횡령에서부터 미묘하고 복잡한 소유구조, 정치인과의 유착, 재산 및 경영권 분쟁, 족벌 경영 등 이슈도 다양하다. 구멍가게와의 상권경쟁, 부당한 내부 거래, 세금 포탈 등 도덕성이 의심스러운 일도 흔히 벌어진다. 우리가 일상에서 경험하는 불공정행위나 기회주의적인 행동도 온 사방에 널려 있다. 음식점은 재료의 원산지를 속이고, 인터넷 상거래사이트는 물건 값만 받고 사이트를 폐쇄하고, 어떻게 알았는지 온갖 스팸전화가 걸려 와서 은행과 금융감독원과 검찰과 경찰을 사칭하고 있다. 정말 눈뜨고 코 베이는 일이 벌어지고 있다.

그렇지만, 정부는 국방서비스를 공급하고, 경찰과 소방서비스를 공급하고, 교육서비스를 공급하고 있다. 국민의 생명을 보호하고 질서를 보호하고 약자를 보호하는 역할을 담당하는 것으로 생각한다. 물론, 그렇다. 정부가 하는 많은 일들은 국민 다수의 생명과 건강과 안전과 미래와 인권을 위한 일들이다. 이렇게 생각하면 당연히 정부가 간섭하고 개입하는 것이 나을 것이라 생각하기 쉽다. 주변 사람들은 믿을 수 없지만 그래도 정부는 좀 나을 것이라고 기대하는 것이다.

중요한 것은 우리가 믿을 수 없고 우리에게 손해를 끼치는 사람과 정부업무를 담당하고 정치를 담당할 사람들은 한국이라는 동일한 사회·문화·교육·정신세계의 산물이라는 점이다. 게다가, 기업은 소비자들의 요구를 충족시키지 못하면 망하지만 정부는 정책이 실패해도 절대 망하지 않는다. 국민에게 어떤 부담을 안기고 국가의 미래에 어떤 혼란을 안겨도 정치인과 관료들은 직접 책임지지 않는다. 그 책임은 모두 국민에게 돌아온다. 누가 더 신중하게 결론을 내릴까?

5 수혜자와 비용부담자의 분리

정책은 수혜자와 비용부담자가 분리되어 있는 경우가 많다. 그렇다면, 정부와 정책담당자는 수혜자에게 주어지는 혜택을 핑계로 정책을 정당화할 수 있다. 사실 공짜 점심은 없다. 누군가에게 혜택을 주려면 누군가는 비용을 부담해야 한다. 약자의 편에 서서 정책을 정당화하기는 쉽다. 이런 정책에 동의하지 않는 사람들은 부도덕하고 냉정한 인간으로 몰아세울 수도 있다. 납세자의 돈으로 서비스를 제공하지만 마치 자신이 혜택을 제공하는 것처럼 공약하고 정치적 지지를 이끌어낼 수도 있다. 내 돈은 쓰지 않고, 남의 비용으로 정책을 제공하면서 그로 인한 정치적 혜택은 내가 차지하는 데 이런 정책을 마다할 정치인이 어디 있겠는가?

무상급식, 무상보육, 무상의료, 반값등록금 실제로 이런 것은 없다. 다른 누군가의 비용으로 내 아이를 먹이고 다른 누군가의 돈으로 내 아이를 키우고 다른 누군가의 돈으로 내 병을 치료하고 다른 누군가의 비용으로 내 대학등록금을 내는 것이다. 혜택을 받는 사람들은 이런 정책을 거부할 이유가 전혀 없다. 더 많을수록 더 좋다.

복지정책뿐 아니라 교량, 도로, 공항, 항만 등 사회간접자본을 공급하는 일이나 진입규제, 가격규제와 같은 규제정책도 수혜자와 비용부담자가 다르다. 자기 지역에 공공기관을 이전시켜 준다는 데 거부할 자치단체는 없다. 자기 지역에 고속도로를 만들고 공항을 만들어준다는 데 왜 거절하겠는가? 최저임금을 올려준다면 당사자들은 반대할 이유가 없다. 공공요금 인상을 억제한다면 당사자는 반대할 이유가 없다.

그러나 이런 종류의 정치는 3류 정치다. 국민에게 비용을 부담시키고 비용을 전가하는 일을 오로지 선거에 이기기 위한 수단으로 이용하고 있기 때문이다. 누군가에게 부담을 준다면 그 비용을 부담하는 사람들의 의견을 듣고, 연구하고 대화하고 공감을 얻는 과정을 거쳐야 한다. 이런 과정을 거치지는 않고, 단지 선거과정에서 혜택을 받을 사람들이 동의했으니 정책화하는 것은 전혀 민주적이지 않다. 일종의 정치적 지대추구다. 정치적 기회주의다. 나의 정치적 이익을 위해 그 비용을 다수 국민에게 전가시키는 행위이기 때문이다.

6 성과 평가의 어려움

정부개입과 정책의 성과를 정확히 평가하기 어렵다는 점도 정부와 정치에 대한 적절한 견제를 어렵게 한다. 기업은 성과를 못 내면 망한다. 하지만, 정부는 그렇지 않다. 망하는 법이 없다. 일단 만들어지면 설사 성과를 내지 못해도 스스로 망하지는 않는다. 정부의 성패와는 상관없이 국민들은 정부와 정책의 운영에 필요한 비용을 계속 공급하기 때문이다.

게다가, 정부업무의 성과는 평가가 어렵다. 막대한 예산이 투입되는 교육정책이 실제로 얼마나 바람직한 성과를 내고 있는지 알 방법이 있는가? 없다. 정부부처와 공기업들을 지방으로 이전하였다. 실제로 어떤 이익과 비용이 발생하고 있는지 알 방법이 있는가? 쉽지 않다. 국가경쟁력을 심각하게 저해할지도 모른다. 그러나 이를 정확히 파악하기는 어렵다. 막대한 예산이 노인복지와 영유아복지에 투입되고 있다. 이런 정책들이 그 비용에 상응하는 효과를 내고 있는지 알 수 있는가? 결코 쉽지 않을 것이다. 성과를 알기는 어려워도 일단 제공하기 시작한 혜택을 줄이지는 못한다. 일단 시작한 정부의 정책을 중지시키기는 어렵다. 정책중단으로 어떤 문제가 발생할지 역시 정확히 예측하기는 어렵기 때문이다.

정치의 확장이 어떤 문제를 초래하는지 좀 더 구체적으로 검토해 보자.

제 13 장 영원한 정치의 딜레마

제 1 절 서 론

정부를 만들 때 반드시 발생하는 현상이 정치다. 정책을 결정하고 집행하는 과정 역시 정치에 의해 점철된다. 역사적으로 보면, 다수 사회구성원의 이익에 봉사하는 정치는 일부 국가의 현상이며 그것도 매우 현대적인 현상이다. 정치의 딜레마란 사회구성원들은 자신들의 이익을 위하여 정치에 의지하지만 정치는 그것이 작동하는 원리로 인하여 사회구성원의 기대를 충족하는 것이 결코 쉽지 않음을 뜻한다. 정치가 문제를 해결해 줄 것을 기대하지만 실제로는 문제를 해결하기는커녕 더 꼬이게 만든다. 더 나은 사회를 만들어주기를 기대하지만 오히려 사회를 갈등과 혼란에 몰아넣기도 한다. 심지어 프리드먼(Milton Freidman)은 정책이 어떤 결과를 가져 올 것인지 궁금하면 그 정책이 약속하는 것을 정반대로 예상하면 맞을 것이라고 비꼬고 있다(Friedman, 1983: 105－107). 정치를 통하여 우리의 문제를 해결하는 것이 결코 쉽지 않다는 것이다.

정부와 정책이 만들어지고 작동하는 전체 과정을 놓고 보면 정치의 딜레마는 크게 두 가지로 나눌 수 있다. 첫째는 정부를 형성하는 과정에서 발생하는 정치다. 정부란 사회구성원들이 함께 만들어내야 한다. 제9장에서 살펴본 것처럼 헌법이 규정하고 있는 핵심적인 내용은 정부를 구성하는 각종의 지위다. 정부가 작동하려면 이 지위와 권한을 담당할 사람들을 선출해야 한다. 그런데 정부를 담당할 사람을 뽑는 일은 정치행위다. 특정인에게 특정한 방법으로 권력을 부여하는 것을 핵심으로 한다. 인류의 역사를 보면, 공정한 선거에 의하여 민주적으로 권력을 교체하는 방식으로 정부를 만드는 일이 쉽지 않다. 이 점은 『이코노미스트(*The Economist*)』의 조사 결과가 잘 보여준다. 온전한 민주주의 국가는 15%에 불과하다. 이런 국가에 살고 있는 인구의 비중은 11.3%에 불과하다.[1)] 결함이 있는 민주주의 국가를 포함하면 약 50%의 인구가 민주국가에서 살고 있다. 그런데 약 30%의 국가와 37.1%의 인구는 독재적인 정부의 지배를 받고 있다.

둘째는 정부가 정책을 결정하고 집행하는 과정에서 발생하는 정치다. 정책과정 역시 정치에 의해 점철된다. 링컨(A. Lincoln)이 말한 것처럼 '국민의', '국민에 의한', '국민을 위한' 정부를 만들려면 '국민'이 있어야 한다. 국민이 투표의 주체로 있어야 할 뿐 아니라 '의사의 주체', '선호의 주체', '목표의 부여자'로 있어야 한다. 그러나 개인의 가치와 삶의 양식은 자신의 삶의 여건을 반영하여 발생하고 얻어지는 지식이며, 이를 공유하는 것이 쉽지 않다. 분명한 목표의 수립이 어렵고, 정부에 공통의 임무를 부여하는 것이 쉽지 않다. 국민의 요구가 복잡하고 불분명하니 어떤 결정을 하려면 서로 다른 요구와 이해관계를 수렴하고 조정하고 타협해야 하는 문제가 발생한다. 그러나 문제의 해법 역시 불분명하기 때문에 정치인과 관료들이 자신들의 이익을 기준으로 정치를 하고 정책을 펼 수 있는 여지가 발생한다.

설사 민주적인 방식으로 정부를 만들고, 상대적으로 민주적인 방식으로 정책과정이 작동하더라도 정치를 피할 수 없다. 정부를 만들면 반드시 정치가 발생한다. 정치란 그 나름의 논리에 의하여 작동한다. 정치가 다수 국민의 이익을 위해 봉사하게 하는 일은 결코 쉬운 일이 아니다. 우리의 역사적 경험을 생각해 보면 금방 알 수 있다. 정부가 개입하면 반드시 정치적 목적의 권력 행사가 발생하고, 재량권 문제가 발생한다. 또 정부가 개입하면 반드시 획일화 문제가 발생하고 감시비용 문제도 발생한다. 공공적 서비스를 독점적으로 공급하는 생산 구조로 인하여 비효율화도 반드시 발생한다. 시장실패에 대응하기 위해 선택한 정부라는 제도를 성공적

---

1) http://pages.eiu.com/rs/eiu2/images/Democracy-Index-2012.pdf; The Economist (2013). Democracy index 2012: Democracy at a standstill. 참고.

으로 작동하게 하는 데도 여러 가지 장애들이 있다. 먼저, 정부를 형성하는 첫 번째 단계인 선거과정에서 일어나는 정치를 검토해 보자.

제 2 절 선거의 정치

1 민주주의의 이중 구조

민주주의 국가에서 일상적인 정부 업무는 정치인과 관료 등 공직자가 담당한다. 그런데 이들 공직자 중 최고의 권력을 점하는 일부는 선거에 의해 선출된다. 이렇게 선출된 정치인만이 국민의 대표로서 권력의 정당성과 근거를 확보할 수 있다. 이런 이유로 민주주의 정부는 주기적으로 대중의 개입을 받는다. 이것이 민주주의의 이중 구조다(강준만, 2011: 46). 일상적인 정치와 정책과정은 정치인과 전문관료가 담당한다. 그런데 정부는 선거에 의하여 국민의 직접적인 심판과 개입을 받는다. 우리 헌법 제41조, 제67조, 공직선거법 제20~23조는 국회의원, 대통령, 비례대표국회의원, 지역구지방의회의원, 지방자치단체장은 국민의 보통·평등·직접·비밀선거에 의하여 선출하도록 규정하고 있다. 선거에 의하여 선출되지 않는 공무원(예: 국무위원, 대법원장, 대법관, 헌법재판관, 검사 등)도 선거에 의해 선출된 공직자(예: 대통령, 국회의원)가 임면한다. 선거가 정부를 구성하는 공직자의 선별에서 가장 핵심적인 변수로 작용한다.

선거의 가장 큰 특징은 대중이 참여한다는 점이다. 현대 자유민주사회에서 시민은 법에 의해 특별히 제한되지 않는 한 누구나 평등하게 선거권을 가진다. 한 표의 영향력은 미미하다. 그런데 생각을 같이하는 사람들의 표가 모이면 정권을 바꾸는 것이 대중의 힘이다. "대한민국의 주권은 국민에게 있고, 모든 권력은 국민으로부터 나온다."는 헌법(제1조)의 정신을 직접 실현하는 것이 선거다. 선거가 없다면 일반 국민은 정치과정에 정기적으로 영향을 미칠 수 없다. 대신 정치적 의사를 표출할 수 있는 힘과 수단을 가진 자들이 정치과정에 결정적인 영향을 미치는 상황이 지속될 것이다.

하지만, 누구나 평등하게 한 표를 행사한다는 선거의 핵심원리가 선거제도의 운영에 심각한 암초가 될 수 있다. 선거에서의 승패는 오로지 획득한 표의 숫자에 의해 결정된다. 무엇보다 중요한 것은 경쟁 후보보다 더 많은 표를 얻어야 한다는 점이다. 경쟁 후보보다 더 많은 표를 얻으려면 유권자가 더 호감을 가진 공약을 제시해야 한다. 소위 '인기영합'의 정책 공약이 선거를 지배할 수 있다. 그러나 이런 방식의 의사결정은 제12장에서 설명한 것과 같은 결정불충분성이 강한 사회문제를 다루는 지혜로운 방법이 결코 아니다. 사회문제 해결의 핵심은 결정에 있는 것이 아니라 사회구성원의 생각과 지혜를 모으고 공감을 얻어 함께 문제를 해결하기 위해 노력해 가는 과정에 있다. 함께 협력해야 해결이 가능하기 때문이다. 정책의 성공을 기대하기 어려운 졸속적 결정이 나올 뿐이다.

제9장에서 설명한 것처럼, 인간에 의해 만들어지고 작동하는 사회제도들은 그것을 이용하는 사회구성원의 의도에 따라 역할과 기능이 정해진다. 선거 역시 다르지 않다. 선거에 관련된 사람들의 생각에 따라 독재적 권력을 정당화하는 수단으로 전락할 수도 있고, 민주적인 권력의 창출을 가능하게 하는 수단이 될 수도 있다.

예를 들면, 박정희 대통령은 국민투표에 의하여 헌법을 개정하고, 자신을 지지할 수 있는 사람들로 통일주체국민회의라는 대통령선거인단을 선출하여 이들의 투표에 의해 대통령을 선출하도록 했다. 1972년 제8대 대통령 간접선거에서는 총 2,359명의 통일주체국민회의 대의원 가운데 2명만이 기권하고 모든 대의원이 박정희에게 투표했다. 1978년 7월 제9대 대통령 투표에서도 대의원 투표 2,578명 중 2,577표를 얻은 박정희 후보가 당선되었다. 1980년 8월 27일 제11대 대통령 전두환 선출 때는 투표 2,525명 중 2,524표를 획득하여 당선되었다.[2] 99.9%의 지지를 얻어 당선되었다. 즉, 설사 선거의 형태를 빌리더라도 이 선거를 관리하고 통제하는 사람의 의도에 따라 얼마든지 독재적 권력을 정당화하는 수단이 될 수 있다는 것이다.

2 포퓰리즘: 의미와 구조

포퓰리즘(populism)이란 일반 대중의 인기에 영합하고 대중을 정치적으로 앞세

2) https://namu.wiki/w/통일주체국민회의.

워 권력을 획득하거나 유지하는 정치형태다(안종범, 2007: 68). 국민 대중에게 주권이 있다는 점을 생각해 보면, 대중에게 인기 있는 정책을 선거 공약으로 제시하고 이를 정책화하는 것은 크게 문제될 것이 없을 것처럼 보인다. 현대 정치에서 포퓰리즘은 일반화된 특징이며, 민주주의의 필수불가결한 요소라는 지적도 나오고 있다(강준만, 2011; 46). 그러나 선거에 참여한 사람들이 각자 자신만의 이익을 추구하면 결과적으로는 모두가 더 나쁜 상황에 처하는 죄수의 딜레마와 같은 상황이 발생할 수 있다. 즉, 대중의 인기를 얻기 위해 만든 정책이 오히려 대중에게 비수가 되어 돌아오는 일이 발생한다(황상연 · 최용환 · 이현우, 2011).

선거에 출마한 정치인은 선거에서의 승리를 위해 자신에게 확실하게 투표해 줄 특정집단을 공약의 대상으로 삼을 수 있다. 특정집단에게 혜택을 주지만 다른 유권자와 미래 세대까지도 조세부담을 가하는 복지공약을 제시하거나 또는 지역개발정책, 재정지원정책을 제시할 수 있다. 정치인의 인기영합적 공약에 대해 언론, 전문가집단, 시민단체 등이 적절한 견제를 가할 수 있다면 포퓰리즘 문제를 예방할 수도 있다. 그러나 우리의 예를 보면, 각 지역의 언론은 지역의 이익을 옹호하는 경향을 보인다(이용성, 2011). 지역방송은 방송심의위원회로부터 시정권고를 받을 만큼 편중된 내용을 과열 보도하였다(이용성, 2011: 52). 지역의 전문가 집단 역시 자기 지역의 이익을 옹호하기를 주저하지 않았다. 경쟁관계에 있는 정치세력 역시 이런 공약에 대해 일방적으로 비판하기는 쉽지 않다. 해당 지역 주민의 지지도가 떨어질 수밖에 없기 때문이다. 반면, 이런 공약으로 인해 새롭게 발생하는 비용을 부담해야 하는 유권자들은 소위 '합리적 무지'의 상태에 있다. 해당 정책에 대해 조직적으로 반대 의견을 표출하기는 어려운 상황에 있다.

당사자의 이해관계가 이와 같이 분포되어 있다면 선거는 어떻게 되겠는가? 당장에는 특혜성 공약으로 득표의 확대에 성공한 사람이 선거에서 승리할 수 있다. 그렇다면, 이런 공약을 그대로 정책화하면 어떻게 되겠는가? 현재 누리과정 예산조달 문제를 놓고 중앙정부와 지방정부가 겪고 있는 일이 발생한다. 재원문제를 충분히 따져보지 않고 선거에 이기기 위해 공약을 제시했으니 이런 문제가 발생한다. 그렇다면, 이런 공약으로 인한 부담은 누가 짊어지는가? 결국, 유권자 전체의 몫이 된다. 즉, 정치인은 인기영합적인 공약을 내세워 권력을 얻는다. 그런데 실제 그 공약으로 인해 발생하는 재정부담과 사회적 갈등은 국민이 풀어야 할 문제로 되돌아온다. 이런 일이 계속되면 어떻게 되겠는가? 정치에 대한 국민의 신뢰가 무너지고, 정책에 대한 국민의 지지도 약화될 것이다. 정부와 정치에 대한 국민의 신뢰가 약화되면서 결국 정부와 정치를 통해 문제를 해결할 수 있는 능력이 전반적으로 악화되는 문제가 발생한다.

3 그리스 위기와 포퓰리즘

2010년대 들어 IMF와 EU의 재정지원으로 연명하면서 극심한 재정위기를 겪고 있는 그리스를 생각해 보자(황상연 · 최용환 · 이현우, 2011: 10-13). 1980년대 그리스는 치열한 선거경쟁 가운데 포퓰리즘 정책이 쏟아졌다. 야당인 PASOK(범그리스 사회주의운동)당의 당수 안드레아 파판드레우(Andreas Papandreou)는 1981년 재정확대를 통한 일자리와 사회보장 혜택 제공을 약속하며 집권했다. 파판드레우는 집권 후 공무원 임금상승, 공공부문 일자리 확대, 보편적 의료복지 등 사회보장수준 확대 조치를 취하였다. 재정적자와 정부부채는 파판드레우가 집권한 1980년대에 급격하게 확대되었다. 1985년 파판드레우는 재정규율의 필요성을 인식하고 긴축정책을 시도하였다. 그러나 노조의 반대와 선거로 인해 개혁을 포기하였다. 이후 선거를 앞두고 재정적자가 심화되는 일종의 정치적 경기순환현상이 반복되었다.

1990년 집권한 신민당이 과감한 긴축정책을 통해 재정건전성을 회복하고자 하였으나 국민들의 반대 속에 재집권을 실패하였다. 이후 집권을 한 정치지도자들도 개혁에 실패하거나 개혁을 포기하였다. 2004년에 집권한 신민당 정권도 개혁을 추진하였으나 노조연맹의 격렬한 반대에 직면하였고, 2009년 조기총선이라는 극단적인 결단을 내렸으나 임금인상과 복지확대를 공약으로 제시한 PASOK당에게 패배하였다. 그리스 공공부문 종사자 가운데 약 25% 가량이 과잉 인력으로 분석되고 있다. 1995~2008년 공무원 연평균 실질임금 상승률은 3.1%로 유로존 16개국 평균 1.25%의 두 배 초과하고 있다.[3] GDP 중 연금지출비중이 17.5%로 EU 국가들 중 가장 높다(EU 평균은 13,2%).[4]

3) https://namu.wiki/w/그리스 경제위기.
4) 황상연 · 최용환 · 이현우(2011)는 1960년대 일본과 페론의 아르헨티나, 이탈리아 등의 예를 함께 제시하고 있다. 아르헨티나의 몰락에 대해서는 포퓰리즘적인 페론의 정책이 문제가 아니라 1976

4 한국 선거의 좁속적 포퓰리즘

노무현 대통령은 행정수도 이전을 공약하여 당선되었다. 박근혜 대통령 역시 누리과정과 기초노령연금 등 특정집단을 대상으로 하는 복지정책을 공약으로 당선됐다. 이 정책으로 인한 혼란과 비용은 모두 국민의 몫이다. 선거 때마다 수많은 정책들이 오로지 득표를 목적으로 쏟아진다. 게다가, 이해당사자와 연구자들은 약속을 했으니 지키라고 요구한다. 오로지 선거에 이기기 위해 좁속으로 만들어진 공약이 갑자기 당연히 입법화되어야 할 정책공약으로 등장한다. 포퓰리즘적 정책이 납세자와 국민의 재정부담으로 되돌아오는 순간이다. 이것이 선거의 딜레마다. 선거에 이기려면 사람들의 마음을 끌 수 있는 '매력적'인 공약을 제시해야 한다. 그런데 그 공약이 다수 사회구성원과 국가의 미래에 도움이 되는 것이 아니라 부담이 되어 돌아온다. 오로지 특정인의 표를 얻기 위해 좁속적으로 만들어진 정책이기 때문이다.

한국 근로자 가운데 면세점에 못 미치는 소득을 벌어서 세금을 내지 않는 비중이 50%에 달한다(안종범, 2007: 70). 세금을 내지 않아도 되는 금액인 면세점을 서민의 세금을 깎아 준다는 이유로 계속 인상했기 때문이다. 하지만, 면세점을 올린다고 세금을 안내는 것이 아니다. 면세점보다 소득이 높은 근로자에게 점점 더 많은 세금부담이 발생하기 때문이다. 국민연금이나 공무원연금의 개혁이 쉽지 않은 것도 동일한 이유다(안종범, 2007: 74). 기금이 고갈되는 것은 막으려면 연금부담은 늘리고 연금수령액은 줄여야 한다. 그런데 이런 조치를 찬성할 사람은 없다. 그러나 정책담당자들은 극한 순간까지 미적거릴 수밖에 없다.

수도권 규제 역시 포퓰리즘적 정책의 하나다(안종범, 2007: 75). 기업을 하는 사람은 수도권에 공장을 세우고 싶어 한다. 우수 인력을 구하기 쉽고, 운송비도 절약되기 때문이다. 하지만, 사람들은 수도권 규제를 완화하면 수도권 집중이 심화되고 지방경제가 붕괴되며, 수도권 환경오염이 심해져 수도권과 지방이 함께 죽는다고 생각한다. 그러나 수도권 규제는 정반대의 결과를 가져왔다. 첫째, 공장이 지방이 아니라 중국, 베트남 등 해외로 나갔다. 둘째, 외국에서는 수도권 집중이 오히려 국

년 쿠테타로 집권한 정부의 신자유주의적 정책이 원인이라는 지적도 나오고 있다. 원인이 어디에 있든 좁속적인 정책과 정치가 아르헨티나를 몰락시킨 것은 분명해 보인다.

가경쟁력에 도움이 되는 시대라는 것을 보여주고 있다. 수도권 규제를 완화하면서 런던은 2.5배, 도쿄는 3.5배, 상하이는 14배 커졌다. 일본에서는 수도권 규제를 완화하면서 해외로 나갔던 기업들이 다시 돌아오고 있다. 셋째, 우리의 산업구조는 환경오염을 유발하는 무거운 구조가 아니라 정보화산업과 같은 가벼운 산업구조다. 환경오염의 가능성이 한층 낮아졌다. 그러나 한국에서는 지역균형과 관련된 정책이 지속적으로 강화되고 있다.

5 종 합

이 장에서 설명하고자 하는 것은 '정치'가 작동하는 원리다. 과연 정치라는 것이 우리의 문제를 해결할 수 있는 능력을 가지고 있는지, 이런 일이 가능한 방식으로 작동할 수 있는지에 관한 것이다. 포퓰리즘이 경고하는 것은 정치란 거기에 직접 참여하고 있는 정치인의 이익에 봉사하는 것이 일차적 목표라는 점이다. 다수 득표자가 권력을 차지하는 선거의 구조가 이런 행동을 부추기고 있다는 것이다.

대통령 선거의 경우, 각 정당의 후보는 각 정책분야별로 수많은 정책공약을 한꺼번에 제시한다. 이렇게 집합적으로 정책공약이 제시되면 유권자가 세부 정책을 기준으로 투표하기는 쉽지 않다. 정책마다 선호하는 정당이 달라질 수 있기 때문이다. 결국, 많은 유권자들은 세부적인 정책공약을 검토하기보다는 후보에 대한 믿음이나 정권교체를 위해 투표하는 것이 엄연한 현실이다.[5] 즉, 정책공약 때문에 특정후보에게 표를 던진 것이라고 보기는 어렵다는 점이다. 그렇다면, 이런 공약을 단지 선거공약으로 제시했다는 이유만으로 입법화하는 것이 민주적인 정책결정의 방법인가? 최소한 유권자가 던진 표의 의미와 일치하지 않을 수 있다는 문제가 분명히 발생한다. 민주주의의 핵심 제도를 이용하여 민주주의의 본래 정신을 훼손하는 일이 얼마든지 일어날 수 있다. 국민의 뜻과 정책적 선택이 괴리되고 있기 때문이다.

5) 2012년 12월 19일 대통령 선거에서 투표자들은 후보 선택 이유에 대해 다음과 같이 답하고 있다. 박근혜 후보 선택 이유는 '신뢰와 약속' 22%, '공약/정책' 14%, '최초의 여성대통령' 14%, 문재인 후보는 '정권교체/심판' 26%, '공약/정책' 20%, '상대후보가 싫어서' 15% 등이다. 가장 마음에 드는 공약/주장은 박근혜 후보 '민생안정' 8%, 문재인 후보 '사람이 먼저다' 14% 등이다. 구체적인 정책이 투표의 핵심적인 원인으로 작용하고 있다고 보기는 어렵다. 한국갤럽 Gallup Report 2012/12/24, "18대 대통령 선거, 유권자의 후보 선택 이유는?" 참고.

제 3 절 이해관계의 분포와 정치

1 정치 및 정책참여자와 행동유인 구조

1) 인간의 이기성 가정

정치가 어떤 양상을 보일 것인지는 많은 요인들의 영향을 받는다. 공산주의 국가의 정치처럼 자기 국민에게 생명을 빼앗는 폭력을 서슴지 않는 정치도 있고, 선진 민주국가에서처럼 비교적 민주적이고 효율적인 방법으로 작동하는 정치도 있다. 여기서는 정치의 본성을 이해하기 위해 인간은 이기적이라는 가정을 정치에 연장하는 방법으로 정책과정에서 정치가 어떻게 작동할 것인지 생각해 보자.

정치인들이나 관료들이 국민들을 설득하고 지지를 획득하고자 할 때 가장 흔히 쓰는 말이 "공익"이라는 것이다. 즉, '국민 다수의 이익'을 위하여 정책을 펴고자 한다는 것이다. 그렇다면, 이들은 정말 국민의 편에 서서 정책을 수립하고 집행하는 사람들인가?

만일 이들이 이기적인 사람들이 아니고 자신들이 주장하는 것처럼 국민 다수의 이익을 먼저 생각할 수 있는 존재라고 가정한다면 정책과정은 정말이지 공익이 무엇인지를 탐색하고 숙고하는 과정이 될 수 있을 것이다. 그러나 만일 이들 역시 자기 이익을 최우선의 행동기준으로 삼고 있다면 정책과정은 다수의 이익을 탐색하는 과정이 아니라 서로가 자신의 이익을 위하여 경쟁하고 투쟁하는 과정이 되며 정책 결과는 이러한 정치적 경쟁과 타협의 산물에 불과할 것이다.

전통적인 정치학이나 행정학은 주로 인간이란 선한 존재, 도덕적인 존재로서 자신만의 이익을 추구하는 존재라기보다는 다수의 이익을 더 중요시할 수 있다고 가정하고 정치 및 행정 현상을 설명하는 방식을 택하고 있다. 공공선택론이나 정치경제학에서는 정치인이나 관료 역시 이기적인 존재로서 자신들의 정치적 이익이나 조직적 이익을 추구하는 존재라는 가정 하에서 정치현상과 행정현상을 설명하고 있다. 정부는 시민보다 훨씬 높은 위치에 서 있는 신화적 기관이 아니라 여러 종류의 집단과 개인이 모여 개인적 목적을 추구하는 집합에 불과하며, 개인이 민간시장

에서 공공시장으로 이동하더라도 자신의 근본성향을 변형시키지는 못한다고 전제하고 있다.[6)]

이와 같이 인간을 어떤 존재로 가정하느냐에 따라 정치 및 행정 현상에 대한 설명의 논리가 크게 달라질 수 있다. 그러나 현실적으로는 인간은 때로는 이기적이고 경우에 따라서는 이타적이기도 할 것이므로 어느 한 쪽의 논리가 전적으로 옳다고 할 수는 없을 것이다. 그러나 지금 한국의 정치 및 행정 현상을 설명하는 데는 이기적인 인간관을 전제로 하는 공공선택론이나 정치경제학의 시각이 상당히 설득력 있다.

2) 정책참여자와 행동유인

인간이 이기적이라면 정책과정에 참여하는 정치인, 관료, 이익집단, 유권자는 각각 어떤 방식으로 행동할 것인가? 제9장에서 공공재의 과잉공급이 일어나는 이유를 설명하면서 부분적으로 이미 설명한 바가 있다. 여기서는 제11장과 제12장에서 설명한 내용들을 참고하면서 다시 생각해 보자.

먼저, 정치인에 대해 생각해 보자. 민주주의 사회에서 정치적 의사결정은 1차적으로는 선거를 통하여 이뤄진다. 정치인들은 우선 선거에서 당선되는 것을 목표로 한다. 선거에서 당선되기 위해서는 유권자의 표를 얻어야 한다. 그래서 득표의 극대화가 정부나 정당의 목표가 된다. 그런데 선거에는 특정사안과 직접적으로 관련된 사람들뿐 아니라 모든 유권자들이 참여한다. 특정사안에 대하여 이해관계가 없는 사람들도 한 표를 행사한다. 이해관계가 있는 사람끼리만 모여 의사결정을 하는 시장에서와는 의사결정의 형태가 다른 것이다. 다수 대중이나 지역유권자로부터 경쟁자 보다 더 많은 표를 얻을 수 있는 정책을 제시하고자 할 것이다.

다수 대중에게 표를 얻는 가장 손쉬운 방법은 유권자들에게 특별한 혜택을 주기로 공약하는 방법이다. 노인에게, 영유아에게, 특정지역의 주민들에게, 특정계층의 사람들에게 혜택을 주기로 하면 최소한 그들의 표를 얻는 데는 도움이 된다. 선

6) 개인이 생각의 방식이나 행동의 방식을 학습하는 원리에 관한 현상학 등 현대 철학의 설명에 따르면 이런 전제는 상당히 타당한 측면이 있다. 즉, 내가 경제인이 되든 정치인이 되든 공히 영향을 미칠 수밖에 없는 실천적인 지식들은 한 사람의 사회구성원으로 성장하는 과정에서 자신도 모르는 사이 학습한다. 따라서 상당한 유사성을 가질 수 있다.

심성 공약이 나온다. 하지만, 정치인들은 자신이 공약한 정책으로 인해 어떤 문제가 발생하더라도 자신이 직접 책임을 지지는 않는다. 무책임한 공약이 나올 수 있고, 인기영합적인 공약이 나올 수 있다. 과외금지나 행정수도의 이전과 같은 다소 과격한 공약이 나오기도 한다.

이익집단이나 기업의 행동전략에 대해 생각해 보자. 일반적으로 기업이 이윤을 높일 수 있는 방법에는 두 가지가 있다. 하나는 생산의 효율성을 높이는 방법이고 다른 하나는 시장지배력을 높이는 방법이다. 비록 생산성의 향상이 없더라도 시장지배력을 높일 수 있다면 기업은 높은 독과점이윤을 향유할 수 있다. 그런데 시장지배력을 높이는 방법에는 두 가지가 있다. 하나는 경제적 독점을 조직화하는 것이고 다른 하나는 법적 독점을 조직화하는 것이다. 경제적 독점이란 동종기업 간의 카르텔화를 의미하고 법률적 독점이란 정부의 행정규제를 통한 카르텔화를 의미한다. 그런데 민간 카르텔은 합의에 도달하기가 쉽지 않고 카르텔 협정의 준수 여부를 감독해야 하는 어려움이 따른다(박세일, 1994: 639-641). 따라서 기업은 시장지배력의 증대를 위하여 정부규제를 희망한다. 예를 들어, 인·허가제도와 수입쿼터, 직접적인 가격통제 등은 당해 산업의 경쟁을 억제하고 이미 진입해 있는 기업에는 경쟁억제에 따른 초과이익을 제공한다.

그런데 포스너(Posner, 1974)에 의하면, 기업들이 항상 사적 카르텔보다 정부규제를 선호한다고 일률적으로 말하기 어렵다. 즉, 경쟁기업의 숫자가 작아 담합이 용이한 경우 해당 기업들은 규제보다는 담합을 택할 가능성이 높다. 반대로, 시장집중도가 낮아 카르텔을 형성하기가 어려운 산업의 경우 카르텔보다는 규제에 대한 선호가 높다. 이 경우, 규제자의 입장에서도 관련 기업이 다수이므로 규제를 통하여 더 많은 표를 얻을 수 있어 규제를 공급할 의사가 상대적으로 높을 것이다. 의사, 변호사, 약사, 법무사, 변호사, 변리사, 건축사, 안경사, 영양사, 조리사 각종의 자격을 지닌 전문직업인들도 정책과정에서 자기 집단의 이익을 위하여 로비를 하고 정치자금을 제공하며 때로는 특정의 특혜성 정책에 대한 대가로 뇌물을 제공하기도 한다.

반면, 대중은 집단행동의 딜레마(dilemma of collective action)에 빠지기 쉽다. 집단행동에 관한 올슨(Mancur Olson)의 주장에 따르면, 주어진 이슈 또는 정책에 대하여 이해관계가 있는 집단이 작고 구성원 1인당 이해가 클수록 여기에 영향을 미치려는 구성원의 동기는 증가한다는 것이다(Olson, 1965: 132–135). 예를 들어, 1인당 이해관계가 강한 집단(예: 업종별 협회)은 자원배분의 강제력을 가진 정부 또는 정당과 유착하여 자신들에게 유리한 정책을 끌어내려는 유인이 크고 정부나 정치인은 이들이 원하는 정책을 제공하는 대신 그 대가로서 정치활동이나 선거에 필요한 자원을 얻어낼 수 있을 것이다.

그런데 일반 대중들은 이익이나 손실의 합계총액은 크지만 이를 1인당의 크기로 환산하면 별로 크지 않다. 조직적 행동에 나서기 어렵고, 정치적 압력을 행사하여 자신들의 이익을 표출하는 데 실패하기 쉽다. 이것이 집단행동의 딜레마이다. 그러나 대중들의 이러한 집단행동의 실패 역시 자기 이익을 기준으로 한 합리적인 행동의 결과라 할 수 있다. 즉, 나에게 약간의 불편이 따르고 비용부담이 있기는 하지만 이 문제를 해결하기 위해 압력단체를 결성하고 정책과정에 우리의 이해를 반영시키는 것은 더 큰 비용을 요구하므로 불편과 비용을 감수하는 편이 오히려 손해를 줄이는 길이라 판단한 것이다. 이런 행동을 합리적 무지(rational ignorance)라 한다.

정책과정에서 공무원의 역할에 대해서는 크게 두 가지 시각이 있다. 첫째는 행정부는 의회에서 결정한 정책의 집행기관이므로 정책을 결정하는 데 있어서 공무원들의 역할이 크게 중요하지 않다는 시각이다. 둘째는 정책을 집행하는 과정에서도 정책의 결정이 지속적으로 일어나고, 게다가 국회에서 결정하는 법안들 중에 많은 부분이 행정부에 의하여 제안된 점 등을 감안하면 공무원 역시 정책결정 과정에서 매우 중요한 역할을 한다고 보는 시각이다. 현실적으로는 일부의 정책과정에서는 공무원들이 정책결정 과정에서는 배제되고 단순 집행자에 그치는 경우도 있고, 이와는 반대로 적극적으로 정책결정에 참여하는 것도 종종 볼 수 있다.

이러한 정책결정 과정에서 관료들 역시 자신들의 이익, 즉 자기 자신의 개인적 이익과 소속부처의 조직적 이익을 쫓을 수도 있고, 국민들의 편에 서서 다수의 이익을 위해 노력할 수도 있다. 만일 자기 자신이나 자기 조직의 이익을 더 중시한다면 그는 자기 부서가 더 많은 예산을 확보하고 더 큰 정책적 권한을 행사할 수 있기를 원할 것이며 또한 조직 역시 확대되기를 원할 것이다. 또 더 많은 보수와 더 다양한 복지혜택, 그리고 더 큰 연금 등을 얻고자 할 것이며 이러한 것들을 제공해 줄 수 있는 자의 편에 서게 될 것이다.

2 고객정치

이와 같이 정책참여자들이 행동할 때 정치와 정책의 과정은 이해관계의 분포에 의해 크게 달라진다(Wilson, 1980; 최병선, 1992: 128－130). 여기서 비용과 편익은 정책의 변화로 관련 집단들이 얻는 정치적·경제적 이익을 의미한다. 예를 들어, 변호사시장에 진입규제가 강화되어 변호사의 숫자가 줄어들면, 변호사서비스의 가격, 즉 수임료는 인상된다. 이 정책으로 변호사는 편익을 얻는다. 반면, 법률서비스를 이용하는 소비자들은 더 높은 수임료를 지불해야 하는 문제가 발생한다.

그림 13-1 이해관계 분포와 정치

		편익의 분포	
		넓게 분산	소수 집중
비용의 분포	넓게 분산	대중적 정치 (majoritarian politics)	고객정치 (client politics)
	소수 집중	기업가적 정치 (political entrepreneur)	이익집단정치 (interest group politics)

우선, 편익의 분포는 집중되어 있고, 비용의 분포는 분산되어 있을 때는 윌슨(James Q. Wilson)이 '고객정치'라고 이름붙여 놓은 정치형태가 발생한다([그림 13－1] 참고). 특정정책으로 인하여 발생하는 혜택은 소수로 구성된 특정집단에 집중되는 반면, 그 정책으로 인한 비용은 다수의 국민들이 부담하게 되는 경우다. 이때 정책은 혜택을 받는 소수집단에 유리하게 결정될 가능성이 높다. 즉, 정책이 다수의 국민을 위하여 결정되는 것이 아니라 이 정책을 통하여 규제를 해야 할 집단의 이익에 봉사하는 수단으로 전락한다. 정치인과 관료가 이익집단의 포로가 되어 이익집단의 이익에 봉사하는 현상, 즉 포획현상이 발생할 가능성이 높다는 것이다.

여기서 고객이란 어떤 정책에 대하여 대가를 지불하고 그 정책을 구매하는 집단이다. 국민들은 집단행동의 딜레마에 빠져 이 정책을 구매하는 것이 사실상 불가능한 반면, 이익집단은 자신들의 막강한 자금력과 로비력을 동원하여 이 정책을 구매하게 된다. 그리고 정치인들은 이러한 정책판매의 대가로 이들로부터 정치와 선거에 필요한 정치자금과 득표, 정치적 지지 등을 얻게 된다는 것이다.

이해관계의 분포가 이와 같은 특성을 보이는 전형적인 사례는 진입규제정책이다. 진입규제란 특정산업이나 업종에 새로 시작(진입)하는 데 가하는 제약이다. 예를 들면, 병원을 개업하기 위해서는 의과대학을 졸업하고 의사시험에 합격한 후에야 개업할 수 있다. 변호사가 되기 위해서는 사법시험에 합격하고 일정한 연수를 받거나, 또는 로스쿨을 졸업하고 변호사시험을 통과해야 한다. 건설업을 하기 위해서는 일정한 요건을 갖추고 정부에 등록해야 한다.

이와 같이 특정업종에의 진입을 제한 할 경우 이미 그 사업에 참여하고 있는 사업자들은 완전경쟁시장에서는 얻을 수 없는 초과이윤, 즉 지대를 향유할 수 있다([그림 13-2] 참고). 즉, 완전경쟁시장에서 생산자가 가격순응자(price taker)로 행동할 때 시장균형은 A점에서 이루어지고 소비자는 OQ만큼을 소비하며 △EAP만큼의 소비자잉여를 향유할 수 있다. 그러나 정부가 인·허가, 면허 등의 규제를 통해 생산자의 수를 제한하면 공급은 OQ′로 감소하게 된다. 이때 가격은 OP′로 인상되고, □P′CBP에 해당되는 소비자잉여가 경제적 지대의 형태로 인·허가업체로 이전된다. 이윤의 극대화를 추구하는 기업은 필요할 경우 경제적 지대의 일부 혹은 전부를 정치자금 또는 뇌물로 제공할 의사를 가지고 있으며, 이때 규제로 인하여 발생한 지대의 일부는 정치인과 관료에게 돌아가기도 하고, 독점적 권한을 보장받기

그림 13-2 규제와 소득의 이전

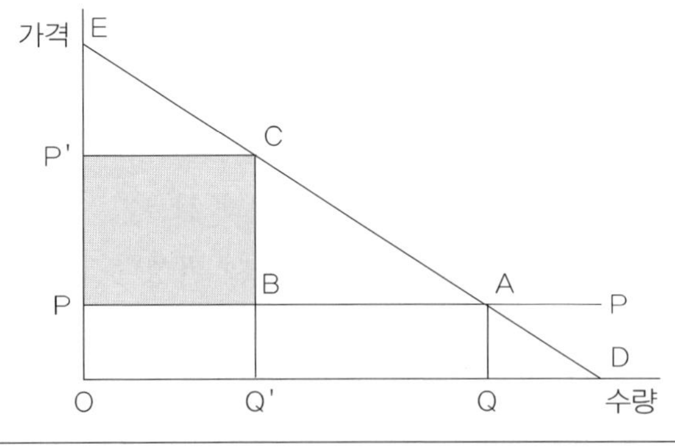

위한 경쟁과정에서 허비되게 된다.

예를 들면, 이렇다. 영국에서 부동산을 사고팔 때 발생하는 부동산 등기 대리 업무는 변호사가 독점하는 서비스였다. 그런데 1970년대에 비용이 너무 비싸다는 불평이 터져 나왔다. 미국처럼 영국에서도 변호사협회가 가격을 규정하고 광고를 금지하고 있었다. 1984년 대처(Margaret H. Thatcher) 정부는 이 서비스를 부동산 법무사(licensed conveyancer)에 개방할 것을 발표했다. 이 발표 이후 서비스 가격은 하락하기 시작했다. 1986년에는 약 1/3 수준으로 가격이 하락했다. 경쟁시장에서는 획득할 수 없는 지대를 변호사들은 자신들의 독점력을 이용하여 향유하고 있었던 것이다. 가격이 떨어지면서 소비자들의 만족도는 높아졌다. 경쟁을 촉진함으로써 가격은 떨어지고 서비스는 오히려 향상되었다(Leef, 1991).[7]

1986년 미국 애리조나에서는 무면허 법률서비스에 대한 규제가 법령의 유효기간 종료로 인해 사라졌다. 변호사가 아닌 사람도 법률서비스를 제공할 수 있게 된 것이다. 이후 다음과 같은 일이 일어났다. 헤이브(Bob Have)는 아내와의 이혼을 위해 변호사의 도움을 받고자 했다. 변호사가 그에게 요구한 비용은 800달러를 선불하는 것이었다. 그는 변호사 대신 필요 서류업무를 지원해 주는 법률서류서비스(legal document service)를 이용했다. 이 서비스는 175달러에 이용할 수 있었다. 캘리포니아에서도 이런 서비스를 이용할 수 있다. 그러나 서비스에 대한 불만은 제기되지 않고 있다. 진입규제가 없는 경쟁시장에서는 175달러면 될 서비스가 변호사 독점시장에서는 800달러가 될 수 있다. 이런 가격의 차이가 바로 지대다. 소비자가 지불하지 않아도 될 비용을 지불한 셈이기 때문이다(Leef, 1991).

3 이익집단정치

비용과 편익이 모두 소수집단에게 집중되어 있을 때는 '이익집단정치' 상황이 발생한다. 특정정책으로 인하여 비용을 부담하는 집단도 소수로 구성되어 있고, 혜택을 얻는 집단도 소수로 구성되어 있을 경우 이들 각 집단은 자기 집단의 이익을 지키거나 또는 손해를 줄이기 위하여 매우 조직적이며 집요하게 정치적인 로비를

7) http://www.cato.org/sites/cato.org/files/serials/files/regulation/1991/1/reg20n1c.html 참고.

펼 것이다. 이런 상황에서 정치인이나 관료들은 어느 한 쪽에 유리한 정책을 결정하기가 매우 어렵다. 어떻게 결정하든 정치적인 손실이 불가피하기 때문이다. 이런 상황에서는 관련된 이익집단 간의 이해관계의 타협 및 조정 결과에 따라 정책이 결정된다. 사실상 정부는 구경할 뿐 적극적으로 공익을 주장하기가 쉽지 않다는 것이다. 노사관계에 관한 정책, 방송통신과 관련된 규제, 의사·약사·한의사 간의 업무영역에 관한 문제 등은 선형적인 예다.

예를 들면, 초음파진단기, X-ray, CT 등 영상진단장치를 놓고 의사와 한의사는 서로 첨예하게 대립하고 있다. 의사들은 한의사가 이들 기기를 사용하는 것에 대해 지속적으로 소송을 제기해 왔다. 이에 대해 최근 법원은 한의사가 초음파진단기, X-ray, CT 등 영상장비를 이용하는 것은 한의사에게 허용된 의료행위가 아니라고 판결하였다. 엄밀히 말하면, 이 기기들은 인간의 신체에 대하여 영상정보를 제공해주는 기계일 뿐이다. 게다가, 의사들이 개발한 기계도 아니다. 이론적으로 보면, 이런 기기들이 제공하는 것은 하나의 자료에 불과하며, 이 자료가 어떤 의미를 가지는지는 의학이론에 의하여 결정된다. 서양의학적인 이론에 기초하여 이 자료들의 의미를 해석하여 질병을 진단하고 처방할 수도 있고, 한의학적인 이론에 기초하여 이 자료들의 의미를 해석하여 한의학적으로 처방할 수도 있다. 그런데 의사협회는 한의학과 서양의학은 이론적 배경이 다르고, 한의사들은 해부학적인 지식과 교육이 부족하며, 기존의 법에서 한의사의 영상기기 이용에 관한 근거가 없는 점 등을 이유로 한의사의 영상의료기기 이용에 반대하고 있다. 법원은 의사협회의 주장을 근거로 한의사에 대해서는 이들 기기의 이용을 인정하지 않고 있다(사공영호, 2013b).

판결을 내리는 판사의 입장에서 생각해 보면 이렇다. 한의사의 주장이 전혀 타당성이 없는 것은 아니다. 『동의보감』을 쓴 허준은 이미 몸을 해부한 적이 있고, 한의학이론 역시 신체 장부에 관한 해부학적인 지식을 기초로 하고 있다. 한의사들은 영상기기가 제공하는 정보를 토대로 한의학적인 진단을 내리고 한의학적인 처방을 하고 있다. 즉, 동일한 자료를 놓고 동일한 질병으로 진단하더라도 원인에 대한 해석이 다르고 그래서 처방도 다르다. 예를 들어, 의사들은 암이 걸리면 그 부분을 수술로 제거하지만 한의사들은 신체의 저항력과 면역력을 높여 환자들이 암을 이기거나 견딜 수 있도록 하여 치료하고 있다.

그런데 재판을 하는 판사는 의료기기가 제공하는 정보의 성격, 의료정보에 대한 해석의 의미, 의료정보의 해석에서 의학지식이 수행하는 역할 등을 충분히 이해하지는 못하고 있다. 이런 문제에 대한 이해는 인식과 언어에 관한 철학적인 지식을 요구한다. 이런 지식을 충분히 확보하지 못한 판사의 입장에서 보면 더 많은 정보를 제공하고 있는 의사들의 주장에 동의하기 쉽다. 사실 의사들은 자신들의 의학지식을 배경으로 판사의 판결까지도 포획한 측면이 없지 않다. 왜냐하면, 자료의 해석에서 핵심을 이루는 것은 주어지는 자료가 아니라 그 자료의 의미를 해석하는 데 필요한 이론과 지식과 경험이고, 의학과 한의학이 이런 배경적인 지식과 이론이 다르다면 동일한 자료라도 얼마든지 다른 원인진단과 처방이 가능하기 때문이다.

1990년대 말에 있었던 의약분업정책을 둘러싼 의사와 약사의 충돌 역시 전형적인 이익집단정치의 사례다. 의약분업은 약에 대한 의사의 처방 행위와 약사의 조제 행위를 분리함으로써 약물 오남용을 방지하여 국민의 건강을 보호하기 위한 제도다. 또 의약분업 실시 전에는 의사와 약사가 환자에게 좀 더 많은 약을 처방, 조제하거나 약가 마진이 큰 약을 처방함으로써 수입을 올리고자 하는 경제적 유인을 가지게 됨에 따라 약제비 지출이 과다했던 문제가 있었다. 이런 이유로 의약분업이라는 제도 자체의 당위성에는 모두가 동의하였지만 구체적인 정책 이슈에서는 의사와 약사의 이해가 복잡하게 얽혀 제대로 도입되지 못하다가 2000년 7월에 전면적으로 시행하게 되었다. 그러나 의약분업 정책이 도입된 이후에도 의사, 약사 등 이익집단 간, 그리고 이들 집단과 정부 간에 전례없는 첨예한 대립을 빚었다. 이런 대립으로 정책의 내용이 크게 바뀌어 의약분업의 원래의 취지를 제대로 살리지 못하는 결과를 초래하였다(이경희 · 권순만, 2004).[8][9]

특히, 이 과정에서 의사들은 자신들의 요구를 관철하기 위하여 3차례에 걸쳐 집단폐업을 실시하는 등 격렬히 저항하였다. 정부는 여야대표회의와 임시국회를 열어 의사들의 요구를 반영하였다. 또 보건복지부 장관이 교체되기도 하였다. 약사법 개정을 거듭하여 진료수가를 44% 인상하였고, 이로 인해 의료보험재정에 위기가 발생하기도 하였다(이경희 · 권순만, 2004: 268－270).

8) 의약분업 정책의 시행과정에서 의사협회와 약사회가 보인 행동과 이익갈등에 대해서는 이경희 · 권순만(2004)의 연구와 안병철(2001)의 연구를 참고할 수 있다.

9) 지상파 방송과 케이블 방송사 간의 지상파 재송신료를 둘러싼 분쟁 역시 이런 관점에서 분석해 볼 수 있다.

4 기업가적 정치

정책의 비용은 집중되어 있지만 혜택은 분산되어 있을 때는 '기업가적 정치' 상황이 발생한다. 소수가 비용을 부담하지만 다수 국민에게 혜택이 가는 정책을 결정하는 것은 정치인에게는 상당한 정치적 위험이 따른다. 마치 기업가가 새로운 기업을 창업할 때 혹시 실패하면 모든 것을 잃을 수 있다는 위험부담을 안고 결정을 내리는 상황과 유사하다.

예를 들어, 오염물질을 배출하는 기업에게 정화시설을 요구하는 환경정책은 기업들에게 상당한 비용부담을 요구한다. 하지만, 이로 인하여 혜택을 얻는 집단은 다수 국민들이다. 따라서 이런 정책을 결정하고자 할 경우 정치인들은 여기에 반대하는 상당한 저항에 직면할 수 있고 이들의 정치적 지지와 지원의 상실 또한 각오해야 할 것이다. 마치 기업가가 새로운 기업을 창업할 때 혹시 실패하면 모든 것을 잃을 수 있다는 위험부담을 안고 결정을 내리는 상황과 유사하다.

공장폐수로 상수원이 오염되는 사건처럼 사회적으로 큰 파장을 일으키는 환경문제가 발생한 시기나, 기업들의 저항을 극복하고 참신하고 혁신적인 정부 모습을 보여주고자 하는 정권변동기, 시민단체와 언론의 강력하고도 지속적인 지지 등이 뒷받침되어야만 이런 정책들은 현실화될 수 있을 것이다.

어린이 식품안전정책의 하나인 신호등표시제[10] 정책에 관한 연구도 기업가적 정치상황에서 사회적 규제 도입이 왜 어려운지를 잘 보여준다(이혜영 · 고효진, 2010). 신호등표시제 법안 통과과정에서 일반국민을 대표하는 시민단체나 국민의 의견이 정책과정에 적극적으로 개입되어 의견을 관철시키는 모습은 찾아보기 어려웠다. 정책의 근본적인 목적인 어린이의 식생활 안전에 관한 논의 역시 거의 이루어지지 않았다. 이는 넓게 분산된 집단의 이익을 대표하려면 정치적 거래비용을 충

10) 현재 시중에 유통 중인 식품의 포장에는 영양성분이 표시되어 있지만 영양성분의 함량과 1일 영양소 기준치에 대한 비율을 숫자로 단순 나열하고 있어 어린이가 이해하기 쉽지 않다. 따라서 어린이 눈높이에 맞는 정보를 제공하여 비만의 원인이 되는 당(糖), 지방, 포화지방, 나트륨의 섭취를 막아 어린이 비만을 줄일 수 있도록 어린이들이 즐겨먹는 식품의 영양성분 함량이 많고 적음에 따라 색깔을 표시하여 쉽고 빠르게 이해할 수 있도록 함으로써 어린이들에게 올바른 식품을 선택할 수 있는 지원하기 위해 도입한 제도다[보건복지부 식품정책과(2011). 어린이 기호식품 신호등 표시 제도 이해. 참고].

분히 낮춰줄 수 있는 기제가 필요하지만 해당 사례에서 기업가적 정치인의 활동, 언론 및 공익단체의 지속적인 활동은 찾아보기 어렵다. 식품공업협회가 자체 예산까지 들여 공청회를 주관했던 것과는 대조된다. 이런 상황에서 정부 역할은 더 중요하지만 오랫동안 관련 업계에 정보자원 등을 의존하여 온 식약청은 포획가능성의 여지가 충분하였으며 업계를 대변하는 모습을 보였다고 연구자들은 평가하고 있다.

5 대중정치

혜택을 받는 사람도 넓게 분포되어 있고, 이익을 얻는 사람도 넓게 분포되어 있는 것이 대중정치 상황이다. 이때는 어떤 집단도 정부에 대해 강력한 영향력을 행사하기는 어렵다. 이런 상황에서 중요한 역할을 하는 것은 다수의 이익을 표방하는 공익단체와 여론의 동향이다. 낙태 문제의 경우, 이념적인 반대에 부딪칠 수도 있다.

윌슨의 모형을 적용한 연구를 보면(양승일, 2014; 이수미, 2015), 윌슨의 규제정치이론은 현실 정책과정을 다소 크게 단순화한 측면이 있을 수 있다. 그러나 정책의 전개과정과 그 속에 일어나는 정치가 이해관계의 분포에 의해 결정된다는 윌슨 모형의 시사점은 정책 현실에 대해 분명한 접근의 시각을 제공해 준다.

6 이해관계의 구조와 정부실패의 위험

고객정치 상황에서 고객은 다수 국민이 아니다. 정치인들에게 강력하게 로비를 하고 정치자금과 향응을 제공하며 공무원들에게는 관련 정보를 제공하고 퇴직 후 취업기회를 제공하기도 하는 이익집단이 정책의 고객이다. 다수 국민의 이익을 외치지만 실제로는 이익집단의 이익을 고려하는 정책이 불가피하다는 것이다. 이익집단정치 상황도 마찬가지다. 이익집단이 서로 부딪치는 상황에서 국민 다수의 이익을 주장하는 정치인이나 관료는 흔치 않다. 어느 한쪽 편을 드는 정치인도 잘 없다. 결국, 국민이 아니라 경쟁관계에 있는 이익집단의 이익을 고려한 정책이 만들어진다. 기업가적 정치 상황에서도 마찬가지다. 기업들의 로비에도 불구하고 다수의 이익만을 주장할 수는 없다. 당장 실업자가 발생하고 지역경제가 악화될 것을 염려하지 않을 수도 없다. 즉, 어떤 경우든 정책은 어느 정도 이익집단의 편에 설 수 밖에 없는 정치적 구조를 가지고 있다.

정부가 얼마나 다수의 이익에 봉사할 수 있을 것인가? 정치경제학에 따르면, 결코 쉽지만은 않을 것임을 알 수 있다. 사람들의 행동에 결정적인 영향을 미치는 이해관계가 다수의 이익에 유리하도록 분포되어 있지 않기 때문이다. 다수 대중은 집단행동의 딜레마에 빠져 있다. 설사 손해를 보는 정책이 추진되어도 적극적으로 저항하기 어렵고, 혜택이 주어지는 정책이라도 적극적으로 요구하는 것이 쉽지 않다. 반면, 이익집단들은 조직화되어 있다. 정치인이 바뀌고 관료들이 교체되어도 이익집단들이 추구하는 이익은 좀처럼 바뀌지 않는다. 집요하고 끈질기게 자신들의 이익을 요구한다. 당장에는 큰 특혜가 없는 것처럼 보여도 시간이 지나면서 점차 상당한 집단이익을 확보할 수 있다. 물론, 그만큼 정부와 정책은 국민의 이익에서 멀어질 것이다.

잠시 제5장과 제6장에서 설명한 시장에서의 환경오염에 대응한 규제와 거래비용의 해소를 위한 진입규제 문제를 돌이켜 보자. 여기서 설명한 것은 정부의 개입이 필요하다는 것이다. 즉, 환경오염으로 인한 사회적 비용의 발생을 차단하기 위해, 시장참여자의 기회주의적인 행동으로 인한 거래비용의 증가에 대응하기 위해 정부가 환경 문제나 진입규제를 만들 필요가 있다는 것이다.

윌슨의 규제정치이론은 실제 정책상황에서는 정책이 시장실패 문제에 대응하는 수단으로 작동하는 것이 아니라 특정집단의 이익에 봉사하면서 결과적으로는 다수 사회구성원의 이익을 제대로 보호하지 못할 위험을 보여주고 있다. 즉, 시장실패에 대응하기 위해 정부가 나섰지만, 정부는 다시 특정집단의 포로가 되어 시장실패에 대응하는 본래의 목적을 제대로 달성하지 못할 위험이 있다는 것이다. 정부마저 이처럼 실패할 위험이 있다면 어떻게 해야 할 것인가? 바로 여기에 정부연구자들의 고민이 있다. 정부와 정책이 끊임없이 개혁의 대상이 되는 것도 바로 이런 이유 때문이다. 다수의 이익을 위해 만들어져야 할 정책이 특정집단의 이익을 위해 만들어지고, 다수의 이익에 봉사해야 할 정부 역시 특정집단의 대변자와 포로로 전락하는 일이 발생하기 때문이다.

제 4 절 정책과정의 정치

1 정책, 최적 해답의 결정과 집행인가?

정책과 정책과정에 대해서는 크게 두 가지 시각이 있다. 첫째는 정책이란 목표를 달성하거나 문제를 해결하기 위해 합리적이고 과학적인 방법으로 결정한 수단이며, 정책과정은 이와 같은 정책을 결정하고 이를 집행하고 평가하여 목표를 달성해 가는 과정이라는 것이다. 둘째는 정책은 정치의 산물이며 정책과정은 정치로 점철되는 과정이라는 시각이다(Clemons & Mcbeth, 2001: 44－55). 정책은 이 두 가지 측면은 모두 가지고 있다. 연구자들이 하나의 측면을 강조하여 초점을 맞추고 있다고 볼 수 있다. 즉, 정치가 발생하는 사회여건으로 인해 아무리 과학성이 강한 정책도 정치를 피할 수 없다. 즉, 이가성 기준을 적용하여 정답과 오답을 결정하기 어렵고, 결정불충분성이 높아 원인을 규정하기도 어렵다. 대상현상을 해석하는 패러다임이나 배경 가치에 따라 다르게 해석되는 것이 정책문제이며 정책목표다. 과학이 온전한 해답을 줄 수는 없으며, 결국 정책을 놓고 이해관계가 충돌하고 이념이 충돌하는 상황이 발생한다. 다만, 그럼에도 불구하고 정책은 최대한 합리적이고 과학적인 방법으로 만들어져야 한다는 입장과 정치의 역할을 강조하는 입장이 공존하고 있다고 이해해야 할 것이다.

정책을 목표달성의 수단으로 보는 시각은 정책문제와 목표가 하나의 독립된 대상처럼 명확하게 주어질 수 있고, 이 목표를 가장 잘 달성할 수 있는 방법을 최대한 합리적·객관적인 방법으로 결정하여 문제를 풀어가는 과정으로 정책과 정책과정을 이해한다. 감정적이고 때로는 부패할 수 있는 정치의 세계가 아니라 계산가능하고 냉정하며 공정하고 정직한 과학의 세계에서 의사결정이 이루어지도록 하는 것이 바람직하다는 것이다(Lasswell, 1951: 5). 수단적 가치를 극대화하기 위해서는 과학적 분석에 기초하여 가치중립적으로 현상을 관찰하고 이에 기초하여 판단하는 것이 중요하다. 정책의 수단적 가치를 높이려면 정책을 결정하는 과정이 목석처럼 중립적이고 로봇처럼 효율적이며 전문가의 선택을 오염시킬 정치가 없는 상황에서 정책분석가에 의하여 이루어질 때 합리적이고 기술적인 정책의 결정이 가능하다고 기대한다(Clemons & Mcbeth, 2001: 48). 정책의 수단성을 강조하면 할수록 정책의 정치성은 배제되어야 하며, 정책문제에 대한 개인의 주관성과 가치판단 역시 최대한 배제되어야 할 필요성이 높아진다.

예를 들면, 케네디(John F. Kennedy)와 존슨(Lyndon B. Johnson) 대통령 재임기간 중 베트남전을 수행했던 맥나마라(Robert McNamara) 국방 장관과 그의 참모들은 통계에 기초한 조직과 예산배정, 명백한 목표 정의, 장기적인 비용과 편익의 검토, 체계적인 감독과 평가 과정에 의하여 국방정책을 수립하고 집행하였다. 백악관의 비서관이 베트남 전쟁에 관해 모험은 실패할 수 있다는 점을 지적하자 맥나마라는 즉시 "당신들의 데이터는 어디 있는가? 나에게 당신의 시를 읊지 말고 내가 컴퓨터에 입력할 수 있는 것들을 제시하라."라고 대답했다. 맥나마라는 오직 숫자들을 바라보았다. 그는 모든 계량적 측정들이 미국이 전쟁에서 이길 것을 보여주고 있다고 판단하고, 48시간의 검토 만에 낙관적인 결론을 내렸다고 한다. 이처럼 객관적인 자료들에 근거하여 중립적으로 정책을 결정해야만 최적의 수단에 대한 선택이 가능하다는 것이 수단성을 중시하는 정책개념이 내포하고 있는 인식이다(Clemons & Mcbeth, 2001: 47).

국내의 다수 정책학 교재들은 대체로 정책이란 사회적 목표의 달성을 위한 합리적 수단이라는 점에서 정책문제에 접근하고 있다. 정책과정 중심의 연구자들 역시 합리적이고 체계적인 과정을 거쳐 정책을 결정하고 집행할 경우 정책은 사회문제의 해결책이 될 수 있다고 생각하는 경향이 있다. 국민 다수가 요구하는 문제를 정책문제로 설정하고, 최대한 객관적이고 과학적인 정보와 자료에 기초하여 최선의 문제해결책을 모색하고 또한 선택한다면 합리적인 정책결정이 가능하다는 것이다.

더 합리적이고 과학적인 방법으로 정책을 결정하고 집행하려는 노력은 소중하다. 정책을 결정하기 위해 정부는 여러 가지 조사를 하고 의견을 수렴하는 과정을 거친다. 가급적 많은 자료를 참고하여 실효성 있는 정책을 만들고 시행하기 위해 노력한다. 그러나 이런 활동이 정책의 전체는 아니다. 게다가, 인간의 해석이 작동하는 원리에 비추어 보면, 그 비중이 예상보다 크지 않을 수 있다. 제12장 제3절에서 설명한 것처럼 사람들은 자신이 믿고 자신이 보고자 하는 것만 보기 때문이다. 제9장에서 설명한 것처럼 정부와 정책은 기계처럼 설계하고 작동하게 할 수 있는 도구는 아니다. 정책이 다루어야 할 세상은 법칙에 의해 작동하지 않는다. 즉, 최적 대안의 결정이 가능한 방식으로 작동하고 있지 않다. 정책대상집단 역시 자연의 대상처럼 법칙적으로 정책과 관계하지 않는다. 정책을 만들고 집행하는 과정에 참여하는 사람들 역시 기계적인 방식으로 상호작용하지 않는다. 하나의 현상을 놓고 동일하게 문제로 본다는 보장도 없고 동일한 가치를 추구하지도 않으며 동일한 해법을 선호한다는 보장도 없다. 결국, 정부와 정책을 만들고 운영하는 과정은 서로 다른 생각과 선호와 목표와 이념을 가진 사람들이 어떤 문제를 놓고 함께 해법을 모색해 가는 창조적인 상호관계의 과정이 될 수밖에 없다. 다른 방법으로는 개인의 평등과 자유를 침해하지 않을 방법이 없다. 정책과정은 정치의 과정이 될 수밖에 없는 이유도 바로 이 때문이다.

2 정책유형과 정치

정치가 전개되는 방식은 정책에 따라 달라진다. 우선, 지역구 국회의원들이 자기 지역에 철도, 지하철, 도로, 항만, 공항 등 사회간접자본을 공급하기 위해 수립하는 정책을 생각해 보자. 이런 정책은 누구에게 먼저 혜택을 주어야 할지 판단할 분명한 기준이 없다. 이미 사회기반시설이 잘 갖추어져 있어도 정치인은 자기 지역에 더 많은 국가 예산이 투입되기를 원한다. 이와 같은 목적의 예산이 있다면 누구라도 먼저 차지하기 위해 경쟁할 수밖에 없다. 정부예산이란 소위 '공유재'와 비슷하다. 먼저, 차지하는 정치인이 주인이다. 정치인은 정치적 지지를 획득하기 위해 자기 지역 유권자에게 해택을 제공하고자 한다. 정부예산을 놓고 정치인들이 서로 경쟁할 수밖에 없다는 것이다. 이런 상황에서 예산의 효율적인 사용은 기대하기 어렵다.

정책을 통과시키기 위한 연합이 형성되기도 하고, 투표거래가 일어나기도 한다. 특정사안에서 양보하는 대신 다른 사안에서 상대방이 양보하기로 약속함으로써 양자가 모두 원하는 것을 얻는 방법이 투표거래다. 우리의 정치에서는 이런 일이 너무나 흔히 일어난다. 즉, 여당에서 어떤 점을 양보하는 대신 야당에서는 다른 점을 양보하는 방식으로 각자가 원하는 것을 얻을 수 있다. 이렇게 되면 결국 그

부담은 국민에게 돌아온다. 서로가 먼저 차지하기 위하여 경쟁하겠지만 특정집단에게 과다한 비용부담을 요구하는 것은 아니기 때문에 심각한 정치적 갈등이나 대립이 일어나는 경우는 상대적으로 드물다.

공공재에 대한 정부개입의 근거로 논의되는 것은 시장실패다. 비배제적이고 비경합적인 공공재의 성격으로 인하여 시장의 공급을 통해서는 사회적 후생을 극대화할 수 있는 적정량을 공급할 수 없기 때문에 정부의 개입이 필요하다는 것이다. 그러나 역사적으로 보면 이들 문제에 정부가 개입한 것은 시장실패 때문이 아니라 단지 이익집단들이 그것을 요구하였기 때문이다. 미국에서 독립 이후 운하, 철도, 유료도로, 다리와 같은 공공재들이 공급된 이유는 이런 사업이 이익집단의 요구에 따라 나누어 주던 이권이었기 때문이다. 주정부가 대부법을 제정하여 철도회사에 재정원조를 제공하기도 하고, 주가 보유한 토지수용권을 고속도로를 건설하는 기업에 부여하기도 하였다(로렌스 M. 프리드만, 2006: 203-208). 우리의 경우도 흔히 공공재의 공급이 단지 정치적인 이유로 결정되고 있다. 용인경전철사업, 전국에 흩어져 있는 적자 공항들, 끊임없이 확장되는 고속도로와 국도 및 지방도는 정치적 목적으로 이루어진 공공재의 과잉공급이라 할 수 있다.

규제정책에서는 정치의 양상이 달라진다. 이해관계가 다르게 본포하고 있기 때문이다. 이점은 앞서 설명한 윌슨(James Q. Wilson)의 정치이론을 생각해 보면 금방 알 수 있다. 고객정치, 이익집단정치, 기업가적 정치, 대중정치 상황에서 이해관계의 분포는 각각 다르다. 정치적 알력과 이해관계의 대립이 가장 심하게 표출되는 정책이 규제정책이다. 규제정책의 결과로 발생하는 지대는 매우 특별한 매력을 가지고 있다. 특정집단에 속한 구성원들만을 위한 튼튼한 '밥그릇'이 되어 줄 수 있다. 어떤 방법보다도 안정적으로 초과이윤의 획득을 보장해 주는 것이 정부규제다. 공급이 되면 좋지만 안 되도 별 도리가 없는 공공재와는 달리 특별한 혜택을 향유할 수 있게 해준다. 게다가, 규제정책에서 발생하는 혜택은 집단행동에 소요되는 비용을 보상하고도 남을 만큼 상당한 경우가 많다. 그래서 규제를 얻고 지키기 위하여 만들어지는 이익집단의 조직력과 영향력은 배분정책의 과정에서 발생하는 연합이나 정치적 거래의 영향력보다 훨씬 강하고 지속적이다.

규제정책이 심각한 정책갈등을 보이는 것은 이와 관련된 이익집단이 공통된 이해관계에 기초하여 만들어져 강한 정치적 결속력과 영향력을 보유하고 있기 때문이다. 공통의 목표가 분명하고, 이의 달성과 유지에 대한 회원들의 선호 역시 너무나 분명하기 때문에 이들의 요구나 저항은 매우 집요하고 조직적이다. 의료기계의 사용을 놓고 의사와 한의사가 벌이고 있는 첨예한 대립을 보면 알 수 있다. 청진기, 주사기의 사용에서부터 엑스레이, 초음파, CT에 이르기까지 사실상 모든 의료기기의 사용을 놓고 이 두 집단은 수십 년 간 대립을 계속하고 있다(사공영호, 2013b). 정치인과 관료가 특정이익집단의 이익에 봉사하거나 또는 이익집단의 눈치를 보는 것은 규제정책의 이해관계로 인해 불가피하다. 또 이익집단 간의 극심한 이해대립 속에서 정치인과 관료들이 다수의 이익이 아니라 이익집단 간의 타협안을 정책으로 수용하는 이익집단정치와 같은 현상도 발생한다. 이해관계를 규정하고 갈등을 부추기는 규제정책의 속성에서 파생되는 피할 수 없는 정치현상이라 할 수 있다.

재분배정책의 정책과정에서 나타나는 정치현상은 배분정책이나 규제정책과는 또 다른 특성을 보인다. 이해관계의 특성의 차이가 정치적 행동의 양상에도 차이를 가져온다. 재분배정책의 특성은 그것이 도입되는 단계에서는 정책의 수혜자들이 조직화되어 있지 않은 경우가 많다는 점이다. 재분배정책의 수혜집단은 저소득층, 은퇴자, 실업자 등이며, 불확실한 혜택을 위하여 조직화에 따른 비용을 부담하기는 어려운 것이 이들의 현실일 것이다. 그래서 재분배정책이 도입되는 것은 수혜자들의 요구보다는 선거에서의 득표효과를 기대하는 정치인들이나 조직의 확대를 기대하는 관료들의 역할이 주도적이다.

반면, 재분배정책을 개혁하고자 할 때는 문제가 달라진다. 재분배정책도 일단 제공되기 시작하면 이와 관련된 이익집단이 만들어지고, 이들의 조직적 저항에 직면하게 된다. 예를 들어, 미국에서 은퇴자 및 노인들의 이익을 대변하는 AARP(the American Association of Retired Persons)는 우리가 잘 알고 있는 NRA(National Rifle Association, 영향력 2위)를 능가하는 최고의 정치적 영향력을 가지고 있는 것으로 평가되고 있다(Fortune, 1999.12.6). 이익집단의 저항이 표면화되지 않더라도 재분배정책을 개혁하는 것은 결코 쉽지 않다. 수혜자들의 반발이 정치적인 부담이 될 수밖에 없기 때문이다. 재분배정책이 과잉팽창되거나 비효율을 초래하기 쉬운 것도 이런 이유 때문이다(Buchanan, 1988: 15－18). 재정고갈의 위험을 뻔히 알면서도 국민연금과 공무원연금의 개혁을 추진하기가 쉽지 않은 이유는 개혁의 당위성과 불가피성에도 불구하고 일단 약속한 혜택을 박탈할 때 발생하는 정치적 부담 역시 매우 크기 때문이다. 또 복지정책을 제공하는 조직들도 복지정책의 비효율과는 상관없이 복지정책의 지속을 요구하는 정치세력으로 등장하여 정책의 개혁을 어렵게 만든다(Malanga, 2005).

예를 들면, 노무현 정부가 세운 행정수도 이전 계획에 대해 이명박 정부는 매우 회의적이었다. 이 정책의 추진을 놓고 여당 내에서도 국회의원들의 의견이 분열되어 있었다. 그런데 당시 집권당 대표였던 박근혜 의원은 "국민과의 약속은 지켜야 한다."며 원안 고수를 주장하였고, 결국은 계획대로 추진되었다.[11] 만일 계획을 수립하는 단계에서 행정수도 이전에 따른 비용을 충분히 논의했다면 아마도 이런 일이 일어나기는 어려웠을 것이다. 그런데 노무현 대통령은 선거에 이기기 위해 이런 공약을 제시했고, 스스로 이 정책으로 '좀 재미를 보았다'고 회고하기도 했다. 그런데 이미 약속한 혜택을 빼앗는다면 지역민들은 저항할 수밖에 없고 선거에서 불리한 결과를 초래할 가능성이 높다. 그러니 약속을 번복하는 것은 차기 대통령 선거를 의식하고 있던 박근혜 대표로서는 정치적인 손실이 염려스러웠을 것이다. 설사 국가적으로 상당한 부담을 초래하는 재배분정책이라도 일단 공식화되고 정책화되고 나면 이를 뒤집기는 쉽지 않다. 누리과정 예산을 두고 벌어지고 있는 혼란도 마찬가지다. 이미 약속한 것을 물리고자 하면 상당한 비난과 정치적 손실을 감수해야 한다. 박근혜 정부가 상당한 예산상의 어려움에도 불구하고 그대로 밀고 나가고자 하는 것은 이런 이유 때문일 것이다.

3 정책과정의 정치

정책의 각 과정 역시 사실상 정치에 의해 점철된다. 사회세계는 정답이 없다. 연구를 해서 찾아낼 수 있는 답은 없다. 정책연구자들이 어떤 결과를 제시하든 어떤 집단이 어떤 관점에서 어떻게 해석하느냐에 따라 의미와 가치는 달라진다. 동일한 현상을 놓고도 사람들의 해석이 제각각이고 사람들이 원하는 것 역시 제각각인데 이에 대하여 정부는 하나의 결정을 내려야 한다는 집단적 의사결정 자체의 속성에서 정치의 개입이 불가피하게 된다.

11) https://ko.wikipedia.org/wiki/세종특별자치시의_역사.

전문가나 분석가의 지식도 자연세계에서와 같은 권위와 설득력을 가지지 못한다. 이들의 연구 역시 자신의 신념체계, 이념의 인도를 받는다. 가치관, 모형, 기대, 정신구조 등이 자료의 선택에 영향을 미친다. 어떤 문제로 보는가, 어떤 카테고리와 이름을 부여하는가에 따라 어떤 정보에 주의를 기울이고 어떤 질문에 답해야 할지 달라진다. 어떤 것을 측정하고 어떤 정보를 선택할 것인지가 달라진다. 자료를 정렬하는 방법이나 제시하는 자료의 내용, 결과를 평가하기 위해 사용하는 형용사와 부사들이 모두 분석가의 이해와 이념을 반영한다. 따라서 동일한 자료라도 얼마든지 달리 이해되도록 자료를 다른 모양으로 제시할 수 있다(Clemons & Mcbeth, 2001: 74-76).

정치와 정책과정을 흔히 투입→전환→산출이라는 3단계로 나누어 이야기한다. 국민들의 다양한 요구들이 정치과정에서 투입되는 데서 정치과정은 출발한다. 투입의 기회가 공평하게 보장되고, 또한 실제로도 자유롭고 공평하게 투입되어야만 한다. 그러나 정책에 대한 사회의 요구 역시 얼마든지 균형을 상실할 수 있다. 정책문제가 선택단계에서부터 정치적인 이유에 의하여 결정될 가능성이 높다는 점은 정치학자에 의하여 오래전부터 지적되어 왔다. 예를 들어, 정치적으로 불리한 문제는 그것이 사회적인 이슈로 등장하는 것 자체를 차단할 수 있다(소위 무의사결정, non-decision making). 경제개발시기 환경문제나 근로자의 권리문제는 경제목표에 밀려나 있었다. 1970년 전태일이 평화시장 앞에서 자신의 몸을 불사르면서 외쳤던 마지막 구호는 "근로기준법을 준수하라."는 것이었다.[12] 근로자들은 기계가 아니니 제발 법에 규정된 근로자의 권리를 보호해 달라는 거듭된 요구를 구청과 노동청이 모두 외면했다. 환경운동이 본격적으로 대두한 것도 1980년대 말이다.

문제가 인지된다고 해서 곧바로 정책문제가 되는 것이 아니다. 어떤 문제는 금방 정책문제가 되고 어떤 문제는 정책문제가 되는 데 오랜 시간이 걸리기도 한다. 문제를 정의하고 선택하는 일 역시 고도로 정치적인 환경에서 이루어지기 때문이다. 어떤 문제가 정부의 관심을 끌기 위해서는 사회적으로 강력한 집단의 가치나 이해를 위협하거나, 다수의 시민에 영향을 미치거나, 작지만 전통적으로 정부의 보호를 받아온 집단을 위협하는 것이어야 한다.

에이즈(AIDS)가 마약복용자, 동성애자, 흑인 등 사회적으로 가장 힘없고 정부

12) https://ko.wikipedia.org/wiki/%EC%A0%84%ED%83%9C%EC%9D%BC

에 영향력을 가지지 못한 사람들의 문제로 여겨질 때에는 정부 역시 냉담하였다. 그러다가 에이즈감염자단체가 정치적으로 영향력을 얻어가고, 영화배우 허드슨(Rock Hudson)이 에이즈 감염되면서 대중들의 관심이 커졌다. 또 수혈과정에서 감염으로 무고한 시민까지 감염되는 사건이 일어나면서 누구든지 감염될 수 있다는 위험을 인식하게 되면서 정책문제로 등장하게 되었다(Clemons & Mcbeth, 2001: 5－6).

정책결정 역시 이익집단들이 저마다 자기 집단의 이익을 위하여 서로 경쟁하고 거래하는 정치의 장이다(예: Stigler, Buchanan, Tullock). 과학적 지식에 기초한 합리적 선택이나 공화주의자들이 소망했던 것과 같은 다수 이익을 탐색하는 숙고를 기대하기는 쉽지 않다. 자신들이 소망하는 자기 집단의 이익을 획득하기 위하여 정책과정을 이용하고자 할 뿐이다. 따라서 정책과정에 투입되는 것도 특정집단들의 이익이고, 정책과정에서 일어나는 경쟁도 결국은 자기 집단의 혜택을 획득하기 위한 경쟁이며, 결과적으로 결정되어 나오는 정책 역시 특정집단의 이익에 봉사하는 사적 이익의 수단이 되기 쉽다. 이런 관점에서 보면 정치란 결국 집단이익의 수단에 불과한 것이며, 정책과정 역시 이를 보다 효율적으로 달성하기 위하여 서로가 경쟁하고 충돌하는 정치시장일 뿐이다. 정치인과 관료들이 이익집단의 포로로 전락하여 이들에게 혜택을 주는 정책을 결정하는 포획현상이나, 경쟁시장에서는 얻을 수 없는 지대를 정부의 정책을 통하여 획득하는 지대추구행위는 정책결정의 정치성을 보여주는 전형적인 현상이다.

정책의 집행도 결정된 내용을 단순히 행동에 옮기는 과정이라 보기는 쉽지 않다. 우선, 법령의 위임에 의해 행정부는 시행령, 시행규칙, 훈령, 예규 등을 제정한다. 사실상 정책의 세부내용을 결정한다. 이 과정에서 다양한 집단의 의견을 수렴하고 조정하는 활동이 일어난다. 또 제정된 법령에 대해 민원인들이 제기하는 수많은 질문에 대해 담당 부처의 공무원은 답변을 제공한다. 이를 위해 다른 법령과 법원의 판례를 참고하기도 한다. 하지만, 이미 결정된 내용을 그대로 시행하는 일과는 분명 차이가 있다. 누리과정 예산을 편성하고 집행하는 과정에서 각 지방교육청이 서로 다른 반응을 보이는 것 역시 일종의 정치다. 중앙정부의 요구에 대해 지방정부는 나름대로 해석하고 대응한다. 어떤 대응을 선택할 것인지는 지방자치단체와 지방교육청의 정치적 성향과 정치적 판단에 의해 달라질 수 있다. 정권이 바뀌면서 정책의 중점이 옮겨 가는 것도 일종의 정치다. 예를 들면, 대북관계에 관한 정책은 정권에 따라 큰 차이를 보인다. 일종의 정치적 선택이기 때문이다.

정책을 평가하는 일 역시 매우 정치적인 일이 될 수 있다. 예를 들면, 박정희 대통령의 경제개발정책에 대해 또는 김대중 대통령의 대북정책에 대해 어떤 평가를 하는지가 인사청문회에서 단골질문이 되고 있다. 어떤 사람이나 어떤 정책에 대해 공정한 평가란 있을 수 없다. 누구도 온전한 정보를 얻을 수 있는 상황에 있지 않기 때문이다. 각자의 관점에서 이해할 수밖에 없다. 다양한 평가가 나오는 것은 당연하다. 각자가 가진 정치적 신념이나 정치적 성향에 따라 평가가 달라지는 일이 흔히 발생한다. 수도권 정책이나 지역균형정책에 대한 정치인들의 평가는 지역에 따라 큰 차이를 보인다. 이 정책을 어떻게 평가하고 어떻게 대응하는지가 이미 정치다. 예를 들어, 영남일보가 2015년 대구·경북지역 국회의원 27명 중 24명을 대상으로 조사한 바에 따르면, 3명의 국회의원은 정부의 수도권 규제완화 방침에 대해 '찬성한다'는 입장을 보였으며, 4명은 '잘 모르겠다'고 답변했다고 한다. 이런 태도에 대해 지역신문은 다음과 같이 평가하고 있다.

> 여기서 또다시 수도권 규제완화 문제점에 대해 왈가왈부할 생각은 없다. 수도권 규제완화 관련 법 개정이 국회에서 통과될 경우 비수도권 경제가 어떻게 망가질지에 대해서는 입에 침이 마르도록 언급했기 때문이다. 수도권 규제완화의 부작용에 대해서는 삼척동자도 알 상황이 되었는데, 어떻게 이 지역 민심을 대변하고 있는 국회의원 중에 이를 찬성하는 사람이 있을 수 있는지 놀라울 따름이다. 내년 총선에서는 이러한 정치인이 절대 국회에 발을 붙이지 못하도록 대구·경북지역 유권자들이 정신을 똑바로 차려야 한다(영남일보, 2015.2.10 사설).

정책의 실상에 관한 정보를 온전히 얻을 방법도 없고, 공정한 평가지표의 개발이 가능한 방식으로 정책이 발생하고 작동하는 것을 기대하기도 어렵다. 공정한 평가자가 있을 수 없고, 공정한 해석자 역시 있을 수 없다. 대상현상도 그렇게 있지 않고, 평가를 위해 동원되는 언어의 의미도 객관적이고 공정한 방법으로 구성될 수는 없으며, 평가자 역시 자신의 신념과 사상과 이론으로부터 자유로운 공정한 평가자가 될 수 없다. 정책평가자가 어떤 평가를 내리든 이는 다시 다양한 입장에 있는 사회구성원과 정치인 및 관료의 해석의 대상이며 취사선택의 대상이 될 뿐이다. 어떤 평가를 하든 정치로부터 자유롭지는 못하다.

어떤 가치와 이념을 배경으로 정책을 만들고 정책을 집행하고 정책을 평가하는 것이 나쁘다고 할 수는 없다. 정책이라 본래 이런 목적으로 만들어지는 사회적 수단이기 때문이다. 정책의 이런 본성을 이용하여 우리가 원하는 사회를 만드는 수단이 될 수 있는 것이 정책이기 때문이다. 문제는 정치적 이해관계와 국민 다수의 이해가 흔히 괴리되고 분리되기 때문에 발생한다. 정책의 전체 과정에 정치가 개입하면서 정책이 다수의 이익을 위한 수단이 아니라 특정정당의 정권 획득을 위한 수단, 국민의 희생을 비용으로 특정정치인이 권력을 얻는 수단, 특정집단에게 정치적 특혜와 경제적 지대를 제공하는 수단으로 전락할 위험이 발생한다.

제 5 절 관료에 의한 정치

1 관료에 의한 정치

전통적인 의미에서 행정이란 입법부를 중심으로 펼쳐지는 정치로부터 분리되어 있으면서, 입법부에 의하여 결정된 정책을 본래의 취지대로 집행하는 것을 주된 목적으로 하는 것이다. 그러나 현실의 행정은 그렇지 않다. 세계 대공황과 제2차 세계대전, 국가 차원의 사회복지정책을 추진하면서 행정부가 스스로 정책을 결정하는 정치적 역할을 담당해왔다. 우리의 현실을 보면 정책과정에서 관료들이 수행하는 정치적 역할은 국회를 중심으로 이루어지는 정치활동에 비하여 결코 그 비중이 덜하지 않다. 특히, 한국에서는 정부가 중심이 되어 경제개발을 추진하는 과정에서 행정부의 권한이 입법부나 사법부에 비하여 상대적으로 확대되었으며, 관료들이 핵심적인 정치주체로서의 기능을 수행해 왔다. 단순 집행 이상으로 관료들의 일상업무에서 많은 비중을 차지하고 있는 것이 국민이나 이해관계자들로부터 정책에 관한 의견을 듣고, 이해관계를 조정하여 법률안을 입안하고, 법률의 테두리 내에서 시행령과 시행규칙 등 법률을 구체화하는 정치적인 기능들이다.

관료들은 다양한 사회계층과 집단으로부터 행정부에 투입된 각종의 정치적 요구들을 조정하고 입법화하는 역할을 수행한다. 특정집단의 어떤 요구가 지나치게 자기 집단의 이해에만 편중되어 있거나 다수의 이익을 침해할 소지는 없는지, 다른 집단의 요구와 상충되어 특혜시비가 생길 여지는 없는지, 정책대안이 효과에 비하여 지나치게 많은 비용이 소요되지는 않는지, 이미 운영되고 있는 제도와 갈등을 일으킬 소지는 없는지 등 여러 가지의 기준에서 정치적 요구들을 조정한다. 필요할 경우 새로운 법의 제정을 추진하기도 한다. 행정기관과 관료들이 수행하는 이와 같은 이해관계의 조정은 관련 집단 간 자원의 재배분과 직결된다는 점에서 정치 그 자체라 할 수 있다.

국회가 제정한 법률에 따라 중앙정부와 자치단체 등 각급 행정기관이 수행하는 정책의 집행과정에서도 정치현상이 계속 일어난다. 우선, 국회가 제정한 법률의 시행과정에서 대통령과 관계 부처 장관이 시행령과 시행규칙을 제정·공포하는 행동은 법률의 구체화 과정이므로 곧 바로 정치행위라 할 수 있다. 또 이러한 법, 시행령, 시행규칙의 테두리 내에서 이루어지는 각급 자치단체의 조례제정 역시 정치행위이다. 설사 이상과 같은 기존 법령의 범위 안에서 이루어지는 일선관료들의 단순한 정책집행에서도 얼마든지 이해관계의 조정현상이 발생할 수 있으며, 따라서 정치현상을 완전히 배제할 수는 없다.

2 관료정치의 확대 원인

1) 행정관료제의 우월성

정책적 요구의 수렴에서부터 정책결정과 집행에 이르는 전체 과정에서 행정부 관료에 의한 정치가 확산될 수밖에 없는 이유는 무엇인가? 베버(Max Weber)가 말하는 관료제의 장점을 상대적으로 많이 갖추고 있는 것이 행정부 관료조직이라는 데서 그 이유를 찾을 수 있다. 첫째, 행정관료제와 관료는 전문성 면에서 우월하다. 경제가 성장하고 사회가 발달할수록 사회문제는 더욱 복잡해지고, 문제해결에 필요한 전문성 요구 역시 강화된다. 행정관료제는 입법부나 사법부와는 비교할 수 없는 방대한 조직과 인력을 갖추고 있다. 여기에다 가장 체계적으로 분업화된 조직체계를 갖추고 있다. 따라서 가장 많은 정보가 빠르고 정확하게 행정부에 집중될 수밖에 없으며, 신분보장으로 장기근속이 가능한 행정부 관료들의 전문성은 앞설 수밖에 없다. 분야별로 구체적인 문제가 이슈가 될 경우 국회의원과 입법부 역시 관료들이 가진 정보와 전문성에 의존할 수밖에 없다. 행정기관과 관료들이 자료제출을 거부할 경우 국회의원들의 정치적 판단은 지연되거나 비현실적인 것이 될 가능성이 높다.

둘째, 이해관계의 조정에 있어서도 행정부는 상대적으로 유리하다. 국회의원들은 첨예하게 얽혀 있는 이해관계 문제에 끼어 들 경우 사후적으로 자신에게 돌아올 비판과 정치적 득실을 크게 의식한다. 그래서 의원들은 이익집단 간의 갈등조정을 관료들에게 떠넘기고자 한다. 관료들 역시 갈등조정 과정에서 발생할 수 있는 이익집단과의 갈등이 달갑지 않으며, 경우에 따라서는 완전히 무기력할 수도 있다. 그러나 관료 개인이 아니라 다수 이익에 봉사하는 공무원의 신분에서 국민 다수의 복리를 기준으로 이해관계를 조정할 경우 자신의 신념에 따라 관련 집단을 설득하고 판단할 수 있는 여지는 상대적으로 넓다. 공무원에 대한 신분보장은 관련 집단의 비판으로부터 공무원을 보호해 주는 방파제가 될 수 있다.

2) 의회정치의 한계

의회정치가 갖는 몇 가지 한계 역시 행정관료의 정치영역을 확대하는 요인이 되고 있다. 첫째, 현대에 와서 두드러지게 나타난 국가기능의 양적 팽창과 질적 심화에 대해 행정부와는 달리 의회는 적절히 대처할 수 있는 능력이 부족하다. 산업화와 도시화에 따라 무수한 사회문제가 등장하고 있다. 그러나 이런 문제들은 복잡하고 까다로워 고도의 전문지식과 경험에 의한 통찰력이 없이는 이해하기 어렵다. 그런데 국회의원들의 경우, 선거에서 이긴다는 보장이 없고 이기더라도 동일한 위원회에서 계속 입법활동을 하기가 어려우므로 전문성을 갖추기가 쉽지 않다.

둘째, 외환위기와 같은 위기관리를 위해 신속한 결정이 필요하거나 외교, 국방상의 전략적 정책과 같이 비밀과 계속성이 요구되는 사안의 경우 많은 사람의 공개적 참여와 이해관계자 간에 토론과 타협을 중시하는 국회의 의결방식이 적합하지 않다.

셋째, 국회는 '철의 삼각관계(iron triangle)'와 같은 이념적인 문제를 안고 있다. 국회는 국민의 대표기관으로 자부하고 출발하지만, 많은 경우 개개인의 지역구만을 대표하여 전체 국민의 공익보다는 출신구의 편협한 이익에 얽매인다는 비판을 받는다. 경우에 따라서는 지역구 유권자들의 여론과는 다른 정책을 결정하는 현상도 지적된다.

한국의 경우, 남북대치 상황으로 인한 안보제일주의가 폐쇄적이고 신속한 결정과 강한 리더십을 요구함으로써 공개적 토의와 참여를 중시하는 의회의 기능을 위축시켰다. 정부 주도에 의한 급속한 경제성장전략 또한 정치적 타협과 배분적 정의를 중시하는 의회정치와 모순되었다. 안보와 경제성장을 위한 국가기능의 양적 팽창과 질적 심화 또한 전문성이 약한 국회의 지위를 더욱 약화시키는 요인이 되었다.

3 관료와 이익집단의 유착

1) 갈등회피유인

관료들에 의해 이뤄지는 정치는 어떤 양상으로 전개되겠는가? 놀(Roger G. Noll)의 포획이론은 정부부처와 정책담당자들이 왜 겉으로는 다수의 이익을 표방하면서 실제로는 이익집단과 유대를 형성하고 그들의 이익을 앞장세우게 되는지 잘 설명해준다. 정책담당자들 역시 정책에 필요한 정보와 자원의 부족에 직면할 수밖에 없다. 이런 문제에도 불구하고 정책을 만들어야 하고 정책실패로 인한 비난은 피하기를 원한다. 이런 상황에서 정부는 이익집단 및 정책대상집단과의 갈등을 회피하고자 하며, 외부의 의견에 의존하기도 하고 다른 조직의 자원・정보에 의존하기도 한다. 이런 관계와 상호작용 속에서 정부는 자기조직의 생존과 관료의 이익을 위하여 이익집단과 상호유대를 형성하고 서로의 이익에 봉사하게 된다.

놀에 의하면, 정부가 외부 고객과의 관계를 형성하는 과정에서 이들과의 갈등을 회피하기 위하여 고객에게 유리한 쪽으로 목표의 편향(goal deflection)이 일어날 수 있다. 이는 생산자에 의한 포획이라고 정의할 수 있다(Noll, 1985: 28).

정부와 정책담당자의 입장에서 보면 정책대상산업은 잠재적으로 동지가 될 수도 있고 정부조직의 존립을 위협하는 존재가 될 수도 있다. 전자의 경우는 정부가 조직의 이익을 위해 정책대상산업이 갖고 있는 정치적 영향력과 정보, 퇴직 후 일자리 등 자원을 이용할 수 있는 경우이다. 반면, 후자는 정부가 정책대상집단과의 갈등으로 인해 궁지에 몰릴 수 있음을 뜻한다. 결국, 정부의 입장에서 보면 정책대상산업과 가능한 한 마찰을 피하는 것이 최선책이라 할 수 있으며, 이 과정에서 공무원과 고객집단 간에 공생적인 관계가 형성되면서 생산자의 이해에 유리하게 목표가 편향되어진다는 것이다. 즉, 갈등을 회피하려 하기 때문에 공생관계가 형성된다는 것이다.

예를 들어, 정부는 정책대상산업의 이익을 극도로 침해함으로써 이들로부터의 반격으로 인해 스스로의 존립이 위태롭게 될 수 있는 정책을 섣불리 추진할 수가 없다. 또한 정부는 정책순응비용을 전적으로 대상산업에 부담시키려고 하기보다는 관련 부처의 예산증가를 통해 이를 해결하려는 성향을 가질 수 있다(최병선, 1992: 204).[13] 이런 현상은 갈등을 피하려 하는 과정에서 정부와 정책대상집단 간에 조직목표의 타협이 이루어질 수 있음을 암시한다. 정부는 정책대상집단과의 상호관계가 규칙화되어 있거나 또는 갈등이 없을 때 더 효율적으로 기능할 수 있기 때문에 의도적으로 목표를 변형시키기도 한다. 마찬가지로, 고객조직도 정부의 편의를 위하여 자신의 행동을 굽히고 이익을 어느 정도 포기한다. 양자 모두 자신들의 원래 목표만을 추구할 수는 없게 되는 것이다. 즉, 목표의 편향이 일어나는 대신 갈등을 감소시킴으로써 상호관계의 규칙성, 예측성을 달성하게 되는 것이다.

2) 외부신호 의존성향

정책담당자는 자신의 정책에 대해 외부의 조직이나 여론이 보이는 반응, 즉 외부신호를 고려하지 않을 수 없다. 정책이 얼마나 다수의 이익을 만족시키는지 정책에 대한 다른 기관들의 반응을 통하여 엿볼 수 있다. 외부신호는 국회 위원회, 감사기관, 언론, 이해관계집단, 시민단체 등 다양한 곳에서 표출될 수 있다(Noll, 1985: 41－52). 다양한 외부신호 가운데 정부가 어떤 신호를 보다 중시하느냐에 따라서 내부의사결정 과정과 행태는 상당히 영향을 받을 수밖에 없다. 예를 들어, 정

13) 예를 들어, 교육부는 학생들이 반값등록금을 주장하자 국가예산으로 국가장학금을 조성하였다. 장학금을 수단으로 대학구조조정과 같은 정책을 펴고 있다.

부가 강력한 정치적 영향력을 가진 정책대상집단의 눈치를 살피면서 정책을 수립하거나 업무를 집행하는 경우 이는 실질적으로 정부가 대상산업에 포획된 경우와 별 다름이 없는 결과가 발생한다(최병선, 1992: 206).

이것은 의사결정이론에서 소위 만족이론(satisfying model)과 일맥상통한다. 즉, 규제기관은 정책대안의 선택에 있어서 순수한 합리성보다는 주관적 합리성에 따라 주관적으로 만족스러운 대안을 선택할 수밖에 없다. 이와 같이 행정기관이 스스로 순수합리성의 관점에서 다수의 이익을 정의하고 판단하기보다는 외부 기관들의 반응을 살펴 주관적으로 만족할 만한 선에서 정책과 운영양식을 결정하려고 하는 경향은 상대적으로 규모가 작고 중요성을 갖지 못하는 정부기관의 경우 특히 현저하게 나타날 가능성이 높다(최병선, 1992: 205).

정부는 각 출처로부터 정부의 결정에 대한 승인 또는 거부를 표현하는 일련의 결과지표(success indicator)들을 받아들인다. 결과지표가 승인일 경우, 즉 각 출처로부터 정책에 대한 반응이 우호적일 경우 다수의 이익에 봉사한 것으로 간주한다. 이 경우, 예산요구와 법률안 제안이 국회의 관련 위원회에서 쉽게 수용될 것이며, 이들과의 갈등의 소지가 줄어든다. 언론으로부터의 의혹도 피할 수 있을 것이다. 정부는 긍정적 환류는 극대화하고 부정적 환류는 피하려 한다. 정부관료는 시간이 지남에 따라 긍정적 환류를 위한 적극적 행동에서 부정적 환류를 피하기 위한 소극적 양태로 변하게 된다.

정부는 보다 많은 정보를 얻기 위하여 이익투입에 관한 형식절차를 개발할 수도 있다. 그러나 이익집단이 제공하는 외부신호는 그 자체가 불완전하거나 왜곡된 것일 가능성이 높다. 첫째, 이익집단이 정보를 전략적으로 사용할 동기를 가지고 있다. 이익집단은 정부의 정보수집 과정에 참여하고, 정부기관의 결정에 법적 대응과 정치적 로비로서 도전하기 위하여 조직화된 집단이다. 정보를 선택적으로 제공할 수 있다. 결정의 지연으로 이익을 얻을 수 있을 때에는 정보 과부하 전략을 구사할 수 있다. 기업에 손해가 되는 정보는 결코 들어가지 않도록 할 것이며, 이를 위해 조직의 하위, 검색이 불가능한 곳에서 정보를 취급하도록 조직을 구성하려 할 것이다. 예를 들어, 건설업체는 안전사고율에 관한 정보를 의도적으로 숨기거나 낮추려 할 것이다.

둘째, 이익투입에 따른 1인당 이익이 큰 소수집단의 이익이 집중적으로 투입되어 정책이 이들의 이해에 편향될 가능성이 높다. 올슨(Mancur Olson)이 말하는 집단행동의 딜레마는 이익투입의 단계에서도 발생한다. 개인은 이익투입에 소요되는 비용과 그 결과로 돌아올 편익을 계산하고 행동한다. 이익투입에 소요되는 비용보다 그것으로부터 얻는 편익이 클 것으로 기대할 경우 이익집단을 조직화하고 이해투입활동을 펼치게 된다. 반면, 구성원들이 뿔뿔이 흩어져 있다면, 조직을 형성하고 이익투입에 나서는 것이 쉽지 않다. 따라서 정부로 흐르는 정보와 정책결정은 많은 수의 구성원이 관련되어 전체적 이해는 크지만 각 개인의 이익은 적은 집단에서보다 1인당 이익이 큰 소규모 집단의 이해를 반영할 가능성이 높다. 그래서 개인의 권리를 보호하면서 특수이익에 의하여 통제되지 않는 민주적 정부를 수립하는 것이 제도적 문제의 핵심이 되는 것이다.

3) 자원 · 정보의 의존

하나의 조직이 생존하기 위해서는 돈, 사람, 정보, 기술 등 여러 가지 자원을 필요로 한다(Pfeffer & Salancik, 1978). 자원의존이론의 기본명제는 한 조직의 다른 조직에 대한 통제는 자원에 대한 통제력에서 나온다는 것이다. 조직이란 내적으로 자급할 수 없기 때문에 환경으로부터 자원을 얻어야 한다. 그래서 그들이 거래하고 있는 환경의 요소들과 상호의존적이다. 조직행동에 대한 외적 통제를 가능하게 하고 또 거의 불가피하게 만드는 것은 바로 조직이 환경에 의존한다는 사실이다. 조직은 환경의 요구를 응하지 않으면 생존할 수 없다. 그렇다고 모든 환경의 요구에 완전히 반응하면서 생존하는 것도 불가능하다. 왜냐하면, 환경의 요구들은 서로 모순되기 때문이다.

한 조직의 다른 조직에 대한 의존성은 다음 요인들에 의해 결정된다. 첫째는 자원의 중요성, 즉 조직이 지속적인 운영과 생존을 위하여 그 자원을 필요로 하는 정도이다. 자원교환의 중요성은 교환의 상대적 크기와 자원의 필요성에 의하여 결정된다. 둘째는 이해관계집단이 자원의 배분과 사용에 대하여 행사하는 재량권의 정도이다. 특정의 행위자가 어떤 자원의 배분에 대하여 완전한 통제력을 갖고 있다면 이 자원을 필요로 하는 조직은 특정행위자에게 완전히 의존해야 할 것이다. 자원에 대한 통제력의 원천은 자원의 점유, 자원에의 접근 규제, 다른 사용자, 자원의 소유, 배분, 사용 등에 대하여 규칙을 제정할 수 있는 능력 등이다. 셋째는 대안적인 선택의 여지가 얼마나 있는가 하는 것이다. 조직이 필요한 자원을 얻을 수 있는 다른 공급자가 있는가, 그리고 대체물의 획득을 제한할 수 있는가 하는 것이다. 자원에 대한 통제의 집중도와 조직에서의 자원의 중요성이 다른 집단 또는 조직에 대한 의존성을 결정짓는다고 할 수 있겠다. 따라서 의존성이란 특정투입물이나 산출물의 조직에의 중요성과 이 자원에 대한 소수조직의 통제정도에 의해 결정된다.

정부도 하나의 조직으로서 업무를 추진하고 환경에 대처하며 조직의 생존을 영위하기 위해 다양한 자원을 필요로 한다. 정부기관이라는 특수성으로 인하여 기관의 운영, 사업의 추진에 필요한 자원(예산, 인력 등)의 대부분은 안정적으로 공급된다. 그러나 필요한 모든 자원이 언제나 내부적으로 충분하게 공급되는 것은 아니다. 정부의 생존을 위하여 필요한 자원 가운데 대표적인 것이 정책정보이다. 가령, 정부의 개별산업규제는 정책대상산업에 대한 정확한 정보를 바탕으로 실시될 때 적정한 기준에서 적용될 수 있다. 그런데 공무원보다는 생산에 관여하는 자가 생산기술이나 상품의 수요구조, 요소비용 등에 관하여 더 많은 정보를 가지고 있는 것이 일반적이다. 그리고 정책대상산업에 속해 있는 기업들은 자신의 이익을 위해 정확한 정보를 제공하지 않으려 하거나 자신들에게 유리한 방향으로 정보를 왜곡할 수 있다.

정책의 입안과정에서 정부가 당면하는 핵심적인 문제가 바로 정보의 문제이다(Sappington & Stiglitz, 1987). 정책담당자가 정보를 얻기까지는 우선 시간이 소요되며, 급변하는 환경에서 그들이 얻는 정보는 현재 상황에서 타당성이 제약된 것일 가능성이 있다. 기업들은 이 정보를 통하여 정보지대(informational rent)를 추구할 수 있다(Laffont & Tirole, 1991: 1082, Williamson, 1975). 산업기술이 발전하면서 정책결정에 필요한 정보들에 대한 전문성, 특정성이 높아지고 있고, 상대적으로 전문성이 낮은 관료들이 필요한 정보를 대상산업에 의존하게 되는 경우가 증가하고 있다. 예를 들어, 환경오염을 줄이기 위한 공해방지 시설비용이 지나치게 높다면 정부는 기업에게 당장에 오염수준을 상당수준까지 낮추어 주기를 요구하기는 어렵다. 만일 시설비용이 크지 않다면 상당한 감소를 요구할 수 있을 것이다. 그러나 정부가 그 비용에 관하여 알기 위해 기업에 의존해야 한다면 기업은 생산비용을 낮추기 위하여 오염방지비용을 실제보다 부풀려 예상되는 규제수준을 낮추려 할 것이다.

또한 기존 업체들이 현재의 수익률과 시장규모에서 신규참여와 공급의 확대는 산업의 발전에 이익이 되지 못하며 과당경쟁의 위험을 야기할 것이라고 주장할 때 (예: 삼성의 자동차사업 진출, 현대의 제철소 건설 추진에 대한 기존 업체들의 반대 논리) 정부는 그 위험이 진짜인지 판단하기가 쉽지 않다. 이런 경우, 정부는 비난받을 위험(공급과잉, 과당경쟁 등으로 비난을 받을 위험, 정책실패의 위험)을 피하기 위하여 기존업체의 주장을 수용할 가능성이 높다.

퇴직 후 유관 기업 또는 이익집단에 취직하는 것도 자원의존의 한 형태다. 정부와 관료에게는 경제적, 심리적, 조직적 편익을 제공하기 때문이다. 정부의 입장에서 보면 우선 부처 내의 인사에서 숨통을 틀 수 있고, 퇴직 후를 보장해 줌으로써 우수 재직자들의 조기이탈을 막을 수 있다. 그러나 기업들이 이들을 앞세워 정책과정에 개입하고자 할 경우 자칫 공공기관으로서 지켜야 할 공정성과 독립성을 침해받을 수 있다. 전직 공무원 측에서는 아무래도 실적을 생각하지 않을 수 없고 그러다 보면 전직 동료나 부하, 선배들의 도움을 받게 되며 소위 '정경유착'현상이 일어나게 된다. 관련 기업으로의 전직에 대하여 긍정적일 수록 규제의 범위와 강도가 약하여 포획될 가능성이 높다는 연구는 이런 논리를 실증하여 주는 것이다(엄구호, 1990: 105-106).

자원의존이 이익집단에게 정부와 정책을 포획할 수 있는 기회를 준다. 첫째, 자원제공과 정책을 교환하는 거래가 이루어 질 수 있다. 이러한 거래관계는 반드시 명시적 형태를 띠는 것은 아니며 오히려 암묵적인 상호 이익증진이 일반적인 형태이다. 정부는 정책대상집단의 이익에 반하는 정책을 입안하는 데 소극적이며 설사 정책이 수립된 후에도 대상집단의 입장을 최대한 존중하여 주고자 한다. 정책대상집단이 제시하는 정책대안이 그대로 또는 유사하게 수용되거나 이익집단의 눈치를 살피는 행동까지도 나타날 수 있다.

둘째, 정부에 제공하는 정보를 조작할 수 있다. 조작한다는 것은 자신들의 이익에 불리한 데이터는 은폐, 조작, 가공하고 유리한 데이터는 과장하는 등의 행동을 말한다. 정보의 조작이 가능할 것으로 추정하는 근거는 첫째, 각 산업분야의 전문적 정보들의 경우, 정부보다는 직접 생산을 담당하는 기업들이 정보에의 접근이 용이하고, 둘째, 정부가 이의 정확성을 확인하기가 쉽지 않으며, 셋째, 각 산업별로 설립되어 있는 사업자단체(사실상 이익단체임)들이 해당 분야의 관련 통계조사와 연구, 업계의 의견수렴 및 대정부 건의 등을 담당하고 있다는 점 등이다. 정부가 흔히 규제정책 문제를 인지하고 해결책을 모색하는 데 있어서 공익적인 견지에서보다는 어딘가 모르게 정책대상산업의 인식과 입장을 그대로 반영하는 현상을 보이는 것은 바로 이 때문이다(최병선, 1992: 201-202).

정부관료가 이익집단과 어떻게 유착되어 있는지는 세월호 사고에 관한 아래 사례 연구에서 좀 더 구체적으로 살펴보자.

제 6 절 사례연구: 세월호 사고와 정치 · 정책[14]

1 가격규제의 정치

1) 가격규제의 정치

2014년 4월 16일 발생한 세월호 사고로 단원고 학생 및 교사 246명을 포함하여 296명이 목숨을 잃었다. 국민의 생명과 안전을 보호하는 것이 정부와 정책이 존재하는 가장 큰 이유다. 그러나 이런 기본적인 역할조차 제대로 수행하는 것이 쉽지 않다는 점을 극명하게 보여준다. 수많은 제도와 문화적 요인들이 얽혀 있어 사고의 원인을 온전히 밝힐 수는 없다. 정치와 정책을 중심으로 논의해 보자. 먼저, 검토할 것은 가격규제다. 정치와 정책이 실제로 어떻게 작용하는지를 잘 보여주는 것이 가격규제다.

가격규제를 요구하는 사람들(예: 이용자, 시민단체, 자치단체 등)은 소비자의 보호를 이유로 제시한다. 정치인들 역시 당장에는 가격인상을 억제하는 것이 소비자를 보호하는 길이고, 이런 정책을 펴는 것이 선거에서도 유리하다고 판단한다. 즉, 정치적으로 보면, 가격규제는 합리적인 선택인 것처럼 보인다. 정치란 이렇게 움직인다. 정책결정에 영향을 미치는 사람들의 이익을 충실하게 반영하는 것이 정치의 작동원리다. 그렇다면, 이런 정치와 정책이 진정으로 소비자와 이용자를 보호

14) 사공영호(2016)의 연구를 재정리한 것이다. 보다 자세한 내용은 이 논문을 참고하기 바란다.

할 수 있을 것인가? 규제연구자들은 그렇지 않다고 주장한다(사공영호, 2016: 74-76; 김용준, 2015: 256-257; 전용덕, 2014; 최병선 2014).

가격을 규제하면 제품이나 서비스의 품질이 나빠진다는 것은 만고불변의 진리다. 라면의 가격을 규제하면 무게가 작아지고, 휘발유의 가격을 규제하면 옥탄가가 낮아진다. 산부인과의 진료수가를 규제하면 자연분만보다 가격이 높은 수술의 비중이 높아진다. 응급실의 진료수가를 규제하면 정작 최고의 전문의가 필요한 곳에 유능한 의사를 배치할 수 없게 된다. 가격이 낮으니 수익이 나지 않고, 수익이 나지 않으니 새로운 투자가 일어나지 않는다. 새로운 투자가 없으니 해당 산업의 발전은 지체되고, 이로 인해 오히려 소비자들이 손해를 보는 악순환이 발생한다. 정치적으로는 매력이 있을지 모른다. 하지만, 결코 소비자의 이익에 도움이 되지 않는 것이 가격규제다.

법령상 연안여객선의 운임은 신고제다(해운법 시행규칙 제10조). 그런데 정부는 원가계산서 등 운임과 요금의 산출근거를 기재한 서류를 제출받아 운임을 허가하는 방식으로 제도를 운영해 왔다. 허가제로 운영하니 시장의 상황에 맞게 제때 요금인상이 이뤄지지 않는다. 최근에는 2006년, 2008년, 2012년 운임인상이 이루어졌다(인천지방해운항만청 홈페이지 자료; 한겨레 2012.5.3 외 참고).

반면, 연안여객선의 운영비용은 매우 가변적이다. 우선, 여객선 이용자 수의 변동이 심하다. 주말과 휴가철에는 수요가 급증한다. 2014년의 일반항로 월별 여객수송실적을 보면, 4월과 8월에는 각각 약 120만 명에 이르지만, 1월, 2월, 12월에는 각각 63만 명, 53만 명, 38만 명에 불과하다. 월별 차량수송실적 역시 8월에는 21만 대에 이르지만 1월, 2월, 12월에는 각각 14만 대, 12만 대, 11만 대에 불과하다(한국해운조합, 2015: 102, 111). 시기나 요일 구분이 없는 고정요금으로는 수익을 내기 힘들다. 연안해운사의 이익이 유가에 의해 크게 달라지는 상황도 전개되고 있다. 예를 들면, 2006~2010년 동안 내항여객선 업체의 당기순이익은 평균 2.7억 원을 기록하였다(해양수산부, 2016: 6). 그런데 유가가 상승하던 2008년의 당기순이익은 1.1억 원에 그쳤고, 유가가 하락한 2009년에는 5.9억 원으로 5.3배 증가하였다(황진회, 2012: 235). 이처럼 가변적인 시장상황에 대응하려면 시장상황의 변화에 따라 운임을 탄력적으로 조정할 수 있어야 한다. 그러나 정부의 규제로 인해 시장의 상황에 적절히 대응할 수 없으니 수익을 내기 어렵다.

운임규제는 채산성에 악영향을 미치고 있다. 2006~2010년 간 운항선박의 40% 정도가 적자운항을 하였고, 유가가 하락한 2009년의 경우에도 적자운항 선박이 34%에 이르러 사업자들이 만성적자에 시달리고 있다(황진회, 2012: 235). 총자산경상이익률 역시 2.2%로 운수업 전체(3.7%), 육상여객업(3.2%), 항공운수업(3.8%)보다 낮다. 열악한 경영여건이 서비스의 질에도 영향을 미치고 있다. 연안여객서비스에 대한 소비자의 만족도가 다른 교통수단에 비해 낮다(한국해양수산개발원, 2014: 17). 터미널을 비롯한 인프라가 열악하고, 여객선의 노후화가 심하며, 선원 부족과 노령화 문제도 나타나고 있다(황진회, 2012: 48-54). 이런 이유로 연안여객업체들은 영세성을 면치 못하고 있다. 연안항로의 96%가 독과점 형태로 운영되고 있음에도 평균자본금은 10.6억 원에 불과하다. 10억 원 미만인 영세기업의 비율이 63%에 이르고 있다(해양수산부, 2015.2.9 보도자료).

2) 세월호의 경우

세월호의 경우, 1회 운항에 유류대금만 약 6천만 원이 소요된다. 그런데 적재한도를 지킬 경우 화물운임으로 약 2,600만 원을 받을 수 있다. 여기에 승객운임이 약 3,000~4,000만 원일 것으로 추정된다(중앙일보, 2014.6.9). 승객과 화물운임을 합쳐보면 유류대금과 비슷한 금액이 나온다. 가격규제 하에서 세월호가 수익을 낼 방법이 없었다는 것이다.

운임규제로 수익이 나지 않으니 비용절감을 위한 노력에 나설 수밖에 없다. 우선 큰 돈을 들여 새 배를 건조하는 것보다는 중고선을 도입하였다. 인건비를 절약하기 위해 일용직 선원을 고용하였다. 선장까지도 임시직이었다. 선원의 임금 역시 최저로 지급하였다. 이처럼 열악한 조건에 있었으니 자기 일에 대한 사명감이나 애착심을 기대할 수 없다. 사고가 나자 승객을 남겨둔 채 자신들만 빠져나왔다.

화물의 과적 역시 운임규제의 산물이다. 저가항공이 대두하면서 인천-제주노선은 승객보다는 화물에서 수익을 내야 하는 상황이 되었다. 승객운임은 1인당(3등실기준) 71,000원이었으나, 짐을 실은 4.5톤 트럭은 56만 원, 트레일러는 140만 원을 받았다(오마이뉴스, 2014.5.17).[15] 더 많은 화물을 싣기 위해 세월호는 화물의

15) 2013년의 경우, 청해진해운 매출액(320억 원)에서 60%(195억 원)를 화물이 차지하고 있다.

고박에 필요한 D링을 지속적으로 추가 설치하였다. 이렇게 하여 2013년 3월 15일부터 2014년 4월 14일까지 241회 운항하면서 적재한도를 지켰을 때 받을 수 있는 63억 5천만 원의 운임보다 약 30억 원이 많은 93억 1천만 원의 화물운임을 받았다(중앙일보, 2014.6.9). 적재한도를 지켰을 때의 운임에 비해 약 50%의 이익을 추가로 얻었다. 사고당시에도 세월호는 승객운임 3,000여만 원의 2.7배에 이르는 약 8,000만 원의 운임에 해당하는 화물을 싣고 있었다. 배를 개조하여 복원력은 약화되었음에도, 복원력에 치명적 문제를 일으키는 과적 상태에 있었다.

과적을 단속하는 운항관리가 형식화된 것도 가격규제와 무관하지 않다. 선사의 입장에서는 수익을 얻기 위해 과적을 해야 할 상황이다. 그런데 이를 가장 직접적으로 단속할 수 있는 위치에 있는 사람이 운항관리자다. 그러니 운항관리자의 엄격한 단속을 어떻게 해서든 무마해야 하고, 이런 과정에서 나온 것이 먼저 출항한 이후 전화보고를 통해 단속을 피하는 방법이었을 것이다.

2 해운관료와 업계의 유착

현재 해양수산부 산하 공공기관 14곳 가운데 해양수산부 출신이 기관장인 곳은 11곳에 이른다. 기업의 '대리인'이 된 퇴직 공무원은 현직 공무원의 의사결정에 직·간접적인 영향을 미치며, 정부가 해야 할 '감시견' 역할을 마비시켰다. 그들에게 수억 원의 연봉을 챙겨주지만, 그 이상의 대가가 조합과 법인에 돌아온다. 수십 년째 카르텔이 깨지지 않고 유지되는 이유다. 해양수산부 출신이 산하 기관장을 맡다보니 관리·감독이 제대로 이뤄지기 어렵다. 해양수산부가 감사를 해야 하는데 자신들 위에 있던 상관이나 친한 동료들이 산하 기관장으로 가다보니 제대로 관리·감독이 이뤄지지 않는 것이다.

한국선급, 선박안전기술공단, 한국해운조합, 해양수산부, 해양경찰은 끈끈한 공생관계를 유지해왔다. 한국선급(KR)은 1960년 해운사들이 출자해 설립한 비영리 사단법인이다. 제3자의 위치에서 보험대상 선박을 객관적으로 평가하려고 만든 단체였다. 하지만, 선박 검사 기술력이 쌓이면서 정부를 대행하여 선박의 검사업무를 맡기 시작했다. 일반 내항선과 소형어선의 안전검사는 준정부기관인 선박안전기술공단(KST)이 맡는다. 한국해운조합은 2,100여 개 선박회사의 이익단체로, 1949년 대한해운조합연합회가 전신이다. 1962년 한국해운조합법에 따라 한국해운조합으로 명칭이 바뀌었다. 선박사고 시 손해를 보상해주는 보험업무인 선박공제사업과 전국 연안 여객터미널의 운영 및 관리를 담당한다. 선장과 선원에 대한 운항관리규정 교육, 여객선 입·출항 보고, 여객선 승선지도, 구명기구·소화설비·해도 등 기타 용구의 완비 여부 확인, 탑승인원 및 적하물 확인 등 안전에 관한 각종 교육과 지도, 안전점검 및 확인 업무도 해운조합에서 전담해왔다.

그런데 이들 기관의 전·현직 임원에는 해양수산부와 해양경찰의 고위 퇴직관료들이 즐비하다. 한국선급 역대 대표이사 10명 중 8명이 해양수산부(구 항만청 포함) 출신이고, 선박안전기술공단의 이사장 역시 국토해양부 출신이다. 한국해운조합 역대 이사장 12명 가운데 10명은 해양 관련 부처의 고위 공무원 출신들이다. 당시 해운조합 이사장은 국토해양부 제2차관 출신으로, 퇴직 후 6개월 만에 해운조합 이사장으로 자리를 옮겼다. 해운조합 경영본부장과 안전본부장은 해양경찰 출신이다. 이러한 공생관계에 해양수산부의 수장인 장관도 빠지지 않았다. 최근 언론보도에 따르면, 한국선급, 전국해양산업총연합회, 한국해사재단 등 해운회사들의 이익단체가 다수 입주한 여의도 해운빌딩 맨 꼭대기 10층을 해양수산부 장관의 집무실로 사용해왔던 사실이 밝혀졌다.

이처럼 정책을 담당하는 공무원과 해운업계가 서로 끈끈한 유대를 맺고 있는 상황에서 엄격하고 공정한 규제자의 역할을 기대할 수는 없다. 이내 가족이라고 봐주고 챙겨주는 사이 봐줘서는 안 될 일까지 봐주면서 이런 일이 일어난 것이다. 여객선 안전검사기준 완화, 여객선 차량적재기준 완화, 선박연령기준 완화, 특별점검 대상 노후선박 기준 완화 등의 조치가 규제개혁이라는 이름으로 이루어졌다. 과적 운항을 단속하지도 않았고, 무리한 출항을 통제하지도 않았다.[16]

선령규제[17]의 완화과정을 보면, 이를 가장 먼저 거론하는 것은 선주협회다. 선

16) 민주사회를 위한 변호사모임 세월호 참사 진상규명과 법률지원 특별위원회(2014: 4-9, 57).

17) 선령규제가 세월호 사고의 원인이라는 비판이 있어왔다. 그러나 이는 사실과 다르다. 사고가 날 당시 세월호는 규제완화 이전의 규제조건이던 선령 20년이 되지 않은 상태였다. 세월호는 1994년 6월 일본에서 운항을 시작했으며, 사고가 난 것은 2014년 4월 15일이다. 즉, 규제완화 이전의 기준을 적용하더라도 운행이 가능한 배였다. 물론, 규제를 완화하지 않았다면 청해진해운에서 이 배를 수입하지 않았을 가능성은 크다. 그러나 설사 규제완화로 인해 배의 수입이 가능했다고 하더라도 배가 낡아서 사고가 났다고 말하기는 어렵다. 이보다는 이 배를 증축하는 과정에서 안정

주협회의 2003년 사장단 연찬회에서 선령규제의 완화 필요성이 등장한다.[18] 이어 2006년 선주협회의 발주로 서울대학교 해양시스템공학연구소(연구책임자 장창두)에서 이를 뒷받침하는 연구보고서가 나온다(장창두, 2006). 이 보고서는 연안여객선은 선령을 굳이 제한할 필요는 없을 것으로 판단되나, 인명을 수송하는 여객선의 특성과 현행 검사수준 등을 감안하여 10년 정도 연장하여 최대 35년 정도까지 제한 선령을 연장할 것을 제안하고 있다(장창두, 2006: 58). 2008년 9월에는 국토해양부의 의뢰를 받아 한국해양수산연수원(연구책임자 전영우)에서 수행한 연구 결과가 나온다. 이 보고서는 1997~2007년 간의 11년 간 발생한 연안여객선 해양사고 78건의 원인을 분석하고 있다. 그런데 연안여객선의 해양사고에서 선령, 선체재질과 해양사고 발생과의 상관관계는 없는 것으로 보고하고 있다(전영우, 2008: 109-110). 전영우(2008: 153)는 선령제한제도를 30년으로 완화할 경우, 연안여객선사의 경영여건을 개선시킬 수 있으며, 선령제한제도로 인한 5년 간 손실액 약 370억 원(대형카페리선 척당 약 46억 원) 정도를 절감할 수 있다고 예측하고 있다.[19] 이상과 같은 논의의 과정을 거쳐 선령규제는 2013년 완화되었다.

해운업계에 퇴직 관료들이 두루 포진되어 있고, 선령규제 문제가 연구단계를 거치면서 점차 공식의제화하였다는 점에서 해운업계의 요구가 있었을 것임을 쉽게 짐작할 수 있다. 이와 같은 제도변화의 진행과정은 사실 이익집단의 요구에 의하여 정책이 변화되어 가는 전형적인 과정이다. 이익집단은 자신의 요구를 정당화하기 위하여 공신력 있는 연구기관에 연구를 의뢰한다. 정부는 이런 보고서와 협회의 요구를 그대로 정책에 반영할 수는 없으므로 다시 상대적으로 중립성이 있는 연구기관에 다시 연구를 의뢰한다. 그런데 연구보고의 내용을 보니 선령규제와 해양사고는 상관이 없다. 규제를 완화할 수 있는 근거가 마련되었으며, 정부차원에서 규제개혁이 요구되므로 법규를 개정한다. 이런 일련의 과정은 분명 해운업계와 규제기관 간의 유대관계 위에서 진행되었을 것으로 충분히 짐작할 수 있다.

성이 약화된 것이 원인이다. 중고선을 수입했어도 배를 증축하지 않았다면 복원성에서 문제가 생기지 않았을 가능성이 크다. 즉, 문제는 규제의 완화에 있는 것이 아니라 무리한 증축과 과적에 있다.

18) http://www.shipowners.or.kr/news/media.php?ptype=view&code=media&idx=718 참고.

19) 국민원익위원회, 2008.8.5. [국민불편과 기업부담 해소위한 행정규칙 94건 정비] 보도자료 및 해양분야 설명자료 참고.

이밖에도 규제관료와 업계의 유착을 보여주는 증거는 많다. 한국선급의 임직원은 해양수산부 공무원에게 향응 제공, 골프접대, 법인카드 등의 뇌물을 제공하였다. 전 인천해양경찰서 해상안전과장 등은 세월호운항관리규정을 심사하기 전주 주말, 세월호시험운항 참관 명목으로 제주도로 출장을 가 주말 동안 청해진해운 직원 등으로부터 식대, 주류, 관광 등 향응을 제공받았다. 그리고 시험운항을 위해 세월호를 타고 인천으로 돌아 온 당일 세월호의 운항관리규정을 심사하면서 복원성 계산서 등 심사 관련 서류도 제출받지 않았다(문강희, 2015: 31).

3 규제의 무력화: 운항관리제도

1) 운항관리제도의 의의 및 운영상황

운영관리제도의 운영상황이 제도가 형성되고 운영되는 실제의 상황을 잘 보여준다. 운항관리는 안전한 선박운영을 위한 최종장치다. 운항관리란 운송사업에 투입된 선박이 실제로 운항을 하는 과정에서 정원초과, 적재량초과 등 무리한 운항으로 발생할 수 있는 위험을 사전에 점검하여 예방하기 위한 제도다. 항구에서 운항관리자가 과적을 단속할 수 있도록 하고 있다.

그런데 법에서는 운항관리자가 과적을 단속하도록 되어 있는데 단속이 이루어지지 않았다. 선장에게도 과적을 하지 못하도록 단속할 권한이 있는데 그렇게 하지 않았으며, 청해진해운에도 안전관리팀장이 있어서 선박의 안전관리를 총괄할 책임이 있는 데도 제 역할을 수행하지 않았다. 해양경찰은 운항관리자를 교육하고 지도할 의무를 다하지 못하였고, 해운조합은 안전관리제도를 적절히 운영할 법적 책임이 있는 데도 그렇게 하지 않았다. 왜 이 많은 제도들이 한결같이 형식화되었을까? 각자에게 제도적으로는 책임은 주어져 있지만, 실제 업무를 집행하는 상황에서는 본래 취지에 따라 업무를 집행하는 것이 쉽지 않았기 때문이다.

우선, 배의 운항을 가장 일선에서 책임지는 선장에 대해 생각해 보자. 청해진해운이 직접 만들어 해경의 승인을 받은 운항관리규정(제11장 ①항)에 따르면, 선장은 당직사관[20]과 협의하여 화물을 초과적재하지 않는다고 규정하고 있다. 그런데

제4장을 보면, 세월호의 안전관리담당자는 해무팀장이며 그 아래 기획관리팀, 담당 선박, 여객영업팀·물류팀 등 세 개의 조직을 두고 있다. 선장은 선박담당자다. 또한 하물하역담당자를 선장과는 별도로 두고 있다. 즉, 화물의 선적에서 선장이 얼마의 권한을 실제로 행사할 수 있는지, 가령 과적을 저지할 수 있는 실제의 권한을 가지고 있는지가 불확실하다는 점이다.

이에 대해 김용준은 해양사고는 선박의 불감항성을 사전에 인지하지 못하여 발생하기보다는 경비절감 등의 이유로 이를 묵살하는 간부들의 안전불감증 때문에 발생하며, 선장과 선원들이 해운기업 간부의 지시를 어기는 것은 현실적으로 불가능하다고 지적하고 있다(김용준, 2015: 256－257). 이 점에 대해서는 하물하역담당자와 해무팀장의 경우도 마찬가지일 가능성이 높다. 즉, 선주가 과적을 요구할 경우 이를 거부할 수 있을 것이냐는 것이다. 이익을 내야만 회사가 살아남고 이익을 내려면 과적을 해야 한다는 현실적 요구를 무시하기는 쉽지 않을 것이다.

이런 점은 세월호 정규직 선장의 광주지방법원 재판증언에서도 확인되었다. 세월호의 복원력이 안 좋았기 때문에 선장은 2013년 여름 물류팀에게 신경써 달라고 요구했다. 해무팀에 계속 이야기했고, 직접 물류팀을 찾아가기도 했지만 "배 운항 못 하겠느냐, 그럼 사표 써야겠다."란 말을 들었고, 물류팀에 계속 묵살당했다고 한다. 또 과적을 숨기기 위해 출항 때는 평형수를 뺀 다음 운항 도중 밸러스트 탱크를 채웠다고 증언했다. 그런데 물류팀의 임원은 "물류팀이 회사 매출의 70% 이상을 차지했기 때문에 화물 적재(과적)에 간섭할 수 없었다."고 증언했다(오마이뉴스, 2014.8.27). 선장 및 선원과 선사 임원들은 법을 어기더라도 회사를 살리고 직업을 유지하려면 과적을 해야 하는 상황에 직면해 있었던 것이다.

2) 운항관리자와 해운조합

운항관리자가 왜 과적을 제대로 단속할 수 없었으며, 해운조합은 또한 왜 운항관리자 제도를 엄격하게 운영할 수 없었는지에 대해 생각해 보자. 우선, 엄격한 운항관리는 선사의 이익과 충돌한다. 화물의 선적상태를 확인하고 실제로 과적을 단속하는 운항관리자를 다른 지역으로 전출할 것을 선사에서 요구하고 실제로 그렇

20) 당직사관은 선장이 휴식을 취하는 동안 선장을 대신하여 임무를 수행하는 사람을 의미함.

게 된 일이 있었다고 증언하고 있다(정혜연, 2014; 한겨레, 2014.5.11). 검찰의 발표에 따르면, 해운조합의 안전본부장은 운항관리자들에게 "사업자들이 너희 월급도 주고 너희가 생활할 수 있도록 해 준다."고 하며 선사의 위법행위를 묵인하도록 지시하기도 했다(연합뉴스, 2014.8.6).

운항관리자를 고용하여 운영하고 있는 해운조합은 선사들의 이익단체다. 선사들의 이익단체에서 고용한 사람들이 선사의 이익과 충돌하는 행위를 단속할 것을 요구하고 있는 것이다. 즉, 업무여건 자체가 '운항관리자'들이 업무를 엄격하게 집행할 수 없는 구조인 셈이다. 상황이 이렇다 보니, 일선 운항관리자는 승선인원과 차량·화물적재란이 공란으로 되어 있는 출항전안전점검보고서를 제출받고 일단 배를 출항시킨 후 해운회사에서 알려주는 승선인원을 보고서 공란에 채웠다. 언제든 정원초과와 과적이 발생할 수 있는 상태로 출항을 하는 관행이 만들어졌다(창원지방검찰청 통영지청, 2014: 1-3)

그렇다면, 왜 서로의 이익이 충돌하고 엄격한 업무집행의 집행이 쉽지 않을 것임을 금방 알 수 있는 이런 업무구조가 형성되고 지속되었는가? 해운조합 이사장은 다음과 같이 설명하고 있다. 운항관리 업무를 해운조합이 전담하게 된 것은 서해훼리호 사고 이후다. 해운사고에 대한 공무원의 책임회피를 위해 해운조합에 무리하게 떠넘겼다는 것이다. 운항관리자에게 지급하는 임금은 승선운임에서 조성한다. 해운조합에서 직접 비용을 조달하는 것이 아니라 징수하여 전달하는 업무만 담당하고 있는 셈이다. 업무의 독립을 위해서는 정부가 이 비용을 징수하여 운항관리자에게 직접 지급하는 방법이 있다. 그런데 이렇게 해달라는 해운조합의 요구는 정부에 의해 묵살되었다. 2000년대 중반 이후 정부에서 운항관리자에게 지급할 임금을 전적으로 부담해달라는 요구도 묵살되었다. 해운조합은 안전관리 업무를 독립시켜 달라고 줄기차게 건의했으며, 2009년에는 해양교통안전공단법을 의원입법으로 제출했으나 이 역시 정부의 반대로 무산되었다(정혜연, 2014). 해운조합이 해양교통안전공단의 신설을 반대했을 가능성 지적하는 보도도 있었다(연합뉴스, 2014.5.2). 그런데 당사자인 해운조합이사장의 증언은 정반대다. 그는 운항관리 업무를 해운조합에서 하는 것이 불합리하고 안전을 보장할 수 없는 일이 발생하고 있으므로 안전업무를 정부에서 맡을 것을 요구하고 제도의 개선을 시도하였으나 정부에서 수용하지 않았다고 증언하고 있다(정혜연, 2014).

정부에서 운항관리 업무를 다시 받지 않은 이유는 이 업무를 해운조합에 맡길 때의 상황에 비추어 예상할 수 있다. 운항관리 업무가 정부의 책임이 되면 결국 해운사고의 책임도 정부에게 다시 돌아온다. 해운관료들의 책임이 된다. 자신이 새로운 책임을 담당하느니 자신들이 영향력을 행사할 수 있는 조합에 이 업무를 그대로 맡겨두는 것이 골치 아픈 일을 피하는 관료적인 방법이었을 것이다.

4 종 합

언어를 이용하여 화려한 제도의 집을 짓는 것은 어렵지 않다. 제도적으로 보면, 세월호 사고는 일어날 수 없는 사고다. 배를 수입하고, 증축하고, 검사하고, 운영하는 과정 전반에 걸쳐 세밀한 법규와 제도가 만들어져 있었다. 그러나 이 모든 제도들은 정치의 논리 속에서 만들어지고 일상의 문화와 도덕규범에 기초하여 작동한다. 어떤 제도든 이를 운영하는 기업과 정책당사자들이 이를 매개로 유착하고, 제도를 무력화시키고자 하면 형식화되고 무력화된다. 세월호 사고의 원인들은 이와 같은 정치와 정책의 허점을 기반으로 축적되었다. 원인제공자를 특정하기 어려울 정도로 제도의 형성과 운영에 관계하는 모든 주체들이 약점을 드러내 보이고 있다.

소비자의 이익에 부합한다는 보장이 없음에도 현실과 동떨어진 가격규제를 고집하는 정치, 정치의 틈바구니에서 운임규제를 신고제로 완화하고도 허가제로 운영하는 행정편의적인 정책집행 현실, 관료와 기업이 유착하여 서로가 서로를 챙기는 온정적 정부-기업 관계, 이익을 위해서는 적당히 은밀하게, 그리고 기꺼이 법을 어기는 기업 행동, 일선의 요구를 무시하는 공무원의 권위주의적 업무 방식, 주변의 요구에 저항하지 못하도록 길들여진 업무태도가 제도를 무력화시켰다.

소비자의 요구에 부응하지 못하는 기업은 이익을 내지 못하고 곧 망한다. 그러나 정부의 정책은 그렇지 않다. 어떤 정책이 최선인지 해답을 찾기 어렵다. 이런 불확실성은 정치인들이 정치적 이익을 취할 수 있는 기회를 제공한다. 관료들에게도 자신들의 조직적 이익을 취할 수 있는 기회를 제공한다. 겉으로 보면 많은 제도들이 있는 것 같다. 하지만, 실상은 효과를 보장할 수 없는 정책과 제도들이 축적된다. 문제의 원인들이 서서히 축적되고 숙성된다. 그래서 최고의 선박을 만들어

수출하지만 정작 자기 국민들이 탈 배는 낡은 배를 수입하고, 외국에서는 최고의 건축물을 짓지만 막상 자기 가족이 이용할 건물과 다리는 무너져 내리는 일이 일어난다.

기업보다는 정부와 정책을 성공시키는 것은 어렵다. 훨씬 많은 불특정 다수의 협력이 필요하기 때문이다. 게다가, 이들은 기업에서처럼 윈-윈(win-win)이 가능한 상황에 있지 않다. 오히려 시장에서보다 무임승차가 용이하고, 자신의 정치적·조직적 이익을 추구하는 것이 훨씬 용이한 것이 정치와 정책영역이다. 이렇게 하더라도 국민은 알아차리기 어렵고, 결과적으로 그 비용은 고스란히 국민이 부담해야 하는 일이 발생한다.

제 7 절 영원한 정치의 딜레마

정부를 형성하고 운영하는 과정에서 필연적으로 발생하는 것이 정치다. 정책이 정치의 산물이라면 그 정책은 누구의 이익을 위한 수단이 되겠는가? 정책이란 결국 정치적으로 영향력있는 집단의 이익을 위한 수단이 될 가능성이 높다. 정책과정에 참여한 사람들이 '무지의 베일(veil of ignorance, John Rawls)'에 쌓인 것처럼 자신의 사적 이익에 대한 고려를 완전히 배제할 수는 없다. 행정부와 입법부 역시 공공이익의 추구를 목적으로 하는 은혜로운 독재자(benevolent despot)는 아니며 공동체의 이익만을 추구하는 순수조직도 아니다(Buchanan, 1988: 9-10). 정부란 결국 링컨이 기대한 것처럼 '국민의, 국민에 의한, 국민을 위한' 것이 아니라 '특정부류의, 특정부류에 의한, 특정부류를 위한 정부'가 될 가능성이 높다는 것이 정치경제학적 정책연구자들의 주장이다(Tullock, Seldon, & Brady, 2000: 17).

이해관계의 반영물일 수밖에 없는 정치가 공정하게 정책을 결정하여 줄 것을 기대하는 것 자체가 모순이다. 앤더슨(Terry L. Anderson)과 힐(P. J. Hill)은 이를 "영원한 민주 정부의 딜레마(eternal dilemma of democratic government)"라고 부르고 있다(Anderson & Hill, 1979: 10). 아무리 민주적인 정부라도 정치적 이해관계로부터 자유로울 수는 없다는 점에서 '영원한 정치의 딜레마'라 불러도 틀리지 않을 것이다. 정책의 수단성을 강조하는 시각에서 보면 일반대중을 보호하기 위한 정책처럼 보이지만 막상 정치적인 이해관계를 따져보면 정치적 영향의 산물인 것이 대부분이다.

예를 들면, 미국의 헌법도 제정자들이 이해관계로부터 완전히 자유롭지는 못하였다(Beard, 1962). 진보주의시기에 도입된 규제는 물론이고 1960년대 이후 소위 '위대한 사회'의 건설을 위하여 도입된 복지정책들에도 어디에나 정책을 사익수단화하려는 지대추구 노력이 스며있음은 두말할 필요도 없다(Kolko, 1963; Buchanan, 1987; Stigler, 1975; Malanga, 2005). 정책의 정치적 이해관계를 따져 보면 공정거래법이나 근로자단체행동과 관련된 규제는 중소기업의 요구나 노동조합들의 정치적 압력의 결과물에 지나지 않을 수 있다(로버트 보크, 1991; 윤봉준, 1999). 각종의 사회복지정책들 역시 사회적인 약자를 보호한다는 필요 이상으로 정치적인 이유에 의하여 얼마든지 과잉공급이 이루어질 수 있다(Malanga, 2005). 행정수도를 이전하는 것은 국토의 균형발전을 위한 선택이라 주장하지만, 특정지역에 혜택을 제공하는 지역개발정책이나 공공재 공급정책 역시 정치적인 이유에 의하여 확대될 수 있다(Weingast, Shepsle, & Johnsen, 1981).

이처럼 정책의 정치성에 초점을 맞추어 보면 정책은 사회문제의 해결을 위한 수단이 아니라 단지 정치의 결과물일 뿐이다. 정치에 의하여 정책과정이 점철될 수밖에 없으며, 어떤 유형의 정책도 정치로부터 자유롭지는 못하다.

제 14 장 재량권 감시비용 획일화 비효율

제1절 서 론

정부를 만들고 정책을 만들면 필히 재량권 문제가 발생한다. 정부 3부에 반드시 재량권을 주어야 한다. 입법부에는 자신들의 재량적 판단에 의하여 법을 제정할 수 있는 권한을 주어야 하고, 행정부에는 정책을 집행하는 과정에서 요구되는 법령의 해석에 필요한 재량권을 주어야 한다. 또 사법부에도 법과 판례를 근거로 판결을 하지만 최종판단자의 입장에서 합법성 여부를 판단할 수 있는 재량권을 주어야 한다. 사회세계와 언어, 인간의 사고와 행동이 작동하는 원리로 인하여 재량권은 불가피하다.

재량권이 있으니 이를 남용하는 문제, 이를 이용하여 자신의 이익을 취하거나 특정집단이나 특정인의 이익을 위해 공정하지 못한 방법으로 주어진 권한을 행사하는 문제가 발생한다. 유능할 뿐 아니라 도덕성을 갖춘 정치인과 정책담당자 및 최종판단자가 요구되는 것은 바로 이 때문이다. 도덕성 외에는 달리 재량권을 견제하기가 쉽지 않기 때문이다.

획일화 문제도 반드시 발생한다. 소수의 사례, 일부의 경험, 부분적 측면에 대한 이해에 근거하여 전체 집단을 다룰 법과 정책을 만들어야 한다. 하나의 기준으로 전체를 다루는 획일화 문제가 반드시 발생한다. 정책은 그리스 신화에 나오는 프로크루스테스(Procrustes)의 침대와 비슷하다. 프로크루스테스는 여행자를 그의 소굴로 끌어들인 다음 여행자가 긴 침대보다 짧으면 늘여서 침대에 맞추고, 짧은 침대에 비해 너무 길면 맞을 때까지 신체를 잘라냈다. 정책이 만들어지는 순간 정책이 봉사해야 할 국민과 정책의 관계는 역전되기 쉽다. 국민이 정책에 맞추어야 하기 때문이다. 반드시 순응비용 문제가 발생하고, 국민들이 저항하거나 회피할 경우 정책이 형식화되고 무력화될 수도 있다.

비효율성 문제도 반드시 발생한다. 효율성을 추구해야 할 분명한 동기가 부족하기 때문이다. 업무를 독점하고 있고, 최적의 업무수행 방법을 규정하기도 어렵다. 굳이 효율성을 추구하지 않아도 조직이 생존하는 데 어려움이 없다. 정부와 시장은 공히 자원부족 문제에 대한 해법이다. 그런데 자원부족에 대한 해법으로 고안된 정부가 오히려 자원낭비의 원인이 될 수 있다. 이런 문제들 역시 정부와 정책이 형성되고 작동하는 기본 원리로 인하여 발생한다. 좀 더 자세하게 검토해 보자.

제 2 절 재량권 문제

1 재량권의 의미

정부가 있는 곳에는 반드시 재량권이 발생한다. 재량권이란 어떤 일을 자기의 생각대로 헤아려 처리할 수 있는 자격이나 권리를 의미한다(다음 사전). 이종수의 『행정학 사전』(2009)은 좀 더 구체적으로 설명하고 있다. 재량권(또는 자유재량)이란 "행정 주체의 판단 또는 행위가 법이 인정하는 일정한 범위 내에서 법의 구속으로부터 해방되는 것"을 의미한다. 나아가 재량권을 "법규재량"과 "편의재량"으로 구분하고 있는데, 전자는 법의 취지, 원리 등의 구속을 받는 재량을 의미한다. 즉, 불문법적 제한이 따르게 되며, 법의 테두리를 벗어나 재량행위를 할 경우 위법이 되어 행정소송의 대상이 된다. 이와 같은 경우를 "재량권 일탈"이라 칭한다. 편의재량(공익재량 또는 합목적적 재량이라고도 함)의 경우, 조리법적 제한으로부터 자유로우며, 단순히 공익에 의한 제한만을 받는 재량행위를 뜻한다. 즉, 무엇이 행정의 목적 및 공익에 합치하는가의 문제에 관한 행정기관의 재량을 말한다. 편의재량의 범위 (즉, 공익 및 행정의 목적에 합치) 내에서 이루어진 행정행위가 부정적 결과를 낳는다 하더라도 그 재량권행위가 위법으로 간주되지는 않는다. 하지만, 행정행위가 법규재량의 범위 내에서 이루어졌다 하더라도 공익의 증진, 행정목적, 공정성 등 법의 취지를 무시할 경우 위법을 구성한 재량권의 행사가 되며, 이를 "재량권 남용"이라 부른다(이종수, 2009: 222, 386, 391-392, 523-524).

재량권에 대한 이와 같은 설명은 재량권의 위험을 충분히 설명하지는 못하는 측면이 있다. 즉, 재량권의 남용을 판단할 수 있으려면 공익의 증진, 행정목적, 공정성 등의 법의 취지와 충돌해야 한다. 그런데 이런 판단의 기준이 명확하게 주어지는 경우는 드물다. 즉, 공익이 무엇이고, 목적이 무엇이고, 공정성이 무엇인지에 대해 분명하게 의미를 규정하는 것이 쉽지 않은 경우가 얼마든지 있을 수 있다. 만일 이처럼 기준 자체가 불확실하다면 재량권의 범위는 그만큼 커진다. 남용이라 규정하는 것이 쉽지 않다는 것이다.

황석영의 장편소설에 보면 다음과 같은 이야기가 있다. 세상에는 무서운 것이 세 가지 있다. "산에 범이 무섭고 미친놈 칼자루 잡은 것이 또한 무섭고 무식한 놈 돈 가진 것은 더더욱 무섭거든." 재량권이란 사실 이런 무서운 힘이 될 수도 있다. 즉, 범이나 미친놈과 같이 예측하기 어려운 존재가 자기 마음대로 휘두를 수 있는 칼이나 돈을 가지는 것과 같은 상황이 될 수 있다. 좀 과장된 것 같지만 김정은 정부를 생각해 보면 알 수 있다. 재량권의 극치다. 자기 마음대로다. 교육부가 대학에 휘두르는 권력도 비슷한 양상으로 전개되고 있다. 대학을 개혁한다는 빌미로 재정을 무기삼아 사실상 대학의 경영 전반에 무자비하게 간섭하고 있다. 대학이 자신의 발전을 위해 자유롭게 할 수 있는 것이 거의 없는 상황에 처해 있다. 등록금을 올릴 수 있는 것도 아니고 학사업무를 자기책임하게 할 수 있는 것도 아니며 장학금을 학교의 형편에 맞게 운영할 수 있는 것도 아니다.

아이폰을 만드는 애플은 자기가 원하는 디자인과 성능을 갖춘 부품을 발주하여 자신들이 설계한 그대로 스마트폰을 생산하고 있다. 자신들이 모든 부품을 직접설계하고 제작하지 않지만 얼마든지 원하는 작업을 지시하고 작업결과를 검증할 수 있다. 정부와 정책에서는 이런 명확한 업무지시가 불가능하다. 유권자들은 정부에게 단지 정부가 국민들의 편에 서서 국민들의 이익을 위해 결정할 권한과 기능을 부여한다. 그런데 구체적으로 무엇이 국민의 이익인지는 결코 분명하게 규정하지 못한다. 왜 재량권이 발생할 수밖에 없는지 생각해 보자.

2 재량권의 발생 원인

애플이 협력업체에게 업무를 지시하듯, 국민이 정부에 구체적이고 명확하게 업무를 지시할 수 있다면 재량권은 최소화될 수 있다. 그러나 사회세계와 인간현상은 이런 서술이 불가능하다. 바로 여기서 재량권이 발생한다. 재량권 문제가 사회세계의 작동하는 방식과 이를 지칭하는 언어 간의 의미 문제와 결합되어 있다. 하나의 언어로 하나의 구체적인 대상을 정확히 지시할 수 있다면 의미의 혼란이 생기지 않으며 재량권도 발생하지 않는다. 이런 언어가 사회세계에서는 있을 수 없기 때문에 재량권이 발생한다.

그림 14-1 언어의 구조와 재량권

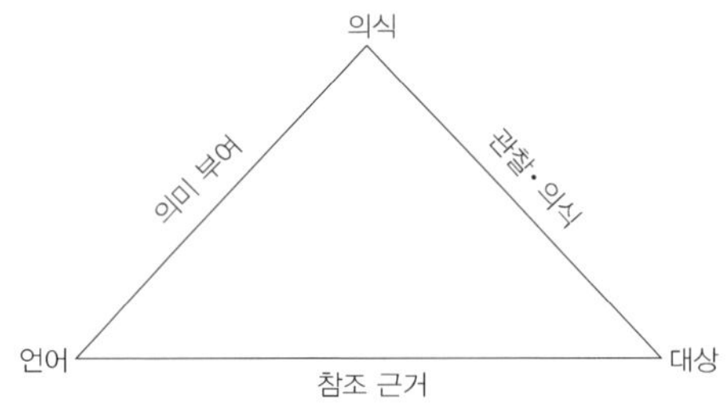

기호삼각형을 다시 생각해 보자(Riemer, 2010: 13). 언어 자체는 하나의 기호에 불과하다. 그 자체로는 아무런 의미도 가지지 않는다. 그것 자체로는 세상에 대하여 어떤 사실을 서술하고 있는 것도 아니고, 상대방에게 전달하고자 하는 나의 생각을 담고 있는 것도 아니다. 기호에 불과한 언어가 의미를 얻기 위해서는 다른 두 가지와 관계를 맺어야 한다. 첫째는 그 기호에 의미를 부여하고, 부여된 의미를 해석하는 인간의 의식이다. 기호에 불과한 언어에 의미를 부여하고 부여된 의미를 해석하는 역할을 수행한다. 둘째는 인간이 기호에 의미를 부여하거나 또는 부여된 의미를 해석할 때, 어떤 의미를 부여하고 어떤 의미로 해석해낼지를 결정하는 참조대상(referent)이 있어야 한다.

가령, '물'이라는 기호는 그 자체만 놓고 보면 아무런 의미도 담고 있지 않는 무의미한 인공적 표식에 불과하다. 이것 자체로는 어떤 의미도 담고 있지 않으며, 따라서 이것 자체만을 관찰해서는 그 속에서 어떤 의미도 얻을 수 없다. 이 무의미한 기호 '물'이 어떤 의미를 가질 수 있으려면, 그것이 본래는 가지고 있지 않는 어떤 의미를 그것에 부여해야 한다. 또 부여된 의미가 무엇인지 해석할 수 있어야 한다. 바로 이런 작업을 하는 것이 인간의 의식이다. 그렇다면, 기호에 부여할 의미는 어떻게 규정할 수 있을 것인가? 그것은 순전히 그러한 의미를 부여하는 사회구성원들의 선택이다. 이 기호로 특정한 인간의 행동을 지칭하도록 할 수도 있고, 특정한 자연의 샘물을 지칭하도록 할 수도 있으며, 그 외 또 다른 어떤 것을 지칭하도록 할 수도 있다. 무엇을 지칭하든 그것이 분명한 의미를 가지려면 의미의 부여자인 인간이 보기에 구별이 가능하고, 또한 그러한 구별을 사회구성원들이 함께 공유하는 것이 가능한 그런 어떤 대상이나 현상 또는 속성이 되어야 할 것이다. 이런 방식으로 '물'이라는 무의미한 기호는 거기에 의미를 부여하는 인간 의식 능력의 도움을 받아 그것이 본래는 가지고 있지 않던 의미를 부여받는다. 이렇게 되면 그것은 단지 무의미한 기호에 불과한 것이 아니라 어떤 의미를 담고 있는 언어가 된다.

애플이 아이폰에 관하여 주문하고 주문한 내용대로 물건을 만들도록 할 수 있는 것도 첫째는 대상현상이 구체적인 사물로서 존재하고 있고, 둘째는 이런 사물을 서술할 수 있는 객관적인 의미의 언어를 개발할 수 있었으며, 셋째는 대상과 언어에 의지하여 개인의 주관적인 생각, 개인이 처한 삶의 여건, 개인이 속한 사회와 문화 등이 언어의 의미에 미치는 영향을 배제할 수 있었기 때문이다. 그런데 사회세계는 이런 방식으로 결코 작동하지 않는다. 대상이 객관적으로 있는 것도 아니고, 인간이 자신의 주관적 가치와 사회적인 문화의 영향을 배제하면서 언어의 의미를 이해하는 것도 불가능하다.

이런 이유로 사회현상, 인간현상에 관한 언어는 기호(기표, signifier)도 자의적이고 의미(기의, signified)도 자의적이다. 즉, 동일한 현상에 대해 부여하는 음성기호도 사회에 따라 다르고 그 음성기호로 의미하는 내용도 사회에 따라 다르다(페

르디낭 드 소쉬르, 2012; 남경희, 2012). 심지어 동일한 사회 내에서도 종교에 따라, 지역에 따라, 소득에 따라 동일한 현상을 놓고 그것에 부여하는 의미는 달라질 수 있다. 예를 들면, 직업이나 성(sex, 性)에 대한 인식은 종교에 따라 다를 수 있다(막스 베버). 자유와 평등의 의미는 소득수준에 따라 달라질 수 있다. 성매매, 수도권, 재벌, 사교육에 대해 동일한 표현을 사용하지만 이에 대하여 실제 부여하고 있는 의미는 성별에 따라 다르고, 학자들에 따라 다르고, 정당에 따라 다르고, 지역에 따라 다르고, 소득수준에 따라 다르다.

이처럼 동일한 대상을 동일한 표현으로 부르지만 실제로 의미하는 내용이 달라지는 것은 개념화 과정에서 대상현상의 특정측면을 특정한 방식으로 해석하기 때문이다. 예를 들면, 삼성, 현대와 같은 대기업이 한국 사회와 맺고 있는 관계는 여러 가지 측면에서 분석할 수 있다. 경제성장과 관련된 면에 초점을 둘 수도 있고, 정치와 관련된 부분에 초점을 둘 수도 있다. 또 주식의 소유와 같은 지배구조와 관련된 면에 초점을 둘 수도 있고, 노사관계의 측면에 초점을 둘 수도 있다. 기술개발과 국가이미지라는 측면에서 볼 수도 있다. 한국 사회와 맺고 있는 관계가 너무나 복잡하고 거대하기 때문에 이를 온전히 이해하는 것이 쉽지 않다. 이처럼 이해가 쉽지 않은 상황에서 사람들이 동원하는 것은 자신의 입장, 자신의 이론, 자신의 경험, 자신의 가치다. 즉, 특정측면을 중심으로 현상을 보고 개념화하면서 마치 그것이 현상 전체에 붙여진 이름이고 의미인 것처럼 착각한다. 실제로는 각자가 다른 관점에서 다른 의미를 부여하고 있으면서 이에 맞는 표현을 일일이 개념화할 수는 없으니 사람들이 사용하는 표현을 함께 사용한다. 하지만, 실제로 의미하는 내용은 상당히 달라질 수 있다. 즉, 어떤 사람에게는 대기업은 비민주적인 의사결정과 소유구조를 가진 문어발식 공룡기업으로 개혁의 대상을 의미한다. 하지만, 다른 사람에게 대기업은 수출의 주체이고 국민소득의 원천이며 경제발전의 원동력을 의미한다.

그렇다면, 이처럼 대기업에 대한 사람들의 생각이 다양한 상황에서 정부에게 대기업에 관한 정책을 맡긴다면 이때 정책의 대상이 되는 '대기업'은 어떤 의미인가? 대기업에 관해 외형적인 기준을 정할 수는 있다. 예를 들면, 독점규제 및 공정거래에 관한 법률 시행령(제12조의2, 대규모회사의 기준)은 자산총액 또는 매출액의 규모가 2조 원 이상인 회사를 말한다. 어떤 이유로 왜 2조 원이라는 기준이 선택되고, 어떤 이유로 자산총액과 매출액이 대규모기업의 기준이 되었는지 알 수는 없다. 게다가, 이 두 가지가 기업의 특성을 가장 잘 나타내는 기준인 것도 아니다. 그럼에도 불구하고 법은 이런 잣대만으로 기업이라는 복잡한 대상을 분류한다. 이렇게 되면 법적인 기준으로는 대규모기업이지만 그 외 기업의 상황은 전혀 다른 회사들이 하나의 집단으로 분류되는 일이 발생한다. 가령, 예를 들면, 말과 코뿔소와 순록과 상어는 상당히 살아가는 방식이 다른 동물이다. 그런데 단지 크기가 일정 수준 이상이라는 이유만으로 하나의 동물집단으로 분류하고 이 동물에 대한 공통의 정책을 수립한다면 어떤 일이 일어날까?

정치, 정부, 정책, 법과 같은 현상들은 절대 아이폰과 같은 방식으로 서술하지 못한다. 이런 것들은 인간과 사회에 의하여 만들어지는 피조물의 일종이다. 소수의 본질적인 개념들로 설명하기에는 현상 자체가 너무나 가변적이다. 게다가, 어디서부터 어디까지가 정부이며 정책인지 경계조차 불분명하다. 아이폰의 설계도나 자동차의 수리매뉴얼과 같은 것을 만들어낼 수 없다. 대상현상 자체가 이미 기계적, 법칙적으로 있지 않기 때문이다. 게다가, 대상현상을 이해하기 위해 동원하는 우리의 의식 역시 이미 각자의 이해와 각자의 이념으로부터 자유롭지 못하다. 이 상황에 대한 판단은 사람에 따라 다르고 집단에 따라 다르다. 어떤 문제의 원인에 대해 합의하는 것조차 쉽지 않다.

3 재량권의 실상[1)]

예를 들면, 이런 것이다. 대한민국 헌법 제46조에 의하면, ① 국회의원은 '청렴'의 의무가 있다. ② 국회의원은 '국가이익'을 우선하여 '양심에 따라' 직무를 행한다. ③ 국회의원은 그 지위를 '남용하여' 국가·공공단체 또는 기업체와의 계약이나 그 처분에 의하여 재산상의 권리·이익 또는 직위를 취득하거나 타인을 위하여 그 취득을 알선할 수 없다. 제66조는 다음과 같이 규정하고 있다. ① 대통령은 국가의 '원수'이며, 외국에 대하여 국가를 '대표한다'. ② 대통령은 국가의 독립·영토의 보전·국가의 '계속성'과 헌법을 '수호'할 책무를 진다. ③ 대통령은 조국의 '평

1) 사공영호(2015a: 236－242)의 내용을 인용한 것이다.

화적 통일'을 위한 '성실한 의무'를 진다. 그렇다면, 이와 같은 헌법의 규정에 포함된 '청렴', '국가이익', '양심에 따라', '남용하여', '원수', '대표한다', '수호', '성실한 의무' 등과 같은 어휘들의 의미를 객관적으로 규정할 방법이 있는가? 없다. 어느 정도까지는 뇌물과 부정청탁에 해당하고 어느 정도는 통상적인 감사의 표현이나 인간적인 교류관계라고 구별할 방법이 있는가? 그렇지 않다. 상황에 따라 다르다. '국가의 이익'은 무엇이고 '양심에 따라'는 어떤 의미인가? 명확하게 서술할 방법이 없다. 상황에 따라 '국가의 이익'도 달라지고 '양심'의 의미도 달라진다. 이런 표현의 의미를 어떻게 해석할 것인지는 결국 국회의원 당사자에게 맡겨진다. 이처럼 당사자의 재량에 맡겨지기 때문에 이념의 영향에 물들고, 이해관계의 영향을 받을 수도 있게 된다.

농림축산식품부의 훈령의 하나인 농지전용업무처리규정을 보면, 다음과 같이 규정하고 있다.

제6조(농지전용허가의 심사) ① 법 제34조에 따른 농지전용허가(협의) 요청이 있는 경우 다음 각 호의 심사기준에 따라 심사하여야 한다.

1. 법 제32조(농업진흥지역안의 농지인 경우에 한한다) 및 법 제37조에 위배되지 아니할 것
2. 다음 각 목의 사항 등을 참작할 때 전용하려는 농지가 전용목적사업에 적합하게 이용될 수 있을 것으로 인정될 것
   가. 시설의 규모 및 용도의 적정성
   나. 건축물의 건축에 해당하는 경우에는 도로·수도 및 하수도의 설치 등 해당 지역의 여건
3. 다음 각 목의 사항 등을 참작할 때 전용하려는 농지의 면적이 전용목적사업의 실현을 위하여 적정한 면적일 것
   가. 「건축법」의 적용을 받는 건축물의 건축 또는 공작물의 설치에 해당하는 경우에는 건폐율 등 「건축법」의 규정
   나. 건축물 또는 공작물의 기능·용도 및 배치계획
4. 다음 각 목의 사항 등을 참작할 때 전용하려는 농지를 계속하여 보전할 필요성이 크지 아니할 것
   가. 경지정리 및 수리시설 등 농업생산기반정비사업 시행 여부
   나. 해당 농지가 포함된 지역농지의 집단화 정도

다. 해당 농지의 전용으로 인하여 인근 농지의 연쇄적인 전용 등 농지잠식 우려가 있는지의 여부

라. 해당 농지의 전용으로 인근농지의 농업경영 환경을 저해할 우려가 있는지의 여부

마. 해당 농지의 전용으로 인하여 농지축이 절단되거나 배수가 변경되어 물의 흐름에 지장을 주는지의 여부

5. 해당 농지의 전용이 인근 농지의 농업경영과 농어촌생활환경의 유지에 피해가 없을 것. 다만, 그 피해가 예상되는 경우에는 다음 각 목의 사항 등을 참작할 때 그 피해방지계획이 타당하게 수립되어 있을 것

가. 해당 농지의 전용이 농지개량시설 또는 도로의 폐지·변경을 수반하는 경우 예상되는 피해 및 피해방지계획의 적정성

나. 해당 농지의 전용이 토사의 유출, 폐수의 배출, 악취·소음의 발생을 수반하는 경우 예상되는 피해 및 피해방지계획의 적정성

다. 해당 농지의 전용이 인근농지의 일조·통풍·통작(通作)에 현저한 지장을 초래하는 경우 그 피해방지계획의 적정성

6. 해당 농지의 전용이 용수의 취수를 수반하는 경우 그 시기·방법·수량 등이 농수산업 또는 농어촌생활환경 유지에 피해가 없을 것. 다만, 그 피해가 예상되는 경우에는 피해방지계획이 타당하게 수립되어 있을 것

7. 사업계획 및 자금조달계획이 전용목적사업의 실현에 적합하도록 수립되어 있을 것[2)]

이 훈령에 따르면, 담당 공무원은 시설의 규모 및 용도의 적정성, 해당 지역의

2) 제7조(심사결과 처리기준) ① 관할청은 제5조 및 제6조에 따라 심사결과 다음 각 호의 어느 하나에 해당하는 경우에는 법 제37조 제2항 및 시행령 제33조 제2항에 따라 원칙적으로 전용허가를 하여서는 아니 된다. 1. 법 제32조 및 시행령 제44조에 따른 농지전용 제한사항에 해당하는 경우. 2. 전용하고자 하는 농지가 농업생산기반이 정비되어 있거나 농업생산 기반 정비사업의 시행예정지역으로 편입되어 우량농지로 보전할 필요성이 있는 경우. 3. 해당 농지의 전용 또는 타용도일시사용이 일조·통풍·통작에 현저한 지장을 초래하거나 농지개량시설의 폐지를 수반하여 인근 농지의 농업경영에 현저한 영향을 미치는 경우. 4. 해당 농지의 전용 또는 타용도일시사용에 따른 토사의 유출 등으로 인근 농지 또는 농업기반시설을 손괴할 우려가 있는 경우. 5. 전용목적의 실현을 위한 사업계획 및 자금조달계획이 불확실한 경우. 6. 전용하려는 면적이 전용목적 실현을 위한 면적보다 과다한 경우.

여건, 적정한 면적, 건축물 또는 공작물의 기능·용도 및 배치계획, 보전할 필요성이 크지 아니할 것, 지역농지의 집단화 정도, 연쇄적인 전용 등 농지잠식 우려, 농업경영 환경을 저해할 우려, 물의 흐름에 지장을 주는지의 여부, 피해방지계획이 타당하게 수립되어 있을 것, 피해방지계획의 적정성, 자금조달계획이 전용목적사업의 실현에 적합하도록 수립되어 있을 것 등을 고려해서 전용을 허가해야 한다. 우량농지로 보전할 필요성이 있는 경우, 인근 농지의 농업경영에 현저한 영향을 미치는 경우, 인근 농지 또는 농업기반시설을 손괴할 우려가 있는 경우, 전용목적의 실현을 위한 사업계획 및 자금조달계획이 불확실한 경우, 전용하려는 면적이 전용목적 실현을 위한 면적보다 과다한 경우에는 다음과 같은 이유가 있을 때는 전용을 허가해서는 안 된다.

왜 법령의 규정을 서술하면서 '적정성', '필요성', '집단화정도', '잠식 우려', '지장여부', '타당하게', '적합하도록' 등과 같은 사람에 따라 판단의 결과가 달라질 가능성이 높은 추상적이고 애매한 의미의 형용사와 부사들을 동원할 수밖에 없는가? 이런 언어의 의미들은 판단자가 누구냐에 따라 의미가 달라질 수밖에 없는 것이 아닌가? 그렇다. 판단자에 따라 해석이 달라질 수 있고, 그래서 인·허가권자의 재량권이 발생하고, 설사 불허하더라도 객관적인 근거를 제시할 수는 없다.

왜 사회현상에 관해서는 이런 식의 서술, 이처럼 애매하고 추상적인 서술밖에 이루어지지 못하는 것일까? 왜 인간의 행동이나 사회현상에 관한 어휘들은 자연과학의 대상에 대한 서술에서처럼 정교하고 정확할 수가 없는가?

첫째, 사회세계는 자연세계처럼 인간의 인식 여부와 상관없이 객관적으로 주어진 세계가 아니다.

둘째, 전체로부터 부분을 분리하여 서술의 대상으로 삼기도 쉽지 않다. 인간의 행동과 발언은 그의 삶의 일부이다. 발언 자체에 대한 관찰만으로는 그 의미를 결코 제대로 이해할 수 없다. 이런 언어에 익숙해지면 마치 그 언어가 그 자체로서 독자적인 의미를 가지는 것 같지만 이는 착각이다. 항상 일상의 삶 속에서 의미를 얻고 있는 것을 주변세계로부터 분리해내면 그것은 의미를 잃는다. 의미를 분리해낸 것이 아니라 반복적이고 익숙한 경험들을 통하여 유사한 상황들을 분류한 것이다. 설사 상황을 분류하더라도 그 상황들에 대하여 온전한 정보가 주어져 있지는 않으며, 따라서 이 사건을 어떻게 분류해야 할 것인지에 대하여 객관적인 기준을 마련할 수 없다. 이런 이유도 가족유사적으로 의미가 부여되고, 자기참조적으로 의미가 부여된다. 그래서 어휘들은 당시의 상황과 전후의 맥락, 그리고 발언자의 발언의도의 영향에 항상 노출되어 있다. 이런 이유로 사회현상에 관한 우리의 언어는 그 의미가 가변적이다.

셋째, 언어를 동원하여 세계에 대해서 서술하지만 그 언어의 의미 역시 고정적으로 주어진 것이 결코 아니다. 언어의 의미가 고정적으로 해석될 수 있는 것도 아니다. 현재와 미래를 아우르고, 개인의 경험과 상황의 영향을 받고, 개인의 가치관과 이념의 영향이나 개인의 심리적이고 생리학적인 영향까지도 담고 있는 것이 인식주체인 개인의 생각이나 느낌이다. 인간이 가진 이와 같은 심오한 의미를 정확하게 지시하면서 그 의미를 담아낼 수 있는 그런 언어는 없다. 기술적으로 불가능하다. 게다가, 인식의 주체인 인간은 자신의 느낌을 온전히 언어로 서술해 낼 수 있는 존재도 아니다. 그래서 내가 아무리 상대방을 사랑하더라도 이를 언어로 표현하는 데는 한계가 있을 수밖에 없다. 결코 언어로는 온전하게 표현하지 못할 것이다.

즉, 사회현상이 존재하는 방식, 그것에 대한 우리의 인식, 이런 인식을 서술할 수 있는 우리의 언어 등이 모두 객관적이고 정교한 서술을 허용할 수 있는 방식으로 존재하지 않는 것이 사회현상, 인간인식의 영역이라는 것이다.

구체적으로 업무를 서술할 수 없으므로 정치인과 장관을 비롯한 정책담당자가 업무를 수행할 때 지켜야 할 대강의 행동규범을 규정하는 방식을 채택한다. 그러나 정치인과 정책담당자들이 업무를 수행하는 방식 역시 상황에 따라 달라질 수밖에 없으므로 '양심에 따라', '성실하게' 판단할 것을 요구하는 정도에 그치게 된다. 재량권은 바로 여기에서 발생한다. '성실하게', '양심에 따라' 판단하지만, 결국은 결정자가 누구이며 그가 어떤 이념을 가지고 있고 그가 어떤 이해관계를 가지고 있는지에 따라서 결과가 달라지는 일이 일어날 수 있게 된다.

그래서 법을 정하여 특정인에게 특정한 권한을 부여하는 것은 실은 설계도에 따라 특정한 재화를 생산하도록 맡기는 것과는 전혀 다른 종류의 업무 위탁이다. 이는 '업무'의 위탁이 아니라 사실상 '권한'의 위탁에 가깝다. 업무의 내용을 명확히 규정할 수 없는 상황에서 어떤 일을 결정할 수 있는 권한을 부여하는 것이기 때문이다. 자동차나 정유공장은 스스로 생각하지 않는다. 그런데 대통령과 국회의원, 시장과 도지사는 다르다. 우리는 이들이 수행하는 권한과 기능의 범위를 결코 명확하게 규정하여 한계를 지어 주지 못한다. 언어로 서술할 수 없는 문제에 대하여 언어로 온전히 서술할 수 없는 권한을 부여하는 것을 핵심으로 한다. 객관적이고 공정한 기준에 의하여 서술할 수 없는 상황, 객관적인 의미의 판단 기준을 서술할 수 없는 상황에 대하여 판단의 권한을 부여할 수밖에 없는 상황에 처하는 것이 지위와 권한의 부여에 의한 제도수립이다.

한편, 김일중(2014: 130)은 재량권의 기원을 경쟁자를 강하게 처벌하여 자신의 지대를 추구하려는 경제주체들의 심리에서 찾고 있다.[3] 흥미롭게도 형벌 또한 규제와 매우 비슷한 속성을 갖는다. 전자는 후자를 달성하기 위한 가장 강력한 도구의 성격을 띠지만, 두 공권력 모두 누군가의 재산권을 제한한다. 따라서 동일한 규제내용 하에서, 그 규제의 수혜자는 가급적 형벌을 도입하려는 유인을 갖게 된다. 가령, 경쟁자를 축출하여 지대를 창출하는 데 가장 강력한 수단이기 때문이다. 따라서 그 지대를 확보하고자 형사절차까지도 포획하려는 (규제집행자를 포함한) '특수이익집단'들의 유인 또한 지극히 자연스럽게 예측된다. 전통적인 형벌의 대상(예: 살인, 역모, 강도, 강간, 폭행, 횡령 등)에 사용되던 수식어들(예: '잔인', '파렴치', '사회파괴적', '비도덕적', '문란' 등)을 일상의 경제행위에 대해서도 동일하게 적용하여 해당 규제의 위반을 범죄화시키려고 한다. 또는 이미 형벌의 대상으로 된 행위에 대해서도 그 처벌강도를 더 높이려는 각종 입법화 노력이 이루어진다. 이렇게 강력한 통제수단으로 무장된 규제기관은 무소불위의 모습을 띠게 된다. 규제위반자에 대하여 무거운 형사처벌이 수반될수록 규제집행 과정에서 점점 높은 수준의 재량권을 갖게 된다. 막대한 재량권은 금전적 및 비금전적 편익으로 연결되므로 부패의 근원이 된다.

4 기술의 서술적 한계와 재량권

인간이 주변 세계와 관계하는 방식은 과학적이고 기계적인 것이 아니라 기술적이라는 점도 재량권을 필연적으로 요구한다. 이 점 역시 지위 기능 부여가 재량권

3) 『규제 개혁 지속을 위한 정부 3부의 역할과 과제』, 2014년 한국경제연구원 · 한국규제학회 · 동아일보 주체 정책세미나 보고서.

을 포함할 수밖에 없는 이유가 된다. 우리가 어떤 사람에게 어떤 권한을 부여할 때 그에게 기대하는 것은 단지 기계적으로 업무를 처리하는 것이 아니라 관련 상황에 대한 자신의 이해 능력과 통찰력을 이용하여 최선을 다해줄 것을 기대하는 것이다. 그런데 이런 결정은 마치 컴퓨터가 작동하는 것과 같은 기계적인 정보처리의 결과물이 아니다. 훨씬 통찰적이고 전체적이며 해석적인 판단이다. 어떤 분야의 전문가들이 내리는 판단은 이런 점에서 기술이라 할 수 있다. 이 전문가들은 언어로는 서술할 수 없는 지식과 경험을 보유하고 있다(Flyvbjerg, 2001: 18, 11-21; Dreyfus, 1986, 2014). 어떤 사람에게 권한과 지위를 부여하는 것은 그가 가지고 있는 이와 같은 기술적인 지식과 판단 능력에 근거한 의사결정을 요청하는 것이다.

어떤 사람에게 어떤 권한을 부여하고 지위를 부여하는 것은 그가 가지고 있는 주변 세계에 대한 이해의 능력과 대응의 능력을 활용하여 주어진 문제를 처리해줄 것을 의뢰하는 것이다. 이러한 능력이나 기술은 언어로 서술될 수 있는 범위를 벗어난다. 굉장히 많은 전문적인 이론과 지식을 축적하고 있으면서 상황에 따라 개별 상황의 특성들을 이해하고, 각각의 상황에 대하여 통찰적인 해석을 내리고, 기존의 이론적인 지식이 제공하지는 않는 새로운 대안을 탐색할 수 있는 것이 이런 기술적인 능력이다.

미국의 판례에는 '경영판단의 원칙(business judgement rule)'이라는 150년 이상 지켜온 판례가 있다(사공영호, 2007). 간략히 설명하면, 기업의 이사회가 자신의 이익을 위해 행동하거나 신의성실의무를 위반하였다는 사실을 충분한 증거에 의해 밝힐 수 없다면, 이사회가 주주의 최선의 이익을 위해 일하고 있다고 간주할 수 있다는 법적인 원칙을 말한다. 즉, 기업의 CEO나 이사회의 어떤 경영상의 결정으로 인하여 회사와 주주가 큰 손해를 입었다고 하더라도, CEO와 이사회가 성실하게 회사의 이익을 위하여 내린 결정이라면 사후적으로 책임을 물을 수는 없다. 사실 본래 경영을 맡긴다는 것 자체가 경영진이 자신의 능력과 통찰력에 기초하여 판단할 수 있는 재량권을 주는 것을 핵심적인 내용으로 한다. 그런데 그가 어떤 상황에서 내리는 결정에 대하여 과학적이고 이론적인 근거를 제시할 수 있는가? 불가능하다. 주어진 정보 이외에 객관적으로 수량화할 수 없는 점들까지도 고려하여 통찰적인 결정을 해야 하는 것이 최고경영자의 역할이다. 이런 판단은 단지 분석에 근거한 선택이 아니다.

5 재량권에서 발생하는 문제들

재량권은 책임을 묻기 어려운 권한이다. 용인시는 경전철 건설로 인해 수천억 원의 빚을 지게 되었다. 그러나 이런 결정을 내린 시장에게 금전적인 책임을 묻기는 어렵다. 설사 자신의 정치적인 이익을 앞세웠고 추진과정에서 일부 부정이 있었다고 하더라도 사업 자체에 관하여 그가 행사할 수 있는 권한 밖의 결정을 내린 것은 아니기 때문이다. 재량권이 문제가 되는 것은 권한을 주지만 책임을 묻기는 어렵기 때문이다. 다른 정치인 역시 마찬가지다. 정부 3부의 담당자들은 각자가 입법, 행정, 사법의 과정에서 재량권을 가진다. 문제는 권한을 주지 않는다면 이런 제도 자체가 본래의 취지를 살리기 어렵고, 주어진 권한을 잘못 행사하면 그로 인한 책임은 국민 전체에 돌아온다는 점에 있다.

부정부패, 정경유착, 뇌물수수 등의 문제가 발생한다. "절대 권력은 절대로 부패한다."는 말은 여기에서 나온 것이다. 절대 권력이란 모든 문제에서 절대적인 재량권을 가진 권력이다. 예측할 수 있는 것이 하나도 없다. 권력자가 어떤 결정을 내리는가에 따라 상당한 혜택을 얻을 수도 있고, 혜택의 기회를 완전히 상실할 수도 있다. 그런데 이런 상황은 민원인의 입장에서는 오히려 특혜를 얻을 수 있는 기회를 준다. 재량권을 가진 의사결정자만 매수할 수 있다면 나는 경쟁시장에서는 얻을 수 없는 지대를 얻을 수 있기 때문이다(사공영호, 2002). 가령, 1990년 한보그룹의 정태수 회장은 노태우 대통령에게 100억 원의 뇌물을 공여했다. 이유는 수서택지를 분양받기 위해서였다. 수서택지를 개발할 경우 한보가 얻을 수 있는 이익은 수백억 원으로 추정되었다. 재량권이란 이런 것이다. 의사결정자의 판단에 따라 사업자는 수백억 원의 이익을 낼 수 있는 기회를 얻을 수도 있고 잃을 수도 있다. 농지전용이나 건축허가 문제로 공무원들이 뇌물을 수수하는 일이 흔히 일어나는 것도 마찬가지다(최병선·사공영호, 1997; 사공영호, 2002).

제 3 절 감시비용[4)]

1 정부의 개입으로 새롭게 발생하는 거래비용

정부를 만들면 정부에 대한 감시 문제가 새롭게 발생한다. 문제를 해결하기 위해 정부를 만들지만 동시에 정부로 인해 새로운 문제도 발생한다. 정부가 자신에게 주어진 권력과 재량권을 국민의 이익을 위해 사용한다는 보장이 없기 때문이다. 거래비용 문제를 해결하는 것은 정부가 존재하는 중요한 이유의 하나다. 정부는 시장 상황에서 발생하는 거래비용 문제에 대응할 수 있는 법과 질서의 수립자로서의 역할을 담당한다. 거래참여자의 기회주의적 행동을 감시하거나 거래의 형성과 집행에 요구되는 정보비용 문제의 해결에 도움을 줄 수 있다면, 정부는 시장경제와 사회질서의 발전을 뒷받침하고, 궁극적으로는 구성원 간의 거래 및 협력을 촉진하여 사회의 발전에도 기여할 수 있다.

정부의 개입이 성과를 거두려면 한 가지 조건이 충족되어야 한다. 정부의 개입으로 일상의 상호작용에서 감소하는 거래비용이 정부의 개입으로 새로 발생하는 거래비용보다는 커야 한다는 조건이다. 가령, 정부가 시장 상거래에 관한 법을 만들어서 이 법을 잘 집행하여 공정한 거래질서가 확립되었다고 하자. 시장거래가 살아나고 시장거래에 참여하는 모든 당사자가 이익을 얻을 수 있다. 그렇다고 이런 효과가 공짜로 얻어지는 것은 아니다. 정부를 만들고 운영하는 데도 거래비용이 발생하기 때문이다. 가령, 유능한 사람들을 국민의 대표로 뽑으려면 선거후보에 대한 정보가 있어야 한다. 이런 정보를 보고 유능한 사람을 선택하는 데 시간과 노력이 소요된다. 선출된 사람들은 국민의 입장에서 공정하게 법을 만들고 있는지 감독도 해야 한다. 특정집단에게 유리한 법을 만들 가능성이 있기 때문이다. 행정부처가 법을 집행하는 과정에서 자신의 조직적 이익을 위해 특정기업이나 집단에 대한 감독을 소홀히 하지는 않는지, 이익집단과 서로 이익을 주고받으면서 유착되어 있지는 않는지도 감시해야 한다. 사법부 역시 공정하게 이 법을 판단하고 있는지 감독

4) 사공영호(2015a: 87-93)의 내용을 참고하여 재정리한 것이다.

해야 한다.

그런데 제11장과 제12장, 그리고 정치와 재량권에 대한 설명에 의하면 정부를 감시하는 것이 결코 간단한 문제가 아니다. 정부를 감독하는 것이 쉽지 않으며, 결과적으로 정부의 개입으로 새롭게 발생하는 거래비용이 정부의 개입으로 감소하는 거래비용 절약 효과를 초월할 가능성을 암시하고 있다. 즉, 고양이에게 생선을 맡기는 꼴이 될 위험이 있다는 것이다.

앞서 설명한 것처럼 정책연구자들은 일찍부터 기업과 이익집단을 감시하기 위하여 만들어진 정부기관들이 실제로는 기업과 이익집단의 포로가 되어 이들에게 유리한 정책을 펼 가능성이 높다고 지적해왔다(Wilson, 1990; Stigler, 1975; Friedman, 1985; 최병선, 1992). 즉, 이런 기관을 감시하는 데도 또 다시 거래비용이 발생하며, 실제로는 감시를 통하여 이런 기관들이 온전히 국민의 이익을 위하여 일하도록 통제하는 것이 쉽지 않다는 것이다. 이유는 여러 가지다. 스티글러(Stigler, 1975)에 따르면, 기업과 이익집단은 정부와 정책을 자신들의 편으로 만들 경우 경제적으로 상당한 이익을 기대할 수 있다. 이런 이익을 획득하기 위하여 이미 조직화되어 있고, 정부와 정치인들에게 강력한 로비를 전개하고 있다. 반면, 일반 국민들은 정책으로 인해 자신들이 얻는 직접적인 이해가 크지 않다. 따라서 정부에 대해 강력하게 로비할 동기도 크지 않고, 조직화되어 있지도 않다. 그래서 정치인들은 정치자금을 제공하기도 하고, 또 강력하게 정책요구도 제기하는 이익집단들에게 유리한 정책을 결정하게 된다. 정책관료에게 퇴직 후 일자리를 제공하면서, 퇴직한 선배 관료들을 로비스트로 앞세워 후배관료들에게 이익집단에 유리한 정책이 결정되도록 요구한다. 퇴직관료를 매개로 이익집단과 관료조직이 끈끈한 유착관계를 맺을 수도 있다.

예를 들면, 1998년에 있었던 한국의 외환위기는 규제기관과 대상기업 간의 유착관계가 가장 중요한 원인이었다(박태견, 1997). 외환위기는 한국의 종합금융사들이 단기로 외화를 차입하여 국외 및 국내기업에게 장기로 대출한 상황에서 한보사태로 한국 경제상황이 악화되자 외국의 금융기관들이 대출상환을 요구하면서 발생한 국가적인 지불불능사태다. 이로 인하여 한국은 IMF로부터 구제금융을 받아야 하는 신세로 전락하였다. 그런데 종합금융사들이 외화대출영업을 할 수 있는 길이 열린 것이 해당 업종에 취업한 퇴직관료들이 이들 금융기관에 취업하여 이러한 정책변화를 요구하였기 때문이었다는 것이다. 즉, 퇴직관료들을 매개로 정부와 금융기관이 유착하여 감시기능이 약화된 것이 이런 사태의 중요한 원인이 되었다는 것이다.

게다가, 종금사에 대한 감독 역시 거의 무력화되어 있었다. 당시 재경원은 감독인력이 부족하다는 이유로 자신들의 감독업무를 은행감독원에 위탁하고 있었다. 그런데 어떤 종금사를 감사할 것인지는 재경부가 결정하였고, 감사의 내용도 전체가 아니라 이런 대목만 살펴보라는 식으로 극히 제한적이었다. 은행감독원 주변에서는 "재무부 출신이 책임자로 있는 종금사는 재경원이 직접 챙기고 나머지만 은행감독원에 넘기는 게 아니냐"는 불평이 터져 나왔고, 잘못된 점을 보고해도 시정되는 것을 보기는 쉽지 않았다. 당시 미셸 캉드쉬(Michel Camdessus) IMF 총재가 "한국 관료와 종금사는 근친상간 관계에 있다"고 혹평할 정도로 종금사는 사실상 "감독 열외지역"에 있었다. 종금사들은 감독이 소홀한 틈을 이용하여 무리한 영업을 하다가 결국 국가적인 지불불능사태를 초래한 것이다(박태견, 1997: 30-36).

간단히 말하면, 시장거래에서 발생하는 거래비용 문제에 대응하기 위하여 법을 정하고 정부조직을 만들어 각종의 공적인 제도들을 수립하였다. 그런데 이렇게 만들어진 정부기관들은 자신이 감독해야 할 기업들과 유착하면서 감독하는 기능을 제대로 수행하지 못하는 일이 얼마든지 일어날 수 있다. 이렇게 되면, 이로 인한 혼란이 다시 국민들에게 되돌아온다. 즉, 시장처럼 정부를 이용하는 데도 거래비용은 발생한다. 문제를 해결하기 위해 만든 장치가 새로운 문제를 발생시키고 결과적으로는 문제의 해결에 실패할 수도 있다는 것이다.

2 감시를 위한 제도의 악순환

시장을 감시하기 위하여 정부기구를 두더라도 이 정부기관 역시 반드시 국민 다수의 이익을 위하여 일한다는 보장이 없다. 여러 차례 언급한 것처럼 정부에 맡겨지는 역할이나 지위는 애플이 협력업체에 업무를 지시하듯 구체적 언어로 표현할 수 없다. 구체적 업무를 맡기는 것이 아니라 추상적이고 애매한 목표와 더불어 정책을 추진할 수 있는 권한을 주는 것이 보통이다. 구체적 목표가 없으니 정부가 일을 잘하고 있는지 감독하기도 어렵다. 즉, 정부기관에 대해 해결이 매우 곤란한 정보비용과 감시비용 문제, 즉 거래비용이 다시 발생한다.

이런 거래비용에 대응하기 위하여 국회, 대통령, 감사원 등은 각 정부부처에 대하여 감시하고 감독하는 역할을 수행한다. 그러나 이런 감시장치들을 이용하는 데도 거래비용이 발생한다. 이들 역시 반드시 다수 국민들의 이익을 위하여 봉사한다는 보장은 없기 때문이다. 이미 설명한 것처럼 이들 역시 '양심에 따라', '성실하게' '국가의 이익'을 고려하여 임무를 수행할 것을 요구받는다. 그러나 실제로 어떤 결정이 국가의 이익에 더 도움이 될 것인지를 판단할 수 있는 기준은 없다. 명확한 기준이 없으니 재량권이 발생하고, 재량권이 있으니 각종의 압력과 요구에 직면한다. 결과적으로, 감시대상기관에 대하여 제대로 감시 기능을 수행하는 것이 쉽지 않다. 정보도 부족하고 설사 정보가 있더라도 잘잘못을 따지는 것이 쉽지는 않다. 즉, 행정부를 감시하기 위해 대통령, 국회 등 헌법기관을 이용하는 데도 역시 거래비용 문제는 피할 수 없다는 것이다.

우선, 국회를 생각해 보자. 앞서 설명했던 스티글러, 프리드먼, 놀(Roger. G. Noll) 외의 주장은 국회의 경우에도 그대로 적용된다. 국회의원들은 이런 문제들을 다룰 전문성을 가지고 있는 것도 아니고, 이익집단의 압력으로부터 자유롭지도 않으며, 정치자금을 제공하는 집단의 요구를 무시할 수 있는 위치에 있지도 않다. 그래서 다운스(Anthony Downs)와 같은 사람은 다수 국민의 이익에 봉사하기 위하여 정치가 있는 것이 아니라 정치의 수단으로 정책이 있는 것이며, 정책을 위하여 정책이념이나 정당이 있는 것이 아니라 단지 선거에 이기기 위하여 정당이념도 만들어지고 정당과 정책도 만들어질 뿐일 수 있다고 경고하고 있다(Downs, 1957: 28). 즉, 입법권, 국정감사, 국정조사와 같은 감시 기능이 주어져 있다고 하더라도 이런 기능을 제대로 수행할 수 있는 전문성과 공정성을 갖추고 있다고 보기가 쉽지 않다. 국회의 상임위원회와 이익집단, 그리고 관련 정책관료가 끊을 수 없는 상호이해관계로 얽혀 있다는 점을 빗대어 '철의 삼각관계(iron triangle)'라 부르고 있다. 시민의 주권은 국회의원의 선거과정에서만 발휘되고 그 이후 의회활동에 대해서는 국민들이 주권을 발휘하기 힘들게 되므로 국민의 주권은 반쪽짜리(semi-sovereignty)에 불과하다는 비판이 제기되고 있다(Schattschneider, 1975).

대통령 역시 강력한 이익집단의 영향으로부터 자유롭지는 않다. 게다가, 대통령 한 사람이 정부의 각 부처에서 일어나고 있는 수많은 개별 정책적인 사안들에 대해서 자세하게 보고를 받고, 행정부처 전체를 통괄하고 감시·감독한다는 것은 사실상 불가능하다. 또 대통령이 이렇게 부처의 업무에 일일이 개입하는 것이 반드시 바람직한 것도 아니다. 대통령이 국민들을 대신하여 감독기능을 수행하는 데도 역시 정보비용과 감독비용의 문제는 발생한다는 것이다.

대통령과 국회를 통제하기 위하여 국민들이 가지고 있는 감시제도는 선거다. 그런데 선거를 이용하여 우리가 원하는 후보자를 국회의원이나 대통령으로 선출하는 데도 상당한 거래비용이 발생한다. 가령, 지역구 국회의원을 선출하는 과정에서 지역유권자들의 직접적인 검증은 기대할 수 없는 한국의 현실이다. 어떤 사람이 진정으로 지역을 위해 또는 국가를 위해 일할 수 있는 의지가 있고 능력이 있는 사람인지를 확인할 수 있는 가장 좋은 방법은 그 사람이 실제 지역에서 또는 어떤 분야에서 어떤 일을 하고 있는지를 유권자들이 직접 확인하는 방법이다. 그런데 지역의 유권자들이 거의 조직화되어 있지 않기 때문에 유권자들을 통한 아래로부터의 검증은 기대할 수 없는 상황이다. 결국, 정치적으로 영향력이 있는 대통령이나 정당의 지도자들이 정당별 국회의원 후보자의 선발에서 상당한 영향력을 행사하고 있는 것이 우리의 현실이다. 즉, 일상적인 지역정치 속에서 자신의 도덕성과 능력을 검증받아야 할 이유가 없다. 영향력 있는 특정정치인과 특별한 관계를 맺는 것이 오히려 정계로 진출하는 빠른 길이 되고 있다.

게다가, 선거는 4년 또는 5년마다 실시된다. 그렇다면, 이렇게 수년에 한 번씩 하는 선거를 통해 국회의원과 대통령의 정치에 국민들이 상당한 영향력을 미치리라고 기대하기는 어렵다. 현실적으로도 선거에 출마한 국회의원과 대통령 후보들은 득표에 도움이 되는 선심성 정책, 지역 또는 집단 특혜성 정책을 주로 공약으로 제시한다. 행정부에 대한 감시와 감독이 선거에서 주된 이슈로 등장하는 경우는 드물다.

3 '감시자의 악순환'과 비공식제도

시장과 정부는 공히 거래비용 문제에 대응하기 위한 제도들이다. 만일 시장이 거래비용 문제를 자율적으로 해소하면서 잘 작동하고 있다면 굳이 정부의 규제나 간섭이 없이도 우리는 시장을 통하여 우리가 원하는 바를 실현할 수 있다. 애덤 스미스(Adam Smith)가 도덕감성 문제를 해명하고자 한 이유도 이 때문이다. 만일 시장거래에 참여하고 있는 당사자들이 자발적으로 정직하게 거래관계에 임할 수만 있다면 시장은 당사자 간의 자유로운 계약에 의하여 얼마든지 시장거래에서 발생하는 이익을 실현할 수 있을 것이기 때문이다.

시장이 자율적으로 작동하는 데 문제가 발생할 때, 즉 시장이 스스로 거래비용 문제에 대응하는 데 어려움을 겪거나 약점이 있을 때, 정부는 이 문제를 해결하기 위하여 필요하게 된다. 이미 설명한 것과 같이 가령, 시장참여자들이 각자 자신의 이익을 위하여 기회주의적인 행동을 일삼는다면 결국 시장은 붕괴되고, 시장거래를 통하여 얻을 수 있는 사회적인 부의 증가 기회 자체도 사라진다. 즉, 질서유지자로서의 정부가 필요하게 된다는 것이다.

그런데 정부의 개입이 곧바로 문제의 해결을 의미하는 것은 결코 아니다. 정부라는 제도를 이용하는 데도 역시 거래비용이 발생한다. 물론, 이때의 거래비용 문제를 해결하기 위하여 제2, 제3의 제도를 도입할 수 있다. 그러나 어떤 제도이든 그 제도를 이용하는 데는 항상 거래비용이 발생한다. 그래서 감시자의 감시자를 무한히 세워야 하는 '감시자의 악순환' 문제에 직면한다. 어떤 사회가 총체적으로 제도의 수립에 실패하고 있다면 이 사회는 바로 이 '감시자의 악순환' 문제를 해결하는 데 궁극적으로 실패하고 있는 것이다. 가령, 사회구성원들이 궁극적으로 의지해야 하는 것은 정치와 정부인데, 이런 정치와 정부조차도 썩을 대로 썩어 있다면 정치와 정부를 통하여 문제를 해결하지는 못한다. 정치가 혼란과 분열의 원인이 될 뿐이다.

'감시자의 악순환' 문제에 대하여 해결의 토대가 되는 것은 비공식제도다. 토크빌, 토인비, 베버, 노스 등이 설명하고 있는 전통, 관습, 규범, 비공식제도는 감시자들이 스스로 감시자로서의 규범을 지키고 준수하도록 요구한다. 자신도 모르는 사이 이런 규범을 지키는 것을 당연시하도록 하는 방식으로 감시자들의 기회주의적인 행동을 제어한다. 서구 사회가 제도의 발전을 이룩할 수 있었던 것은 바로 이 때문이다.

시장과 정부라는 양대 제도가 공통된 기초로 삼고 있는 것이 비공식제도다. 즉,

비공식제도가 시장과 정부가 동시에 적절히 작동하게 할 수도 있고, 이 둘을 한꺼번에 무력화시킬 수 있다. 즉, 자본주의가 잘 안 되는 사회, 재산권제도의 수립도 어렵고, 시장메커니즘도 원활하게 작동하지 않는 사회에서는 민주주의도 어렵고 지방자치도 쉽지 않다는 것이다. 가난과 혼란에서 벗어나지 못하고 있는 아프리카 국가들과 동아시아 국가들은 전형적인 예다. 이유는 간단하다. 정치든 경제든, 자본주의든 민주주의든 이런 시스템은 모두 개인 간 거래와 협력을 바탕으로 한다. 그런데 애초부터 거래관계의 형성과 발전에 필요한 최소한의 윤리, 최소한의 규범을 발전시키고 이를 익히는 것이 어려운 상황에 있다면, 제도들을 발전시킬 수 있는 토대 자체가 마련되어 있지 않는 것이다.

제 4 절 획일화 문제

1 정책: 프로크루스테스의 침대

정부와 법은 획일화 장치다. 서론에서 지적한 프로크루스테스(Procrustes)의 침대와 비슷하다. 어떤 사람의 요구에 맞추면 다른 사람의 요구와 충돌하고, 다른 사람의 요구에 맞추면 또 다른 누군가의 요구에 대응하기는 어렵다. 정책은 부분에 대한 조사, 연구, 개념화에 기초하여 법을 만들고 이를 전체 대상에 적용해야 한다. 설사 전체의 요구와 의견을 수렴하더라도 다양한 요구들을 모두 차별 없이 수용할 방법은 없다. 이런 점은 애로우(Kenneth J. Arrow)가 불가능성 정리(impossibility theorem)라는 이름으로 증명한 바 있다(이정전, 2005: 196－205). 다양한 요구를 수렴할 방법이 없는 데도 법을 만들려면 결국 누군가의 요구를 취하면서 다른 누군가의 요구는 무시해야 한다. 결국, 법이 정한 기준에 사람들이 모두 맞추어야 하는 문제가 발생한다. 이런 점에서 정책은 정책의 방향과 일치하지 않는 사람들을 공정하지 못하게 다룰 위험을 항상 내재하고 있다. 윌다브스키(Aron Wildavsky)는 합리적인 정책결정 같지만 “서로 다른 관점을 지닌 무수한 사람들”을 배제한 결과일 뿐이며, 결국 각 개인은 운 좋게 자기가 원하는 것을 얻거나 자기가 원하는 것이 아님에도 불구하고 원해야 하는 상황에 처한다고 비판한다(Wildavsky, 1987: 125; 최병선, 2015: 87－88 재인용).

사람들의 요구가 서로 충돌하고 있음에도 불구하고 굳이 획일화된 법과 정책이 만들어질 수 있는 길을 열어주는 것이 언어다. 언어란 한편으로는 어떤 측면을 부각하여 드러내면서 다른 측면을 은폐하는 역할을 한다. 그러면서도 마치 그와 같은 현상이 전체이고 가장 중요한 측면인 것처럼 착각하게 만든다. 인간의 인식과 결합되어 있으면서 연구자와 당사자가 미처 의식하지도 못하는 사이 현상을 어떤 관점에서 보도록 만든다. 언어로 인하여 세상이 깨어지고 왜곡되고 은폐될 위험을 잘 감지하지 못하도록 방해한다(Braver, 2012: 68－71; 사공영호, 2015b: 227－231). 그래서 설사 획일화의 문제가 일어나더라도 그와 같은 정책이 필요하고 가치있는 것처럼 오해하게 만든다.

그러나 정책에 의한 획일화는 인간의 실존적인 삶의 양식과 충돌한다. 각자가 자신의 가치와 이념과 삶의 양식을 자신의 선호에 따라 추구할 수 있는 기회를 빼앗기 때문이다. 인간의 자유 및 평등과도 충돌한다. 원하지 않는 제약과 의무를 벗어날 기회를 법의 이름으로 빼앗기 때문이다. 누군가의 기준을 사회적으로 적용하면서 다른 모든 사람들의 선택권을 박탈하는 것이기 때문이다.

2 언어로 인한 획일화와 제도적 폭력

정부의 법과 정책이 획일화를 피할 수 없는 것은 언어 때문이다. 법이란 개념화된 언어의 체계다. 모든 법은 그 법에 사용될 개념을 정의하는 일에서부터 시작한다. 문제는 사회현상에 관해서는 이와 같은 법령에서의 개념정의가 결코 현상의 모습을 있는 그대로 서술하는 도구가 되지 못한다는 점이다.

앞서 설명한 것처럼, 개념화된 언어는 현상의 모습을 있는 그대로 전체적으로 보는 것이 아니라 부분에 초점을 맞추어 특정부분을 잘라내는 수단으로 작용한다(Braver, 2012: 107; Brunner 1991: 66－69). 정책을 통해 다뤄야할 상황으로 현상을 단순화시키는 과정에서 제외되는 부분이 발생하고 실제문제가 아니라 왜곡된 문제를 다루는 현상이 발생한다(analytical errors, Brunner 1991: 66－69). 즉, 정책 언어는 한편으로는 세상에 대한 서술을 가능하게 하지만, 실은 특정부분에 초점을 맞추게 만들고, 특정부분의 의미를 과장하게 만들면서 본래의 대상의 모습을 오히려 파괴하고 은폐하는 도구다. 즉, 어떤 대상에 대하여 "S는 p다"라고 서술하고 이를 기준으로 정책을 펴는 것은 일정한 획일화를 필연적으로 수반한다. 이는 내가 S의 p 측면에 관심이 있기 때문이며, 다른 q, r의 측면은 타당하지 않은 것으로 무시하고 획일화한 결과다(Schutz, 1953: 5-6). 공산주의자들이 동족에게 가한 무자비한 폭력은 자신들이 인정하는 측면만을 가치있는 것으로 여기고 그 외 모든 것은 적으로 삼는 극단적 획일화의 산물이다.

그런데 법과 정책은 획일화를 필연적으로 수반한다. 이상적인 법과 정책은 대상현상의 상황을 그대로 반영할 수 있어야 한다. 즉, 다른 것은 다르게 다뤄야 한다. 그런데 이런 일은 사회세계에서는 불가능하다. 나이가 같아도 모두 상황이 다르고 소득이 같아도 모두가 상황이 다르고, 주소지가 같아도 구체적인 상황은 모두가 다르다. 동일한 병이 걸려도 환자의 상황은 사람마다 다르다. 상황이 다르면 다르게 다루는 것이 공정하다. 그러나 이런 방식으로는 법을 규정할 수 없다. 발생가능한 상황을 모두 예상하는 일 자체가 불가능하기 때문이다. 결국, 일부의 기준에 따라 대상현상을 분류하여 다룰 수밖에 없다. 즉, 획일화가 불가피하다.

획일화로 인한 현실과의 괴리를 피하려면 법규에서는 가급적 최소한의 기준을 정하고 구체적인 판단은 일선 행정기관과 일선관료에게 위임해야 한다. 그러나 이런 방법은 다시 감시의 문제를 초래한다. 자의적으로 해석할 수도 있고, 뇌물수수의 빌미로 삼을 수도 있기 때문이다.

획일적인 기준을 모든 대학에 동일하게 적용하여 평가하는 대학평가는 일종의 제도적 폭력이다. 대학이 본래의 설립 취지를 따라 자신들이 원하는 교육체계와 경영방식을 추구할 자유를 송두리째 빼앗고 있다. 모든 공기업에게 획일적으로 성과연봉제를 강요하는 것도 언어의 획일적 속성을 망각한 일종의 제도적 폭력이다. 경찰조직에 대한 성과주의는 학교전담 경찰관이 학생과 맺은 부적절한 관계를 몰래 은폐하도록 하는 결과를 낳았다(헤럴드경제, 2016.6.30). 획일적 기준에 의하여 경찰조직을 평가하고 있으니 평가점수가 감점되는 것을 막기 위해 직원의 위법행동을 은폐하고자 시도하였다.

개념화의 위험에 가장 빠지기 쉬운 집단이 연구자다. 이들은 현실의 복잡한 상황을 제대로 접할 기회가 부족하다. 현실은 정확히 모르지만, 그래도 현상을 개념화하고 분석해야 현상에 대한 검증이 가능하고 이론화가 가능하고 학문이 가능하다. 공무원 및 공기업에 대한 무리한 성과급이나 획일적인 기준을 적용하는 평가제는 외형적으로는 마치 어떤 현실제도에 가시적인 변화를 가하고 있는 것처럼 보인다. 그러나 이렇게 개념화된 접근은 현실의 다양성을 결코 반영할 수 없다. 결국, 적용과정에서 상당한 순응비용과 혼란을 초래하는 일이 반복되고 있다.

3 획일화로 인한 비효율

획일화는 자원배분에서도 비효율성을 초래한다. [그림 14-2]를 보면서 생각해 보자.

그림 14-2 획일화와 비효율

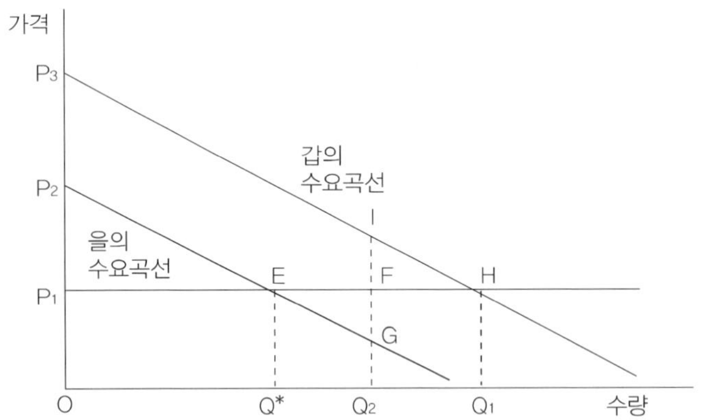

[그림 14-2]는 어떤 공공재 또는 정부가 제공하는 서비스에 대한 갑 지역과 을 지역의 수요를 나타내고 있다. [그림 14-2]를 이용하여 다음의 질문에 답해 보자. 우선, 정부의 일방적인 요구가 있기 전의 상태를 생각해 보자. 각 지역의 주민들은 자신들의 후생을 극대화하는 지점에서 의사결정을 할 것이다.

① 갑과 을의 최적소비량은 각각 얼마인가? 갑: ________, 을: ________

② 최적량을 소비할 때 각 지역을 얼마만큼의 소비자잉여를 얻는가?
갑: ________, 을: ________

각 지역은 자신의 수요와 공급이 만나는 점에서 소비량을 결정할 때 소비자잉여를 가장 극대화할 수 있다. 따라서 갑은 Q_1만큼을 소비하는 것이 최적이며, 이때 $\triangle P_3HP_1$만큼의 잉여를 얻을 수 있다. 을은 Q*만큼을 소비하는 것이 최적이며, 이때 $\triangle P_2EP_1$만큼의 잉여를 얻을 수 있다. 이것은 어디까지나 각 지역이 자신의 선호에 맞추어 자율적으로 의사결정을 할 때 가능하다.

그러나 일단 중앙정부가 개입하면 법으로 규정해야 하는 기술적인 이유로 인해 각자의 선택권은 제한된다. 각각의 요구에 맞추어 서비스량을 결정하지는 못한다. 그래서 정부가 동일한 양의 서비스를 제공하기로 하고 공급량을 Q_2로 단일화했다고 가정해 보자. 이런 조건에서 다음 질문에 답해 보자.

① 각 지역은 얼마만큼의 소비자잉여를 얻을 수 있는가?
갑: ________, 을: ________

② 각 지역이 자율적으로 자신의 소비량을 결정할 때와 소비자잉여에서 얼마의 차이가 발생하는가? 갑: ________, 을: ________

갑이 Q_2만큼을 소비할 경우 얻는 소비자 잉여는 $\square P_3IFP_1$이다. 당초에 비해 $\triangle$IHF만큼의 잉여가 감소한다. 을은 Q_2만큼을 소비할 경우 당초의 잉여 $\triangle P_2EP_1$에서 $\triangle$EFG만큼 잉여가 감소한다. 갑은 소비할 경우 잉여가 발생할 수 있음에도 소비를 할 수 없어서 잉여의 손실이 발생하고, 을은 소비할 경우 효용보다 비용이 더 큼에도 무리하게 소비하게 때문에 잉여의 손실이 발생한다. 즉, 획일화된 기준이 모든 관련자의 효용에 오히려 손해를 끼치는 일이 일어난다.

4 '실존적' 대상을 사물화 · 획일화하는 법

정부가 사용하는 가장 핵심도구는 법이다. 그런데 모든 법은 일종의 '획일화' 장치다. 법을 구성하고 있는 것은 개념과 문장이다. 법이 다루고자 하는 현상에 어떤 이름을 붙여 의미를 규정하고, 이런 현상에 대해서는 어떤 권리를 주거나, 어떤 제약을 가하거나, 어떤 혜택을 제공하거나 또는 어떤 의무를 부과하는 것을 내용으로 한다. 그런데 인간현상이나 사회현상은 그것에 이름을 붙이고 분류하는 것이 매우 곤란한 측면을 포함하고 있다.

가령, 규정의 대상이 실존적인 속성이 강하여 공통의 본질적인 속성으로 규정할 경우 현상의 실상을 오히려 왜곡하고 은폐하는 경우를 생각해보자. 실존적(existential)이란 대상현상이 자신의 주변 세계와 뗄 수 없는 관계로 서로 얽혀 있으면서, 그런 독특한 상황 속에서 자신만의 가치를 추구하고 자신만의 삶의 양식을 획득하고 있다는 의미다. 인간이 실존한다는 것은 이런 의미다. 돌과 나무와 새와 집처럼 단지 공간을 점유하고 있거나 또는 오로지 자연의 법칙에 따라 주변 세계와 관계하는 존재가 아니라는 의미다. 이런 대상에게서는 자신들만의 가치나 자신들만의 삶의 양식을 찾을 수 없다. 인간은 그렇지 않다. 동일한 환경에 던져져도 그 환경을 해석하고 대응하는 방식은 전혀 다르다. 그 자신이 겪고 의미를 부여하는 방법에 따라 그가 주변 세계와 관계하는 방식은 달라진다. 실존의 영역에서는 자기만의 판단이 존재하고 이에 따라 자신의 책임영역이 존재한다. 각자가 삶의 주체이고 행동의 주체이면서 판단과 선택의 주체다.

조직 역시 비슷하다. 인간의 삶의 방식을 거울처럼 반영하고 있는 것이 조직이다. 단지 어떤 내적인 구조를 가지고 있고, 주변 세계와 어떤 상호작용의 방식이나 대응의 패턴을 가지고 있는 것이 조직의 실체가 아니다. 모든 인간은 유사한 신체 구조를 가지고 있다. 유사한 사고의 능력을 가지고 있다. 그러나 이것을 인간의 실존을 구성하는 것으로 보지는 않는다. 그를 개인적인 인격 실체로 만드는 것은 그가 가진 생물학적 조건이 아니라 이런 조건에 기초하여 그가 가지고 있는 가능성과 그가 선택한 삶의 방식이다. 조직의 내적 구조는 조직이 하나의 독립된 사회적 실재로서 자신들의 여건에서 자신들만의 가치를 추구하거나 자신들만의 생존의 방식을 추구하면서 부수적으로 구축된 선택의 일부분일 뿐이다. 가령, 노벨 경제학상을 받은 코스(Ronald H. Coase)의 설명을 생각해 보자. 기업과 같은 조직은 단지 인간이라는 자원을 보다 효율적으로 고용하여 생산과정에 투입하고 관리하기 위한 하나의 장치일 뿐이다(Coase, 1937). 이런 목적을 달성하기 위해 조직은 보통 조직 연구자들이 관찰하는 것과 같은 관료제적 구조를 채택하고 있을 뿐이다. 조직을 조직으로 만드는 것은 관료제적인 조직구조가 아니라 그 조직이 이와 같은 구조를 채택하여 달성하고자 하는 목표와 이념이다. 이 목표와 이념이 바로 최종적인 원인(final cause)이며 이 목표를 위해 조직의 구조도 선택된 것일 뿐이다. 조직론적으로 보면 비슷한 조직구조를 가지고 있다. 그러나 각 조직이 실제 주변세계와 관계하는 방식에서는 얼마든지 자신들만의 가치를 추구할 수 있고 자신들만의 조직문화를 형성할 수 있으며 자신이 중시하는 목표가 있고 자신들만의 생존전략이 있을 수 있다. 이러한 가치 이념 목표는 조직이 자신이 놓인 상황을 자기 나름대로 이해하는 속에서 자기 스스로 소중하고 가치 있는 것으로 판단하여 선택한 것이다. 이처럼 주변 세계와 관계하는 조직만의 방식이 그 조직을 진정으로 자신만의 정체성을 가진 조직으로 만든다. 즉, 실존적인 조직으로 만든다.

가령, 대학을 예로 들면, 전국의 대학들은 모두가 각자가 처한 상황이 다르다. 학생 수, 학과의 수, 학교의 위치, 재정적 건전성과 견고성, 사회적인 지명도, 학생들의 선호도, 학과의 구성, 학교의 이념, 학교가 설립된 배경과 목적, 국제화 정도, 교수들의 연구 업적, 학교경영진의 도덕성, 특성화 분야, 장래 발전가능성 등 모든 조건이 서로 다르다. 각 대학이 모두 실존적인 생명체와 같다. 자신만의 여건에서 자신만의 가치를 추구하면서 자신만의 생존전략을 추구하고 있다. 그런데 정부가 대학정책을 펴기 위해서는 이런 변수들을 모두 고려하는 것이 불가능하다. 그래서 특정한 기준을 수립하여 이를 모든 대학에 획일적으로 적용한다. 그런데 이렇게 획일화된 기준을 따르는 것은 어떤 대학에게는 무리한 요구가 될 수도 있고 어떤 대학에게는 오히려 동기를 약화시키는 요인이 될 수도 있다. 가령, 동일한 평가기준을 선택하고 이를 기준으로 대학들을 분류하고, 평가하여 점수를 매기고, 이 점수를 기준으로 대학을 평가하여 재정제한을 가하고 구조개혁을 하고 있다. 이런 정책은 대학을 자신이 처한 상황으로부터 분리시키는 결과를 초래한다. 대학은 자신이 처한 상황에 적응하고 대처하여 살아남고 경쟁력을 얻어야 한다. 그런데 정부는 각 대학이 처한 상황과는 상관없이 특정한 일부의 기준으로 대학을 평가한다. 어떤 기준을 만들어도 공정할 수 없다. 그럼에도 이런 불공정성을 무시하고 정책을 추진하는 것이 정부와 정치다.

독일의 법학자 루돌프 예링(Rodolf von Jhering)은 『권리를 위한 투쟁』에서 법이 규정하는 개념에서 삶이 나오는 것이 아니라 삶에서 개념이 나오고 이런 개념이 법의 기초가 되어야 한다고 주장한다. 그런데 우리의 일상의 삶과는 상관없이 어떤 사람이 자신의 이념이나 자신의 편견을 기준으로 현상을 규정하고, 법적인 개념을 수립하여 이를 기준으로 우리의 삶에 대한 제약을 가하는 것은 심각한 자유와 평등의 침해다.

5 획일적 규제와 소득수준

획일화된 규제는 경제의 활력을 저하시키고 결국 국민소득에도 악영향을 미친다. 사람들을 가난하게 만든다. 이는 사회세계가 작동하는 기본원리를 생각해보면 금방 이해할 수 있다. 개인에게 자유와 권리가 주어지고, 이런 자유와 권리가 시장에서 자유롭게 거래될 수 있을 때, 분업과 거래를 통하여 생산의 효율성을 높이고 사회적 후생도 증가시킬 수 있다. 그런데 규제를 가하면 생산활동과 자유로운 경제거래에 제약이 발생한다. 거래가 성사된다면 일어날 수 있는 사회적 후생의 획득 기회가 사라지는 문제가 필히 발생한다.

[그림 14-3]과 [그림 14-4]는 경제적인 자유의 수준과 소득의 상관관계를 나타내고 있다. CATO 연구소에 따르면, 시장경제에 대한 정부의 규제가 커질수록 1

그림 14-3 경제적 자유와 소득수준(CATO, 2012)

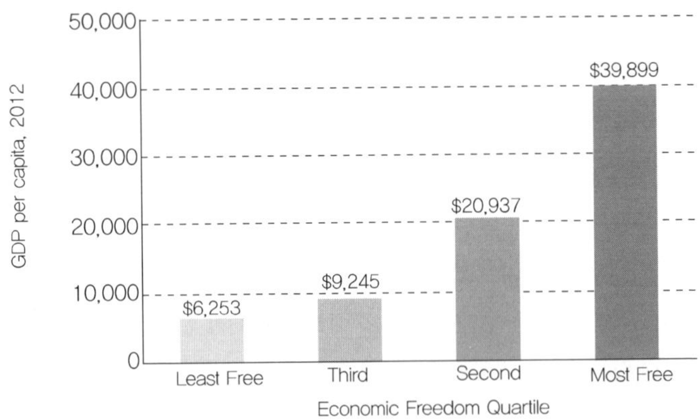

자료: 경제적 자유와 소득수준(CATO, 2012).

그림 14-4 경제적 자유와 소득하위 10%의 1인당 소득

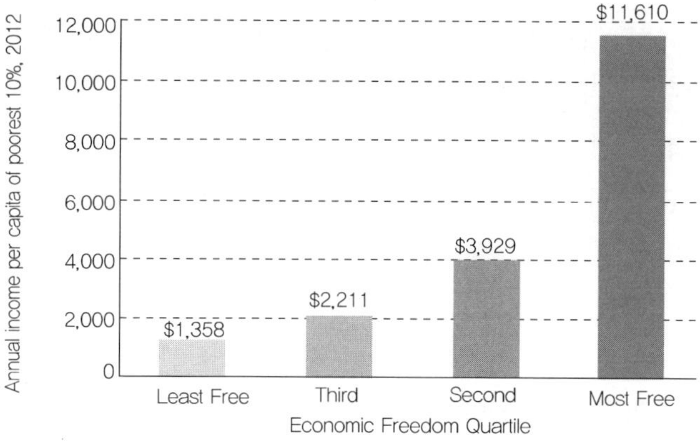

자료: 경제적 자유와 소득수준(CATO, 2012).

인당 소득의 수준은 낮다.[5] 자유로운 경제와 자유롭지 못한 경제 간에는 약 6배의 소득 차이가 발생하고 있다. 가난에 굶주리고 있는 북한과 한국의 상황을 비교해 보면 쉽게 이해가 될 것이다. 게다가, 소득하위 10%의 소득수준은 경제적인 자유도가 낮은 국가와 높은 국가 사이에 약 8.5배의 차이가 나고 있다. 경제적으로 자유롭지 못한 사회에서 소득이 낮은 사람들의 소득수준은 매우 열악하다는 것을 알 수 있다.

제 5 절 비효율성

1 비효율적으로 작동하는 정부

정부를 만드는 가장 큰 이유는 더 효율적인 방법으로 우리가 원하는 서비스를 공급할 것으로 기대하기 때문이다. 그러나 효율성을 위해 만든 정부가 작동하는 방식은 결코 효율적이지만은 않다. 여러 가지 이유가 있다. 시장이 효율적인 자원배

5) CATO Institute 홈페이지 경제자유도지표(economic freedom index) 자료를 참고한 것이다.

분의 기구가 되는 것은 효율적이지 못한 기업은 도태되기 때문이다. 그런데 정부는 아무리 비효율적이라도 이런 이유로 망하지 않는다. 세금을 더 걷으면 된다. 게다가, 효율성을 평가하려면 분명한 목표가 있고 산출물이 있어야 하는데, 정부가 제공하는 서비스는 목표가 추상적이고 생산하는 산출물 역시 시장에서처럼 계량적으로 측정하기 어렵다. 더구나 정치인들은 전체 예산을 효율적으로 쓰는 일보다는 자신의 지역에 더 많은 예산을 배정하는 일에 관심을 기울인다. 필요 없는 공항이 지어지고, 지하철이나 전철이 건설되고, 대규모의 낭비성 체육시설이 지어진다.

헤리티지 재단(The Heritage Foundation)의 연구(Reidl, 2009: 2)를 보면, 다음과 같은 낭비 사례들이 나온다. 감사관이 5년 간에 걸쳐 전체 연방정부프로그램을 심사한 결과 이들 사업들 중 22%의 사업에서 긍정적인 효과를 증명하지 못하고 있으며, 이들 사업에 지출되는 비용이 연간 1,230억 달러에 이른다. GAO(Government Accountability Office)의 보고에 따르면, 342개 경제개발프로그램, 130개의 장애자프로그램, 130개의 청년프로그램, 90개의 조기어린이개발프로그램, 90개의 국제문화교육프로그램, 72개의 안전한 식수 프로그램 등이 서로 중복되어 있어 비효율성이 발생하고 있다. 워싱턴에서는 중국 접대부들에게 업무 중 보다 책임감 있게 술을 마시도록 교육하는 데 260만 달러를 사용하기도 했다.

2 에드워드의 법칙

에드워드의 법칙(Edwards' Law)은 정부의 지출은 처음 발표했던 것에 비해 두 배가 된다는 것이다.[6] 1만 달러에 완공할 수 있다고 정부가 발표했다면 실제로 완공되었을 때는 2만 달러가 소요된다는 것이다. 에드워드(Chris Edwards)는 이에 관하여 여러 가지 사례들을 제시하고 있다. 캘리포니아 유권자들은 430억 달러가 소요되는 철도계획을 승인했다. 그런데 실제 소요된 예산은 980억 달러였다. 6,500만 달러가 소요된다던 워싱턴은 자전거 순환로 건설에 1억 300만 달러가 소요되었다. 14억 달러가 소요된다던 교량은 무려 64억 달러가 소요되기도 했다. 왜 이런 일이 일어나는가? 큰비용이 소요된다고 하면 처음부터 사업의 승인을 받지 못할 가능성

6) http://www.downsizinggovernment.org/edwards-law-government-cost-overruns

표 14-1 정부사업의 당초 예상과 실제 지출액

사업명	당초 예상비용(억, 달러)	최종비용(억, 달러)
Boston Big Dig highway project	2.6(1985)	14.6(2005)
Virginia Springfield interchange	2.4(1994)	6.7(2003)
Denver International Airport	1.7(1989)	4.8(1995)
Airport security technology upgrade	1(2002)	3(2005)
Hanford nuclear waste clean-up	4.3(2000)	12.2(2008)
V-22 Osprey helicopter	4.0(1986)	12.5(2006)

이 많기 때문이다. 그 외에도 에드워드는 여러 가지 예들을 제시하고 있다(Edwards, 2009).[7)]

3 니스카넨(William A. Niskanen) 이론

니스카넨(Niskanen, 1971, 1994)에 따르면, 관료들이 선호하는 이익은 크게 두 가지다. 첫째는 생애소득이며, 둘째는 권력, 자기만족, 사회적 명예, 여가 등 비화폐적 보상을 극대화하는 것이다. 이런 관료들의 바람은 궁극적으로 예산극대화로 수렴한다. 조직, 인력, 권한 등의 극대화를 추구한다. 그런데 예산극대화가 정부개입에 따른 사회적 후생의 증가를 상쇄시킬 수 있다.

[그림 14-5]는 어떤 공공재에 대한 수요와 공급을 나타내고 있다. 아래 질문에 답해 보자.

① 소비자들의 효용을 극대화할 수 있는 공급량/수요량은 얼마인가?
② 이때 소비자들은 얼마만큼의 잉여를 얻는가?
③ 이 공공재의 생산을 위해 소요되는 비용은 총 얼마인가?

소비자들의 효용을 극대화할 수 있는 공급량/수요량은 OQ이며, 이를 통해 소

7) Edwards, Chris(2009). Government Cost Overruns. Cato Institute. http://www.downsizinggovernment.org/sites/downsizinggovernment.org/files/pdf/government-cost-overruns.pdf

그림 14-5 예산극대화와 정부의 비효율성

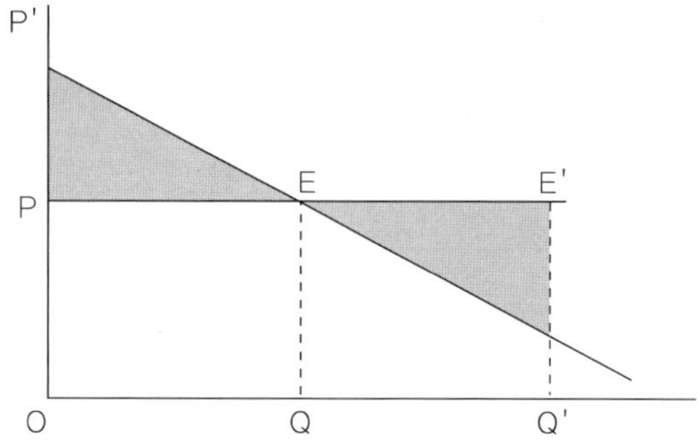

비자들은 △PP'E만큼의 잉여를 얻을 수 있으며, 정부는 이 공공재의 공급을 위하여 □OPEQ만큼의 예산을 집행한다.

다음 질문에 답해 보자. 이 공공재를 담당하는 정부가 이 사업에 관한 예산의 확대를 시도하고 있다고 가정하자. 그렇다면, 정부는 최대 얼마까지 공급량을 확대할 수 있는가?

소비자들은 적어도 자신들이 잉여를 얻을 수 있는 한은 정부가 공급량을 확대해도 동의할 수 있을 것이다. 그렇다면, 정부는 최대 OQ 공급량의 2배가 되는 OQ' 까지 공급할 수도 있다. 이렇게 많은 양의 공급이 가능한 것은 그럼에도 불구하고 소비자들이 손해를 보는 것은 아니기 때문이다. 그러나 공급량이 최적량을 초과하면 당초에 발생했던 소비자잉여는 점차 상쇄되며, 공급량이 2배가 되는 완전히 소멸된다.

최근의 연구 결과에 따르면, 많은 정부서비스가 민간계약을 통해서 보다 효율적으로 공급될 수 있다. 그럼에도 불구하고 대부분의 정부서비스가 관료조직에 의해 직접 생산·공급되는 이유는, 관료조직이 전체국민의 이익이라는 관점에서 보면 비효율적인 공급자이지만 정치인의 이익보호라는 관점에서는 효율적인 공급자이기 때문이다(김종순, 2011).[8] 흔히, 관료조직의 탓이라고 생각하는 정부의 비효율성은 실제로 입법부의 구조 및 의사결정원리 때문에 생겨나고 있다. 정치인의 입장에서 보면 관료조직은 그들의 이익을 충실히 반영하는 대리인인 것이다.

8) 김종순(2011). 예산극대화모형(니스카넨). 행정학 용어사전.

따라서 이와 같은 잉여의 전리품을 배분할 수 있는 체계를 없애지 않는 한 민간이양을 통한 효율성 제고나 정부감축은 불가능하다는 니스카넨의 주장은 설득력이 있다. 그 결과, 정부지출이 공공수요의 증가율보다 빠른 속도로 증가하는 현재의 재정팽창추세는 계속될 수밖에 없다. 그러나 증가하는 재정지출의 상당부분은 관료조직과 정치세력의 특수이익에 기여할 뿐 서비스수준을 개선시키는 것은 아니다.

4 울프(Charles Wolf Jr.)의 X-비효율성 이론

1) 의 의

X-비효율성은 경쟁의 부재로 인해 발생하는 비효율을 의미한다.[9] 경쟁이 없으므로 조직의 비용을 통제해야 할 동기가 약화된다. 그래서 평균적인 생산비용 이상의 생산비가 소요된다. 예를 들면, 어떤 기업이 시장을 독점하고 있다면, 이 기업은 경쟁상태에서는 얻을 수 없는 상당한 이윤을 얻을 수 있다. 따라서 굳이 비용을 낮추고자 하는 동기가 약화된다. 사실상 재화의 공급을 독점하는 전력, 철도와 같은 분야의 공기업도 마찬가지다. 비용을 절감하여 이익을 내는 대신 가격을 인상하여 이윤을 얻을 수 있다. 정부의 업무 역시 이런 비효율성이 발생한다.

2) 정부서비스의 수요측면

울프에 따르면, 정부서비스는 수요측면에서 다음과 같은 특징을 가지고 있다(이혁우, 2010; Wolf, 1988).[10] 첫째, 정치인은 짧은 임기 때문에 사회가 요구하는 것보다 높은 시간할인율을 가진다. 즉, 정치적 보상구조와 짧은 임기 때문에 미래에 생기는 편익과 비용은 대폭 할인되지만, 현재나 가까운 장래에 생기는 편익이나 비용은 지나치게 과장될 수 있다. 따라서 장기적인 분석과 실험, 충분한 이해에 기반한 정책을 선택하기 어렵고, 단기적이고 가시적으로 선심성 정책을 남발하게 될

9) Invespedia 참고. http://www.investopedia.com/terms/x/x-efficiency.asp.
10) 이혁우(2010). 정부실패. 온라인 행정학사전 참고.

가능성이 높다. 둘째, 정부서비스는 수익과 부담이 분리되어 있다. 현재나 미래의 정책으로 인한 편익이 특수한 소수집단에 집중적으로 귀착되는 반면 그 비용은 불특정 다수인이 부담하게 되는 경우, 정부활동에 대한 수요가 왜곡되는 결과를 초래한다. 왜냐하면, 이런 경우 소수의 이익집단의 이익이 정치과정에 과도하게 투입되어, 다수의 비용부담자의 비가시적인 정책수요는 상대적으로 부각되지 못하게 되기 때문이다.

3) 정부서비스의 공급 특성

첫째, 정부의 산출물은 정의하기도 어렵고 현실적으로도 잘못 정의되는 경우가 많다. 예를 들어, 교육이나 복지, 환경규제 등 이를 양적으로 측정하거나 질적으로 평가하기는 매우 어렵다. 이런 산출물이 국민소득계정에서 산출요소가 아닌 투입요소로 인식되고 중간재와 같은 성격을 가지기 때문이다.

둘째, 정부의 산출물은 독점적 관할권이 법률에 위임되어 있거나 행정적으로 단일 기관에 의해 귀속되어 공급된다. 예를 들어, 정부에서 농업 관련 정책을 산출하는 부처는 농림수산식품부가 유일하며, 국가유공자 관련 정책을 산출하는 부처는 국가보훈처가 유일한 것이다. 따라서 이런 비시장적 상황에서는 경쟁에 의한 가격메커니즘을 기본원리로 하는 시장과 달리, 경쟁기관이 존재하지 않으며, 이것은 산출물의 질에 대한 평가를 어렵게 하는 요인이 된다.

셋째, 정부산출물의 생산기술은 알려져 있지 않은 경우가 대부분이고, 설령 알려져 있다 하더라도, 불확실성과 모호성의 한계를 갖는다. 이는 비시장적 공급에 대한 개선을 어렵게 하는 이유가 된다.

넷째, 하한선과 종결메커니즘을 결여하고 있다. 시장에서 이루어지는 기업의 평가는 손익의 계산을 통해 즉각적으로 나타나며 성과에 매우 민감하다. 반면, 정부산출물에는 성과평가를 위한 명확한 기준의 설정이 어렵고 한계에 이른 정책을 종결하는 메커니즘이 부재하다. 따라서 공급의 과다와 비효율이 초래된다.

4) 비효율성의 유형, 원천, 메커니즘

정부영역에서의 수요와 공급의 특성으로 인해 정부활동에는 다양한 비효율이 발생한다. 첫째, 비용과 수입의 괴리되어 있다. 그래서 정부생산물의 적절한 양과 가치는 생산비용과 분리되어 결정된다. 어떤 활동을 유지하게 하는 수입이 그 활동의 생산비와 연결되지 않으면 일정한 산출물을 생산하는 데 필요 이상의 자원이 소모되거나, 시장실패를 정상화하기 위해 필요한 것보다 정부활동이 더 많이 공급될 수 있다. 생산비용과 수입이 단절되어 비효율이 조장되기 때문이다.

둘째, 내부성 문제가 존재한다. 외부성 문제가 자원배분에서 비효율성을 야기하듯이 내부적인 조직특성(internalities) 역시 비효율의 원인이 된다. 정부조직은 ① 산출물 측정이 곤란하고, ② 소비자로부터의 환류나 신호가 없거나 믿을 수 없고, ③ 경쟁자가 없기 때문에 경쟁을 통한 비용통제의 내부기준을 마련하기 어렵다. 정부의 예산확대 경향도 이런 이유로 견제하기 어렵다.

셋째, 파생적 외부성 문제도 발생한다. 시장실패를 치료하기 위한 정부의 간섭은 예상치 못한 부작용을 발생시킬 수 있다. 정부와 같은 대규모조직은 세부적인 문제에 대해서까지 자세히 알기 어려워서 결과를 정확히 예측하지 못하고 현실과 거리가 먼 정책수단을 사용할 가능성이 매우 높다. 이처럼 정부가 정책수단을 잘못 사용할 경우 정부의 개입은 시장에 큰 피해를 줄 수 있다. 이러한 파생적 외부성(derived exteranlity)의 가능성은 정부산출물의 수요와 공급 특성(정부개입을 원하는 강력한 정치적 압력, 정치가들의 좁은 시야와 높은 시간적 할인율 등) 때문에 더욱 증가한다.

넷째, 분배상의 불공평도 발생할 수 있다. 정책은 어떤 사람의 손에 다른 사람에게 행사할 수 있는 권한을 부여한다. 이러한 권한은 의도적으로 또는 불가피하게 몇몇 사람에게만 귀속되고 다른 사람들은 배제된다. 이처럼 정부활동으로부터 야기되는 분배상의 불공평은 직접적인 소득이나 부의 형태보다는 종종 권력이나 특권의 재분배로 나타난다. 또한 정부활동은 권력뿐만 아니라 소득으로 표시되는 다른 분배상의 불공평을 초래할 수 있다. 정책(수단)은 어떤 요소, 기술, 서비스, 그리고 산출물에 대한 수요를 증진시켜서 이익을 누리게 한다. 또한 정책은 이익을 누리지 않는 사람들에게 비용을 부과하기도 한다. 다시 말해, 편익과 비용이 각각 다른 그룹에 의해 발생하게 된다. 따라서 정책으로부터 (잠재적) 편익을 누리게 되는 집단은 사회적인 최적 결과를 초래하기 위해서 실제로 추정되는 것보다 더 많은 정책이 필요하다고 주장할 가능성이 높다. 그 결과, 정부활동은 조직화된 이익집단의 편익을 과도하게 보호하는 규제정책의 형태를 포함하여 필요 이상으로 많은 정책의 형태로 나타나기 쉽다.

5) 해 법

이와 같은 비효율성에 대한 해법은 무엇일까? 단지 감시를 강화하는 것으로는 이런 문제의 해결에 상당한 한계가 있을 수 있다. 감시는 분명한 기준이 있을 때 효과적으로 작동한다. 그런데 업무의 목표 자체가 분명하지 않은 상황에서 정책담당자의 선택을 공정하게 평가하는 것이 어렵다.

가장 최선의 방법은 정부의 효율성을 높이는 것이 아니라 정부 자체를 작게 만드는 것이다. 정부업무는 업무 성격과 정부의 독점적인 업무 담당 구조로 인하여 비효율적으로 작동하기 쉬운 속성을 가지고 있다. 이런 문제를 피하는 가장 안전한 방법은 정부 자체를 작게 만드는 것이다.

제 15 장

정부실패: 피하기 어려운 함정

제 1 절 정부와 시장: 대안적 서비스 장치

시장과 정부를 동일한 선상에 놓고 비교하는 것이 적합하지 않다고 생각할 수도 있다. 어떤 점에서는 전혀 다른 것처럼 보이기 때문이다. 기업은 원칙적으로 기업구성원의 이익을 목표로 한다. 소위 사적 이익을 목표로 한다. 반면, 정부는 국민 전체의 이익에 기여하는 것을 목적으로 한다. 이런 차이로 기업은 설립과 운영에 필요한 재원을 당사자들이 직접 동원한다. 반면, 정부는 국민의 세금으로 필요한 자원을 충당한다. 이렇게만 보면 시장과 정부, 기업과 정부는 공정한 비교가 불가능한 전혀 다른 차원의 대상인 것처럼 보인다.

그러나 제2장에서 설명한 것처럼 시민의 입장에서 보면, 시장과 정부는 선택이 가능한 두 가지 대안의 하나다. 과거로 거슬러 올라가면 국방서비스 역시 소위 '사병'이라 불리는 지역지도자들의 개인병력에 의지하였다. 요즘으로 말하면, '유흥'서비스에 해당하는 지극히 시장적인 재화를 과거에는 소위 '관기'라는 이름으로 관청이 직접 공급하기도 했다. 사립학교를 세워 독자적으로 운영할 수도 있고, 공립학교를 지어 함께 운영할 수도 있다. 국가에서 도로와 교량을 건설할 수도 있고, 민간기업이 자신의 비용으로 건설하도록 할 수도 있다. 미국에서는 교도소와 같은 교정시설을 민간이 운영하기도 한다. 조금만 역사를 거슬러 올라가면 한국통신, 포항제철, 석유공사와 같은 기업들은 사실상 국가에서 직접 기업을 세워 경영하던 사업이다. 그렇지만, 지금은 민영화하여 민간기업으로 경영되고 있다. 즉, 국민의 입장에서 보면 정부와 시장은 대안적인 서비스 장치다.

대안적인 서비스지만, 실패의 위험에서는 차원이 다르다. 정부실패 위험에 대한 연구를 주도해 온 것은 신자유주의적인 사상을 배경으로 하는 정치경제학자들이다(예: Hayek, Buchanen, Stigler, Friedman, Tullock, Downs 외). 이들의 연구는 레이건 행정부와 대처 정부의 정부혁신에 이론적 기초를 제공하였다. 정치란 결국 정치적으로 힘 있는 집단의 이익에 봉사한다는 점을 극명하게 드러내 보여주었다. 이런 부분에서는 적지 않은 개혁이 이루어졌다. 울프(Charles Wolf Jr.)가 지적하는 서비스의 독점과 수익자와 비용부담자 간의 괴리로 인한 정부의 비효율성 문제 역시 경제학적 관점에서의 분석이다. 주인-대리인 관계에 의한 분석 역시 제도경제학자들이 개발한 접근의 방법이다. 이 책이 주장하는 바는 이와 같은 경제학, 정치학, 정치경제학 등의 관점만으로는 정부와 정책에 내재된 실패의 위험을 충분히 설명할 수 없다는 것이다.

수도권, 사교육과 선행학습, 비정규직 등의 정책을 생각해 보자. 이들 정책에 대해서도 정치경제적인 접근이 가능하다. 인간의 행위 중에 자신의 이익과 무관한 행동은 없을 것이다. 그러나 이렇게 접근할 때 오히려 은폐되는 면이 있지 않는가? 그래서 오히려 현실에 대한 보다 깊고 정확한 이해에 실패하고 문제의 해결에도 실패할 수 있지 않는가? 인간의 생각과 언어에 대한 연구가 경고하는 것은 이런 측면이다. 즉, 인간은 돈을 잃더라도 지키고자 하는 것이 있다. 경제적인 관점에서 보면 화폐적인 문제이지만 실은 경제적 문제가 아니라 자존심의 문제, 감정의 문제가 이면에 자리하고 있을 수 있다.

'수도권', '사교육', '선행학습', '비정규직'과 같은 현상이 정책적 대응의 대상이 되려면 먼저 이 현상을 이와 같은 관점에서 접근하고 개념화할 수 있어야 한다. 개념화할 수 있어야 특정현상으로 고립시켜 논의의 대상으로 삼을 수 있다. 왜 이런 개념들이 등장하는가? 왜 사라지지 않고 살아남아 세상을 이런 관점에서 보게 만들고, 심지어 선거의 이슈가 되게 만들고, 정책적 대응의 대상이 되도록 만드는가? 이 현상들의 경제적 측면을 분석하기에 앞서 검토해야 할 것이 이런 표현들이 등장하고 하나의 유의미한 어휘로 살아남는 원리다. 한국인은 매우 깊은 평등심리를 가지고 있다(강준만, 2011: 51; 송호근, 2006). 사촌이 땅을 사면 배 아파한다. 나보다 더 잘되는 것에 대해 상당한 경쟁심을 느끼고 시기한다. 이런 마음으로 현상을 보면, 사실은 매우 자의적이고 불확실하고 애매해 보이는 수도권, 사교육, 비정규직 등의 표현들이 현상의 특정측면을 서술하는 것처럼 보인다.

정치적 이해관계, 주인-대리인 관계, 비효율성 등의 시각으로 이런 문제를 온전히 서술할 수 있을까? 이런 정책이 추구하는 '균형 발전', '교육 기회의 평등', '평등한 직업적 안정' 등의 문제는 이해관계 이전에 감정과 정서와 정의에 관련된 문제다. 현상에 대한 사람들의 해석이 사실상 문제의 기반이 되고 있다. 자기망각적이며 자기참조적으로 작동하는 사람들의 생각과 언어가 이런 해석의 기반이다. 해석의 기반은 남겨둔 채 정치경제학적인 분석을 통해 해답을 제시할 수 있는가? 이렇게 해답을 제시하면 어떤 일이 일어날까? 의미의 기반을 반성하지 않는 한은 이런 표현에 의해 탄생되는 이해관계 측면을 고착화시키는 결과를 초래할 가능성이 높다. 즉, 서로 협력하면 더 나은 결과를 초래할 수도 있는 사람들이 정책에 의해 분열되어 대립하는 양상이 발생할 수 있다.

시장과 정부의 실패 위험은 차원이 다르다고 주장하는 것은 바로 이런 이유 때문이다. 사람들의 생각과 언어의 문제가 깊이 침투해 있다. 이해관계를 분석하는 방법으로는 이런 문제의 전체 양상을 이해하기 어렵고 제대로 된 해법을 모색하기도 어렵다. 어떤 결정이 내려지든 서로 편이 나뉘고 서로가 충돌하는 상황에서 벗어날 수는 없을 것이다. 제16장에서 다시 거론하겠지만, 만일 해석적 구성이 문제가 문제로 등장하는 핵심 이유라면 문제의 해결을 시도하기 전에 우리의 생각을 바꾸어 문제를 해소(dissolve)하는 방법을 함께 검토해야 한다. 해결을 시도하는 순간 상당한 자원이 투입되고, 오히려 갈등이 표면화하고 심화될 가능성이 높기 때문이다.

제11장에서 설명한 주권자의 형식화와 정치인 및 관료의 자기이익 추구, 제12장에서 설명한 정답 없는 사회세계와 이로 인해 발생하는 상충하는 정책요구, 그리고 권력만 향유하는 것이 가능한 정치 및 정책상황, 제14장에서 설명한 재량권, 감시비용, 획일화 등의 문제들은 인간의 생각과 언어가 작동하는 원리와 그 속에 내재된 함정을 이해하지 않고서는 접근할 수 없다. 지금까지의 정부실패에 대한 연구

는 정치학, 정치경제학, 정책학 등 사회과학적 차원에서 이루어졌다. 그러나 사회과학적인 차원의 연구로는 시장과 정부를 만들고 운영하는 과정에서 발생하는 인간의 생각과 언어라는 철학적인 문제에 접근할 수 없다. 정부실패의 위험은 시장실패와는 차원이 다른 문제를 내재하고 있다고 주장하는 것은 바로 이 때문이다.

시장에서는 인간의 사고와 언어의 약점이 효율성 향상의 기회를 빼앗지 않는다. 그러나 정부에서는 그렇지 않다. 효율성 향성의 기회를 빼앗을 뿐 아니라 인간의 존엄을 짓밟을 수도 있고, 제도적 폭력에 대해 '근거없는' 정당성을 제공할 수도 있다. 문제의 해결을 제공하지 않으면서 권력만 향유하는 정치인과 관료를 양산할 수도 있다. 좀 더 구체적으로 논의해 보자.

제 2 절 정부실패의 숨겨진 원인들

1 인간 마음에 내재된 함정

1) 정부와 정책을 만드는 인간의 능력

왜 민주적인 정부의 형성은 쉽지 않은가? 왜 효율적이며 다수 사회구성원들의 공감을 얻는 정책을 만드는 일은 쉽지 않은가? 왜 여전히 많은 사회들은 독재 정치에 시달리고 있는가? 시장실패를 논의하는 과정에서는 전혀 고려하지 않았던 새로운 요인들이 정부실패 · 정책실패에는 작용하고 있다. 게다가, 유권자, 정치인, 관료는 물론 정부연구자와 정책연구자도 정확하게 이해하기 어려운 매우 은밀한 방법으로 정부와 정책의 형성과정에 침투해 있다. 마치 목마를 타고 몰래 침투한 그리스 병사들이 트로이를 무너뜨리듯이 우리의 생각과 언어와 정치에 숨어 있으면서 정부와 정책을 무너뜨리는 요인으로 작용하고 있다.

민주적 정부와 정책은 공동체의 구성원들이 함께 만들어가는 꽃밭과 비슷하다. 독재적인 정부처럼 개인의 카리스마적인 지도력에 의지하여 만들어낼 수는 없다. 폭력과 무력에 의지하여 만들어낼 수는 없다. 같이 살피고 같이 아끼고 함께 마음과 생각을 모으면서 함께 노력해야 한다. 정책 역시 동일한 원리로 만들어진다. 우리의 생각과 언어에 의지해서 만들어야 하고, 사회구성원들이 공유하고 있는 규범과 삶의 양식에 근거하여 함께 만들고 함께 운영해야 한다.

그런데 각자가 자신의 의식의 능력에 의지하여 주변 세계를 이해하고 대응하며 살아가는 인간에게 어떤 목표를 함께 추구하고 이를 위해 협력하는 일은 결코 간단한 과제가 아니다. 사회세계를 가능하게 하는 인간의 마음과 언어 속에 사회세계의 형성을 심각하게 방해하는 치명적인 위험들도 내재되어 있기 때문이다. 제1장에서 설명한 정부와 정책의 발생체계([그림 1-2])에 기초하여 정부 및 정책 실패의 위험을 재정리해 본 것이 [그림 15-1]이다. 정부와 정책의 생성과 진화를 가능하게 하는 인간의 생각과 언어, 그리고 문화 속에 이미 정부와 정책의 건전한 형성과 진화를 방해하는 요인들이 깊이 은밀하게 숨어 있다.

그림 15-1 정부와 정책의 형성 기반에 내재된 함정

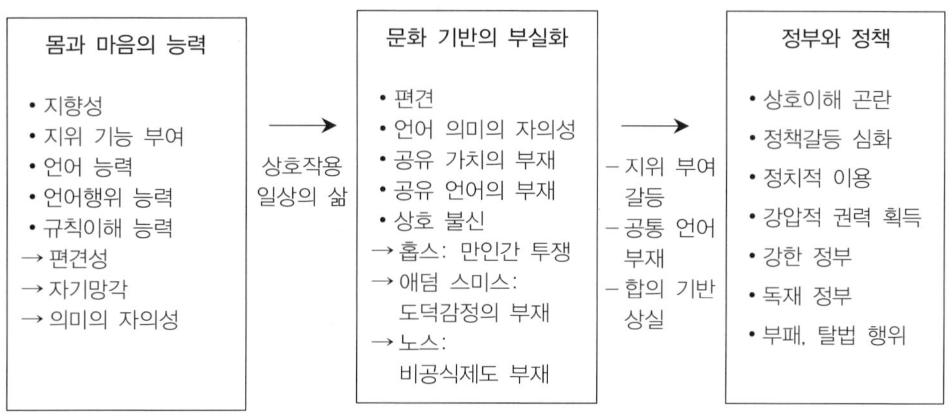

제9장에서 간략히 설명한 것처럼, 인간의 마음이 가지고 있는 능력의 핵심은 현상학자들이 지향성이라고 부르는 우리 의식의 작동원리에 근거하고 있다. 지향성에 관해서는 크게 두 가지 점을 이해할 필요가 있다(사공영호, 2015a: 162-168).

첫째, 우리의 의식은 항상 무엇인가에 '관한' 의식이라는 점이다. 즉, 사랑하든 미워하든 고마워하든 생각하든 의심하든 혐오하든 존경하든 우리의 의식이 어떤

의식적인 행동을 하고 있든지 우리의 의식행위는 항상 어떤 대상을 가지고 있다는 것이다. 특히, 전혀 세상에 존재하지 않는 어떤 것에 대해서조차도 우리의 의식은 이를 대상으로 삼을 수 있다. 유니콘, 용, 봉황, 페가수스 등 상상 속의 동물들에 대해서도 얼마든지 생각하고 말할 수 있다. 유토피아와 같이 아직 존재하지 않는 세계에 대해서도 얼마든지 꿈을 꾸고 열망할 수 있다(Harney, 1983: 5). 이런 의식의 능력에 의지하여 정부라고 하는 지극히 추상적이고 복잡할 수도 있는 현상도 사고의 대상으로 삼을 수 있다.

그림 15-2 토끼-오리

둘째, 사고의 대상이 되는 대상을 구성할 수 있는 능력을 의미한다. [그림 15-2]를 보자. 이 그림을 보면 우리는 이를 단지 굽은 선분으로 보는 것이 아니라 토끼나 오리 또는 토끼-오리로 본다. 이 그림을 아무것도 아닌 것으로 내버려두려 하지 않는다. 그림을 보는 순간 이미 이 그림은 당연히 이런 것 중에 하나에 '관한 것'으로 본다. 주어진 자료 자체만을 보면, 이 그림은 단지 구불구불한 선분과 점의 집합일 뿐이다. 이 선의 모습을 그대로 서술하는 속에는 결코 토끼나 오리가 없다. 그렇지만, 우리는 이 그림을 보고, 그냥 아무 의미 없는 선분에 불과한 것으로 무시하지 않고, 토끼 또는 오리를 그린 것으로 인식한다. 정확히 말하면, 우리의 의식은 그렇게 인식할 것을 요구하지 않아도 스스로 자신이 가지고 있는 자료들을 이용하여 이 그림은 토끼나 오리 또는 토끼-오리인 것으로 거의 자동적으로 구성해 낸다. 그러고는 이런 판단을 확신하고 특별한 계기가 없으면 잘 의심하지도 않는다(Schutz, 1962: 229).

언어나 행동에 대한 우리들의 이해 역시 동일한 방식으로 작동한다. 단지 소음에 불과한 인간의 발언에 대해 그것이 어떤 상황에서 어떤 의미를 갖는 것으로 지향적으로 구성하여 이해하기 때문에 언어가 된다. 어떤 행동이 약속이 되거나 인사가 되거나 또는 무례한 행동이 되는 것도 마찬가지다. 그 행동이 어떤 의미를 갖는 것으로 지향적으로 구성하여 이해하기 때문이다.

2) 인간의 사고에 내재된 함정

지향적 인식의 원리는 한편으로는 인간에게 매우 탁월하고 효율적인 이해를 가능하게 한다. 하지만, 심각한 약점도 가지고 있다. [그림 15-2]를 토끼나 오리로 인식하는 것은 우리가 토끼나 오리에 대한 경험과 지식을 이미 가지고 있기 때문이다. 주어진 자료의 의미를 알려면 내가 가지고 있는 지식을 이용해야 한다. 그런데 내가 알고 있는 내용에 비추어 볼 때 이 그림이 토끼나 오리에 가깝다면 우리는 별 의심없이 이것이 토끼인 것으로 또는 오리인 것으로 인식한다. 이것이 해석순환적인 이해의 원리다. 내가 이미 가지고 있는 지식을 이용하여 해석하고, 그런 해석이 옳고 별 문제를 일으키지 않으면 그런 해석을 반복적으로, 그리고 자동적으로 적용한다.

그런데 이런 해석의 방법은 필연적으로 편견적이다(Mills & Polanowski, 1997; Plous, 2003; 사공영호, 2014a; 2015b). 내가 가지고 있는 나의 경험과 지식을 이용하여 해석하기 때문이다. 다른 지식과 다른 경험을 동원하면 다른 의미로 해석될 수 있다는 것을 알지 못한다. 다른 지식을 나는 가지고 있지 않고, 내가 그런 지식을 가지고 있지 않다면 나는 그런 방법으로 이해하는 것 자체가 불가능하기 때문이다. 그래서 다른 관점에서 보면 얼마든지 다른 현상이 될 수 있음에도 이런 점을 이해할 수 없다. 결국, 나는 나의 관점, 지식, 이론, 경험에 의지할 수밖에 없다. 바로 이런 점에서 편견적이다. 나의 관점에서는 현상을 이해할 수 있지만, 상대의 관점에서 현상을 이해할 수는 없다는 것이다.

더 심각한 문제는 자신의 생각이 편견적이라는 점을 이해하는 것도 쉽지 않다는 점이다. 자신이 편견적이라고 생각하기 보다는 자신과 생각을 달리하는 다른 사람들이 잘못되었다고 생각한다. 그러다 보니 기꺼이 상대를 공격하고, 심지어 전쟁을 불사한다. 예를 들면, 이런 것이다. 미국 독립선언문은 '모든 인간은 평등하게 창조되었다.'고 선포하고 있다. 그런데 도대체 '평등'이라는 것이 무슨 뜻인지 공정하게 알 방법이 있는가? 없다. 하나의 나무를 보고 있다면, 이쪽에서도 보고 저쪽에서도 볼 수 있다. 그러나 사회현상에 관한 이해는 그렇지 않다. 나의 관점을 버리고 상대의 관점에 서는 것이 매우 어렵다. 나의 신념과 관련되어 있고 나의 이익과 관련되어 있기 때문이다.

당시의 평등은 여성, 흑인, 소수민족, 일정한 수준의 재산이 없는 사람 등을 제외한 백인 유산자 성인 남성 사이의 평등이었다. 평등의 범위를 이렇게 정한 근거가 있는가? 그런 것은 없다. 단지 당시를 지배하던 사람들이 그렇게 공감하고 있다는 것이 그런 평등이 정당화된 근거다. 노예 해방을 놓고 남과 북이 전쟁까지 벌였던 것도 서로의 이견을 해소할 수 있는 객관적인 근거가 없었기 때문이다. 심지어 남군과 북군이 공히 성경에 근거하고 있음에도 노예제에 관해 정반대의 주장을 하였다. 각자가 자신의 입장에서 성경의 특정부분들을 선택하여 자기중심적으로 해석하여 의미를 부여했기 때문이다(Noll, 2002: 109).[1] 각자 자기 시각에서 현상을 이해할 뿐이다. 상대방의 입장에서 이해하는 것은 불가능하다.

설사 편견성을 벗어난다 하더라도 기껏 도달할 수 있는 것은 상호주관적인 이해다. 나와 삶의 양식을 같이하거나, 나와 생각을 같이하거나 또는 나와 학문사상이나 이론적인 지식을 공유하고 있는 사람과는 생각을 함께하는 것이다. 그러나 상호주관적인 이해 역시 일정한 편견성을 띤다. 생각을 공유하고 있는 우리는 공감하지만 생각을 달리하는 다른 사람들을 설득할 방법은 마땅치 않은 일이 흔히 발생하기 때문이다.

사람들이 자기 사고의 편견성을 잘 이해하지 못하는 것은 인간의 사고가 자기망각적으로 작동하기 때문이다(Husserl, 2001: 5). 어떤 지식을 얻을 때, 또는 어떤 현상에 대한 해석의 방법을 선택하고 일상화할 때, 우리는 그런 지식의 정당성이나 그런 해석방법의 근거에 대해 충분한 심사를 거치지 않는다. 그런데 이런 해석의 방법이나 어떤 삶의 양식, 학문적 이론이나 지식에 익숙해지면 이런 것들의 근거가 충분하지 않다는 점을 잊어버린다. 근거는 충분하지 않지만 내가 그렇게 지향적으

1) 이런 이유로 놀(Mark A. Noll)은 남북전쟁이 일종의 종교전쟁이었다고 설명하고 있다. 전쟁에 패한 후에도 남부의 백인들은 자신들이 틀렸다고 인정하지 않았다.

로 구성하여 이해했기 때문에 그런 현상이 되었다는 점을 망각한다. 이렇게 나의 지각이 나의 지향적인 구성의 산물이라는 점을 망각하면, 어떤 현상에 대한 이해는 그것에 대한 나의 또는 우리의 지향적이고 구성적인 이해의 산물이라는 점을 잊어버린다. 그리고는 대상이 그렇기 때문에 내가 그렇게 인식한 것으로 오해한다. 주관적 구성물이 객관적 이해의 결과로 둔갑한다. 이런 생각에 기초하여 정부를 만들고 정책을 만들면 이 정부와 정책은 누구를 위한 것이 될까? 그 생각에 동의하는 사람의 정부와 정책이 될 뿐이다.

2 언어에 의한 현실의 은폐와 왜곡

언어는 헌법과 법을 만들고 정책을 만드는 기본 재료다. 필수 재료다. 그런데 언어 역시 인간의식의 지향적이고 구성적인 의미 부여의 산물이다. 동일한 현상에 대해 수많은 해석의 방법이 있다. 해석에 따라서 전혀 무의미한 현상이 될 수도 있고 상당히 의미있고 중요한 현상이 될 수도 있다. 그래서 동일한 현상에 대해 얼마든지 다양한 해석이 존재할 수 있고, 이런 해석에 따라서 그 현상에 관한 언어의 의미는 무한히 변할 수 있다. 게다가, 어떤 현상에 대해 인간의 언어가 갖는 의미는 매우 우연한 이유로 형성된다(Rorty, 1979, 1989). 그래서 어떤 언어가 어떤 의미를 가질 것인지는 대상세계에 의해 규정되는 것이 아니라고 언어철학자들은 설명하고 있다(남경희, 2012). 대상세계를 참조하여 의미가 규정되는 것이 아니라 어휘들 사이의 의미의 차이나 언어체계 내에서 다른 어휘들과의 관계에서 규정된다고 설명하고 있다.

정책의 수단으로 언어가 동원되면, 이 언어는 한편으로는 문제를 드러내어 정책처방의 대상을 규정해준다. 하지만, 다른 한편으로는 강력한 현실 은폐의 도구가 된다. 즉, 관심의 대상이 되고 정책적 처방의 대상이 되는 측면은 겉으로 드러난다. 하지만, 그 외의 측면들은 덮이고 은폐되어 현실의 모습을 온전히 이해하지 못하게 하는 도구로 작용하는 것이 언어다. 그래서 정책은 한편으로는 어떤 문제해결의 수단이지만, 다른 한편으로는 어떤 문제를 더 꼬이게 만든다. 특정측면에 초점을 두면서 다른 측면들을 무시하고 있기 때문이다. 정책에서 고려되지 않은 측면을 중시하는 사람들의 생각과 정책은 충돌할 수밖에 없고, 정책은 무력화, 형식화될 위험에 처한다. 사교육과 관련된 정책, 성매매와 관련된 정책의 실패는 전형적인 언어적 실패다. 정책언어가 현실의 모습을 제대로 담고 있지 못하기 때문에 일어나고 있는 실패인 것이다.

사회세계에서 언어는 현상의 모습을 있는 그대로 서술하는 수단이 되지 못한다. 해석자의 해석의 체계를 배경으로 의미를 얻기 때문이다. 사회상대적이고 역사상대적이며 종교상대적이고 문화상대적이며, 이론상대적이고 이념상대적인 방법으로 의미를 얻는다. 사회세계에서 언어의 의미는 자연의 거울이 아니라 자의적인 해석의 결과물일 뿐이다(Rorty, 1989; 남경희, 2012). 각자가 자신의 이념과 가치와 종교와 규범을 기준으로 해석하고 있기 때문에 상호 이해 불가능의 문제가 발생한다. 심지어 법원의 판결이 내려져도 그것을 인정하지 않고 자신의 해석을 고집하는 것이 사회현상에 관한 인간의 생각이다.

최근 한국에서는 비정규직, 사교육, 노사관계, 청년실업, 다양한 복지정책 등을 놓고 사람들이 각자 다른 의미를 부여하고, 이런 다양한 의미들이 심각하게 충돌하는 일이 벌어지고 있다. 이런 갈등들은 자연세계의 현상에 대한 이견에서처럼 객관적으로 이견을 해소할 기준이나 근거가 없다.

그렇다면, 이런 언어에 기초하여 정부를 만들고 정책을 만들면 어떻게 되겠는가? 공산주의 정부가 수립되고, 심지어 자신들의 이념을 펼치기 위해 수많은 동족들을 죽음으로 내몰 수 있도록 한 것이 바로 언어의 힘이다. 자신의 언어에 의해 세상은 오히려 왜곡되고 은폐되어 있다는 점을 알지 못하게 만든다. 수도권정책 역시 이런 위험을 상당히 내재하고 있다. 많은 인구가 좁은 국토에 모여 살고 있다. 그런데도 굳이 지역을 나누고 이 지역 간의 차이를 해소하는 데 상당한 자원을 투자하고 있다. 수많은 규제를 도입하고 있다.

3 사회 · 문화적 토대 형성의 어려움

만일 인간의 사고와 언어가 이런 방식으로 작동한다면 사회세계에서는 어떤 일이 일어나겠는가? 사실 우리가 실제로 직면하는 사회현상들은 이와 같은 인간 사고와 언어의 한계를 그대로 드러내 보여주고 있다. 다수의 사회구성원들이 공유의 제도나 질서를 수립하고 이를 함께 준수하고자 할 때 갖추어야 할 문화, 규범, 상호신뢰, 언어적인 토대가 제대로 형성되기 어렵다. 토대가 부실한 만큼 사회구성원들이 자발적인 협약에 의해 제도를 발전시키고 조직을 발전시키기 어렵다. 사회구성원들이 모래알처럼 흩어져 있으니 조그마한 강제력이나 폭력에도 단결하여 대응하기 어렵다. 정치적 선동에도 쉽게 굴복한다. 다른 사람의 자유를 제약하고 권리를 빼앗는 결정을 묵인하거나 동의한다. 권력을 얻고자 하는 사람들의 입장에서 보면, 자신들에게 저항할 세력이 없으므로 스스로 권력을 창출하고 강압적으로 지배하는 것도 어렵지 않다.

정부, 법, 정책, 정치제도는 철저하게 사회적 형성물이다. 사회구성원들이 집단지향적으로 이를 형성하고 이를 운영하고 이를 감시하고 이를 통제하는 대로 작동한다. 무엇인가 분명한 역할과 기능을 주고, 이런 역할과 기능을 적절히 수행하고 있는지 감시하고 통제할 수 있어야 작동한다. 정부와 정책이 추구해야 할 가치를 규정하고 정부를 운영하는 행동규범을 규정하고 법의 제정에 필요한 언어에 의미를 공급하고 법의 집행에 필요한 행동규범을 공급하는 것은 사회다. 이런 일을 감당하는 사람을 양육하고 선출하고 임무를 부여하는 것도 사회다.

그런데 이런 일을 감당해야 할 사회구성원들이 각자의 집단적인 편견에 빠져 있다면 어떻게 되겠는가? 정부가 추구해야 할 목표나 가치를 규정하는 일 자체에서부터 난관에 봉착한다. 어떤 가치가 더 소중한 것인지 어떻게 알 수 있는가? 객관적인 기준이 없다. 자유가 더 소중한지 평등이 더 소중한지 객관적인 판단기준이 있는가? 적어도 사회세계에는 그런 것은 없다. 만일 이런 것이 있었다면 모든 사회들은 이런 가치를 다같이 추구하고 있을 가능성이 높다. 사회세계에는 이런 것이 없다. 단지 사회구성원들이 암묵적으로 공감하고 동의하고 있기 때문에 소중한 것으로 인정될 뿐이다. 그런데 어떤 가치가 소중한지에 대해 사람들이 공감하고 동의하고 합의하는 일 자체가 사람들의 사고와 언어의 한계로 인하여 쉽지 않다. 각자는 자신의 경험, 지식, 이념, 가치를 기준으로 판단할 수밖에 없기 때문이다.

4 정답이 없는 사회세계

자동차가 고장 나면 어떻게 고쳐야 할지에 대한 답이 있다. 왜 사회문제에 대해서는 대다수가 인정하는 해답을 찾기 어려운가? 사회에 대한 지식이 부족하기 때문이 아니라 인간세계에는 인간의 생각이 작동하는 원리로 인하여 그와 같은 객관적인 답이 있을 수 없기 때문이다.

사회세계에서 어떤 가치나 이념이 정당화되는 원리는 객관적인 증거가 아니라 자기참조적인 해석이다. 자기참조적(self－referential)이라는 것은 의미나 판단의 근거가 되는 참고의 대상을 외부세계에 가지고 있지 않음을 뜻한다. '나무'와 '달'과 '꽃'이라는 표현은 그것이 의미하는 바를 분명히 하기 위해 참고할 수 있는 대상이 외부세계에 있다. 그런데 자유와 평등과 같은 가치는 그것을 판단할 수 있는 기준이 외부세계에 있지 않다. 우리가 어떤 이유로 어떤 사상이나 어떤 삶의 양식을 배경으로 이런 판단을 내릴 뿐이다. 그런데 이런 배경적인 가치나 기준 역시 사회구성원들이 스스로 형성한 것이다. Rorty(1989)의 설명으로는 당사자들의 역사와 삶의 여건을 배경으로 매우 우연하게 형성된 것이다. 이런 가치의 우연성과 자기참조성은 다른 사람들에게 이를 설명하여 설득을 시도하면 금방 입증할 수 있다. 판단의 기준이 외부의 어떤 증거에 있다면 그 증거에 기초하여 상대를 설득하고 납득시킬 수 있다. 그런데 자기참조적인 판단은 판단의 근거와 참고자료 역시 자신의 지향적인 판단이다. 자기망각에 의하여 정당화되고 있을 뿐 온전한 근거를 가지고 있지 못하다.

인간행동과 사회현상에 관한 언어들 역시 자기참조적인 방식으로 의미를 얻는다. 그 언어를 사용하는 사람들의 삶의 양식을 배경으로 의미를 얻는다. 그래서 언어의 의미를 위해 참고할 수 있는 객관적인 기준을 제시하지 못한다. 언어의 의미는 어떤 가치관이나 삶의 양식, 또는 해석의 관점이나 사상적인 배경을 함께하고 있는 사람들의 삶과 이런 삶에 기반하여 구성적, 해석적, 창조적으로 형성된 언어체계로부터 의미를 얻는다. 그래서 언어의 의미 역시 자의적이다(남경희, 2012).

이런 이유들로 인해 사회구성원들은 각자 나름대로의 삶의 양식을 형성하고 지속하는 것이 보통이다. 동일한 국가의 구성원들이지만 종교에 따라, 소득수준에 따라, 지역에 따라, 학력에 따라 사람들의 생각이 얼마든지 달라질 수 있다. 학자들은 학문적 배경에 따라 생각을 달리한다. 공통의 가치를 수립하는 것이 쉽지 않고, 공통의 신념을 형성하는 것도 쉽지 않다. 삶의 양식 역시 상당한 차이를 보일 수 있다. 이런 상황에서 전형적으로 발생하는 것이 내집단편애(in-group favoritism)이다(Sherif, 1954, 1958). 단지 서로 다른 집단에 속해 있다는 이유만으로 상대방의 판단이나 상대의 행동의 가치를 평가절하한다. 이미 편견적인 인식과 자기망각에 빠져 있기 때문에 상대에 대한 공정한 이해 자체가 불가능하다. 이런 점에서 홉스(Thomas Hobbes)가 말한 '만인 대 만인의 투쟁' 상태는 실제 인간의 자연상태일 수 있다. 그러나 이런 갈등이 자연상태를 이루는 것은 홉스가 전제하는 것처럼 인간이 이기적이기 때문이 아니다. 인간의 생각과 언어가 작동하는 원리의 한계로 인하여 인간은 상대를 이해하는 데 어려움을 겪을 수밖에 없는 상황에 처해 있다.

이처럼 사회구성원들이 서로 분열되어 있다면, 집단지향적인 신념이나 가치 또는 목표에 기초하여 정부에게 기능을 부여하는 것은 불가능하다. 정부를 수립할 수는 있지만 정부가 어떤 일을 어떤 방법으로 해야 할 것인지에 대해 합의하는 것이 어렵다. 이런 상황에서는 정부를 만들어도 상당한 재량권을 줄 수밖에 없다. 정권이 바뀔 때마다 정책이 달라지는 일이 일어난다. 정치인들은 정치라는 이름으로 의사결정을 내리겠지만, 엄밀한 의미에서 이때의 결정은 결코 다수 국민은 위한 것이 되지 못한다. 그 결정을 통하여 봉사해야 할 다수의 대중은 매우 규정하기 힘든 상황에 처해 있기 때문이다. 결국, 정치인들은 국민을 핑계로 내세우지만 결과적으로는 자신들의 정치적인 이익을 위해 불필요한 정책을 결정하는 일이 얼마든지 일어날 수 있다. 설사 이런 결정이 내려지더라도 이미 분열되어 있는 국민들은 적절히 정치를 견제할 수도 없다.

5 상충하는 요구를 이용하는 정치인과 관료

정답이 있는 것도 아니고 국민과 유권자의 뜻이 분명하게 주어진 것도 아니다. 그런데 왜 정부는 그렇게 할 일이 많은가? 도대체 무슨 일을 하고 있는 것일까? 정부와 정책은 정치의 원리에 의하여 작동한다. 정치의 원리에 비추어 보면, 어떤 문제가 옳고 그름을 판단하기 어려우며, 누구나 인정할 수 있는 문제나 해답을 제시할 수 없다는 점이 정치의 존재 이유가 된다. 정치적인 자율과 재량권의 근거가 되며, 책임의 회피도 가능하게 한다. 하지만, 바로 이런 이유들로 인해 힘 있는 이익집단이나 이념집단의 압력에 의하여 정치와 정책이 다수의 이익을 벗어날 가능성도 발생한다. 유권자의 선호도 불확실하고 해답이 있는 것도 아니라는 사실이 정치인과 관료들에게 자신들의 정치적 이익과 조직적 이익을 추구할 수 있는 기회를 제공한다.

우선, 정치인들은 특정한 집단이나 계층 또는 지역유권자들의 표를 얻기 위하여 특정집단에게 유리한 방식으로 정책문제를 형성하고 이런 문제의 해결을 선거의 공약으로 제시할 수 있다. 아르헨티나의 페론 정부나 그리스 경제의 붕괴는 좋은 예다. 노무현 대통령은 행정수도이전 공약으로 선거에서 '재미'를 보았다고 말하기도 했다.[2] 또 박정희 정부시절의 노동문제와 같이 선거에 불리할 경우에는 정책 이슈화하는 것을 차단하는 소위 '무의사결정'을 시도할 수도 있다.

옳고 그름을 판단하는 것이 어렵다는 점은 이익집단이나 이념집단에게도 기회다. 어떤 것이 다수 사회구성원들을 위한 것인지가 불확실하므로, 이익집단들은 겉으로는 다수 사회구성원들의 이익을 주장하면서, 실제로는 자신의 이익을 기준으로 문제상황을 해석하고 압력을 행사할 것이다. 설사 어떤 특정집단의 이익에 봉사할 가능성이 있더라도 정책에 대한 정보가 부족한 상황에서는 이런 문제점을 사전적으로 예측하고 대응하기 어렵다. 이념집단들 역시 마찬가지다. 설사 다른 이념을 가진 사람들의 입장에서 보면 현상의 의미가 달라진다고 하더라도 어떤 것이 정답인지는 불확실한 것이 사회문제다. 그렇다면, 이념집단들은 자신들의 이념을 중심으로 문제를 규정하고 또 이에 기초하여 정책을 요구할 것이다. 게다가, 정치인들과 정책담당자들은 정보의 부족 상황에 있다. 즉, 결정불충분의 상황에 있는 것이다. 이런 상황에서 이익집단이나 이념집단이 제공하는 정보의 영향력은 커진다.

예를 들면, 수도권 집중, 사교육, 비정규직, 다양한 복지문제 등이 갑자기 정책문제로 등장하는 것은 이런 문제들이 누구나 인정할 수 있는 문제점이나 해법이 있기 때문이 아니다. 이런 문제들에 대해 전문가들의 생각이 서로 다르고 당사자들의 생각도 서로 다르다. 그런데 정치적으로는 상당한 매력을 가지고 있다. 특정지

2) 뉴스메이커 597호(2004.11.4). '국회－정부 제 꾀에 넘어갔다' 참고.

역, 특정계층, 특정집단의 관점에서 문제를 정의하고 그들에게 유리한 해법을 선거 공약으로 제시함으로써 선거의 승리에 결정적인 도움을 줄 수 있기 때문이다. 선거에 이기기 위하여 공약을 제시하고, 선거에 이겼으므로 이런 공약을 법제화하면서 정치가 사람들의 공감 형성의 장으로 작동할 여지는 크게 위축되고 있다.

6 실존적 인간과 정책의 충돌

누구나 공감할 수 있는 삶의 방식, 행동의 방식에 대한 기준이나 근거가 없기 때문에 사람들은 자신의 가치, 자신의 신념에 따라 살아간다. 인간에게 자유가 소중한 것은 이런 이유 때문이다. 나 스스로 판단하고 선택해야 하기 때문이다. 이처럼 사회구성원들이 각자 자신의 상황에 대응하여 각자 판단과 선택의 주체로서 행동하며 살아가기 때문에 사회세계는 결정불충분성이 높은 세계가 된다(Quine, 1951: 42–43; 사공영호, 2015b: 216–217). 즉, 과학적인 법칙에 의하여 현상을 설명하는 것이 쉽지 않다. 원인을 특정하여 규정할 수 없는 상황에 있기 때문이다. 어떤 것이 원인인지를 판단할 수 있는 충분한 자료를 얻을 수 없다는 것이다.

이런 상황에서 사람들은 정답을 찾고 이를 실천하는 방법으로 대응하지 않는다. 확실성은 부족하지만 대안을 선택하고 그 결과를 책임지는 방식으로 대응한다. 정치가 필요하고 권력적 의사결정이 필요한 것도 이런 이유 때문이다. 무엇이 정답인지 알 수는 없고, 그럼에도 불구하고 어떤 결정은 해야 하기 때문에 누군가에게 결정권을 부여하는 선택을 하는 것이다. 그러나 이처럼 의사결정권을 위임하면 결정자와 책임부담자가 분리되는 문제가 발생한다.

이런 상황에서 사람들이 살아가는 방법은 '실존적'이다. 각자가 자신의 경험과 지식과 가치와 이념에 기초하여 선택을 하고 각자가 책임지는 방식이다. 각자가 삶의 주체이고 각자가 인식의 주체라면, 이런 개인이 서로 자유와 평등을 최대한 존중하면서 하나의 공동체를 유지하는 방법은 상대의 '실존'을 인정하는 것뿐이다. 각자의 선택을 인정하고 존중하는 것뿐이다. 나의 목적을 위해 나의 욕심을 위해 나의 이익을 위해 상대를 이용의 대상으로 삼는 것은 실존적인 방식으로 살아가는 인간의 존엄을 훼손한다. 스스로의 이해와 판단에 의지하여 스스로의 행복을 추구하는 개인의 선택과 자유를 침해한다. 나의 정치적 목적을 위해 사람들을 군인으로 삼거나 단지 재정수입의 획득을 위한 과세의 대상으로만 보아서는 안 된다. 노예로 삼거나 또는 노동 착취의 대상으로 삼는 것도 인간을 마치 다른 사물들처럼 사실적인 대상으로 전락시키는 것이다. 각자가 생각과 행동과 선택의 주체라는 점을 인정한다면 사람을 이렇게 단순히 분류하여 수단화할 수는 없다.

마찬가지로 특정인의 판단, 특정표본을 대상으로 한 조사, 특정집단의 개념, 특정집단의 이념과 삶의 방식, 특정집단의 상황인식에 기초하여 정책을 만드는 것도 개인의 실존적 삶의 양식과 충돌한다. 만일 자동차의 고장이나 질병의 치료처럼 누구나 인정할 수 있고 당사자 자신도 인정할 수 있는 해법이 있다면 이때는 제3자에게 의지할 수 있다. 그런데 정답이 있는 것도 아니고, 그 해답에 내가 동의하는 것도 아닌 것을 단지 어떤 사람들이 원한다는 이유로 입법화하여 모든 사회구성원에게 준수를 강요하는 것은 인간의 평등과 충돌하고 인간의 자유와 충돌한다.

이 문제는 이론적인 개념에 의해서도 해결되지 않는다. 사회과학도들이 이론화하고 개념화하고 있는 사회현상에 대한 이해 역시 그들이 수용하고 인정한 가치와 신념과 종교와 학문사상과 수많은 세상과 인간에 대한 전제조건들에 기초하여 형성된 일종의 우연한 형성물들이다. 어떤 이론이나 개념도 당사자 자신이 동의하지 않는 한 다른 누군가의 행동을 구속할 수 있는 정당성을 스스로 보유하고 있지는 않다.

제 3 절 정부실패 위험의 우연한 대응: 서구 사회

1 종교의 토대

민주적으로 작동하는 정부와 정책을 만드는 일에는 다양한 차원의 여러 가지 방해요소들이 작용하고 있다. 민주적인 정부와 정치를 실현하고 있는 국가는 적은 반면 여전히 독재적인 정부가 많은 현대 국가를 지배하고 있는 것도 이런 이유 때문이다. 인간의 생각과 언어와 문화와 정치와 권력이 작동하는 원리로 인하여 민주적인 정부와 정책의 형성 자체가 쉽지 않기 때문이다.

그렇다면, 미국, 영국 등 일부 국가에서처럼 상대적으로 민주적으로 작동하는 정부와 정책을 발전시키는 일은 어떻게 가능하였을까? 이런 발전은 의도적인 선택의 결과라기보다는 이런 선택을 가능하게 한 우연한 역사적·종교적 조건의 결과다. 지금까지의 논의를 중심으로 생각해 보면, 크게 두 가지의 문제에 대응할 수 있어야 한다. 첫째는 정치, 권력과 재량권, 공유자원, 획일화, 감시비용 등의 문제다. 정부를 만들 때 필연적으로 발생하는 문제에 대응할 수 있어야 한다. 둘째는 인간의 생각과 언어의 문제로 인해 발생하는 편견, 언어에 의한 현실 은폐, 상호이해곤란성, 실존적 인간과 조직의 획일적 대상화 등의 문제를 해결할 수 있어야 한다. 첫 번째 문제는 주로 사회과학도들이 강조하는 문제이고, 두 번째 문제는 철학이 경고하는 문제들이다. 이런 문제의 해결이 쉽지 않기 때문에 많은 국가들이 여전히 민주적인 정부의 형성에 어려움을 겪고 있는 것이다.

그렇다면, 미국과 유럽의 민주적인 정부는 어떻게 가능할 수 있었을까? 정확히 말하면, 의도적인 노력에 의하여 해법을 찾은 것이 아니다. 자신들이 우연히 발전시킨 문화와 규범이 민주적인 정부의 형성에 필요한 토대로 작용하였다. 민주주의라는 것은 개인의 자유와 평등을 기본 이념으로 한다. 그런데 전통적으로 보면 어느 사회에서나 사람들 사이에는 엄격한 계급의 구분이 있어 왔다. 한편에는 왕, 귀족, 영주, 기사 등의 지배계급이 있고, 다른 한편에는 이들의 지배를 받는 상인, 소작농, 농민, 노예가 있었다. 계급을 폐지하는 것은 지배계층의 이익과 충돌한다. 이런 선택은 정치가 작동하는 원리로는 기대할 수 없다. 정치란 영향력이 강한 집단의 이익에 봉사할 수밖에 없기 때문이다. 그렇다면, 왜 지배집단은 자신들의 이익과 일치하는 계급을 점차 포기할 수밖에 없었을까? 정치·경제적인 힘과 더불어 인간의 생각과 행동에 큰 영향을 미치는 힘과 충돌하였기 때문이다.

토크빌(Alexis de Tocqueville), 베버(Max Weber), 토인비(Arnold Toynbee), 헌팅턴(Samuel Huntington), 파슨스(Talcott Parsons) 등 많은 역사가와 정치사상가들이 제시하는 해답은 기독교다. 베버는 서로 다른 계급에 속한 사람들이 이를 극복하고 평등한 개인의 공동체를 구성할 수 있었던 단초를 초대교회에서 찾고 있다. 유대인들에게 할례를 받지 않은 이방인들은 신의 선택을 받은 자들이 아니며 마치 벌레와 같은 존재였다. 그런데 사도 바울은 할례를 받지 않은 사람도 종교 의례에 참여하는 것을 허락하였다. 바로 이 시점이 "시민이 잉태되는 순간"이며, 중세 자치도시가 탄생할 수 있는 내적 가능성이 발생하는 순간이며, 인간이 유기체적인 굴레에서 벗어나서 모든 인간들과 형제가 될 수 있는 그렇기 때문에, 또 철저히 개별화된 시민으로 탄생하게 되는 순간이었다고 베버는 주장하고 있다(전성우, 1987: 206). 사람의 힘으로 계급을 극복하고 평등을 실현한 것이 아니라 기독교라는 종교에 의지하여 사람들이 이 문제를 해결하였다는 것이다.

기독교의 역할에 대해 토인비는 다음과 같이 설명한다. 사회란 공동으로 갖는 상호작용의 마당이다. 그런데 이런 상호작용에서 구성원 간의 협력을 위협하는 가장 큰 요인은 구성원 자신이다. 인간의 이성이 인간이 '호모콘코러스(협력하는 인간)'가 되는 것을 방해한다. 각 사람이 자신의 이익을 기준으로 행동하다 보면 사회세계는 홉스가 염려한 서로 간의 투쟁상태에 빠진다. 죄수의 딜레마와 같이 개인의 이익이 공동체의 이익과는 충돌하는 상황이 일어난다. 서유럽이 발전할 수 있었던 것은 그들의 질서를 경제라는 모래 위에 세우지 않고 종교라는 바위 위에 세우고자 하였기 때문이다(아놀드 토인비, 2006: 146－149, 395, 493). 에릭 바인하커(에릭 바인하커, 2007: 699)는 미국이 경제적으로 발전할 수 있었던 것은 정치가 발전할 수 있었기 때문이 아니라 정치와 경제 모든 영역을 가능하게 하는 문화, 행동규범을 만들어내는 데 성공했기 때문이라고 평가하고 있다.

예를 들면, 이런 것이다(사공영호, 2008: 28). 아메리카 청교도들에게 있어서 직업은 단지 생계의 수단이 아니라 신을 기쁘게 하는 소명이었다(막스 베버, 1988: 39, 60, 177). 청교도 정신의 핵심은 자본주의와 전문경영이 요구하는 도덕규범 그 자체였다. 탐욕적이고 충동적이며 비합리적인 행동에 대해서는 절제를 요구하였으며(막스 베버, 1988: 8), 경쟁시장에서의 평화적 교환·이윤추구(막스 베버, 1988: 9)와 직업에 의한 정당한 이윤추구(막스 베버, 1988: 48)만을 정당한 이익으로 간주하였다. 의사결정은 공정하게 이루어져야 하며(해롤드 버만·김철, 1992: 87－88, 성경의 이사야 5: 23－24; 아모스 2: 6－7), 기업가들에게는 오로지 완벽한 직무완수(막스 베버, 1988: 53)와 도덕적 자기규율(moral self－discipline, Bellah et al., 1996: x)을 요구하였다. 이러한 정신이 이들의 세계관이었고, 마음의 상태였으며(state of mind; 김성곤, 1999: 305), 내면세계였고, 도덕과 삶의 양식이었고, 행위규범이었던 것으로 평가되고 있다(정용석, 2002: 186; 이장식, 1978). 이렇게 형성된 미국 사회의 신념과 이에 기초한 이해관계 구조는 현재까지도 여전히 미국인들의 마음에 습관화·내재화되어 유사한 행동의 규범으로 작용하고 있다(Huntington, 2006).

정부와 정치와 정책의 성공은 필히 담당자들의 도덕성과 책임감을 요구한다. 막강한 재량권이 주어지기 때문이다. 애덤 스미스(Adam Smith)가 『도덕감정론』에서 자유시장의 기반으로 그토록 찾기를 간구하던 것이 바로 이와 같은 윤리와 규범이다. 노벨 경제학상을 받은 경제사학자 노스(Douglas North)는 비공식제도라는 이름으로 부르면서 경제발전의 핵심요인이라 설명한다. 그런데 서구 사회는 바로 이 문제를 자신들의 의도적인 노력과 설계에 의하여 해결한 것이 아니라 기독교라는 우연한 여건에 의지하여 해결하였다는 것이다. 왜 많은 사회들이 민주적인 정부를 발전시키는 데 어려움을 겪을 수밖에 없는가? 서구 사회는 종교라는 우연하지만 참으로 막강한 힘에 의지하여 해결한 문제를 다른 사회는 인위적으로 해결해야 하기 때문이다. 그런데 인위적으로 해결하기란 결코 쉽지 않다(사공영호, 2014c). 윤리와 규범은 사회구성원의 일상의 삶에서 자연적으로 형성되고 학습되는 것이기 때문이다.

2 아래로부터의 정치: 풀뿌리 민주주의

아래로부터의 정치 역시 민주적인 정부와 정책의 형성에 중요한 토대가 되었다. 풀뿌리 민주주의는 우선 인간의 생각과 언어로 발생하는 문제에 대응하는 데 유익하다. 뿐만 아니라, 정치로 인해 발생하는 대리인 문제, 감시의 문제에 대응하는 데도 여러 가지로 유익하다. 사회과학이 정치와 정부로 인하여 고민하는 문제나 철학이 고민하는 문제는 적어도 풀뿌리 민주주의의 차원에서는 상당 부분 해소될 수 있다.

논의가 복잡해지는 것을 피하기 위해 예를 들어 생각해 보자. 인간은 자신들의 생각과 언어에 의지하여 세상을 이해하고 대응하며 정책도 만들고 정부도 만들어야 한다. 문제는 세상을 어떻게 이해하고 어떻게 대응해야 할지, 어떤 정부를 만들고 어떤 정책을 만들어야 할 것인지에 대해 정답이 없는 것이 사회세계라는 점이다. 이런 상황에서 인간이 택할 수 있는 최선의 방법은 공감과 합의를 통하여 자신들이 최선이라고 생각하는 해법을 찾고 이를 실천하며 살아가는 길 뿐이다. 어떤 정책이 정당화되는 것은 그 정책이 어느 사회에서나 정답으로 인정받을 수 있는 정책이기 때문이 전혀 아니다. 단지 그 사회에 속한 사람들은 그 정책에 동의하고 있기 때문에 정당화되고 있을 뿐이다. 그런데 이런 부분 균형적인 해법은 적어도 각자가 삶의 주체이며 해석의 주체인 개인들이 모여 서로의 자유와 평등을 침해하지 않으면서 어떤 해법을 마련하는 데는 최선의 방법이다. 더 이상 나은 방법이 있을 수 없다. 내가 삶의 주체라는 것은 내가 선택을 하고 그 책임도 내가 진다는 의미다. 그런데 일단의 사람들이 하나의 공동체를 구성하면서 어떤 공통의 문제에 직면하고 있다면 이 문제에 대한 해법 역시 어떤 것이 최선인지 당장의 정답은 없지만 당사자들이 합의하여 결정을 하고 함께 대응하고 함께 책임을 지는 방식으로 상황에 대응하는 것이 최선이다. 만일 사회구성원들이 자신들에게 적합한 해법을 직접 논의하고 합의하여 선택한다면 정치인들이 자신들의 정치적 이익을 위해 주어진 권력을 남용하거나 자원을 낭비할 위험은 크게 감소할 것이다.

이런 상황은 편견이나 언어로 인한 문제를 해소하는 데 절대적으로 유리하다. 나의 생각이 편견인지를 확인할 수 있는 가장 직접적인 방법은 나의 생각으로 다른 사람을 설득해 보는 것이다. 다른 사람을 설득할 수 있는 근거는 전혀 없음에도 나는 그것이 옳다고 믿고 있는 것이 편견이다. 물론, 공동체 구성원들이 다같이 어떤 편견을 가지고 있기 때문에 서로 이해가 되고 공감할 수도 있다. 그러나 이렇게 공감을 얻은 삶의 방식이나 생각은 편견이라 부르지 않고 문화라고 한다. 나름의 독자적인 가치를 가진 삶의 양식이라는 것이다. 사회구성원들이 함께 이런 문화를 발전시키고 이어간다면 이것은 설사 자신들만의 것이라고 하더라도 문제가 되지 않는다. 당사자들 사이에서는 서로를 결속하게 하고 공감하게 하고 문제를 함께 해결할 수 있는 기반이 되기 때문이다.

언어로 인하여 발생하는 여러 가지 문제를 예방하는 데도 유리하다. 예를 들어, '보편적 복지'라는 표현을 생각해 보자. 말뜻만 놓고 보면 나무랄 이유가 없다. 누구나 행복하게 살 수 있는 최소한의 여건을 만들자는 의미다. 그런데 이 표현을 자치단체의 수준에서 할 때와 국가적인 차원에서 할 때는 완전히 문제가 달라진다. 인구가 수천 또는 수만 명인 소규모 자치도시의 구성원들이 이런 논의를 하고 여기에 합의한다면 사람들은 이로 인하여 발생하는 비용을 기꺼이 분담하고 그 혜택을 함께 나누기로 합의하는 것이다. 그런데 만일 이로 인하여 발생하는 조세부담의 증가에 대해 적지 않은 사람들이 염려한다면 어떻게 되겠는가? 조세부담을 줄이면서 복지를 확대할 수 있도록 예산을 재편성할 수도 있고, 단계적으로 혜택의 범위를 확대하는 방안을 모색할 수도 있다. 또 만일 실제 시행했더니 비용 증가에 비해 효과가 크지 않다면 정책을 수정할 수도 있다. 자신들의 현실의 조건과 복지라는 가치를 조화시킬 방법을 찾아 나갈 수 있다. 이렇게 방법을 찾아내면 복지는 공허한 구호나 유토피아적인 이념이 아니라 더 나은 사회를 서술하는 의미있는 표현이 될 수 있다.

그런데 여기에 정치가 개입하면 문제가 달라진다. 누리과정 예산을 놓고 지방정부와 중앙정부가 충돌하고 있는 것은 이런 이유 때문이다. 정치인들은 선거에서 승리하여 권력을 획득하는 것을 최고의 목표로 한다. 선거에 도움이 된다면 설사 재정의 마련이 쉽지 않더라도 일단 공약으로 제시할 수 있는 것이 정치다. 이런 정치적 목적으로 인기영합적인 복지정책이 만들어지면 그로 인한 비용부담의 책임은 국민들에게 결국 돌아간다. 지역차원의 사업에 비해 수혜자와 비용부담자 간의 괴리가 커진다. 결국, 비용부담의 문제는 외면하면서 특정집단에게 혜택을 주고 그들로부터 정치적 지지를 얻는 일종의 정치적 거래가 일어난다. 다수의 이익, 국민 전체의 이익을 위해 봉사해야 할 정치가 자신의 권력을 위해 특정집단과 결탁하는 정치적 불공정행위가 발생한다.

3 상호 이해와 타협을 강조하는 정치

민주주의란 간단히 말하면 대화와 타협의 정치다. 이런 문제해결이 불가피한 것은 인간이 주변 세계에 대응하여 살아가는 방법을 조금만 생각해 보면 알 수 있다. 이 세계는 정답이 있는 세계가 아니다. 누구의 선택과 다른 누구의 선택을 공정하게 비교할 수 있는 방법이 없다. 각 사람의 선택은 단지 그가 그것을 원한다는 이유만으로 충분히 소중하고 가치가 있다. 다른 누군가에게 고통을 주거나 손해를 끼치는 것이 아니라면 개인의 선택은 존중되어야 한다. 이처럼 서로 생각과 삶의 방식이 다른 사람들이 어떤 문제에 대해 함께 대응해야 한다면 어떤 해법이 있을 수 있는가? 과학으로 풀 수 있는 문제가 아니라 단지 서로 생각이 다르다는 점이 문제라면 이때는 어떤 해결책이 있는가? 서로를 설득하거나 이해하거나 양보하거나 타협하는 길뿐이다. 이 길이 최선이기 때문에 그것이 선택되는 것이 아니라 당사자들이 합의하였기 때문에 최선의 해결책이 된다. 각자가 평등한 선택의 주체인 사람들 사이에서는 다른 해법이 있을 수 없다.

그러나 이미 생각과 가치를 달리하는 사람들이 서로를 이해하는 것은 결코 간단한 문제가 아니다. 인간의 인식의 구조가 이를 방해한다. 인간은 자신이 이미 가진 생각에 기초하여 새로운 상황도 해석하는 방식으로 현상을 이해한다. 이렇게 작동하는 우리의 생각과 언어는 나도 모르는 사이 다른 사람을 편견적으로 보도록 한다. 단지 다를 뿐임에도 상대의 판단이나 가치를 과소평가하도록 우리의 생각은 이미 작동한다. 단지 나와 우리의 선택이라는 이유만으로 그것이 더 가치 있고 더 정의롭다고 생각할 수밖에 없도록 작동하는 것이 인간의 사고방식이다(마이클 셔머: 2008, 151－188; Mills & Polanowski, 1997; Plous, 2003).[3] 이해하기는 어렵지만 그럼에도 불구하고 상대의 선한 의도를 믿을 수 있어야만 서로 간의 타협이 가능하다.

토론을 하고 토론 결과에 기초하여 서로 양보하고 타협하는 것은 원칙적으로 서로에 대한 인정과 존중을 기반으로 한다. 예를 들면, 서구에서 학문적 스승과 제자 간의 관계는 한국의 사제관계처럼 상하적인 관계보다는 친구관계에 가깝다. GE의 회장이었던 잭 웰치(Jack Welch)는 회의시간에 자신의 생각을 말하지 않고 회장의 지시를 기다리는 사람은 결코 중용하지 않았다고 말한다(잭 웰치, 2001). 삼성과 인텔의 회의 분위기는 매우 대조적이다. 삼성은 상명하복 문화가 강하다. 상사를 하늘처럼 받든다. 자발적 발표와 의견제시는 소극적이며, 뒤돌아서서 불평하고 한숨을 쉰다. 이런 상명하복 문화가 목표달성에는 오히려 유리할 수 있다. 반도체의 성공은 이런 문화의 산물일 수도 있다. 반면, 인텔은 건설적인 도전을 중시한다. "의견이 없으면 회의에 참석도 하지 말라."는 분위기가 강하다. 회의 중에는 매우

3) 예를 들면, 다른 사람의 생각의 맹점은 잘 보면서도 자신의 맹점은 잘 알지 못한다(맹점편향). 마더 테레사가 천국 갈 확률은 79%라고 생각하면서 자신이 천국 갈 확률은 87%라고 생각한다(자기복무적 착각). 자신의 좋은 행동에 대한 칭찬은 받아들이고 나쁜 행동에 대한 책임은 상황을 탓하는 경향도 있다(전가편향). 현재 자신이 가지고 있는 믿음을 확인해 줄 수 있는 증거를 인정하고 찾지만 이를 반증하는 증거는 무시하고 재해석한다(확증편향).

뜨거운 논란이 벌어진다. 하지만, 일단 결정이 되면 설사 동의하지 않더라도 협력한다(신용인, 2009).

미국에서는 나이, 성별, 종교, 인종으로 인한 차별은 처벌의 대상이다. 단지 다를 뿐이다. 다르다는 점이 차별의 근거가 되어서는 안 된다. 다르다는 이유로 차별을 하는 것이 서로 간의 갈등과 충돌의 원인이 된다는 점을 오랫동안 학습해 왔기 때문이다. 미국의 헤리티지 재단, CATO 연구소, IMD 등의 조사 결과를 보면, 선진국들은 개인의 자유와 권리를 넓게 인정한다. 이 역시 개인의 평등과 존엄을 강조하는 기독교 문화의 산물일 것이다.

개인의 자유를 넓게 인정한다면 정부가 개인의 삶에 개입하면서 커져야 할 이유도 상대적으로 약화된다. 정부가 커져야 할 이유가 없으니 큰 정부로 인해 발생할 수 있는 재량권, 비효율, 획일화 등의 문제들도 예방할 수 있다.

제 4 절 시장실패와 차원이 다른 정부실패 위험

1 의사결정권의 집중

정부실패 · 정책실패의 위험성을 좀 더 분명히 하기 위해 시장상황과 비교해 보자. 우선, 시장에서의 의사결정권은 각 개인과 기업, 각 조직 등 경제주체들에게 분산되어 있다. 무엇을 얼마나 어떤 조건에 어떤 가격으로 구매할 것인지를 각 경제주체들이 결정한다. 각자가 결정하고 대신 각자가 자기결정에 대해 책임을 진다. 그런데 정부는 그렇지 않다. 의사결정권이 정부에 집중되어 있다. 그래서 어떤 결정을 정부가 내리면 이 문제에 관해서는 모든 국민들이 정부의 결정을 준수해야 한다. 정부가 개인을 대신하여 결정한다(<표 15-1> 참고).

시장에서는 개인의 선택의 자유가 존중되지만, 정부정책에서는 그렇지 않다. 시장에서는 의사결정권이 각각의 경제주체들에게 분산되어 있다. 내가 소비할 것은 내가 직접 결정한다. 그런데 정부와 정책이 정하는 문제는 그렇지 않다. 의사결정권한이 국회, 대통령, 정부 각 부처, 지방의회, 지방자치단체장 등에게 집중되어

표 15-1 시장과 정부의 특성 비교

	시 장	정 부
궁극적 목표	자원부족 문제 해결 질서 문제 해결	자원부족 문제 해결 질서 문제 해결
제도수립의 방법	지위 기능 부여	지위 기능 부여
의사결정권	분산	집중
개인의 선택	자유	의무
관련자 간의 이해	윈-윈 가능	수익자-비용부담자 분리
의사결정에 따르는 책임	당사자 책임	결정자와 책임부담자의 분리 유권자와 국민이 책임부담
주권	소비자주권	반-주권(semi-sovereignty)
재량권, 업적에 대한 통제방법	경쟁, 성과, 주가, M&A, 정보 분석	선거, 감사 정보불균형, 정확한 평가 곤란 책임지지 않는 권력 향유
인식론적 문제 (상충하는 요구)	다양한 재화, 서비스 제공 소비자 선택 존중	정치 기회, 관료권력 제공 획일화, 다수의 횡포
언어 의미의 애매성	상품과 상황이 의미 보완	정치 기회, 관료 권력 제공 재량권 제공 감독 곤란, 책임추궁 곤란
유토피아적 유혹	기술개발 촉진	허구적 정책, 실효성 없는 정책, 현실과 동떨어진 정책 위험

있다. 이들이 우리 자신을 대신해서 결정하면 우리 모두는 이를 지켜야 한다. 생명보험에 가입할 것인지 여부는 내가 결정한다. 그런데 건강보험은 그렇지 않다. 모두가 가입해야 하고 모두가 법이 정하는 내용에 따라 비용을 부담하고 법의 규정에 따라 혜택도 누린다. 내가 선택할 수 없다. 법이 정하는 바를 국민들은 준수할 의무가 있다. 나의 노후에 대비하여 연금보험에 가입할 것인지 여부는 각 국민들이 스스로 결정한다. 그런데 국민연금은 그렇지 않다. 누구나 가입해야 한다. 의무가 따른다. 물론, 그에 따른 혜택도 따른다. 만일 교육을 학교와 지역에 맡긴다면 각 학교들은 교과과정의 운영과 학교의 경영을 스스로 결정할 것이다. 그러나 이를 정부가 법으로 규정하면 달라진다. 정부가 정한 교과과정을 모든 학교가 지켜야 한다. 학교의 운영에 관한 사항도 최소한 법에 정한 사항에 대해서는 모든 학교들이 동일하게 적용받는다.

2 상충하는 이해관계

관련 당사자 간의 이해관계에서도 큰 차이가 있다. 시장과 기업에서는 관련 당사자들이 모두 이익을 얻는 것이 가능하다. 즉, 당사자 간에 윈-윈(win-win) 관계가 형성될 수 있다. 파는 사람도 이익을 얻고 사는 사람도 이익을 얻는다. 투자자도 이익을 얻고 기업의 경영진도 이익을 얻고 기업의 근로자도 이익을 얻고 기업의 주주도 이익을 얻고 기업과 거래하는 고객도 이익을 얻을 수 있다. 병원도 이익을 얻고 환자도 이익을 얻고 의사도 이익을 얻고 간호사도 이익을 얻는 것이 가능하다. 물론, 시장에서도 경쟁에 패배하여 투자자가 손해를 보고 근로자는 일자리를 잃는 일은 발생한다. 하지만, 더 저렴한 가격에 더 질 좋은 재화와 서비스를 공급하지 못한 것이 기업이 망하는 이유다. 사회적으로 보면 더 효율적인 자원배분에 기여하는 기업을 선택한 것이라 할 수 있다.

그런데 정부와 정책은 그렇지 않은 경우가 발생한다. 국방서비스와 같이 관련자들간에 윈-윈 관계가 성립하는 경우도 있을 수 있다. 즉, 정부가 국방서비스를 잘 제공하면 납세자도 이익을 얻고 공급을 담당하는 정치인들과 군인들도 이익을 얻을 수 있다. 그런데 복지정책에서처럼 비용부담자와 수익자가 달라지면 어떤 사람은 정책으로 인해 이익을 얻지만 어떤 사람들은 그로 인한 비용을 부담해야 한다. 또 정리해고에 대한 규제, 수도권규제, 변호사 의사 등 전문직업인의 업무영역 규제에서처럼 특정집단은 정부의 정책으로 이익을 얻지만 다른 집단은 이로 인해 오히려 손해를 보는 일도 일어날 수 있다. 또 각 집단이 자신의 정치적·경제적 이익을 취하는 사이 정치적으로 힘이 없는 대중은 그 비용을 부담하는 일이 얼마든지 일어날 수 있다. 정치인과 이익집단, 그리고 정부관료가 서로의 이익을 위해 '철의 삼각관계(iron triangle)'로 얽혀 있다면, 이 3자가 함께 서로의 이익을 위해 협력하는 사이 정부와 정책이 궁극적으로 봉사해야 할 대중은 정부와 정책에서 멀어지는 일이 일어날 수 있다(Stigler, 1975; Noll, 1985; 고든 털럭 외, 2002). 정치인과 관료들이 이익집단의 포로가 되어 그들의 이익을 위해 봉사하고, 이로 인한 비용 역시 다수 대중이 부담하는 일도 얼마든지 일어날 수 있다.

정치가 갈등의 장이 되는 것도 바로 이런 이유 때문이다. 만일 관련 당사자들이 모두 이익을 얻을 수 있다면 이 사람들은 자발적으로 합의하고 협력하여 목표를 달성하고자 할 것이다. 즉, 서로 다른 능력과 자원과 생각을 가진 사람들이 협력하는 일이 일어난다. 서로 다른 조건을 가진 사람들이 협력하고 공존하는 일이 일어날 수 있다. 시장과 기업은 기본적으로는 이런 상호 이익의 획득을 가능하게 하는 협력적인 사회 조직방식이다. 그런데 정부는 그렇지 않다. 정부는 부를 발생시키고 창조하는 장치가 아니다. 국민들이 수고하여 생산한 소득에서 세금을 이전하는 장치다. 소득을 발생시키는 권리 자체에 제약을 가하는 장치다. 누군가는 이익을 얻지만 누군가는 그 비용을 부담하거나 손해를 봐야만 한다. 이런 일이 발생한다면 관련 당사자들 간에는 어떤 일이 벌어지겠는가? 이 일을 놓고 사람들이 충돌하는 일이 일어날 수밖에 없다. 즉, 정부의 정책으로 인하여 사람들이 분열되고 서로 대립하고 충돌하는 일이 빚어진다. 정부가 사회갈등과 혼란의 시발점이 된다.

3 책임 추궁의 곤란

매우 큰 차이가 있는 것 중의 하나는 의사결정에 수반되는 책임 문제다. 시장에서는 내가 판단하고 내가 책임진다. 신중하지 못한 판단을 한 경우도 내가 책임을 지고, 심사숙고하여 내린 판단도 내가 결정하고 내가 책임진다. 내가 결정한 것이기 때문에 다른 사람을 원망할 수는 없다. 은행에 돈을 빌려서 집을 구입했는데 집값은 떨어지고 이자는 치솟아 하우스푸어가 되어도 이 책임은 내가 담당해야 하고, 반대로 집값이 오르면 그에 대한 혜택도 나의 것이다. 경영상의 결정도 내가 하고 그로 인한 결과도 내가 책임을 진다. 결정은 내가 하고 책임은 떠넘기는 방식으로 작동하지 않는다. 위험도 내가 감수하지만 혜택도 내가 얻는 것이 시장이다. 그러나 정부와 정치는 이런 방식으로 작동하지 않는다. 결정은 정부와 정치가 담당하지만 그로 인한 책임은 국민이 져야 한다. 정부와 정치인은 우리의 대리인이며 우리의 대표자로서 우리를 대신하여 결정한다. 하지만, 그들에게 책임까지는 물을 수 없는 것이 정치의 작동방식이기 때문이다. 예를 들어, 생각해 보자.4)

4) 한세현. 2013.4.30. [취재파일] 용인 경전철, '재앙'은 아직 시작되지 않았다. SBS 뉴스 원본링크 http://news.sbs.co.kr/news/endPage.do?news_id=N1001760833&plink=COPYPASTE&cooper=SBSNEWSEND

2013년 개통한 용인 경전철에는 1조 32억 원이라는 천문학적인 세금이 들어갔다. 용인 경전철이 본격적으로 추진된 것은 1999년이다. 예강환 전 용인시장이 그해 치러진 보궐 선거에서, 용인 경전철 추진을 핵심공약으로 내걸었다. 2002년 6월 지방선거에서도 후보로 나선 예강환 전 시장은 경전철을 사업을 중단하지 않겠다고 선언했다. 예산이 얼마인지 경제성이 있는지 정확한 평가는 이뤄지지 않았다. 이후 교통개발연구원에 수요예측을 의뢰한 결과, '하루 16만 명이 경전철을 이용할 것'이라는 예측 결과를 내놓았다. 용인시는 2004년 7월, '봄바디어 컨소시엄'을 사업시행자로 하는 실시 협약을 체결했는데, 이때 사업자 측은 용인시에 30년 간의 최소 운영수입보장(MRG) 약정을 요구했다. 용인시는 이를 수용했다. 실제 운임이 예상치의 90% 미만이면 그 차액을 시가 메워준다는 내용이었다. 하지만, 용인시가 2010년 경기개발연구원을 통해 다시 분석해 보니, 예상 승객은 최대 3만 명으로 나왔다. 무려 13만 명 차이가 난다. 이를 기준으로 보면 용인시는 경전철 개통 후 30년 동안 용인 경전철(주)에 약 2조 5천억 원이 넘는 금액을 보상해야 한다는 결론이 나온다. 막대한 보상액 문제로 용인시는 지난 2010년 경전철 공사를 완공하고도 개통하지 못했다. 결국, 용인시는 부실시공을 이유로 봄바디어사 주도의 용인 경전철에 대한 준공 승인을 거절했다. 이에 사업자인 용인 경전철(주)는 다시 용인시가 계약을 어겼다며, 8,460억 원을 지급할 것을 요구하는 국제중재재판을 신청했다. 2년 반이 넘는 재판에서 용인시는 사실상 패소하여 사업자 측에 7,786억 원(이자포함 8,500여억 원)을 물어줘야 할 처지에 놓이게 되었다. 그러나 이 정책을 실제로 입안하고 추진했던 전임 시장들은 전혀 금전적인 책임을 지지는 않는다.

사실 이런 종류의 일들은 비일비재하다(손의영, 2014; 임도빈, 2015). 중요한 것은 정치, 정부, 정책의 책임성 문제다. 정부는 결정은 내리지만 책임을 지지는 않는다. 정치적인 책임을 질뿐이다. 그로 인해 발생하는 경제적인 부담은 모두 국민들에게 돌아온다.

4 시민의 영향력 상실

시장에서는 소비자가 왕이다. 이를 다른 표현으로 '소비자주권(consumer sovereignty)'이라 한다. 적어도 구입 여부를 내가 결정할 수 있고, 잘못 구입한 것은 반품할 수 있으며, 제품에 하자가 있어서 내가 손해를 입었다면 제조자에게 책임을 추궁할 수 있다. 어떤 기업이 싫으면 그 기업의 제품을 쓰지 않으면 된다. 어떤 기업이 살아남고 이익을 남기기 원한다면 경쟁기업보다 더 소비자의 선호에 맞는 제품을 만들어내어야 한다. 소비자들로부터 외면을 받으면 그 기업은 망한다. 이런 거래를 통해 소비자도 만족을 얻고 생산자도 이익을 얻는다. 민주사회에서는 국민들이 정치적인 주권을 가지고 있듯이, 시장에서는 소비자들이 경제적인 주권을 가지고 있다는 뜻이다.

미국의 경제학자인 사무엘슨(Paul A. Samuelson)은 소비자는 자신의 달러를 투표용지처럼 사용하는 주권자라 설명한다. 무엇이 얼마만큼 생산되어야 하는지가 소비자들의 화폐 투표에 의하여 결정된다. 민주정치에서처럼 2년이나 4년마다의 투표가 아니라, 수시로 저 상품이 아니고 이 상품을 사겠다는 소비자들의 결정이 투표를 하는 것이다.[5)]

기업의 모든 생산물은 소비자에 의해 소비되기 때문에, 상품의 생산 및 유통에 관한 모든 권한은 정부나 기업이 아닌 소비자로부터 나온다. 결국, 소비자는 사회적 수요를 형성하여 사회적 생산을 유도하고, 생산자는 소비자의 만족이 극대화되도록 자원을 효율적으로 배분하는 임무를 수행한다. 소비자에게 주권이 있기 때문에 소비자에게 품질이 좋고 안전한 제품을 값싸게 제공하는 기업이 살아남는다. 심판자인 소비자의 요구와 불만에 제대로 대응하지 못하는 기업은 살아남기 힘들다.

정치는 그렇지 않다. 유권자들이 정부에 요구한 공통의 이념이나 목표를 가지고 있는 것도 아니고, 공통의 종교나 삶의 양식을 가지고 있는 것도 아니다. 이미 서로 원하는 바가 다르다. 어떤 쪽에 정책을 맞추든 다른 누군가는 자유와 이념이 훼손될 수밖에 없는 상황에 있다. 다양한 요구를 수렴해야 할 정당은 국민의 참여가 없는 자신들만의 권력추구집단에 그치고 있다. 선거에 이기기 위해 인기영합적인 공약을 제시하기를 주저하지 않고 있다. 시민단체 역시 시민의 의사를 담아낼 수 있는 여건을 전혀 갖추지 못하고 있다. '시민 없는 시민단체'로서 정부의 지원에 의지하여 연명하고 있다. 이익단체들은 회원을 감시하고 서비스의 질을 감시하는 사회적인 책임은 무시한 채 오로지 회원의 이익을 위한 정부로비에 치중하고 있다.

---

5) 눈높이대백과 참고. http://newdle.noonnoppi.com/xmlView.aspx?xmldid=56147.

정부가 시민을 위하여 일하도록 하는 것이 구조적으로 어려운 양상에 처해 있다. 정부는 있다. 하지만, 정부가 봉사해야 할 '시민'은 정부를 제어할 수 있는 여건을 거의 갖추지 못하고 있다.

5 재량권에 대한 해법 부재

제도를 수립하여 문제를 해결하고자 할 때 반드시 발생하는 주인-대리인 문제와 재량권에 대한 해법에서도 시장과 정부는 큰 차이가 있다. 주인-대리인 문제란 소비자와 다수 유권자(즉, 주인)의 이익을 위해 봉사해야 할 시장, 기업, 정부 등(대리인)이 소비자와 유권자가 아니라 자신의 이익을 추구하더라도 이를 감시하기가 쉽지 않기 때문에 발생한다. 문제의 주된 원인은 소비자와 유권자는 상대적으로 해당 업무나 사안에 관하여 지식과 정보가 부족하다는 것이다. 대리인이 진정으로 주인의 이익을 위해 일하고 있는지에 관한 정보도 부족하고, 대리인이 내린 결정이 진정으로 주인의 이익을 위한 결정인지를 판단하기도 어렵기 때문에 발생하는 것이 주인-대리인 문제다.

예를 들어, 전문경영인이 주주의 이익을 위해 일하도록 어떻게 통제할 수 있는가? 시장경쟁 자체가 경영인이 열심히 일할 수밖에 없도록 만든다. 그렇지 않으면 기업은 살아남기 힘들다. 또 경영의 성과는 기업이 발생시키는 이윤에 의해 금방 결과가 나타난다. 해당 기업의 경영성과와 미래가치를 반영하고 있는 주가와 주식시장 역시 경영인의 경영활동에 대한 감시장치로 작용한다. 경영성과가 열악하여 기업의 주식가치가 떨어지면 이런 기업은 시장에서 M&A의 대상으로 전락한다. 시장 자체가 경영인이 자기 이익을 위하여 자신의 경영권한을 사적으로 이용할 수 있는 가능성을 견제하고 감시한다.

그런데 정부와 정책은 다르다. 재량권과 대리인 문제를 감시할 정보가 절대로 부족하다. 주주도 기업인의 경영활동에 대해 세세한 정보를 얻기는 어렵다. 그런데 경영실적에 관한 여러 가지 시장지표들을 이용하여 경영의 성과를 알 수는 있다. 매출액이 얼마나 늘어났으며, 수출액은 어떻게 변하였고, 영업이익은 어떻게 달라졌으며, 주식시장에서 주가는 어떻게 변화하고 있고, 기업의 재무상태는 어떤지 등을 참고하여 유능한 경영인에게는 더 많은 보상을 주고 무능한 경영인은 교체할 수 있다. 하지만, 정부에서는 재량권과 대리인 문제를 감시할 마땅한 지표가 없다. 기업에서처럼 명확하고 객관적인 성과지표가 없다. 설사 성과를 내더라도 이 성과의 원인이 어디에 있는 것인지 판단하기 어렵고, 설사 어떤 문제가 발생하더라도 그 원인이 어디에 있는 것인지 알기 어렵다. 정부에 대해서는 정부활동의 성과를 적절히 보여주는 지표가 마땅치 않다. 설사 특정집단의 이익에 봉사하는 정책을 내놓아도 이를 감시하기 힘들고 정책을 시행하면서 막대한 뇌물을 수수하더라도 이를 감독하는 것이 결코 쉽지 않다.

정부 및 정치에서 주인-대리인 문제는 대리인의 행동에 관한 정보부족뿐 아니라 주인의 의사에 관한 정보가 부족하다는 점도 심각한 정부실패의 원인이다. 주인의 의사가 분명하다면 그것을 목표로 삼으면 된다. 그런데 어떤 문제에 관해 정부와 정책이 궁극적으로 봉사해야 할 주인에 해당하는 국민과 유권자들의 선호가 불분명하거나 또는 서로 다른 것을 소망하고 있다면 대리인은 매우 혼란스러운 상황에 빠진다. 만일 유권자들의 선호와 이념이 분열되어 있다면, 도대체 누구를 주인으로 섬겨야 하느냐는 문제가 발생한다. 도대체 누구의 이익에 정부와 정책이 봉사해야 하며, 정치인들은 누구의 이익을 대변해야 하느냐는 문제가 발생한다. 정치적인 갈등이 불가피하다. 뿐만 아니라, 설사 어떤 결정이 이루어지더라도 이런 결정에 공감하지 못하는 유권자들에게는 문제의 해결이 아니라 문제의 악화를 초래할 수 있다.

또한 주인의 의사가 무엇인지 불확실한 상황에서는 대리인이 마치 자신이 주인인 것처럼 행세하더라도 이를 견제하고 감독하기 어렵다. 대리인들이 주인의 이익을 위해 일하는 것이 아니라 자신들의 정치적 이익이나 조직의 이익을 위해 정책을 이용하는 일이 얼마든지 일어날 수 있다.

6 인식과 언어적 약점의 정치적 이용

인간의 인식과 관련된 문제에 대응하는 방법에서도 시장과 정부는 큰 차이를 보인다. 인간의 판단이면서 주관적이거나 상호주관적이지 않은 것은 없다. 어떤 경우이든 의식의 주체이면서 판단의 주체인 개인은 자신이 경험하고 배운 이론과 경험과 지식에 기초하여 현상을 해석하고 이해할 수밖에 없다. 그래서 인간의 판단은 주관적이면서도 이런 주관성에 대해 본인 스스로는 잘 이해하지 못하는 것이 인간 사고의 특징이다(Husserl, 1962, 2001; Mills & Polanowski, 1979). 연구자들 역시 마찬가지다. 연구자들이 자기 연구를 위해 의지하고 있는 패러다임들도 일종의 편견이다. 다른 패러다임을 가진 연구자들에게는 동일한 가치를 인정받지 못한다. 흔히, 서로 무시하고 심지어는 충돌하고 대립한다. 언어 역시 대상현상을 있는 그대로 서술하는 수단이 되지는 못한다. 흔히, 특정측면을 고립시켜 강조하고 다른 측면은 은폐하고 왜곡하는 수단이 된다. 본래의 모습을 오히려 이해하지 못하게 만들기도 한다.

문제는 이런 인간 사고와 언어의 함정에 시장과 정부가 대응하는 방법이다. 정부는 특정집단이 가진 편견을 전체에게 강요하는 수단이 될 수 있다. 가령, 보편적인 복지를 핵심정책으로 하는 정당이 집권했다고 하자. 그러면 이 정신을 반영한 정책이 만들어질 것이다. 그런데 이로 인한 비용은 자신들이 부담하지 않는다. 국민들에게 세금을 부과하여 그 돈으로 이런 정책을 펼 것이다. 즉, 특정집단의 판단을 사회구성원 모두에게 강요하는 도구인 셈이다. 시장은 다른 방식으로 대응한다. 서로 다른 생각과 이념을 가진 사람에게는 서로 다른 상품과 서비스로 대응한다. 각자의 요구에 상품과 서비스를 맞춘다. 정부에서처럼 정부가 내린 판단에 구성원 모두가 따를 것을 요구하지 않는다.

허구적인 의미와 유토피아적인 선동 역시 시장에서는 통하기 어렵다. 예를 들면, 자동차에 대해 '편안하다', '안전하다', '디자인이 세련되었다', '첨단기술이 집약되었다'는 등의 표현을 사용할 수 있다. 이때 동원되는 표현들은 단지 언어적으로만 생각하면 표현들이 추상적이다. '편안', '안전', '세련', '첨단' 등의 표현이 무엇인지 모호한 측면이 없지 않다. 그런데 우리는 이런 표현을 의심하지 않고 사용하고 있고, 또한 정확히 서술할 수는 없지만 그 의미도 알 수 있다.

그런데 정부는 그렇지 않다. '정의로운 사회', '모두가 잘 사는 사회', '보다 민주적인 사회', '삶의 질이 보장되는 사회', '공평한 사회', '공익' 등 정부와 정책을 서술하기 위해 동원하는 언어들의 의미를 생각해 보자. 이게 도대체 무슨 의미인가? 만일 이런 것이 그렇게 가능하고 바람직한 것이었다면 왜 지금까지는 이런 사회를 만들지 못했을까? 이런 말이 무의미하다는 것이 아니다. 문제는 희박한 가능성을 부풀려서 권력을 얻고 이후에는 권력이 주는 이익만을 얻고는 다시 새로운 정책 구호를 외치더라도 감시가 어려울 정도로 의미가 모호하다는 것이다. 언어로는 화려한 성과 같은 법적인 제도를 만들지만 실제의 삶은 오두막을 벗어나지 못하는 그런 현실이 지속되는 것도 이런 이유 때문이다. 거창한 공약을 내세우지만 실제로는 효과에 대한 검증이 곤란한 정책을 추진하면서 그 부담은 분명하게 국민에게 떠넘길 수 있는 것이 정치와 정부다.

여기에 대해 영국의 경제학자며, '애덤 스미스 연구소'를 설립한 이몬 버틀러(Eamonn Butler)는 "정치적 의사결정은 시장의 선택보다 비효율적이다."고 단언한다. 흔히, 정치는 다수결 원리에 바탕을 두고 있어 공정하고 민주적일 것으로 믿지만 사실은 그렇지 않다는 것이다.[6] 그 이유를 보면 다음과 같다.

첫째, 시장에서는 내가 원하는 것을 선택하지만 정치는 내가 원하지 않아도 다수가 선택했다는 이유로 강제당해야 한다. 심지어 옳은 의견이 다수결에 의해 배제되고 틀린 의견이 채택되는 불합리한 경우도 생기는 게 정치다.

둘째, 정치에서 한 표는 최종 결과에 미치는 영향력이 미미하다. 유권자도 이를 알기 때문에 투표에 앞서 사람과 공약을 열심히 분석하는 등의 성가신 일을 하려 하지 않는다. 시장에서 물건을 살 때 가격과 품질을 꼼꼼히 따져보고 결정하는 것과 달리 정치는 대개 정보가 부족한 상태에서 의사결정이 이뤄진다.

셋째, 시장에서 소비자는 자신이 원하는 물건을 사고 맘에 드는 게 없으면 구매를 안 해도 된다. 그러나 정치에서는 최악(最惡)을 피하기 위해 최선(最善)을 포기하는 일이 종종 생긴다. 내 맘에 드는 인물이지만 선거에서 채택될 가능성이 없으면 사표(死票)를 피하기 위해 차선(次善) 또는 차악(次惡)의 인물을 선택하는 게 정치다.

넷째, 시장 선택에서 비용과 책임은 전적으로 나의 몫이지만 정치에서는 비용과 책임을 다른 사람에게 떠넘길 수 있다. 더 많은 복지를 요구하면서 세금은 회피하고, 오늘은 빚을 내서라도 풍족히 쓰고 그 부담은 다음 세대에 떠넘기려는 게 정치의 속성이다.

다섯째, 시장에서 소비자는 자신이 원하는 물건만을 골라 장바구니에 담을 수

6) http://www.hankyung.com/news/app/newsview.php?aid=2015102344161

있지만 정치에서는 불가능하다. 유권자는 국방, 경제, 사회, 복지 전반에 대해 패키지로 선택하도록 강요당한다. 따라서 시장과 달리 정치에서는 유권자가 원하는 최선의 정책조합을 얻을 가능성은 거의 없다.

정치원리가 시장원리에 비해 불합리하고 불공정한 이유는 또 있다. 시장과정에 대한 정치 또는 정부개입을 촉구하는 규제론자들이 흔히 간과하는 사실 중의 하나는 공직자 또한 우리와 같은 경제인이라는 사실이다. 정치인과 공무원이 공직자라고 해서 사심은 없고 공공의 이익에만 봉사하는 '천사'가 아니다. 정치인이 공익의 기치를 내건다고 해서 이를 액면 그대로 믿는 것은 환상이다. 미국의 경제학자 고든 털럭(Gordon Tullock)이 '지대(地代)추구이론'을 통해 지적했듯이 공직자들은 규제의 제정, 집행을 통해 더 쉽게 더 강하게 '지대'를 챙길 수 있다. 이들이 챙기는 지대는 규제완화나 규제배제 등의 특혜를 제공하는 대가로 받는 돈일 수도 있고, 정치적 영향력일 수도 있다. 중요한 것은 규제가 많고 복잡할수록, 정부규모가 클수록 공직자가 챙길 수 있는 지대의 기회도 그만큼 많아진다는 사실이다.

제 5 절 분야별 정책의 실패(요약)

표 15-2 정책실패의 원인과 결과

정 책	특 징	실패 원인	결 과
국방	-분명한 요구	-이념 갈등 -정치 부패, 관료 부패 -무기구입 비리	-서비스 공급 실패 -국방력 유지 실패 -적국 견제 실패 -침략에 제대로 대응하지 못한 역사적 경험

정 책	특 징	실패 원인	결 과
사회간접 자본 공급	-비용과 혜택 분리	-정보부족, 수요예측 실패 -인기영합 정치 행태 -정치 윤리의 부재 -권한과 책임의 분리	-서비스 과잉 공급 -비용부담의 국민 전가 -책임 부담 회피 -예: 용인 경전철, 지방공항, 인천공항철도

정 책	특 징	실패 원인	결 과
복지정책	- 비용과 혜택 분리 - 철회 곤란	- 공감대 형성 부족 - 언어적 왜곡, 은폐 - 필요성, 효과의 공정한 판단 부재 - 각 집단의 자기참조적 정당화 - 선거를 위한 졸속 공약	- 서비스 과잉 공급 - 정치적 이용 - 정책갈등의 심화 - 재원조달 실패 - 국가 재정건전성 악화 - 국민 자기책임의식 약화 - 예: 누리과정

정 책	특 징	실패 원인	결 과
대학정책	- 인과 결정곤란성 - 정답 부재 - 대학의 자기 이념 추구. 자기상황에 맞는 다양한 대응 - 학문의 자유	- 언어적 왜곡과 은폐 - 정책편의적 획일화 - 부분 문제의 전체화 - 관료의 조직이익, 권력 추구	- 대학에 대한 교육부의 세밀한 통제와 지배 - 퇴직관료의 대학 진출 - 획일적 기준에 의한 대학 줄 세우기 - 대학의 교육부 눈치보기 - 대학의 개성, 자율성, 자기가치추구 능력 약화

정 책	필수평가기준7)	언어적 현실 은폐	결 과
대학평가	1. 전임교원확보율 2. 교사확보율 3. 정원내신입생충원율 4. 정원내재학생충원율 5. 교육비환원율 6. 장학금비율	- 교육 핵심 가치 배제 (예: 학생 능력과 특성에 맞는 지식 전달) - 대학 경쟁력과 무관 - 경영 자율성 침해 - 대학 간 차이 무시 - 거래 자유 침해	- 실질 경쟁력 저하 - '언어유희'적인 정책 - 사상, 학문 자유 침해 - 인문학, 사회과학 위기 - 획일화, 줄세우기 - 교육의 정치화 - 근거없는 기준의 강압적 강요, 권위주의 행정 - 교육 선택 기회 축소 - 책임추궁 곤란 - 관료 지배의 지속

정 책	특 징	실패 원인	결 과
노사정책	- 윈-윈 관계 가능	- 언어적 왜곡과 단순화 - 노동조합의 정치세력화 - 이념문제화 - 정치적 이용 - 획일적 규제의 강제	- 고용계약의 경직화 - 고용계약 거래비용 증가 - 비정규직 확산 - 대립관계의 고착화 - 자율적 해결 능력 약화 - 개별기업의 현실에 맞는 해법 모색 곤란

7) 한국대학평가원(2016: 66). 『2주기 대학기관평가인증 편람』.

			기업경쟁력 약화 국가경쟁력 약화

정 책	특 징	실패 원인	결 과
지역균형 (수도권규제) 정책	– 좁은 국토, 발달한 교통 현실과 부조화 – 정치적 이용	– 감정, 언어, 정치의 결합 – 권력획득에 집착하는 정치문화 – 언어에 의한 현실 왜곡 – 험티–덤티문제[8] 발생 – 일상 삶과의 괴리	– 지역이기주의, 국가공동체의 분열 – 지역특혜정책 확대 – 기업의 해외 이전 – 해외기업의 수도권 투자 억제 – 기업 · 국가 경쟁력 약화 – 예: 행정부 세종시 이전, 공공기관 지방 이전

8) 일단 언어에 의해 현실의 모습이 왜곡되면 다시는 본래의 모습으로 되돌릴 수 없게 된다는 의미다. 제10장 제4절에서 보다 자세한 내용을 참고할 수 있다.

제 16 장 마무리: 정부실패 위험에의 대응

제 1 절 역사의 교훈: 실패에 빠지기 쉬운 정부와 정치

좋은 정부를 만드는 일은 쉽지 않다. 효율적으로 작동하는 정책을 민주적으로 만드는 것도 쉽지 않다. 실패의 수렁에 빠지기 쉽다. 벗어나기는 참 어렵다. 노벨 경제학상을 받은 노스(North, 1990, 2006)는 사실상 벗어나기 불가능할 것임을 시사하고 있다. 즉, 지금까지 걸어왔던 길을 계속 갈 수밖에 없다고 주장하고 있다. 일종의 내쉬 균형상태[1]인 것이다. 사회의 발전을 가능하게 할 공식제도를 발전시키는 일, 즉 정부와 정책을 만들고 이를 통해 공적인 서비스를 제공하는 일이 쉽지 않은 상황에 처해 있다. 여전히 독재적인 정부가 다수의 국가를 지배하고 있는 현실이 이런 슬픈 사실을 잘 보여준다.

제3부와 제4부에서 집중적으로 설명한 것이 바로 정부와 정책을 만들고 운영하는 것이 어떤 종류의 일인지에 관한 것이다. 왜 쉽지 않은지, 어떤 요인들이 방해

1) 죄수의 딜레마 게임에서 나온 말이다. 관련자들이 각자 자기 이익을 추구하는 상황에서는 협력적인 행동을 취하는 사람이 가장 큰 손해를 본다. 손해를 줄이기 위해 각 개인은 이기적이고 기회주의적인 행동을 할 수밖에 없는 상황에 처한다. 설사 벗어나도 항상 이 자리로 돌아가는 '균형' 상황을 이룬다. 죄수의 딜레마 게임을 제안한 내쉬(John Nash)의 이름을 따서 '내쉬 균형'이라 부르고 있다.

하는지에 관한 논의다. 이런 논의들이 시사하는 것은 민주적인 정부와 정치와 정책은 누구나 원하면 만들어낼 수 있는 제도적 공작물이 아니라는 점이다. 정부와 정책을 만들고 운영하기 위해 필요한 재료들 중에서 우리가 원하는 대로 가공하고 원하는 대로 만들고 원하는 대로 통제할 수 있는 것은 없다. 필연적으로 의지해야 하는 재료(예: 사람, 언어, 권력, 법) 속에 이미 치명적인 약점이 내재되어 있다. 이런 약점을 치료하는 정치와 정부는 민주주의를 발전시킬 수 있었다. 그러나 이런 치료를 가능하게 한 사회구성원들의 능력과 동기와 상호협력방식은 자신들의 의도적 형성물이 아니다. 우연히 받아들인 종교에 기초하여 공통의 이념과 이를 반영한 언어와 이에 기초한 행동규범과 문화까지 수립할 수 있었기 때문이다.

정부와 정책을 만들고 운영하는 일의 핵심은 대규모의 지속적인 협력과 과정이다. 정답을 찾고 결정하고 집행하는 방식으로 정부는 있지 않다. 정답처럼 판단하고 결정한 것도 이를 집행하는 과정에서는 지속적인 해석의 대상이 된다. 얼마든지 본래의 취지를 왜곡하여 해석하는 것이 가능하다. 얼마든지 사적인 이익과 특혜의 수단으로 삼을 수 있다. 서로 다른 생각과 이념, 상충하는 이해관계를 가진 사람들 간의 대규모 협력을 요구하기 때문에 정부와 정책을 성공시키는 일은 어렵다. 지속적으로 계속되는 협력을 요구한다. 서로 다른 이념과 삶의 양식을 가진 사람들이 경쟁하고 충돌할 수밖에 없는 상황에 놓인다. 이미 생각을 달리하고 세계를 다른 방식으로 보고 있는 사람들에게 서로 대화하고 서로 이해하고 서로 양보하고 타협할 것을 요구한다. 서로에 대한 믿음과 협력을 요구한다.

함께 협력하면서 공통의 목표를 추구할 때 구성원들은 분명 큰 이익을 얻을 수 있다. 자신들의 생명과 재산을 더 잘 지킬 수 있다. 더불어 살아갈 수 있는 질서도 구축할 수 있다. 수많은 잠재적 협력과 거래의 기회들이 현실화될 수 있는 안정적 상호작용의 토대를 구축할 수도 있다. 공공성이 강한 재화와 서비스를 더 효율적으로 공급할 수도 있다. 서로 다른 생각과 선호를 가진 사람들이 더불어 살아가는 공동체를 만들 수도 있다.

하지만, 이미 생각을 달리하고 이념을 달리하고 삶의 양식과 이해관계를 달리하는 사람들이 협력관계를 형성하는 일은 어렵다. 인류의 역사가 보여주는 것은 협력하기보다는 지배하고 억압하고 약탈하고 파괴하고 통제하는 방법을 선택했다는 것이다. 혈통이 다르고 민족이 다르고 언어가 다르고 이념이 다르고 종교가 다른 집단들은 서로를 이해하기보다는 상대를 공격하고 지배하는 전략을 채택했다. 상대에 대한 대량 살상도 기꺼이 자행했다. 이런 일은 현대 사회에서도 여전히 일어나고 있다.

서로 생각을 달리하고 이념을 달리하고 추구하는 삶의 양식을 달리한다는 점은 인간의 생각과 삶이 발생하고 작동하는 원리로 인해 피할 수 없다. 하지만, 설사 생각이 다르고 삶의 양식이 달라도 인간이라면 누구나 원하는 공통의 필요가 있다. 공통의 필요를 위해 협력하는 것은 당사자 모두에게 유익이 된다. 가령, 공공재를 함께 공급하고 재산권과 생명을 보호하는 것은 모두에게 유익이 될 수 있다. 사람들의 생각과 선호가 다르다는 점이 반드시 서로 간의 협력을 불가능하게 하는 것은 아니다.

하지만, 실제로 협력적인 관계를 형성하는 것은 매우 어렵다. 협력은 서로에 대한 믿음을 요구한다. 그런데 서로에 대한 믿음은 일정한 상호관계 속에서 만들어진다. 상호관계란 서로에게 유익이 있을 때 발생한다. 하지만, 동시에 불확실성을 초래한다. 상대의 기회주의적인 행동으로 피해를 볼 수도 있기 때문이다. 즉, 상호관계의 발생 자체가 쉽지만은 않다는 것이다. 게다가, 정부와 같은 권력기구의 형성은 이와 더불어 권력의 남용위험도 함께 수반한다. 자치공동체가 서로 간에 안정적인 관계와 상호규율의 규범이 형성되어 있는 길드에 기초해서 형성되거나 또는 교회와 같은 종교공동체에 기초하여 형성된 것은 이런 이유 때문이다.

이런 이유로 상당한 필요에도 불구하고 사람들이 자발적인 정치공동체의 형성에 어려움을 겪고 있는 상황에서 등장한 것이 개인의 능력과 리더십에 기초하여 만들어진 독재형의 정부다. 탁월한 지도자와 그에게 충성하는 세력이 뭉쳐 스스로 통치권력을 형성하는 방법이다. 이 방법은 대규모의 자발적인 협력을 요구하지 않는다. 사회공동체는 소수의 지배집단과 다수의 피지배집단으로 나누어진다. 소수의 지배집단은 내적인 협력과 결속이 깨어지지 않는 한 지배를 계속할 수 있다. 이런 협력은 피지배집단에 대한 억압과 착취의 이익을 공유하는 방식으로 안정적으로 지속될 수 있다. 이런 방식의 통치가 인류의 역사를 지배해왔다.

제 2 절 불신과 팽창의 아이러니: 대응실패 위험

1 정부불신과 팽창의 아이러니

정부와 정책은 사회발전과 국민의 행복에 필연적 요소다. 정부와 정책이 유용하고 바람직한 수단이 되려면, 더 민주적이고 효율적인 정부와 정책을 발전시켜야 한다. 또한 정부실패의 위험을 잘 이해하고 대비하고 대응해야 한다. 경제학, 정책학, 법학, 행정학 등 각 분야의 연구자들이 정부와 정책의 발전을 위해 노력해 왔다. 규제개혁, 민영화, 지방자치, 정부혁신, 조직혁신, 정부업무의 전산화, 행정개혁, 행정의 효율성 개선, 투명성 향상 등을 위해 다양한 연구와 노력을 전개해 왔다. 이런 노력이 오늘의 정부와 행정을 가능하게 했을 것이다. 상대적으로 안전한 사회, 질병으로부터 해방되어 장수하는 사회, 선진화된 물류인프라 및 정보인프라 구축 등의 역할을 잘 감당해 왔다.

그러나 정부의 역할이 확대된 만큼 정부가 실패할 위험도 커졌다. 더구나 제4부에 논의한 내용들을 생각해 보면, 정부의 실패가 보통 사회과학의 차원에서는 잘 감지하기 어려운 양상으로 전개되고 있을 가능성도 짐작할 수 있다. 즉, 겉으로는 정부가 거창한 일을 하는 것 같지만 국민의 입장에서 좀 더 깊이 생각해 보면, 과연 누구를 위한 정책이며 무엇을 위한 정책이고 어떤 성과가 있는 정책인지 이해하기 어려운 정책도 얼마든지 있을 수 있다는 것이다. 이 책이 염려하는 것은 이런 실패가 시장실패와는 차원이 다른 양상으로 미묘하고 은밀하게 진행되고 있을 수 있다는 것이다. 정부실패와 정책실패의 실상에 대해 간접적으로 참고해 볼 수 있는 것이 정부와 정치인에 대한 국민들의 생각이다.

한국에서 정부에 대한 신뢰도는 매우 낮다. 정부를 믿느냐는 질문에 25%만이 신뢰한다고 응답했다. OECD 평균 43%에 비해 크게 낮다. 체코, 그리스, 헝가리, 일본, 슬로베니아 만이 한국보다 낮은 정부 신뢰도를 보이고 있다.[2)] 세계가치조사의 연구 결과를 보면, 이런 불신은 이미 수십년 간 계속되고 있다.[3)] 정부에 대한 한국

2) OECD의 “Society at a Glance 2014”를 참고한 것이다.
3) 중앙일보. 선진화포럼 릴레이 토론–신뢰와 사회적 자본의 구축. 2010.5.1.

의 신뢰수준은 노르딕 국가의 절반 수준에 그치고 있다. 특히, 1990년대 이후 오히려 악화되는 양상을 보이고 있다([그림 16-1] 참고).

그림 16-1 정부에 대한 한국인의 신뢰수준

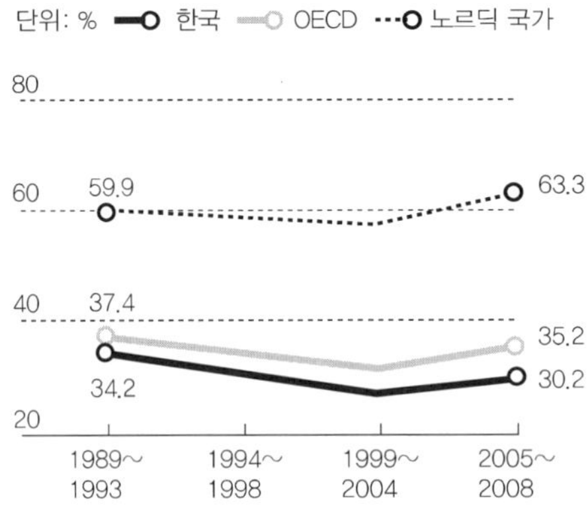

정치인과 국회에 대한 불신도 매우 높다. 2014년 '2.1 지속가능연구소'와 대학생 언론협동조합 'YeSS'가 대학생 2,300명을 상대로 설문조사한 결과에 따르면, 정치인과 국회를 '신뢰한다'고 답한 비율이 각각 2.6%와 4.8%로 조사항목 가운데 가장 신뢰도가 떨어졌다. 이는 외국인(8.3%)이나 처음 만난 사람(8.4%)에 대한 신뢰도보다 낮은 수준이다. 정치에 대한 저주가 일상화되어 있다. "정치인 욕하기가 한국인의 취미생활인가"라는 의문이 들 정도라고 말하고 있다. 2005년 서울신문의 광복 60주년 여론조사에 따르면, 응답자 1,000명 중 385명이 정치인에 대한 신뢰도 조사에서 '0점'을 매겼으며, 5점 이하의 낙제 점수를 준 응답자가 전체의 91.6%였다(강준만, 2011: 53). 간단히 말해, 정부도 믿기 어렵고, 정치인도 믿을 수 없다는 것이다.

정부를 믿을 수 없고, 정치인도 믿기 어렵다면 정부의 역할과 규모는 작아져야 한다. 그런데 정부의 역할은 신중앙집권시대라는 말이 나올 정도로 지속적으로 확대되고 있다. 참 아이러니컬하다. 한편으로는 상당한 불만을 가지고 있고 또 믿지 못하고 있으면서, 다른 한편으로는 계속 의지하고 더 많은 일을 해줄 것을 요구하고 있다. 예산의 규모가 계속 팽창하고 있고, 민간분야에 대한 정부의 규제 역시 계속 확대되고 있다. 정치인들은 포퓰리즘적인 공약을 마다하지 않고 있다. 마치 강력한 리더십으로 경제개발을 이끌던 권위주의적 정부의 재림을 보는 듯하다. 군사 정부가 끝나고 행정개혁과 규제개혁을 거치면서 상대적으로 작아졌던 관료의 숫자와 정부예산의 규모가 복지, 교육 등 사회분야 예산의 급격한 팽창과 더불어 급격히 증가하고 있다. 교육부가 막대한 정부예산과 획일적 평가기준으로 대학을 다루는 방식은 '리바이어던(Leviathan)의 재림'을 보는 듯하다. 경제개발기의 정부도 기업을 이처럼 일방적으로 다루지는 않았을 것이다.

2 모두를 위한 실패의 은폐

우리는 정부실패, 정책실패를 제대로 이해하고 있을까? 제대로 분석해 내고 있을까? 그렇지 못할 가능성이 높다. 여러 가지 이유가 있다. 정부실패와 정책실패는 기업의 실패나 개인의 실패처럼 밖으로 잘 드러나지 않는다. 여러 가지 이유를 생각해 볼 수 있다. 우선, 성패를 판단할 기준을 만드는 일 자체가 쉽지 않다. 관련자들의 생각과 선호가 서로 달라 공통의 판단 기준을 수립하기 어렵다. 설사 성패를 판단할 기준이 있어도 필요한 정보를 얻는 일 역시 쉽지 않다. 게다가, 정치인, 관료, 이익집단, 수혜집단은 실패 사실을 알리기보다는 은폐하기를 원한다. 정치인과 관료들은 실패에 대한 책임추궁을 원하지 않는다. 이들이 원하는 것은 문제해결을 빙자한 권력이지 문제의 해결이 아니다. 문제가 사라지면 문제해결을 이유로 획득한 권력과 지위도 사라진다. 이익집단과 수혜집단은 자신에게 유리한 정책이 달라지기를 원하지 않는다. 소위 '기득권' 집단이 되어 정책의 개혁에 저항한다.

국회와 지방의회에 정부와 정책을 감시할 권한이 있다. 하지만, 이들 역시 정보의 부족과 전문성의 부족을 극복하기는 어렵다. 관련된 정보와 전문지식을 보유하고 있는 것은 국민을 대신해 감독해야 할 국회의원이 아니라 정책을 담당하고 있는 관료다. 국회에 대한 감독은 일반 시민과 시민단체, 언론, 전문가 집단이 담당한다. 그러나 이들 역시 강한 통제력을 행사할 수 있는 대표성을 획득하지 못하고 있다. 이미 분열되어 특정 이념을 대변하고 편드는 경우가 많다.

결국, 정부와 정책의 실패에 제대로 접근하기도 어렵고 그로 인한 책임과 부담은 국민 전체의 몫이 되고 있다. 우리의 역사가 보여주고 있는 것이 바로 이런 점일 것이다. 국민 위에 군림하며 국민을 지배하고 권력을 향유한다. 정부와 정책은 권력의 획득과 유지를 위한 수단일 수는 있으나 국민 다수를 위한 것이 될 수는 없는 상황이 은밀하게 지속적으로 깊은 곳에서부터 피하고 대비할 수 없는 방식으로 발생한다. 우리의 생각과 언어와 이념과 정치에 의지하는 순간부터 실패의 위험은 함께 발생한다.

3 실패 위험에의 접근 실패

정부실패와 정책실패에 정책연구자들이 잘 접근하지 못하고 있을 가능성도 없지 않다.

정부실패 · 정책실패의 위험은 크게 두 가지 차원에서 접근할 수 있다. 첫 번째 차원은 정치경제학적 차원이다. 하이에크(Friedrich A. Hayek), 스티글러(George J. Stigler), 프리드먼(Milton Friedman), 뷰캐넌(James Buchanen) 등의 연구는 정부가 겉으로는 다수의 이익을 외치지만 실제로는 공급자인 기업과 사업자에게 유리한 정책을 펴고 있음을 극명하게 드러냈다. 이들의 연구는 1980년대 미국와 영국 규제개혁의 이론적 기반이 되었다. 1990년대 이후 한국의 정부개혁 및 규제개혁 역시 이론적으로는 이들의 연구에 기초하고 있다. 그러나 이러한 시각은 소위 '신자유주의적'인 사상에 기초한 것이며, 이런 정부개혁의 결과로 서브프라임 모기지론사태와 같은 금융위기가 발생했다는 비난을 받기도 했다. 즉, 규제를 개혁하자 탐욕스러운 금융기업들이 주어진 자유를 이용하여 시장의 질서를 오히려 무너뜨리는 시장실패가 발생하였다는 것이다.[4] 옳고 그름을 떠나 이런 비판은 정치경제학적 정부 · 정책 연구가 가지는 한계의 일면을 보여준다. 정책연구의 배경에는 이미 서로 다른 이념과 사상이 자리하고 있다. 다른 이념과 사상에 비추어 보면 정부와 정책에 대한 판단이 완전히 달라질 수 있다는 점이다.

정부실패의 두 번째 차원은 사회과학적인 차원에서는 접근하지 못했던 인간의 사고 및 언어와 관련된 차원이다. 정부와 정책은 인간의 생각과 언어에 기초하여

4) 이런 주장에 대해 찬반양론이 대립하고 있다(전용덕, 2009).

발생하고 작동하고 진화한다. 그래서 인간의 생각과 언어가 가진 약점은 그대로 정부와 정책에 영향을 미친다. 정부와 정책에 대한 연구가 실패의 위험을 제대로 밝히려면 인간 생각과 언어의 한계까지도 연구의 범위에 포함되어야 한다. 정치경제학적인 정책연구가 이념논쟁을 불러 온 것은 이런 이유 때문이다. 경제적 자유를 중시하는 입장에서는 규제의 개혁이 옳다. 하지만, 정부의 역할을 중시하는 입장에서는 작은 정부가 해법이 된다는 주장에 동의하기 어렵다. 이미 각자의 틀 속에 갇혀 각자의 프레임으로 세계를 보고 있기 때문에 사회구성원 다수의 공감과 협력을 획득하는 데는 양쪽이 모두 실패할 수 있다.

예를 들면, 수도권 정책, 지역균형정책, 중소기업정책, 노사갈등 문제, 성매매, 사교육, 복지정책 등 많은 문제에서 한국 사회가 겪고 있는 갈등은 단지 정치경제학적인 이해관계의 문제가 아니다. 이미 국민의 정서와 전통규범과 심리가 깊이 개입되어 있다. 이 현상에 대해 우리가 부여하는 언어와 의미가 현상이 존재하는 이유이면서 동시에 이런 문제가 정책문제가 되는 이유다. 단지 누가 이익을 얻고 누가 비용을 부담하는지를 분석하는 것으로는 이런 문제에 대한 해법을 기대하기 어렵다. '수도권'이라는 언어가 만들어지면 이에 따라 '집중'이라는 표현이 발생하고, 이를 계량적으로 측정하는 연구들이 나온다. 이런 연구들은 '수도권'이라는 표현의 의미를 정당화하고 이에 기초한 정책도 정당화하는 논리를 제공한다.

인간의 생각과 언어에 대한 연구가 중요한 것은 이런 판단은 어디까지나 '자기망각'적이고 '자기참조적'이며, '근거없는 근거'에 의지하고 있다는 점을 반성할 수 있게 해준다는 점이다. 이런 판단이 옳을 수도 있고, 그른 것일 수도 있다. 중요한 것은 개념과 판단의 근거를 다시 돌이켜 반성할 수 있도록 한다는 것이다. 자기 생각의 근거를 반성할 수 있어야 상대의 입장도 이해하고 인정할 수 있는 여지도 발생한다. 나의 판단이 '정답'이라면 상대의 생각을 듣고 타협하려는 생각은 애초부터 사라진다.

지금까지의 정책연구는 대체로 정치경제학적 연구에 집중되어 있다. 언어적이고 인식론적인 문제에 대해서는 제대로 문제의 제기조차 이루어지지 않고 있다. 이런 상황에서는 정부실패와 정책실패의 위험을 온전히 해명할 수 없다. 정책실패의 원인을 온전히 이해하려면 정책과정에 참여한 사람들의 생각과 언어로 인한 현실의 은폐·왜곡의 가능성까지도 규명해 낼 수 있는 초학문적인 정책연구가 이루어져야 한다.

제 3 절 '그랜드 디자인' 시대의 종언

1 '그랜드 디자인' 시기의 한국

정부가 개별산업에 대해 '어머니 역할'을 하던 시대는 끝났다. 정부가 국가경제와 사회발전의 큰 그림을 그리고 앞장서 이끌던 시대도 지났다. 제1장 첫머리에 설명한 것처럼 판자촌으로 둘러싸인 청계천을 현대 도시로 재개발하고, 허허벌판이던 울산에는 정유공장을 배치하고, 구미에는 전자산업단지를 입주시키고, 포항에는 철강공장을 짓고, 새마을 운동을 통해 농촌을 근대화하던 시대는 끝났다. 정부의 역할에 힘입어 세계 일류의 경쟁력을 가진 산업을 발전시켰다. 농사를 지으며 수천 년 간 굶주려왔던 한민족은 마침내 배고픔과 가난에서 벗어났다.

그랜드 디자인 시대는 몇 가지 특징이 있다.

첫째, 정부가 민간분야를 앞장서 이끌었다. 부족한 자원으로 집중투자를 하기 위한 피할 수 없는 선택이었다. 정부를 중심으로 근대화, 산업화가 이루어지던 시기다. 국제시장에서 경쟁력을 가진 산업이 없었다. 산업 자체가 없으니 정부가 어떤 설계도를 내놓든 저항하고 반대할 기득권 집단이 없었다. 제2장에서 시장과 정부가 인간의 고민을 해결할 수 있는 두 가지 대안적 방법이라고 설명했다. 그런데 정부가 한국 사회의 미래에 대해 '그랜드 디자인'을 시작하던 1960년대 한국의 시장은 농업중심의 전근대적인 수준에 머물러 있었다. 시장이 스스로 우리가 원하는 다양한 재화와 서비스를 공급할 능력을 갖추지 못하고 있었다.

둘째, 행정부가 주도적인 역할을 했다. 국회에서 정책을 놓고 갑론을박을 벌일 겨를이 없었다. 민주성과 공정성을 추구해서는 효율성을 달성할 수 없는 상황이었다. 정부가 경제개발계획에 맞춰 분야별 입법을 주도해야 했다.

셋째, 정부관료들에게 상당한 권력이 주어졌다. 국가정책의 효율적인 추진을 위해 불가피한 선택이었다. 행정고시를 통해 우수인재가 행정부에 진출했다. 해당 업무를 상당기간 전담하면서 관료들은 분야별 전문지식을 축적하고 있었다.

넷째, 사회가 덜 복잡했다. 경제개발을 시작하던 1963년 직업별 취업자 비율을 보면 농림어업직에 종사하는 사람들의 비중은 62.9%에 달했다. 반면, 사무직 종사자는 3.5%, 전문 · 기술 관련 종사자는 3.3%에 불과했다. 40년이 지난 2007년에는 농림어업직에 종사하는 사람들의 비중이 6.9%로 급감하였다.[5] 1960년에 80달러, 1970년대 257달러이던 1인당 소득은 2014년에 28,180달러가 되었다.[6] 국민의 60% 이상이 1차 산업에 종사하고 있었다. 너무나 가난하여 잘 살아보자는 정부의 노력에 모두가 동의할 수밖에 없는 상황이었다. 정부의 정책에 협력할 수밖에 없는 상황이었다. 설사 정당한 방법으로 권력을 획득하지 못한 정부라고 하더라도 이런 정치적 문제보다는 그 정부가 외치는 경제정책이 국민에게 희망을 주던 시기였다.

정부가 큰 권력을 가지고 있었고 누구도 대적할 수 없는 절대적 재량권으로 한국 사회를 계획하고 집행했다. 그러나 다행히 분명한 목표가 재량권이 엇길로 갈 위험을 제어했다. 국민, 기업인, 정치인, 대통령, 그리고 행정관료가 목표를 공유하고 있었다. 공유한 목표와 강한 달성욕구가 주어진 재량권의 사적 남용을 견제해 주었다. 주어진 목표와 이념이 정부와 정책을 중심으로 사회구성원들이 힘을 모으고 협력하도록 이끌어주었다. 정부실패, 정책실패의 위험에 대한 예방약이었던 셈이다.

2 '그랜드 디자인' 시대의 종언

다행히 정부가 중심이 되어 추진한 경제개발정책은 성공했다. 경제가 발전하고 삶의 질이 달라지면서 사람들의 생각도 달라졌다. 정치도 달라졌다. 공정한 선거의 관리가 가능하고 평화적인 정권의 교체가 가능한 사회가 되었다. 군인들이 탱크를 몰고 나와 국가의 안녕과 질서를 명목으로 정치권력을 차지할 정도로 정치적 혼란을 겪던 시대도 끝이 났다. 세계적 경쟁력을 가진 기업이 발전하고, 산업구조가 완전히 달라졌다. 시장이 스스로 사회구성원이 원하는 첨단의 제품과 각종의 서비스

5) 통계청(2008: 36). 통계로 본 대한민국 60년의 경제 · 사회상 변화.
6) 통계청(2015: 6). 통계로 본 광복 70년 한국사회의 변화.

를 공급하는 사회가 되었다. 기대수명은 1970년에는 61.9세로서 미국, 일본, 중국보다 짧았다. 그런데 1986년에 69.1세로 중국을 추월했으며, 2002년에는 77.0세로 미국을 추월했다. 2013년에는 남성 수명이 78.5세, 여성 수명이 85.1세로 늘어났다.[7] 세계 각국의 사회상태를 통계로 제시하는 NUMBEO의 조사 결과를 보면, 한국은 2016년 현재 전 세계에서 가장 안전한 국가다.[8] 의료서비스는 세계 1위를 기록하고 있다.[9]

경제발전과 더불어 정부가 '그랜드 디자인'을 하던 시기도 끝났다. 이런 방식으로는 국민과 기업과 사회가 가진 능력과 잠재력을 끌어낼 수 없는 시기가 되었다. 정부가 정한 획일적인 목표를 놓고 사회구성원 전체가 뒤를 따르는 것은 더 이상 효율적인 발전의 방법이 될 수 없는 시대가 되었다. 기업과 산업이 스스로 세계시장과 경쟁하면서 스스로의 능력으로 살아남도록 하는 것이 당사자 기업뿐 아니라 국가의 발전에도 오히려 유리한 시대가 되었다. 기계공업진흥법(1967), 조선공업진흥법(1967), 전자공업진흥법(1969), 철강공업육성법(1970)과 같은 법을 만들어 기업과 산업의 탄생단계에서부터 깊숙이 개입하던 시기는 끝났다. 어떤 종류의 반도체를 만들고, 어떤 기술의 TV를 만들고, 어떤 스마트폰을 만들지 정부가 간섭할 필요가 없다. 어떤 자동차를 만들어 어디에 팔아야 할지 간섭할 필요가 없는 시대가 되었다. 이제는 간섭이 불가능한 상황이 되었다.

3 디자인 마인드와 충돌하는 사회세계

정책이란 부분적인 정보에 기초하여 정책을 만들고, 이 정책을 모든 대상집단에게 동일하게 적용하는 방식으로 작동한다. 국가 중심의 경제개발정책이 가능했던 것은 그것이 담고 있는 생각과 언어가 당시의 우리 상황을 이해하고 대응할 수

7) 통계청(2015: 25). 통계로 본 광복 70년 한국사회의 변화.
8) 범죄수준에 대한 인식, 주간 및 야간 통행 안전, 살인 및 강도 위험, 자동차 도난 위험, 피부색 및 인종으로 인한 공격 위험, 마약의 이용과 거래, 절도, 폭행 등에 대한 위험도에 대한 응답을 지표화한 것이다. http://www.numbeo.com/crime/rankings_by_country.jsp
9) 의료인의 진료 능력, 의료검사의 신속성, 의료장비의 수준, 의료정보 관리, 의료인의 친절함, 고객대응 능력, 접근 용이성 등을 고려한 것이다. http://www.numbeo.com/health-care/rankings_by-country.jsp.

있게 했기 때문이다. 농업이 주된 산업이고, 1인당 소득이 수백 달러에 불과한 상황이 이런 정책을 가능하게 했다.

경제가 발전하고 소득의 수준이 높아지고 삶의 양식이 다양화되고 세계화되면서 우리의 상황은 과거와 완전히 달라졌다. 가장 큰 차이점은 디자인 마인드와 언어로 서술하고 대응하는 것이 매우 어려운 상황이 되었다는 점이다. 정부가 나서서 사회를 디자인하려면 먼저 개입 필요성을 언어로 설명해야 한다. 공식적으로 표현하지는 않지만 현상에 대한 사상과 이론을 배경으로 현상에 접근할 수밖에 없다. 어떤 생각 어떤 언어를 동원하든 서술은 현상의 단순화를 수반한다. 만일 사회현상처럼 개별적 특성이 강하다면 현상에 대한 왜곡을 피할 수 없다. 이미 현상의 서술이 잘못되어 있는데 적절한 대안이 나올 수는 없다.

정부가 대학평가를 위해 개발한 몇 가지 개념으로 대학의 현실을 설명할 방법이 있는가? 불가능하다. 어떤 지표를 내놓든 대학의 다양성을 침해한다. 대학 외부의 제3자가 각 대학이 처한 현실을 각 대학 자신보다 더 잘 알 방법이 있는가? 없다. 이미 현실과 괴리된 정보에 기초하여 정책을 만들면 그 정책은 누구를 위한 정책이 될 것인가? 정책을 만들고 집행하는 관료들을 위한 정책이 될 수는 있어도 그 정책이 봉사하기를 원하는 대학을 위한 정책이 되지는 못한다. 일부의 대학에 특혜를 주기 위해 다른 많은 대학에 획일적 제약을 가하는 구시대적인 행정이 나온다. 이런 상황에서는 프루동(Pierre J. Proudhon)이 말하는 통치의 비극을 피할 수 없다. 그는 국가가 초래하는 고통에 대해 다음과 같이 지적하고 있다(로버트 노직, 2016: 32).

> "통치됨은 감지되며, 검열되며, 지도되며, 법에 구속되며, 숫자화되며, 통제되며, 등록대상이 되며, 사상 주입의 대상이 되며, 설교의 대상이 되며, 억제되며, 억류되며, 평가되며, 사정되며, 비판받으며, 명령됨을 이런 행위들을 수행할 권리도 지혜도 덕도 없는 자들에 의하여 그런 수동적 상태에 처함을 의미한다. 통치됨은 모든 활동, 모든 관계에 있어 주시되며, 등록되며, 헤아림의 대상이 되며, 과세 대상이 되며, 도장찍히우고, 측량되며, 숫자화하며 세금사정의 대상이 되며, 허가되며, 승인되며, 충고받으며, 금지되며, 방해받으며, 개혁되며, 교정되며, 처벌됨이다. 이는 공중의 유용성, 공공복리라는 미명 하에 기부토록 강요당하며, 훈련받으며, 껍데기 벗기우고, 착취되며,

독점되며, 강청받으며, 쥐짜내지고, 사기당하며, 강탈당함이다. 그러므로 조금이라도 저항하여 불행의 첫마디를 꺼내자 마자, 억압되며, 벌금의 대상이 되며, 중상 모함도 받으며, 괴롭힘을 당하며, 추적되며, 이용되며, 무장 해제당하며, 두드려 맞으며, 묶이고 목졸리우고, 투옥되며, 심판대에 오르고, 유죄 판결을 받고, 처형되며 추방되며, 희생되며 팔리고, 배반당하고, 게다가 조롱거리와 웃음거리와 야유의 대상이 되며 폭행당하고 명예를 빼앗김이다."

정부가 대학평가를 빌미로 대학에 가하고 있는 규제는 프루동이 비판하는 지배당함의 고통과 혼란을 초래하고 있다. 디자인에 의해 소수의 대표기업으로 이루어진 특정기업이나 산업을 살려낼 수는 있다. 하지만, 각자의 상황에서 각자의 이념을 추구하는 실존적 존재인 대학들을 디자인하는 것은 획일화에 의한 창의성의 말살이다. 개인의 자유와 평등, 사상의 자유와 학문의 자유를 보호하기 위해 만들어진 헌법의 정신과 충돌한다.

4 토기장이에서 정원사로

토기장이는 자신이 만들 도자기의 모습을 직접 정한다. 직접 그것을 빚는다. 정부가 '그랜드 디자인'을 하고 '어머니 역할'을 수행할 때는 '토기장이'와 같았다. 그런데 지금은 상황이 달라졌다. 무에서 유를 창조해야 하는 시대가 아니다. 저마다 개성과 잠재력을 가진 기업과 조직이 한국이라는 대지 위에 자리를 잡았다. 새로운 기업과 조직이 자생적으로 생겨나고 발전할 수 있는 토대는 만들어졌다. 지금은 '토기장이'가 아니라 '정원사'가 필요하다. 정원사는 토기장이처럼 하지 않는다. 내 생각에 맞춰 세상을 설계하고 바꿔놓으려 하지 않는다. 나무가 잘 자라도록 도와주는 것이 정원사의 역할이다. 불필요한 가지를 잘라주고 거름을 주고 잡초를 뽑아주는 일을 한다.

이미 사람들의 생각, 가치, 이념, 삶의 양식이 달라졌다. 각자는 각자의 가치를 추구하는 포스트모던한 시대가 되었다. 어떤 개념, 이론, 어떤 사상으로도 사회세계의 다양성을 설명하기 어려운 시대가 되었다. 어떤 관점에서 접근하든 특정측면을 고립시켜 이해하면서 동시에 다른 많은 측면을 은폐할 수밖에 없는 상황이 되었다. 사람들의 생각이 다르고 삶의 양식이 다르고 언어가 다르다. 무리하게 정책을 추진하면 필히 그 정책으로 인해 어떤 사람들의 자유와 평등과 권리는 침해당하는 시대가 되었다. 정부가 여전히 '토기장이'의 역할을 고집할 수는 없는 상황이 되었다.

5 게임 '규칙'의 제정자로

사회세계를 사람들이 함께 얽혀 살아가는 상호작용의 장으로 본다면, 정부의 역할은 구체적인 행동을 통제하는 것이 아니라 게임의 규칙을 제정하고 위반행동을 심판하는 것이다. 가령, 대학의 경영과 교육, 연구에 대해 법령이나 평가의 기준을 만들어 간섭하는 것은 기업의 자유를 존중하는 민주주의의 기본정신과 충돌한다. 정부가 할 일은 게임의 규칙을 정하는 일이다. 가령, 신입생의 선발에서 구체적으로 어떤 방법으로 신입생을 선발하도록 지도하는 것은 정부의 역할이 아니다. 신입생, 예능계, 로스쿨, 의학전문대학원 입학에서 부정입학을 금지하고 단속하고 처벌하는 것이 정부의 주된 역할이 되야 한다. 신입생을 어떤 방식으로 평가하여 어떻게 뽑을 것인지는 대학의 판단에 맡겨야 한다. 사람의 능력과 잠재력을 평가할 수 있는 하나의 진리와도 같은 답을 있을 수 없기 때문이다. 등록금의 인상, 장학금의 지급에 간섭하는 것은 대학 경영자율에 대한 심각한 침해다. 재단이 학교예산을 부정하게 사용하지 않도록 하고, 재단 경영진의 구성과 운영에서 부정한 행동을 하지 않도록 규칙을 정하고 감시하는 것이 정부의 역할이다. 이처럼 교육부가 대학경영에 세세히 개입하는 상황에서 창조적인 경영과 교육혁신을 기대하기 어렵다.

게임규칙을 제정하는 방법에는 두 가지가 있다. 첫째는 네거티브 방식이다. 원칙적으로 모두 허용하고 예외적으로 금지사항을 규정하는 방식이다. 금지된 것 외에는 모두 허용하는 것이 특징이다. 둘째는 포지티브 방식이다. 열거된 것을 제외하고는 허용하지 않는 방식이다. 선진국과 달리 우리는 포지티브 방식이 중심이다. 즉, 법에 근거가 있어야 할 수 있다는 것이다. 이런 방식은 개인의 선택을 매우 좁게 제한한다. 미국, 영국 등 선진국은 주로 네거티브 규제방식을 취하고 있다(최원락, 2015). 반면, 국내법은 열거된 것만을 허용하고 나머지는 모두 금지하는 포지티브 규제방식이 대부분이다.

예를 들면, 이런 것이다. 미국 각주의 회사법은 소위 '정관장사(chater mongering)'의 과정에서 기업을 자신들의 주로 유치하기 위한 수단으로 만들어졌다. 19세기 말엽 이후 미국의 각주들은 기업 인가에 따른 조세수입의 증대를 위하여 기업을 각자 자신들의 주로 유치하고자 노력하였다. 이를 위한 수단의 하나로 기업의 요구를 잘 반영한 회사법을 제정하기 위하여 주들은 경쟁을 벌였다. 델라웨어 주가 회사법의 표준처럼 된 것도 델라웨어 주가 기업들에게 유리한 회사법을 제정하여 실제로 가장 많은 회사들을 유치하였기 때문이다(Black, 1990: 545－550). 그래서 회사법이 경영진의 구미에 맞추어 가는 밑바닥을 향한 경쟁("race－to－the－bottom")의 결과물일 뿐이라는 비판을 받고 있다(사공영호, 2007: 172－173). 이런 이유로 미국의 회사법은 내용은 없이 외형만 남아있는 빈 조개껍질(empty shell)과 같은 것이며(Black, 1990: 542), 결과적으로 회사법의 역할은 어디까지나 각 당사자들이 참고할 만한 모델이나 표준양식을 제공하는 정도의 것이라고 보고 있다(프랭크 H. 이스터브룩, 1999: 70－71). 즉, 당사자의 판단과 선택을 가장 존중하며, 법에 규정은 하지만 이를 일방적으로 강요하지는 않는다는 것이다.

제 4 절 정부실패 위험에의 대응

1 '처음 요인' 돌아보기

1) 민주적 정부와 정책: 예외적 우연적 현상

정부와 정책을 만들고 이용하는 과정에서 인류는 수많은 어려움에 봉착해 왔다. 『이코노미스트(*The Economist*)』에 따르면, 지금도 여전히 독재 정부가 인류의 약 40%를 지배하고 있다. 온전한 민주주의 국가는 15%에 불과하다. 이런 국가에 살고 있는 사람은 11.3%에 불과하다.[10] 제4부에서 분석한 내용을 한마디로 요약하자면, '민주적인 정부와 정책은 예외적이고 우연적인 현상'이라는 사실이다. 인류의 역사가 보여준다. 우연한 이유로 기독교를 받아들인 사회들만이 스스로 민주적인 정부를 만드는 데 성공할 수 있었다.

민주적인 정부와 정책을 만드는 일이 쉽지 않은 이유는 제11장에서부터 제15장까지 설명했다. 정부와 정책을 만들기 위해 반드시 의지해야 하는 우리의 생각, 언어, 삶의 양식, 정치, 사회세계 속에 깊고 은밀히 내재되어 있다. 이런 요소에 의지해 정부와 정책을 만들고 운영해야 한다는 점이 정부실패의 피할 수 없는 원인으로 작용해 왔다. 자발적인 협력에 의해 정부를 만드는 일은 어렵다. 바로 이런 제도의 공백을 점령하는 것이 독재 정부다. 권위주의적 정부와 군사쿠데타 정부다. 이런 정부의 특징은 집권세력의 이익을 위해 다른 모든 사회구성원을 지배의 대상으로 삼는다는 점이다. 선거제도의 약점을 이용한 인기영합형 정부도 오로지 권력획득을 위해 유권자를 이용의 대상으로 삼는다.

2) 정부와 정부실패의 '처음 요인': 인간

정부와 정책의 '처음 요인'은 인간이다. 인간이 가진 마음의 능력과 언어 능력과 제도 창조 능력이다. 인간이 가진 능력에 의지하여 정부와 정책은 만들어지고 작동한다.

정부가 실패하는 것도 우리 자신 때문이다. '처음 요인'인 우리 자신이 서로 힘을 합하고 생각을 합하여 협력하는 것을 방해한다. 세상을 이해하고 대응하기 위해 반드시 의지해야 하는 우리의 생각과 언어가 상대에 대한 이해와 협력을 방해한다. 우리의 생각이 협력친화적인 방식으로 작동하지 않는다. 정부가 해야 할 일과 해서는 안 될 일을 제대로 구별할 능력을 가지고 있지 않다. 정부의 개입을 요구하는 자기 판단의 근거가 빈약하고 편견적임을 이해하기 어렵다.

인간의 사고는 그것이 작동하는 원리로 인해 상대를 공정하게 이해할 능력을 상실하고 있다. 내가 가진 경험, 지식, 사상, 종교, 문화, 관습이 판단의 기초다. 나는 이미 내 편견의 렌즈를 통해 세상을 본다. 공정하게 주변을 볼 방법이 없다. 내 편견의 렌즈를 우회할 방법이 없다. 편견을 내려놓으면 세상은 혼돈에 빠지기 때문

10) http://pages.eiu.com/rs/eiu2/images/Democracy-Index-2012.pdf; The Economist(2013). Democracy index 2012: Democracy at a standstill. 참고.

이다. 아무것도 볼 수 없기 때문이다. 그럼에도 나는 이런 나의 사고에 의지해 세상을 살아왔다. 내 삶 속에서 내 사고는 그럭저럭 작동해 왔다. 그럭저럭 작동하고 있으니 그것이 잘 작동하고 있는 것처럼 착각한다. 어떤 문제가 있는지 관심을 기울이지도 않는다. 우리의 생각이 가진 빈약한 근거는 다음과 같은 질문을 해보면 곧바로 드러난다.

- 다른 생각을 가진 사람들을 설득할 근거나 방법이 있는가?
- 누구나 인정할 수 있는 판단의 근거를 제시할 수 있는가?
- 전문가들은 일치된 생각을 보이고 있는가?
- 다른 문화를 가진 사람들도 공감할 수 있는가?
- 다른 이념이나 가치를 가진 사람들도 공감할 수 있는가?
- 어떤 이념을 다른 이념과 비교할 수 있는 공정한 기준이 있는가?

이들 질문에 긍정적 답을 얻을 수 있다면 문제가 생기지 않는다. 정부가 개입할 것인지도 사람들의 공감과 합의에 기초해서 정하면 된다. 문제는 이런 질문에 긍정적으로 답할 수 없을 때다. 사람들의 생각이 다르고, 설득할 방법도 없고, 전문가들도 생각이 나뉘어 있고, 문화와 가치와 이념을 달리하는 사람들은 생각을 달리할 때다. 만일 이때 차이를 인정하고 서로의 선택을 존중하면 문제가 생기지 않는다. 그런데 우리의 생각은 이렇게 작동하지 않는다. 생각을 달리하는 사람을 공정하게 판단할 능력을 가지고 있지 않다. 그렇지만, 이미 상대방이 틀린 것으로 보인다(사공영호, 2014a, 2015a: 152-183). 내가 맞는 것으로 느껴진다. 바로 여기에서 정치도 시작되고 정부실패도 기원한다(사공영호, 2015b: 221-231).

어떤 상황이 문제라고 느껴지면, 가장 먼저 해야 할 일은 위의 질문을 다시 하는 것이다. 다른 사람들도 그렇게 생각하는가? 달리 생각하는 사람들을 설득할 근거가 있는가? 내가 제시한 근거에 다른 사람들이 동의하지 않을 때 더 이상 할 말이 없지 않는가? 상대가 공감하지 않는다면 정부의 개입이 먼저가 아니라 상대를 설득하고 상대의 동의와 공감을 얻는 것이 먼저다. 공감과 동의 외에는 평등한 개인이 서로의 존엄을 훼손하지 않으면서 함께 살아갈 방법이 없다.

2 '해결'보다 '해소'[11)]

1) 해결과 해소

편견과 자기망각에 빠질 수밖에 없는 인간이 서로 간 충돌을 줄이면서 함께 살아가는 방법은 '해결(solve)'보다는 '해소(dissolve)'다. 정부실패의 위험을 줄이려면 문제를 '해소'하는 방법을 보다 적극적으로 모색해야 한다. 특히, 사회현상은 인간의 생각과 언어에 기초하여 해석적으로 발생한다. 해석에 근거하여 문제가 발생했다면, 이의 해결을 시도하기에 앞서 자신의 판단 자체를 돌이켜 보고 잘못 판단하였을 가능성을 검토해야 한다.

어떤 문제에서 벗어나는 방법에는 크게 두 가지가 있다. 첫째는 문제를 해결하는 방법이고, 둘째는 어떤 것이 문제라는 우리의 인식을 해소함으로써 사라지게 하는 방법이다. '정말' 문제가 '있다'면 그것은 해결방법을 찾아야 한다. 문제가 '정말 있다'는 것은 물리적인 인과관계, 생물학적인 인과관계 등 과학적인 인과관계에 의하여 문제의 존재를 규정할 수 있는 경우다. 인간의 삶이나 심리와 관련된 문제들도 의학, 뇌과학, 심리학 등에 근거하여 원인을 객관화할 수 있고, 이런 지식에 근거하여 설득하고 공감하는 것이 가능하다면 해결의 대상이 될 수 있다. 만일 문제가 이런 방식으로 실재하고 있다면 이런 문제는 누구나 인정할 수 있고, 모두가 공감할 수 있다. 이런 문제의 개선은 모두의 삶의 질을 개선할 수 있을 것이다. 이런 문제가 있다면 이는 해결의 대상이다. 좀 더 실천적으로 이런 문제를 분별하는 방법은 어떤 사람이 "나는 그 문제에 대해 공감하지 않는다."고 말할 때, 그를 설득할 수 있는 방법이 있는 문제들이다.

사람들이 서로 생각을 달리하고 있으나 상대를 설득할 '마땅한' 방법이 없는 문제는 최소한 문제 자체의 존재론적 양상을 기준으로 보면 해결의 대상은 아니다. 문제의 해결을 가능하게 할 수 있는 '근거'가 부재하기 때문이다. 일종의 '근거없는 근거'에 기초하고 있는 문제이기 때문이다. 설사 객관적인 근거를 제시하기는 어려워도 구성원들이 다같이 그렇게 생각한다면 공통의 문제가 될 수 있는 것이 사회세계다. 그런데 이런 문제는 생각을 달리하는 사람들의 입장에서 보면 문제가 되지

---

11) 사공영호(2015a: 333−339)의 내용을 재정리한 것이다.

않는다. 문제로 생각하는 사람들의 입장에서는 다른 사람도 그렇게 생각하고 있다는 점이 문제를 정당화하는 근거가 된다. 하지만, 이런 생각에 모두가 동의하지 않는다는 점에서는 근거가 없는 것이다. 그런데 사회세계에서 일어나고 있는 대부분의 문제는 이런 종류의 문제에 해당한다. 인간의 주관적인 가치, 신념, 이념, 기대를 배경으로 할 수밖에 없기 때문이다.

그렇다면, 이처럼 '근거없는 근거'에 기초하고 있는 문제는 어떻게 해법을 찾아야 하는가? 양쪽이 다 쉽지는 않지만 이론적으로는 '해결'과 '해소' 모두가 방법이 될 수 있다. 우선, 처음에는 어떤 문제에 공감하는 사람들이 소수였지만, 여러 가지의 의견교환 과정을 거치면서 점차 사회구성원들이 그 문제에 대해 공감하게 되었다면 '해결'의 대상이 될 것이다. 반대로, 여러 가지 의견교환을 거치면서 문제라는 생각이 오히려 사라질 수도 있다. 이렇게 되면 더 이상 해결의 대상으로 삼아야 할 이유 자체가 사라진다.

2) 해소 접근의 적용

수도권 규제, 성매매, 노사 관련 규제는 '해소'의 대상에 가깝다. 전문가들조차도 생각을 달리하고 있다. 정답을 규정하기 어렵다. 일종의 '근거없는 근거' 상황이다. 사회제도는 관련된 사람들이 공감하지 않으면 제도로서의 정당성을 상실한다. 하나의 해법을 찾는 이유는 그 해법이 모두에게 이익이 되기 때문이다. 어떤 해법이 누군가에게는 문제의 해결이지만 다른 누군가에게는 새로운 문제의 발생을 의미한다면 이를 정당화할 수 있는 근거를 제시하고 설득할 수 있어야 한다. 만일 설득하기 어렵다면 각자가 자신의 상황에 맞는 해법을 찾을 수 있는 기회가 보장되어야 한다. 이런 상황에서는 굳이 법이 필요하지 않다. 법을 정당화할 근거도 없다. 이런 상황에서 만들어진 법은 어떤 해법이 정답인지에 관해 우리 스스로도 확인할 수도 없음에도 정치적인 방법으로 정답의 힘과 권위를 부여한 것일 뿐이다. 법을 이용하여 정답이 될 수 없는 기준을 모든 사회구성원에게 강요하는 것이나 마찬가지다. 상황이 이와 같다면, 법과 정책에 의하여 이 문제에 개입하는 것은 매우 신중해야 한다. 정책결정보다는 오히려 '무의사결정(non-decision making)'이 더 나은 선택일 가능성이 높다.

경제학자들이 소위 '순수공공재'라고 부르는 서비스 영역은 '해결'의 대상이 될 수 있는 영역이다. 이런 분야는 문제를 해결해야 한다. 상태 자체를 바꾸어야만 문제에서 벗어날 수가 있다. 이런 서비스는 특징이 있다. 시대가 달라지고 사회가 달라지고 사람들의 삶의 방식과 조건이 달라져도 변함없이 사람들이 원하는 서비스라는 점이다. 인간이 인간으로서 살아가기 위해 필요한 기본적인 삶의 조건을 형성하는 서비스들이기 때문이다. 인간은 공동체를 구성하여 서로 협력하며 살아갈 때 여러 가지의 유익을 얻을 수 있다. 더 크고 더 다양한 종류의 시장을 형성하여 사람들의 필요와 요구에 더 섬세하게 대응하는 사회를 만들 수 있다. 각자가 자신의 잠재력을 실현할 수 있는 기회가 더 많아질 수도 있다. 함께 협력하기만 한다면 구성원의 생명과 안전을 보호하는 데도 더 유리할 수도 있다. 간단히 말해, 더 행복하고 더 잘사는 사회를 만들 가능성이 생긴다. 순수공공재는 사회공동체가 질서를 유지하고 존속하는 데 필요한 기본적인 서비스들이다. 그래서 어느 시대 어느 사회에서나 이와 관련된 문제는 '해결'하고자 한다. 국가와 정치, 정부와 제도와 정책이 정당화되는 것도 바로 이런 서비스를 공급할 수 있기 때문이다. 만일 이런 서비스를 효율적이고 민주적이고 공정한 방법으로 공급한다면 그런 정부는 그야말로 국민들을 위하여 존재하면서 국민들이 원하는 문제를 해결함으로써 스스로의 정당성을 국민들로부터 정당하게 인정받는 정부가 될 수 있다.

경제학적인 표현을 빌리면 '파레토 개선'과 같은 효율성의 개선이 가능한 영역이다. 즉, 적절히 비용을 부담할 경우, 어떤 사회구성원도 비용과 편익이라는 측면에서 손해를 보는 사람이 없이 사회구성원들의 전체적인 효용의 증가를 가능하게 하는 일이 일어날 수 있다. 각자가 자신의 담세 능력에 맞게 세금을 부담하고, 이렇게 징세된 세금수입으로 국방서비스를 공급하고 치안서비스를 공급하면 각 개인이 이런 문제를 독자적으로 해결할 때 보다 훨씬 효율적인 방법으로 이런 서비스를 향유할 수 있게 된다는 것이다.

하지만, 단지 절대 다수의 사회구성원들이 원한다는 점이 이런 서비스에 대한 정치와 정부의 성공을 보장지는 않는다. 국민들이 아무리 간절하게 원하더라도 이를 위한 정부와 정책을 수립하는 문제는 전혀 다른 종류의 문제다. 인류의 역사를 돌아보고, 지금 세계 각국에서 펼쳐지고 있는 정치와 정부와 제도의 현실을 돌아보면 금방 알 수 있다. 아무리 국민들의 바람은 간절하더라도 이를 철저히 무시하고 오로지 자신의 안위만을 위하여 정치와 정부를 이용할 수 있는 것이 인간이기 때문이다.

3 숙의민주주의

민주주의가 더 나은 정치방식이 될 수 있는 것은 인간의 사고와 언어가 가진 약점에 대해 상대적으로 높은 대응 능력을 가지고 있기 때문이다. 인간의 사고와 언어에 내재된 약점이 가장 잘 드러나는 순간은 다른 생각을 가진 사람을 만났을 때다. 자연현상은 증거를 제시하며 설득할 수 있다. 하지만, 인간의 생각과 언어, 인간의 해석이 판단의 근거인 현상은 증거에 기초하여 설득하기 어렵다. 주어진 현상이 아니라 그 현상에 대해 각자가 가진 해석이 판단의 근거이기 때문이다. "나는 당신과 생각을 달리 한다."고 말하는 상대방을 설득할 방법이 없는 것이 사회세계다.

민주주의가 좋은 것은 이처럼 서로 다른 생각을 가진 사람들이 만나 자기 생각의 한계를 확인하게 해준다는 점이다. 자신의 생각은 어디까지나 자신의 해석일 뿐, 달리 생각하면 얼마든지 다른 결론에 도달할 수 있음을 알게 해준다. 이런 상황에서 서로 평등한 개인이 합의에 도달하는 방법은 연구와 분석을 통해 증거를 제시하는 데 있지 않다. 상대에 대해 좀 더 이해하고 자신에 대해 새롭게 반성하면서 단지 함께 공감하고 동의할 수 있는 어떤 결론에 도달했다는 이유로 그런 판단과 선택은 정당화된다. 이런 방식의 결정이 소위 '자기참조적'이며 '근거없는 근거'에 기초한 결정방법이다. 민주주의가 좋은 제도인 것은 이런 결정을 가능하게 하기 때문이다. 이런 점에서 단순다수결은 진정한 민주주의가 아니다. 다수의 횡포에 불과하다. 민주주의를 빙자한 소수에 대한 이념적 폭력, 정책적 폭력과 다를 바 없다.

4 정부 역할에 관한 공감 형성

2006년 206조 원이던 중앙정부의 재정규모는 2014년에는 325조 원으로 증가했다. GDP 대비 비중은 24.3%에서 23%로 다소 낮아졌다(<표 16-1> 참고). 2006년

56조 원이던 복지예산은 2014년 106조 원으로 증가했다(<표 16-2>). 중앙정부 통합재정에서 복지예산이 차지하는 비중은 2002년 19.9%에서 2015년에는 30.1%로 증가했다(<표 16-3>).[12)]

표 16-1 정부 재정규모

(단위: 조 원, %)

	2006	2007	2008	2009	2010	2011	2012	2013	2014
중앙정부 통합 재정규모	206	210	236	275	264	280	294	315	325
(GDP 대비, %)	24.3	23.3	24.3	26.7	23.4	22.5	22	23.7	23
중앙정부 총지출 규모	224	238	257	302	293	309	325	349	356

* 중앙정부 통합 재정규모 = 지출(경상지출 + 자본지출) + 순융자(융자지출 – 융자회수)
* 중앙정부 총지출 = 경상지출 + 자본지출 + 융자지출

그러나 중앙정부 예산에서 복지예산이 차지하는 비중을 보면, 미국, 캐나다, 스웨덴 등의 선진국들은 50~60%에 이르고 있다. 단순히 국가 간의 비중만을 비교한다면 우리의 복지예산 비중은 선진국에 비해서는 분명 낮다.

표 16-2 복지 재정규모

(단위: 조 원)

	2006	2007	2008	2009	2010	2011	2012	2013	2014
합계	56	61	68	80	81	86	93	99	106
예산	17.2	16.8	20.2	26.3	25.2	26.5	28.5	33	36.7
기금	39	45	48	54	56	60	64	66	70

* 보건복지가족부, 노동부, 여성부 등 12개 중앙부처의 복지 관련 재정규모의 합계

표 16-3 중앙정부 통합재정 규모대비 복지 재정비중

	한 국				호 주	스웨덴	미 국	캐나다
	1997	2002	2007	2015	2005	2004	2005	2004
복지 재정(%)	17.9	19.9	28.9	30.7	51.4	54.5	56.4	58.1
경제 재정(%)	24.5	22.6	18.1	–	6.6	10.6	6.6	5.9

12) http://www.index.go.kr/potal/main/EachDtlPageDetail.do?idx_cd=2739

중요한 것은 복지예산의 비중 자체가 아니라 복지예산이 확대되는 원인과 과정이다. 예를 들어, 선거에서의 승리를 위해 특정집단에게 인기영합적인 복지를 제공하는 방식으로 복지예산이 팽창한 것이 아니며, 복지의 확대로 인한 조세부담의 증가에 대해 국민들 사이에 충분한 공감이 있고, 복지예산이 투명하게 효율적으로 집행되며, 국민들이 복지혜택의 수혜를 위해 부정수급과 같은 기회주의적인 행동을 하지 않는다면 복지정책은 사회적 후생을 증가시키는 수단이 될 수 있다. 주어진 자원을 잘 배분함으로써 사회적 총후생을 증가시키는 중요한 수단이 될 수 있다.

그런데 복지의 확대가 사회적 필요와 공감이 아니라 오로지 정치적 목적으로 선거에서의 승리를 위해 졸속적으로 도입된다면 이는 후생의 증가가 아니라 사회적 분열과 갈등의 증가를 초래한다. 누리과정 예산을 놓고 중앙정부와 지방정부가 충돌하고 있는 우리의 현실은 이런 측면을 잘 보여준다. 복지정책은 일종의 양면의 칼이다. 특정집단에게 혜택을 주지만, 다른 집단에게는 조세부담의 증가를 초래한다. 부담의 증가를 감당해야 할 사회구성원의 동의가 없는 복지정책의 확대는 개인의 자유와 충돌하며 개인의 평등과 충돌한다. 정부에 대한 국민의 의존심리를 심화시킨다. 사회구성원들이 스스로 대응할 수 있는 기회와 의지를 빼앗는다.

선거에서의 승리를 위해 경쟁적으로, 졸속적으로 선심성 공약을 제시한다. 서둘러 공약을 만들기 때문에 재정동원 문제에 대해 신중한 검토가 이루어지지 않는다. 다양한 의견을 수렴하고 다수의 공감을 얻으려는 노력도 생략된다. 설사 재정적인 문제가 예상되더라도 선거 승리를 위해 일단 공약으로 제시한다. 선거가 끝난 후에는 선거과정에서 공약했다는 이유만으로 정책으로 제도화한다. 이 과정에서 재정 문제가 더 현실적으로 논의된다. 재정 여건으로 인해 정책의 내용이 다소 축소되기도 한다. 하지만, 일단 공약으로 제시했다는 이유만으로 다양한 의견을 수렴할 동기는 약화된다. 약속을 지키지 않으면 공약을 위반했다는 비난이 쏟아지기도 한다. 결국, 재정적인 무리가 있더라도 입법화하여 실천에 옮긴다. 이런 과정을 거쳐 선거용으로 만들어진 정책이 공식 정책화한다.

더 많은 국민에게 더 큰 행복과 복지를 주는 정책은 분명 좋은 정책이다. 그런데 이런 정책을 추진하는 방법에는 두 가지가 있다. 첫째는 파레토 기준에 준하는 자발적 합의와 공감에 기초한 정책추진이다. 설사 부담이 늘어나더라도 그 부담의 증가로 인해 자신도 혜택을 얻을 수 있고 이웃과 가족도 더 큰 혜택을 얻을 수 있다면 부담의 증가에도 동의할 수도 있다. 만일 이런 방법으로 복지예산이 증가한다면 이는 그야말로 복지의 수단이 될 수 있다. 둘째는 누군가에게는 혜택을 주지만 다른 누군가에게는 그에 따른 부담을 일방적으로 또는 은밀하게 안기는 방법이다. 누군가 가진 것을 세금으로 강제징수하여 다른 누군가에게 주는 것은 어떤 정부든 할 수 있다. 그러나 이런 정책이 조세부담자의 동의가 없이 추진된다면 이는 분명 민주적인 정책방법은 아니다(로버트 노직, 2016). 선거공약에 의해, 그리고 공약의 입법화에 의해 국민 다수의 진정한 공감이 없이 정부의 규모가 지속적으로 팽창하는 것은 일종의 민주정치의 실패이며 정부실패다.

5 자치의 확대

'자치'란 말 그대로 관련 당사자들이 직접 결정하여 상황을 다스린다는 의미다. 예를 들면, 교육에 관한 것은 학생과 학부모와 학교와 지역정부와 지역의 교육청이 결정하는 것이 자치다. 그들이 당사자이기 때문이다. 이 사람들이 자신들의 상황에 대해 가장 잘 알고 있다. 정치가 필요하고 민주적 정치가 중요한 것도 바로 이런 이유 때문이다. 더 많은 사람들이 더 다양한 방법으로 정부를 만들고 정책을 만드는 과정에 참여할 수 있게 하기 때문이다.

교육부가 나서면 문제를 다루는 상황은 완전히 달라진다. 지역과 일선에서 일어나는 일들을 교육부 관료와 주변의 연구소들이 정확히 이해할 방법은 없다. 개념을 동원하고 이론을 동원하여 교육을 조사와 분석의 대상으로 삼는 순간 교육의 실제 모습은 은폐되고 왜곡되기 쉽다(김재웅, 2012: 4－6). 연구할수록 현장과는 오히려 멀어지는 문제가 발생한다. 당사자들이 직접 결정을 내리면 이런 위험을 피할 수 있다. 직접 결정을 하므로 더 잘 결정하기 위해 노력하고 더 나은 결정을 내리기 위해 노력할 수 있다. 무엇보다 중요한 것은 지역의 관련자들이 지속적으로 문제를 다루어 갈 수 있는 대화의 과정, 안정적인 정치의 과정이 마련될 수 있다는 것이다. 소위 '의사소통적 합리성'의 추구가 가능하다.

제9장에서 설명한 것처럼 정부와 정책은 사회구성원들이 어떤 목적을 위해 '함께' 노력해 가는 하나의 과정이다. 정답을 결정하고, 결정한 정답을 국가사회에 적

용하여 문제를 해결하는 방식으로 작동하지 않는다. 대부분의 문제에서 '정답'은 없다. 사회세계는 이런 규칙에 의해 작동하지 않는다. 물론, 정부는 최선이 아니라 차선을 찾고 현재보다는 나은 상황을 목표로 삼는다. 하지만, 정책의 대상으로 삼기 위해 상황을 정리하고 분석하여 단순화하는 과정에서 이미 현실과 멀어지는 문제가 발생한다(Brunner, 1991). 이미 현실과 멀어진 상황에서 내리는 차선책은 전혀 차선이 되지 못한다. 상황에 대한 이해 자체가 잘못되었기 때문에 문제의 해결을 위해 더 크고 더 강력한 정책을 요구하는 정책의 악순환을 초래하기 쉽다(Wildavsky, 1987; 사공영호, 2015c).

의사결정권이 당사자에게서 멀어질수록 유권자는 주권자로서의 지위와 영향력을 상실하기 쉽다. 선거는 정치인에게 권력을 부여하는 수단으로 전락한다. 정치인들이 선거를 위해 정책을 만들고 그 책임은 국민에게 떠넘기는 일이 일어난다. 막대한 예산을 사용하지만 도대체 그것이 누구를 위한 것인지 알기 어려운 일이 일어난다. 특정집단의 이념에 의해 국가정책 전체가 흔들리고, 인간 사고와 언어가 가진 약점들이 그대로 국가의 정책에 침투하는 일이 일어난다. 큰 재량권이 필히 주어지고 감시하고 감독하는 것은 훨씬 어려워지는 문제가 발생한다.

지역의 교육감이 뭔가 잘못하고 있고, 시장과 도지사와 군수가 일을 잘하지 못하면 그를 교체하면 된다. 지역사회에서 결정이 이뤄지고 시행된다. 국회와 중앙정부에서 하는 일보다는 정보를 얻기 쉽다. 감시할 수 있고, 책임을 물을 수도 있다. 누구를 위해 일하고 있으며 권력을 남용하고 있지는 않는지도 지역에서 감시하는 것이 용이하다. 유토피아적이고 공허한 이념이나 허구적인 정책공약을 견제하는 문제도 지역차원에서 대응하는 것이 오히려 쉽다. 유권자의 요구를 구체화하는 것이 용이하고, 지역별로 자신의 현실에 맞는 정책을 개발하는 것이 자원을 효율적으로 이용하는 데도 유리하다.

6 연구태도의 개선

1) 사회세계의 전체성

정책연구자들이 정부와 정책의 발전에 기여하려면 주된 연구방법이 되고 있는 실증주의에 대해 좀 더 깊은 이해와 주의가 필요하다. 다양한 연구의 방법을 활용할 수 있는 능력의 향상도 필요하다. 정부와 정책에 대한 연구의 방법으로 가장 많이 활용되는 것은 실증주의에 기초한 계량적 연구방법이다. 실증주의는 증거에 기초하여 지식을 얻는 좋은 방법이다. 예를 들면, 경제학이 학문적 체계를 발전시킬 수 있었던 것은 끊임없이 현실에 관한 자료에 기초하여 검증하는 노력을 기울였기 때문이다. 그러나 실증주의는 지식을 얻는 여러 가지 방법의 하나다. 현상 자체를 잘 알지 못한 채 실증주의를 적용하는 것은 오히려 현상의 실상을 보지 못하게 하고 오해하게 할 수 있다.

정부와 정책현상은 실증의 방법으로 지식을 얻는 데는 여러 가지 제약요인이 있다. 실증의 단위는 사실에 관한 개념이다(Ayer, 1959: 10). 개념으로 구성된 명제다. 이 개념이 검증의 대상이 되는 세계와 정밀하고 객관적인 방식으로 대응된다면 실증주의는 과학적 지식을 얻는 방법이 된다. 이런 검증이 가능하려면 세계가 논리원자론(logical atomism)적인 서술이 가능한 방식으로 있어야 한다. 복합명제를 보다 근본적인 단순명제, 원자명제(atomic proposition)로 환원하여 검증할 수 있어야 한다(Ayer, 1959: 11).[13] 자연세계는 전형적으로 이런 세계다(Wittgenstein, 1922: §4.11, 6.53). 명제와 세계를 대응시켜 지식을 얻을 수 있다. 소위 대응적 진리(correspondent truth)를 얻을 수 있다. 하지만, 정부와 정책은 매우 다른 방식으로 발생하고 작동한다.

정부와 정책의 기반이 되는 인간과 언어, 그리고 사회세계는 원자론이 아니라 전체론(holism)적으로 있다(Heidegger, 1962; Wittgenstein, 1953; Quine, 1951; Dreyfus, 1980). 인간과 세계는 서로가 서로를 형성한다(Putnam, 1981: xi). 인간의 삶의 세

13) 예를 들면, "물은 수소와 산소의 화학적 결합물이다."라는 명제에서 물은 그것을 분석하면 수소와 산소로 분해가 가능한 복합물이다. 산소와 수소는 다시 이보다 더 단순한 물질로 분석될 수 있는 복합물이다.

계를 구성하는 요소들 역시 서로가 서로를 형성한다(Heidegger, 1962: 353).[14] 못을 알려면 망치와 나무와 가구와 사람에 대해 알아야 한다. 마찬가지로 정부를 알려면 권력, 정치, 정당, 문화, 역사, 종교, 법, 정책, 사회 현실 등 수많은 문제에 대해 함께 알아야 한다. 드라이퍼스는 상호규정적(inter-defining)이라는 표현을 쓰고 있다.[15] 인간과 세계는 분리불가능하다(Heidegger, 1962: §12-13; Laverty, 2003: 8-10). 인간은 이미 세상에 던져져 있고, 처절하게 세상을 이해하고 대응하는 속에서 자신을 이해하고 자신의 가능성을 추구한다. 세계가 달라지면 인간의 생각과 삶의 양식은 완전히 달라진다. 언어 역시 이를 일상에서 분리하는 것은 마치 물고기를 관찰하기 위해 물에서 건져내는 것과 같다(Braver, 2012: 107; Wittgenstein, 1953: §43, 89, 432). 삶 속에서 언어는 심각한 의미문제를 일으키지 않는다. 그런데 이 언어를 삶으로부터 분리하여 연구과 분석의 대상으로 삼으면 키메라 사냥이 된다(Wittgenstein, 1953: §94). 발언의 상황과 발언자의 의도와 이를 이해하는 인간의 능력이 언어를 살아있게 만들기 때문이다.

2) 결정불충분성과 실천적 대응

함께 얽혀 함께 진화해 가고 있기 때문에 사회세계는 자연세계에 비해 결정불충분성이 매우 높다. 관련 요인들이 근본원인으로의 환원이 불가능한 상태로 전체적으로 상호의존・상호작용하고 있다(Quine, 1951). 설사 경험적인 자료에 의해 검증하더라도 인과관계를 추정하고 확정하기 매우 어렵다. 자료의 의미를 이해하려면 연구자가 가지고 있는 경험, 이론, 사상, 철학, 이념, 가치 등 많은 것들을 함께 동원해야 한다. 해석에 따라 의미가 달라지는 문제가 필히 발생한다. 온전한 지식을 얻을 방법이 없으니 사람들은 각자가 자신의 판단에 기초하여 자신의 삶의 가능성과 가치를 추구하는 실존적인 삶의 양식을 취한다.

이와 같은 세계에서 인간이 지식을 얻고 대응하며 살아가는 주된 방법은 연구가 아니라 실천이다(Heidegger, 1962: 68).[16] 망치를 아는 방법은 관찰이 아니라 망

14) 하이데거는 "하나의 도구는 존재론적으로 불가능하다(One tool is ontologically impossible)."라고 설명하고 있다(1962: 353). 다른 연장을 배제한 채 망치만 관찰해서는 결코 망치를 알 수 없다.
15) 드라이퍼스의 [Being & Time] 강의 동영상 참고.
16) 하이데거는 주변 세상에 대한 이해는 그것을 다루는 중에 얻어진다고 말하고 있다.

치를 사용해 보는 것이다. 정치를 알려면 개념을 정의하고 분석하는 것이 아니라 정치를 해봐야 안다. 기업인으로 살아가면서 경영을 배우고, 정책관료가 되어 보면 정책이 어떻게 작동하는지 가장 잘 알 수 있다. 이렇게 배운 것들은 이론화된 지식이 아니라 언어로는 서술하기 어려운 기술이다(Dreyfus, 2014; 2003: 11). 일상의 삶에 관한 이해에서 과학적인 지식이 더 우수하다는 보장이 없는 것도 이런 이유 때문이다(Garfinkel, 1967: 262-283).

게다가, 자연과학과 사회과학은 지식과 세계의 관계가 전혀 다르다. 자연과학은 세계를 기준으로 지식을 검증한다. 하지만, 사회과학은 그렇지 않다. 정반대의 해석이 나오고, 각각의 해석은 각각의 패러다임에 의하여 정당화된다(Kuhn, 1962). 서로 다른 패러다임을 공정하게 비교할 방법은 없다. 자연세계에서처럼 생각을 달리하는 상대방을 설득할 근거가 없다. 그래서 자연과학은 하나의 패러다임이 다른 패러다임을 극복하는 방식으로 진화하지만, 사회과학은 서로 다른 패러다임들이 경쟁하는 양상으로 전개된다. 연구자들이 다같이 공감하는 정답이 없기 때문이다. 사회세계에는 자연세계에서처럼 이가성 정답이 존재하지 않는다(Braver, 2007: 19-21). 니체(F. W. Nietzsche)가 인간의 지식에 대해 사실은 존재하지 않고 해석만 있을 뿐이며, 해석은 오류산출행위라고 비판(백승영, 2009: 471, 464)하는 것도 이런 이유 때문이다. 어떤 내용이든 사회현상에 관한 연구는 구성원의 공감과 동의를 얻지 못하면 무의미하다.

사회현상에 관한 실증연구는 사전지식에 기초한 해석을 필연적으로 요구한다. 어떤 해석이 다른 해석보다 더 올바른 해석인지 판단할 기준이 없다. 이런 점들을 고려하면서 정부와 정책에 대한 연구를 진행해야 한다. 정부현상의 존재론적 독특성, 인과관계의 결정불충분성, 언어의 의미 문제, 해석에 의한 정당화의 문제, 실증이 곤란한 기술의 영역, 의사결정에서 실증적 자료가 갖는 의미 등을 염두에 두고 진행해야 한다. 그런데 연구자는 이런 존재론, 인식론적 문제를 잘 이해하지 못한다. 자신이 사용하고 있는 개념이 우연히 획득한 개념, 이론, 사상을 배경으로 하고 있다는 점을 망각한다(Rorty, 1979, 1989; Husserl, 2001: 5). 그래서 이상하게도 연구과정을 거치면서 개념과 이론이 동원되면 정답 없는 결정불충분 상태에 있는 세계가 마치 정답이 있는 세계인 것처럼 그려진다. 졸속행정을 막아야 할 연구가 이를 뒷받침한다. 자기 연구의 우연하고 불확실한 근거는 망각한 채 정답을 가진 것처럼 착각한다. 이런 연구가 권력과 결합하면 인간의 존엄에 봉사해야 할 연구가 권력의 통제력에 봉사하는 일이 발생한다(허범, 2002).

3) 정부와 정책은 해석에 의지한 현상

정부와 정책은 자연현상처럼 인간의 해석과 무관하게 존재하면서 법칙적 인과관계에 의해 설명할 수 있는 경험현상이 아니라 인간의 해석에 의지하는 개념현상이다. 개념현상이란 현상 자체가 문제의 핵심이 아니라 그 현상에 대해 사람들이 어떻게 이해하고 해석하느냐가 핵심이 되는 현상이다(피터 윈치, 2011: 59-64; Whitehead, 1933; Heidegger, 1971). 자연현상에서는 실재가 개념의 기반이지만 사회현상에서는 해석이 의미의 기반이다. 어떤 측면을 어떤 관점에서 어떻게 해석하느냐에 따라 의미하는 바가 달라진다. 관찰에 의해 법칙을 찾을 수도 있다. 하지만, 그 법칙에 포함된 언어의 의미는 이를 구성하고 해석하는 사람의 의미부여에 따라 달라진다. 예를 들면, 기업인이 취하는 이윤은 정당한 재산권의 행사일 수도 있고, 근로자의 노동생산물의 착취일 수도 있다.

잘못 개념화하면, 개별적인 사고와 선택의 주체인 인간이나 조직이 '사실인'으로 전락한다(Husserl, 1962: 5). 가령, 대학 평가와 구조개혁 정책은 대학에 관한 지표화된 평가를 핵심수단으로 하고 있다. 이런 획일화된 평가의 기준이 대학이 대학으로서 만들어지고 발전·진화하는 원리를 온전히 설명할 수는 없다. 각자는 각자의 여건에서 각자의 목표를 추구하고 있기 때문이다. 각 대학은 자신의 임무에 대한 각자의 해석에 기초하여 만들어지고 진화하는 개별적 선택의 주체다. 구성원들의 생각과 행동이 핵심인 현상이다. 경험현상으로 측정하면서 핵심적 실상은 은폐되고 지도와 통제의 대상으로 전락하고 있다.

4) 존재론에 기초한 방법론

방법의 문제로 정부와 정책의 핵심에 도달하지 못하는 위험을 피하려면 방법에 앞서 존재론적인 이해를 시도하는 연구태도의 개선이 필요하다. 즉, 조사하고 검증하려 하지 말고 현상이 그와 같이 발생하고 작동하고 진화하는 이유에 관해 설명하는 많은 연구들을 검토하고 현상을 관찰해 보는 것이 먼저라는 것이다. 어떤 경우에는 한편의 소설이 과학적 분석이 제시하는 것 이상의 설명을 제공할 수도 있는 것이 인간현상이고 사회현상이다. 어떤 경우에는 연구가 아니라 그것을 실제로 경험하고 겪어보는 것이 가장 좋은 이해의 방법일 수 있다. 철학자들이 인간의 생각과 행동과 언어를 연구하듯이 진지하게 현상에서 관찰할 수 있는 미묘한 차이를 반성하고 의문을 던지고 사유하고 고민하는 것이 앎의 방법이 될 수도 있다. 어떤 방법을 선택하든 중요한 것은 방법을 앞세워서는 안 된다는 것이다. 하나의 방법이 현상의 모습을 온전히 보여줄 수 있다고 생각해서는 안 된다. 상황에 따라 매우 다른 속성을 내보이는 것이 인간현상이며 사회현상이기 때문이다.

참고문헌

국내 문헌

강준만(2011). 포퓰리즘 공화국: 한국 정치의 비밀. 『인물과 사상』.

강혜규・정홍원・함영진・권소일・김지민・오다은・민진아(2015). 『지방자치단체－중앙정부 복지사업의 유사・중복 실태 분석 및 조정방안 연구』. 한국보건사회연구원.

고든 털럭 외, 김정완 역(2005). 『공공선택론: 정부실패』. 대영문화사.

곽승준・장태구・허세림・조승국(1998). 『오염배출권거래제』. 자유기업센터.

권향원・최도림(2011). “근거이론적 방법의 이론화 논리에 대한 이해: 한국행정학의 비맥락성과 방법론적 편향성 문제를 중심으로”. 『한국행정학보』, 45(1): 275－302.

김두환(2014). 『2013년도 전자상거래 소비자피해 동향 조사』. 한국소비자원.

김성곤(1999). 미국문학에 나타난 청교도주의. 『미국학』. 제22집.

김소영(1995). 『공공재 공급분석에 관한 비판적 연구 후생경제학적 분석과 공공선택론적 분석의 정치학적 함의』. 서울대학교 대학원 박사학위 논문.

김용준・이유선・황설중・임건태・이병철(2014). 『로티의 철학과 아이러니』. 아카넷.

김일중(2014). 규제 개혁 지속을 위한 정부 3부의 역할과 과제. 2014년 한국경제연구원・한국규제학회・동아일보 주체 정책세미나 보고서.

김재웅(2012). 분과학문으로서 교육학의 위기에 대한 비판적 고찰: 현장적 전문성과 학문적 정체성의 관점에서. 『아시아교육연구』, 13(1).

김종순(2011). 예산극대화모형(니스카넨). 행정학 용어사전.

김종호・심영섭・유진근(2009). 경제활력 제고를 위한 진입규제 개혁 방안－진입규제 개혁의 창업, 고용, 생산성 효과를 중심으로－. 산업연구원.

김태완・강경태(2004). 미국 지방자치에 관한 소고. 『국제정치연구』, 7(1).

김행범(2012). 지대추구와 경제자유가 국민소득에 미치는 영향에 관한 실증 연구: 국가 간 자료를 중심으로. 『제도와 경제』, 6(1).
김홍우(2000). 『현상학과 정치철학』, 문학과지성사.
남경희(1997). 『말의 질서와 국가: 근대 서구 정치철학의 비판과 재해석』, 이화여자대학교 출판부.
______(2012). 『언어의 연기와 마음의 사회성: 언어 기호 마음 세계에 관한 동서 철학의 융합』. 이화여자대학교출판부.
______(2007). 『상대주의의 두 얼굴』. 서광사.
도모노 노리오, 이명의 역(2006). 『행동경제학: 경제를 움직이는 인간심리의 모든 것』. 지형.
래너드 E. 리드(2016). 『저는 연필입니다』. 자유경제원.
로널드 코스, 김태일 · 이상호 역(1988). 『기업, 시장, 그리고 법』. 전남대학교출판부.
로렌스 M. 프리드만, 안경환 역(2006). 『미국법의 역사』. 청림출판.
로버트 노직, 남경희 역(2016). 『아나키에서 유토피아로: 자유주의 국가의 철학적 기초』. 문학과지성사.
로버트 보크, 신광제 역(1991). 『반트러스트의 모순』. 교보문고.
마이클 셔머, 박종성 역(2008). 『진화경제학』. 한국경제신문.
______, 김소희 역(2012). 『믿음의 탄생! 왜 우리는 종교에 의지하는가』. 지식갤러 리.
막스 베버, 박성수 역(1988). 『프로테스탄트 윤리와 자본주의 정신』. 문예출판사.
문강희(2015). 잔인한 사월 세월호를 감사하다. 『감사』, 봄호.
박거용 외(2005). 교육부의 대국민 사기극: 노무현 정부 교육 정책의 전면 비판과 제안. 책갈피.
박세일(1994). 『법경제학』. 박영사.
박승억(2007). 『후설과 하이데거』. 김영사.
박태견(1997). 『관료망국론과 재벌신화의 붕괴』. 살림.
방민석(2005). 『각종 표시 · 광고 규제개선을 위한 연구』. 한국행정학회.
백승영(2009). 『니체: 디오니소스적 긍정의 철학』. 책세상.
사공영호(1998). 가부장적 행정문화 속에서의 규제기관 및 관료의 포획현상 연구. 『한국행정학보』, 32(2).
______(2002). 재량권, 지대 그리고 부패: 토지 · 건축분야를 중심으로. 『한국정책학회보』, 11(4).
______(2006). 정책과 공식제도의 비공식적 기초: 미국 기업의 지배구조 제도를 중심으로. 『한국경제연구』, 15(3).
______(2007). 기업지배구조와 비공식제도: 미국 전문경영사례를 중심으로. 『규제연구』, 16(1).
______(2008). 조직의 제도화 메커니즘. 『한국행정연구』, 17: 3.

______(2013a). 정책: 존재론적 해명. 『행정논총』, 51(2).
______(2013b). 한의사의 영상의료기기 이용규제에 관한 비판적 고찰: 법원판례를 중심으로. 『규제연구』, 22(2).
______(2014a). 정책 이성 비판. 『한국정책학회보』, 23(2).
______(2014b). 비공식제도: 현상학적 해명. 『철학과 현상학연구』, 제62집.
______(2014c). 지대추구행위: 실천적 · 전체론적 접근. 『한국정책학회보』, 23(1).
______(2015a). 『제도와 철학: 제도와 정책의 현상학 · 언어철학적 탐구와 비판』, 대영문화사.
______(2015b). '틀린' 정책 문제 정의: 의미와 기원. 『한국정책학회보』, 24(3).
______(2015c). 아리스토텔레스 인과론으로 분석한 정부형성의 함정. 『한국정책학회보』, 24(4).
______(2016). 세월호 사고와 규제실패의 성격. 『규제연구』, 25(1).
사무엘 헌팅턴, 형선호 역(2006). 『사무엘 헌팅턴의 미국』. 김영사.
손의영(2014). "아무도 이용하지 않는 공항과 도로는 왜 만들어졌을까". 자유기업원 정치실패 연속토론회 발표자료.
솔 A. 크립키, 남기창 역(2008). 『비트겐슈타인 규칙과 사적언어』. 철학과 현실사.
송현호(1998). 『신제도이론』. 민음사.
송호근(2006). 『한국의 평등주의 그 마음의 습관』. 삼성경제연구소.
시모어 마틴 립셋, 이종수 역(1963). 『미국사의 구조: 국민형성과 민주주의의 사회적 조건』. 한길사.
신용인(2009). 『삼성과 인텔』. 랜덤하우스
아놀드 토인비, 박광순 역(2006). 『역사의 연구(*A Study of History*)』. 범우.
안병철(2001). 정책형성과정의 정치적 성격과 특성. 『한국정책학회보』, 10(2).
안종범(2007). 경제와 복지 포퓰리즘 감별법. 『철학과 현실』.
알렉시스 드 토크빌, 임효선 · 박지동 역(1997). 『미국의 민주주의』. 박영률출판사.
______, 이용재 역(2006). 『앙시앵 레짐과 프랑스 혁명』. 박영률출판사.
앙리 피렌느(1939). 강일휴 역(1997). 『중세유럽의 도시』. 신서원.
양승일(2013). 선별주의와 보편주의를 둘러싼 지방복지정책의 갈등 분석: 서울특별시 무상급식정책을 중심으로. 『지방행정연구』, 27(1)(통권 92호).
______(2014). 수정된 Wilson의 규제정치이론을 활용한 규제정치 비교 분석. 한국정책학회 추계학술발표논문집.
엄구호(1990). 『한국 정부규제의 영향요인과 반응에 관한 분석적 연구』. 연세대학교 행정학 박사학위논문.
에드문트 후설, 이종훈 역(2009). 『순수현상학과 현상학적 철학의 이념들』. 한길사.
에릭 바인하커, 안현실 역(2007). 『부의 기원』. 랜덤하우스코리아.
오스트롬, 엘리너, 윤홍근 · 안도경 역(2010). 『공유의 비극을 넘어: 공유자원 관리를 위한 제도의 진화』. 랜덤하우스코리아.
오욱환(2009). 한국 교육정책의 실패 원인의 간파를 위한 상상력. 『교육학연구』, 47(4).
오원철(1995). 『한국형 경제건설 제1권』. 기아경제연구소.
______(1996). 『한국형 경제건설 제2~4권』. 기아경제연구소.
위르겐 하버마스, 장춘익 역(2011). 『의사소통행위이론: 행위합리성과 사회합리화』. 나남.
윌리엄 던, 나기산 역(1996). 『정책분석론』. 법문사.
윌리엄 제임스, 김재영 역(2011). 『종교적 경험의 다양성』. 한길스레이트북스.
윤봉준(1999). 『노동조합 정치세력화의 폐해』. 자유기업센터.
이경희 · 권순만(2004). 의약분업정책: 이익집단의 영향과 정책과정의 교훈. 『한국정책학회보』, 13(5).
이남인(2013). 『현상학과 해석학』. 서울대학교출판문화원.
이수미(2015). 도서정가제 규제정책변동에 관한 연구: 정책옹호연합모형(ACF)과 규제정치이론의 적용을 중심으로. 한국정책학회 추계학술발표논문집.
이용성(2011). 포퓰리즘 정치와 포퓰리즘 언론: 동남권 신공항 보도를 중심으로. 『관훈저널』, 제119호.
이장식(1978). 미국민주주의 정치사상에 끼친 종교적 가치관의 영향. 『신학사상』, 제21집.
이정전(2005). 『경제학에서 본 정치와 정부』. 박영사.
______(2015). 『왜 우리는 정부에게 배신당할까? 민주주의를 위한 경제학』. 반비.
______(2010). 노벨상 수상자의 경고 '4대강 비극을 피하려면; 엘리너 오스트롬의 <공유의 비극을 넘어>. 『프레시안』, 2010.9.17일자.
이혁우(2010). 정부실패. 『온라인 행정학사전』.
이혜영 · 고효진(2010). 어린이 식품안전규제정책에 관한 연구: J. Q. Wilson의 '기업가적 정치'는 작동하는가? 한국행정학회 하계 정기학술대회 발표 논문.
임도빈(2015). 공약(空約)과 돈쓰기 경쟁: 지방개발정책의 실패사례. 『행정논총』, 53(3).
임도빈 외(2015). 『실패한 정책들: 정책학습의 관점에서』. 박영사.
임재홍(2014). 교육부 발표안의 법적 해석과 문제, 『1.28 교육부 구조 조정 계획, 무엇이 문제인가』. 대학공공성강화를 위한 전국대학구조조정공동대책위원회(준) 세미나자료집.
장 자크 루소, 정성환 역(2007). 『사회계약론: 자유와 평등 · 민주주의에 관한 최고의 고전』. 홍신문화사.
장대익(2013). 『인간에 대하여 과학이 말해준 것들』. 바다출판사.
장대홍(2015). 갈등을 불러오는 복지확대. KERI Column. 한국경제연구원.
잭 웰치, 이동현 역(2001). 『끝없는 도전과 용기』. 청림출판.
전성우(1987). 막스 베버의 근대자본주의 발생론Ⅱ: 서구 중세도시 시민계급의 형성을 중심으로. 『한국사회학』, 제20집.
전용덕(2009). 국제 금융위기와 신자유주의, 한국경제연구원 Issue paper.

정광호(2004). 교육정책의 실패요인 분석: 교육인적자원부 설문조사를 중심으로. 한국행정학회 2004년도 국제학술대회 및 추계학술대회 발표논문집.
정용석(2002). 하르낙과 기독교의 본질. 『신학사상』, 제119집.
조지 레이코프, 유나영 역(2006). 『코끼리는 생각하지마』, 삼인.
존 로크, 강정인 · 문지영 역(1996). 『통치론: 시민정부의 참된 기원, 범위 및 그 목적에 관한 시론』. 까치글방.
지광석 · 김태은(2011). 규제의 정당성에 대한 모색: 시장실패의 치유 vs. 거래비용의 최소화 · 경감. 『한국행정학보』, 44(2)(2010 여름): 261–289.
찰스 샌더스 퍼스, 김동식 · 이유선 역(2008). 『퍼스의 기호학』. 나남.
최병선(1992). 『정부규제론: 규제와 규제완화의 정치경제』. 법문사.
______(2006). 신제도경제학에서 본 규제이론과 정책: 이견과 확장. 『행정논총』, 44(2): 179–216.
______(2007). 정책연구: 얼마나 과학적인가? 윌다브스키의 관점을 중심으로. 『정책연구의 관점과 방법』. 법문사.
______(2015). 윌다브스키의 정책학. 『행정논총』, 53(4).
최병선 · 사공영호(1997). 부정부패와 정부규제. 『한국행정연구』, 5(4).
최원락(2015). 네거티브 규제방식 추진동향과 활성화 방안. 전국경제인연합회.
토마스 홉스, 진석용 역(2012). 『리바이어던1』. 나남.
통계청(2008). 통계로 본 대한민국 60년의 경제 · 사회상 변화.
______(2015). 통계로 본 광복 70년 한국사회의 변화.
표트르 A. 크로포트킨, 김영범 역(2005). 『만물은 서로 돕는다』. 르네상스.
프랜시스 후쿠야마, 구승희 역(1996). 『트러스트』. 한국경제신문사.
프랭크 H. 이스터브룩, 이문지 역(1999). 『회사법의 경제학적 구조』. 자유기업센터.
피터 윈치, 박동천 역(2011). 『사회과학의 빈곤』. 모티브북.
필립 짐바르도, 이충호 · 임지원 역(2007). 『루시퍼 이펙트』. 웅진 지식하우스.
한스 게오르크 가다머, 임홍배 옮김(2012). 『진리와 방법 2』. 문학동네.
한스 게오르크 호이젤, 배진아 역(2008). 『뇌 욕망의 비밀을 풀다: 인간의 소비심리를 지배하는 뇌 속 Big–3의 비밀』. 흐름출판.
한스 요한 글로크, 한상기 역(2009). 『분석철학이란 무엇인가』. 서광사.
황인학(2015). 자본주의 오해와 진실 <14> 시장실패의 우화 참고. 한국경제 2015.5.29일자.
해롤드 버만 · 김철(1992). 『제도: 문명과 역사적 법이론』. 민영사.
허범(2002). "정책학의 이상과 도전". 『한국정책학회보』, 11(1): 293–311.
현정택(2015). 한국의 경제적 지대와 지대추구행위 타파를 위한 제언. 『한국경제포럼』, 7(4).
현진권(2015). 공공성 논리는 정부팽창을 위해서다: 경제학적 관점에서. 자유경제원 e–지식, 15(8).

현진권 · 전희경(2012). 『보육정책에서 공공성 논리 비판과 정부실패』. 한국경제연구원, Working Paper.

황상연 · 최용환 · 이현우(2011). 『포퓰리즘과 재정위기』. 경기개발연구원.

황혜신(2005). 주인 대리인 이론의 정책과정에의 시론적 적용: "국민의 정부" 의약분업 사례의 또 다른 해석. 『한국정책학회보』, 14(4).

국외 문헌

Acoff, Russell(1999). "Russell Acoff: A Lifetime of Systems Thinking", *LeveragePoints issue*, 115.

Anderson, Terry L. & P. J. Hill(1979). "An American Experiment in Anarcho-Capitalism: the Not So Wild. Wild West", *Journal of Libertarian Studies* 3. No.1.

Bax, Chantal(2013). "Reading On Certainty through the Lens of Cavell: Scepticism, Dogmatism and the "Groundlessness of our Believing", *International Journal of Philosophical Studies*.

Bellah, Robert N., Richard Madsen, William M. Sullivan, Ann Swilder & Steven M. Tipton (1996). *Habits of the Heart*, University of California Press.

Bernstein, Marver H.(1955). *Regulating Business by Independent Commission*, Westport, CT: Greenwood Press.

Black, Bernard S.(1990). "Is Corporate Law Trivial?: A Political and Economic Analysis", *Northwestern University Law Review*, 84(2): 542-597.

Blattner, William(2009). *Heidegger's Being and Time: A reader's Guide*, Continum International Publishing Group.

Blumer, Herber(1971). "Social Problems as Collective Behavior", *Social Problems*, No.18.

Bohman, James & William Rehg(2011). "Jurgen Habermas", *Stanford Encyclopedia of Philosophy*.

Braver, Lee(2007). *A Thing of This World: A History of Continental Anti-Realism*, Northwestern University Press.

______(12012). *Groundless Grounds: A Study of Wittgenstein and Heidegger*, The MIT Press.

Brunner, Ronald D.(1991). "The Policy Movement as a Policy Problem", *Policy Sciences*, 24: 65-98.

Buchanan, James(1965). "An Economic Theory of Clubs", *Economica*, 32(125).

______(1988). "The Political Economy of the Welfare State", *The Industrial Institute for Economic and Social Research*.

Clark, Andy & David Chalmers(1998). The extended mind. *Analysis*, 58.1: 7－19.
Clemons, Randall S., & Mark K. Mcbeth(2001). *Public policy praxis: theory and pragmatism. a case approach*. Prentice－Hall. Inc.
Coase, R. H.(1937). "The Nature of the Firm", *Economica*, New Series, 4(16).
______(1960). "The Problem of Social Costs", *Journal of Law and Economics*, 3(1): 1－44.
______(1974). "The Lighthouse in Economics", *Journal of Law and Economics*, 17(2).
Dery, David(2000). "Agenda Setting and Problem Definition", *Policy Studies*, 21(1): 2000.
Dorey, Peter(2014). *Policy Making in Britain: An Introduction*, SAGE Publications Ltd.
Downs, Anthony(1957). *An Economic Theory of Democracy*, Harper.
Dreyfus, Hubert L.(1980). "Holism and Hermeneutics", *Review of Metaphysis*, 34.
______(1991). *Being－in－the－World: A Commentary on Heidegger's Being and Time, Division I*, The MIT Press.
______(2014). *Skillful coping: Essays on the phenomenology of everyday perception and action*, Oxford University press.
Dreyfus, Hubert L. & Stuart E. Dreyfus(1986). *Mind over Machine*, The Free Press.
Edwards, Chris(2009). Government Cost Overruns. Cato Institute.
Eggertsson, T.(1990). *Economic Behavior and Institutions*, Cambridge University Press.
Eisenhardt, Kathleen M.(1989). Agency Theory: An Assessment and Review, *The Academy of Management Review*, 14(1): 57－74.
Flyvbjerg, Bent(2001). *Making Social Science Matter: why social inquiry fails and how it can succeed again*, Cambridge university press.
Friedman, Milton(1983). *Bright Promises, Dismal Performance*, New York: Harcourt Brace Jovanovich.
Fukuyama, F.(1995). *Trust: the social virtue and the creation of prosperity*, The Free Press.
Gadamer, Hans－Geprg(1975). *Truth and Method*, Translation revised by Joel Weinsheimer & Donald G. Marshall, continuum.
______(2013). *Truth and Method*, Bloomsbury Revelations.
Gagnon, Paul, Mark Chou, Selen Ercan & Giovanni Navarria(2014). "Five Hundred and Seven Theories of Democracy", Database for Working Paper #1, Democratic Theories Database.
Gallagher, Shaun & Anthony Crisafi A.(2009). "Mental institutions", *Topoi*, 28(1): 45－51.
Garfinkel, Harold(1967). *Studies in Ethnomethodology*, Polity Press.
Gergen, Kenneth, J.(2009). *An Incitation to Social Construction*, SAGE.
Glanzberg, Michael(2014). *Truth*, Stanford Encyclopedia of Philosophy.
Hamilton, Edith & Huntington Cairns, ed.(1989). *Plato: The Collected Dialogues*, Princeton

University Press.

Harney, Maurita J.(1982). *Intentionality, sense and the mind*, Martinus Nijhoff Publishers.

Heidegger, Martin(1962). *Being and Time*, trans, John Macquarrie and Edward Robinson, Harper & Row Publishers Incorporated.

______(1971). *Poetry, Language, and Thought*, Harper Perennial.

______(1979). *Nietzche: The Will to Power as Art, The Eternal Recourrence of the Same*, translated by David Farrell Krell, Harper Collins Publishers.

Held, Klaus(2003). "Husserl's Phenomenological Method", in Donn Welton, ed. (2003), *The New Husserl: A critical Reader*, Indiana University Press.

Heritage, John(1984). *Garfinkel and Ethnomethodology*, Polity Press.

Holcombe, Randall G.(2000). "Public Goods Theory and Public Policy", *The Journal of Value Inquiry 34*.

______(2004). "Government: Unnecessary But Inevitable", *The Independent Review*, 13(3): 325–342.

Hoppe, Hans–Hermans, ed.(2003). *The Myth of National Defense: Essays of the Theory and History of Security Production*, Ludwig von Mises Institute.

Husserl, Edmund(1962). *The Crises of European Sciences and Transcendental Phenomenology: An introduction to Phenomenological Philosophy*, translated and with An Introduction by David Carr, Nothwestern University Press.

______(2001). *Analyses Conerning Passive and Active Synthesis: Lecture on Transcendental Logic*, trans, Anthony J, Steinbock, Kluwer Academic Publishers.

Hutchinson, Phil, Rupert Read, & Wes Sharrock(2008). *There is No Such Thing As a Social Science*, Ashgate.

Inwood, Michael(1997). *Heidegger: A Very Short Introduction*, Oxford University Press.

Kahneman, Daniel(2011). *Thinking Fast and Slow*, Penguin Books.

Kim, Jongwook & Joseph T. Mahoney(2005). "Property Rights Theory, Transaction Costs Theory, and Agency Theory: An Organizational Economics Approach to Strategic Management", *Managerial and Decision Economics*, 26: 223–242.

Kolko, Gabriel(1963). *The Triumph of Conservatism*, The Free Press.

Kosowski, Lukasz(2010). *Noema and Thinkability: An Essay on Husserl's Theory of Intentionality*, ontos verlog.

Kuhn, Thomas(1962). *The Structure of Scientific Revolution*, The University of Chicago Press.

Laffont, Jean–Jacques, & Jean Tirole(1991). "The Politics of Government Decision Making: A Theory of Regulatory Capture", *The Quarterly Journal of Economics*, Vol.106, Nov: 1089–1127.

Laverty, Susann M.(2003). "Hermeneutic Phenomenolgy and Phenomenology: A Comparison of Historical and Methodological Considerations", *International Journal of Qualitative Methods*, 2(3).

Leef, George C.(1991). "Lawyer Fees Too High? The Case for Repealing Unauthorized Practice of Law Statutes", *Regulation*, 20(1).

Lowi, Theodore. J.(1964). "American Business, Public Policy, Case-Studies, and Political Theory", *World Politics*, 16(4): 677-715

Lynch, Michael P. ed.(2001). *The Nature of Truth: Classic and Contemporary Perspectives*, A Bradford Book.

Malanga, Steven(2005). "The New New Left: The Politics of Ever-Expanding Government", *Heritage Lectures*, No.921.

Mankiw, N. Gregory(1998). *Principles of Economics*, Cengage Learning.

______(2003). *Principles of Economics*, Cengage Learning.

Mehrabian, Albert(1971). *Silent Messages*, Wadsworth.

Meier, Kenneth J.(1985). *Regulation: Politics, Bureaucracy, and Economics*, New York: St. Martin's Press.

Mills, Jon & Janusz A. Polanowski(1997). *The Ontology Of Prejudice*, Value Inquiry Book Series, 58.

Mill, John Stuart(1859). *On Liberty*, Batoche Books.

Niskanen William A.(1971). *Bureaucracy and Representative Government*, Chicago: Adline Press.

______(1994). *Bureaucracy and Public Economics*, Edward Elgar Publishing Company.

Noll, Mark A.(2002). *The Old Religion in a New World: The History of North American Christianity*, William B. Eerdmans Publishing Company.

Noll, Roger G.(1985). "Government Regulatory Behavior", in Roger G. Noll (ed.) *Regulatory Policy and the Social Sciences*, Berkeley, CA: University of California Press.

North, Douglass. C.(1990). *Institution, Institutional Change and Economic Performance*, Cambridge University Press.

______(1996). "Economics and Cognitive Science", Washington University, Working Paper.

______(2006). *Understanding The Process of Economic Change*, Princeton University Press.

Nozick, Rober(1974). *Anarchy, State, and Utopia*, Basic Books.

Olson, Mancur(1965). *The Logic of Collective Action: Public Goods and the Theory of Groups*, Havard University Press.

Ostrom, E.(1990). *Governing the Commons: the evolution of Institutions for Collective action*, Cambridge University Press.

Peirce, Charles Sanders(1877). "The Fixation of Belief", *Popular Science Monthly*, 12.

Pfeffer, Jeffery & Gerald R. Salancik(1978). *The External Control of Organization; A Resource Dependence Perspectives*, New York, N.Y.: Haper & Row Pub.

Plous, Scott(2003). "The Psychology of prejudice, stereotyping, and discrimination: An Overview", 출처: http://www.understandingprejudice.org.

Popper, Karl(1994). *The Myth of the Framework*, Routledge.

Posner, Richard A.(1974). "Theories of Economic Regulation", *The Bell Journal of Economics and Management Science*, 5(2): 335-358.

Putnam, Hilary(1981). *Reason, truth and history*, Cambridge University Press.

Putnam, Robert D.(1993). *Making Democracy Work: Civic Traditions in Modern Italy*, Princeton University Press.

Quine, W. V.(1951). *Two Dogmas of Empiricism*, Reprinted in *From a Logical Point of View*, Harvard University Press.

______(1953). *From a Logical Point of View: Nine Logico-Philosophical Essays*, Harvard University Press.

Riedl, Brian M.(2009). "50 Examples of Government Waste", Webmemo, No.2642, The Heritage Foundation.

Riemer, Nick(2010). *Introducing Semantics*, Cambridge.

Robbins, Donijo, ed.(2005). *Handbook of Public Sector Economics*, Taylor & Francis.

Romanyshyn, John M. & Annie L. Romanyshyn(1973). *Social Welfare: Charity to Justice*, Random House.

Rorty, Richard(1979). *Philosophy and the Mirror of Nature*, Princeton University Press.

______(1989). *Contingency, Irony, and Solidarity*, Cambridge University Press.

Rothbard, Murray N.(2004). "Power & Market: Government and the Economy", Ludwig von Mises Institute.

Rummel, R. J.(1993). "How many did Communist Regimes Murder?", unpublished essay. https://www.hawaii.edu/powerkills/COM.ART.HTM

______(1994). *Death by Government*, Transaction Publishers.

Samuelson, Paul A.(1954). "The Pure Theory of Public Expenditure", *The Review of Economics and Statistics*, 36(4): 387-389.

Sappington, David E. M., & Joshep E. Stiglitz(1987). "Information and Regulation", in Elizabeth E. Baily, *Public Regulation: New Perspectives on Institutions and Policies*, Cambridge: The MIT Press.

Schattschneider, E. E.(1975). *The Semisovereign People: a realist's view of democracy in America*, Dryden Press.

Schutz, Alfred(1953). "Common−sence and Scientific Interpretation of Human Action", *Philosophy and Phenomenological Research*, 1.

______(1962). *Collected Papers1: The Problem of Social Reality*, ed., Maurice Natanson & H.L. Van Breda, Martinus Nijhoff.

Searle, John R.(1995). *The Construction of Social Reality*, The Free Press.

______(1998). *Mind, Language, and Society: Philosophy in the Real World*, Basic Books.

______(2003). "Social Ontology and Political Power", http://www.law.berkeley.edu/−centers/kadish/searle.pdf

______(2010). *Making The Social World*, Oxford Univ. Press.

Sherif, Muzafer(1958). "Superordinate Goals in the Reduction of Intergroup Conflict", *American Journal of Sociology*, 349−356.

Sherif, Muzafer, O. J. Harvey, B. Jack White, William R. Hood, & Carolyn W. Sherif(1954). *Experimental Study of Positive and Negative Intergroup Attitudes between Experimentally Produced Groups: Robbers Cave Experiment*, University of Oklahoma, Institute of Group Relations.

Shotter, John(2011). "Language, Joint Action, and the Ethical Domain: The importance of the relations between our living bodies and their surroundings", Plenary paper to be given at Ⅲ CONGRESO DE PSICOLOGÍA YRESPONSABILIDAD SOCIAL, March 5th−9th(2011). Campus San Alberto Magno.

Sokolowski, Robert(2000). *Introduction to Phenomenology*, Cambridge University Press.

Spector, Malcolm & John I. Kitsuse(1973). "Social Problems: A Re−Formulation", *Social Problems*, Vol.21.

Stanford, Kyle(2013). "Underdetermination of Scientific Theory", *Stanford Encyclopedia of Philosophy*.

Stigler, George J.(1975). *The Citizen and the State: Essays in Regulation*, The University of Chicago Press.

Tullock, Gordon(2003). "The Origin Rent−Seeking Concept", *Internal Journal of Business and Economics*, 2(1): 1−8.

Tullock, Gordon, Arthur Seldon, & Gordon L. Brady(2000). *Government: Whose Obedient Servant?*, The Institute of Economic Affairs.

Udebn, Lars(1996). *The Limits of Public Choice: A sociological critique of the economic theory of politics*, Routeledge.

Wallis, John J. & Douglass North(1986). "Measuring the Transaction Sector in the American Economy", in Stanley L. Engerman & Robert E. Gallman, (eds.) *Long−Term Factors in American Economic Growth*, University of Chicago Press.

Weber, Max(1958). *The City*, Free Press.

______(1976). *The protestant ethic and the sprit of capitalism*, George Alen & Unwin.

Weingast Barry R., Kenneth A. Shepsle, & Christopher Johnsen(1981). "The Political Economy of Benefits and Costs: A Neoclassical Approach to Distributive Politics", *The Journal of Political Economy*, 89(4): 642−664.

Weingast, Barry(2002). "Self−Enforcing Constitutions; With an Application to American Democratic Stability", *Law and Economics Workshop*, Paper 3.

Welton, Donn, ed.(2003). *The New Husserl: A Critical Reader*, Indiana University Press.

Whitehead, Alfred North(1933). *Adventures of Ideas*, The Free Press.

Wildavsky, Aron(1987). *Speaking Truth to Power*, Transaction Publishers.

Williamson, Oliver E.(1975). *Makers and Hierarchies: Analysis and Antitrust Implication*, The Free Press.

Wilson, James Q.(ed.)(1980). *The Politics of Regulation*, New York, N.Y.: Basic Books, Inc., Pub.

Wittgenstein, Ludwig(1922). *Tractatus Logico−Philosophicus*. trans, C. K. Ogden 또는 김양순 역(2008). 『논리철학논고』, 동서문화사.

______(1953). *Philosophical Investigation*, trans, G. E. M. Anscombe & P. M. S. Hacker & Joachim Schulte, Wiley−Blackwell 또는 김양순 역(2008). 『철학탐구』, 동서문화사.

______(1969). *On Certanity*, G. E. M. Anscombe & G. H. von Wright(eds), Blackwell Publishing.

______(1978). *Remarks on the Foundtions of Mathematics*, edited by G. H. von Wtight, R. Rhees & G. E. M. Anscombe, The MIT Press.

Wolf, Jr., Charles(1988). *Market or Governments: Choosing between Imperfect Alternatives*, The Rand Coorporation.

Wrathall, Mark A.(2011). *Heidegger and Unconcealment: Truth, Language, And History*, Cambridge University Press.

Young, James O.(2013). *The Coherence Theory of Truth*, Stanford Encyclopedia of Philosophy.

Zerbe, Richard O, Jr. & McCurdy, Howard E.(1999). "The failure of market failure", *Journal of Policy Analysis and Management*, 18(4).

찾아보기

[인 명]

[사 항]

ㄴ

ㄷ

ㄹ

ㅁ

ㅊ

ㅋ

ㅌ

ㅍ

ㅎ

사공영호

경북대학교 법과대학 졸업(행정학사)
서울대학교 행정대학원 졸업(행정학 석사)
서울대학교 대학원 졸업(행정학 박사)
평택대학교 행정학과 교수

[주요 연구]

- 행정학 학문 위기의 기원: 존재와 인식의 부조화, 2016, 『행정논총』.
- 세월호 사고와 규제실패의 성격, 2016, 『규제연구』.
- 아리스토텔리스 인과론으로 분석한 정부 형성의 함정, 2015, 『한국정책학회보』.
- '틀린' 정책 문제 정의: 의미와 기원, 2015, 『한국정책학회보』.
- 『제도와 철학: 제도와 정책의 현상학 · 언어철학적 탐구와 비판』, 2015, 대영문화사.
- 비공식제도: 현상학적 해명, 2014, 『철학과 현상학연구』, 제62집.
- 정책 이성 비판, 2014, 『한국정책학회보』.
- 지대추구행위: 실천적 · 전체론적 접근, 2014, 『한국정책학회보』.
- Linguistic Origin of Policy and Policy Failure, 2014, 37th International Wittgenstein Symposium(Austria) 발표 논문.
- 정책, 정책연구와 현상학, 2014, 한국정책학회 춘계학술대회 발표 논문.
- 정책과 편견: 정책 이성 비판을 위한 시론, 2014, 신춘현상학회 발표 논문.
- 정책: 존재론적 해명, 2013, 『행정논총』.
- 한의사의 영상의료기기 이용에 관한 비판적 고찰, 2013, 『규제연구』.
- 정책문제의 정의: 현상학적 해명, 2012, 『한국정책학회보』.
- 제도와 마음: 현상학 및 언어 · 심리철학적인 접근, 2012, 『행정논총』.
- 지대추구행위의 사회화와 인지 · 개념체계화, 2010, 『규제연구』.
- 정책이란 무엇인가: 정책의 수단적 가치에 대한 반성, 2008, 『한국정책학회보』.
- 조직의 제도화 메커니즘, 2008, 『한국행정연구』.
- 기업지배구조와 비공식제도, 2007, 『규제연구』.
- 정책과 제도의 비공식적 기초: 미국 기업의 지배구조제도를 중심으로, 2006, 『한국행정연구』.
- 제도의 구조와 구조 변화: 기업지배구조 제도를 중심으로, 2005, 『한국행정연구』.

정부와 정책

창조원리에 숨겨진 실패 위험

펴낸날 제1판 제1쇄 2017년 2월 10일
지은이 사공영호
펴낸이 임춘환
펴낸곳 도서출판 대영문화사
주소 서울특별시 용산구 청파로 61길 5(청파동 1가) 제일빌딩 2층
등록 1975년 12월 26일 제3-16호
전화 (02)716-3883, (02)714-3062
팩스 (02)703-3839
홈페이지 http://www.dymbook.co.kr

ⓒ 사공영호, 2017
ISBN 978-89-7644-576-6
값 28,000원

* 잘못된 책은 바꾸어 드립니다.
* 이 책의 내용은 저작권법의 보호를 받습니다.